956

TRAITÉ MÉTHODIQUE
DE
**SCIENCE OCCULTE**

## Note de l'éditeur

Nos livres sont la reproduction digitale de textes devenus introuvables.

Le lecteur voudra bien excuser le léger manque de lisibilité et les imperfections dues aux ouvrages imprimés il y a des décennies, voir des siècles.

Par égard à la mémoire des auteurs et la spécificité des ouvrages, il convenait de les reproduire tels les originaux.

www.eBookEsoterique.com

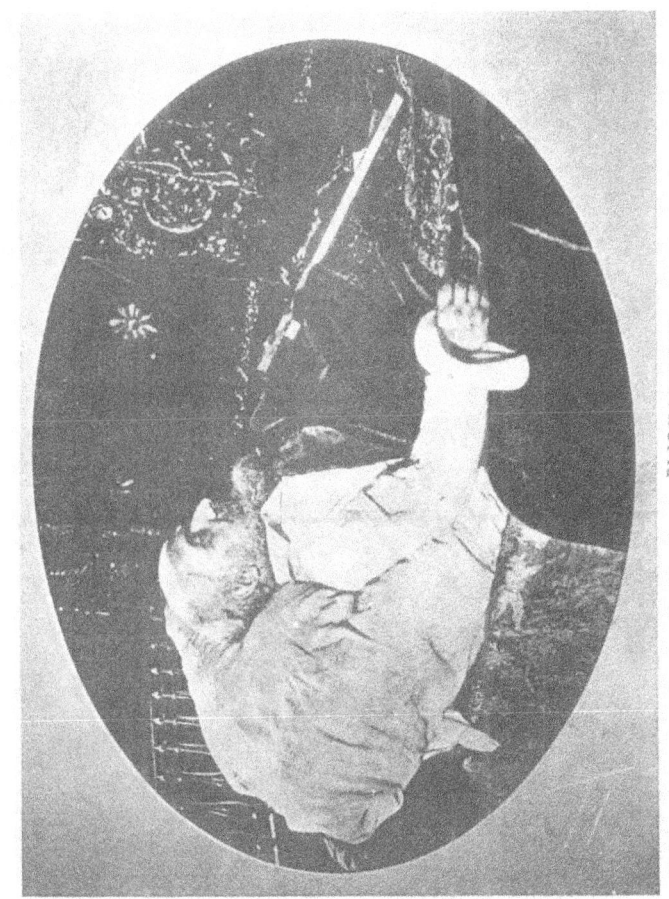

ELIPHAS LÉVI
LE GRAND OCCULTISTE FRANÇAIS
sur son lit de mort

*A monsieur PAPUS, directeur de* l'Initiation.

Auteur du *Traité méthodique de Science occulte.*

# PRÉFACE

*Monsieur,*

*Avant de livrer au public votre* Traité méthodique de Science occulte, *vous avez bien voulu le soumettre à mon jugement en me priant de vous dire ce que je pense de l'esprit général de ce livre et de celui de vos autres travaux à moi connus, dans le cas où vos opinions ne me paraîtraient pas contraires à l'idée que je me fais des conditions et des exigences de la science philosophique dans l'état actuel de la pensée humaine.*

*Je n'ai aucune raison de me refuser à la satisfaction de votre désir, pourvu que vous me permettiez de fixer avec précision les limites et l'intention dans lesquelles je me plais à vous l'accorder.*

*Je ne crois pas à l'existence d'une science occulte*

*distincte par essence de la science ordinaire, affranchie des conditions imposées à celle-ci et qui devrait cependant être considérée comme l'origine, la source et la base permanente de toutes nos connaissances. Cette idée, quoiqu'elle ait trouvé dans le passé et qu'elle compte encore dans le présent de nombreux partisans, est absolument irrationnelle, c'est-à-dire antiscientifique. C'est une pure idole dont le culte appartient aux temps fabuleux.*

*Mais si, sous le nom de science occulte, vous entendez parler des premiers efforts et des premières découvertes de la science, de ces découvertes qui reposent sur l'analogie plutôt que sur le raisonnement et sur l'analyse, qui ont été provoquées par l'intuition qu'a l'homme de l'ordre universel de la nature et par la similitude des lois de l'univers avec celles de sa propre pensée, je vous donne complètement raison. Ces lois dont nous parlons étant toujours les mêmes, ont été soupçonnées et, si l'on peut parler ainsi, réclamées avant d'être démontrées. Puis la tradition s'en est emparée et les a transmises de siècle en siècle en son propre nom. C'est ainsi que la plus haute antiquité a possédé des notions vraies de physique, d'astronomie, d'histoire naturelle, d'agriculture, de métallurgie, de mathématiques, d'architecture, de chimie même et de médecine. C'est ainsi, exemple mémorable entre tous, que les pythagoriciens ont reconnu la rotation de la terre et des autres planètes, non pas autour du soleil, mais autour d'un feu central.*

*Toutes les lois de la pensée, comme toutes les lois de la nature, existent à la fois, les unes dans la pensée, les autres dans l'univers, mais plus ou moins développées, plus ou moins claires et toujours unies, toujours mêlées entre elles dans la proportion de la connaissance dont elles sont l'objet.*

*Ce qu'il faut répudier absolument, c'est une manière de comprendre le progrès qui tend à détruire l'unité de l'esprit humain et celle de l'humanité elle-même. C'est cette idée chère aux positivistes, soutenue comme un dogme par Auguste Comte, que l'esprit humain est d'abord absorbé tout entier par les conceptions théologiques, que de la théologie il passe à la métaphysique qui l'envahit à son tour et qu'enfin ce n'est que dans les temps modernes, sans doute à partir du XIX siècle, qu'il s'élève à la possession et même à la notion de la science.*

*En réclamant en faveur de la science antique, en attestant les connaissances et l'expérience féconde des âges les plus reculés de notre espèce, vous avez, monsieur, fait justice d'une des erreurs capitales du positivisme, d'une des prétentions les plus obstinées de l'esprit moderne. Je regrette seulement que, à titre de garants de la science de l'antiquité, vous citiez habituellement des écrivains dont l'érudition est plus aventureuse que solide.*

*Mais vous ne prenez pas seulement sous votre protection la science des anciens, vous croyez aussi à l'existence d'un sens caché, ou, pour me servir de votre langage, d'un sens ésotérique des faits, des textes vénérés des livres religieux et de la nature elle-même prise dans son ensemble et dans ses détails ; en un mot, vous êtes un défenseur du mysticisme. Il faut que vous sachiez que je ne suis pas mystique quoique j'aie écrit le livre de la Kabbale. Mais le mysticisme m'a toujours inspiré, dès mes premières années de réflexion, et m'inspire surtout aujourd'hui, dans un âge très avancé, le plus profond respect, j'oserai même dire un culte mêlé de tendresse. C'est qu'il est à mes yeux une protestation éloquente et absolument justifiée en principe contre tous les systèmes qui rétrécissent l'intelligence et font descendre l'âme de sa hauteur originelle. Ces systèmes, je n'ai pas besoin de les nommer, ils règnent presque en maîtres dans le temps où nous vivons, ils règnent principalement sur l'esprit de la jeunesse, qui, n'osant ni choisir entre eux, ni les admettre tous à la fois, parce qu'ils se contredisent, se trouve réduite à une sorte de nihilisme spéculatif. Heureusement que le cœur, dans ces nouvelles générations, vaut mieux que la tête et neutralise en partie les effets des mauvaises doctrines. Mais qu'est-ce que le cœur sinon une des formes, tout au moins un des éléments du mysticisme, c'est-à-dire le sentiment et les intuitions spontanées, jusqu'à un certain point irrésistibles de la conscience? « Dieu sensible au cœur: » quel sens profond dans cette parole de Pascal! C'est que, en effet, si Dieu ne nous touche pas, ne pénètre pas en nous, n'est pas le moteur secret de nos pensées et de nos actions, il n'est pas ce que la Bible appelle si bien le Dieu vivant. Il se réduit à une formule algébrique ou logique telle que l'Inconnaissable de Herbert Spencer, l'Inconscient de Hartmann ou même les Postulats de la raison pure inventés par Kant.*

*Cependant la protestation plus ou moins vague, plus ou moins flottante du sentiment contre l'athéisme, le positivisme et le pessimisme me paraît insuffisante. On ne connaît pas Dieu, et si je puis parler ainsi, on ne le possède pas et l'on n'est pas possédé par lui, tant qu'on ne va pas au fond des choses, dont il est non seulement l'auteur et le législateur, mais la suprême réalité, la dernière essence, dans lesquelles il réside et qu'il enveloppe en nous enveloppant nous-mêmes. C'est dans ces profondeurs que vous et vos collaborateurs de l'Initiation, en appelant à votre aide toutes les formes du mysticisme, celles de l'Orient comme celles de l'Occident, celles de l'Inde comme celles de l'Europe, vous aimez à vous abîmer! Ces profondeurs ont leurs ténèbres et leurs dangers : je ne serais pas sincère si je vous disais que vous réussissez toujours à les éviter et que notamment la liberté humaine n'est jamais compromise avec vous ni les exigences de la vie et de la science proprement dite. Mais je préfère de beaucoup ces audacieuses spéculations à la myopie du positivisme, au néant de la science athée et au désespoir plus ou moins hypocrite du pessimisme. Elles sont à mes yeux comme un appel énergique au sérieux de la vie, au réveil du sens du divin. Elles me représentent un salutaire révulsif pour l'âme humaine engourdie, menacée de s'éteindre.*

*Je ne puis donc que vous engager, sous les réserves que je viens de faire, à persévérer dans la voie que vous parcourez avec tant d'ardeur, où malgré votre jeunesse vous avez déjà acquis tant d'autorité.*

*Mon intention est de vous y suivre avec un intérêt toujours croissant.*

Ad. FRANCK.

Paris, le 15 février 1891.

# INTRODUCTION
## A L'ÉTUDE DE L'OCCULTISME

### I

Les plus grands des hommes de génie qu'ont vus naître les derniers siècles se sont intéressés à ce monde du merveilleux représenté par la Magie. Sans parler des Anciens, tous épris d'amour du mystère, il est facile de vérifier notre assertion dans l'œuvre mystique du Danté, construite d'après les clefs septénaires de la Kabbale; dans les manuscrits de cet artiste prodigieux, doublé d'un savant éminent, qui fut Léonard de Vinci; dans les œuvres purement magiques de Shakespeare, *Macbeth, Hamlet* ou *la Tempête;* dans les écrits de Gœthe avouant qu'il s'est beaucoup occupé d'alchimie, et jusque dans la musique du grand Richard Wagner à qui le monde des enchantements a livré tous ses secrets. Et notre liste serait fort longue si nous voulions citer un à un tous ceux de notre siècle qui furent attirés par cette étude, depuis Balzac jusqu'à Edgar Poë.

Et qu'on ne vienne pas dire que les littérateurs ou

les philosophes seuls ont pris goût à ces rêveries. Newton n'a-t-il pas passé plusieurs années de sa vie à la recherche d'un mystère de la Kabbale chrétienne : le chiffre 666 ? Képler n'avoue-t-il pas que c'est la méthode analogique qui, par le rapprochement entre les lois musicales et l'astronomie, l'a conduit à son admirable découverte ? Enfin Bacon, le défenseur de la méthode expérimentale, ne s'est-il pas occupé d'astrologie ?

Il est vrai qu'on prétend communément que tous les grands hommes perdent la tête sur la fin de leur vie. Pourquoi ? Parce qu'ils s'intéressent à ces études.

Pour nous, qu'un préjugé de plus ou de moins n'effraye guère, cette recherche indique surtout le besoin qu'a l'esprit humain de raisonner la foi et d'appliquer aux données sentimentales les froides méthodes de la science.

La Science occulte prétend réaliser cet idéal.

Qu'est-ce que la Science occulte ?

*　*　*

Un corps de doctrine enseigné dans les Universités d'Égypte et transmis d'âge en âge, non sans subir de sérieuses mutilations. Ce qui constitue essentiellement la Science occulte, ce sont moins ses enseignements que sa méthode d'investigation.

Il est certes fort intéressant de constater que les anciens avaient une science tout comme nous autres, que cette science était enseignée sous le sceau du secret et après de sérieuses épreuves physiques et morales aux futurs membres des « classes dirigeantes ». Mais ce sont là en somme des recherches dont l'utilité ne semble pas immédiate.

— XIII —

Ce qui nous intéresse surtout au point de vue pratique, c'est cette méthode de l'*analogie* qui, maniée avec prudence, peut nous être de la plus grande utilité.

Nous ne saurions trop insister sur ce point. La Science occulte vient offrir à ses disciples une méthode nouvelle, c'est-à-dire un merveilleux outil de travail.

On comprend de suite que si cet outil est manié par des ouvriers inhabiles, il ne pourra, malgré sa précision, que donner de très faibles résultats. Si, au contraire, celui qui tient en main cet instrument d'investigation sait l'employer avec intelligence, le résultat sera surprenant.

Avons-nous à l'heure actuelle réellement besoin de méthodes nouvelles? n'en possédons-nous pas assez pour nos besoins ?

Non ; et l'on verra de suite pourquoi.

*
* *

L'amour de l'analyse à l'excès a conduit nos savants dans un domaine où la spécialisation s'impose de très bonne heure.

Les connaissances de détail accumulées à propos de chaque science sont telles qu'il faut se résoudre, ou à ne connaître que des données générales, ou à se spécialiser immédiatement.

Nous ne parlons pas de la nécessité de n'étudier qu'une seule science, les divisions vont bien plus loin et celui qui veut par exemple étudier « la Médecine » est bien obligé, s'il désire se donner tout entier à cet art, de se spécialiser bientôt dans « la Clinique » ou dans « la Physiologie » ou dans « l'Histologie » sans compter les mille spécialités que contient la clinique elle-même, etc., etc.

Le domaine qu'embrasse l'étude de l'Univers, d'après les procédés rigoureux de notre époque, apparaît donc à l'observateur impartial comme une immense cité où s'élèveraient des temples somptueux, image de chacune de nos grandes sciences. Dans ces temples une infinité de petites chapelles sont remplies de fervents qui luttent d'influence ou de mérite pour entrer dans le sanctuaire. Ces chapelles sont l'image de ces mille spécialités pour lesquelles se trouvent toujours des étudiants et des professeurs.

Mais de plan d'ensemble aucun. Les chapelles sont élevées au hasard dans chaque temple, les temples élevés sans aucun ordre dans la cité, si bien que l'étranger ne peut plus se reconnaître dans ce fouillis inextricable.

*
* *

*Pas de système d'ensemble.* PAS DE SYNTHÈSE. C'est là ce qui manque vraiment à notre époque.

Est-il impossible de découvrir les jalons intermédiaires qui doivent réunir toutes les branches du savoir humain ?

Est-il impossible de trouver en *sciences naturelles* une classification qui suive à tel point les lois de la nature qu'elle soit applicable aussi bien aux minéraux qu'aux végétaux et aux animaux qui semblent régis tous par la loi d'évolution ?

Les minéraux sont classés d'après leurs propriétés chimiques, les végétaux d'après leurs organes génitaux et les animaux d'après leur charpente. Comment voulez-vous vous y reconnaître ?

Oken a donné un système bien curieux à ce propos rattachant directement les sciences naturelles aux sciences physiques par une classification basée *sur les quatre éléments.*

Oui, en plein xix° siècle, sur les quatre éléments ; mais si ces mots choquent trop nos chimistes, je dirai sur quatre façons dont se comportent les corps simples d'après leur constitution atomique. En effet le CARBONE correspondant à la *Terre* est tétratomique, L'AZOTE correspondant à *l'Eau* est triatomique, L'OXYGÈNE correspondant à *l'Air* est diatomique et L'HYDROGÈNE correspondant au *Feu* est monoatomique[1].

Les alchimistes, dont M. Berthelot étudie avec tant de compétence les travaux à l'heure actuelle, faisaient de la chimie vivante et concevaient les corps chimiques un peu comme nous concevons aujourd'hui les êtres organisés ; de là leur idée de la transmutation des métaux qui n'était, après tout, que du transformisme en action.

Un corps chimique était pour eux un être entier constitué comme tous les êtres par *des organes* et exerçant *des fonctions.*

Qu'avons-nous fait à l'heure actuelle ? Nous avons disséqué ces êtres minéraux, nous avons fouillé la constitution de l'élément *Eau*, et nous avons mis dans des bocaux séparés les deux *organes* ou corps simples constituants : l'hydrogène et l'oxygène, et ainsi pour tous les autres.

Nous avons constitué, sous le nom de chimie, une *anatomie du règne minéral;* quand nous en serons à la physiologie nous reconnaîtrons que les alchimistes étaient encore nos maîtres.

Cette alliance des sciences physiques et des sciences naturelles, nous la trouverons, si nous voulons bien la

---

1. Cette correspondance étant basée sur les propriétés *physiques* des éléments ne répond pas en tous points aux rapports établis par l'ésotérisme.

chercher, dans les livres de ces vieux fous qui s'occupaient de Magie.

Toujours la Magie.

On avouera que j'y tiens ; mais j'aurais peine à faire autrement si je ne veux pas sortir de mon sujet.

\*
\* \*

## LA SCIENCE OCCULTE

On désigne par ce nom de Magie les pratiques en apparence surnaturelles exercées par les thaumaturges, initiés des temples de l'Inde ou de l'Égypte. La science enseignée dans ces temples était cachée aux profanes, de là son nom de *Science occulte*.

La Science occulte, avons-nous dit, peut être conçue comme un corps de doctrine enseigné dans les Universités de l'Égypte et transmis d'âge en âge, non sans subir de sérieuses mutilations.

Cette définition soulève de suite de très nombreuses objections.

Nos études classiques nous ont habitués à considérer les hommes éminents de l'antiquité comme de doux rêveurs, faisant beaucoup de philosophie et adorant aveuglément une foule de dieux aussi divers que les étoiles du ciel.

Aussi cette idée d'un corps de doctrine à tournure scientifique, d'une organisation hiérarchique de l'enseignement dans le monde païen, d'une transmission de cet enseignement à travers les âges, etc., bouleverse-t-elle nos conceptions à un tel point que, malgré tout, nous ne voulons y prêter aucune attention.

Voilà pourquoi nous avons consacré la plus grande partie de notre travail à accumuler en divers chapitres tout ce que nous avons pu trouver de *positif* à ce sujet.

Les prolégomènes (chapitres 1 et 2) sont consacrés à l'étude de ce *corps de doctrine* à tournure synthétique, basé sur le raisonnement par analogie.

Cette science existe, mais elle est du tout au tout différente de la nôtre par ses résultats. Ce serait folie que de rechercher dans l'antiquité l'existence des appareils *perfectionnés* que nous possédons aujourd'hui ; aussi M. Franck a-t-il cent fois raison de s'élever, dans la lettre qu'il nous fait l'honneur de nous adresser, contre cette tendance à considérer la Science occulte comme l'origine et le point fatal d'arrivée de toutes nos connaissances. Mais en revanche, l'application de la méthode analogique à nos découvertes actuelles pourra produire des résultats fort curieux et surtout fort inattendus.

Si l'on n'accorde aux anciens que le mérite d'avoir connu les principes généraux de nos sciences, ce serait faire une injustice que de ne pas insister sur l'admirable façon dont était pratiquée l'unité de l'enseignement dans ce monde dit païen.

On sait bien que chaque peuple et même chaque cité avait ses dieux et ses prêtres, on sait encore que ces prêtres étaient des savants, ingénieurs, astronomes, ou médecins ; mais on ignore trop que ces savants étaient tous rattachés à un même centre et se reconnaissaient tous grâce à une langue sacrée connue dans tous les temples alors existants.

Chacun de ces temples représente une faculté régionale, une école préparatoire de philosophie, de droit, d'art ou de médecine. Mais toutes ces écoles sont reliées à une université qui seule confère les hauts grades, c'est-à-dire donne les connaissances nécessaires pour la direction des peuples ou des forces subtiles de la nature. Quelle preuve pouvons-nous donner de cette assertion ?

Ouvrez le premier livre d'histoire venu, le plus élémentaire des dictionnaires biographiques et cherchez où Lycurgue est allé apprendre l'art de gouverner les hommes : en Égypte ; où Pythagore est allé acquérir sa science prodigieuse ; en Égypte ; où Platon a connu les fondements de son admirable philosophie : en Égypte. Voilà la réponse à notre question de tout à l'heure.

Et s'il s'élève quelque doute au sujet de l'existence d'une langue sacrée commune à tous les prêtres de tous les pays, les affirmations unanimes de trente-deux auteurs anciens collationnés par de Brière (voy. p. 388) viendront prévenir victorieusement toute objection possible.

Moïse est aussi un initié des temples d'Égypte et cette langue sacrée que nous pouvons croire perdue, nous la retrouverons, encore intacte après de longs siècles, dans le livre pour la conservation duquel Moïse sélecta un peuple indomptable et farouche.

La *Kabbale* nous enseigne les principes de l'enseignement occulte des sanctuaires de l'antiquité ; la *Gnose* renouvelle cet enseignement, et les efforts de toutes les sociétés hermétiques : *Alchimistes, Templiers, Rose-Croix* ou *Francs-Maçons* ne tendent que vers un seul but : la reconstitution de cette unité d'enseignement, de cette fraternité des intelligences, figurées sous le symbole de l'édification d'un temple universel.

*
* *

### LA MÉTHODE ANALOGIQUE

Il peut être fort intéressant, me direz-vous, pour un historien ou un philosophe de chercher ce qu'il y a de vrai dans ces affirmations ; mais de quelle utilité ces données peuvent-elles bien être pour un adepte de la science expérimentale?

C'est ici qu'il nous faut aborder la question sous un tout autre point de vue, celui de la méthode employée par les anciens initiés.

Quand vous voulez connaître la hauteur d'une tour, le procédé le plus simple consiste à monter sur la tour et à dérouler une corde portant des divisions établies d'avance. C'est là le moyen expérimental par excellence, celui qu'emploieront les gens les plus ignorants.

Mais allez chercher un ingénieur. Croyez-vous qu'il se donnera la peine de faire cette ascension pénible? La trigonométrie lui permet de trouver exactement la hauteur de la tour grâce à un calcul très simple. Connaissant un côté et deux angles du triangle rectiligne, il résoudra rapidement le triangle tout entier et trouvera ainsi la hauteur cherchée.

Deux éléments connus lui suffisent pour trouver l'élément inconnu.

Cet exemple permet de comprendre l'emploi des deux méthodes d'investigation : *la méthode expérimentale* correspondant au premier moyen d'obtenir la hauteur de la tour et *la méthode analogique* correspondant au second de ces moyens.

Un expérimentateur qui veut se rendre compte de la façon dont la sensation se transforme en mouvement dans la moelle épinière, multipliera les procédés d'investigation sur de pauvres animaux et fera de véritables hécatombes sans arriver souvent à un résultat bien sérieux.

Un occultiste déterminera d'abord l'unité d'action qui préside aux transformations opérées dans l'organisme, montrant qu'une même loi explique la circulation du sang, la circulation des aliments (digestion) et la circulation du fluide nerveux (innervation)[1]. Établissant ainsi la formule générale qui servira à la résolution des inconnues, il n'aura pas de peine à faire voir que la transformation de la sensation en mouvement dans la moelle *est analogue* à la transformation du sang noir en sang rouge dans le poumon ou à la transformation de l'aliment en chyle dans les organes digestifs. Connaissant une seule de ces transformations, la méthode analogique lui permettra de découvrir les autres.

Mais les points connus, fondements des recherches ultérieures, ne peuvent être fournis à l'analogiste que par l'expérimentateur. Bien plus, les données déterminées par l'analogie ne deviennent véritablement scientifiques que lorsqu'elles ont été sanctionnées par l'expérience.

Claude Bernard se vantait de n'en appeler à l'expérimentation que pour vérifier une idée préconçue. L'analogie a pour première qualité de fournir méthodiquement cette idée préconçue qui deviendra le phare de l'expérimentateur.

L'analogie n'aspire donc pas à remplacer la méthode expérimentale, elle vient au contraire offrir à cette méthode un nouveau champ d'action, elle permet au poète d'être aussi précis dans ses développements et dans ses comparaisons qu'un algébriste, sans gêner davantage la liberté nécessitée par l'imagination du poète que la rigueur demandée par la raison du mathématicien.

Voilà pourquoi tous les poètes anciens étaient en même temps des savants profonds et ne se contentaient pas d'avoir une vague teinture de science, acquise à la hâte et sans application.

Aussi cette méthode sérieusement étudiée par nos savants

---

[1]. Voy. Gérard Encausse, *Essai de Physiologie synthétique*. — Paris 1890 in-8°.

peut-elle leur rendre d'importants services. Il est clair toutefois que les chercheurs ne demanderont à la Science occulte que sa méthode et n'auront aucune attention à prêter aux données historiques et philosophiques qui caractérisent l'occultisme considéré comme un corps de doctrine transmis sans interruption à travers les âges.

La science a réalisé des progrès considérables depuis l'origine de cette tradition, l'analyse a été poussée partout jusqu'aux plus extrêmes limites ; une synthèse est nécessaire. Nous pensons que la méthode analogique, reprenant les milliers de faits établis et les groupant d'après un procédé tout nouveau, est seule capable de constituer cette synthèse ; puissions-nous ne pas nous tromper !

\*
\* \*

## LE MOUVEMENT ACTUEL

Si quelque chose peut nous faire espérer en l'avenir de ces études, c'est le succès croissant du mouvement commencé il y a quelques années à peine.

Il y a sept ans la Science occulte n'était connue qu'à titre de philosophie très originale et par quelques-uns seulement, disciples d'Eliphas Lévi ou de Fabre d'Olivet. La tradition occidentale n'était pas interrompue ; mais elle était conservée très secrète. Les écoles spirites et magnétiques continuaient leurs études, mais cantonnées chacune dans leur domaine spécial.

A l'heure actuelle, la Science occulte est prise en sérieuse considération par une pléiade de chercheurs appliquant la méthode analogique aux diverses branches de l'activité intellectuelle. Généralement la naissance d'une école est caractérisée par l'application de théories plus ou moins révolutionnaires à la littérature, à l'art ou à la science pris séparément. Ce qui constitue le caractère tout particulier de ce mouvement déterminé par la Science occulte, c'est que partout il tend à faire preuve de vitalité.

En littérature c'est Joséphin Péladan initié par le docteur Péladan son frère, et répondant par une série d'écrits magiques, commencée en 1883, aux attaques féroces dont il est l'objet; c'est Léon Hennique appliquant dans *Un Caractère* les données du spiritisme et dans sa pièce *Amour* les enseignements de la Science occulte; c'est Paul Adam rééditant le Sabbat et vivifiant de sa conception la tradition enseignée par Eliphas Levi; c'est George Montière cachant les plus profondes vérités de la philosophie sous les ironiques plaisanteries du docteur Selectin; c'est Léonce de Larmandie, l'ami et le disciple de Péladan, étudiant l'ésotérisme de la forme en maints volumes.

En poésie c'est Émile Goudeau, c'est Jean Rameau, c'est Albert Jhouney, rendant les profonds enseignements du Zohar en d'admirables vers, c'est Paul Marrot, Robert de la Villehervé, Ch. Dubourg, et Lucien Mauchel appliquant l'analogie aux développements les plus poétiques.

Émile Michelet fait une étude transcendantale d'esthétique: l'*Ésotérisme dans l'art* (1890).

Les romanciers s'intéressent aussi à ces données nouvelles et nous devons à Jules Lermina, outre deux études littéraires: *A Brûler* et l'*Élixir de vie*, le résumé le plus clair qui ait été fait de la Science occulte: *La Magie pratique*. M. Lermina est un exemple de ce qu'on peut faire quand on veut joindre le travail assidu aux qualités du littérateur. Désirant connaître à fond ces questions, cet auteur n'hésite pas à travailler l'hébreu et le sanscrit en même temps que les livres les plus ardus des maîtres de l'occultisme. Aussi en est-il aujourd'hui un des représentants les plus instruits.

Enfin notre liste serait fort longue s'il nous fallait mentionner tous les littérateurs contemporains rattachés à ces idées comme Guy de Maupassant (*le Horla*), Anatole France (*Thaïs*), Gilbert-Augustin Thierry (*la Tresse blonde*), R. de Maricourt (*l'Œil du dragon, Batracien mélomane*), ou Huysmans (*Là-bas*), etc., etc.

L'esthétique, dans toutes ses branches, compte des représentants parmi les étudiants de la Science occulte. Signalons pour mémoire les travaux d'Augusta Holmès, les morceaux de Ch. de Sivry et de Henri Welch sur la musique et les études de Joséphin Péladan et de son disciple F. Vurgey sur la peinture.

Et qu'on ne vienne pas me dire que les défenseurs de l'imagination s'occupent seuls de ces questions. Le mouvement, avons-nous dit, manifeste les traces de son action dans toutes les branches de l'activité intellectuelle même les plus rigoureusement techniques. C'est ainsi que Charles Henry, qui a étudié sérieusement Wronski, applique ces données à ses travaux mathématiques; Gérard Encausse applique la méthode analogique dans son *Essai de physiologie synthétique*. Albert Faucheux obtient un prix de l'Académie en appliquant cette même méthode à la pédagogie tandis que Horace Lefort revendique, d'après la tradition ésotérique, le retour au génie national dans son *Erreur latine*.

Partout le mouvement s'accentue ; en PHILOSOPHIE c'est F. Ch. Barlet, le plus savant et le plus modeste de tous les occultistes français, qui montre la profondeur de l'ésotérisme dans son *Essai sur l'évolution de l'idée ;* en SOCIOLOGIE c'est Julien Lejay qui met au jour son *Essai de sociologie analogique,* œuvre vraiment magistrale; en ORIENTALISME c'est Augustin Chaboseau qui écrit l'*Essai sur la philosophie du bouddhisme*, montrant les rapports des deux traditions orientale et occidentale ; en HISTOIRE enfin, c'est Jules Doinel, l'archiviste du Loiret, ressuscitant la Gnose, c'est Marcus de Vèze étudiant l'Égyptologie dans ses rapports avec la science ésotérique, c'est Napoléon Ney dévoilant la possession de l'occultisme par *les Sociétés secrètes musulmanes*, c'est le docteur Delézinier restituant les origines de la chimie par l'étude approfondie de la philosophie hermétique, c'est Albert Poisson expliquant enfin les théories et les symboles des Alchimistes.

Nous n'avons parlé que de ceux qui étudient la Science occulte au point de vue de ses applications ; rendons maintenant justice aux occultistes militants, aux représentants les plus autorisés de la tradition occidentale.

La marquis de Saint-Yves d'Alveydre, disciple de Fabre d'Olivet, ne peut être considéré comme un partisan absolu des idées défendues par l'occultisme. Cet auteur éminent s'occupe principalement de la science ésotérique dans ses rapports avec le gouvernement des peuples.

Eliphas Lévi a trouvé un successeur de la plus haute envergure dans la personne de Stanislas de Guaita. Le style irréprochable et coloré de l'auteur de *Au seuil du Mystère* et du *Serpent de la Genèse*, sa science profonde et sa merveilleuse érudition en font le représentant le plus élevé de la Science occulte considérée dans ses développements philosophiques.

Les études de Lavater et de Desbarolles sont renouvelées sous le point de vue synthétique par Gary de Lacroze dans son *Traité exotérique de Divination*, et G. Vitoux dans son *Occultisme scientifique* établit au mieux l'état de la question en ces dernières années. Signalons au dernier moment l'apparition prochaine d'un livre de vulgarisation de la Science occulte par *Plytoff*. Nous ne savons ce que vaut le livre ; nous le signalons pour montrer que la vulgarisation, hélas ! s'est aussi abattue sur cette question.

Enfin si nous mentionnons les noms des savants autorisés qui ont abordé l'étude de l'occultisme pratique : le colonel de Rochas (de l'École polytechnique), M. Lemerle (ancien élève de la même école) et le docteur Gibier, nous aurons montré rapidement l'état actuel de ce mouvement encore très peu connu.

### LA PRESSE

Quand nous disons « peu connu », nous faisons preuve d'ingratitude envers les membres les plus éminents de la presse qui ont signalé aux lecteurs étonnés les progrès accomplis journellement par ces idées en apparence si curieuses.

C'est ainsi que Maurice Barrès et Émile Gautier dans *le Figaro*, Aurélien Scholl dans ses journaux, L. de Meurville et Émile Michelet dans *le Gaulois*, Harry Alis dans *les Débats*, Anatole France dans *le Temps* et dans la *Revue illustrée*, Montorgueil dans *Paris* et dans *l'Éclair*, Jules Huret dans *l'Écho de Paris*, Des Houx et Le Duc dans *le Matin*, Paul Ginisty et G. Vitoux dans *le XIX$^e$ Siècle*, Le Parisien dans *le Mot d'Ordre*, M$^{lle}$ Marie-Anne de Bovet dans la presse étrangère, ont fait qui des chroniques, qui des interviews, qui des articles de fond sur ce mouvement et ses conséquences. Depuis ces dernières années il ne s'est pas passé un mois sans que quelque étude d'un des grands journaux de Paris vînt insister sur l'importance de ces nouvelles idées.

## ADVERSAIRES ET DÉFENSEURS

Aussi comprend-on facilement que des adversaires déterminés n'aient pas tardé à naître, cherchant à défigurer, par tous les moyens, le caractère des idées défendues et des défenseurs eux-mêmes. Je ne m'attarderai pas à réfuter les arguments invoqués par des feuilletonnistes peu instruits, bouddhistes d'opéra-comique, par des docteurs sans clientèle et jaloux des succès d'autrui, par tous les impuissants de l'intelligence et du travail, par tous les perroquets qui « sifflent bien, mais ne chantent pas », suivant la remarque du fabuliste. Les chiffres sont faciles à établir : *trente et un* volumes de littérature et une pièce de théâtre, *trente-cinq* ouvrages scientifiques ont été produits depuis moins de six ans par ceux qui s'adonnent à l'étude de la Science occulte et de ses applications.

Ajoutez à cela les encouragements donnés à ce mouvement par des esprits aussi éminents que M. Ad. Franck et vous comprendrez la cause de toutes les attaques dont nous sommes l'objet et qui ne cesseront pas de sitôt, espérons-le, un ennemi parlant d'une œuvre généralement dix fois plus qu'un ami, fût-il des plus intimes.

Ce serait du reste faire preuve d'une certaine naïveté que d'attendre une protection ouverte de la masse des intellectuels. Lancés en avant à la recherche d'idées nouvelles, on peut nous comparer à des éclaireurs chargés d'explorer des régions inconnues et souvent d'essuyer les premiers le feu de l'ennemi. Les éclaireurs ne doivent compter que sur eux-mêmes, ils n'ont rien à attendre du gros de l'armée qui s'avance dans le lointain. Ce sont des soldats sacrifiés d'avance, mais ils savent qu'on choisit les meilleurs soldats pour ce sacrifice, trop heureux si leur dévouement peut être de quelque utilité pour sauver la masse de leurs frères en marche derrière eux et pour donner à l'Humanité, une fois de plus, la victoire dans la lutte contre le Mal, contre l'Erreur et contre l'Injustice.

## II

### NOTRE TRAVAIL

Lorsqu'un homme indépendant, comprenant tout ce qu'on peut tirer de ces études, veut approfondir les données de la Science occulte, mille obstacles entravent la réalisation de son désir.

Les livres les plus importants sont introuvables dans le commerce, il faut aller dans les bibliothèques publiques et là se briser au maniement des mots techniques et d'obscurités, insolubles si l'on consulte les encyclopédies contemporaines.

Notre *Traité élémentaire de Science occulte*, fort incomplet, du reste, a eu quatre éditions depuis son apparition.

Nous avons résolu de transformer ce petit volume en une sorte de recueil méthodique contenant, résumés, les ouvrages et les traités techniques qu'on ne peut se procurer que très difficilement. De là la grosseur de l'ouvrage présent.

#### COMPOSITION DE CE VOLUME — PROCÉDÉS DE LECTURE

Il fallait résoudre, dans la confection de ce volume, à la fois plusieurs problèmes.

Ainsi les personnes qui désirent avoir une idée générale

de la question doivent pouvoir satisfaire leur goût sans être dans l'obligation de parcourir d'un bout à l'autre les points les plus techniques de la Science occulte.

D'autre part, ceux qui veulent approfondir un point particulier, Kabbale, Alchimie ou même Chiromancie, n'ont souvent ni le temps ni les moyens d'aller dans les bibliothèques et de prendre connaissance des traités spéciaux.

Ajoutez à cela les gens pressés, obligés de faire rapidement un article ou d'exprimer une opinion qui s'efforce d'être précise, et vous comprendrez les difficultés qui se sont présentées dans la création de ce travail.

Nous ne prétendons pas les avoir toutes résolues, mais nous avons fait de notre mieux, et nous allons indiquer comment nous nous y sommes pris à cet effet.

**Aux lecteurs en général** nous avons consacré le GROS TEXTE, sauf les chapitres précédés du mot *technique*.

Il suffit donc de lire le gros texte en sautant méthodiquement tous les chapitres ou passages en petit texte, pour éviter les questions trop abstraites ou trop spéciales et pour avoir une idée, en somme très complète, de la Science occulte et de son histoire.

**Aux étudiants de l'Occultisme** nous fournissons une série de chapitres techniques en PETIT TEXTE, qui représentent la reproduction ou le résumé d'ouvrages spéciaux devenus fort rares. Le *Traité méthodique de Science occulte* reproduit presque in extenso plus de dix de ces ouvrages qui coûtent (quand on les trouve) de douze à quinze francs en moyenne.

L'analyse des travaux de Lenain et de Kircher à propos de la *Kabbale*, la traduction correcte de la Genèse, de

Fabre d'Olivet, le traité de Cyliani sur *l'alchimie*, les travaux de Wronski sur *les nombres*, rentrent dans ce cas.

**Aux lecteurs pressés** nous offrons une collection de documents introuvables dans les « encyclopédies » contemporaines, source principale des articles dits *étudiés*. La *table alphabétique des matières*, située à la fin du volume, permet de se reporter de suite au point spécial qu'on veut connaître; la table du mouvement de la Science occulte depuis 1750 permet de juger d'un seul coup d'œil le côté historique de la question.

Ainsi l'on peut se rendre compte d'un détail technique, aussi rapidement qu'au moyen d'un dictionnaire et d'une façon bien plus complète.

## OBJECTIONS

Au sujet de la composition du volume en lui-même, je tiens à répondre d'avance à plusieurs objections qui ne manqueront pas de se produire.

*Citations :*

Ce qui frappera tout d'abord les lecteurs superficiels, c'est le nombre et la diversité des citations intercalées dans le volume.

Il nous eût certes été facile d'éviter de suite cette objection en nous assimilant tant bien que mal les ouvrages que nous avons été à même de consulter et en résumant la pensée de l'auteur sans prendre la peine de le nommer.

C'est là un procédé trop souvent employé dans les livres dits de vulgarisation ou dans les encyclopédies, pour que nous ayons eu jamais la pensée d'en user. Mais il est une considération qui prime toutes les autres à cet égard.

Depuis longtemps un certain nombre d'auteurs se sont voués à l'étude des diverses parties de la Science occulte. Ces auteurs placés, de par leurs travaux mêmes, en dehors du courant habituel, ont rarement vu le succès mérité couronner leurs efforts et sont morts pour la plupart inconnus ou incompris.

C'est donc un devoir de justice que nous venons remplir en groupant de notre mieux des extraits de ces ouvrages ignorés aujourd'hui. Nous tenons à montrer la persistance de la tradition ésotérique a travers les siècles et, pour ce faire, y a-t-il un moyen meilleur que ces citations tirées de l'original ?

*Compilation :*

On peut donc dire que c'est une compilation que nous présentons au public ; mais c'est *une compilation d'auteurs inconnus*, se rattachant tous à la doctrine ésotérique et dont chacun demande une étude bien spéciale. Si l'un de nos lecteurs veut se rendre compte du travail nécessité par ce genre de compilation, qu'il ouvre le *Larousse* et qu'il y cherche le nom de *Louis Lucas*. Il ne l'y trouvera pas, non plus qu'en aucun dictionnaire biographique ; qu'il cherche de même l'analyse des travaux de *Lenain*, de *Barrois*, de *de Brière*, de *Fabre d'Olivet* et de *Wronski*, etc., etc. ; il verra combien ces auteurs ont été incompris ou dénigrés de parti pris.

*Travail personnel :*

Toutefois il est important de répondre par avance à cette objection en résumant les points où notre travail personnel a été particulièrement mis en œuvre. Ainsi l'application des doctrines de l'ésotérisme à nos sciences expérimentales, qui forme la presque totalité de la première partie du *Traité*, les considérations sur les rapports de l'embryologie et de la physiologie avec les données de la Science occulte, les rapports de l'hypnotisme et du spiritisme sont particulièrement intéressants à ce point de vue. Si l'on veut y joindre la reproduction de plusieurs de nos études sur la Franc-Maçonnerie, sur l'Alchimie, sur la Kabbale, etc., parues dans ces derniers temps et actuellement épuisées, on verra que l'objection de tout à l'heure ne peut avoir une valeur sérieuse pour un lecteur impartial[1].

*Le sujet traité :*

Au point de vue du sujet traité, on dit souvent que la Science cesse d'être occulte dès qu'on en publie les éléments. Cette objection aurait quelque valeur si la Science occulte formait quelque chose de distinct de la Science ordinaire. M. Ad. Franck a fait justice de cette prétention. Les procédés d'enseignement ont fait donner le nom d'*occulte* à ce corps de doctrine professé dans l'antiquité. Nous avons tenu à conserver ce nom. Nous avons même été plus loin.

La divination tenait une grande place dans les temples de l'antiquité. Notre travail aurait été incomplet sans au moins un exemple d'une de ces sciences de divination ; voilà pourquoi l'on trouvera dans cet ouvrage un traité de *Chiromancie*, réduit du reste autant que possible à ses éléments scientifiques.

Ainsi nous espérons fournir à tous ceux qui s'intéressent à ces questions, le moyen d'étudier de la façon la plus rapide cette Science occulte dans toutes ses branches et à travers toutes ses transformations.

---

1. La somme de travail *entièrement personnel*, à l'exclusion de toute citation, se monte à 687 pages. Les citations, les extraits, les résumés, etc., se montent à 423 pages, tout compris.

## III

### RÉSUMÉ GÉNÉRAL

En résumé la Science occulte peut être considérée sous deux points de vue distincts :

1° *Comme doctrine traditionnelle*, elle fournit des éléments d'étude tout nouveaux au philosophe et à l'historien.

Elle permet de considérer l'antiquité à sa juste valeur et d'affirmer l'existence de découvertes générales touchant nos sciences appliquées, à une époque très reculée.

Les enseignements ésotériques sur la constitution de l'Univers et de l'Homme, sur les êtres invisibles et leur existence permettent de comprendre sous un jour plus scientifique une foule de faits réputés miraculeux.

Enfin, les luttes du Gnosticisme et du Cléricalisme en Occident, les triomphes sans cesse plus complets de celui-là sur celui-ci, mettent l'historien à même de voir clair dans les actions produites par les sociétés secrètes toujours en œuvre depuis la destruction de l'Ordre du Temple.

2° *Comme méthode*, la Science occulte vient donner à tous les chercheurs contemporains un nouvel outil de travail.

Il n'est point besoin d'approfondir les théories philosophiques de l'ésotérisme pour bien comprendre cette méthode de l'analogie qui fournit aux expérimentateurs des éléments multiples de recherches.

En associant les données théoriques fournies par l'analogie aux preuves fournies par la méthode expérimentale on peut refaire sur un plan tout nouveau la plupart de nos traités de Physique, de Chimie, d'Histoire naturelle et même de Philosophie et de Psychologie. Il y a là une source de travaux dont quelques-uns ont été déjà entrepris, mais dont la plus grande partie reste à la disposition de qui voudra s'en emparer.

*La Morale :*

« Dans l'antique Orient il n'y avait ni récompense ni
« punition après la mort ; l'homme était récompensé dans
« ce monde-ci, soit sur sa personne, soit sur celle de ses
« descendants et toujours dans les intérêts matériels.
« La théologie égyptienne accordait deux âmes à
« l'homme ; l'une, l'âme intelligente et pensante, au sortir
« du corps se rejoignait à l'intelligence suprême dont elle
« était émanée ; l'autre, l'âme sensitive, rentrait par la *porte*
« *des dieux* ou le *Capricorne*, dans *l'Amenthès*, le ciel aqueux
« où elle habitait toujours avec plaisir, jusqu'à ce que, des-
« cendant par la *porte des hommes* ou le *Cancer*, elle vînt
« animer un nouveau corps[1]. »

Cet extrait résume une grande partie des arguments invoqués par l'ésotérisme en faveur de la *foi rationnelle*, source de la morale.

La science prétendait tuer à jamais toute possibilité d'une foi quelconque, grâce à la rigueur de ses démonstrations. Cette rigueur même est venue étendre le domaine de la foi, abandonnant les affirmations creuses de la théologie pour s'éclairer par les découvertes sans cesse plus étonnantes de l'expérimentalisme.

La vérité ne saurait plus être l'apanage exclusif d'un

---

1. Porphyre, *De antro nympharum* cité par de Brière.

culte ou d'une secte. Les principes de l'ésotérisme sont identiques au fond du bouddhisme comme au fond du christianisme, il ne peut y avoir qu'une Science et qu'une Morale comme il n'y a qu'une Vérité, aucun de ces termes ne saurait être l'opposé des deux autres.

La science montrant que, dans l'embryon, le cœur bat rythmiquement avant que les nerfs qui l'animeront aient pris naissance ou même que le tissu musculaire soit différencié, proclame l'existence d'un principe inconnu d'elle et fabriquant le corps physique d'après un plan fatal.

La science montrant que les cellules nerveuses disparaissent cent fois sans que la mémoire perde un seul de ses souvenirs, avoue implicitement l'existence de *quelque chose* qui coordonne les sensations en dehors du monde matériel. Et nous ne parlerons ni des phénomènes de l'hypnotisme ni de la télepsychie constatés plusieurs fois par le professeur Richet, toutes les découvertes convergent, unanimes, vers cette affirmation : l'âme existe.

Mais cette âme est-ce l'entité scholastique des théologiens ou des rêveurs de toute école? Est-ce ce principe ennemi de la chair qui subira des peines ou des félicités éternelles après la mort? A l'invention du cléricalisme tendant à permettre aux vautours sociaux d'exploiter, moyennant une dîme, les pauvres et les humbles, l'ésotérisme répond par une loi qui manifeste la justice la plus terrible mais aussi la plus clémente : la loi des réactions égales et de sens contraire aux actions produites.

Allons, messieurs de la finance, sus au gain. Ruinez sans crainte les humbles, torturez les mères, écrasez les enfants de durs travaux et d'impôts toujours croissants; le prêtre, fonctionnaire salarié par vous, est là pour leur inspirer le courage au nom du Dieu tout-puissant qui vous protège et qui les tue. Vous vous riez des peines éternelles, comme des félicités infinies. Le bonheur c'est la possession du million par tous les moyens, connus ou inconnus, et la morale c'est l'art d'empêcher les naïfs de devenir vos concurrents en condamnant les procédés que vous employez. Ceux qui s'occupent des problèmes de l'au-delà sont de doux farceurs, dilettantes de l'imprévu, ou des exploiteurs hardis de la bêtise humaine. Voilà votre morale à vous.

Mais s'il était vrai que les plaintes impuissantes des malheureux que vous massacrez deviennent des énergies cosmiques d'un ordre inconnu, qui vous demanderont compte de leur existence? Si aucun Dieu personnel ne répondait à la voix salariée du prêtre qui chante pour votre corps une « première classe »? Si vraiment vous récoltiez dans vos enfants les graines d'égoïsme et de haine que vous avez semées? Si vraiment vous aviez une âme? Savez-vous que ce serait terrible!

Songez donc aux conséquences qu'aurait la démonstration de l'existence de la morale comme science positive, réglée par les lois les plus élémentaires de la mécanique! Vous blessez moralement ou socialement votre prochain, cela augmente d'autant plus l'empire du malheur sur vous, non pas seulement... là-bas, mais ici *d'abord*. Vous êtes heureux, votre famille vous comble de joie. Un jour votre enfant chéri meurt malgré les soins des « princes de la science »; votre femme, naguère compagne éclairée et active, s'éteint lentement, râlant sous l'étreinte du cancer qui la ronge, et pendant ce temps les millions s'amassent dans vos caisses, les laquais se pressent plus nombreux sous vos pas.

Vous cherchez, éperdu, la source des malheurs qui s'abattent sur vous, oubliant qu'elle est en vous-même et que vous récoltez, insensé, les fruits dont vous avez semé la graine, par vos désirs.

Mais tout cela c'est le domaine du rêve. Ce sont des jeux de l'imagination destinés à troubler la quiétude des honnêtes financiers, constructeurs de synagogues[1]. Votre docteur se chargera de vous démontrer que quand on est mort tout est fini. Croyez-moi, écoutez votre docteur, et laissez les rêveurs divaguer à leur aise. L'étude de la Science occulte et des problèmes de l'au-delà n'est-elle pas trop métaphysique pour être vraie ; à moins qu'elle ne soit trop vraie pour être métaphysique ?

PAPUS.

1. Voy. Kalixt de Wolski, *la Russie Juive*.

# TRAITÉ MÉTHODIQUE

DE

# SCIENCE OCCULTE

## PROLÉGOMÈNES

### CHAPITRE PREMIER

### LA SCIENCE ET L'INSTRUCTION DANS L'ANTIQUITÉ

#### DÉFINITION DE LA SCIENCE OCCULTE

§ 1. — LA SCIENCE DE L'ANTIQUITÉ

De tous nos livres modernes de philosophie, de tous nos traités scientifiques se dégage une idée capitale qui influe malgré tout sur l'intellectualité du xix° siècle : c'est l'idée du Progrès.

Notre siècle est en progrès sur les précédents, nos découvertes surpassent en puissance toutes celles de l'antiquité et cela non seulement dans le domaine industriel, mais encore dans le domaine philosophique, scientifique et social.

Nos dictionnaires sont construits sur ce plan, nos livres

classiques aussi ; si bien qu'on en arrive peu à peu à passer rapidement sur l'histoire de l'antiquité et que bientôt quelques vieux professeurs d'humanités et quelques archéologues se livreront seuls à ce genre d'études considérées comme inutiles aux générations futures.

Or, si l'on examine froidement la question, si l'on se donne la peine de réfléchir un peu, quelques remarques significatives ne tardent pas à faire naître en nous tout au moins de grandes réserves sur la généralisation donnée à ce terme de Progrès.

Ainsi Pythagore, Platon et Aristote, quoique bien « classiques », feraient encore assez bonne figure devant MM. X, Y et Z, professeurs actuels de philosophie. Mais la Philosophie appartient à cette variété d'occupations réservées comme l'étude des hiéroglyphes à certains hommes qu'on croit inutiles à la société. Il est vrai que Newton n'a pas encore trouvé son remplaçant malgré le Progrès, alors qu'il s'agit cette fois de questions très scientifiques, et que les architectes de Notre-Dame de Paris passeraient un bon quart d'heure à constater les « progrès » accomplis dans l'art des constructions (art éminemment utile) par les constructeurs de l'église du Sacré-Cœur ou du palais du Trocadéro, sans parler des autres réalisations « monumentales » de l'art contemporain.

Les utilitaires à tous crins ne peuvent non plus nier, je pense, l'utilité sociale de l'amour et cependant (je suis peut-être fort ignorant en cette matière) comment raconter à nos gentes lectrices les progrès accomplis en cette branche spéciale depuis les mythologiques travaux d'Hercule ? La parole est aux évolutionnistes ; à moins qu'un médecin ne la demande avant eux.

L'existence de la Loi de Progrès ne saurait toutefois être mise un instant en doute. Il faut savoir la portée exacte de cette loi et la courbe réelle décrite par sa marche. Le Progrès ne suit pas une ligne droite, ainsi qu'on se le figure généralement, fait qui amènerait les générations suivantes à toujours progresser sur les précédentes et M. Prud'homme à écraser Homère de tout le poids de sa supériorité, ce qui est faux intellectuellement et physiquement. La Nature nous montre que, si l'homme physique progresse de la naissance à l'âge viril, il déprogresse (pardon du néologisme) de l'âge viril à la vieillesse ; il en est de même pour les familles, les cités, les états et aussi les planètes et les mondes. La Naissance et la Mort marquent les deux termes d'une évolution circulaire formée d'une période d'ascension ou de Progrès et d'une période de descente ou de Décadence.

Il résulte de cette considération que l'Humanité peut avoir parcouru plusieurs fois ce cercle et que notre croyance au progrès fatal dérive tout simplement de notre ignorance touchant les connaissances antérieures à notre période historique. Nous verrons tout à l'heure quelques détails à ce sujet.

Pour l'instant restons dans le domaine scientifique.

On a peut-être aujourd'hui trop de tendances à confondre la Science avec les Sciences. Autant l'une est immuable dans ses principes, autant les autres varient suivant le caprice des hommes ; ce qui était scientifique il y a un siècle, en physique par exemple, est bien près de passer maintenant dans le domaine de la fable[1], car ces connaissances sur des sujets particuliers constituent le domaine des sciences, domaine dans lequel, je le répète, les seigneurs changent à chaque instant.

Nul n'ignore que ces sujets particuliers sont justement ceux sur qui s'est portée l'étude des savants modernes, si

---

1. Le phlogistique, par exemple.

bien qu'on applique à la Science les progrès réels accomplis dans une foule de branches spéciales. Le défaut de cette conception apparaît cependant quand il s'agit de tout rattacher, de constituer réellement la Science dans une synthèse, expression totale de l'éternelle Vérité.

Cette idée d'une synthèse embrassant dans quelques lois immuables la masse énorme des connaissances de détail accumulées depuis deux siècles, paraît aux chercheurs de notre époque se perdre dans un avenir tellement éloigné que chacun souhaite à ses descendants d'en voir poindre le lever à l'horizon des connaissances humaines.

Nous allons paraître bien audacieux en affirmant que cette synthèse a existé, que ses lois sont tellement vraies qu'elles s'appliquent exactement aux découvertes modernes, théoriquement parlant, et que les Égyptiens initiés, contemporains de Moïse et d'Orphée, la possédaient dans son entier.

Dire que la Science a existé dans l'antiquité, c'est passer auprès de la plupart des esprits sérieux pour un sophiste ou un naïf, et cependant je vais tâcher de prouver ma paradoxale prétention et je prie mes contradicteurs de me prêter encore quelque attention.

Tout d'abord, me demandera-t-on, où pouvons-nous trouver quelque trace de cette prétendue science antique? Quelles connaissances embrassait-elle? Quelles découvertes pratiques a-t-elle produites? Comment apprenait-on cette fameuse synthèse dont vous parlez?

Tout bien considéré, ce ne sont pas les matériaux qui nous font défaut pour reconstituer cette antique science. Les débris de vieux monuments, les symboles, les hiéroglyphes, les rites des initiations diverses, les manuscrits se pressent en foule pour aider nos recherches.

Mais les uns sont indéchiffrables sans une clef qu'on se

soucie fort peu de posséder, l'antiquité des autres (rites et manuscrits) est loin d'être admise par les savants contemporains qui les font remonter tout au plus à l'École d'Alexandrie.

Il nous faut donc chercher des bases plus solides et nous allons les trouver dans les œuvres des écrivains antérieurs de beaucoup à l'École d'Alexandrie, Pythagore, Platon, Aristote, Pline, Tite-Live, etc., etc. Cette fois il n'y aura plus à chicaner sur l'antiquité des textes.

Ce n'était certes pas une chose facile que de rechercher cette science antique pièce à pièce dans les auteurs anciens, et nous devons toute notre reconnaissance à ceux qui ont entrepris et mené à bonne fin cette œuvre colossale.

Trois écrivains surtout ont eu le courage de passer la plus grande partie de leur vie à collationner l'antiquité dans les textes latins, grecs, hébreux, arabes ou sanscrits ; ce sont Dutens, Fabre d'Olivet, Saint-Yves d'Alveydre.

Nous allons examiner séparément l'œuvre de chacun d'eux et la méthode employée afin de bien montrer la valeur certaine et l'autorité des nombreuses citations que nous serons amené à faire par la suite.

## Dutens.

Dutens est né à Tours en 1730 (mort en 1812). De bonne heure il quitta la France et adopta l'Angleterre pour patrie. Celui de ses ouvrages qui nous intéresse le plus est ainsi intitulé :

*Origine des Découvertes attribuées aux Modernes,*
par M. L. Dutens ;

Historiographe du roi de la Grande-Bretagne ; recteur d'Elsdon en Northumberland ; de la Société Royale de

Londres ; de l'Académie des Inscriptions et Belles-Lettres de Paris, et de l'Académie Royale des Sciences de Turin. (Seconde édition, considérablement augmentée.) Londres, 1796, in-4° (Bibliothèque nationale, Z, 4.986).

Voici le plan de ce travail considérable :

1° Au commencement une table de tous les auteurs cités avec l'édition exacte de chacun des ouvrages consultés.

2° Dans le corps du volume une série de chapitres détaillant quatre grandes parties :

La première traite de la Philosophie ;

La seconde de la Physique générale et de l'Astronomie ;

La troisième des Sciences particulières, Médecine, Anatomie, Botanique, Mathématiques, Optique et Mécanique ;

La quatrième enfin de Théodicée et de Métaphysique.

3° A la fin de cette troisième édition l'auteur a ajouté une table alphabétique des découvertes attribuées aux modernes et connues des anciens avec renvois aux citations.

Chaque fois que Dutens affirme qu'une découverte considérée généralement comme moderne était enseignée dans l'antiquité, il ne se contente pas de renvoyer simplement à l'auteur ancien. Il publie en note le texte tout entier dans la langue de l'auteur et si ce texte est grec ou hébreu, il en donne la traduction latine en regard, la traduction française se trouvant généralement dans le cours du chapitre.

Plusieurs critiques et des plus sérieux m'ayant prié d'insister sur la valeur des textes que j'appelle à mon aide[1], je citerai désormais les auteurs originaux, prévenant

---

1. Voy. surtout l'excellente étude d'Anatole France dans le numéro du 15 février 1890 de la *Revue Illustrée* (Baschet, éditeur).

que ces citations sont tirées en partie du travail de Dutens.

Telle est en résumé l'œuvre capitale d'un des auteurs à qui nous devons le plus pour la réhabilitation de la Science antique. Voyons les autres.

### Fabre d'Olivet.

Fabre d'Olivet est né à Ganges (Hérault) en 1767. Obligé par des considérations politiques de vivre dans une retraite presque absolue, il consacra tout son temps à l'étude de l'antiquité. C'est à lui que nous devons la reconstitution presque entière des sciences enseignées dans les sanctuaires de l'Inde et de l'Égypte où les plus grands des penseurs de l'antiquité allèrent puiser leurs connaissances.

Fabre d'Olivet connaissait presque toutes les langues parlées en Europe. En outre ses études approfondies sur la comparaison de l'hébreu avec le samaritain, le chaldaïque, le syriaque, l'arabe, le grec et le chinois sont restées sans rivales jusqu'aujourd'hui.

Voici les titres de ses principales œuvres :

LA LANGUE HÉBRAIQUE RESTITUÉE. — 2 vol. in-4°, 1815-1816.

La langue hébraïque restituée, et le véritable sens des mots hébreux, rétabli et prouvé par leur analyse radicale.

Ouvrage dans lequel on trouve réunies :

1° *Une Dissertation introductive sur l'origine de la Parole*, l'étude des langues qui peuvent y conduire et le but que l'auteur s'est proposé.

2° *Une grammaire hébraïque* fondée sur de nouveaux principes et rendue utile à l'étude des langues en général.

3° *Une série de Racines hébraïques*, envisagées sous des rapports nouveaux et destinées à faciliter l'intelligence du langage et celle de la science étymologique.

4° *Une dissertation préliminaire.*

5° *Une traduction en français des dix premiers chapitres du Sepher*, contenant la Cosmogonie de Moïse.

Cette traduction, destinée à servir de preuve aux principes posés dans la *Grammaire* et dans le *Dictionnaire*, est précédée d'une *Version littérale* en français et en anglais, faite sur le texte hébreu présenté en original avec une transcription en caractères modernes et accompagnée de notes grammaticales et critiques, où l'interprétation donnée à chaque mot est prouvée par son analyse radicale, et sa confrontation avec le mot analogue samaritain, chaldaïque, syriaque, arabe ou grec.

HISTOIRE PHILOSOPHIQUE DU GENRE HUMAIN. — Paris, 2 vol. in-8°, 1822.

LES VERS DORÉS DE PYTHAGORE *(Un des monuments d'érudition les plus considérables du XIX° siècle)*, 1813, in-8°.

CAIN, 1823, in-8°.

### Saint-Yves d'Alveydre.

Le marquis de Saint-Yves d'Alveydre a aujourd'hui conquis une place des plus importantes parmi les savants en appliquant les lois universelles à la solution des problèmes politiques et sociaux.

Parmi les œuvres remarquables et nombreuses de cet auteur[1] nous signalerons principalement la *Mission des Juifs* dans le chapitre IV de laquelle se trouve une étude sur la *Science de l'Antiquité*, fruit de longues recherches personnelles de l'auteur au British Museum. Nous aurons aussi à citer quelques-unes de ses conclusions.

*⁂*

On voit par ces quelques détails préliminaires que si nous affirmons que la Science a existé dans l'antiquité il

---

1. *Mission des souverains; Mission des Juifs; Mission des Français; Jeanne d'Arc victorieuse.*

ne s'agit pas uniquement de baser notre dire sur des considérations sentimentales ou sur des déductions philosophiques. Nous ferons nos efforts pour prouver au mieux chacune de nos affirmations afin de convaincre tout lecteur impartial de l'importance de la Science Occulte.

Nous allons donc chercher à savoir :

1° Si les anciens possédaient quelques-unes de nos plus importantes découvertes contemporaines en énumérant les principales ;

2° Comment on apprenait la Science dans l'antiquité ;

3° Quel était le caractère primordial de cette Science.

Tout ceci nous conduira à la définition de la Science Occulte.

### Découvertes scientifiques de l'antiquité.

Qu'il soit tout d'abord bien entendu qu'il faudrait être fou pour prétendre que les anciens aient jamais possédé la plupart des instruments perfectionnés que nous connaissons aujourd'hui. Le Phonographe Edison non plus que les Tramways électriques n'étaient pas, à notre avis, connus des anciens. Ce que nous allons essayer de démontrer c'est qu'aucune des *découvertes générales* touchant l'Astronomie, la Physique ou la Chimie dans leurs principales applications expérimentales ne leur était étrangère. Pour cela nous examinerons les prétendues découvertes modernes touchant nos sciences et nous chercherons leur rapport avec les connaissances antiques.

Technique.

## § 2. — DÉCOUVERTES DES MODERNES CONNUES DES ANCIENS. — SCIENCE DES CHINOIS

PHYSIQUE GÉNÉRALE. — ASTRONOMIE.

Ouvrez un traité classique de physique ou d'astronomie et vous y lirez, dans les quelques pages consacrées à l'histoire de cette science, que les anciens se figuraient que le Soleil tournait autour de la Terre et que le ciel était semblable à un dôme de cristal dans lequel seraient enchâssées les étoiles.

Depuis le « Progrès » a permis de déterminer la vérité sur ce sujet, et la découverte des lois de l'Univers sous l'influence des travaux de Copernic, de Képler, de Newton et des autres mathématiciens philosophes, est la caractéristique de notre « siècle de lumière ».

Ces affirmations dérivent d'une connaissance imparfaite de l'antiquité. La simple logique aurait dû montrer de suite que des cerveaux de la valeur de ceux de Pythagore, de Platon et d'Aristote, pour ne prendre que les plus connus, ne pouvaient s'arrêter longtemps à des hypothèses puériles comme celles qu'on leur attribue touchant les lois de la Nature.

Nous allons donc citer les textes les plus importants qui prouvent péremptoirement que les anciens ont parfaitement connu la marche de la Terre autour du Soleil, la Pluralité des Mondes, l'Attraction Universelle, la Cause des Marées et les lois de Newton, sans compter d'autres points relatifs à l'astronomie.

*Mouvement de la Terre autour du Soleil* [1].

Plutarque rapportant les opinions des Pythagoriciens dit à la page 67 du tome premier de ses œuvres [2] :

« *Pythagore croyait que la Terre était mobile et n'occupait point le centre du monde, mais qu'elle avait un mouvement circulaire autour du Soleil (la région du feu) et formait ainsi les jours et les nuits.* »

On peut voir aussi à ce sujet Clément d'Alexandrie, *Strom.*, liv. V, p. 556, et Aristote, *De Cœlo*, liv. II, chap. XIII et XIV [3].

Philolaüs, Timée de Locres, Aristarque et Seleucus enseignent également la même opinion. On trouvera les textes grecs et latins relatifs à tout cela aux pages 197 et 198 de la première édition de l'œuvre de Dutens.

Nous nous bornons à donner dans ce chapitre une citation à propos de chaque découverte, le manque d'espace nous obligeant à renvoyer aux auteurs originaux.

*Pluralité des Mondes. — Voie lactée* [4].

Démocrite dit que cette partie du ciel que nous nommons la voie lactée, contenait une quantité innombrable d'étoiles fixes dont le mélange confus de lumière occasionnait cette blancheur que nous désignons ainsi.

(PLUTARQUE. — *De Placit.*, liv. III, chap. 1.)

Anaximène croyait que les étoiles étaient des masses immenses de feu autour desquelles certains corps terres-

---

1. Voyez Dutens, *op. cit.*, 1re édit., p. 193 et suiv., du tome Ier.
2. *Plutarchi opera*, grec et latin, Paris 1624, 2 vol. in-fol. (Bibliothèque nationale, J. 716 et 717).
3. *Aristotelis opera*, édit. Duval, Paris 1629, 2 vol. in-fol.
4. Dutens, *op. cit.*, chap. VII du tome Ier.

tres que nous ne pouvions apercevoir, accomplissaient des évolutions périodiques [1].

Héraclite et tous les Pythagoriciens enseignaient de même que chaque étoile était un Monde, ou un système solaire qui était composé comme le nôtre d'un Soleil et de planètes, auxquelles ils paraissaient même accorder un air, une atmosphère qui les environne et un fluide appelé éther dans lequel elles étaient soutenues [2].

Aristote, Alcinoüs le Platonicien, Plotin ont défendu la même opinion.

*Pesanteur universelle* [3].

« Plutarque, qui a connu presque toutes les vérités brillantes de l'astronomie, a aussi entrevu la force réciproque qui fait graviter les planètes les unes sur les autres, « et, après avoir entrepris d'expliquer la raison de la tendance des corps terrestres vers la Terre, il en cherche l'origine dans une attraction réciproque entre tous les corps qui est cause que la Terre fait graviter vers elle les corps terrestres, de même que le Soleil et la Lune font graviter vers leurs corps toutes les parties qui leur appartiennent et, par une force attractive, les retiennent dans leur sphère particulière. » Il applique ensuite ces phénomènes particuliers à d'autres plus généraux et, de ce qui arrive sur notre globe, il déduit, en posant le même principe, tout ce qui doit arriver dans les corps célestes respectivement à chacun en particulier, et les considère

[1]. *Stobœi Ecolgæ physicæ*, grec et latin, Aurel., Allobr. 1609 in-fol. (liv. I, p. 53).
[2]. Plutarque, *De placitis*, Phil. 1. II, c. XIII.
[3]. Pesanteur universelle, force centripète et centrifuge. Lois des mouvements des planètes suivant leur distance du centre commun. Dutens, *op. cit.*, chap. VI, t. I, p. 145.

ensuite dans le rapport qu'ils doivent avoir, suivant ce principe, les uns relativement aux autres.

« Il parle encore dans un autre endroit de cette force inhérente dans les corps, c'est-à-dire dans la Terre et dans les autres planètes, pour attirer sur elles tous les corps qui leur sont subordonnés [1]. »

Outre Plutarque, Pline [2], Macrobe [3] et Censorinus [4] expriment la même idée sur ce point et sur le suivant.

*Lois de Newton* (Loi du Carré des Distances).

« Une corde de musique, dit Pythagore, donne les mêmes sons qu'une autre corde dont la longueur est double, lorsque la tension ou la force avec laquelle la dernière tendue est quadruple ; *et la gravité d'une planète est quadruple de la gravité d'une autre qui est à une distance double.* En général, pour qu'une corde de musique puisse devenir à l'unisson d'une corde plus courte de même espèce, sa tension doit être augmentée dans la même proportion que LE CARRÉ DE SA LONGUEUR EST PLUS GRAND et, afin que la gravité d'une planète devienne égale à celle d'une autre planète plus proche du Soleil, elle doit être augmentée à proportion que le CARRÉ DE SA DISTANCE au Soleil est plus grand. Si donc nous supposons des cordes de musique tendues du Soleil à chaque planète, pour que ces cordes devinssent à l'unisson, il faudrait augmenter ou diminuer leur tension dans les mêmes proportions qui seraient nécessaires pour rendre les gravités des planètes égales. » C'est de la similitude de ces rapports que Pythagore a tiré sa doctrine de l'harmonie des sphères [5].

1. Plutarchus, *De facie in orbe lunæ*, p. 924.
2. Plinius, lib. II, chap. xxii.
3. Macrobius, *In somnium Scipionis*, lib. II, ch. i, lib. I. ch. xix.
4. Censorinus, *De die natali*, cap. x, xi et xiii.
5. Gregorii, *Astronomiæ elementa*.

— 14 —

### *Éclipses.*

Comment les prêtres égyptiens et chaldéens avaient découvert la période de 6.585 jours 1/3 qui ramène les éclipses, tant de Lune que de Soleil, les mêmes et dans le même ordre pendant un long intervalle de temps[1].

### INSTRUMENTS.

Le $xix^e$ siècle est surtout remarquable par la perfection apportée dans la construction des machines et des instruments divers. Ce serait folie pure que de prétendre que l'antiquité ait possédé des instruments comparables aux nôtres par leur puissance et leur merveilleuse disposition. Cependant si les anciens connaissaient les lois générales de l'Astronomie, on peut supposer qu'ils possédaient aussi quelques moyens d'examiner le ciel autres que la vue ou le raisonnement.

### *Téléscopes.*

Dutens, rapportant l'opinion de Démocrite sur ce que cet auteur attribuait les taches de la Lune « aux ombres formées par la hauteur excessive de ses montagnes », remarque que la vue seule ne suffit pas à déterminer l'existence de ces montagnes[2].

On ne peut admettre l'existence de téléscopes dans l'antiquité que d'après certaines descriptions dont le sens

---

1. *Journal des Savants*, 1883, p. 643-656, article retrouvé dans les papiers de Biot et publié par son petit-gendre, Lefort; l'exposé était achevé, la démonstration mathématique a été reconstituée par Lefort (note communiquée par Augustin Chaboseau).
2. Chap. x, *op. cit.*

nous échappe en partie puisque nous ignorons ce que l'auteur cherche à décrire.

Ainsi Aristote remarque *qu'en se servant d'un tube* pour regarder les objets on évite la dispersion des rayons qui partent de l'objet pour venir à l'œil.

En raisonnant donc d'après son principe, Aristote jugeait qu'en isolant l'objet que l'on voulait observer et en interceptant la trop grande lumière qui éblouissait la vue, on pouvait découvrir les objets à une plus grande distance; il en allègue pour exemple l'observation déjà connue de son temps, que du fond d'un puits (que l'on peut considérer comme la lunette primitive) on voyait les étoiles en plein midi; ce que l'on sait bien n'avoir lieu que dans cette circonstance, ou avec l'aide d'un télescope, comme il l'observe lui-même; ou bien, dit-il, en regardant à travers un tube. Ce tube dont il parle est l'enfance du télescope. Il jugeait même que plus on prolongerait ce tube, et plus on rapprocherait l'objet, et il en répète la raison qu'il trouve être dans la moindre dispersion des rayons visuels venant de l'objet[1].

Mais une expression tout à fait claire pour montrer l'existence du télescope est celle tirée de Strabon.

En parlant de l'observation, qu'il dit se faire en mer, de la grandeur apparente du diamètre du Soleil à l'horizon, qui surpasse celle qu'il a lorsqu'il est plus élevé, il en rend raison parce qu'il est aperçu, dit-il, à travers le milieu épais des vapeurs qui s'élèvent de l'Océan, comme lorsqu'il est vu à travers les nuages ou bien, ajoute-t-il, *comme lorsque nous regardons à travers un tube; les rayons étant brisés nous font apercevoir les objets* PLUS GRANDS[1].

---

1. Aristoteles, *De generati. animal*, lib. V, c. I., cité par Dutens, chapitre x.
2. Strabon, édit. Amot., lib. III, c. 138.

— 16 —

Remarquez le mot *plus grand* qui indique l'action nécessaire du verre dans le tube.

*Verres grossissants. — Microscopes*[1].

Voici le résumé des recherches de Dutens en cette question, qui vient éclairer la précédente.

Il est naturel de s'informer ici si les anciens avaient les mêmes secours que nous avons pour les aider dans les entreprises que nos plus habiles ouvriers ne peuvent exécuter sans microscope. Et le résultat de nos recherches sera de nous convaincre qu'ils avaient connaissance de plusieurs moyens de soulager la vue, de la fortifier et de grossir les objets.

Jamblique dit que Pythagore s'était appliqué à chercher des instruments qui fussent d'un secours aussi efficace à l'ouïe que la règle, le compas *ou plus particulièrement les verres optiques le sont à la vue*[2]. Plutarque parle des instrument de mathématiques dont Archimède se servait *pour démontrer aux yeux la grandeur du Soleil*[3], ce qui peut encore s'appliquer à l'invention du télescope. Aulu-Gelle, après avoir fait mention des miroirs qui multiplient les objets, parle de ceux qui *renversent l'image des objets;* ce qui ne peut se faire que par les verres concaves ou convexes[4]. Enfin Sénèque s'explique là-dessus avec la plus grande clarté en disant que *l'écriture la plus fine et la plus imperceptible était aperçue par le moyen d'un globe rempli d'eau qui la rendait plus claire et plus grosse*[5]. Ajou-

1. Dutens, *op. cit.*, chap. x, t. II.
2. Jamblic., *De vita Pythagori*, p. 97.
3. Plutarque, *Vita Marcelli*, p. 3-309, lin. 4, et Strabon, lib. III, c. 138.
4. Aulus Gellius, *Noct. Attic.*, lib. XVI, c. 18 et Sénèque, *Quest. Nat.*, lib. I, ch. v-viii.
5. Sénèque, *Quest. Nat.* lib. I, ch. vi, et lib. I, ch. iii, p. 834, lin. 53. Voyez aussi chap. vi.

tez à ceci *les verres ardents* dont l'effet de grossir les objets ne pouvait leur avoir échappé.

On trouve un passage dans la comédie des *Nuées* d'Aristophane qui traite clairement des effets de ces deux verres. L'auteur introduit Socrate interrogeant Strépisiade sur le moyen qu'il se flatte d'avoir trouvé pour être désormais dispensé de payer ses dettes ; et celui-ci lui répond *qu'il a trouvé un verre ardent dont on se sert pour allumer le feu et que, si on lui apporte une assignation, pour payer, il présentera aussitôt son verre au soleil, à quelque distance de l'assignation, et y mettra le feu*[1].

*Réfraction de la lumière. — Isochronisme des vibrations du pendule*[2].

Comme conséquence de la découverte des lentilles les anciens devaient aussi connaître l'action de ces lentilles sur la lumière, c'est-à-dire la réfraction. En effet, Ptolémée et après lui Alhazen disaient que « quand un rayon de lumière passait d'un milieu plus rare, pour entrer dans un milieu plus dense, il changeait de direction et commençait à décrire une ligne dont la direction était entre sa première direction droite et la ligne perpendiculaire tombante dans le milieu plus dense. » Bacon dit encore d'après Ptolémée « que l'angle formé par la différence de ces deux lignes n'est pas toujours divisé en deux parties égales, parce que, suivant la plus ou moins grande densité des différents milieux, le rayon de lumière est plus ou moins réfracté et forcé à s'écarter davantage de sa première direction »[3].

1. *Aristophanes in Nubilibus*, act. II, fc. 1, v. 140.
2. Dutens, *op. cit.*, p. 222.
3. Roger Bacon, *Opus majus*, p. 297-297 (édit, Venet, 1750), et Plutarchus, *De facie in orbe lunæ*, p. 930, lin. 40.

Voici l'extrait des observations d'un savant d'Oxford qui avait examiné les manuscrits arabes de la bibliothèque de cette université :

« Une lettre ne suffit pas, dit-il, pour faire connaître ce que les astronomes arabes ont trouvé à redire dans Ptolémée et leurs tentatives pour le corriger; quel soin ils ont pris pour mesurer le temps par des clepsydres, par d'immenses horloges solaires et même, ce qui surprendra, *par les vibrations du pendule;* avec quelle industrie enfin et avec quelle exactitude ils se sont portés dans ces tentatives délicates et qui font tant d'honneur à l'esprit humain, savoir, de mesurer les distances des astres et la grandeur de la terre [1]. »

\*
\* \*

Il est certes curieux de constater les traces de toutes ces connaissances chez les anciens; mais peut-on prouver qu'ils possédaient aussi quelques idées concernant ce que nous appelons aujourd'hui : « *Les sciences appliquées* » ?

Je vois d'ici le docte professeur de l'Université me demander quelque texte touchant la Vapeur, l'Électricité, la Photographie, j'irai même plus loin et j'ajouterai le Téléphone !

Je n'ai pas l'intention de prouver que les locomotives fussent employées au transport des pierres de la grande Pyramide, non. Mais je suis heureux de montrer comment un initié, l'architecte de Sainte-Sophie, s'amusait à faire des farces à ses ennemis..... au moyen de la force motrice tirée de la vapeur mise en pression !

Voici l'histoire telle à peu près qu'elle est rapportée

---

1. *Edwardi Bernardi epistola ad Huntingtonem transact. Philosoph. ann.* 1684, n° 158, p. 567 et n° 163.
*Vid. et Epistolas Huntingtonianas, Londini* 1704, in-8°.

dans un livre écrit au vi⁰ siècle de notre ère et imprimé en 1660[1].

## La Vapeur.

Anthème de Tralle avait un voisin, homme du monde de l'époque assez riche, recevant beaucoup et complètement brouillé avec lui. Leurs deux maisons se touchaient. Un jour que ledit voisin donnait une grande réception, Anthème de Tralle disposa chez lui un appareil destiné à jouer à son ennemi le plus mauvais tour qui fût.

Cet appareil se composait d'une série de tubes métalliques assez gros venant s'appuyer hermétiquement par une de leurs extrémités contre le toit du voisin sur une certaine étendue.

L'autre extrémité des tubes était en rapport avec une chaudière à moitié pleine d'eau et disposée de telle sorte que la vapeur produite ne pouvait s'échapper que par les tubes.

Quand les invités furent réunis dans la maison voisine et que le festin fut bien en train, Anthème de Tralle alluma du feu sous sa chaudière et en augmenta progressivement l'intensité.

On devine facilement l'effet produit. La vapeur mise en pression dans les tubes et ne pouvant s'échapper nulle part agit avec force sur la résistance la plus faible. Cette résistance c'était le toit du voisin. Ce toit fut tout à coup enlevé tout entier par une force terrible en même temps que des torrents de vapeur envahissaient avec un bruit épouvantable la salle du festin.

La Science était tenue très secrète à cette époque. Aussi les malheureux convives terrifiés ainsi que le pro-

---

1. Agathias, *Rebus Justinis*. Paris, 1660, in-fol. (Bib. Nat., 107, p. 150 et 151).

priétaire et croyant à une vengeance de Jupiter s'enfuirent épouvantés et personne ne mit plus jamais les pieds dans cette maison mal vue des dieux. Anthème de Tralle fut tranquille pour toujours.

L'enseignement à tirer de cette histoire en apparence amusante est très grand. Les détails dans lesquels entre Agathias montrent une connaissance approfondie des effets dynamiques de la vapeur, effets entrevus plus tard par Léonard de Vinci qui donna le plan d'un *canon à vapeur*.

Saint-Yves d'Alveydre cite, dans sa *Mission des Juifs*, le volume d'Agathias à propos de la vapeur.

\*
\* \*

### *L'Électricité.*

Nos électriciens feraient bien triste mine devant ces prêtres égyptiens et leurs initiés (grecs et romains) qui maniaient la foudre comme nous employons la chaleur et la faisaient descendre et tomber à leur gré. C'est Saint-Yves qui va nous montrer la mise en œuvre de ce secret qui constituait une des pratiques les plus occultes du sanctuaire.

« Dans l'*Histoire ecclésiastique* de Sozomène (liv. IX, ch. VI) on peut voir la corporation sacerdotale des Étrusques défendant à coups de tonnerre, contre Alaric, la ville de Narnia qui ne fut pas prise[1]. »

Tite-Live (liv. I, chap. XXXI) et Pline (*Hist. nat.*, liv. II, chap. LIII, et liv. XXVIII, chap IV) nous décrivent la mort de Tullus Hostilius voulant évoquer la force électrique

---

[1]. *Miss. des Juifs*, chap. IV.

d'après les rites d'un manuscrit de Numa et mourant foudroyé pour n'avoir pas su prévoir le choc en retour.

On sait que la plupart des mystères parmi les prêtres égyptiens n'étaient que le voile dont ils couvraient les sciences et qu'être initié dans leurs mystères était être instruit dans ces sciences qu'ils cultivaient. De là on donnait à Jupiter le nom d'Élicius ou Jupiter électrique, le considérant comme la foudre personnifiée, et qui se laissait attirer sur la terre par la vertu de certaines formules et pratiques mystérieuses; car *Jupiter Élicius* ne signifie autre chose que Jupiter susceptible d'attraction, Elicius venant d'*elicere*, suivant Ovide et Varron[1].

> Eliciunt cœlo te, Jupiter; unde minores
> Nunc quoque te celebrant, Eliciumque vocant.
> (Ovid., *Fast.*, liv. III, v. 327 et 328.)

*Le Téléphone. — Télégraphie psychique.*

Les rapports anglais au sujet de la guerre des Indes à propos de la révolte des cipayes signalent un fait bien curieux.

Les bazars indiens savaient toujours les nouvelles des batailles et de leur issue *deux heures* avant que le télégraphe ne les eût apportées.

Cela tient à un procédé de communication psychique employé par tous les Orientaux, procédé qui leur permet de supprimer le temps et l'espace.

A l'appui de ce fait voici le récit d'une aventure arrivée à M. Ferdinand de Lesseps :

« La rapidité avec laquelle les nouvelles se transmettent en pays arabe est merveilleuse. Voici un exemple frap-

---

1. Dutens, t. I*er*, p. 275.

pant dont nous avons été témoin. En mars 1883, M. Ferdinand de Lesseps, lors de son exploration des chotts du sud de la Tunisie pour la Mer Intérieure, débarqua le matin à Sfax. Je le conduisis à la mosquée et lui présentai les notables musulmans. Nous fîmes ensemble la prière. Puis M. de Lesseps leur annonça qu'il était porteur d'une lettre d'Abd-el-Kader recommandant le projet du colonel Roudaire. Il en donna lecture. Le soir il se rembarqua et le lendemain à la première heure il débarquait à Gabès. Or, de Sfax à Gabès, il y a sept jours de marche par terre..., Pourtant, quand le soir même de son arrivée à Gabès M. de Lesseps visita le village de Menzel où l'attendait la *djemmâa*, le chef des anciens le félicita sur la lettre de l'émir. La bonne nouvelle, dit-il, leur était parvenue de Sfax dans la journée[1]. »

*Photographie.*

« Le manuscrit d'un moine de l'Athos, Panselenus, révèle, d'après d'anciens auteurs ioniens, l'application de la chimie à la photographie. Ce fait a été mis en lumière à propos du procès de Niepce et de Daguerre. La chambre noire, les appareils d'optique, la sensibilisation des plaques métalliques y sont décrits tout au long. » (SAINT-YVES D'ALVEYDRE, *Mission des Juifs*, chap. IV.)

*Chimie.*

On avait pris l'habitude dans les traités classiques de considérer la Chimie comme une science de création toute

---

1. Napoléon Ney, *Les Sociétés secrètes musulmanes*. Paris 1890, in-18, p. 34 et 35.

récente. L'Alchimie était regardée comme un amas de recettes empiriques déterminées tant bien que mal par ces fous chercheurs de Pierre philosophale. Dans ces dernières années un de nos plus éminents chimistes, M. Berthelot, publia une série de travaux sur l'Alchimie[1]. Ce savant constate que les alchimistes possèdent une théorie philosophique très profonde et des connaissances chimiques réelles quoique peu connues. Cependant M. Berthelot se refuse à faire remonter l'Alchimie plus haut que le $II^e$ siècle de notre ère. Inutile de dire que nous différons totalement d'avis avec lui, bien que notre opinion soit d'un bien mince poids à l'heure qu'il est vis-à-vis de MM. les universitaires.

Admettons donc que le « Progrès » se soit particulièrement fait sentir au sujet de cette science ; mais constatons cependant que les anciens connaissaient beaucoup de nos corps chimiques et quelques autres dont nous avons perdu notion depuis.

Si vous croyez à l'authenticité des « livres saints » en tant que textes, rappelez-vous d'abord la petite opération chimique à laquelle se livre Moïse dissolvant rapidement le Veau d'Or. Cette dissolution suppose une connaissance assez profonde des manipulations chimiques.

Or Moïse était un prêtre d'Osiris, c'est-à-dire un docteur ès sciences physiques et théurgiques d'Égypte, et de ce fait il connaissait parfaitement la chimie d'alors. Nous verrons tout à l'heure comment on apprenait ces sciences ; pour l'instant contentons-nous de faire tous nos efforts pour établir leur existence.

Si cependant le nom de Moïse vous paraît représenter un mythe, ouvrez un livre d'histoire quelconque et cherchez-y le nom d'un des grands génies de l'antiquité:

---

1. *Les Origines de l'Alchimie*, par M. Berthelot, Paris 1886, in-8°, et articles divers se rapportant à cette question dans la *Grande Encyclopédie*.

Lycurgue, Solon, Pythagore, Platon, vous verrez mentionner leur voyage en Égypte, à tous, et leur séjour dans les temples pour compléter leur instruction[1].

Le procédé de préparation des *momies* indique de profondes connaissances chimiques et n'a pu être retrouvé.

Il en est de même du *ciment* employé alors pour les monuments.

Afin de résumer au mieux le chapitre de Dutens consacré à la chimie des anciens, je diviserai cette énumération en trois parties :

1° Chimie générale ; 2° Chimie médicinale ; 3° Chimie industrielle.

Si je cite toujours Dutens c'est que j'ai vérifié ses citations dans les textes et qu'il a passé la plus grande partie de sa vie dans ces recherches. Je juge inutile de refaire son travail et je croirais malhonnête de ne pas rendre à ce savant ce qui lui est dû, d'autant plus que ses immenses travaux sont presque inconnus.

*Chimie générale.* — Les alkalis et les acides étaient parfaitement connus des anciens.

Le sel alkali signifie proprement ce sel tiré, par l'action du feu, d'une plante égyptienne appelée *Kali;* mais comme on en tire aussi, quoiqu'en moins grande quantité, des autres végétaux, les chimistes entendent par ce mot tous les sels qui, comme celui de cette plante, attirent les acides. Aristote en parle et dit « qu'en Ombrie les cendres de joncs et de roseaux brûlés, cuites dans l'eau, donnent une grande quantité de sels »[2].

---

1. *Profectus est in Egyptum Orphæus, Museus, Dædalus, Homerus, Lycurgus, Solon, Plato, Pythagoras, Eudoxus, Democritus Abderites; hi in Ægypto certe perceperunt omnia quæ apud Græcos fecere admirabilia.* (Diod. Sicul., lib. I, p. 86). (Hannoviæ 1604, 2 vol. in-fol., édit. Wechel). Voyez aussi Dutens, p. 178.
2. Aristoteles, *Meteor*, lib. II, c. III.

Théophraste avait observé la même chose en Ombrie[1].

C'était au « mélange des alkalis avec les acides » que Platon attribuait la cause des effervescences[2].

Salomon sur le même sujet cite comme exemple « l'effet du vinaigre sur le nitre » des anciens[3].

Pline, Strabon, Vitruve, Dioscorides, nous prouvent encore que les Égyptiens connaissaient « toutes les différentes manières de faire le sel, le nitre et l'alun ainsi que le sel ammoniac[4].

*Chimie médicinale*. — Le litharge d'argent, la rouille de fer, l'alun calciné étaient employés pour guérir les ulcères, les coupures, les furoncles, les fluxions des yeux, etc.

Les Égyptiens savaient extraire l'huile et préparer l'opium dont ils faisaient usage pour calmer les grandes douleurs du corps, ou bannir de la mémoire les grands chagrins[5]. Homère paraît avoir eu ce dernier en vue lorsqu'il dit qu'Hélène fit prendre à Télémaque d'une drogue qui avait ces propriétés[6].

Enfin, pour terminer sur ce sujet, rappelons que d'après Dioscorides les emplâtres et les collyres des Égyptiens étaient faits avec le « plomb brûlé, la céruse, le vert-de-gris et l'antimoine brûlé » tout comme en 1890.

*Chimie industrielle*. — On sait aujourd'hui partout que les anciens connaissaient au mieux la métallurgie, aussi n'en parlerons-nous pas.

1. Plinius, lib. XXXI, c. vii.
2. Plato, Timæus, *Harum passionum causæ acida qualitas appelatus.*
3. *Proverb.*, c. xxv, v. 20.
4. Plin., lib. XXXI, c. vii; lib. XXXI, c. xxii et 46; lib. XXXV, c. xv; Strabon, lib. XVII, p. 552-556 (édit. Casaille); Vitius, lib. VIII, c. iii; Dioscorides, lib. V, c. cxxiii.
5. Diod. Sicul., lib. I, p. 87-88; Plin., lib. XXI, c. xxi.
6. Odyssea, ♂. V. 221.

Citons pour mémoire le procédé « pour tirer le vif argent du cinabre, qui est une description exacte de la distillation [1] ».

Le *cristal taillé* devait leur être connu si l'on en croit l'empereur Adrien écrivant au consul en lui envoyant « trois coupes d'un verre très curieux qui, comme le col d'un pigeon, avait la propriété de réfléchir différentes couleurs, étant vues dans un sens différent [2] ».

Enfin voici ce que dit Dutens à ce propos (p. 182) :

« Cet art de contrefaire les pierres précieuses n'était pas particulier aux Égyptiens seuls ; les Grecs, qui le tenaient à la vérité de ces grands maîtres, étaient aussi fort entendus dans cette branche de la chimie; ils savaient donner à un cristal composé les teintures des différentes pierres fines qu'ils voulaient imiter. Pline [3], Théophraste [4] et plusieurs autres en citent quelques exemples que je rapporte ci-dessous et dont les plus remarquables étaient leurs succès à imiter parfaitement les rubis, les hyacinthes, les émeraudes et les saphirs [5]. »

Au point de vue encore plus utile les Égyptiens avaient « l'art de faire éclore des œufs de poule, d'oie, ou de toute autre volaille, en toutes saisons et par différents moyens [6].

La *bière* leur était parfaitement connue comme le montrent Diodore de Sicile [7], Pline [8] et Dioscorides [9].

1. Dioscorides, lib. V, c. cx, et Vitrurius, lib. VII, c. viii.
2. *Flav. Vopiscus Syracusius ex Adrian. Imperator. Epistol. in Saturnino.* Augustæ. Histor. Scriptor, p. 723, édit. 8.
3. Plin. *Hist. Nat.*, lib. XXXVI, c. xxvi, sect. LXVII.
4. Throphrastes, *De Lapidibus. Plin.*, lib. LVII, c. ix, sect. XXXVIII.
5. Seneca, *Epist.* 90, *De Democrito.*
6. Aristoteles, *Hist. Anima.*, lib. VI, c. ii et Flav. Vopiscus, *Saturni*, p. 727.
7. Diod. Sicul., lib. I, p. 17 et 31.
8. Plin., lib. XIII, c. v.
9. Plin., lib. II, c. cx et cix.

Enfin le *sucre*, ils l'ont aussi connu. Théophraste en parle dans son fragment du miel, où il l'appelle *miel des roseaux*, καλαμοις. Pline l'a connu aussi et en parle sous le nom de sel des Indes. Galien et Dioscorides l'ont nommé sacchar [1].

« Dans Plutarque (*Vie d'Alexandre*, chap. xxxix), dans Hérodote, dans Sénèque (*Questions naturelles*, liv. III, chap. xxv), dans Quinte-Curce (liv. X, chap. dernier), dans Pline (*Histoire naturelle*, liv. XXX, chap. xvi), dans Pausanias (*Arcad.*, chap. xxv) on peut retrouver nos acides, nos bases, nos sels, l'alcool, l'éther, en un mot les traces certaines d'une chimie organique et inorganique dont ces auteurs n'avaient plus ou ne voulaient pas livrer la clef. »

Telle est l'opinion de Saint-Yves venant renforcer celle de Dutens [2].

Aux chapitres cités par cet auteur on trouvera surtout la description de poisons et de composés toxiques divers.

*Découvertes inconnues de nous.* — Voilà pour les découvertes que nous connaissons. Il est facile, me direz-vous, quand on parvient à trouver quelque chose de nouveau, de sortir quelques vieux textes prouvant plus ou moins bien que c'était connu depuis longtemps. Mais pouvons-nous trouver dans lesdits textes quelques découvertes faites par les anciens et ignorées totalement de notre époque?

Oui, certes. Je vais en citer deux au hasard, le verre malléable et un curieux procédé de teinture sur étoffe.

---

1. Saumaise, *Exercitationes super Solin*; Guy Patin, *Litt.*, p. 417.
2. Saint-Yves d'Alveydre, *Mission des Juifs*, c. iv.

*Verre flexible.*

L'assertion de la flexibilité et de la ductilité du verre est fondée sur les témoignages de Pline[1], de Pétrone[2], de Ibn-Ald-Alhokm, de Jean de Salisbury, d'Isidore et de quelques autres. Voici le récit de Pétrone :

« Du temps de Tibère il y avait un ouvrier qui faisait des vases de verre d'une consistance aussi forte que s'ils eussent été d'or ou d'argent et ayant été admis en la présence de l'empereur, il lui offrit un vase de ce verre qu'il jugeait digne d'être présenté à un si grand prince. Ayant reçu les éloges que son invention méritait, et son présent étant accepté avec bienveillance, il voulut encore augmenter l'étonnement des spectateurs et son mérite auprès de l'Empereur ; et reprenant le vase de verre à ce dessein, il le jeta avec tant de force contre le plancher, qu'un vase d'airain même se fût ressenti de la violence du coup ; et, le relevant ensuite entier mais tout bosselé, il en redressa sur-le-champ les bosses avec un marteau qu'il tira de son sein, et dans le temps qu'il paraissait s'attendre à la plus haute récompense pour une telle invention, l'Empereur lui demanda si aucun autre que lui ne connaissait cette manière d'apprêter le verre et étant assuré qu'il était le seul, il ordonna sur-le-champ qu'on lui tranchât la tête, de crainte, ajouta-t-il, que l'or et l'argent ne vinssent à être réputés plus vils que la boue. »

*Procédé des Égyptiens pour peindre.*

« Après avoir tracé leur dessin sur une toile blanche, ils remplissaient chaque partie de ce dessin avec diffé-

---

1. Pline, lib. XXXVI, c. xxvi.
2. Petronius Arbiter, p. 189 et 190, et Dutens, *op. cit.*, p. 190 et 191.

rentes sortes de gommes propres à absorber différentes sortes de couleurs, lesquelles gommes ne s'apercevaient pas sur la blancheur de la toile ; ensuite ils trempaient cette toile un moment dans une chaudière pleine d'une liqueur bouillante préparée à cet effet *et l'en retiraient peinte de toutes les couleurs qu'ils avaient eu l'intention de lui donner.* Et ce qu'il y avait de remarquable, était que ces couleurs ne passaient point avec le temps et ne s'en allaient point à la lessive, le caustique employé dans cette liqueur pénétrant intimement la toile[1]. »

*Guerre. — Canons.*

Il est convenu que dans l'art de la guerre la « civilisation » a porté la science à son apogée. C'est possible, du moins les quelques citations suivantes montrent qu'en tout, même en l'art de tuer leurs semblables scientifiquement, les anciens nous ont précédés.

« Porphyre, dans son livre sur l'*Administration de l'Empire*, décrit l'artillerie de Constantin Porphyrogénète.

« Valerianus, dans sa *Vie d'Alexandre*, nous montre les canons de bronze des Indiens.

« Dans Ctésias on retrouve le fameux feu grégeois, mélange de salpêtre, de soufre et d'un hydrocarbure employé bien avant Ninus en Chaldée, dans l'Iran, dans les Indes sous le nom de feu de Bharawa. Ce nom qui fait allusion au sacerdoce de la race rouge, premier législateur des noirs de l'Inde, dénote à lui seul une immense antiquité.

« Hérodote, Justin, Pausanias parlent des mines qui engloutissent, sous une pluie de pierres et de projectiles

---

1. Plinius, *Hist. Natur.*, lib. XXXV, c. xi, sect. XLII ; Plinius, lib. XXXIII, c. ix, sect. XLVI ; Heliodor. Œthiop., lib. III.

sillonnés de flammes, les Perses et les Gaulois envahisseurs de Delphes.

« Servius, Valérius Flaccus, Jules l'Africain, Marcus Grœcus décrivent la poudre d'après les anciennes traditions; le dernier donne même nos proportions d'aujourd'hui. » (Saint-Yves d'Alveydre, *loc. cit.*, chap. IV.)

Voici d'après Dutens (p. 197) l'extrait du manuscrit de Marcus Græcus :

*La Poudre.*

Mais ce qui met cette question (de la poudre) hors de doute, est un passage clair et positif d'un auteur appelé Marcus Græcus dont on voit un ouvrage manuscrit à la Bibliothèque du Roi à Paris, intitulé *Liber Ignium*. Le docteur Mead avait un manuscrit du même ouvrage dont j'ai eu une copie entre les mains. L'auteur « y décrit plusieurs moyens de combattre l'ennemi en lançant des feux sur lui et entre autres il propose celui-ci : *de mêler une livre de soufre vif, deux livres de charbon de saule et six livres de salpêtre;* et de réduire le tout ensemble en une poudre très fine dans un mortier de marbre. Il ajoute qu'en mettant une certaine quantité de cette poudre dans une enveloppe longue, étroite et bien foulée, on la fait voler en l'air (ce qui est la fusée) et que l'enveloppe au contraire avec laquelle on veut imiter le tonnerre, doit être courte et grosse, à moitié pleine et fortement liée d'une ficelle. Il donne ensuite différentes méthodes de préparer la mèche et enseigne aussi le moyen de faire lancer une fusée par une autre fusée en l'air en renfermant l'une dans l'autre. »

**HISTOIRE NATURELLE. — PHILOSOPHIE.**

Dans le chapitre consacré à la *Kabbale*, on trouvera un traité : *Les cinquante portes de l'Intelligence*, sur lequel

G. Poirel s'est appuyé pour prouver la connaissance des lois de l'évolution dès la plus haute antiquité Quant à la Philosophie, nous pensons ce point assez connu pour échapper à toute discussion.

## LA SCIENCE EN CHINE

#### LES BOUSSOLES ASTRONOMIQUES ET ASTROLOGIQUES
#### LE CHAR MAGNÉTIQUE

Les Chinois ont conservé intacte la plus grande partie de la tradition scientifique de l'antiquité.

Le Chinois *invente* mais ne *perfectionne pas ;* de là la supériorité de l'Européen dans les sciences appliquées dont on retrouve l'origine en Chine.

Nous tirons les extraits suivants d'un livre très peu connu : *Lettre à M. de Humboldt sur l'invention de la boussole* par M. J. KLAPROTH. Paris, Librairie Orientale, 1834, in-8°.

Boussole chinoise.

\* \*

Une autre manière de diviser l'horizon est celle en douze rumbs, désignés par les signes du cycle de douze, ou par les noms des douze animaux du même cycle, de la manière suivante :

TSU, ou le rat; le NORD.

*Tcheou*, ou le bœuf, nord 1/3 est.

*In*, ou le tigre; nord 2/3 est.

MAO, ou le lièvre ; l'est.
  *Chin*, ou le dragon ; est 1/3 sud.
  *Szu*, ou le serpent ; est 2/3 sud.
OU, ou le cheval ; le sud.
  *Wei*, ou le mouton ; sud 1/3 ouest.
  *Chin*, ou le singe ; sud 2/3 ouest.
YEOU, ou la poule ; l'ouest.
  *Siu*, ou le chien ; ouest 1/3 nord.
  *Haï*, ou le porc ; ouest 2/3 nord.

Cette division de l'horizon en douze rumbs est généralement usitée au Japon. Voici le cadran d'une boussole chinoise du même genre :

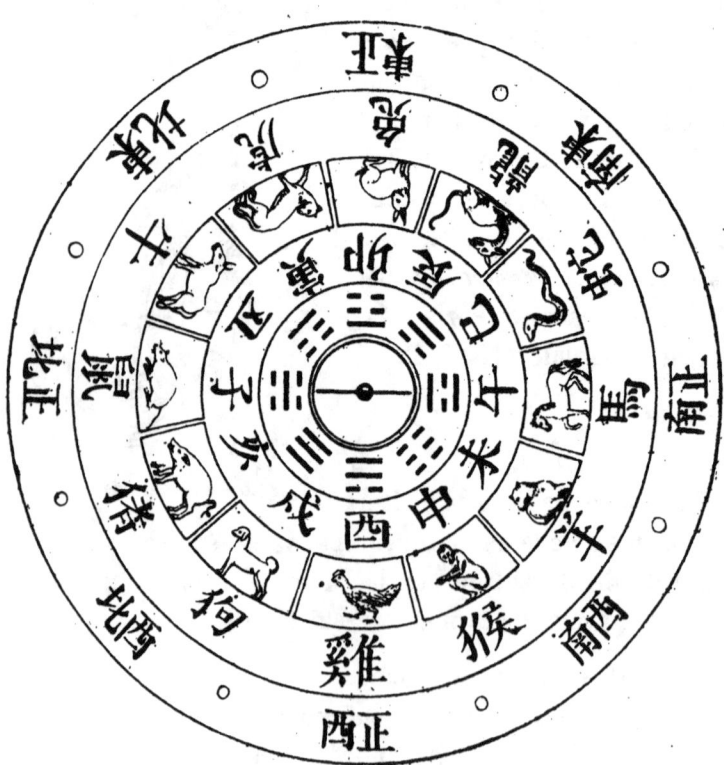

Il y a aussi beaucoup de boussoles chinoises sur lesquelles on emploie cette division des douze signes cycliques, en y ajoutant les figures des animaux qui leur correspondent.

Souvent les boussoles chinoises réunissent plusieurs subdivisions. C'est ainsi que celle représentée sur la planche II, fig. C, contient d'abord dans le premier cercle qui entoure son aiguille les huit *koua* de Fou hi ; dans le suivant les douze signes du cycle, ou les douze heures chinoises, dont deux font une des nôtres. Dans le troisième on voit les douze animaux correspondant à ces douze signes, de sorte que la *souris* indique le nord, le *cheval* le sud, la *poule* l'ouest, le *lapin* l'est, etc. Le quatrième cercle contient les noms de ces animaux en caractère chinois ; enfin dans le cinquième sont marqués les noms des huit rumbs principaux de la boussole, savoir : le nord, le sud, l'ouest, l'est, et les quatre directions intermédiaires entre celles-ci.

« La *boussole astrologique* des Chinois, dit le *Grand Miroir de la langue mandchoue et de la langue chinoise* (rédigé par ordre et sous la direction de l'empereur Khian loung), est un instrument de bois fait comme un miroir (c'est-à-dire comme un plat rond) ; au milieu est placée une aiguille aimantée, autour de laquelle sont écrites les lettres des *branches* et des *troncs* cycliques [1]. Quand on veut construire une maison, les prestigiateurs se servent de cet instrument pour déterminer si l'emplacement est heureusement situé [2]. »

Mais outre les vingt-quatre Tcheou, la boussole astrologique contient encore un grand nombre d'autres divisions

1. C'est-à-dire les signes du cycle de douze, huit de celui de dix, et des quatre *koua* ou trigrammes qui désignent les quatre points cardinaux. Voyez plus haut.
2. *Thseng ting Thsins wen kian*, Kiv. VII, fol. 57 recto.

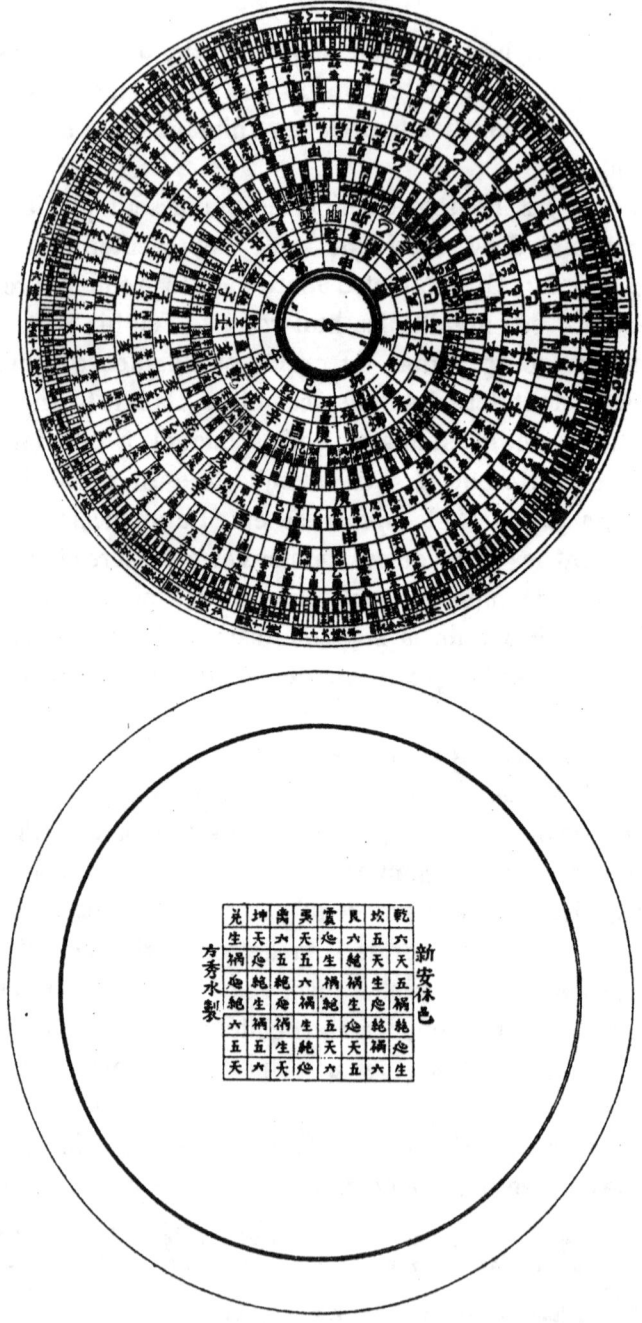

Boussole astrologique des Chinois. — 1. Recto. — 2. Verso.

concentriques partagées par une infinité de lignes dans la direction du centre à la circonférence, comme on peut le voir par celle que j'ai fait lithographier sur la planche III.

La première division concentrique qui entoure l'enfoncement dans lequel se meut l'aiguille, contient huit caractères du cycle de douze, placés de la manière suivante : *Tchin*, au nord ; *In*, au nord-est ; *Chin*, à l'est ; *Yeou*, au sud-est ; *Haï*, au sud ; *Mao*, au sud-ouest ; *Ki*, à l'ouest ; *Ou*, au nord-ouest.

Le second cercle contient vingt-quatre compartiments, dont trois correspondent toujours à un des huit du premier cercle. Les compartiments pris trois à trois contiennent alternativement un ou deux vides, de sorte qu'il n'y en a que douze dans lesquels on voit, ou un des quatre caractères des *Koua* qui entrent dans la rose des vingt-quatre vents, ou deux caractères des cycles de douze et de treize.

Le troisième cercle montre dans vingt-quatre compartiments, où sont répétés diversement les neuf caractères : *Pho*, rompre, détruire ; *Wen*, orné, lettré ; *Wou*, guerre, militaire ; *Lian*, angle ; *Lou*, félicité, bonheur ; *Kiu*, grand, ample ; *Fou*, aider ; *Than*, concupiscence, avidité ; *Py*, assister, assistance.

Le quatrième cercle a encore vingt-quatre compartiments avec les *vingt-quatre Tcheou* ou rumbs de la boussole ordinaire.

Le cinquième cercle contient soixante-douze compartiments, dont douze restent en blanc, tandis que les autres soixante sont remplis de combinaisons des caractères des deux cycles de douze et de dix, de manière que tous les six *Tsu*, tous les six *Tcheou*, tous les six *In*, etc., restent ensemble et sont placés sous les mêmes caractères qui se trouvent dans le cercle précédent.

Le sixième cercle contient cent vingt compartiments, dont soixante-douze sont vides ; dans les autres on voit quarante-huit combinaisons des caractères des deux cycles de douze et de dix.

Le septième cercle se compose de vingt-quatre compartiments, contenant les *vingt-quatre Tcheou*, mais qui ne correspondent pas tout à fait en ligne droite à ceux du quatrième cercle ; ils sont portés à un demi-compartiment plus à gauche, quand on a le sud devant soi.

Le huitième cercle contient les mêmes soixante combinaisons cycliques sans compartiments en blanc, mais placées un peu plus à gauche.

Le neuvième cercle montre, en vingt-quatre compartiments, les *vingt-quatre Tcheou* placés d'un demi-compartiment plus à droite que ceux du quatrième cercle.

Le dixième cercle est divisé en cent vingt compartiments, dont soixante-douze restent en blanc, les autres quarante-quatre contiennent les mêmes quarante-quatre combinaisons cycliques que le sixième cercle, mais placés un peu plus à droite.

Le onzième cercle a, dans soixante compartiments, les combinaisons du cycle de soixante, placées un peu plus à gauche que celles du huitième cercle, et encore plus que celles du cinquième.

Le douzième cercle contient, dans soixante combinaisons, les noms douze fois répétés des cinq éléments chinois, savoir : *Mou*, le bois ; *Ho*, le feu ; *Thou*, la terre ; *Kin*, le métal ; *Choui*, l'eau. Ces cinq éléments correspondent, de la manière suivante, aux cinq époques de l'année, aux cinq régions du monde et aux cinq couleurs principales :

| Le bois. | Le printemps. | L'orient. | Le vert. |
| Le feu. | L'été. | Le sud. | Le rouge. |

| | | | |
|---|---|---|---|
| La terre. | Le milieu de l'année. | Le milieu. | Le jaune. |
| Le métal. | L'automne. | L'occident. | Le blanc. |
| L'eau. | L'hiver. | Le nord. | Le noir. |

Le treizième cercle contient, en trois cent soixante compartiments, le nombre des degrés occupés par chacun des vingt-huit Palais célestes qui sont indiqués dans le quinzième cercle.

Le quatorzième a autant de compartiments, et contient des signes qui ont rapport à ces degrés, mais que je ne sais expliquer.

Le quinzième cercle, enfin, contient les *vingt-huit Sou* ou *Palais* de l'écliptique chinoise, qui sont :

A L'ORIENT.

1. *Kio*, la corne, ayant plus de 12 degrés[1].
2. *Kang*, le cou, ayant plus de 9 degrés.
3. *Ti*, l'origine, ayant moins de 16 degrés.
4. *Fang*, la maison, ayant plus de 5 degrés.
5. *Sin*, le cœur, ayant 6 degrés.
6. *Wei*, la queue, ayant 18 degrés.
7. *Ki*, le crible, ayant 9 degrés et demi.

AU NORD.

8. *Teou*, le boisseau, ayant plus de 22 degrés.
9. *Nieou*, le bœuf, ayant 7 degrés.
10. *Niu*, la femme, ayant 11 degrés.
11. *Hiu*, le vide, ayant moins de 9 degrés.
12. *Ouei*, le péril, ayant 16 degrés.
13. *Chy*, l'édifice, ayant moins de 18 degrés.
14. *Py*, le mur, ayant plus de 9 degrés.

A L'OCCIDENT.

15. *Khouei*, le milieu entre les hanches, ayant 18 degrés.
16. *Leou*, le vide, ayant plus de 12 degrés.
17. *Wei*, l'estomac, ayant moins de 15 degrés.

---

1. Ces indications sont fort vagues et souvent peu exactes. Conf. *Mémoires concernant les Chinois*, vol. XVI, p. 6 du *Traité de la Chronologie chinoise*, du P. Gaubil.

18. *Mao*, les Pléiades, ayant 11 degrés.
19. *Py*, cesser, finir, ayant 16 degrés et demi.
20. *Tse*, le bec, ayant un demi-degré.
21. *Thsan*, ajouter, augmenter, ayant 9 degrés et demi.

AU SUD.

22. *Tsing*, le puits, ayant moins de 30 degrés.
23. *Kouei*, le mauvais génie, ayant 2 degrés et demi.
24. *Lieou*, le saule, ayant 13 degrés et demi.
25. *Sing*, l'étoile, ayant plus de 6 degrés.
26. *Tchang*, l'arc bandé, ayant plus de 17 degrés.
27. *Y*, la clarté, ayant moins de 20 degrés.
28. *Thin*, le mouvement, ayant plus de 18 degrés.

Sur le revers des boussoles astrologiques chinoises que j'ai eu occasion de voir, on lit toujours la même formule cabalistique de soixante-quatre caractères, dont les huit de la ligne supérieure sont les noms des huit *koua* ou trigrammes de Fou hi. Ces soixante-quatre caractères ne donnent aucun sens raisonnable ; ils doivent avoir une signification mystique. Des deux côtés de ce morceau on lit : « Fait par *Fang sieou choui Hieou y*, district de *Sin ngan*. »

Voilà tout ce que je peux dire sur un instrument dont je ne connais nullement l'usage. La moitié méridionale de l'aiguille de toutes ces boussoles est enduite d'un vernis rouge, pour qu'on puisse toujours distinguer le pôle sud, qui, comme nous l'avons vu, est le principal pour les Chinois.

---

## QUELQUES AUTRES DÉCOUVERTES SCIENTIFIQUES DES CHINOIS

Les Chinois ont connu également la cause du flux et du reflux de la mer, longtemps avant la découverte de *Kepler*, qui l'attribue à la force attractive que la lune exerce sur notre globe, et par laquelle elle attire les eaux de la mer. *Yu ngan khi*, auteur de l'encyclopédie intitulée *Thang loui han*, écrivit cet ouvrage sous la dynastie des Thang, et par conséquent au moins avant la fin du ix° siècle. Il y cite un traité nommé *We li lun*, ou *Discours sur la nature des choses*, dans lequel il est dit que « la lune, étant le principe le plus pur de l'eau, influe sur les marées, qui sont petites ou grandes, selon la diminution ou la croissance de la lune ».

*Yu tao ngan*, auteur du xii° siècle, dit dans la préface de son *Tableau des marées :* « Que la marée s'accroisse ou se retire, les eaux de la mer n'augmentent ni ne diminuent. La cause de ce phénomène est dans la proximité de la lune, car les eaux vont ou viennent selon l'époque de la journée ; la lune tourne à droite, et le ciel a sa rotation vers la gauche ; chaque jour il y a une révolution complète, dans laquelle cet astre s'approche des quatre points cardinaux. Ainsi, quand la lune est dans le voisinage des points de la boussole nommés *mao* (l'est) et *yeou* (l'ouest), les eaux croissent à l'est ou à l'ouest, et quand elle s'approche des points *tsu* (le nord) et *ou* (le sud), la marée reflue tranquillement vers le nord ou le sud. Ces changements et ces accroissements, qui vont et viennent en se succédant sans cesse, dépendent entièrement de la lune et nullement du soleil. » — Le même auteur ajoute : « Quand la lune, en marchant, s'éloigne du soleil, les marées sont hautes ; mais vers la fin de la nouvelle lune, elles commencent à diminuer peu à peu, et c'est pour cette raison qu'on ne peut alors connaître leur force (ou mesure). »

*Tcheou chouang*, qui vivait du temps de l'empereur Kao tsoung, de la dynastie des Soung, composa, dans les années *Khian tao* (de 1165 à 1173 de J.-C.), le *Ling ngan tchi*, ou la description de la ville de Ling ngan[1] et de son territoire. Il y cite, sur le phénomène des marées, les différentes explications qui ont eu cours en Chine. « On lit, dit-il, dans le *Kao li thou king* (qui est une description de la Corée) : Le flux et le reflux, qui vont et viennent à des époques fixes, sont produits par l'attraction que le ciel et la terre exercent mutuellement l'un sur l'autre. C'est de cette manière que les anciens ont toujours expliqué ce phénomène. Selon le *Chan hai king* (qui est une ancienne cosmographie fabuleuse), il provient du mouvement du poisson *thsieou* quand il sort et quand il rentre[2]. Les livres bouddhiques veulent qu'il soit occasionné par les métamorphoses du dragon divin (le dieu de la mer) ; mais *Theou chu moung*, dans son traité sur les mers et les pics, dit que le flux et le reflux sont causés par l'influence plus ou moins grande de la lune. »

L'origine de l'imprimerie date, en Chine, des premières années du x° siècle. Cet art fut inventé dans le petit royaume de *Chou*, situé dans la province de Szutchhouen, lequel subsista depuis 891 jusqu'en 925 de J.-C., époque à laquelle il fut détruit par l'empereur *Tchouang tsoung* des Thang postérieurs. Les rois de Chou avaient déjà fait imprimer des éditions soigneusement revues des quatre livres de Confucius et quelques autres ouvrages et traités élémentaires destinés à l'instruction de la jeunesse. Sous le règne de l'empereur Ming tsoung des Thang postérieurs, dans la 2° des années *Tchhang hing*, ou 932 de J.-C., les

---

1. *Ling ngan* est la ville actuelle de *Hang tcheou fou* dans le Tchhe kiang. Elle était à cette époque la résidence des empereurs des Soung méridionaux. C'est le *Quinsai* de Marco Polo.
2. Poisson fabuleux qui passe pour avoir plusieurs milliers de *li* de longueur, et habiter dans une caverne au fond de la mer. Quand il en sort, la marée monte, et quand il y rentre, elle baisse.

ministres *Fung tao* et *Li yu* proposèrent à ce prince d'ordonner à l'académie *Koue tsu kian* de revoir les *neuf King*[1], de les faire graver sur des planches, imprimer et vendre. L'empereur adopta cet avis ; mais ce ne fut que sous *Tai tsou*, de la dynastie des Tcheou postérieurs, dans la 2° des années *Kouang chun*, ou en 952, que la gravure des planches des neuf King fut achevée. On les distribua alors, et ils eurent cours dans tous les cantons de l'empire[2]. Ce n'est donc pas à *Fung tao* qu'il faut attribuer l'invention de l'imprimerie, quoique les imprimeurs chinois le révèrent comme leur patron.

Au Japon, cet art ne fut introduit que dans la 2° des années *Ghen kiu* (Yuan kieou), sous le règne du 83° Daïri *Tsoutsi mikado-no in*, c'est-à-dire en 1205. Les caractères furent alors faits en cuivre, et on garde encore une quantité considérable de ces types à la cour du Daïri. On se servit aussi du bois de l'arbre *Adzousa* (en chinois *Tsu*, Dryaedra cordata), mais, comme il était trop mou, on le remplaça dans la 19° des années *Kei tsiô* (Khing tchhang), sous le règne du 108° Daïri *Go yô zei in*, ou en 1614, par des tablettes de bois de cerisier, sur lesquelles on grave les ouvrages destinés à l'impression. Cette méthode est encore aujourd'hui la seule dont on se serve au Japon. Le papier fut importé de la Corée dans ce pays, l'an 601 de notre ère, par un prêtre bouddhiste nommé *Don teô* (Than tching), qui présenta du papier et de l'encre au 34° Daïri *Soui ko ten o*. Auparavant les Japonais se servaient de l'écorce intérieure de l'arbre *Finoki* (Thuya orientalis),

---

1. Sous la dénomination des *neuf King* ou livres classiques, on comprenait à cette époque le *Y king*, le *Chou king*, le *Chi king*, le *Li ki*, le *Yo king*, le *Tchhun thsieou*, le *Lun yu*, le *Hiao king* et le *Siao hio*.

2. Voyez *Thoung kian kang mou*, édition de 1707, Kiv. LVI, fol. 21 verso. — *Encyclopédie japonaise*, vol. VII, fol. 31. — *Kiun chou pi khao* de *Yuan liao fan*, édition de 1642, vol. I, fol. 46 verso.

sur laquelle ils traçaient les caractères avec une pointe de bois trempée dans du vernis.

L'imprimerie, originaire de la Chine, aurait pu être connue en Europe environ cent cinquante ans avant qu'elle n'y fût découverte, si les Européens avaient pu lire et étudier les historiens persans, car le procédé de l'impression employé par les Chinois se trouve assez clairement exposé dans le *Djema'a et-tewarikk*, de Râchid-eddin, qui termina cet immense ouvrage historique vers l'an 1310 de J.-C. En rendant compte des matériaux dont il s'est servi pour composer l'histoire des rois du Khataï, il dit : « Tous les livres qu'on y publie (au Khataï) sont très élégamment écrits, car chaque page de ces livres est nettement tracée sur une planche, et y est confrontée avec la plus grande exactitude par des savants, qui en confirment le contenu par leur propre signature sur le dos de cette planche, qu'on remet alors aux meilleurs sculpteurs avec ordre de la graver. Quand les pages d'un livre sont terminées de cette manière, on ajoute à chaque feuille son numéro. Ces planches sont déposées dans les bibliothèques, et gardées, dans des boîtes cachetées, par des employés très circonspects et fidèles, exactement comme les poinçons de la monnaie. Ces employés y apposent leur cachet. Si quelqu'un désire avoir une copie du livre, il faut qu'il se rende à cet établissement, et paie une certaine somme aux gardiens, qui sortent alors les planches, et en impriment une copie sur du papier, comme s'ils se servaient d'un sceau d'or, et la lui remettent. De cette manière, il est impossible qu'un exemplaire d'un livre contienne plus ou moins que l'autre, etc. »

\*
\* \*

De tout cet amas de citations sur des objets si divers quelles conclusions devons-nous tirer ?

1° *Que les anciens possédaient une science*, fait inconnu de nos jours.

2° *Que la partie historique de tous nos livres de physique, de chimie, d'histoire naturelle et de médecine est à refaire en rendant à l'antiquité la justice qui lui est due.*

Les extraits de Dutens que nous avons accumulés en les groupant le mieux que nous avons pu, suffiront-ils à faire comprendre ces deux conclusions?

L'avenir nous le montrera.

## § 3. — L'INSTRUCTION DANS L'ANTIQUITÉ
## INITIATION AUX MYSTÈRES SACRÉS

### L'INSTRUCTION DANS L'ANTIQUITÉ

Maintenant que nous connaissons l'existence d'une science dans l'antiquité il est temps de voir comment l'instruction était donnée.

Aujourd'hui l'instruction se divise en trois grandes parties : instruction primaire, instruction secondaire, instruction supérieure.

L'instruction primaire est donnée généralement par la commune dans les écoles, l'instruction secondaire est donnée dans les collèges et les lycées, l'instruction supérieure dans les facultés.

Or le caractère qui spécialise tous nos degrés d'enseignement c'est l'horreur de l'originalité. On détruit par tous les moyens possibles toutes les facultés actives et productrices de l'être humain : *la volonté* sous le prétexte d'infuser l'idée de discipline, *l'imagination* pour fuir ses écarts possibles et l'on remplace ces merveilleuses facultés par d'autres absolument improductives personnellement ou socialement : *l'inertie intellectuelle*, la peur d'avoir des idées à soi et la *mémoire*.

L'antiquité possédait également trois degrés principaux d'instruction, ainsi que nous le verrons tout à l'heure ; mais ce que nous tenons à bien faire remarquer de suite, c'est l'horreur des anciens pour la médiocrité collective décorée du nom « d'instruction générale ». Leurs procédés tendaient tous à *originaliser* les hommes, à séparer chacun d'eux de son voisin par des idées et des procédés tout personnels. Voilà pourquoi les Athéniens étaient tous artistes, à quelque classe sociale qu'ils appartinssent, les artistes étant des êtres personnels avant tout.

Aussi est-ce avec le plus grand étonnement que nous avons lu dans l'ouvrage classique d'un professeur de l'Université (que nous nous abstiendrons de nommer par respect pour elle) que l'instruction de Pythagore était équivalente à celle d'un bachelier actuel ! Ils sont rares, ce me semble, les bacheliers et même les docteurs ès lettres ou ès sciences capables d'organiser un peuple et de lui donner des lois justes tout en enrichissant l'humanité des plus belles découvertes scientifiques.

Si l'on veut retrouver intacte l'organisation de l'enseignement telle qu'elle existait dans l'antiquité, il suffit d'étudier avec soin les institutions de la Chine qui a tout conservé religieusement mais (heureusement ou malheureusement) n'a rien perfectionné. L'excellent ouvrage de M. Simon[1] donne de précieuses indications à cet égard.

L'enfant recevait sa première instruction dans la

---

1. *La Cité chinoise*, par L. Simon, consul de France en Chine. Paris 1888, in-8°.

famille, puis apprenait une profession s'il ne voulait pas s'instruire davantage.

Dans chaque grand centre il y avait un *temple*. Les prêtres n'étaient pas comme aujourd'hui ignorants de toutes les sciences. Le titre de prêtre dans l'antiquité correspondait au moins au grade de docteur actuel, si bien que chaque temple renfermait les médecins, les ingénieurs, les législateurs nécessaires aux besoins des populations environnantes, en même temps que les évocateurs et les théurges nécessaires aux œuvres mystiques (inconnues des modernes). Les prêtres de tous les dieux sortant tous de la même école étaient unis sur toute la terre par les signes mystérieux des initiés. Cette grande communion universelle des savants qu'on retrouve aujourd'hui chez les *lettrés* de la Chine, explique pourquoi les « guerres religieuses » étaient inconnues de ces prétendus païens. C'est dans le temple métropolitain qu'allaient s'instruire les jeunes gens désireux de perfectionner leur instruction.

Enfin ceux qui aspiraient à faire partie des « classes dirigeantes » devaient faire le voyage d'Égypte où se trouvait le centre intellectuel de l'Occident, où était donnée l'instruction supérieure après de terribles épreuves. Cette instruction constituait *les Mystères*.

*\*\*\**

*L'instruction dans l'antiquité. — Divisions.*

« L'éducation et l'instruction élémentaires étaient, après la callipédie, données par la famille.

« Celle-ci était religieusement constituée selon les rites

de l'ancien culte des Ancêtres et des Sexes au foyer, et bien d'autres sciences qu'il est inutile de nommer ici.[1].

« L'éducation et l'instruction professionnelles étaient données par ce que les anciens Italiens appelaient la *gens* et les Chinois la *jin*, en un mot par la tribu, dans le sens antique et très peu connu de cette expression.

« Des études plus complètes, analogues à notre instruction secondaire, étaient le partage de l'adulte, l'œuvre des temples, et se nommaient Petits Mystères.

« Ceux qui avaient acquis, au bout d'années quelquefois longues, les connaissances naturelles et humaines des Petits Mystères prenaient le titre de Fils de la Femme, de Héros, de Fils de l'Homme et possédaient certains pouvoirs sociaux, tels que la Thérapeutique dans toutes ses branches, la Médiation auprès des gouvernants, la Magistrature arbitrale, etc... etc...

« Les Grands Mystères complétaient ces enseignements par toute une autre hiérarchie de sciences et d'arts, dont la possession donnait à l'initié le titre de Fils des Dieux, de Fils de Dieu, selon que le temple n'était pas ou était métropolitain et, en outre, certains pouvoirs sociaux appelés sacerdotaux et royaux[2]. »

*Les mystères. — Conditions d'admission.*

C'est donc dans le Temple que se trouvait renfermée cette science dont nous avons d'abord cherché l'existence et que nous allons maintenant poursuivre de plus en plus près. Nous sommes parvenus à ces mystères dont tous parlent et que si peu connaissent.

Mais pour être admis à subir ces initiations fallait-il

---

[1]. Voir comme preuve *la Cité antique* de Fristel de Coulanges.
[2]. Saint-Yves d'Alveydre, *Mission des Juifs*, p. 79.

être d'une classe spéciale, une partie de la nation était-elle forcée de croupir dans une ignorance exploitée par les initiés recrutés dans une caste fermée ?

Pas le moins du monde : tout homme, de quelque rang qu'il fût, pouvait se présenter à l'initiation et, comme mon affirmation pourrait ne pas suffire à quelques-uns, je renvoie à l'ouvrage de Saint-Yves pour le développement général et je cite un auteur instruit entre tous dans ces questions, Fabre d'Olivet, pour élucider ce point particulier :

« Les religions antiques, et celle des Égyptiens surtout, étaient pleines de mystères. Une foule d'images et de symboles en composaient le tissu : admirable tissu ! ouvrage sacré d'une suite non interrompue d'hommes divins, qui, lisant tour à tour, et dans le livre de la Nature et dans celui de la Divinité, en traduisaient en langage humain le langage ineffable. Ceux dont le regard stupide, se fixant sur ces images, sur ces symboles, sur ces allégories saintes, ne voyaient rien au delà, croupissaient, il est vrai, dans l'ignorance ; mais leur ignorance était volontaire. Dès le moment qu'ils en voulaient sortir, ils n'avaient qu'à parler. Tous les sanctuaires leur étaient ouverts ; et s'ils avaient la constance et la vertu nécessaires, rien ne les empêchait de marcher de connaissance en connaissance, de révélation en révélation, jusqu'aux plus sublimes découvertes. Ils pouvaient, vivants et humains, et suivant la force de leur volonté, descendre chez les morts, s'élever jusqu'aux Dieux, et tout pénétrer dans la nature élémentaire. Car la religion embrassait toutes ces choses ; et rien de ce qui composait la religion ne restait inconnu au souverain pontife. Celui de la fameuse Thèbes égyptienne, par exemple, n'arrivait à ce point culminant de la doctrine sacrée, qu'après avoir parcouru tous les grades inférieurs, avoir alternativement épuisé la dose de science dévolue à chaque grade, et s'être montré digne d'arriver au plus élevé.

. . . . . . . . . . . . . . . . . .

« On ne prodiguait pas les mystères parce que les mystères étaient quelque chose ; on ne profanait pas la connaissance de la Divinité, parce que cette connaissance existait ; et pour conserver la vérité à plusieurs, on ne la donnait pas vainement à tous [1]. »

### L'INSTRUCTION SUPÉRIEURE

*Les grands mystères. — Les épreuves.*

Afin de bien montrer la différence entre les procédés actuels et les procédés anciens en usage pour l'instruction supérieure, nous allons énumérer en détail l'initiation aux grands mystères.

Nous publions presque *in extenso* le chapitre de Delaage [2] consacré à cette question. Ce chapitre est une traduction fidèle des écrits de Jamblique [3]. On trouvera encore des renseignements à ce sujet dans *l'Ane d'Or* d'Apulée et actuellement dans les rites secrets de la Franc-Maçonnerie.

1. Fabre d'Olivet, *La Langue hébraïque restituée*, p. 7, 2ᵉ vol.
2. Delaage, *La Science du Vrai*, Paris 1884, in-8°.
3. Jamblichus, *De Mysteriis Ægyptiorum*, Chaldeorum, Assyriorum. — Lugduni 1652, in-12 (Bibliothèque nationale, O³ A-491).

*Initiation aux mystères de l'antique Orient.*

> Savoir, pouvoir, oser, se taire.
> ZOROASTRE.
> Le fait de l'initiation est d'élever l'homme à Dieu.
> SALLUSTE.
> L'initiation sert à retirer l'âme de la vie matérielle en y répandant la lumière.
> PROCLUS.
> Moïse, ayant été instruit dans toute la sagesse des Égyptiens, était puissant en œuvres et en paroles. (*Actes des apôtres,* ch. VII. v. 22.)

En Égypte, depuis quarante siècles, les pyramides révèlent par leur forme, aux générations qui passent, le dogme éternellement immuable de la Trinité sainte. Ancien temple d'initiation, elles ont été traversées par tous les grands génies des temps antiques, elles ont donné des législateurs et des civilisateurs à tous les peuples; immobiles comme la tradition qui y était pieusement déposée, elles ont vu sans frémir les convulsions et les bouleversements des empires; elles sont restées debout dans la majestueuse attitude de l'éternelle vérité. Aussi les âmes qui souffrent du scepticisme de ce siècle, se reportent avec bonheur au temps de foi ardente où les fondateurs de religion venaient y puiser l'eau vive de la vérité et la connaissance des destinées immortelles de l'homme; car suivant la remarque de saint Augustin, Moïse était versé dans toutes les sciences de l'initiation des Égyptiens. Nous allons considérer ces mystères à leur véritable point de vue: la régénération de l'âme. Aussi nous croyons du plus haut intérêt, pour tous les esprits sérieux, d'étudier de quelle manière l'homme y était mis en état d'entrer en communication immédiate avec son Dieu.

On nous reprochera peut-être de venir ruiner l'influence du clergé, en datant plus haut que lui, qui ne remonte que jusqu'à Moïse, tandis que nous, nous prenons ces sciences quatre cents ans avant son initiation. Pour répondre, nous affirmons que si un adversaire de la publicité que nous donnons aujourd'hui peut, comme les mages, supprimer l'imprimerie, quand elle leur a été offerte par des Phéniciens, nous livrons ce livre au feu.

Lorsqu'un homme sentait en son âme une soif ardente de la vérité, en son cœur le courage nécessaire pour braver les terribles épreuves de l'initiation, il gravissait jusqu'à la seizième assise de la grande pyramide de Memphis, où se trouvait une fenêtre taillée dans le granit qui jour et nuit restait ouverte. Cette ouverture, seule entrée du temple d'initiation, d'environ trois pieds carrés, était située au nord ; côté du froid, des ténèbres, de l'ignorance ; là, s'ouvrait devant l'aspirant une galerie froide, humide, basse et voûtée comme un caveau funéraire, où, une lampe à la main, il s'avançait en rampant péniblement ; après de longs détours, il atteignait enfin un puits à large orifice, enduit partout d'un asphalte très sombre et poli comme une glace. L'ouverture de ce gouffre d'où sortait une fumée noire et épaisse, semblait un des soupiraux de l'enfer ; aussi en présence de cet abime béant, souvent le cœur défaillait à l'aspirant, qui, se glissant de nouveau sur le ventre, retournait sur ses pas, renonçant à sa périlleuse entreprise. L'homme, au contraire, qui avait le courage de persévérer, voyait alors l'initié qui l'accompagnait mettre sur sa tête la lampe, puis disparaître dans ce ténébreux précipice à l'aide d'un escalier intérieur dont l'obscurité profonde dissimulait les échelons de fer ; le candidat l'y suivait en silence. Après avoir descendu environ soixante degrés, il rencontrait une ouverture qui servait d'entrée à un chemin taillé dans le roc, et descendait en spirale pendant un espace d'environ quarante mètres ; à l'extrémité se trouvait une porte d'airain à deux battants, qui s'ouvrait devant lui sans effort et sans bruit, mais qui, se refermant d'elle-même, produisait un son éclatant qui, répercuté par les échos de ces profonds souterrains, allait avertir les prêtres qu'un profane venait de s'engager dans la galerie qui menait aux épreuves.

En cet instant, l'initié, qui accompagnait l'aspirant, lui déclarait qu'il ne pouvait l'accompagner plus loin, lui faisait écrire son testament en lui faisant pressentir la mort comme probable dans les épreuves périlleuses qu'il allait entreprendre, en sorte qu'il fallait une grande audace de cœur pour oser persévérer. Les aspirants, qui continuaient leur route, suivaient de nouveau la galerie. Des deux côtés, s'ouvraient des niches creusées; dans ces parois, dans ces caveaux, étaient placées des statues de basalte disposées de manière que, projetant à la lueur vacillante de la lampe de l'aspirant leurs images fantastiques, il se crût environné des ombres des trépassés, accourus pour contempler la vue étrange d'un homme descendu vivant aux enfers. Enfin, il arrivait à une porte gardée par trois hommes armés d'épées et coiffés de casques en forme de tête de chacal. Ces gardiens, dont la Fable a fait Cerbère, s'avançaient vivement sur lui; un d'eux, le prenant à la gorge, lui disait : Passe, si tu l'oses, mais garde-toi de reculer, car nous veillons jour et nuit à cette porte, pour nous opposer à la retraite de ceux qui l'ont franchie et pour les retenir à jamais renfermés dans ces lieux souterrains. Si ces paroles n'ébranlaient pas la résolution de l'aspirant, les gardes s'écartaient pour lui livrer passage. Il n'avait pas fait cinquante pas, qu'il apercevait devant lui une lumière très vive. Bientôt il se trouvait dans une salle voûtée, qui avait plus de cent mètres de long et de large. A droite et à gauche s'élevaient deux bûchers formés de branches de baumes arabiques, d'épine d'Égypte et de tamarin, trois sortes de bois très souples, très odoriférants, très inflammables. Il fallait que l'aspirant traversât cette fournaise, dont la flamme se réunissait en berceau au-dessus de sa tête. A peine sorti de ce brasier ardent, il se trouvait en présence d'un torrent alimenté par le Nil, qui lui barrait le passage. Alors, se dépouillant de ses vêtements, il les roulait, les attachait sur sa tête, en ayant soin de fixer au-dessus sa lampe dont la clarté, dissipant les ténèbres qui l'enveloppaient, devait indiquer à sa vue la rive opposée. A peine avait-il abordé au rivage, qu'il trouvait devant lui une arcade élevée, conduisant à un palier de six pieds carrés, dont le plancher dérobait à sa vue le mécanisme sur lequel il reposait. Une porte d'ivoire, garnie de deux filets d'or qui indiquaient qu'elle s'ouvrait en dedans, lui barrait de nouveau le passage. Vainement essayait-il de se frayer un chemin en forçant cette porte ; elle résistait à tous ses efforts. Tout à coup, deux anneaux très brillants s'offraient à ses regards, mais, à peine y avait-il porté la main, que le plancher se dérobait sous ses pieds, le laissant suspendu aux anneaux au-dessus d'un abîme, d'où s'échappait un vent furieux qui éteignait sa lampe. Assourdi par le bruit, glacé par le froid, ballotté par le vent, il restait dans cette cruelle suspension plus d'une minute. Peu à peu, cependant, ces anneaux descendaient, et le récipiendaire sentait de nouveau le plancher sous ses pieds. La porte s'ouvrait, il se trouvait dans un temple étincelant de lumière.

Ces épreuves n'avaient pas seulement pour but de s'assurer du courage de l'aspirant, mais, par un symbolisme effrayant, de lui enseigner que l'homme qui, dès cette vie, aspire à posséder la vie éternelle, doit commencer par mourir au monde, descendre vivant dans le tombeau, séjourner assez longtemps dans le sein de la terre pour s'y dépouiller de son corps mortel et n'en ressortir que converti et régénéré, pour renaître à une vie nouvelle après avoir triomphé des quatre éléments de la nature, dont, par le péché originel, il était devenu l'esclave. L'idée que les peuples de l'antiquité se faisaient de l'initiation était si haute, que nous voyons les poètes épiques faire descendre leurs héros aux enfers, qui n'étaient que la révélation de l'initiation aux mystères d'Isis. Nous avons montré l'aspirant victorieux dans sa lutte avec la nature ; nous allons assister à un duel éperdu entre son âme et son corps, afin que, enfant de ténèbre, il soit fait enfant de lumière et demi-dieu. Les héros de l'antiquité étaient des initiés, comme l'indique la racine étymologique du mot qui, en grec, veut dire *amour*, ils avaient l'âme embrasée, non de l'amour borné d'une femme, mais de l'amour infini de la divinité et de l'humanité qui crée ici-bas les héros et les saints. La porte par laquelle l'aspirant entrait dans le sanctuaire, était pratiquée dans le piédestal de la triple statue d'Isis, d'Osiris et d'Orus, trinité auguste, image des trois manifestations du Dieu créateur de l'univers. Là, le néophyte était reçu par les prêtres rangés sur deux lignes, parés de riches ornements, sur lesquels il distinguait un triangle rayonnant de lumière, au milieu duquel brillait un œil en diamant, pour indiquer qu'ils étaient prêtres d'Osiris, dont le nom signifie *œil de Dieu*. A leur tête était le porte-flambeau, tenant dans ses mains un vase d'or en forme de vaisseau nommé *Baris*, d'où jaillissait une clarté éblouissante, symbole de la lumière incréée. Un second portait le *van* mystique ; tous avaient à la main des symboles d'épuration, de force et de puissance. Le hiérophante l'embrassait trois fois, le faisait mettre à genoux devant la triple statue, et l'engageait à s'unir de cœur à cette prière qu'il prononçait à haute voix : « O grande déesse Isis, éclaire de tes lumières ce mortel, qui a surmonté tant de périls, accompli tant de travaux, et fais-le triompher encore dans les épreuves de l'âme afin qu'il soit tout à fait digne d'être initié à tes mystères. » Quand tous les assistants avaient répété ces paroles en se frappant la poitrine, le grand prêtre lui tendait la main pour le relever, puis le conduisait à une porte, qui s'ouvrait au fond de ce premier temple. Là, il invitait l'aspirant à frapper trois fois ; alors, une voix sévère, sortant de l'intérieur, demandait au profane ce qu'il voulait. D'après les conseils des prêtres, celui-ci répondait qu'il était un pénitent descendu vivant dans le sein de la terre pour y confesser ses fautes, les expier et obtenir la lumière. Alors il entendait un bruit terrible de chaînes, et, la porte glissant sur ses gonds, il se trouvait dans un lieu faiblement éclairé, en présence d'un tribunal composé de trois prêtres ; leur robe blanche d'initié était couverte d'une large tunique d'un rouge de sang. Celui du milieu avait la tête couverte d'une mitre sur laquelle était gravé en pierreries un œil rayonnant, image de l'œil de Dieu qui voit tout. Une chaîne d'or ornait son cou et laissait pendre sur sa poitrine un saphir, sur lequel se voyait une femme nue se contemplant dans un miroir : cette femme, c'est l'âme prenant connaissance d'elle-même dans le miroir de la Vérité ; c'est la conscience. Ces trois prêtres, dont la Fable a fait les trois juges des enfers, Minos, Éaque et Rhadamante, ordonnaient à l'aspirant de confesser les fautes de sa vie. L'aspirant devait déclarer, non seulement les actions coupables qu'il avait commises, mais les circonstances dans lesquelles il les avait commises, enfin, terminer par un exposé exact de ses bonnes ou mauvaises inclinations. Quand il avait terminé sa confession, les prêtres le faisaient conduire dans une salle d'attente et examinaient si ses aveux coïncidaient avec les renseignements recueillis à l'avance et confirmés par la configuration phrénologique de son crâne, l'air de son visage, le jeu de sa physionomie. Quand les juges, dont l'œil sondait les replis les plus intimes de sa conscience, avaient reconnu sa franchise, ils l'admettaient au bienfait de leur initiation ; mais, avant de le faire passer par ses formidables épreuves, on lui présentait une coupe contenant le breuvage de l'oubli, dont les poètes ont fait le fleuve Léthé. Après qu'il avait bu cette première coupe, on lui en présentait une seconde, contenant le breuvage de la mémoire, pour lui apprendre qu'il fallait oublier les erreurs de ce monde et ne se souvenir que des vérités auxquelles il allait être initié. Les bords de la coupe d'oubli étaient frottés de miel, mais le vin qu'elle contenait avait l'amertume du fiel, tandis que les bords de la coupe de mémoire étaient enduits de fiel, mais contenait un nectar exquis, symbole profond et éternellement vrai. Aujourd'hui encore, le monde nous présente à notre entrée la coupe des voluptés au fond de laquelle sont les maladies et la mort. La religion nous présente le calice d'amertume du Dieu martyr, au fond duquel se trouvent la force, la santé, le bonheur. L'expiation contenait deux parties : la contrition du corps et l'ascension de l'âme. Avant de conduire l'aspirant dans la salle des tortures, les prêtres le prévenaient qu'il lui était permis de poursuivre sa route vers la lumière, mais qu'avant d'y parvenir, il lui restait de terribles souffrances à endurer. Les supplices de l'expiation consistaient à remplir des tonneaux percés, à rouler un cylindre de pierre au haut d'une espèce de colline placée en travers, à l'extrémité orientale du lieu des tourments, surnommé Champ des larmes. Ces tortures, qui étaient aussi pénibles que stériles, lui enseignaient qu'il ne faut jamais déshonorer la majesté d'un travail utile, en l'infligeant comme punition. Suivant la tradition, le péché avait été la révolte de la raison orgueilleuse contre Dieu ; on la combattait par l'humilité, en la soumettant à un travail aussi déraisonnable, en apparence, qu'inutile en réalité. Sa raison terrassée, restait le corps à broyer, en mortifiant la chair par un long jeûne et une héroïque chasteté. La sagesse des hiérophantes, pour souffler en ses veines la flamme phosphorescente de l'amour, le livrait sans vêtements à des femmes armées de verges, qui, en flagellant sa chair, faisaient rapidement circuler son sang bouillonnant de tous les feux de la plus ardente passion. Car, pour arriver à l'héroïsme, il faut avoir surmonté les terribles tentations de la chair révoltée, qui se débattait avec des rugissements farouches sous la main qui les châtiait avec une cruelle furie. Les poètes ont donné à ces femmes furieuses, qui mettaient le corps de l'aspirant en sang, le nom d'Euménides, mot qui veut dire *bienveillantes*. Les pédants de collège n'y voient qu'une antithèse, nous y voyons une appellation d'une profonde justesse, car, dans ce châtiment infâme, qui faisait, pour ainsi dire, voltiger la chair en lambeaux sanglants, nous apercevons la renaissance de l'âme et sa souveraineté sur les sens surexcités, mais matés. Plusieurs ordres ont emprunté aux mystères d'Isis la flagellation. De nos jours, elle est restée en usage chez les Pères de saint Dominique, appelés plus ordinairement Frères prêcheurs, et l'on cite plusieurs d'entre eux, qui se font donner la discipline sanglante au moins une fois chaque semaine.

La renaissance spirituelle de l'aspirant commençait par le chant d'hymnes religieux et le son d'instruments à cordes qui, en vertu de la loi de l'harmonie, communiquaient sympathiquement leur vibration à la lyre intérieure de son cœur. A cet appel mélodieux, l'âme endormie se réveillait et, pour la première fois, se sentait vivante. Après l'enchantement spirituel de l'aspirant, venait son édification, dont l'étymologie latine veut dire : faire un temple ; et qui avait pour but de concentrer en l'âme, par un recueillement intérieur, l'esprit de lumière et de vie qui surabondait en lui, par suite du régime de mortification que lui imposaient les hiérophantes. L'aspirant, de la sorte, au lieu de verser sa vie dans la jouissance enivrante d'une volupté bestiale, l'arrachait courageusement de sa chair et la portait en son âme, pour en faire un sanctuaire digne d'être le tabernacle de l'esprit de Dieu. Le troisième terme de l'ascension de l'âme était la fixation, pour que l'esprit de Dieu, qui souffle où il veut, daignât résider en lui et y rester ; de même que le feu sacré était confié à des vierges romaines, du nom de Vestales, chargées, sous peine de mort, de l'entretenir éternellement, ce feu vivant était entretenu par trois Vertus : la Foi, l'Espérance et la Charité, qui lui faisaient trouver Dieu dans tous les membres de l'humanité souffrante. Jour et nuit, la prière, en élevant l'âme vers la divinité, la faisait converser avec elle et la mettait en état d'être ici-bas l'intermédiaire entre Dieu et sa créature.

Quand le corps de l'aspirant avait été mortifié par une contrition expiatoire et son âme vivifiée par l'esprit saint, des prêtres le conduisaient dans un lieu de délices appelé Élysée ; c'était un jardin de quatre lieues de longueur, sur deux de large ; on entrait par des chemins plantés d'arbustes odoriférants ; là, régnait un air tiède et parfumé qui mêlait aux fleurs du printemps les fruits de l'automne ; sur des gazons fins étoilés de fleurs, paraissaient des génisses blanches, destinées aux sacrifices ; des jeunes filles et des jeunes garçons s'y exerçaient dans une lutte pleine de grâce, propre à déployer leurs membres charmants dans d'attrayantes proportions ; ce qui achevait de changer ce lieu en un paradis de séduisante volupté, c'étaient des corbeilles artistement arrangées, qui présentaient d'elles-mêmes à l'aspirant mourant de faim leurs fruits savoureux ; des coupes d'or, qui, remplies d'un vin exquis, tentaient sa soif : enfin, des bosquets retirés, où des femmes vêtues d'une gaze légère, à demi couchées sur des lits de pourpre, l'appelaient près d'elles, par leur regard amoureux, leur doux sourire et la pose alanguie de leur corps voluptueusement modelé ; la tentation, comme un serpent de feu, s'insinuait dans tous ses sens, et s'efforçait en ce moment dernier de remporter la victoire, car, s'il succombait, le fruit de tous ses travaux antérieurs était perdu ; il restait pour jamais enfermé dans les pyramides, où il pouvait devenir un officier de second ordre ; si au contraire il sortait victorieux de cette dernière épreuve dont la fable a fait le supplice de Tantale, on proclamait dans toute la ville qu'un initié était sorti triomphant des épreuves de l'initiation. Entré par la fenêtre du nord, il en sortait le jour de sa manifestation triomphale, par la grande porte du midi, précédé d'une longue procession de prêtres revêtus d'ornements magnifiques, et portant en leur main différents symboles figuratifs de la religion égyptienne. Le grand prêtre, habillé en soleil, donnait la main à l'initié vêtu de blanc, le front ceint d'une couronne de myrte, et portant à la main la palme de la victoire ; il était suivi d'un char de triomphe dans lequel il ne montait jamais, pour montrer qu'il dédaignait les honneurs de ce monde. C'était une fête pour la ville de Memphis ; de toutes les fenêtres, on l'accablait de fleurs, on répétait son nom avec acclamation ; le roi venait sur son balcon, accompagné de sa cour, pour le complimenter ; de retour dans le temple, il faisait ses adieux aux prêtres qui l'avaient initié, et souvent dès le lendemain, il retournait dans son pays. Nous avons vu l'initié descendre dans le puits de la pyramide pour y chercher la vérité. Après l'avoir reçue, il la revoilait par des mythes et des symboles; de là le nom de révélateur qu'on lui donnait, dont la racine étymologique veut dire voiler à nouveau.

Il était fort rare que l'initié d'Osiris, avant de retourner en son pays, n'allât pas en Perse et dans l'Inde, pour étudier la haute sagesse des brahmanes et des mages. Son titre d'initié le dispensait des épreuves physiques et des pratiques de contrition expiatoire; faisons comme lui, entrons d'abord dans le temple de Mithra.

Après avoir triomphé des épreuves physiques, l'aspirant aux mystères de Mithra avait sept grades ou degrés à franchir pour être mage ; les épreuves terminées, on le conduisait dans un antre qui représentait le monde; le plafond était arrondi en dôme peint en couleur azur, pour simuler la voûte du firmament; les astres étaient figurés par des etoiles ciselées en or; là, on le plongeait dans l'eau pour l'y purifier, puis un prêtre lui soufflait sur le front comme pour lui inspirer l'esprit de lumière en prononçant ces mots : « Que l'esprit de Dieu soit avec vous, et qu'il y réside comme dans un temple. » On lui plaçait sur le cœur la pointe d'une épée nue et une couronne était déposée sur sa tête, il devait la rejeter en disant: « C'est Mithra qui est ma couronne. » Cette cérémonie est d'un très profond enseignement en nous montrant que tout homme qui aspirera à posséder la lumière de la vérité ne doit pas craindre la mort et rejeter les richesses et les honneurs de ce monde, comme sur la montagne, le Christ les rejeta quand Satan les lui offrit.

L'aspirant était alors déclaré soldat de Mithra, premier grade des mystères; le second était celui de lion, le troisième celui de prêtre, le quatrième de Perse, le cinquième celui de Brominos, le sixième d'Élios, le septième celui de mage. C'étaient donc des initiés du septième grade, que ces hommes experts dans la connaissance du divin qui quittèrent leur sanctuaire, pour venir se prosterner devant un petit enfant couché dans une crèche, parce qu'ils avaient vu son astre et avaient reconnu que c'était l'astre du fils de Dieu. Cette démarche démontre à tout esprit supérieur que Dieu a voulu qu'au berceau de son fils, se rencontrassent les deux manières de connaître l'avenir, les bergers par les anges et l'esprit de lumière par les mages.

Comme Melchisédech, les mages offraient à Dieu, en sacrifice, le pain et le vin, le priant de l'avoir pour agréable et de le bénir. Puis après, se passant de lèvres en lèvres cette coupe remplie de vin, ils disaient ces sublimes paroles : « Buvez et donnez à boire à ceux qui ont soif », puis ils se passaient ensuite le pain en disant: « Mangez et donnez à manger à ceux qui ont faim ». Nous trouvons dans les musées d'antiquité orientale un bas-relief intitulé *torobole*. On y voit un jeune guerrier sortant d'une grotte, le front coiffé d'un bonnet phrygien qui, les traits inspirés d'un sublime courage, terrasse un taureau et plonge un couteau en son cœur saignant. Devant lui se trouve un homme portant une torche ardente élevée. Voilà le sens sacré de cette sculpture magique; il représente par le jeune homme au bonnet phrygien, l'initié, quittant le monde des ténèbres, symbolisé par la grotte, tuant en lui, par la mortification, la chair, figurée par le taureau, pour arriver à la lumière supra intelligente, qui est tenue devant lui sous la forme d'une torche allumée.

L'initié d'Osiris, après avoir étudié cette haute sagesse des mages, que nous avons été heureux de faire connaître à nos lecteurs, se rendait chez les brahmanes de l'Inde, pour y assister à leurs prodiges, qui ont une grande analogie avec les phénomènes du somnambulisme et les merveilles du médianimisme moderne. Accompagnons chez eux Apollonius de Tyane. Philostrate, qui a écrit la vie d'Apollonius, rapporte que lorsqu'il se présenta chez les brahmanes, Iarchas, leur chef, dès qu'il vit Apollonius, lui demanda la lettre du roi de l'Inde. Comme Apollonius s'étonnait de la prescience d'Iarchas, celui-ci ajouta : « Il y a dans cette lettre une omission qui a échappé au roi, il y manque un *D* », et cela se trouva vrai. Aujourd'hui, ce genre de vue à travers les corps opaques se nomme lucidité.

Puis il vit ces hommes prodigieux s'élever dans l'air à la hauteur de deux coudées et y planer.

Cette élévation de terre, très habituelle à certains médiums, se nomme aujourd'hui *lévitation*.

Enfin, il vit des tables et des sièges marcher tout seuls.

Mais ce qui l'émerveilla davantage, fut un démon chassé par Iarchas, un boiteux, un aveugle et un sourd-muet, guéris rien que par l'attouchement de ce brahmane, qui possédait non seulement *la science du vrai*, comme nous l'avons constaté par ses opinions philosophiques, mais, de plus, avait le don d'opérer des guérisons miraculeuses ; car cette science, comme nous le prouverons, non seulement vous soustrait à la maladie, mais vous donne le pouvoir de guérir les autres.

### Antiquité des mystères.

Quelle était donc l'antiquité de ces mystères ?
Quelle était leur origine ?
On les retrouve à la base de toutes les grandes civilisations antiques, à quelque race qu'elles appartiennent. Pour

l'Égypte seule, dont l'initiation a formé les plus grands hommes hébreux, grecs et romains, nous pouvons remonter à plus de dix mille ans, ce qui montre assez combien sont fausses les chronologies classiques.

Voici les preuves de cette assertion :

« S'agit-il de l'Égypte[1] ?

« Platon, initié à ses mystères, a beau nous dire que dix mille ans avant Ménès a existé une civilisation complète, dont il a eu les preuves sous les yeux ;

« Hérodote a beau nous affirmer le même fait tout en ajoutant, lorsqu'il s'agit d'Osiris (Dieu de l'ancienne Synthèse et de l'ancienne Alliance Universelle), que des serments scellent ses lèvres et qu'il tremble de dire mot ;

« Diodore a beau nous certifier qu'il tient des prêtres d'Égypte que, bien avant Ménès, ils ont les preuves d'un état social complet, ayant duré jusqu'à Horus dix-huit mille ans.

« Manéthon, prêtre égyptien, a beau nous tracer, rien qu'à partir du seul Ménès, une chronologie consciencieuse nous reportant six mille huit cent quatre-vingt-trois ans en arrière de la présente année ;

« Il a beau nous prévenir qu'avant ce souverain vice-roi indien plusieurs cycles immenses de civilisation s'étaient succédé sur la terre et en Égypte même ;

« Tous ces augustes témoignages, auxquels on peut ajouter ceux de Bérose et de toutes les bibliothèques de l'Inde, du Thibet et de la Chine, sont nuls et non avenus pour le déplorable esprit de sectarisme et d'obscurantisme qui prend le masque de la Théologie. »

1. Saint-Yves d'Alveydre, *Mission des Juifs*, p. 95.

*Science antique et Science moderne. — La Science occulte.*

Arrivés en cet endroit de nos recherches, jetons un coup d'œil d'ensemble sur les points que nous avons abordés, et voyons les conclusions auxquelles ils nous est permis de nous arrêter.

Nous avons d'abord déterminé l'existence dans l'antiquité d'une science aussi puissante dans ses effets que la nôtre, et nous avons montré que l'ignorance des modernes à son égard provenait de la nonchalance avec laquelle ils abordaient l'étude des anciens.

1° *La science existait (Scientia).*

Nous avons ensuite vu que cette science était enfermée dans les temples, centres de haute instruction et de civilisation.

Enfin nous avons pu savoir que personne n'était exclu de cette initiation dont l'origine se perdait dans la nuit des cycles primitifs.

2° *La Science était cachée (Scientia occulta).*

Trois genres d'épreuves étaient placées au début de toute instruction : des épreuves physiques, des épreuves morales et des épreuves intellectuelles. Jamblique, Porphyre et Apulée parmi les anciens, Lenoir[1], Christian[2], Delaage[3] parmi les modernes, décrivent tout au long ces épreuves sur lesquelles je crois inutile d'insister davantage. Notons simplement que des serments terribles empêchaient les initiés de révéler au dehors ce qu'ils savaient autrement que par des symboles. Jésus se conforme à cette règle quand il parle aux profanes par paraboles qu'il

1. *La Franc-Maçonnerie rendue à sa véritable origine* (1814).
2. *Histoire de la Magie* (1863).
3. *La Science du Vrai* (Dentu, 1884).

explique ensuite à ses élèves dans le sermon sur la montagne, et dont il révèle le troisième sens tout à fait secret seulement à l'un d'eux, son disciple favori saint Jean, l'auteur de l'*Apocalypse*.

Cette méthode nous montre qu'un des caractères de la Science d'alors était de cacher les enseignements, de les voiler.

3° *La Science cachait aux profanes ses enseignements* (*Scientia occultans*).

Enfin :

4° C'était avant tout la *Science du caché* (*Scientia occultati*), ainsi que nous allons le voir.

Une étude même superficielle des écrits scientifiques que nous ont laissés les anciens permet de constater que si leurs connaissances atteignaient la production des mêmes effets que les nôtres, elles en différaient cependant beaucoup quant à la méthode et à la théorie.

Pour savoir ce qu'on apprenait dans les temples, il nous faut chercher les restes de ces enseignements dans les matériaux que nous possédons et qui nous ont été en grande partie conservés par les alchimistes. Nous ne nous inquiéterons pas de l'origine plus ou moins apocryphe (d'après les savants modernes) de ces écrits. Ils existent et cela doit nous suffire. Si nous parvenons à découvrir une méthode qui explique le langage symbolique des alchimistes et en même temps les histoires symboliques anciennes de la conquête de la Toison d'Or, de la Guerre de Troie, du Sphinx, nous pourrons sans crainte affirmer que nous tenons un morceau de la science antique.

Voyons tout d'abord la façon dont les modernes traitent un phénomène naturel pour mieux connaître par opposition la méthode antique.

Que diriez-vous d'un homme qui vous décrirait un livre ainsi :

« Le livre que vous m'avez donné à étudier est placé sur
« la cheminée à deux mètres quarante-neuf centimètres
« de la table où je suis, il pèse trois cent quarante-cinq
« grammes huit décigrammes, il est formé de cent qua-
« rante-deux petites feuilles de papier sur lesquelles
« existent cent dix-huit mille deux cent quatre-vingts ca-
« ractères d'imprimerie, qui ont usé quatre-vingt-dix
« grammes d'encre noire. »

Voilà la description expérimentale du phénomène.

Si cet exemple vous choque, ouvrez les livres de science moderne et voyez s'ils ne répondent pas exactement comme méthode à la description du Soleil ou de Saturne par l'astronome qui décrit la place, le poids, le volume et la densité des astres, ou à la description du spectre solaire par le physicien qui compte le nombre des raies !

Ce qui vous intéresse dans le livre ce n'est pas le côté matériel, physique, mais bien ce que l'auteur a voulu exprimer par ces signes, ce qu'il y a de caché sous leur forme, le côté métaphysique pour ainsi dire.

Cet exemple suffit à montrer la différence entre les méthodes anciennes et les méthodes modernes. Les premières, dans l'étude du phénomène, s'occupent toujours du côté général de la question, les autres restent *a priori* cantonnées dans le domaine du fait.

Pour montrer que tel est bien l'esprit de la méthode antique, je rapporte un passage très significatif de Fabre d'Olivet sur les deux façons d'écrire l'histoire [1].

---

[1]. Je fais mes excuses au lecteur pour les citations dont je surcharge ce traité; mais je suis obligé de m'appuyer à chaque pas sur des bases solides. Ce que j'avance paraît si improbable à beaucoup, et j'ignore pourquoi, que le nombre de preuves servira à peine à combattre une incrédulité de parti pris.

« Car il faut bien se souvenir que l'histoire allégorique de ces temps écoulés, écrite dans un autre esprit que l'histoire positive qui lui a succédé, ne lui ressemblait en aucune manière et que c'est pour les avoir confondues qu'on est tombé dans de si graves erreurs. C'est une observation très importante que je fais ici de nouveau. Cette histoire, confiée à la mémoire des hommes, ou conservée parmi les archives sacerdotales des temples en morceaux détachés de poésie, ne considérait les choses que du côté moral, ne s'occupait jamais des individus, et voyait agir les masses; c'est-à-dire les peuples, les corporations, les sectes, les doctrines, les arts même et les sciences, comme autant d'êtres particuliers qu'elle désignait par un nom générique.

« Ce n'est pas, sans doute, que ces masses ne pussent avoir un chef qui en dirigeait les mouvements. Mais ce chef, regardé comme l'instrument d'un esprit quelconque, était négligé par l'histoire qui ne s'attachait jamais qu'à l'esprit. Un chef succédait à un autre chef, sans que l'histoire allégorique en fît la moindre mention. Les aventures de tous étaient accumulées sur la tête d'un seul. C'était la chose morale dont on examinait la marche, dont on décrivait la naissance, les progrès ou la chute. La succession des choses remplaçait celle des individus. L'histoire positive, qui est devenue la nôtre, suit une méthode entièrement différente, les individus sont tout pour elle . elle note avec une exactitude scrupuleuse les dates, les faits que l'autre dédaignait. Les modernes se moqueraient de cette manière allégorique des anciens, s'ils la croyaient possible, comme je suis persuadé que les anciens se seraient moqués de la méthode des modernes, s'ils avaient pu en entrevoir la possibilité dans l'avenir. Comment approuverait-on ce qu'on ne connaît pas? On n'approuve que ce qu'on aime ; on doit toujours connaître tout ce qu'on doit aimer[1]. »

Reprenons maintenant ce livre imprimé qui nous a servi à établir notre première comparaison en notant bien qu'il y a deux façons de le considérer :

Par ce que nous voyons, les caractères, le papier, l'encre, c'est-à-dire par les signes matériels qui ne sont que la représentation de quelque chose de plus élevé, et par ce quelque chose que nous ne pouvons pas voir physiquement : les idées de l'auteur.

Ce que nous voyons manifeste ce que nous ne voyons pas.

*Le visible est la manifestation de l'Invisible.* Ce principe, vrai pour ce phénomène particulier, l'est aussi pour tous les autres de la nature, comme nous le verrons par la suite.

Nous voyons encore plus clairement la différence fondamentale entre la science des anciens et la science des modernes.

La première s'occupe du visible uniquement pour découvrir l'invisible qu'il représente.

La seconde s'occupe du phénomène pour lui-même sans s'inquiéter de ses rapports métaphysiques.

La science des anciens, c'est la science du caché, de l'ésotérique.

La science des modernes, c'est la science du visible, de l'exotérique.

Rapprochons de ces données l'obscurité voulue dont les anciens ont couvert leurs symboles scientifiques et

---

[1]. Fabre d'Olivet, *Vers dorés de Pythagore*, p. 26 et 27.

nous pourrons établir une définition acceptable de la science de l'antiquité qui est :

    La science cachée      —    *Scientia occulta.*
    La science du caché    —    *Scientia occultati.*
    La science qui cache
        ce qu'elle a dé-
        couvert             —    *Scientia occultans.*

Telle est la triple définition de la :

## SCIENCE OCCULTE.

Char magnétique des Chinois (Voy. p. 31).

CHAPITRE II

## LA MÉTHODE DE LA SCIENCE OCCULTE
### ET SES APPLICATIONS

---

### § 1. — LA MÉTHODE DE LA SCIENCE OCCULTE
#### L'ANALOGIE

LA MÉTHODE DANS LA SCIENCE ANTIQUE. — L'ANALOGIE. — LES TROIS MONDES. — LE TERNAIRE. — LES OPÉRATIONS THÉOSOPHIQUES. — LES LOIS CYCLIQUES.

Après avoir déterminé l'existence dans l'antiquité d'une science réelle, son mode de transmission, les sujets généraux sur lesquels elle portait de préférence son étude, essayons de pousser notre analyse plus avant en déterminant les méthodes employées dans la Science antique que nous avons vue être la Science occulte (*Scientia occulta*).

Le but poursuivi était, comme nous le savons, la détermination de l'invisible par le visible, du noumène par le phénomène, de l'idée par la forme.

La première question qu'il nous faut résoudre, c'est de savoir si ce rapport de l'invisible au visible existe vraiment et si cette idée n'est pas l'expression d'un pur mysticisme.

Je crois avoir assez fait sentir par l'exemple du livre, énoncé précédemment, ce qu'était une étude du visible, du phénomène, comparée à une étude de l'invisible, du noumène.

Comment pouvons-nous savoir ce que l'auteur a voulu dire en voyant les signes dont il s'est servi pour exprimer ses idées?

Parce que nous savons qu'il existe un rapport constant entre le signe et l'idée qu'il représente, c'est-à-dire entre le visible et l'invisible.

De même que nous pouvons, en voyant le signe, déduire sur-le-champ l'idée, de même nous pouvons en voyant le visible en déduire immédiatement l'invisible. Mais pour découvrir l'idée cachée dans le caractère d'imprimerie, il nous a fallu apprendre à lire, c'est-à-dire employer une méthode spéciale. Pour découvrir l'invisible, l'occulte d'un phénomène, il faut apprendre aussi à lire par une méthode spéciale.

La méthode principale de la Science occulte c'est l'Analogie. Par l'analogie on détermine les rapports qui existent entre les phénomènes.

## L'ANALOGIE

Deux méthodes préférées guident actuellement la plupart des chercheurs qui passent alternativement des excès de l'une aux excentricités de l'autre : *l'induction* et *la déduction*.

L'induction part des faits pour remonter à des lois tirées du groupement d'un certain nombre de ces faits. C'est la méthode essentiellement scientifique, méthode toujours préférée des écoles teintées de matérialisme.

La déduction, au contraire, part d'axiomes considérés

comme des lois, axiomes qu'on applique ensuite en groupant les faits suivant leur concordance avec ces affirmations. C'est la méthode essentiellement religieuse, toujours préférée des écoles teintées de métaphysique.

Or de même que le caractère fondamental de la Science occulte est la découverte du lien qui réunit la Science et la Foi, de même la méthode de l'occultisme participe des deux précédentes et ne peut se passer du concours d'aucune d'entre elles.

Edgar Poë montre avec son génie ordinaire comment il est nécessaire d'admettre une source de raisonnements autre que l'induction ou la déduction. (Voyez *Eureka*.)

L'analogie peut indifféremment partir du fait ou de l'axiome.

Si elle part du fait elle doit découvrir de suite en lui une loi assez générale pour constituer une formule synthétique applicable à tous les faits possibles. Le fait doit lui fournir immédiatement l'axiome.

Si elle part de l'axiome au contraire elle doit déterminer une loi telle qu'elle s'applique de suite à un fait quelconque pris au hasard.

Cette idée revient à dire que la Nature est construite d'après un *type primitif* qu'on trouvera répété, sinon dans sa forme du moins dans son essence, partout. De là la formule des alchimistes énonçant l'analogie : εν το παν. (Tout est dans tout.)

Un exemple ou deux vont éclairer tout cela. *La Marche du Soleil.* — Certains auteurs ont cru découvrir le clef de toute la mythologie antique dans la Marche du Soleil et ses diverses phases. Si l'on veut bien prendre garde à ce que nous allons développer on verra de suite l'erreur capitale des partisans de la théorie du « Mythe Solaire », qui ont confondu une loi générale avec un fait particulier.

Le Soleil considéré vulgairement par un profane comme tournant autour de la Terre subit des alternatives de chaleur ou de froid sous l'influence desquelles naissent *les saisons*.

Au Printemps la Nature semble naître à nouveau sous l'influence des baisers de l'Astre du Jour. En Été l'ardeur productrice est à son maximum en Automne arrive l'époque des récoltes, l'époque de calme général; enfin en Hiver tout semble mort à jamais. Le Soleil est froid et n'a plus d'action bienfaisante.

Telle est en quelques lignes la description générale du phénomène. Cette Marche de Soleil est une manifestation de la *Loi générale d'évolution* et nous allons voir comment les mythologues auraient pu prendre à la place de ce fait n'importe quel autre reproduisant *analogiquement* la même loi.

Résumons les faits qui se présentent à nous pendant les saisons :

1. Naissance du Soleil      *Le Printemps*
   (Sa croissance)
2. Puissance du Soleil      *L'Été*
   (Maximum d'effet)
3. Décroissance de force du Soleil      *L'Automne*
4. Cessation des effets bienfaisants du
   Soleil. — (Mort apparente)      *L'Hiver*
5. Retour du printemps, etc.

On peut donc figurer les saisons par un cercle ainsi.

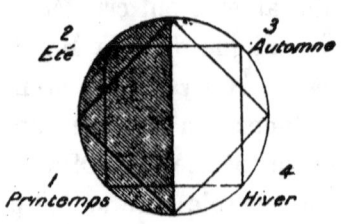

La première moitié du cercle indique la période de croissance, la seconde moitié la période de décroissance.

La théorie du Mythe solaire serait vraie si cette loi ne s'appliquait qu'au soleil.

Mais faut-il méditer bien longtemps pour voir qu'elle s'applique aussi exactement *à la vie humaine?*

*L'enfance* c'est le printemps, *la jeunesse* l'été, *l'âge mûr* l'automne et *la vieillesse* l'hiver.

Il ne s'agit pas ici d'une comparaison poétique, il s'agit d'une loi vraie, la loi d'évolution dont nous trouverons l'application partout.

Le même cercle peut figurer cette évolution en changeant les noms.

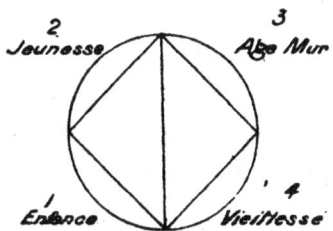

On peut appliquer à cette loi une foule d'autres faits. Signalons en passant *l'évolution d'un jour* qui reproduit ces phases comme toutes les évolutions possibles dans ses quatre périodes.

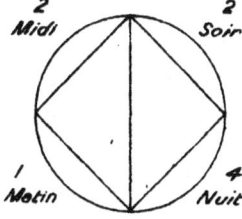

On peut de même considérer sous le même aspect *l'évolution du mois* en quatre phases lunaires, le matin correspondant au *premier quartier*, le midi à la *pleine lune*, le soir au *dernier quartier* et la nuit à la *nouvelle lune*.

Partout nous verrons une période de croissance et une période de décroissance, telle est la formule véritable de la loi d'évolution applicable au « Progrès » comme à tout le reste.

En considérant la Marche du Soleil nous pouvons donc découvrir la loi d'évolution générale applicable à tout.

Mais cette loi nous pouvons aussi bien la découvrir en considérant la Vie humaine ou bien la Marche de la Lune pour former le mois ou bien la Marche de la Terre pour former le jour.

Cette loi générale nous pouvons aussi bien la tirer d'un fait que d'un autre, et bien plus un seul des faits suffit à nous la donner.

Mais il serait ridicule de prétendre qu'un de ces faits a plus d'importance que les autres, puis cette loi « la Marche du Soleil » n'est pas davantage la clef de la mythologie que la Marche de la Lune ou celle de la Terre. — La clef véritable ce n'est pas, encore une fois, un fait, c'est une loi et c'est cette *loi d'évolution* que les anciens ont symbolisée dans tous ses détails en leur merveilleuse et savante mythologie.

L'année, la vie humaine, le jour, le mois sont donc *analogues*, suivant tous une même loi. Il ne viendra à l'idée de personne qu'ils sont « semblables », erreur dont il faut bien se garder en appliquant l'analogie.

Dans chaque fait quelque minime qu'il soit, il y a donc une loi générale cachée comme en chaque homme il y a Dieu d'après les maîtres mystiques. Mais pour trouver cette loi générale il ne faut pas s'arrêter à des constatalions de détail, ainsi que nous le montre la figure suivante.

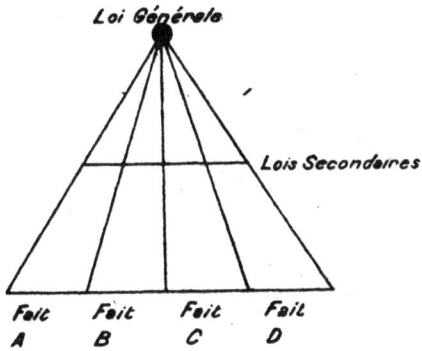

Les faits A, B, C, D, situés à la base du triangle, ne présentent aucune similitude entre eux. Si l'on s'arrête aux lois secondaires situées au milieu du triangle on ne pourra non plus les réunir, mais si l'on monte jusqu'au sommet on verra que là tous viennent converger, tous sont unis en un point. Ce point d'union de tous les faits c'est *la loi générale, l'unité* qui est dans *le tout* (ἐν τῷ παν).

Prenons comme exemple deux faits bien opposés, la marche d'un coucou et la circulation du sang dans l'homme. Nous allons chercher la loi qui les identifie, qui démontre leur analogie.

Nous choisissons le coucou comme instrument de mécanique très simple pour ne pas prendre comme exemple la machine à vapeur ou toute autre de description plus compliquée.

Le coucou se compose d'une roue garnie de dents dans lesquelles passe une chaîne. Au bout de cette chaîne est un poids qui fournit la force nécessaire à la marche, l'échappement de la chaîne est de plus réglé par un balancier rattaché à un pendule.

Comment peut-on *généraliser* ce fait?

En montrant que les principes en action sont :

1° Quelque chose qui *reçoit* de la force : la roue dentée ;

2° Quelque chose qui *condense* et *distribue* cette force : le balancier et le pendule.

Nous avons donc dans le coucou :

Une force ;

Un centre récepteur ;

Un centre condensateur et distributeur.

Pourquoi le pendule est-il un condensateur ?

Parce qu'on peut enlever subitement le poids, c'est-à-dire enlever la force sans que le pendule s'arrête tout à coup. Il continue à marcher sous l'influence de la force qu'il a emmagasinée.

Dans l'autre phénomène, dans la circulation du sang, que voyons-nous ?

Une force amenée par l'air : l'oxygène.

Un centre dans lequel se fait l'apport de cette force : le poumon.

Un autre centre dans lequel va s'emmagasiner la force pour être ensuite distribuée : le cœur [1].

En résumé nous trouvons :

1° Quelque chose qui *reçoit* la force : le poumon.

2° Quelque chose qui *condense et distribue* : le cœur.

La roue dentée du coucou joue donc le même rôle que le poumon vis-à-vis de l'homme tandis que le balancier et le pendule jouent le même rôle que le cœur.

Qu'arrive-t-il si vous arrêtez net votre respiration ?

Ce qui arrivait quand vous avez enlevé le poids du coucou. Le cœur continue à battre comme le balancier continuait à marcher.

---

1. Voir pour développement et justification de tout cela : Louis Lucas, *Médecine Nouvelle*, Paris, 1863, in-8°, et Gérard Encausse, *Essai de Physiologie synthétique*. Paris, 1890, in-18.

Qu'arrive-t-il au contraire quand vous respirez plus vite, quand vous faites entrer plus d'air dans vos poumons sous l'influence d'une montée rapide, d'une course ou de toute autre excitation ?

Ce qui arrivait quand vous augmentez la force du poids du coucou : le balancier battait beaucoup plus fort, de même le cœur bat plus fort aussi.

Quand on veut appliquer l'analogie on ne sait où s'arrêter. En effet dans la machine à vapeur (que nous aurions pu prendre comme exemple) *le piston* est le récepteur et *le volant*, le condensateur. Quand on arrête le piston, le volant continue à tourner sous l'influence de la force emmagasinée comme le balancier continue à marcher quand on enlève le poids et comme le cœur continue à battre quand la respiration s'arrête.

Nous avons pris ces exemples d'analogie en apparence étranges pour bien insister sur ce point : *l'analogie n'est pas la similitude*.

Suivant une heureuse expression de Louis Lucas dans le *Roman alchimique*, Dieu a fait l'homme à son image et pourtant Dieu n'est pas un animal vertébré.

Rappelons, en terminant cet exposé, que Gœthe a défendu cette idée de l'unité du type de composition de l'être humain en considérant *la vertèbre* comme point de départ de cette unité. Depuis, nombre d'auteurs ont soutenu l'existence des vertèbres céphaliques[1]. Foltz et le docteur Adrien Peladan [2] ont fait à ce sujet des découvertes fort curieuses.

Rappelons aussi que la *théorie cellulaire* de Virchow est une autre manière de considérer synthétiquement les êtres organisés.

1. Bertrand, *Anatomie philosophique.*
2. *Anatomie homologique.*

Enfin à ceux qui ne verraient dans l'analogie qu'une méthode purement poétique je ferai remarquer que tous les travaux des embryologistes modernes, étudiant le développement des organismes inférieurs pour en déduire celui de l'embryon humain, sont tout simplement un superbe exemple d'application scientifique de la méthode de la Science occulte : l'analogie.

La méthode analogique n'est donc ni la déduction, ni l'induction ; c'est l'usage de la clarté qui résulte de l'union de ces deux méthodes.

Si vous voulez connaître un monument, deux moyens vous sont fournis :

1° Tourner ou plutôt ramper[1] autour du monument en étudiant ses moindres détails. Vous connaîtrez ainsi la composition de ses plus petites parties, les rapports qu'elles affectent entre elles, etc., etc. ; mais vous n'aurez aucune idée de l'ensemble de l'édifice. Tel est l'usage de l'induction ;

2° Monter sur une hauteur et regarder votre monument le mieux qu'il vous sera possible. Vous aurez ainsi une idée générale de son ensemble ; mais sans la moindre idée de détail.

Tel est l'usage de la méthode de déduction.

Le défaut de ces deux méthodes saute aux yeux sans qu'il soit besoin de nombreux commentaires. A chacune d'elles il manque ce que possède l'autre : réunissez-les et la vérité se produira, éclatante ; étudiez les détails puis montez sur la hauteur et recommencez tant qu'il le faudra, vous connaîtrez parfaitement votre édifice ; unissez la méthode du physicien à celle du métaphysicien et vous donnerez naissance à la méthode analogique, véritable expression de la synthèse antique.

---

1. Voyez Edg. Poë, *Eureka*, p. 10 à 29 (Traduction Baudelaire).

Faire de la métaphysique seule comme le théologien, c'est aussi faux que de faire de la physique seule comme le physicien ; édifiez le noumène sur le phénomène et la vérité apparaîtra !

« Que conclure de tout cela ?

« Il faut en conclure que le livre de Kant, dans sa partie critique, démontre à tout jamais la vanité des méthodes philosophiques en ce qui concerne l'explication des phénomènes de haute physique, et laisse voir la nécessité où l'on se trouve de *faire constamment marcher de front l'abstraction avec l'observation des phénomènes*, condamnant irrévocablement d'avance tout ce qui resterait dans le phénoménalisme ou le rationalisme pur [1]. »

Nous venons de faire un nouveau pas dans l'étude de la science antique en déterminant l'existence de cette méthode absolument spéciale ; mais cela ne doit pas encore nous suffire. N'oublions pas en effet que le but que nous poursuivons est l'explication, quelque rudimentaire qu'elle soit d'ailleurs, de tous ces symboles et de toutes ces histoires allégoriques réputées si mystérieuses.

§ 2. — LE TERNAIRE. — OPÉRATIONS INCONNUES SUR LES NOMBRES. — SENS MYSTIQUE DES NOMBRES

TRAVAUX DE WRONSKI ET DE CHARLES HENRY.
LE TERNAIRE. — LES TROIS MONDES

Il suffit de considérer le triangle que nous avons pris comme exemple à propos de la *loi générale* pour voir qu'il existe une certaine gradation entre les faits, les causes secondes et la cause première.

*Un principe* ou une cause générale gouverne plusieurs

1. Louis Lucas, *Chimie nouvelle*.

causes secondes ou *lois* et un très grand nombre de *faits*.

Ainsi les causes secondes sont gouvernées par un nombre très restreint de *causes premières*. L'étude de ces dernières est du reste parfaitement dédaignée par les sciences contemporaines qui, reléguées dans le domaine des *vérités sensibles*, abandonnent aux rêveurs de toute école et de toute religion leur recherche. Et pourtant c'est là que réside la Science.

Nous n'avons pas à discuter pour l'instant qui a raison ou qui a tort, il nous suffit de constater l'existence de cette triple gradation :

1° Domaine infini des FAITS ;

2° Domaine plus restreint des LOIS ou des causes secondes ;

3° Domaine plus restreint des PRINCIPES ou des causes premières.

Résumons tout cela dans une figure [1] :

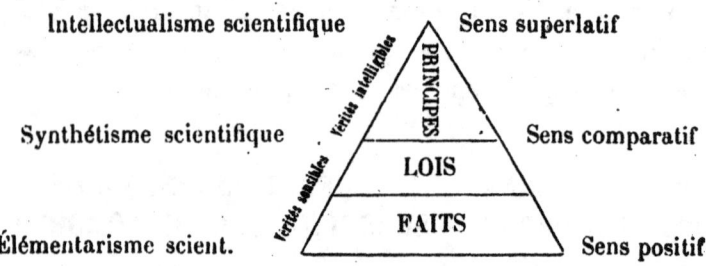

Cette gradation basée sur le nombre Trois joue un rôle considérable dans la science antique. C'est sur elle qu'est en grande partie fondé le domaine de l'analogie. Aussi devons-nous prêter quelque attention à ses développements.

Ces trois termes se retrouvent dans l'homme, dans le corps, la vie et la volonté.

1. Tirée de la *Mission des Juifs*, p. 32.

Une partie quelconque du corps, un doigt, par exemple, peut être soustrait à l'influence de la volonté sans qu' cesse pour cela de vivre (paralysie radiale ou cubitale); il peut de même être, par la gangrène, soustrait à l'influence de la vie sans cesser de se mouvoir.

Voilà donc trois domaines distincts : le domaine du corps; le domaine de la vie exerçant son action au moyen d'une série de conducteurs spéciaux (le grand sympathique, les nerfs vaso-moteurs) et localisée dans le globule sanguin ; le domaine de la volonté agissant par des conducteurs spéciaux (nerfs volontaires) et n'ayant pas d'influence sur les organes essentiels à l'entretien de la vie.

Nous pouvons, avant d'aller plus loin, voir l'utilité de la méthode analogique pour éclairer certains points obscurs, et voici comment :

Si une chose quelconque est analogue à une autre, toutes les parties dont cette chose est composée sont analogues aux parties correspondantes de l'autre.

Ainsi les anciens avaient établi que l'homme était analogue à l'Univers. Ils appelaient pour cette raison l'homme microcosme (petit monde) et l'Univers macrocosme (grand monde). Il s'ensuit que, pour connaître la circulation de la vie dans l'Univers, il suffit d'étudier la circulation vitale chez l'homme ; et réciproquement, pour connaître les détails de la naissance, de l'accroissement et de la mort d'un homme, il faut étudier les mêmes phénomènes dans un monde.

Tout ceci paraîtra bien mystique à quelques-uns, bien obscur à quelques autres ; aussi je les prie de prendre patience et de se reporter au chapitre suivant où ils trouveront toutes les explications nécessaires à ce sujet.

L'idée *des trois mondes* reparaît trop souvent dans les auteurs d'occultisme pour ne point mériter un aperçu spécial.

Qu'entend-on par ces trois mondes? Quels sont-ils?

On désigne sous ce nom de mondes trois plans particuliers, trois *états* spéciaux d'existence et non pas *trois endroits*.

Il y a trois de ces mondes ou états :

1° Le monde physique ;
2° Le monde astral ;
3° Le monde intellectuel.

Un exemple bien grossier, mais assez suggestif, est celui de l'eau.

A l'état de *glace*, alors qu'elle est solide, l'eau représente bien le monde physique.

Augmentez la puissance de la force emprisonnée dans cette glace en chauffant un peu et vous allez voir l'*état* changer. L'eau se liquéfie, *ses conditions d'existence changent*. Le morceau de glace se tenait tout seul où vous le placiez et avait une forme à lui, tandis que maintenant l'eau liquide a besoin d'un vase pour la contenir et prend la forme de ce vase.

Chauffez encore et l'état va changer ; l'eau, tout à l'heure encore visible, va devenir invisible sous forme de vapeur et va s'élever dans les airs.

Cette image est grossière, mais elle met en garde contre une erreur qui empêche beaucoup de lecteurs de comprendre la Science occulte : la croyance que les mondes sont des endroits.

Ainsi à la mort, l'homme passe dans le plan astral, dans le monde astral.

Cela ne veut pas dire qu'il change pour cela de lieu. Comme l'eau tout à l'heure, en passant de l'état solide à l'état liquide, changeait très peu de place, de même l'homme, en passant « en astral », change d'*état*. Ses conditions d'existence varient, voilà tout. Il en sera de même quand il passera plus tard dans le monde intellectuel.

A ces états particuliers correspondent bien des domaines délimités; mais ces domaines sont inclus en partie les uns dans les autres comme nous voyons chez l'homme le sang, dont le centre se trouve dans la poitrine, circuler dans tout l'organisme. Il en est de même de la Lymphe qui correspond au Ventre et de la Force nerveuse correspondant à la Tête. Chacun de ces centres (Ventre, Poitrine, Tête) a bien ses actions propres, mais il subit quand même l'influence des deux autres.

Voici deux extraits développant quelques-uns des principes dérivant de cette idée des trois mondes :

« Cette application (du nombre 12) à l'Univers n'était point une invention arbitraire de Pythagore, elle était commune aux Chaldéens, aux Égyptiens, de qui il l'avait reçue, et aux principaux peuples de la Terre : elle avait donné lieu à l'institution du zodiaque dont la division en douze astérismes a été trouvée partout existante de temps immémorial.

« La distinction des trois mondes et leur développement en un nombre plus ou moins grand de sphères concentriques, habitées par les Intelligences d'une pureté différente, étaient également connus avant Pythagore, qui ne faisait en cela que répandre la doctrine qu'il avait reçue à Tyr, à Memphis et à Babylone. Cette doctrine était celle des Indiens.

« Pythagore envisageait l'homme sous trois modifications principales, comme l'Univers ; et voilà pourquoi il donnait à l'homme le nom de microcosme ou de petit monde.

« Rien de plus commun chez les nations anciennes que

de comparer l'Univers à un grand homme et l'homme à un petit univers.

« L'Univers considéré comme un grand Tout animé, composé d'intelligence, d'âme et de corps, était appelé Pan ou Phanès. L'homme ou le microcosme était composé de même, mais d'une manière inverse, de corps, d'âme et d'intelligence ; et chacune de ces trois parties était à son tour envisagée sous trois modifications, en sorte que le ternaire, régnant dans le tout, régnait également dans la moindre de ses subdivisions. Chaque ternaire, depuis celui qui embrassait l'immensité jusqu'à celui qui constituait le plus faible individu, était, selon Pythagore, compris dans une unité absolue ou relative et formait ainsi le quaternaire ou la tétrade sacrée des pythagoriciens. Ce quaternaire était universel ou particulier.

« Pythagore n'était point, au reste, l'inventeur de cette doctrine : elle était répandue depuis la Chine jusqu'au fond de la Scandinavie. On la trouve élégamment exprimée dans les oracles de Zoroastre :

> Le Ternaire partout brille dans l'Univers,
> Et la Monade est son principe [1].

« Ainsi, selon cette doctrine, l'homme, considéré comme une Unité relative contenue dans l'Unité absolue du grand Tout, s'offrait, comme le Ternaire universel, sous les trois modifications principales de corps, d'âme et d'esprit ou d'intelligence. L'âme, en tant que siège des passions, se présentait à son tour sous les trois facultés d'âme raisonnable, irascible et appétante. Or, suivant Pythagore, le vice de la faculté appétante de l'âme, c'était l'intempérance ou l'avarice ; celui de la faculté irascible, c'était la lâcheté ; et celui de la faculté raisonnable, c'était la folie.

---

1. Fabre d'Olivet, *Vers dorés*, p. 239.

Le vice qui s'étendait sur ces trois facultés, c'était l'injustice. Pour éviter ces vices, le philosophe recommandait quatre vertus principales à ses disciples, la tempérance pour la faculté appétante, le courage pour la faculté irascible, la prudence pour la faculté raisonnable, et pour ces trois facultés ensemble, la justice, qu'il regardait comme la plus parfaite des vertus de l'âme. Je dis de l'âme, car le corps et l'intelligence, se développant également au moyen des trois facultés instinctives ou spirituelles, étaient, ainsi que l'âme, susceptibles de vices et de vertus qui leur étaient propres. »

Technique.

## LES NOMBRES

De nouvelles difficultés viennent de naître sous nos pas. A peine avons-nous traité de l'analogie que l'étude des trois mondes venait s'imposer; maintenant ce sont les nombres qui demandent des éclaircissements.

D'où vient donc cet usage du Trois si répandu dans l'antiquité?

Cet usage, qui s'étendait depuis le sens de leurs écritures [1] jusqu'à leur métaphysique [2] et qui, franchissant les

1. Les prêtres égyptiens avaient *trois* manières d'exprimer leur pensée. La première était claire et simple, la seconde symbolique et figurée, la troisième sacrée ou hiéroglyphique. Ils se servaient à cet effet de trois sortes de caractères, mais non pas de trois dialectes, comme on pourrait le penser (Fabre d'Olivet, *la Lang. héb. rest.*, p. 24).

2. Les anciens Mages ayant observé que l'équilibre est en physique la loi universelle et qu'il résulte de l'opposition apparente de deux forces, concluant de l'équilibre physique à l'équilibre métaphysique, déclarèrent qu'en Dieu, c'est-à-dire dans la première cause vivante et active, on devait reconnaître deux propriétés nécessaires l'une à l'autre, la stabilité et le mouvement, équilibrées par la couronne, la force suprême (Eliphas Levi, *Dogme et Rituel*, p. 79).

siècles, vient se retrouver dans un de nos plus célèbres écrivains : Balzac [1] ?

Il vient de l'emploi d'une langue spéciale qui est complètement perdue pour la science actuelle : la langue des nombres.

« Platon, qui voyait dans la musique d'autres choses que les musiciens de nos jours, voyait aussi dans les nombres un sens que nos algébristes n'y voient plus. Il avait appris à y voir ce sens d'après Pythagore qui l'avait reçu des Égyptiens. Or les Égyptiens ne s'accordaient pas seuls à donner aux nombres une signification mystérieuse. Il suffit d'ouvrir un livre antique pour voir que, depuis les limites orientales de l'Asie jusqu'aux bornes occidentales de l'Europe, une même idée régnait sur ce sujet [2]. »

Nous ne pouvons peut-être pas reconstituer dans son entier cette langue des nombres, mais nous pouvons en connaître quelques-uns, ce qui nous sera d'un grand secours par la suite. Étudions d'abord un phénomène quelconque de la Nature dans lequel nous devons retrouver le nombre Trois et connaître sa signification.

Puis nous étudierons les opérations inconnues des modernes et pratiquées par toute l'antiquité sur les nombres.

Enfin, nous verrons si nous pouvons découvrir quelque chose de leur génération.

Voyons si la formule des anciens alchimistes, ἐν τὸ πᾶν (tout est dans tout), est vraie dans ses applications.

Prenons le premier phénomène venu, la lumière du jour par exemple, et cherchons à retrouver en lui des lois

---

1. Il existe trois mondes : le Naturel, le Spirituel, le Divin. Il existe donc nécessairement un culte matériel, un culte spirituel, un culte divin, trois formes qui s'expriment par l'action, par la parole, par la prière, autrement dit, le fait, l'entendement et l'amour (Balzac, *Louis Lambert*).
2. Fabre d'Olivet (*Lang. héb. rest.*, p. 30, 2ᵉ vol.).

assez générales pour s'appliquer exactement à des phénomènes d'ordre entièrement différent.

Le jour s'oppose à la nuit pour constituer les périodes d'activité et de repos que nous retrouverons dans la nature entière. Ce qui frappe surtout dans ce phénomène, c'est l'opposition entre la Lumière et l'Ombre qui s'y manifeste.

Mais cette opposition est-elle vraiment si absolue?

Regardons de plus près et nous remarquerons qu'entre la Lumière et l'Ombre, qui semblaient à tout jamais séparées, existe quelque chose qui n'est ni de la Lumière ni de l'Ombre et qu'on désigne en physique sous le nom de pénombre. La pénombre participe et de la Lumière et de l'Ombre.

Quand la Lumière diminue, l'Ombre augmente. L'Ombre dépend de la plus ou moins grande quantité de la Lumière, l'Ombre est une modification de la Lumière.

Tels sont les FAITS que nous pouvons constater. Résumons-les :

La Lumière et l'Ombre ne sont pas complètement séparées l'une de l'autre. Entre elles deux existe un intermédiaire : la pénombre, qui participe des deux.

L'Ombre, c'est de la Lumière en moins.

Pour découvrir les LOIS cachées sous ces FAITS, il nous faut sortir du particulier (étude de la Lumière) et aborder le général; il nous faut *généraliser* les termes qui sont ici *particularisés*. Pour cela employons un des termes les plus généraux de la langue française : le mot *chose*, et disons :

Deux choses opposées en apparence ont toujours un point commun intermédiaire entre elles. Cet intermédiaire résulte de l'action des deux opposés l'un sur l'autre et participe des deux.

Deux choses opposées en apparence ne sont que des degrés différents d'une seule et même chose.

Si ces LOIS sont vraiment *générales*, elles doivent s'appliquer à beaucoup de phénomènes ; car nous avons vu que ce qui caractérise une loi, c'est d'expliquer seule beaucoup de FAITS.

Prenons des opposés d'ordres divers et voyons si nos lois s'y appliquent.

Dans l'ordre des sexes, deux opposés bien caractérisés : c'est le mâle et la femelle.

Dans l'ordre physique nous pourrions prendre les opposés dans les forces (chaud-froid, positif-négatif, etc.) : mais comme c'est une force qui nous a servi d'exemple, considérons les deux états opposés de la matière, état solide, état gazeux.

LOI :

*Deux opposés ont entre eux un intermédiaire résultant des deux.*

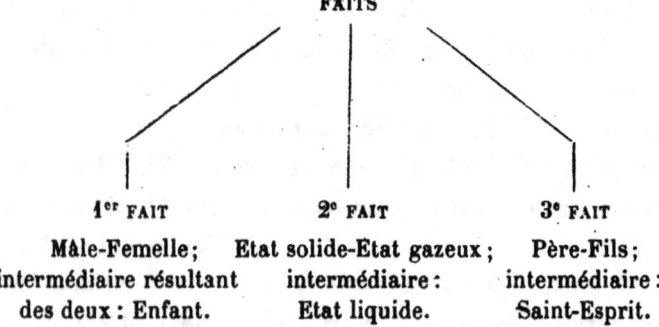

|  1ᵉʳ FAIT | 2ᵉ FAIT | 3ᵉ FAIT |
|---|---|---|
| Mâle-Femelle ; intermédiaire résultant des deux : Enfant. | Etat solide-Etat gazeux ; intermédiaire : Etat liquide. | Père-Fils ; intermédiaire : Saint-Esprit. |

J'ai ajouté un phénomène d'ordre intellectuel, conception de Dieu d'après les Chrétiens, pour montrer l'application de la Loi dans ses sphères les plus étendues.

AUTRE LOI, :

*Les opposés ne sont que la conception à degrés différents d'une seule chose.*

|  |  | FAITS |  |  |
|---|---|---|---|---|
| Mâle | Conception | Solide | | Père |
| Femelle | à divers degrés | Gaz | La Matière | Fils | DIEU
| Enfant | de la Famille | Liquide | | St-Esprit |

Si, reprenant notre exemple de la Lumière et de l'Ombre, nous l'étudions encore, nous pourrons voir que la Lumière agit, l'Ombre s'oppose, tandis que la Pénombre, neutre, flotte entre les deux.

Résumons notre loi d'après ces données.

*L'Actif et le Passif*
(Lumière)      (Ombre)

*Produisent par leur action réciproque le Neutre qui participe des Deux*      (Pénombre)

Pour présenter dans un ensemble clair les trois FAITS énoncés ci-dessus, nous dirons :

| L'ACTIF | LE PASSIF | produisent par leur action réciproque.. | LE NEUTRE |
|---|---|---|---|
| Mâle | Femelle | — | Enfant |
| État gazeux | État solide | — | État liquide |
| LE PÈRE | LE FILS | — | LE St-ESPRIT |
| La Lumière | L'Ombre | — | La Pénombre |
| Le Chaud | Le Froid | — | Le Tiède |
| Le Positif | Le Négatif | — | Le Neutre |
| L'Attraction | La Répulsion | — | L'Équilibre |
| L'Acide | La Base | — | Le Sel |

J'ai allongé la liste en citant de nouveaux FAITS pour montrer la vérité de la LOI.

Cette LOI forme, sous le nom de LOI de la Série, la base des travaux de Louis Lucas [1], qui l'applique à presque

---

[1]. Voy. *l'Occultisme contemporain.*

tous les phénomènes chimiques, physiques et même biologiques de la science contemporaine.

Nous n'en finirions pas si nous voulions citer tous les auteurs anciens et modernes qui en ont parlé sous le nom des TROIS termes qui la constituent :

## LOI DU TERNAIRE

Il suffit de se reporter aux exemples ci-dessus pour voir que les trois termes qui constituent le ternaire sont :
1° Un terme actif;
2° Un terme passif;
3° Un terme neutre résultant de l'action des deux premiers l'un sur l'autre.

Comme cette loi doit s'appliquer partout, cherchons les nombres qui, agissant l'un sur l'autre, produisent 3.

Ces nombres sont 1 et 2, car $1 + 2 = 3$.

Nous pouvons du même coup comprendre le sens des trois premiers nombres.

Le nombre 1 représente l'Actif,
Le nombre 2     —     le Passif,
Le nombre 3     —     la Réaction de l'Actif sur le Passif.

Vous pouvez remplacer le mot ACTIF par tel terme que vous voudrez des tableaux ci-dessus placés sous ce mot et vous voyez de suite que, d'après la méthode analogique, le chiffre 1 représente toutes les idées gouvernées par ce principe l'ACTIF, c'est-à-dire l'Homme, le Père divin, la Lumière, la Chaleur, etc.; etc., suivant qu'on le considère dans tel ou tel des 3 mondes.

                                                 1

Monde Matériel :                    La Lumière, l'État gazeux.
Monde Moral ou Naturel :        L'Homme.
Monde Métaphysique ou Archétype : Dieu le Père.

Il en est de même des mots PASSIF que vous pouvez remplacer par 2, et NEUTRE par 3.

Vous voyez que les calculs appliqués aux chiffres s'appliquent mathématiquement aux idées dans la science antique, ce qui rend ses méthodes si générales et par là même si différentes des méthodes modernes.

Je viens de donner là les éléments de l'explication de la ROTA de Guillaume Postel[1].

Il s'agit maintenant de montrer que ce que j'ai dit jusqu'ici sur les nombres était vraiment appliqué dans l'antiquité et n'est pas tiré totalement de mon imagination.

Nous retrouverons d'abord ces applications dans un livre hébraïque dont M. Franck lui-même ne conteste pas l'antiquité[2], le *Sepher Jesirah*, dont j'ai fait la première traduction française. Mais comme ce livre est surtout kabbalistique, je préfère citer des philosophes anciens :

« L'essence divine étant inaccessible aux sens, employons pour la caractériser, non le langage des sens, mais celui de l'esprit; donnons à l'intelligence ou au principe *actif* de l'Univers le nom de monade ou d'unité, parce qu'il est toujours le même; à la matière ou au principe *passif* celui de dyade ou de multiplicité, parce qu'il est sujet à toutes sortes de changements; au monde enfin celui de triade, parce qu'il est le résultat de l'intelligence et de la matière. » (*Doctrine des Pythagoriciens* — *Voyage d'Anacharsis*, t. III, p. 181, édition de 1809.)

« Qu'il me suffise de dire que, comme Pythagore désignait Dieu par 1, la matière par 2, il exprimait l'Univers par 12, qui résulte de la réunion des deux autres. » (Fabre d'Olivet, *les Vers dorés de Pythagore*.)

---

1. Voir pour l'explication de ce terme les œuvres de Postel, de Christian et surtout d'Eliphas Lévi, ainsi que *le Tarot des Bohémiens* de Papus.
2. Franck, *la Kabbale*, 1863.

On a vu ci-dessus dans maint passage que la doctrine de Pythagore résume celles des Égyptiens, ses maîtres, des Hébreux et des Indiens ; par suite, de l'antiquité tout entière ; c'est pourquoi je cite ce philosophe de préférence chaque fois qu'il s'agit d'élucider un point de la Science antique.

Nous connaissons le sens que les anciens donnaient aux nombres 1, 2 et 3 ; voyons maintenant quelques-uns des autres nombres.

Comme on a pu le voir dans la note de Fabre d'Olivet sur le Microcosme et le Macrocosme, le Quaternaire ramenait dans l'unité les termes 1, 2, 3 dont nous venons de parler.

J'aurais l'air d'écrire en chinois si je n'élucidais pas ceci par un exemple.

Le Père, la Mère et l'Enfant forment trois termes dans lesquels le Père est actif et répond au nombre 1, la Mère est passive et répond au nombre 2, l'Enfant n'a pas de sexe, est neutre, et répond à 1 plus 2, c'est-à-dire au nombre 3.

Quelle est l'Unité qui renferme en elle ces trois termes ? C'est la Famille.

$$\left. \begin{array}{l} \text{Père} \\ \text{Mère} \\ \text{Enfant} \end{array} \right\} \text{Famille.}$$

Voilà la composition du Quaternaire : un ternaire et l'Unité qui le renferme.

Quand nous disons une Famille, nous énonçons en un seul mot les trois termes dont elle est composée, c'est pourquoi la Famille ramène le 3 à 1 ou, pour parler le langage de la science occulte, le Ternaire à l'Unité.

L'explication que je viens de donner est, je crois, facile

à comprendre. Cependant Dieu sait combien il y a peu de gens qui auraient pu comprendre avant cet exemple la phrase suivante tirée d'un vieux livre hermétique : *afin de réduire le Ternaire par le moyen du Quaternaire à la simplicité de l'Unité*[1].

### LE CYCLE DANS LES NOMBRES. — LES OPÉRATIONS THÉOSOPHIQUES

Si l'on comprend bien ce qui précède, on verra que 4 est une répétition de l'unité, et qu'il doit agir comme agit l'unité.

Ainsi dans la formation de 3 par 1 plus 2 comment est formé le deux?

Par l'unité qui s'oppose à elle-même ainsi $\genfrac{}{}{0pt}{}{1}{1} = 2$.

Nous voyons donc dans la progression 1, 2, 3, 4 :
D'abord l'unité 1 ;

Puis une opposition $\genfrac{}{}{0pt}{}{1}{1} = 2$ ;

Puis l'action de cette opposition sur l'unité $1 + 2 = 3$ ;

Puis le retour à une unité d'ordre différent, d'une autre octave, si j'ose m'exprimer ainsi.

$$\underbrace{1.2.3}_{4}$$

Ce que je développe me semble compréhensible ; cependant, comme la connaissance de cette progression est un des points les plus obscurs de la science occulte, je vais répéter l'exemple de la Famille.

Le premier principe qui apparaît dans la Famille, c'est le Père, l'unité active. $= 1$

---

1. *L'Ombre idéale de la sagesse universelle*, par le R. P. Esprit Sabathier (1679).

Le deuxième principe, c'est la Mère,
qui représente l'unité passive.       $= 2$

L'action réciproque, l'opposition
produit le troisième terme, l'Enfant.  $= 3$

Enfin tout revient dans une unité
active d'ordre supérieur, la Famille.  $= 4$

Cette famille va agir comme un père, un principe actif sur une autre famille, non pas pour donner naissance à un enfant, mais pour donner naissance à la caste d'où se formera la tribu, unité d'ordre supérieur [1].

La genèse des nombres se réduirait donc à ces quatre conditions et, comme, d'après la méthode analogique, les nombres expriment exactement des idées, cette loi est applicable aux idées.

Voici quels sont ces quatre termes :

| Unité ou Retour à l'Unité | Opposition Antagonisme | Action de l'opposition sur l'unité |
|---|---|---|
| 1 | 2 | 3 |
| 4 | 5 | 6 |
| 7 | 8 | 9 |
| 10 | 11 | 12 |
| (1) | (2) | (3) etc. |

J'ai séparé la première série des autres pour montrer qu'elle est complète en quatre termes et que tous les termes suivants ne font que répéter *dans une autre octave* la même loi.

Comme nous allons découvrir dans cette loi une des meilleures clefs pour ouvrir les mystères antiques, je vais l'expliquer davantage en l'appliquant à un cas particulier

---

1. Voy. le chapitre suivant pour développements.

quelconque, le développement social de l'homme par exemple :

| Unité ou Retour à l'unité | Opposition Antagonisme | Résultat de cette opposition Distinction |
|---|---|---|
| 1 La première molécule sociale, l'Homme. | 2 Opposition à cette molécule. Femme | 3 Résultat. Enfant. |
| 4 Unité d'ordre supérieur, la Famille résumant les trois termes précédents. | 5 Opposition entre les familles. — Rivalités de familles. | 6 Distinction entre les familles. — Castes. |
| 7 Unité d'ordre supérieur, la Tribu résumant les trois termes précédents. | 8 Opposition entre les Tribus, | 9 Distinction entre les Tribus. — Nationalités. |
| 10 La Nation. | | |

$\overline{1}$

Cette loi que j'ai donnée en chiffres, c'est-à-dire en formule générale, peut s'appliquer à une foule de cas particuliers. Le chapitre suivant le montrera du reste.

Mais ne remarquons-nous pas quelque chose de particulier dans ces chiffres? Que signifient les signes $\frac{10}{1}\ \frac{11}{2}\ \frac{1}{3}$ placés à la fin de mon premier exemple?

Pour le savoir, il nous faut dire quelques mots des opérations employées par les anciens sur les chiffres.

Deux de ces opérations sont indispensables à connaître :

1° La *Réduction théosophique ;*
2° L'*Addition théosophique.*

1° La *Réduction théosophique* consiste à réduire tous les

nombres formés de deux ou plusieurs chiffres en nombres d'un seul chiffre, et cela en additionnant les chiffres qui composent le nombre jusqu'à ce qu'il n'en reste plus qu'un.

Ainsi :
$$10 = 1 + 0 = 1$$
$$11 = 1 + 1 = 2$$
$$12 = 1 + 2 = 3$$

et pour des nombres plus composés, comme par exemple $3,221 = 3 + 2 + 2 + 1 = 8$, ou $666 = 6 + 6 + 6 = 18$ et comme $18 = 1 + 8 = 9$ le nombre 666 égale neuf.

De ceci découle une considération très importante, c'est que tous les nombres, quels qu'ils soient, ne sont que des représentations des neuf premiers chiffres.

Comme les neuf premiers chiffres, ainsi qu'on peut le voir par l'exemple précédent, ne sont que des représentations des quatre premiers, tous les nombres sont représentés par les quatre premiers.

Or ces quatre premiers chiffres ne sont que des états divers de l'Unité. Tous les nombres, quels qu'ils soient, ne sont que des manifestations diverses de l'Unité.

2° *Addition théosophique :*

Cette opération consiste, pour connaître la valeur théosophique d'un nombre, à additionner arithmétiquement tous les chiffres depuis l'unité jusqu'à lui.

Ainsi le chiffre 4 égale en addition théosophique $1 + 2 + 3 + 4 = 10$.

Le chiffre 7 égale $1 + 2 + 3 + 4 + 5 + 6 + 7 = 28$.

28 se réduit immédiatement en $2 + 8 = 10$.

Si vous voulez remplir d'étonnement un algébriste, présentez-lui l'opération théosophique suivante :

$$4 = 10$$
$$7 = 10$$
$$\text{Donc } 4 = 7$$

Ces deux opérations, réduction et addition théosophiques, ne sont pas difficiles à apprendre. Elles sont indispensables à connaître pour comprendre les écrits hermétiques et représentent d'après les plus grands maîtres la marche que suit la nature dans ses productions.

Vérifions mathématiquement la phrase que nous avons citée précédemment.

Réduire le ternaire par le moyen du quaternaire à la simplicité de l'unité.

$$\text{Ternaire} = 3 \quad \text{Quaternaire} = 4$$
$$3 + 4 = 7$$

par réduction théosophique ;

$$7 = 1 + 2 + 3 + 4 + 5 + 6 + 7 = 28 = 10$$

par addition théosophique, et réduction du total ;

Enfin :

$$10 = 1 + 0 = 1$$

L'opération s'écrira donc ainsi :

$$4 + 3 = 7 = 28 = 10 = 1$$
$$4 + 3 = 1$$

Reprenons maintenant l'exemple chiffré donné en premier lieu (page 94) :

$$\begin{array}{ccc} 1. & 2. & 3. \\ 4. & 5. & 6. \\ 7. & 8. & 9. \\ 10. & 11. & 12. \\ \hline (1) & (2) & (3) \end{array}$$

et faisons quelques remarques à son sujet en nous servant des calculs théosophiques.

Nous remarquons d'abord que l'unité reparaît, c'est-à-dire que le cycle recommence après trois progressions $\frac{10}{1}\frac{11}{2}$ ; 10, 11, 12, etc., réduits théosophiquement, donnent naissance de nouveau à 1, 2, 3, etc.[1].

Ces trois progressions représentent LES TROIS MONDES dans lesquels tout est renfermé.

Nous remarquons ensuite que la première ligne verticale 1, 4, 7, 10, que j'ai considérée comme représentant l'Unité à diverses Octaves, la représente en effet, car :

$$1 = 1$$
$$4 = 1 + 2 + 3 + 4 = 10 = 1$$
$$7 = 1 + 2 + 3 + 4 + 5 + 6 + 7 = 28 = 10 = 1$$
$$10 = 1$$
$$13 = 4 = 10 = 1$$
$$16 = 7 = 28 = 10 = 1$$

On peut ainsi continuer la progression jusqu'à l'infini et vérifier ces fameuses lois mathématiques qu'on va traiter, je n'en doute pas, de mystiques faute d'en comprendre la portée.

Je conseille à ceux qui croiraient que ce sont là de nébuleuses rêveries la lecture des ouvrages sur la physique et la chimie de Louis Lucas[2] où ils trouveront la loi précédente désignée sous le nom de *série* et appliquée à des démonstrations expérimentales de chimie et de biologie.

Je leur conseille encore si la Chimie et la Physique ne leur paraissent pas assez positives de lire les ouvrages mathématiques de Wronski[2] sur lesquels l'Institut fit un rapport très favorable, ouvrages dont les principes sont entièrement tirés de la Science antique ou Science occulte.

1. Voir, pour l'application de cette loi, dans Moïse, Fabre d'Olivet, *la Lang. heb. rest*.
2. Voir la liste de ses ouvrages dans *l'Occultisme contemporain*.

## LE SYSTÈME DE L'ABSOLU DE HOENÉ WRONSKI.

De 1800 à 1853, le Polonais Hoëné Wronski a publié une série d'ouvrages synthétisés en quelques-uns de ses derniers travaux, notamment :
*Le Messianisme*, réforme absolue du savoir humain (3 vol. in-fol.);
*L'Apodictique Messianique* (ouvrage posthume 1877).

Wronski prétend avoir découvert l'*absolu*, c'est-à-dire une formule applicable à toutes les recherches possibles. Il ne prétend nullement empêcher par sa « loi de l'absolu » les recherches ; il affirme seulement qu'il simplifie considérablement le travail des chercheurs de vérité.

Pour faire comprendre le mieux possible son système nous avions eu l'idée, lors de la première édition de ce livre, de publier l'application de cette méthode à la génération des nombres.

Nous ignorions alors l'existence d'un livre de Wronski publié en 1877, *l'Apodictique Messianique*, qui contient des renseignements inédits fournis par l'auteur lui-même.

Nous allons développer l'exemple de la génération des nombres puis nous citerons quelques extraits de Wronski.

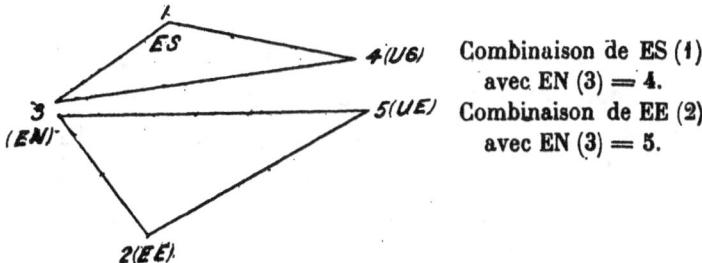

Combinaison de ES (1) avec EN (3) = 4.
Combinaison de EE (2) avec EN (3) = 5.

A l'origine du système l'auteur place un élément qu'il nomme *élément neutre* (E. N.) et deux éléments dérivés du précédent, l'*élément savoir* (E. S.) et l'*élément être* (E. E.).

Prenons le chiffre 3 comme élément neutre (E. N.) et nous aurons la figure ci-dessus qui nous montre 1 et 2 dont la réunion donne le 3 primitif.

Ces trois éléments (E. N., E. S. et E. E.) sont les trois principes primitifs de toute réalité.

Combinons ces nombres et nous allons obtenir les *principes dérivés* qui sont au nombre de quatre.

Deux de ces principes, l'*Universel Savoir* (U. S.) et l'*Universel Être* (U. E.) dérivent de la combinaison de chacun des deux premiers éléments *Etre* et *Savoir* avec l'*élément neutre*. Ainsi :

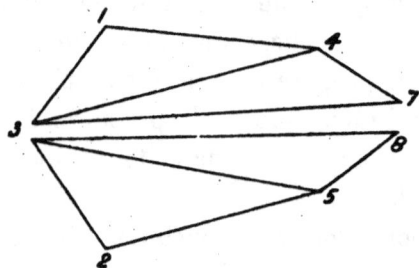

Ces éléments nouveaux ainsi obtenus se combinent avec l'élément neutre pour donner naissance à deux nouveaux produits le Savoir et l'Être (S. et E.) et l'Être et le Savoir (E. et S.).

Avant ces dérivés sont placés deux autres éléments que nous ne pouvons représenter dans les combinaisons arithmétiques ; ce sont deux éléments *transitifs* $T.E.$ et $T.S.$

Enfin l'élément 7 et l'élément 8 se combinent pour donner naissance à un élément nouveau le *Concours Final* (C. F.) $8 + 7 = 15 = 1 + 5 = 6$.

De même les deux éléments universels (U. S. et U. E.) 4 et 5 se combinent aussi pour produire un nouvel élément synthétique, la *Parité coronale* (P. C.) $= 4 + 5 = 9$.

De toutes ces combinaisons résulte la figure suivante :

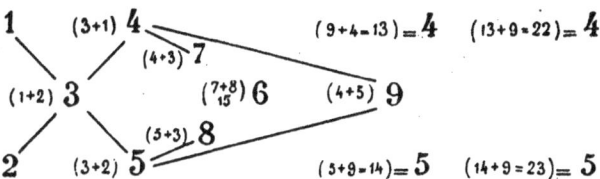

On voit dans ce tableau l'application de la loi chiffrée 1, 2, 3, 4, etc., dont j'ai déjà tant parlé.

Un et deux donnent naissance à trois et de ces trois nombres sortent tous les autres jusqu'à 9 d'après les mêmes principes. A partir de 9 tous les nombres, quels qu'ils soient, se réduisent, par réduction théosophique, aux nombres d'un seul chiffre.

Les nombres sont du reste disposés par colonnes dont trois principales et deux secondaires, je les indique par des chiffres de grosseurs différentes.

Colonne principale   1 ——— 4 — (13) 4 — (22) 4 — (31) 4

+

    Colonne secondaire   7 (16) = 7 (25) = 7 (34) = 7

Colonne principale   3 ————— 6 ————— 9 —

∞

    Colonne secondaire   7 (17) = 8 (26) = 8 (35) = 8

Colonne principale   2 ——— 5 — (14) 5 (23) = 5 — (32) = 5

Comme nous tenons à citer toutes les obscurités à propos de cet auteur nous donnons ci-dessous le *schéma pur de la loi de Création* par lui-même suivi du *système général de lecture* et d'une application au *schéma de la colorisation.* J'espère que ces divers exemples serviront à éclairer au mieux le merveilleux système de Wronski.

*Système général de Lecture.*

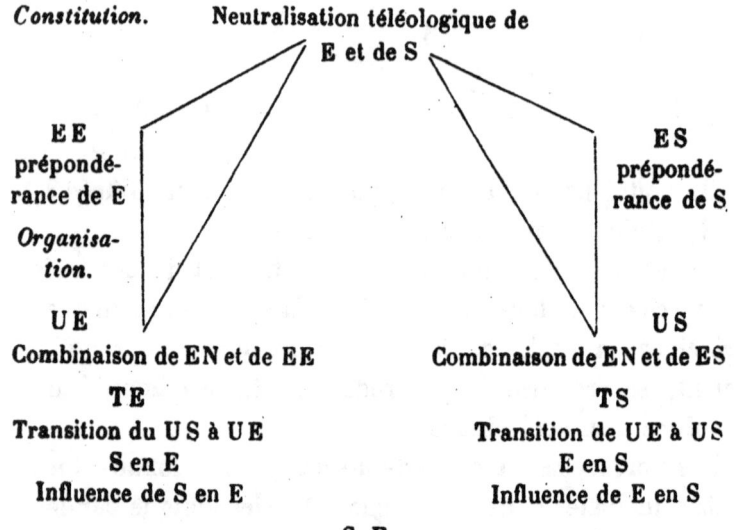

C. F.
Influence réciproque de ces éléments primordiaux, harmonie systématique entre ES et EE par leur concours téléologique à la création de Elément.

P. C.
Identité finale dans la réunion systématique des deux éléments dérivés distincts, de US et de UE, par le moyen de EN qui leur est commun.

## CRÉATION DE LA COLORISATION

Ce qu'il y a de donné dans l'identité finale de la diaphanéité et de l'opacité pour établir les colorisations.

⬤
EN
Jaune

| △ | ▲ |
|---|---|
| EE | ES |
| Bleu | Rouge |
| ⬜ | ⬛ |
| UE | US |
| Vert | Orange |
| (Jaune combiné au bleu) | (Jaune combiné avec le rouge) |
| TE | TS |
| Violet | Cramoisi |
| (Fonction du vert qui égale orange) | (Fonction d'orange qui égale vert) |
| S en E | E en S |
| ▲ | ▲ |
| Lilas | Hortensia |
| (Rouge en bleu) | (Bleu en rouge) |

C. F.
Influence réciproque du rouge dans le bleu
et du bleu dans le rouge.
Pourpre
(*couleur de sang*)

P. C.
Identité finale dans la réunion systématique du vert et de l'orange
moyennant le jaune qui leur est commun
Vert doré

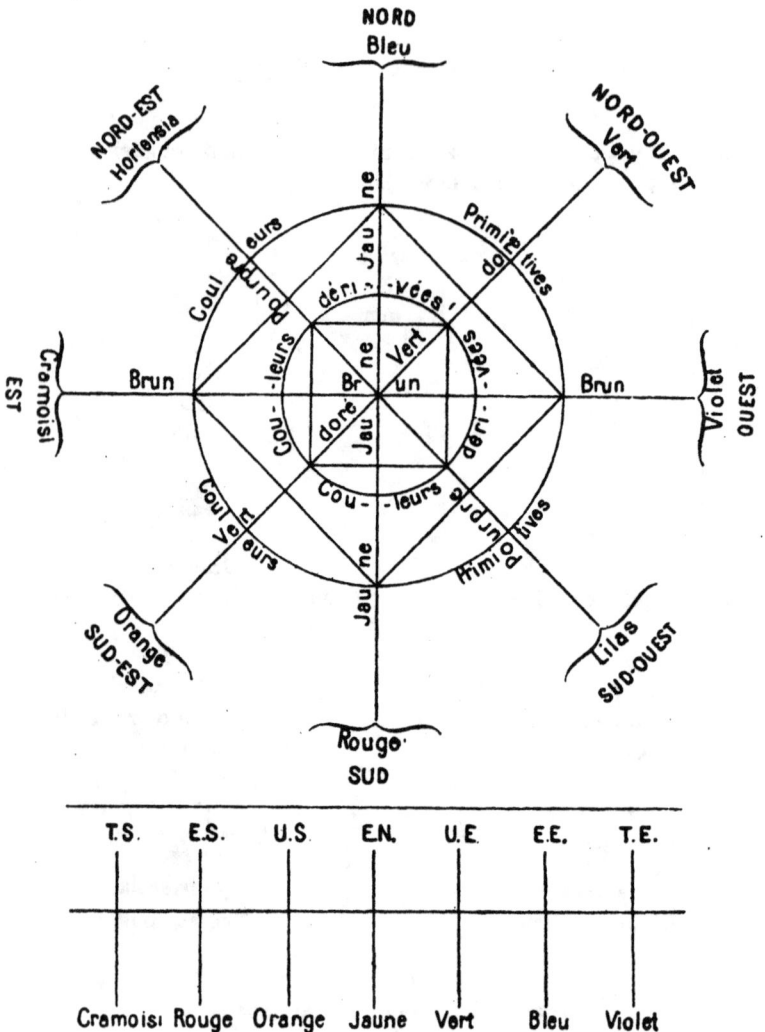

Création de la Colorisation.

## CRÉATION DE LA RÉALITÉ

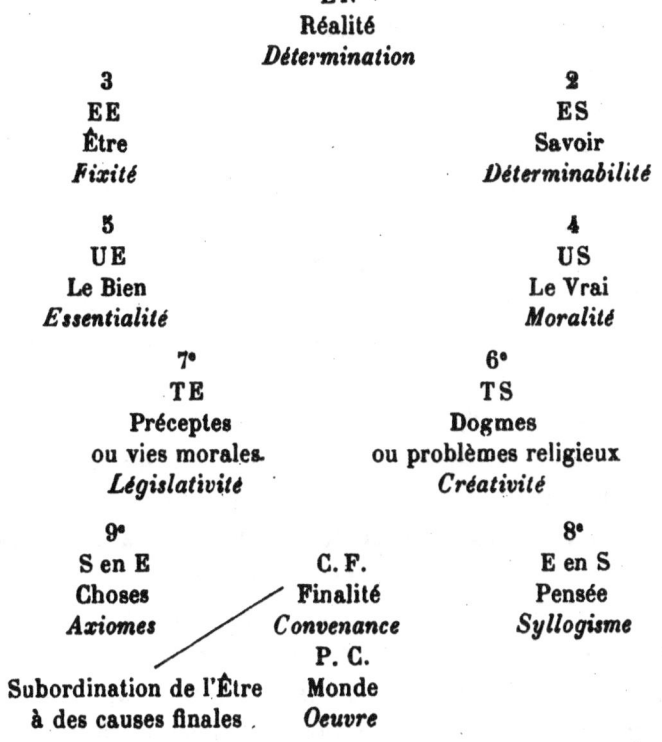

L'Être est l'*Objet* du Savoir et le Savoir la *Condition* de l'Être.

CRÉATION DE LA RÉALITÉ. — ANALYSE DE LA LOI DE WRONSKI PAR LUI-MÊME

En résumant ces résultats, nous voyons que ce principe absolu est composé de *sept principes élémentaires :* la réalité, le savoir, l'être, le vrai, le bien, les dogmes et les lois morales et de *quatre principes systématiques :* la pensée, les choses, la finalité (objective *l'ordre*, et subjective, *le beau et le sublime*) et le monde ou œuvre créée.

Nous savons de plus que parmi les sept principes élémentaires il existe *trois principes primitifs :* la réalité, le savoir et l'être, et *quatre principes dérivés :* le vrai, le bien, les dogmes et les lois morales ; et que, parmi les trois principes primitifs, le premier, la réalité, est le *principe fondamental* et les deux autres, le savoir et l'être, sont les *deux principes primordiaux;* et de même, que parmi les quatre principes dérivés, les deux premiers, le vrai et le bien, sont les *deux principes universels* et les deux derniers, les dogmes et les lois morales, sont les deux *principes transitifs*. Nous savons également que, parmi les principes systématiques, les trois premiers, la pensée, les choses et la finalité (l'ordre et le beau) constituent la *diversité systématique* qui existe dans les deux éléments primordiaux et le dernier, le monde (œuvre créée), constitue *l'identité systématique* qui existe dans les deux éléments universels, moyennant l'élément fondamental ; et que, parmi les trois principes systématiques qui combinent la diversité des éléments, les deux premiers, la pensée et les choses, n'offrent qu'une *influence partielle* de l'un dans l'autre, des deux éléments primordiaux et la troisième, la finalité, offre une *influence réciproque* de ces éléments primordiaux, en préparant ainsi la clôture du système ; et enfin que le quatrième et dernier principe systématique, le monde, qui reproduit, dans la combinaison des deux éléments universels, l'identité primitive qui a lieu dans l'essence même de l'absolu, accomplit définitivement ce système des principes de la raison en rendant manifeste l'intime essence de l'absolu lui-même.

## SIGNIFICATION DE QUELQUES NOMBRES

La connaissance de ces tableaux n'est du reste d'aucune importance pour la compréhension de ce qui suit ; aussi je prie ceux que cet amas de chiffres effrayerait de ne pas s'en occuper davantage et de passer outre.

Avant de terminer ce chapitre, déjà fort long, je tiens à signaler une chose d'une extrême importance pour comprendre le tétragramme sacré des Hébreux dont nous parlerons par la suite.

La progression :

1. 2. 3
4. 5. 6
7. etc.

est formée de quatre chiffres disposés seulement en trois colonnes parce que le quatrième chiffre n'est que la répétition du premier. C'est comme s'il y avait 1. 2. 3. 1, etc. Les Hébreux expriment le nom le plus auguste de la divinité par quatre lettres dont une est répétée deux fois, ce qui réduit le nom divin à trois lettres ainsi : IEVE = IVE. Cette remarque aura sa place dans la suite.

Pour résumer nous donnons la signification des dix premiers nombres d'après un élève d'Éliphas Levi, Desbarolles :

**1.** L'unité c'est le principe de tout ; mais l'unité lumière ne peut rester une lumière sans ombre, l'unité voix ne peut rester une voix sans écho. Un est un principe sans comparaison ; le nombre, c'est l'harmonie, et sans l'harmonie, rien n'est possible ; l'unité est nécessairement active et son besoin d'action la fait se répéter elle-même ; elle se partage, ou plutôt elle se multiplie pour produire *deux*.

**2.** Mais deux c'est l'antagonisme, c'est l'immobilité momentanée lorsque les forces sont égales, mais c'est la lutte, le principe du mouvement. Saint Martin en désignant le nombre deux comme mauvais et funeste a prouvé qu'il ne connaissait pas un des plus grands arcanes de la magie.

Deux c'est l'antagonisme, mais trois c'est l'existence. Avec trois la vie est trouvée.

**3.** Trois c'est le pendule qui va tantôt à droite tantôt à gauche, pour équilibrer et faire mouvoir.

Trois utilise ainsi la lutte des binaires et a, lui, le mouvement qui est la vie.

*Deb* (308).

Trois est la formule des mondes créés, il est le signe *spirituel* de la création comme il est le signe *matériel* de la circonférence.

BALZAC (*Louis Lambert*).

*⁎* TROIS C'EST DIEU *(Deb.)*

Le nombre trois c'est le mouvement qui fait équilibre en passant successivement d'un point à un autre; le nombre quatre c'est l'équilibre parfait, c'est le carré, le positivisme, le réalisme.

**4.** Quatre en magie c'est le cube, le carré. C'est l'image de la terre ; le quaternaire est la conséquence du ternaire; le ternaire c'est l'esprit, le mouvement, la résistance qui amènent naturellement le quaternaire : la stabilité, l'harmonie.

Oui et non de la lumière
Oui et non de la chaleur

$$O -\!\!\!\mid\!\!\!- E \quad \left(Kab.\right)$$

N / S

**4** (Suite). Tendez une corde (disaient les disciples de Pythagore) divisez-la successivement en deux, trois, quatre parties, vous aurez dans chaque moitié l'octave de la corde totale.

Dans les $\dfrac{3}{4}$ la quarte.

Dans les $\dfrac{2}{3}$ la quinte.

L'octave sera donc comme.  1 à 2
La quarte comme.........  3 à 4
La quinte comme.........  2 à 3

L'importance de cette observation fit donner aux nombres 1, 2, 3, 4 le nom de sacré quaternaire. D'après ces découvertes, il fut aisé de conclure que les lois de l'harmonie sont invariables et que la

nature a fixé d'une manière irrévocable la valeur et les intervalles des tons.
(*Voyage d'Anacharsis*, t. III, p. 185, Paris 1809.)

Bientôt dans les nombres 1, 2, 3, 4, on découvrit non seulement un des principes du système musical, mais encore ceux de la physique et de la morale, tout devint proportion et harmonie : le temps, la justice, l'amitié, l'intelligence, ne furent que des rapports de nombres et, comme les nombres qui composent le sacré quaternaire produisent en se réunissant le nombre 10, le nombre quatre fut regardé comme le plus parfait de tous par cette réunion même.

5. Nous avons dit que le nombre quatre représente les quatre éléments reconnus par les Kabbalistes; quatre, c'est donc la terre, la forme; un, est le principe de vie, l'esprit.

Par conséquent 5 c'est 4 et 1, cinq c'est donc l'esprit dominant les éléments, c'est la quintessence.

Aussi le pentagramme est-il le nombre de Jésus dont le nom a cinq lettres, c'est le fils de Dieu se faisant homme, c'est Jéhova incarné.

Cinq c'est l'esprit et ses formes
donc bien ou mal
droit ou renversé

$\left. \begin{array}{l} \text{Pouce} + \text{esprit, } \textit{intelligence} \\ \text{Quatre doigts} - \text{matière} \end{array} \right\}$ Humains

Les quatre membres sont régis par la tête comme les quatre doigts par le pouce.

6. Le nombre 6 représente 2 trois fois.
C'est l'image des rapports du ciel et de la terre, c'est le triangle céleste dont le triangle terrestre est le reflet à rebours (comme le reflet d'un objet dans l'eau).
C'est l'axiome gravé sur la table d'émeraude.
C'est la preuve de notre correspondance avec le ciel, c'est le nombre de la liberté et du travail divin; la liberté est en haut, le travail est en bas, il faut passer par tous les échelons du travail pour arriver à la liberté.

Le nombre six est si parfait de lui-même qu'il semble le même nombre de l'assemblage de ses parties.

Agrippa.

$$6 = 21 = 1 + 2 = 3 = 1 + 2 = 3 = 6$$

7. Le nombre sept est le nombre sacré dans tous les symboles parce qu'il est composé du ternaire et du quaternaire. Il représente le pouvoir magique dans toute sa force, c'est l'esprit assisté de toutes les puissances élémentaires; c'est comme cinq l'esprit dominant la matière; mais ici l'esprit n'est plus représenté par *un* qui signifie l'esprit humain ; mais par *trois* qui représente Dieu, l'esprit de Dieu.

8. Le binaire du quaternaire.
Balance universelle des choses.
L'harmonie dans l'analogie des contraires.

9. 3 fois trois,
C'est le triangle du ternaire.
L'image la plus complète des trois mondes.
La base de toute raison.
Le sens parfait de tout verbe.
La raison d'être de toutes les formes.
Le nombre neuf est celui des reflets divins il exprime l'idée divine dans toute la puissance abstraite.

10. Le nombre dix est composé de l'unité qui signifie l'être et du zéro qui exprime le non être; il renferme donc Dieu et la création, l'esprit et la matière; il est le *nec plus ultra* de l'intelligence humaine qui compte tout par ce nombre.

(*Harmonies de l'Être*, t. II, p. 234.)

Emblème : Un serpent montant après une borne, le mouvement et l'immobilité, l'idée et la matière.

## *Travaux de Charles Henry.*

Dans ces dernières années un philosophe ayant approfondi tous les mystères des mathématiques et admirateur sincère de Wronski, M. Charles Henry, a publié une série de travaux dont nous ne pouvons donner qu'un court résumé. On trouvera les œuvres complètes de cet auteur au siège du Groupe, 29 rue de Trévise.

UNE IMPORTANTE DÉCOUVERTE

*Communication de M. Charles Henry à l'Académie.*

M. Charles Henry a présenté à l'Académie des Beaux-Arts, dans sa séance du 22 décembre, trois instruments nouveaux : un *Cercle chromatique*, un *Rapporteur* et un *Triple décimètre esthétiques* et il a résumé la théorie qui doit prochainement être publiée en même temps que ces appareils :

M. Charles Henry fait observer que la science n'a point fourni jusqu'ici au peintre, des ressources techniques aussi complètes qu'au musicien. Les peintres ont très souvent besoin de la teinte complémentaire, c'est-à-dire de la lumière colorée qui, mélangée avec une autre, donne la sensation de blanc : ils doivent à chaque instant résoudre rapidement des problèmes de pouvoir éclairant, d'harmonies, de mélanges de lumières colorées et de pigments. Leurs solutions, parfois laborieuses, sont toujours empiriques, car elles dépendent, dans une certaine mesure, de l'individualité de l'artiste. Il était essentiel de pouvoir fixer les lois *normales* des compléments, des mélanges, des harmonies de lumières colorées et de pigments. C'est l'objet du *Cercle Chromatique*.

L'auteur pose le problème esthétique sous une forme nouvelle. Nos sensations et nos idées n'offrant aucune prise au calcul, il était urgent de les rattacher à des phénomènes susceptibles de mesure. Or, s'il est un fait bien établi par l'observation psychologique, c'est qu'il n'y a pas de sensation d'idée sans mouvement du sujet. Si on empêche les mouvements des organes des sens, on empêche la sensation qui correspond à un arrêt de ces mouvements ; si on impose au sujet une attitude, on lui suggère l'idée corrélative. On peut donc considérer les fonctions psychiques comme des mouvements virtuels de l'être vivant.

Par des considérations évidentes et une esquisse schématique de notre mécanique naturelle, l'auteur prouve que l'être vivant, ne pouvant décrire que des cycles (circonférences décrites dans un sens) de rayon défini, exprime ses diverses excitations, au moyen de changements de direction, virtuels ou réels, de sa force, le sens de ces directions (en haut ou en bas, à droite ou à gauche), marquant la nature agréable ou non des excitations. La direction est donc l'élément représentatif commun à toutes les sensations.

Les directions diffèrent plus ou moins, au maximum ou au minimum, successivement ou simultanément : c'est la fonction de *contraste*.

Lorsque les directions diffèrent de certains angles réalisables continûment par notre mécanique naturelle, qui est celle du compas, il y a *rythme*.

Lorsque les directions appartiennent à des cycles de rayon trop grand pour être décrits continûment, et que les nombres d'unités de mesure de ces directions considérées comme des dénominateurs de fractions de cycle sont réalisables continûment pour notre organisation, il y a *mesure*.

Les procédés généraux de réaction de l'être vivant une fois établis et mathématiquement étudiés, M. Charles Henry peut aborder scientifiquement les problèmes de couleurs, fixer les trois couleurs-lumières fondamentales, les quatre pigments fondamentaux, construire son cercle chromatique d'après les principes rigoureux et non d'après des conventions, comme les dispositifs adoptés jusqu'à ce jour, exposer les principes d'une polychromie rationnelle, déduire les phénomènes d'irradiation et les moyens de les empêcher, déterminer le pouvoir éclairant des différentes parties du spectre, fixer l'ordre dans lequel il faut ranger les couleurs au point de vue de la fatigue. Il énonce ensuite les lois du contraste des lumières et des couleurs, les relations de ces lois avec la vision binoculaire et la théorie du relief; il déduit les oscillations de la fonction de complémentaire observées pour les couleurs-lumières par M. de Helmholtz et pour les intensités de pigments par M. Rood. Il explique les apparences colorées et la sensibilité différentielle de la lumière blanche, l'influence réciproque des couleurs les unes sur les autres et leurs apparences rentrantes ou saillantes dans les vitraux. Il donne une règle qui permet de retrouver les différences des mélanges de pigments et de lumières : ce qu'aucun point de vue théorique n'avait permis de faire jusqu'ici ; enfin, après des développements sur le problème de l'éclairage et les lois des mouvements des yeux, il énonce les formules différentes auxquelles sont soumises les harmonies de lumières-couleurs et les harmonies de pigments.

La nécessité de trouver l'entière généralité des principes de dynamique vivante que l'auteur avait appliqués à la sensation visuelle lui faisait un devoir d'étendre ces principes à la solution de quelques problèmes accessoires. M. Charles Henry a donc consacré un chapitre à la sensation auditive ; traitant de l'origine du tempérament, de l'origine des gammes (la gamme mineure n'a jamais été expliquée), déduisant les variations des valeurs des intervalles musicaux suivant la mélodie, l'harmonie, la nature de l'accord, exposant un procédé rigoureux d'analyse rythmique des phrases mélodique et harmonique, énonçant la formule générale des accords possibles, et quelques considérations nouvelles sur le timbre.

D'autre part, le problème esthétique sous sa forme nouvelle se confond avec le problème du mécanisme de ces excitations appelées par les physiologistes dynamogènes ou inhibitoires, qui, en exagérant ou en empêchant les fonctions, jouent un rôle si considérable dans la pathogénie. M. Charles Henry explique clairement ces phénomènes paradoxaux, déduit en particulier et complète en dehors des limites de l'expérience la courbe d'accroissement de vitesse de locomotion en fonction des nombres de pas à la minute, explique l'origine de la droiterie et de la gaucherie, les perturbations bien connues à la loi de Fechner. Il précise une loi d'évolution qui lui permet d'expliquer le mécanisme mystérieux de la mort et de caractériser la forme des fonctions du temps ; il rapproche les phénomènes de dynamogénie des dégagements d'électricité, positive et négative, les phénomènes d'inhibition des dégagements de chaleur, déduisant réciproquement des nouvelles fonctions subjectives ou des lois de nos représentations de chaque ordre d'actions, les mesures d'électriques absolues, l'expression des températures vraies, le théorème de Carnot qu'il démontre ne point s'appliquer à la matière vivante, enfin le principe de vitesses virtuelles.

Cette œuvre est le premier pas du calcul dans le monde de la vie. Par des déductions directes d'un fait fondamental de l'organisation, l'auteur a pu préciser le *normal* (ce qu'aucune méthode observationnelle ou expérimentale ne pouvait faire connaître). Par la preuve d'une corrélation profonde entre trois ordres de phénomènes jusqu'ici sans liaison : phénomènes physiques, électricité et chaleur ; phénomènes mécaniques, mouvements virtuels continus et discontinus de l'être vivant ; phénomènes subjectifs, plaisir et douleur : il est parvenu à fonder sur les lois de nos représentations une méthode qui offre aux hypothèses fondamentales de la science, toute la certitude dont elles sont susceptibles et nous permet de pénétrer dans la physique et dans les mathématiques par des déductions de points de vue supérieurs.

L'auteur publiera prochainement des échelles dynamométriques, permettant de doser rigoureusement les forces des sujets, d'après la nature de leurs illusions d'optique et leur préférence pour telle combinaison de lignes, avec une introduction sur la théorie de la pathogénie ; il fait construire des haltères dynamogènes, des thermomètres et manomètres normaux, applicables au traitement des névroses.

Le nouveau rapporteur, dit *Rapporteur Esthétique*, au moyen de tables et d'une notice explicative, très facile à comprendre, permet de réaliser à volonté des formes agréables pour les sujets normaux. Les spécimens produits à l'aide de cet instrument ont toujours, sous des formes diverses, été jugés d'accord avec la théorie, et ne laissent aucun doute sur la solution pratique du problème.

Ces résultats n'intéressent pas seulement l'art industriel : en précisant ce qu'il faut entendre par le normal, la nouvelle théorie imprime à la biologie et à la médecine une direction rationnelle ; en dosant le caractère normal ou pathologique des réactions vivantes enregistrées par la méthode graphique, le *Rapporteur Esthétique* devient un instrument indispensable au clinicien. L'auteur présente plusieurs exemples de cette importante application.

D'après la théorie, le caractère agréable ou non d'une forme est lié au nombre qui la caractérise. C'est ce nombre que l'œil précise inconsciemment en parcourant un contour. Le *Rapporteur Esthétique* servant à convertir les nombres en formes et les formes en nombres, habitue l'œil à une exactitude rigoureuse. Son emploi est donc en lui-même une méthode scientifique de dessin industriel ; cette méthode a produit déjà d'excellents résultats. Le nouvel instrument peut également servir à améliorer l'écriture et par là le rythme des actions nerveuses ; il peut modifier rationnellement la forme des caractères typographiques et par là favoriser l'exercice normal de la vue. Indispensable dans la technique de la nouvelle polychromie et pour l'interprétation de la méthode graphique, le nouveau Rapporteur est, en un mot, l'instrument scientifique de la morphologie, considérée dans son sens subjectif le plus abstrait, qu'il s'agisse de formes inorganiques ou organisées, mortes ou vivantes, naturelles ou artificielles, historiques ou actuelles.

Le *Triple-Décimètre Esthétique* permet, sans recourir aux tables, de trouver dans les limites usuelles toutes les mesures convenables.

\* \*
\*

Saint-Martin a fait aussi un travail sur les nombres[1], mais ce qu'on a publié de lui sous ce nom n'est qu'un ensemble de notes réunies au hasard après sa mort ; aussi n'en parlerons-nous pas davantage.

## § 3. — CONCLUSION

Arrivés en ce point, jetons un rapide coup d'œil sur le chemin parcouru, afin de nous rendre compte des aspects sous lesquels la Science antique se présente maintenant à notre esprit.

1. Saint-Martin, *les Nombres* (œuvre posthume).

Après avoir déterminé l'existence de cette science renfermée dans les sanctuaires, nous avons vu qu'elle employait pour parvenir à ses conclusions une méthode spéciale que nous avons appelée méthode par analogie.

Puis nous avons découvert que cette méthode reposait sur une hiérarchie naturelle comprenant trois grandes divisions, celle des phénomènes, celle des causes secondes et celle des causes premières, ou, d'après Saint-Yves d'Alveydre, celle des FAITS, celle des LOIS et celle des PRINCIPES, divisions désignées par les anciens sous le terme de: LES TROIS MONDES.

L'emploi de ce nombre trois nous a forcément conduit à l'étude de la conception spéciale sous laquelle la science primitive envisageait les nombres et, par la façon dont se forme le Ternaire, nous avons découvert une Loi cyclique présidant à l'évolution des nombres et par suite à celle de la nature entière.

L'analyse de cette loi nous a fait étudier deux procédés de calcul inconnus des algébristes modernes, procédés employés par toute l'antiquité depuis Homère jusqu'aux alchimistes en passant par Moïse, Pythagore et l'École d'Alexandrie : la réduction et l'addition théosophiques.

Nous sommes maintenant en possession de méthodes qui vont peut-être nous permettre d'aller plus loin ; aussi n'hésitons-nous pas à pénétrer avec elles dans les mystères antiques pour savoir le grand secret que les initiés conservaient couvert d'un triple voile.

PREMIÈRE PARTIE

———

# LA DOCTRINE

CHAPITRE III

## LA VIE

### § 1. — LA VIE UNIVERSELLE

Lorsqu'il s'agit d'édifier rapidement un édifice l'on fait appel aux divers corps de métier qui participent généralement à la construction.

Les charpentiers, les maçons, les menuisiers, les serruriers, les peintres arrivent au lieu du travail.

Chacun de ces groupes, le plus souvent vêtu différemment, représente une spécification particulière de la main-d'œuvre et pourtant, en dernière analyse, chacun de ces groupes est composé d'éléments similaires : les hommes.

Ce sont des hommes, tous constitués de même, en tant qu'êtres humains, qui se sont d'abord groupés entre eux puis se sont appliqués chacun à différents métiers pour assurer, grâce à cette division, la rapidité du travail.

Ces hommes identiques comme constitution se nourrissent d'aliments semblables et nous voyons ces aliments identiques absorbés par tous se transformer ici en travail appliqué à la pierre, là en travail appliqué au bois ou au fer ou à l'ornementation; enfin l'élément réparateur (l'aliment) semblable pour tous se transforme en forces différentes suivant l'éducation du récepteur (ouvrier) qui le reçoit.

Il en est de même dans la constante édification de ce monument si compliqué qui s'appelle l'organisme humain.

Des groupements cellulaires dénommés *organes* accomplissent chacun une fonction différente, montrant par là leur analogie avec les corps de métier.

Et de même que ces corps de métier étaient, en dernière analyse, composés d'éléments identiques, les hommes; de même tous les organes sont composés en dernière analyse d'éléments identiques, les *cellules*.

Si nous décomposons donc l'organisme humain nous trouverons à la base la cellule comme terme ultime d'analyse.

Chaque cellule se modifie suivant le métier (fonction) qu'elle est chargée d'exécuter de même que nos ouvriers s'habillent en blouse blanche s'ils sont maçons, en bleu s'ils sont menuisiers, en noir et bleu s'ils sont serruriers, etc., etc.

Une fois la modification obtenue, les cellules se groupent entre elles d'après leur métier et chacun de ces groupements, correspondant à un corps professionnel, prend le nom d'*organe*.

Les organes s'unissent à leur tour quand ils ont un même but général à accomplir et *les appareils* prennent alors naissance. C'est ainsi que la construction d'une maison demande l'union de différents corps de métier correspondant à *un appareil organique*, tandis que la confection d'un livre demande l'union de corps de métier différents des premiers (imprimeur, fabricant de papier, d'encre, brocheur, relieur, etc., etc.).

Le but pour lequel sont unis les différents corps de métier ou organes prend le nom de *fonction*.

Ainsi la construction d'une maison demande la réunion d'une certaine catégorie de travailleurs (appareil). Ces travailleurs sont divisés par corps de métier (organes), chacun de ces corps de métier est en définitive composé d'éléments similaires : les hommes (cellules).

|  | Cellule | Ex. : Cellule musculaire, globule sanguin, etc., etc. |
|---|---|---|
| Groupement des cellules ou | Organe | Ex. : Un muscle, un os, le cœur, le foie. |
| Groupement des organes ou | Appareil | L'appareil de respiration : poumons, cœur, vaisseaux et bronches. |
| But général ou | Fonction | Fonction de circulation, de nutrition, etc., etc. |

Telles sont les idées générales que nous fournit une première considération de l'organisme humain.

Cependant il est un point qui demande une attention particulière.

Nous avons vu, à propos des ouvriers, que chacun d'eux, recevant une nourriture identique, la transformait en travail de résultats différents.

Existe-t-il pour toutes les cellules du corps humain un élément semblable de réparation?

Oui.

Un seul et même principe réparateur circule dans l'organisme, charrié par le sang, et ce principe est transformé en forces différentes suivant la cellule sur laquelle il agit.

Ainsi la cellule du foie produira sous l'influence de l'influx sanguin de la bile et de la matière glycogène ; la cellule d'une glande salivaire produira de la salive tandis que la cellule nerveuse donnera naissance à des phénomènes excito-moteurs.

Résumons ces rapports dans une figure :

Nourriture identique
- Maçons.................. Bâtisse.
- Charpentiers............. Charpente.
- Serruriers............... Travail de fer.
- Menuisiers............... Travail de bois.
- Peintres................. Peinture.

Élément réparateur unique (charrié par le sang)
- Glande salivaire.. Salive.
- Estomac.......... Suc gastrique.
- Foie............. Bile.
- Rein............. Urine.
- Moelle........... Force nerveuse.

Comment appellerons-nous l'élément réparateur qui vient redonner *la force*[1] aux organes au fur et à mesure des besoins? nous l'appellerons LA VIE.

La vie, élément réparateur universel, circule autour des diverses cellules. Celles-ci s'approprient ce qu'il leur faut de force et l'individualisent suivant leurs besoins.

Si nous voulions figurer cette action par un schéma très simple nous représenterions la circulation de la vie par une ligne continue sur le parcours de laquelle les diverses

---

1. Le sang charrie deux sortes d'aliments réparateurs :

1° Un élément qui répare *la substance* des organes à mesure qu'elle est usée. Cet élément est constitué par les matières albuminoïdes dissoutes dans la partie liquide du sang (*liquor*);

2° Un élément qui répare *la force* des organes. Cet élément localisé dans les organes figurés du sang et surtout dans le globule rouge (*hématies*) est celui que nous appelons : *la Vie*. Voy. Gérard Encausse, *Physiologie synthétique* (circulation de *la Force*).

cellules individualisant la force générale la transforment en forces particulières.

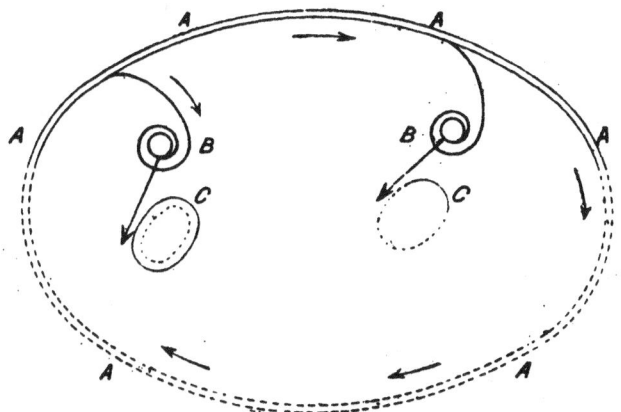

A. — Courant général (le sang).
B. — Individualisation du courant par la cellule (nutrition).
C. — Force particulière dérivée du courant général sous l'influence de la cellule.

Notons donc bien ce point :

*La vie de chaque cellule provient de l'individualisation par cette cellule de la vie générale de l'être humain.*

Mais d'où provient donc cette force que transporte le sang dans tout l'organisme ? Comment entre-t-elle dans l'homme et d'où vient-elle ?

Les cellules sont baignées par le sang. C'est de lui qu'elles tirent leur force. Qu'arrive-t-il si le sang vient à manquer ? La cellule ne tarde pas à périr ; les éléments qui la composaient, jadis utiles, deviennent nuisibles et sont éliminés au plus vite.

Nous avons vu que chacun des ouvriers de notre édifice représentait exactement une cellule du corps humain. Il doit exister quelque chose de laquelle sont entourés ces ouvriers et qui cause leur mort dès qu'elle vient à manquer. Cette chose c'est l'*Air*.

L'air est pour les hommes ce que le sang est pour les cellules. Les hommes aspirent dans leurs poumons cet air, le même pour tous, et le transforment en la vie particulière de chacun d'eux.

La même figure que tout à l'heure nous servira donc en changeant simplement quelques noms. Au lieu de *sang* nous dirons *air atmosphérique*, au lieu de *cellule* nous dirons *homme*.

Cette figure, en apparence très naïve, montre que l'homme après sa naissance est *attaché* par la respiration à la Terre, comme le fœtus était attaché, avant la naissance, à sa mère par le cordon ombilical.

Cette idée que l'air est pour l'individu humain ce que le sang est pour les cellules, nous conduit à de nouvelles considérations. L'homme n'est pas, en effet, le seul être de la Terre qui puise dans l'air ambiant les éléments nécessaires à l'entretien de sa vie particulière.

Tous les êtres vivants à peu près se comportent comme l'homme vis-à-vis de cet air ambiant. De là découle tout naturellement l'idée que ces êtres représentent des cellules tout aussi bien que l'homme ; mais cellules de quoi ?

C'est ici que prend place une des idées de la Science Occulte qui semble des plus bizarres à nos contemporains.

Cette idée c'est que, de même que les cellules de l'homme, après s'être groupées en organes et en appareils, constituent les fonctions de cet homme, et par là même son existence matérielle, de même tous les êtres vivants situés sur notre planète sont des cellules de cette planète qui est *un être vivant*.

Tous les êtres terrestres sont attachés à l'atmosphère par la respiration.

Ainsi le règne minéral constitue l'appareil général qui forme la charpente de l'être uni à quelques représentants du règne suivant:

Le règne végétal constitue la vie végétative de la Terre et le règne animal tout entier constitue sa vie sensitive, son système nerveux.

Chaque représentant de ce règne animal est une cellule nerveuse de la Terre, chaque famille un organe, et enfin l'animalité tout entière préside à la fonction de l'innervation.

Chacun des êtres humains représente une des cellules

nerveuses les plus élevées. La partie féminine de l'humanité est réceptrice, sensitive et la partie masculine est volontaire, motrice ; si bien que l'ensemble de tous les hommes situés sur notre planète, l'humanité terrestre, est le *cerveau de la Terre*.

J'ai fait mes efforts pour expliquer de mon mieux une des idées défendues par tous les disciples de l'École Pythagoricienne, par tous ceux des Écoles Platonicienne ou néo-Platonicienne, l'idée que tout est vivant dans l'Univers, même les planètes. Cela peut sembler étrange au XIX$^e$ siècle et pourtant tout n'est pas fini.

Résumons ce que nous avons dit avant d'aller plus loin.

Dans l'organisme le sang identique pour toutes les cellules fournit à chacune d'elles la force dont elle a besoin. (Rappelons-nous à ce sujet que les aliments identiques pour tous les ouvriers de notre édifice sont transformés en forces diverses suivant le métier de l'ouvrier qui les reçoit.)

Sur la Terre, l'air atmosphérique, courant général, est absorbé par chacun des êtres vivants *individualisé en la vie particulière de chacun de ces êtres*. La même figure nous servira toujours à exprimer schématiquement cette idée.

Il suit de là que l'air atmosphérique agit vis-à-vis des êtres situés sur la Terre comme le sang agissait vis-à-vis des cellules situées dans l'organisme. L'air est le sang de la Terre.

Mais chez l'homme le sang tire sa force de l'atmosphère par la respiration. D'où proviennent donc les principes de force que possède le sang de la Terre ? Pour découvrir le principe vivifiant apporté à la cellule, nous avons cherché dans quoi cette cellule était plongée et nous avons vu que c'était dans le sang.

Pour découvrir le principe vivifiant apporté à l'homme,

nous avons cherché dans quoi cet homme était plongé et nous avons vu que c'était dans l'air atmosphérique.

Enlever l'apport de sang à une cellule ou l'apport d'air respirable à un homme, c'est les tuer.

Dans quoi la Terre est-elle plongée ?

Dans de la *lumière solaire* ainsi que tous les astres de notre monde.

Enlever l'influence du Soleil à une planète c'est détruire du coup toutes les forces qui agissent sur elle et la retiennent dans l'espace, c'est la tuer.

Nous voilà parvenus à une idée encore plus curieuse pour les contemporains que celles que nous avons énoncées tout à l'heure : c'est que *les planètes ne sont que des cellules de l'Univers*. Elles suivent la loi de toutes les cellules et reçoivent leurs principes vivifiants d'un fluide régénérateur, *le même pour toutes*, la lumière solaire.

De même que le sang baignant toutes les cellules était transformé en la vie propre de chacune de ces cellules, de même que l'air baignant tous les êtres vivants était transformé en la vie propre de chacun de ces êtres, de même la lumière solaire identique pour toutes les planètes est transformée en l'atmosphère de chacune de ces planètes, c'est-à-dire en la vie particulière de chacune de ces planètes. Le même schéma qui nous avait servi pour les ouvriers et pour nos autres déductions vient encore s'appliquer exactement ici :

|  |  | *Forces diverses* |
|---|---|---|
|  | La Terre .......... | (Air). |
| Lumière solaire | Saturne .......... | Vie saturnienne. |
| identique pour | Jupiter.......... | Vie de Jupiter. |
| toutes les planètes | Mars............ | Vie de Mars. |
|  | Vénus........... | Vie de Vénus. |
|  | Mercure......... | Vie de Mercure. |

Arrivés à ce point, résumons encore les résultats acquis, car on ne saurait trop résumer et répéter toutes ces idées, courantes chez les anciens, totalement inconnues chez les modernes.

Notre point de départ a été *la cellule*, terme ultime de l'analyse de l'homme physique. Figurons cette cellule par un point.

*La cellule*

La cellule se groupe pour former des organes. Indiquons ceci par trois points enveloppés dans un cercle. Chacun des points est une cellule. Le cercle indique schématiquement l'organe

 *L'organe*

dérivant du groupement de ces cellules.

Les organes se groupent pour former des appareils.

 *L'appareil*

L'ensemble des appareils forme l'individu. (Le cercle indique schématiquement l'individu, synthèse des appareils.)

 *L'individu*

Mais cet individu n'est qu'*une cellule* par rapport à la planète. Si bien qu'on peut recommencer la série en mettant la figure de l'individu à la place de celle du point (la cellule).

On obtiendra ainsi une série nouvelle de groupements correspondant à la réunion des individus (famille), à la réunion des familles (tribu), à la réunion des tribus (race), pour arriver à l'humanité.

On pourrait continuer ainsi la progression, arriver à l'Humanité nouvelle cellule, puis à la Terre, puis au Monde, puis à l'Univers. Les exemples ci-dessus suffiront, je pense, à donner une idée de cette progression.

\*
\* \*

En dernière analyse le corps humain se réduit à la cellule, l'humanité se réduit à la molécule sociale qui est l'homme, le monde se réduit à l'astre et l'Univers au Monde.

Mais cellule, humanité, astre, monde, Univers, ne sont que des *octaves* de l'Unité toujours la même.

N'allons-nous pas voir les cellules se grouper pour former un organe, les organes se grouper hiérarchiquement pour former les appareils et ceux-ci se grouper pour former l'individu ?

        Cellule,
        Organe,
        Appareil,
        Individu,

telle est la progression qui constitue l'homme physiquement parlant.

Mais cet individu, qu'est-ce sinon une cellule de l'humanité ?

La loi que suit la nature est si vraie que partout nous la retrouvons identique, quelle que soit l'étendue des objets considérés.

L'homme se groupe pour former la famille, la famille se groupe pour former la tribu, les tribus établissent le groupement hiérarchique pour constituer la nation, reflet de l'Humanité.

        Homme,
        Famille,
        Tribu,
        Nation-Humanité.

Mais qu'est donc l'humanité sinon une cellule de l'animalité ? Cette animalité n'exprime qu'un des degrés des règnes existant sur la planète.

Voyez les satellites se ranger autour des planètes, les planètes autour des Soleils pour constituer les Mondes; les Mondes qui ne sont eux-mêmes que des cellules de l'Univers marquent en traits de feu dans l'infini les lois éternelles de la Nature.

Partout éclate cette mystérieuse progression, cet arrangement des unités inférieures devant l'Unité supérieure, cette sériation[1] universelle qui part de l'atome pour monter d'astre en Monde jusqu'à cette UNITÉ PREMIÈRE autour de qui gravitent les Univers.

Tout est analogue, la loi qui régit les Mondes régit la vie de l'insecte.

Étudier la façon dont les cellules se groupent pour former un organe, c'est étudier la façon dont les Règnes de la Nature se groupent pour former la Terre, cet organe de notre Monde; c'est étudier la façon dont les individus se groupent pour constituer une famille, cet organe de l'Humanité.

Étudier la formation d'un appareil par les organes, c'est apprendre la formation d'un monde par les planètes, d'une nation par les familles.

Apprendre enfin la constitution d'un homme par les appareils, c'est connaître la constitution de l'Univers par les Mondes et de l'Humanité par les Nations.

Tout est analogue: connaître le secret de la cellule c'est connaître le secret de Dieu.

L'absolu est partout. — Tout est dans tout.

D'après tout ce qui précède on voit que la définition de la Vie qui semble facile au premier abord est bien plus générale qu'on ne le pense ordinairement.

Pour l'homme la vie est bien cette force charriée par le

---

1. Terme employé par Louis Lucas.

globule sanguin et qui vient régénérer les organes ; mais c'est là *la vie humaine*, ce n'est pas LA VIE.

En effet, cette force n'est qu'une modification de l'air qui renferme la vie de tous les êtres sur la Terre.

Si l'on ne veut, comme la plupart des savants actuels, voir l'origine de la vie que dans l'atmosphère terrestre, on peut s'arrêter là.

Mais nous avons vu que l'atmosphère terrestre, tout comme le sang humain, tire ses principes vivifiants de plus haut, du Soleil lui-même.

Nous pourrions remonter ainsi à l'infini ; mais comme nos connaissances scientifiques générales s'arrêtent à notre monde, n'allons pas plus loin et, constatant que la force du sang vient de l'Air, la force de l'Air de la Terre, et la force de la Terre du Soleil, disons :

LA VIE C'EST DE LA FORCE SOLAIRE TRANSFORMÉE.

## § 2. — MARCHE DE LA VIE

### L'INVOLUTION ET L'ÉVOLUTION

Si nous nous reportons à notre analogie première de l'édifice et des ouvriers nous pourrons en tirer encore de nouvelles idées.

En effet, nous avons bien fait appel à une série de corps de métiers pour bâtir notre monument ; mais il existe une hiérarchie intellectuelle entre ces différents métiers.

Ainsi, le sculpteur qui viendra donner à la pierre des figures diverses est supérieur intellectuellement au maçon qui ne fait que poser ces pierres d'après un ordre déterminé par avance.

Le corps humain reproduit la même hiérarchie. Il existe

différents degrés entre les diverses forces émanées toutes de l'élément unique : le sang.

Lorsque cette force apportée par le sang se trouve en contact avec les organes, elle subit certaines modifications déterminées par la constitution intime de l'organe.

Il est clair que la cellule nerveuse tire du sang une force différente de celle qu'en extrait la cellule musculaire ou la cellule osseuse.

Il y a donc dans l'homme une hiérarchie de cellules matérielles qui composent son corps.

Quelques-unes de ces cellules sont constituées par des principes plus matériels comme les cellules osseuses ; d'autres, au contraire, sont constituées par des éléments se rapprochant plus de la phosphorescence comme les cellules nerveuses. Si nous voulions représenter cette constitution de l'homme physique nous ne pourrions même le faire que par une figure mince en haut pour indiquer le moins de matérialité des cellules élevées et épaisse en bas pour montrer le contraire.

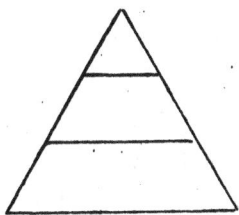

Nous obtiendrons ainsi la figure d'un *prisme*.

Une force identique, celle du sang, la *vie*, se brisant contre ce prisme, se trouve donc immédiatement hiérarchisée et transformée en forces différentes suivant l'épaisseur de ce prisme, c'est-à-dire suivant la matérialité des cellules.

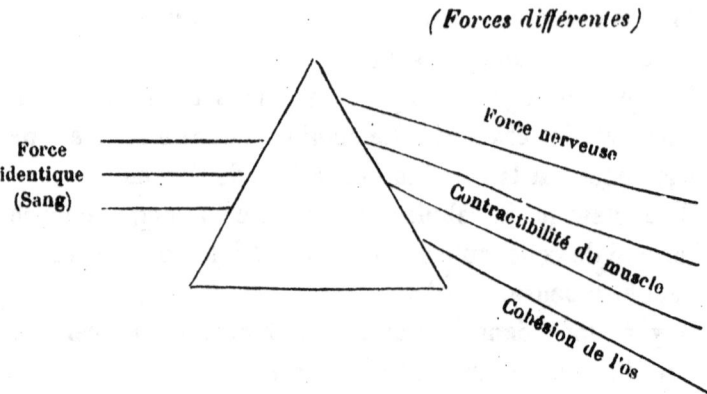

Une autre image encore plus suggestive explique ce phénomène, c'est celle d'une *harpe*.

La longueur différente des cordes de la harpe indique les différents degrés de matérialité des cellules organiques. Un même ébranlement produira un son grave matériel sur les longues cordes, tandis qu'il produira un son aigu spirituel sur les cordes les plus courtes.

Cette transformation que subit la force a un but : *l'évolution*.

Certaines des forces produites subissent une telle action de la part des organes qu'elles sont plus élevées dans la hiérarchie générale que la force initiale.

Ainsi, la vie de l'être humain se transforme successivement en force nerveuse du grand sympathique qui fait marcher les divers organes extra-volontaires, puis en intelligence dans le cerveau.

Il était entré de l'air dans l'homme ; il en ressort, après un travail spécial, de l'idée ou du fluide nerveux ; on voit qu'il y a eu progrès.

Il en est ainsi dans toute la Nature.

Si nous considérons la Terre comme un être vivant,

nous verrons que sur elle aussi les êtres vivants, c'est-à-dire les cellules, sont groupés par hiérarchies.

En bas, nous trouvons le règne minéral dans toutes ses modifications qui forme la charpente générale correspondant au système osseux de l'homme.

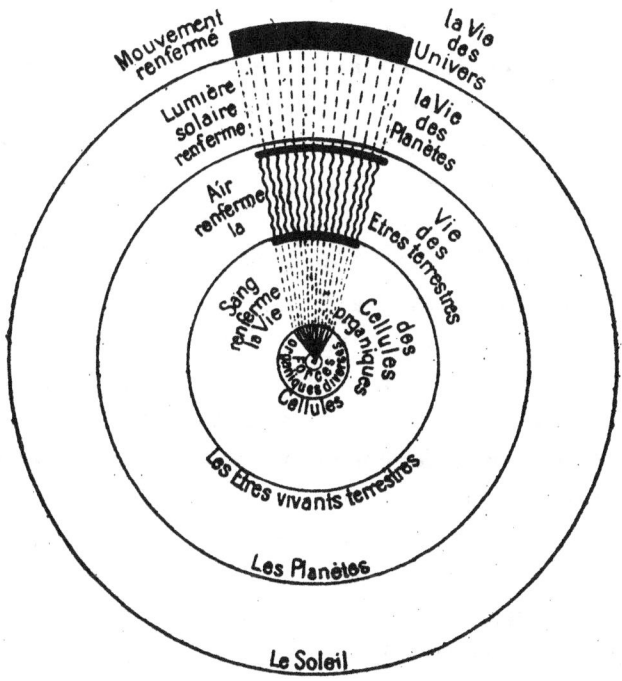

Origine de la Vie.

Au milieu nous voyons le règne végétal, la distribution générale des forces de la Terre analogue au système sanguin de l'homme.

Enfin, en haut, nous voyons le règne animal couronné par la race humaine, analogue au système nerveux couronné par le cerveau.

La force solaire vient se briser contre les différents

règnes comme la force du sang contre les différents organes. Des résultats nouveaux prennent alors naissance.

Cette force solaire se brisant contre la partie matérielle de la Terre donne naissance aux forces physiques, chaleur, lumière, électricité, magnétisme.

L'action du Soleil sur le règne végétal donne au contraire naissance aux forces chimiques et entre autres à la partie vivifiante de l'atmosphère.

Enfin, l'action de ces forces spéciales sur le règne animal donne naissance aux puissances psychiques, instinct — intelligence, idée — qui forment au-dessous de l'âme la portion la plus sublimée de la vie.

La Terre avait donné à l'homme de la force vitale, l'homme lui rend en échange de l'intelligence ; le Soleil avait donné à la Terre de la lumière, la Terre renvoie au Soleil de l'âme. Comment cela se produit-il ?

Claude Bernard a démontré que chaque fois qu'une idée était produite par l'homme cela voulait dire qu'une cellule nerveuse venait de périr. Or, si l'on se souvient que nous avons dit que chaque être humain était une cellule nerveuse de la Terre, on comprendra pourquoi chaque fois qu'un être humain meurt, la Terre manifeste une idée (l'âme de cet homme), idée bonne si l'âme est bonne, mauvaise si l'âme est mauvaise. De même que la cellule nerveuse de l'homme est un moyen de transformation de l'air en idée, de même l'homme est un moyen de transformation de la lumière solaire en âme.

Nous voyons donc que si l'Esprit s'incarne dans la Matière c'est pour évoluer et pour remonter conscient par l'épreuve alors qu'il était émané à l'état de force inconsciente.

## Résumé.

Nous avons montré dans tout ce qui précède deux courants: l'un, caractérisé par la descente de la Force dans la Matière, c'est *l'involution;* l'autre, caractérisé par la rentrée progressive de la Matière dans la Force, c'est *l'évolution.*

L'esprit s'embrouille dans tous ces mots de force et de matière, d'involution et d'évolution ; aussi un exemple est-il absolument nécessaire pour éclaircir tout cela.

S'il est vrai qu'il s'agit là d'une loi générale, elle doit, d'après l'analogie, se retrouver en réduction partout. Nous allons voir qu'il en est effectivement ainsi.

Prenons par exemple une bûche, un morceau de bois quelconque et raisonnons sa fabrication.

A l'origine ce morceau de bois était un germe dans une graine.

La graine fut mise en terre et bientôt naquit une tige fragile. Le but de cette tige était de mettre en contact deux éléments : la matière tirée de la terre et la force tirée du soleil et de ses dérivés (air entre autres).

La fonction du végétal se borne donc à ceci: puiser dans la terre des sucs particuliers tirés principalement des minéraux ; puis combiner dans l'intimité de ses tissus ces sucs avec des rayons solaires. C'est ainsi que se forme le bois. *Le bois constitue donc un morceau de soleil enfermé dans de la matière* (pardonnez-moi l'imperfection de l'image). Si nous voulions figurer tout cela par un schéma nous représenterions la force du Soleil par sa triple spécialisation Chaleur-Lumière-Électricité sur une ligne droite.

       Chaleur    Lumière    Électricité

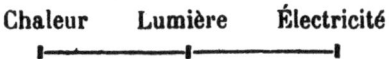

Nous représenterions l'action de cette force sur un

arbre par un point matériel de concentration sur lequel viendraient se réunir ces forces.

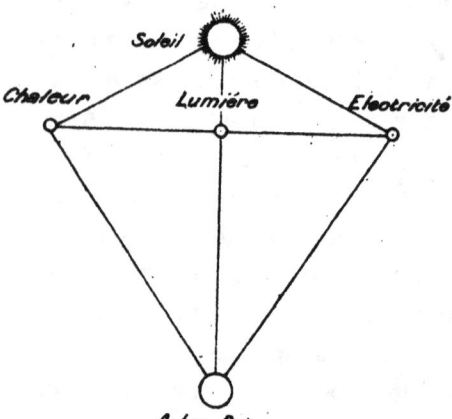

D'après cette figure, notre bûche contient donc en elle de la force emmagasinée. C'est là *l'involution*, la descente de la force dans la matière.

Tout cela est-il vrai?.

L'expérience contraire va vous le montrer.

Soumettons notre morceau de bois à un condensateur de force très grande de manière à délivrer les rayons solaires enfermés en lui: *allumons notre bûche*.

Aussitôt un phénomène bien curieux pour l'observateur se produit. La chaleur, la lumière, l'électricité prennent naissance et se réunissent en un principe tout spirituel: la flamme. La figure suivante nous montre les diverses phases du phénomène.

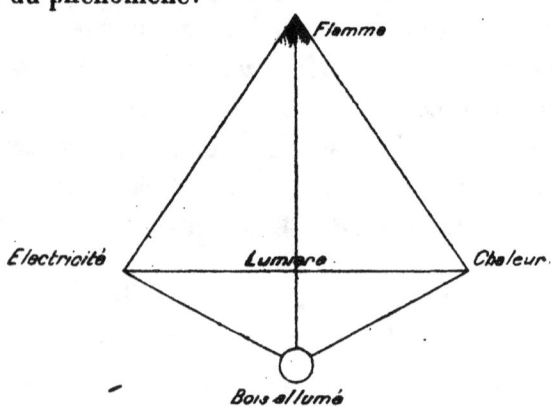

La flamme est en petit l'image du Soleil; c'est le Soleil jadis enfermé qui retourne à sa source.

Si nous rapprochons les deux figures nous verrons que la première représente la façon dont le Soleil devient Matière, la seconde la façon dont la Matière devient Soleil.

Si nous réunissons ensemble la figure de la matérialisation de l'Esprit et celle de la spiritualisation de la Matière, nous obtiendrons l'image suivante :

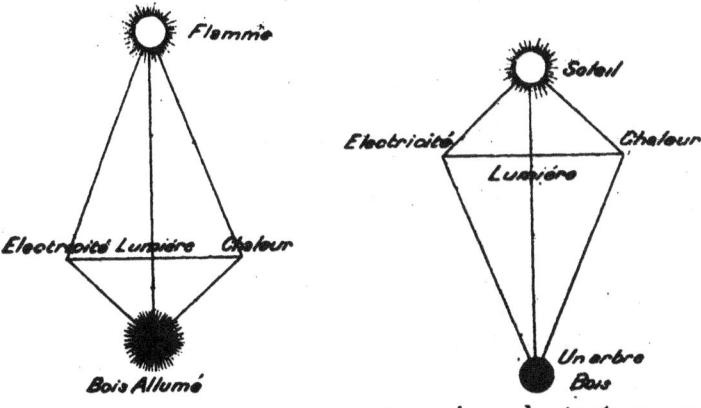

Nous pouvons résumer encore mieux le tout en une seule figure qui aura l'avantage de représenter les deux phases du phénomène.

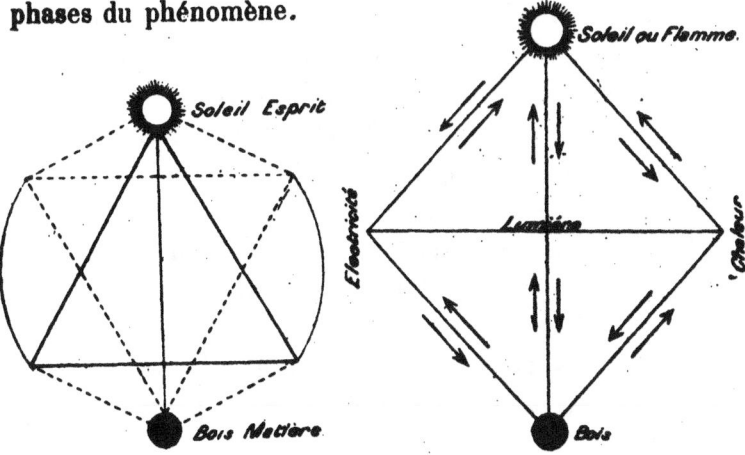

Les flèches descendantes indiquent le premier courant (descente du Soleil sur le Bois); les flèches ascendantes indiquent le second (remontée du Bois dans le Soleil).

\* \*

Deux considérations importantes doivent être tirées dès maintenant de tout ce qui précède : la première c'est que l'évolution quelle qu'elle soit, qu'il s'agisse de la montée du minéral par le végétal vers l'animalité ou de la montée de la matière vers la force, est précédée d'un courant opposé inconnu des transformistes actuels : l'involution.

La seconde que ces deux courants passent l'un et l'autre par la même voie, l'un pour descendre (l'involution), l'autre pour monter (l'évolution).

\* \*

La vie circule dans la cellule, la vie circule dans l'homme, d'où vient-elle?

La cellule humaine est immobilisée dans l'organe, mais voici que le courant vital porté par le sang passe rapide au-devant d'elle ; elle prend de ce courant ce qu'il lui faut et accomplit sa fonction ; le courant est le même partout et chaque cellule le transforme différemment.

Ici c'est la cellule d'une glande qui va puiser sa force dans la vie que le sang lui apporte, et la salive, le suc gastrique ou la bile vont être sécrétés.

Là c'est la cellule musculaire qui va emprunter le moyen de se contracter à ce même courant qui a fourni tout à l'heure des sécrétions diverses.

Là enfin c'est la cellule nerveuse qui va transformer en Intelligence ce même agent producteur de phénomènes si différents.

Est-il possible qu'une même force : la vie, soit transformée en forces d'ordres si différents et cela par la forme différente des organes ?

A cette question le chercheur se renferme dans son laboratoire et voit un faisceau de lumière blanche venir se briser contre un prisme et se transformer en couleurs variées.

Les couleurs dépendent de l'épaisseur du verre traversé. Cet essai suffit. — Il comprend.

La vie toujours la même qui circule dans l'homme peut être comparée à la lumière blanche, chacun des organes à un morceau différent du prisme. Le courant de lumière blanche passe et chacun des organes agit en lui. Ici c'est un organe dont la matière est grossière, il représente la base du prisme, les couleurs inférieures vont apparaître ou plutôt les sécrétions les plus grossières.

Là c'est un organe où la matière est à son maximum de perfection, il représente le sommet du prisme, les couleurs supérieures se forment, l'intelligence va naître.

Telles sont les bases de la Médecine occulte [1]. Mais ce courant vital, d'où vient-il encore ?

De l'air où le globule sanguin va le chercher pour le charrier à travers l'organisme.

Mais l'Unité magnifique des productions d'Osiris-Isis apparaît encore plus éclatante.

Un même courant circule à travers la Planète et chacun des Individus qui est sur elle y prend sa vie.

L'homme aspire et transforme la Vie terrestre en Vie humaine, comme dans lui le cerveau transformera cette Vie humaine en Vie cérébrale, le foie en Vie hépatique, etc.

---

1. Voy. pour développement *la Médecine nouvelle*, de Louis Lucas.

L'Animal transforme la Vie terrestre en la sienne propre, selon son espèce.

Le Végétal puise aussi à pleines feuilles sa vie spéciale dans celle de la mère commune la Terre.

Le Minéral et tous les êtres transforment en force personnelle cette force terrestre.

Toujours l'analogie mathématiquement exacte, avec la lumière blanche et le prisme dont chaque être représente un morceau.

Mais la Terre ne prend-elle pas sa vie et par suite celle de tout ce qu'elle porte dans ce courant lumineux et vital dans lequel elle plonge?

Le Soleil déverse à pleins flots sa Vie solaire sur les planètes de son système et chacune d'elles transforme la Vie solaire en sa vie propre. La Terre en fait la Vie terrestre; Saturne la Vie saturnienne, sombre et froide; Jupiter sa vie propre, et ainsi pour chacune des autres planètes et de leurs satellites.

Mais le Soleil lui-même ne tire-t-il pas sa Vie solaire, cette lumière-chaleur-électricité qu'il déverse, de l'Univers dont il fait partie?

Alors le chercheur, saisissant dans son auguste ensemble la Synthèse de la vie, se prosterne et adore.

Il adore la Vie qui est en lui, cette Vie que la Terre lui a donnée, cette Vie que le Soleil a donnée à notre Monde, que celui-ci a tirée de l'Univers et que l'Univers a tirée du centre mystérieux et ineffable où l'Être des Êtres, l'Univers des Univers, l'UNITÉ VIE, OSIRIS-ISIS, réside dans son éternelle union.

Il se prosterne et il adore DIEU en lui, DIEU dans le Monde, DIEU dans l'Univers, DIEU en DIEU.

La vie que nous avons trouvée partout saurait-elle échapper aux lois communes?

Le phénomène, quel qu'il soit, révèle toujours et partout son origine trinitaire. Les séries pour aussi grandes qu'elles apparaissent se rangent toutes suivant la mystérieuse loi :

| Actif | Passif | Neutre |
|---|---|---|
| Positif | Négatif | Équilibré |
| + | − | ∞ |

Cet homme qui commande en maître dans la famille où il représente le positif va se courber devant la loi de la tribu, et par là devenir négatif.

La Terre qui attire à elle, qui réunit dans son absorbante unité, tous les êtres et les objets situés à sa surface, agissant ainsi comme active, obéit *passivement* à l'attraction du Soleil, son supérieur.

Nous voyons par là apparaître l'absorption des séries inférieures par les séries supérieures, et de celles-ci, considérées comme séries inférieures, par une série supérieure, etc., à l'infini[1].

La Chaleur apparaît positive dans le Chaud, négative dans le Froid, équilibrée dans le Tempéré.

La Lumière apparaît positive dans la Clarté, négative dans l'Ombre, équilibrée dans la Pénombre.

L'Électricité se montre positive dans le Positif, négative dans le Négatif, équilibrée dans le Neutre.

Mais la Chaleur, la Lumière et l'Électricité ne représentent-elles pas trois phases d'une chose plus élevée[2]?

Cette chose dont la Chaleur représente le Positif, la Lumière l'Équilibre, l'Électricité le Négatif, c'est la Force de notre Monde.

1. Louis Lucas, 3ᵉ loi du *Mouvement*.
2. Dans la nature, l'électricité n'est qu'un détail comme dans le spectre solaire le rouge n'est qu'une nuance.
Electricité, Chaleur, Lumière sont trois *phases générales* du mouvement dont les nuances intermédiaires sont infinies (Louis Lucas).

Remontons expérimentalement à travers les phénomènes ; après la physique traversons la chimie, voyons dans une expérience connue : l'oxigène se rendre au pôle du Mouvement, l'hydrogène au pôle de la Résistance et l'azote tantôt à l'un, tantôt à l'autre de ces deux pôles suivant le rôle qu'il joue dans les combinaisons. Voyons qu'il en est de même absolument des autres corps métalloïdes et métalliques ; retrouvons partout le mouvement acidifiant, le repos alcalinisant et l'équilibre entre les deux représenté par l'azote et ses nuances[1] Quand de progression en progression, d'Univers en Univers nous aurons remonté à la plus haute abstraction, nous verrons une force unique s'opposant à elle-même pour créer dans son activité le Mouvement, dans sa passivité la Matière[2] et dans son équilibre tout ce qui est compris entre la divisibilité et l'unité, les échelons infinis par lesquels la force remonte depuis l'état solide[3] jusqu'aux formes les plus élevées de l'intelligence, du génie, et enfin jusqu'à son origine Dieu, dont l'activité s'appelle le Père ou Osiris, la passivité le Fils ou Isis, et l'équilibre, cause de Tout, image de la TRI-UNITÉ qu'il constitue, se nomme Saint-Esprit ou Horus.

Nous tenons maintenant un des plus grands secrets du Sanctuaire, la clef de tous les miracles passés, présents et futurs, la connaissance de cet agent toujours le même et toujours diversement désigné, le Telesma d'Hermès, le

---

1. Louis Lucas, *Chimie nouvelle*, p. 282.
2. La matière présente une résistance, une résistance c'est-à-dire une force. Car les forces seules sont capables de résistance, et, par cette considération, la matière décèle son origine UNITAIRE identique avec le mouvement initial et élémentaire. Le mot Matière exprime la passivité du mouvement comme le mot Force en désigne l'activité. (Louis Lucas.)
3. La matière révèle son origine par ses trois principales nuances : Matière positive ou Etat gazeux, Matière négative ou Etat solide, Matière équilibrée ou Etat liquide.

Serpent de Moïse et des Indous, l'Azoth des alchimistes, la Lumière astrale des Martinistes et d'Eliphas Levi, enfin le Magnétisme de Mesmer et le Mouvement de Louis Lucas qui a découvert les trois lois qui le dirigent et en a montré l'application aux sciences positives contemporaines.

Nous aurons à parler dans le chapitre suivant de cette « Lumière astrale » dont nous venons de retrouver la trace. Pour nous cantonner dans la description de la Vie nous devons, maintenant que nous avons vu les deux courants de son mouvement, descendant ou involutif et ascendant ou évolutif parler des deux voies qu'elle suit dans sa marche, ce qui nous amène à dire quelques mots du Transformisme.

## § 3. LE TRANSFORMISME — LA CHAINE PLANÉTAIRE LA VAGUE DE VIE DANS UN MONDE

### TRANSFORMISME — LA CHAINE PLANÉTAIRE

A la théorie de l'évolution, de la montée progressive de l'Esprit vers la Matière se rattache une idée chère à nos contemporains : celle du *Transformisme*.

D'après cette idée, admise presque universellement aujourd'hui dans le monde scientifique, les êtres vivants se transforment progressivement les uns dans les autres depuis les espèces les plus inférieures jusqu'à l'homme.

La Nature se présente à nous sous l'aspect d'une éternelle élaboratrice perfectionnant sans cesse les types créés pour atteindre un idéal qui sera le couronnement définitif de la Loi de Progrès.

Depuis longtemps les écoles d'occultisme enseignent le transformisme ; mais cependant avec d'autres considérations que les savants contemporains.

Ceux-ci ont cru trouver dans cette théorie de l'évolution tous les éléments nécessaires à la destruction définitive des religions et de leurs enseignements ; ils n'ont réussi qu'à montrer une chose, c'est jusqu'à quel point d'erreur on peut pousser une idée vraie quand on veut l'appliquer outre mesure.

Le matérialisme ne concevant pas qu'il existe trois plans adéquats d'évolution agissant ensemble a voulu faire sortir tout du principe de l'inertie : la Matière.

La Matière génère l'intelligence, génère la mémoire, etc., etc., affirmations soutenues sans songer que les cellules organiques ont changé cent fois alors qu'un fait enregistré dans la mémoire n'a pas été oublié[1].

Les positivistes, partisans fanatiques du transformisme donné de la seule matière, accusent les créateurs de religions d'avoir inventé une série de fables ridicules pour expliquer l'origine de l'homme et se font fort de tout démontrer *scientifiquement* à l'aide de la Géologie, de l'Anthropologie, de l'Anatomie comparée, etc., etc.

Or ouvrez les livres de ces messieurs et amusez-vous à faire la liste des hypothèses données comme de pures vérités qui expliquent l'origine du langage parlé, l'usage de la main droite universellement plus répandu sur la terre à toutes les époques et dans tous les climats que celui de la main gauche, l'origine de la morale et des idées religieuses et vous me demanderez bientôt quels sont les plus imaginatifs des mauvais traducteurs de Moïse à qui nous devons l'histoire de la Pomme ou des positivistes démontrant qu'un de nos ancêtres ayant eu l'idée ingénieuse de se moucher un jour avec un mouchoir et de la main

---

1. Voy. à ce sujet le beau travail de Maldan, *Matière et Force*. Paris, in-8°, travail basé sur une foule d'expériences physiologiques de F. Flourens, de Claude Bernard, etc., etc.

droite, cette idée s'est multipliée par l'évolution et l'hérédité au point d'envahir toute la race blanche ou à peu près.

D'un côté « la Science » prouve que les maladies s'atténuent par l'hérédité ; de l'autre les positivistes affirment que les habitudes croissent et multiplient sous l'influence de cette hérédité. Qui croire ?

Deux occultistes ont étudié spécialement l'évolution pour démontrer la réalité de la plupart de ses données, et l'enseignement de l'ésotérisme à ce sujet ; ce sont *Louis Dramard*[1] et *G. Poirel*[2].

Poirel s'appuyant sur le Ternaire Hérédité-Transformisme-Évolution montre l'antiquité de ces idées en citant un ouvrage que nous reproduisons en entier[3], *Les cinquante portes de l'Intelligence*.

Le défaut capital de la conception du Transformisme par les contemporains c'est l'ignorance de cette loi d'évolution qui n'est pas figurée par une ligne éternellement ascendante ; mais bien par un cercle avec deux périodes, une de montée et une de décadence ou de repos, suivie d'une montée plus rapide, ainsi que nous l'avons dit à propos du « Progrès ».

D'après la théorie actuellement reçue il est impossible d'expliquer comment, tous les hommes ayant pris naissance sur les plateaux de l'Asie, les races de couleurs différentes ont pris naissance.

On ne sait pas non plus pourquoi, alors qu'il est indéniable qu'il existe des preuves évidentes de transformation d'un organe dans un autre à travers l'espèce animale on

---

1. Louis Dramard, *La Science Occulte*. Paris, 1886, in-8° (8, R. Pièce, 3360, *Bib. Nat.*).
2. G. Poirel, *Le Transformisme et la Science occulte*, conférence à la Loge Travail et Vrais amis fidèles.
3. Voy. page 583.

ne voit pas ces transformations s'accomplir comme cela se produit pourtant dans le règne végétal où il est facile de se rendre compte de la transformation des feuilles en éléments constitutifs des fleurs et des fruits.

Or non seulement l'ésotérisme admet le transformisme, mais il donne à ce sujet des théories très générales et d'une portée beaucoup plus grande que celles qui sont généralement admises en Europe. Ces théories sont résumées dans l'idée de la *Chaîne planétaire*. Pour bien faire comprendre cette idée nous la ferons précéder selon notre habitude de quelques exemples pouvant servir analogiquement de point d'appui.

\* \*

Supposons que nous avons non pas une mais quatre maisons à bâtir sur des terrains situés l'un près de l'autre.

Le nombre de nos ouvriers est cependant tel que nous ne pouvons les utiliser que pour construire une seule maison à la fois. Nous commençons donc par les appeler tous, toujours par corps de métier.

Voici les *terrassiers*, ceux qui seront chargés de préparer le terrain pour recevoir les constructions. A côté d'eux viennent les *charpentiers* qui dresseront la carcasse du bâtiment puis les *maçons* qui construiront, enfin les *forgerons* et *serruriers* qui travailleront en même temps que les maçons et les *peintres* qui viendront tout terminer.

La construction de la Maison demande trois grandes phases :

Celle du commencement, de l'établissement des travaux avec les terrassiers et les charpentiers, celle de l'exécution proprement dite avec les maçons, les serruriers, les menuisiers, les parquetiers, les couvreurs, etc., etc., enfin celle de l'ornementation avec les peintres.

Pour éviter les énumérations inutiles nous prendrons un seul des métiers pour caractériser chaque période et nous diviserons ces périodes en trois : celle des terrassiers, celle des maçons, celle des peintres.

Voici donc nos ouvriers tout prêts à commencer et placés devant nos quatre terrains.

*Repos*
3 — *Peintres*
2 — *Maçons*
1 — *Terrassiers*  | — 1$^{er}$ terrain — 2$^e$ — 3$^e$ — 4$^e$

1$^{er}$ *Temps*. — L'ordre de commencer les travaux arrive. Les maçons et les peintres ne bougent pas ; seuls les terrassiers se mettent à l'ouvrage sur le premier des terrains. C'est ce qu'indique la disposition suivante :

*Repos*
3 — Peintres
2 — Maçons
1 — .............. *Terrassiers*
                      1$^{er}$ *terrain* — 2$^e$ — 3$^e$ — 4$^e$

2$^e$ *Temps*. — Mais quand les terrassiers ont préparé le premier terrain vont-ils rester oisifs ? Pas du tout, ils vont passer dans le deuxième et commencer à y travailler.

Mais va-t-on laisser ainsi préparé le premier terrain ? Vous pensez bien que non. Quand les maçons voient le terrain prêt ils s'y rendent et commencent aussi les travaux. A ce moment on travaille sur deux des terrains comme nous l'indique la disposition suivante :

*Repos*
3 — Peintres
2 — ............ Maçons
1 — .................. Terrassiers
                (*terrasse faite*)
             1$^{er}$ terrain — 2$^e$ — 3$^e$ — 4$^e$

3° *Temps*. — Au moment où les terrassiers ont fini de préparer le deuxième terrain il se trouve que les maçons ont fini de bâtir la maison située sur le premier terrain.

Alors on comprend ce qui se produit. Les terrassiers passent au troisième terrain, les maçons au deuxième et les peintres qui jusque-là s'étaient reposés viennent dans le premier terrain et ornent la maison.

A ce moment tout le monde travaille chacun dans son terrain ainsi que l'indique la disposition suivante :

```
     Repos
3 — ........  Peintres
2 — ..................  Maçons
1 — .............................  Terrassiers
          1er terrain — 2e — 3e — 4e
```

4° *Temps*. — Quand les terrassiers ont achevé de préparer le troisième terrain les maçons ont fini la seconde maison et les peintres ont entièrement orné la première qui est prête pour l'usage. Tout le monde passe alors sur le terrain suivant ainsi que l'indique cette disposition :

| Repos | | | |
|---|---|---|---|
| 3............... | Peintres | | |
| 2............... | ........... | Maçons | |
| 1............... | ........... | ........... | Terrassiers |
| 1er Terrain | 2e | 3d | 4e |

5° *Temps*. — Quand les terrassiers ont terminé leur travail de préparation dans le quatrième terrain, il ne leur reste plus rien à faire. Ils ont été les premiers à travailler, ils sont les premiers à aller se reposer de nouveau, ce qui est justice.

Pendant ce temps les autres ouvriers avancent tous d'un terrain, ce qui nous donne la figure suivante :

|  | | | | | |
|---|---|---|---|---|---|
| *Repos* | | | | | *Repos* |
| 3 ...... | ............ | ........ | Peintres | | |
| 2 ...... | ............ | ........ | ........ | Maçons | |
| 1 ...... | ............ | ........ | ........ | ........ | |
| 1ᵉʳ Terrain | 2ᵉ | 3ᵉ | 4ᵉ | | *Terrassiers* |

Nous nous contentons de donner les figures de ce qui se passe aux deux temps suivants jugeant inutile après ce qui précède de les expliquer encore.

6ᵉ *Temps.*

|  | | | | | |
|---|---|---|---|---|---|
| *Repos* | | | | | *Repos* |
| 3 ........ | ............ | ............ | Peintres | | |
| 2 ........ | ............ | ............ | ............ | Maçons | |
| 1 ........ | ............ | ............ | ............ | Terrassiers | |
| 1ᵉʳ Terrain | 2ᵉ | 3ᵉ | 4ᵉ | | |

7ᵉ *Temps.*

|  | | | | | |
|---|---|---|---|---|---|
| *Repos* | | | | | *Repos* |
| 3 ........ | ............ | ............ | ............ | | Peintres |
| 2 ........ | ............ | ............ | ............ | | Maçons |
| 1 ........ | ............ | ............ | ............ | | Terrassiers |
| 1ᵉʳ Terrain | 2ᵉ | 3ᵉ | 4ᵉ | | |

On voit qu'au 7ᵉ temps les terrassiers, les maçons et les peintres sont rentrés de nouveau dans le repos.

Ont-ils quelque chose de plus qu'à leur départ?

Sûrement. Ils ont été payés chaque fois et maintenant ils sont tous plus riches qu'auparavant. Mais sont-ils également riches?

On sait bien que non. D'abord certains métiers font gagner moins d'argent que d'autres ; ensuite, dans le même métier les uns sont économes et ont gardé beaucoup de l'argent gagné, les autres plus vicieux ont plus ou moins dépensé.

Telle est l'histoire de la construction des quatre maisons. C'est le récit de la construction d'un monde que nous venons de faire et maintenant nous sommes, grâce à cet exemple, à même de comprendre ce qui nous eût été fort difficile à concevoir auparavant.

### LA VAGUE DE VIE DANS UN MONDE

En effet, nos trois métiers représentent les trois courants de force qui se trouvent à l'origine de chaque monde. Ces trois courants de force sont :

1° La force minérale qui créera toutes les espèces de minéraux existant sur les planètes (nos terrassiers).

2° La force végétale qui créera toutes les espèces de végétaux. (Nos maçons).

3° La force animale qui créera toutes les espèces d'animaux. (Nos peintres).

Les terrains dont nous avons parlé ce sont les planètes d'un monde. Le nombre des planètes d'un monde serait constant d'après l'occultisme. Mais certaines d'entre elles sont visibles ; d'autres invisibles, de là les nombres différents pour chaque monde. Pour le nôtre, le raisonnement s'établit sur sept planètes. Nous aurions donc sept terrains au lieu de quatre.

Ce que nous avons dit des ouvriers s'applique exactement ici. De même que les terrassiers ne peuvent que faire la terrasse et quand ils ont fini sur un terrain passent sur un autre, de même la *force minérale* ne peut faire que des minéraux et quand elle a fini sur une planète elle passe sur une autre. Quand elle a passé sur toutes les planètes, elle fait comme nos terrassiers, elle rentre au repos.

Il en est ainsi pour les forces végétales et animales donnant chacune sur chaque planète naissance à toutes les espèces de végétaux et d'animaux. Le tableau suivant donne une idée de cette évolution de cette *vague de vie* se répandant périodiquement sur les mondes.

| *Repos*<br>3 Force animale..<br>2 Force végétale..<br>1 Force minérale. | | | | | | | *Repos* |
|---|---|---|---|---|---|---|---|
| | 1re<br>planète | 2e | 3e | 4e | 5e | 6e | 7e |

Un monde au départ.

\* \* \*

| *Repos*<br>3....<br>2....<br>1.... | ........<br>........<br>........ | ....<br>....<br>.... | Force<br>animale<br>........<br>........ | Force<br>végétale<br>........ | Force<br>minérale | | *Repos* |
|---|---|---|---|---|---|---|---|
| | 1re<br>planète | 2e | 3e | 4e | 5e | 6e | 7e |

Un monde en évolution.

Ce second tableau montre la *vague de vie* en action dans un monde.

Toutes les espèces de tous les règnes sont développées dans les deux premières planètes. Dans la troisième les minéraux et les végétaux sont développés, mais les espèces animales commencent à peine à naître.

Dans la quatrième planète les minéraux sont tous développés, mais les végétaux commencent à peine ; enfin dans la cinquième, les minéraux naissent à peine.

La sixième et la septième sont encore à l'état chaotique ; aucun germe d'être ne s'y trouve encore.

| Repos | | | | | | | Repos |
| --- | --- | --- | --- | --- | --- | --- | --- |
| 3.... | | | | | | | Force animale |
| 2.... | | | | | | | Force végétale |
| 1.... | | | | | | | Force minérale |
| 1<sup>re</sup> planète | 2<sup>e</sup> | 3<sup>e</sup> | 4<sup>e</sup> | 5<sup>e</sup> | 6<sup>e</sup> | 7<sup>e</sup> | |

Fin d'une période d'évolution.

Enfin la figure précédente montre l'arrivée des forces à la fin de la course.

Nous ne voyons pas d'évolution dans tout cela, me direz-vous. Attendez, c'est maintenant que nous allons comprendre comment se fait la véritable évolution.

Rappelons-nous qu'à la fin de leurs travaux les ouvriers étaient plus riches qu'au début. La somme possédée par chacun d'eux variait cependant suivant le métier et suivant l'économie plus ou moins grande de l'ouvrier.

Toutefois un terrassier ne pouvait faire que de la terrasse dans quelque terrain qu'on le plaçât. Il en est de même de la force minérale, elle ne peut donner naissance qu'à des minéraux dans quelque monde qu'elle évolue, elle ne peut se transformer quoi qu'elle fasse en force végétale. Comment l'évolution des minéraux aux végétaux se fait-elle donc? Voici :

Quand les ouvriers ont achevé complètement une maison, ils passent tous sur les terrains suivants. On ne travaille plus pendant un certain temps sur ce terrain. On peut dire que tout y dort.

De même chacune des planètes que quitte la *vague de vie* pour passer sur un autre, entre dans un repos temporaire jusqu'à l'arrivée de la force supérieure. Quand toutes les forces ont produit leurs réalisations sur toutes les planètes d'un système, les planètes sont entrées l'une après l'autre dans le repos à mesure que les forces allaient plus loin, si bien qu'à ce moment le système tout entier *dort*, c'est l'époque du repos universel : *Le Pralaya*.

Quand nos ouvriers ont joui pendant un certain temps du repos mérité par leurs travaux, ils ne tardent pas à redemander du travail. C'est maintenant qu'il nous faut faire une nouvelle supposition.

Un soldat qui sait bien son métier monte en grade après un certain temps. De même un terrassier a pu partir simple ouvrier au premier terrain et arriver contremaître au quatrième, il n'a pas changé de métier, il y a simplement eu accroissement de bien dans le cours de son travail. Il en est de même des principes constituant les forces minérales, végétales ou animales ; il peut y avoir dans le courant de la marche d'une planète à l'autre montée en grade, évolution d'une famille animale dans une autre famille animale voisine, il peut même y avoir *sur la même planète* montée d'une espèce à l'autre. C'est ce qui explique les expériences de Darwin sur les pigeons[1], celles de nos horticulteurs sur les végétaux[2], c'est la montée en grade dans la même profession. Cette évolution libre dans chaque cercle secondaire enlève au système ésotérique

1. Darwin, *Œuvres*.
2. Voir à ce propos les beaux travaux du botaniste *Baillon*, professeur à la Faculté de médecine de Paris.

toute apparence de fatalisme rigoureux et mesquin. La liberté de chaque être existe dans le cercle général de sa fatalité.

Aujourd'hui un soldat ne peut devenir officier qu'après un certain stage dans une école spéciale. De même dans notre exemple ci-dessus un terrassier ne peut devenir maçon qu'après un apprentissage nouveau ; de même aussi le minéral ou plutôt le germe de tous les minéraux ne peut devenir le germe des végétaux qu'après une période spéciale. C'est ce qui a lieu pendant le fameux sommeil du monde, *le Pralaya*.

Au moment de recommencer les travaux, les terrassiers instruits par leurs expériences antérieures deviennent maçons, les maçons deviennent peintres, les peintres deviennent artisans, tout monte d'un cran dans les grandes divisions.

De même le germe qui a développé toutes les espèces minérales devient l'origine du germe qui développera toutes les espèces végétales, celui qui a développé les espèces animales devient le germe de ce qui donnera naissance à toutes les races humaines.

Deux tableaux vont nous expliquer tout cela :

| | *Repos actuel* | *Départ* | | |
|---|---|---|---|---|
| ............ | | 4 Artisans | | |
| | 3 Peintres | 3 Peintres | | |
| ............ | 2 Maçons | 2 Maçons | | |
| ............ | 1 Terrassiers | 1 Terrassiers | | |
| 4ᵉ Terrain | | | 1ᵉʳ Terrain | 2ᵉ T. |

| | Repos | | Départ | | | |
|---|---|---|---|---|---|---|
| ......... | 3 | Force animale | ↗ | 4 Germe des races humaines. | | |
| ......... | 2 | Force végétale | ↗ | 3 Force animale | | |
| ......... | 1 | Force minérale | ↗ | 2 Force végétale | | |
| 7° Planète | | Force non spécifiée | ↗ | 1 Force minérale | 1ʳᵉ Planète 2ᵉ | 3ᵉ |

Que résulte-t-il de tout cela ?

C'est que la force qui lors du premier passage sur la planète ne donnait naissance qu'à des minéraux donne, lors du second passage, naissance aux végétaux. L'évolution se fait donc dans *ce qui fabriquera la forme des corps* et non dans ces corps eux-mêmes. C'est là un des caractères importants de l'enseignement de la Science Occulte.

La force repasse donc plusieurs fois sur la même planète, mais chaque fois qu'elle y passe elle a monté d'un grand degré, car le nouveau passage s'effectue après un repos général du système.

C'est comme l'officier qui revient après sa sortie de l'école dans la ville où il a été jadis soldat ; c'est bien la même ville, ce sont bien les mêmes habitants, mais les conditions d'existence ont changé pour lui, il se trouve dans le même lieu tout autre qu'il n'était quand il est parti.

L'humanité comprend plusieurs races qui se développent successivement sur chaque planète ; puis après le grand repos, les hommes évolués deviennent le germe des esprits directeurs d'humanités de ce que les religions exotériques appellent « des anges ».

Cela nous conduit à quitter un peu cette évolution générale d'un monde pour voir ce qui se passe dans une des planètes. Nous prendrons comme exemple celle d'entre elles qui nous intéresse le plus : *la Terre*.

§ 4. — « LA VAGUE DE VIE » DANS UNE PLANÈTE

QUELQUES MOTS DE L'HISTOIRE DE LA TERRE. — LES RACES HUMAINES

Deux Sciences se sont principalement occupées de l'histoire de la Terre, l'Histoire proprement dite s'intéressant surtout *aux faits* et la Géologie étudiant le développement des diverses couches terrestres et les êtres qu'elles renferment.

Il est assez difficile à l'heure actuelle de concilier ces deux sciences avec les seules connaissances que nous possédons en Occident. Toutefois l'occultisme nous fournit certaines indications qui peuvent être par la suite fort utiles. La plus grande difficulté pour ceux qui sont élevés dans nos écoles est de vaincre les fausses données historiques fournies par l'enseignement religieux sans tomber dans l'extravagance des positivistes matérialistes.

Le caractère particulier de l'application de la Science occulte c'est la découverte d'un type fondamental capable de montrer des causes identiques dans des effets en apparence très différents.

Nous venons de voir une certaine loi d'après laquelle la

« Vague de Vie » passe d'une planète à l'autre dans l'évolution des mondes. Voyons si cette idée de la vitalisation et de la mort successives des choses ne s'applique pas à la Terre.

Une des différences des traditions de l'occultisme avec les enseignements contemporains, c'est cette idée que l'humanité terrestre n'est pas née en même temps et en un même lieu, ce qui rend impossible la diversité des couleurs.

D'après l'occultisme, chaque continent développé, comme dans le monde chaque planète, ses minéraux, ses végétaux et ses animaux, le tout couronné par une race humaine particulière.

L'évolution d'un continent comprend donc quatre grandes périodes :

1° Assise et développement du règne minéral ;

2° Développement du règne végétal ;

3° Développement du règne animal ;

4° Développement et perfectionnement d'une race humaine.

Chacune de ces périodes se subdivise à son tour en une foule de périodes secondaires. Ainsi chaque race humaine comprend trois ou sept sous-races (suivant les écoles). Chacune d'elles a son évolution spéciale.

Avec les éléments que nous possédons maintenant nous pouvons dresser le tableau de l'évolution des continents.

Cette question a été particulièrement abordée par Fabre d'Olivet, qui donna dès 1825 certaines idées très curieuses à ce sujet [1].

Les traditions de tous les peuples sur presque tous les points du globe sont unanimes pour affirmer que dans une époque très éloignée, une masse énorme de la Terre s'est

---

1. Fabre d'Olivet, *Histoire philosophique du genre humain.*

effondrée dans les eaux, alors que naissaient d'autre part des continents nouveaux.

Certains auteurs anciens, parmi lesquels *Platon*, rapportent qu'il existait un continent occupant la place de l'océan Atlantique actuel; ce continent se serait appelé l'*Atlantide*. Des critiques sérieux hésitent sur la place à donner à ce continent. Les uns veulent le placer dans l'océan Atlantique actuel entre l'Europe et l'Amérique, d'autres au contraire ont de fortes raisons de supposer l'existence d'un continent occupant l'espace situé entre l'Amérique et l'Asie, c'est-à-dire la place actuelle de l'océan Pacifique.

D'après la Science occulte, tous deux auraient raison. A la naissance presque de la planète, à l'ère de l'humanité, surgit un continent situé là où se trouve l'océan Pacifique; ce continent est nommé *la Lémurie*.

Lors de la destruction cyclique de ce continent, un autre naquit entre l'Amérique et l'Europe actuelle : *l'Atlantide* (Race Rouge).

Lorsque le cataclysme cosmique désigné sous le nom de *déluge* par les traditions religieuses engloutit en un seul jour l'Atlantide et toute la haute civilisation des Rouges qu'elle contenait, l'Afrique, berceau des noirs, se peuplait déjà.

Nous avons vu dans l'étude de l'évolution d'un Monde la « Vague de Vie » passer d'une planète à l'autre ; nous retrouvons cette loi pour les continents qui représentent pour la Terre l'équivalent d'une planète pour le Monde. Quelques tableaux vont nous montrer ces applications.

D'après ce qui précède, les continents évolués l'un après l'autre sur la Terre sont au nombre de quatre :

1° La Lémurie (les Océaniens actuels en sont les restes) ;

2° L'Atlantide (les Peaux-Rouges actuels en sont les restes) ;

3° L'Afrique (les nègres actuels en sont les restes) ;
4° L'Europe-Asie (Race blanche et Race jaune).

Ces continents représentent bien nos quatre terrains de l'exemple des ouvriers.

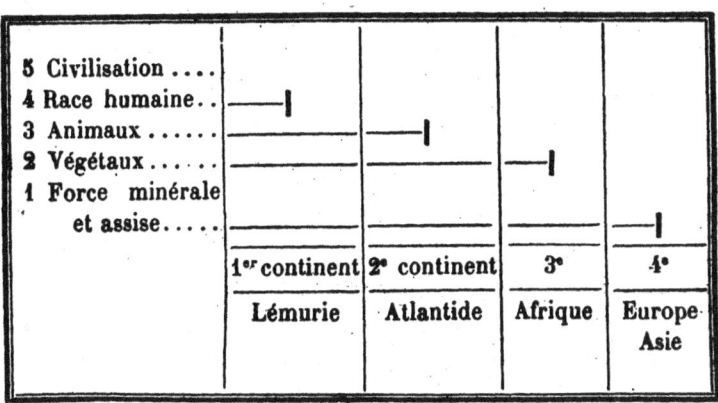

Ce tableau nous montre que, pendant que la civilisation allait naître sur la Lémurie, les assises de l'Europe actuelle commençaient à émerger des mers. L'Afrique était déjà plus formée et couverte des premiers végétaux, l'Atlantide possédait les espèces animales outre les minéraux et les végétaux, et la Race humaine se perfectionnait dans la Lémurie.

Au moment où la civilisation atteignait son apogée dans le premier continent, une nouvelle Race humaine (la Race rouge) naissait dans l'Atlantide.

Rappelons-nous qu'à mesure que la « Vague de Vie » quitte une planète, cette planète entre en repos jusqu'au retour de l'évolution, la planète s'obscurcit. Il en est de même pour un continent. Au moment où la civilisation meurt de pléthore dans un continent, une race humaine solide paraît dans le suivant. Quand ce suivant est assez évolué, le premier continent est anéanti par un cataclysme cosmique, le second hérite des rudiments de civilisation qu'il a pu s'assimiler.

| | 1 Lémurie | 2 Atlantide | 3 Afrique | 4 Europe Asie |
|---|---|---|---|---|
| 5 Civilisation .... | | ⊢ | | |
| 4 Race humaine.. | | ⊢ | ⊣ | ⊣ |
| 3 Animaux ...... | | ⊢ | ⊢ | ⊣ |
| 2 Végétaux ...... | | ⊢ | ⊢ | ⊢ |
| 1 Assise et Force minérale..... | | ⊢ | ⊢ | ⊢ |

Engloutissement d'un continent (état de la Terre à ce moment).

Ainsi la Race noire aurait eu la suprématie sur la Terre dans l'époque qui a précédé immédiatement le développement de notre Race blanche [1]. De là la science de Moïse qui, après son crime, se retira pour subir les terribles épreuves de l'expiation aux confins du désert, dans le temple de son futur beau-père, le nègre Jéthro.

En quoi peut bien consister ce cataclysme cosmique? Quelle en est la cause?

Si l'on prend un globe terrestre, on remarque de suite un fait assez curieux, c'est qu'actuellement les pointes de tous les continents qui existent sont tournées vers le sud.

Or ce fait ne se serait produit que depuis l'engloutissement de l'Atlantide survenu par suite de l'inclinaison de l'axe de la Terre sur l'écliptique. De ce cataclysme sont résultés les changements de saison dans les différents pays.

1. Voy. Saint-Yves d'Alveydre, *Mission des Juifs*, et Fabre d'Olivet, *Histoire du genre humain*, introduction.

Les tableaux précédents font comprendre assez le chemin suivi par la « Vague de Vie » sur la Terre dans la création des continents. Retenons ces deux points :

1° Que chaque continent génère une flore et une faune spéciales couronnées par une race humaine ;

2° Que les prétendus sauvages (Océaniens, nègres, Peaux-Rouges, etc.) sont d'anciens civilisés *régressés*.

Terminons cet exposé par un autre tableau figurant l'état de la Terre au moment de l'engloutissement de l'Atlantide.

(L'engloutissement d'un continent aurait lieu tous les 432.000 ans.)

| 5 Civilisation.... | | | | |
| 4 Hommes....... | | | | |
| 3 Fauves........ | | | | |
| 2 Flore......... | | | | |
| 1 Asisse, Minéraux | | | | |
| | 1 Lémurie | 2 Atlantide | 3 Afrique | 4 Europe Asie |

État de la Terre au moment de l'engloutissement de l'Atlantide.

## § 5. — LA « VAGUE DE VIE » DANS UNE RACE

### QUELQUES MOTS DE L'HISTOIRE DE LA RACE BLANCHE

La loi de vitalisation successive des différents segments d'un même tout ne s'arrête pas là.

Nous en avons vu l'application à un monde, puis à une planète, puis à un continent. Cherchons si les différents peuples constituant une race ne subissent pas aussi cette loi.

Nous prendrons comme exemple la race blanche, la dernière venue sur la planète, évoluée dans les régions septentrionales, développée peu à peu au contact de la civilisation noire, puis victorieuse de celle-ci non seulement en Europe, son continent d'origine, mais encore dans l'Inde où une colossale émigration, sous la conduite du druide *Ram,* chassa les noirs tout puissants pour fonder une nouvelle civilisation (voy. le *Ramayana*)[1].

L'histoire de la race blanche commence, pour les professeurs ès Universités d'Occident, en Égypte pour passer de suite à la guerre de Troie. On ne soupçonne même pas l'existence de civilisations noires antérieures. Peut-être les quelques lignes précédentes sembleront-elles du roman à nos historiens. Qu'importe? la tradition occulte nous enseigne ces données; notre devoir est de les reproduire scrupuleusement.

Au début de cette étude de l'évolution d'un fragment de l'Humanité, une question se pose, fort importante. Comment se déterminent les conditions sociales?

Si nous nous reportons à la légende des ouvriers et des terrains à construire, nous nous souviendrons qu'à la fin des travaux, l'acquis de chacun des ouvriers variait selon le métier d'une part, selon les économies réalisées d'autre part.

Cette image s'applique exactement à l'évolution des forces. Quand le germe des races humaines est développé, ces races évoluent peu à peu les divers éléments des perfections futures. Ainsi, d'après certaines traditions de l'occultisme, le développement du corps physique et de ses sens demande plusieurs générations, puis d'autres races sont encore nécessaires pour donner nais-

---

[1]. Saint-Yves d'Alveydre, *Mission des Juifs.*

sance aux divers principes de plus en plus spirituels qui constituent chaque homme. Cela suppose que le courant de force génératrice d'humanité revient plusieurs fois sur la planète, progressant d'un degré chaque fois, c'est-à-dire que le principe immortel de l'homme est susceptible de subir diverses *réincarnations*.

Chacune de ces réincarnations représente la rentrée au travail après un repos suivant un travail antérieur. Les ouvriers entreprennent un nouveau cycle de labeur; riches ou pauvres, directeurs ou dirigés, suivant le résultat de leur travail précédent, ils récoltent dans ce second parcours les résultats qu'ils ont semés dans le premier en étant économes ou dépensiers; mais ils ont la faculté d'agir dans ce second parcours de telle sorte qu'ils possèdent à la fin de la course des économies qu'ils n'avaient pas au début. Cette loi s'applique exactement à la marche de l'humanité. Les hommes recommencent un nouveau parcours dans le monde matériel, riches ou pauvres, heureux socialement, ou malheureux, suivant les résultats acquis dans les parcours antérieurs, dans les incarnations précédentes. Cette loi : « chacun récolte ce qu'il a semé, chacun sème ce qu'il récoltera », c'est la loi du mérite et du démérite, *la loi de Karma* des Indous. Elle a été nettement formulée par Orphée, par Pythagore et par tous les initiés.

Nous aurons à revenir bientôt sur le développement des facultés humaines; pour l'instant résumons l'action de la « Vague de Vie » dans la race blanche.

Sans vouloir remonter plus loin que notre docte mère l'Université, nous considérerons la civilisation dans sa marche à travers l'Asie, l'Égypte, la Grèce, Rome, l'Europe actuelle et l'Amérique.

Un travailleur du plus grand mérite, le capitaine

Young[1], a découvert avec étonnement que la civilisation évoluait d'Orient en Occident, passant d'un peuple à l'autre dans une période fixe qu'on peut estimer à 520 ans environ.

Comment expliquer alors la durée colossale de la civilisation égyptienne? D'après une communication orale que nous fit M. de Saint-Yves, il faudrait expliquer cette longue durée par une action exercée par les initiés d'Égypte sur cette force cosmique, susceptible, comme toutes les forces, d'obéir aux incitations de la volonté humaine magiquement dirigée.

Un peuple passant, comme tout être vivant, par les quatre phases d'*enfance ou barbarie, de jeunesse ou organisation, d'âge mûr ou civilisation et de vieillesse ou décadence*, il nous est facile de dresser un tableau de l'évolution de ces phases dans la Race blanche.

| | | | | | | | |
|---|---|---|---|---|---|---|---|
| Vieillesse (*début de décadence*) | | | | —┤ | | | |
| Age mûr (*civilisation*) | | | | | —┤ | | |
| Jeunesse (*organisation*) | | | | | | —┤ | |
| Enfance (*barbarie*) | | | | | | | —┤ |
| | (Départ) *Asie* (Indo-Chine) etc. | Égypte | Grèce | Rome et (papauté) | Europe | Amérique | *Asie* (arrivée) (repos) |

État actuel de la Race blanche.

1. Young, *le Magnétisme terrestre*, in-8. Bruxelles, 1853.

D'après les plus anciennes traditions, la civilisation partit d'abord de l'Orient. L'Égypte développa cette civilisation et la poussa au plus haut point. Pendant que l'Égypte était dans toute sa prospérité, la Grèce, sous son influence, naissait à la civilisation, Rome naissait à peine à l'existence.

Au moment où la civilisation passe en Grèce, Rome était déjà dans la maturité de sa force, et lorsque, après avoir illuminé le monde, la décadence grecque commença pour finir par l'école d'Alexandrie, Rome prenait la tête du mouvement général du monde, alors que l'Europe occidentale commençait sous son influence à se développer.

Ce développement dure encore. La civilisation fait des progrès énormes en Europe, l'intellectualité y brille d'un merveilleux éclat ; mais déjà l'Amérique se développe d'une façon prodigieuse. Le jour où la civilisation atteindra son apogée en Europe, la décadence commencera pour elle en même temps que la suprématie générale passera au Nouveau-Monde. Puis la civilisation occidentale, riche de tous les résultats acquis, reviendra régénérer son point d'origine, l'Asie, de toutes ses découvertes analytiques. C'est alors qu'aura lieu la fusion de la tradition d'Orient avec la science d'Occident. Ce sera le premier tour du grand cycle de la race blanche.

La civilisation suivante ne se produit qu'en détruisant impitoyablement son initiatrice.

La race noire initia la race blanche à ses découvertes, la race blanche détruisit la puissance de la race noire sur toute la Terre.

L'Asie initia l'Égypte et fut écrasée plus tard, de par la loi fatale, et par l'Égypte et par la Grèce.

La même chose arriva à l'Égypte pour prix de son enseignement aux grands génies de la Grèce.

Rome paya de même la civilisation et les sciences apportées d'Orient par les prêtres étrusques.

L'Europe, pour récompenser Rome des routes innombrables et des travaux prodigieux qu'elle exécuta partout, détruisit à jamais toute trace de la puissance de l'antique dominatrice. — Une puissance subsiste encore, vestige et image vivante du pouvoir universel de jadis : la Papauté.

La destruction fatale de cette puissance aujourd'hui en pleine décadence marquera, malheureusement peut-être, le moment où commencera la décadence glorieuse de la civilisation du Nouveau-Monde, en attendant que celui-ci vienne à son tour faire subir à son initiatrice la loi terrible et inexorable inscrite au début de toute étude ésotérique :

L'INITIÉ TUERA L'INITIATEUR !

Avis aux apôtres passés, présents et futurs.


§ 6. — LA « VAGUE DE VIE » DANS L'HOMME
LA SAINTETÉ — LE NIRVANA

« VAGUE DE VIE » DANS L'HOMME — APPLICATION A L'HOMME

L'homme n'échappe pas plus que le reste des êtres à l'application de cette loi d'évolution. Pendant que croissent certaines de ses facultés, d'autres décroissent.

Nous verrons tout à l'heure la constitution de l'homme d'après la Science occulte; pour l'instant, voyons comment on peut résumer en quelques mots cette constitution.

Ce qui se développe d'abord en l'homme, c'est le corps physique. L'Enfance tout entière est consacrée au développement de ce corps et à l'éclosion des divers sens.

Avec le deuxième âge, la Jeunesse, nous voyons apparaître un nouvel élément, *la Passion*. Les Sens, qui ne faisaient que se dessiner, prennent un développement important et concourent pour une grande part à la création du deuxième élément.

Mais l'Age mûr arrive, celui qu'on appelle à juste titre *l'âge de raison ;* car ce nouvel élément commence à se manifester. Alors la Passion se développe encore avec toutes ses conséquences, enthousiasme, dévouement, etc., éclairée qu'elle est par l'intellectualité. Les Sens, parvenus au summum de leur développement, sont sous la dépendance des éléments qui les dominent. On voit pourquoi il eût été dangereux que les Sens atteignissent leur apogée avant la naissance de l'intellectualité.

Puis le temps passe encore. Le tournant de la Vieillesse arrive, tournant difficile à franchir, car il jette définitivement l'homme dans le gouffre qu'ont creusé ses vices, et alors l'égoïsme, l'envie et l'avarice se montrent, « ou la monade humaine est sauvée pour longtemps ». Les Sens sont endormis, mais le cœur vibre plus que jamais aux nobles sentiments ; la faculté de comprendre la Nature et les Sciences, *l'Intellectualité*, s'est développée en même temps que prend naissance une des facultés les plus élevées que puisse évoluer la race humaine dans le temps actuel : *la Spiritualité*, grâce à laquelle l'homme, perdant pour un instant conscience de son individualité, est susceptible de se laisser sacrifier consciemment pour le développement moral de ses semblables.

Après arrive la mort, à la suite de laquelle se continue l'évolution.

Dans des cas exceptionnels l'homme peut, de par sa Volonté toute puissante, pousser plus loin ce développement durant la Vie. C'est ainsi que prend naissance une faculté à peine en germe dans l'humanité actuelle, *la Sainteté*. Cet état hypernaturel (je n'ose employer le mot *surnaturel*) se produit dans des cas d'ascétisme exceptionnels.

Enfin j'ose à peine parler, vu sa rareté, de l'état appelé par les Indous état de *Nirvâna*, état dans lequel *la Spiritualité*, poussée à son apogée, développe au plus haut point la *Sainteté*, de telle façon que la fusion de la monade humaine dans la monade divine est presque accomplie.

Les tableaux suivants indiquent et résument toutes ces phases.

Les chiffres qui suivent les principes énumérés dans les derniers de ces tableaux se rapportent aux théories ésotériques sur la constitution de l'homme, théories qu'il nous faut maintenant passer en revue [1].

*L'évolution de l'Homme — 1 — Enfance.*

| Spiritualité...... Intellectualité.... Passion.......... Sens............ | | | | |
|---|---|---|---|---|
| | Commencement | Développement | Apogée | Décrépitude |

*L'évolution de l'Homme — 2 — Jeunesse.*

| Spiritualité...... Intellectualité.... Passion.......... Sens............ | | | | |
|---|---|---|---|---|
| | Commencement | Développement | Apogée | Décrépitude |

---

1. Voy. les œuvres de Christian, Eliphas Levi et surtout Lacuria citées dans *l'Occultisme contemporain*.

— 173 —

*L'évolution de l'Homme — 3 — Age mûr.*

| Spiritualité........ Intellectualité.... Passion.......... Sens............ | | | | |
|---|---|---|---|---|
| | Commencement | Développement | Apogée | Décrépitude |

*L'évolution de l'Homme — 4 — Vieillesse.*

| Spiritualité...... Intellectualité.... Passion.......... Sens............ | | | | |
|---|---|---|---|---|
| | Commencement | Développement | Apogée | Décrépitude |

*Évolution de l'Homme — État hypernaturel — Sainteté.*

| Sainteté (7).... Spiritualité (6). Intellectualité (5) Passion (4).... Sens.... { (3).. (2).. (1).. } | | | | | |
|---|---|---|---|---|---|
| | Commencement | Développement | Apogée | Décrépitude | Mort |

*Évolution de l'Homme — État hypernaturel — Nirvâna.*

| | | | | | |
|---|---|---|---|---|---|
| Sainteté (7).... <br> Spiritualité (6). <br> Intellectualité (5) <br> Passion (4)..... <br> Sens.... {3... <br>             2... <br>             1... | ― <br> ― <br> ― <br> ― <br> ― <br> ― <br> ― | ― <br><br> ― <br><br><br><br> | ― <br><br><br><br><br><br> | <br><br><br><br><br><br> ― | <br><br><br> ― <br><br> ― <br> |
| | Commencement | Développement | Apogée | Décrépitude | Mort |

## § 7. — RÉSUMÉ DE LA CHAINE PLANÉTAIRE

Déjà nous connaissons les modifications diverses par suite desquelles l'agent universel devient la vie de chaque être. Etudions maintenant son évolution.

Cette émanation suivra universellement trois phases de développement :

Dans une première phase, le passif l'emportera sur l'actif et le résultat sera une passivité, une matérialisation, un éloignement de l'Unité vers la Multiplicité [1].

Dans une seconde phase, l'actif et le passif s'équilibreront ; la hiérarchie, la série, apparaîtra, les inférieurs graviteront autour du terme supérieur.

Dans une troisième phase, enfin, l'actif l'emportera sur le passif, l'évolution de la Multiplicité sur l'Unité s'effectuera.

Involution ou Matérialisation progressive,

---

1. Voy. *Eureka* d'Edgar Poë et *Chimie nouvelle* de L. Lucas.

Equilibre,
Evolution ou spiritualisation progressive,
Telles sont les trois lois du Mouvement.

Du centre mystérieux dans lequel se tient l'ineffable, l'inconcevable En Soph-Parabrahm, une force émane dans l'Infini.

Cette force constituée active-passive, comme ce qui lui a donné naissance, va produire un résultat différent suivant que l'actif ou le passif dominera dans l'action,

La force s'éloigne de l'Unité pour gagner le Multiple, la Division ; aussi le passif, créateur du Multiple, domine-t-il à ce moment. La production est surtout passive, matérielle ; la force se matérialise.

L'intelligence s'écorcifie peu à peu, se revêt d'enveloppes qui représentent d'abord l'état de la matière le plus proche des essences, la matière radiante.

A ce moment une masse, énorme pour les conceptions humaines, infime aux yeux de l'Infini, traverse l'Espace. Sur les planètes inférieures des Mondes qu'elle fend dans sa course, les instruments se dressent, et du haut des observatoires les mortels annoncent : Une comète traverse notre système.

Sur les planètes supérieures de ces Mondes les immortels se prosternent et adorent religieusement la divine lumière qui accomplit le sacrifice d'où doit naître son retour à l'Unité. Ils s'inclinent et s'écrient : L'esprit de Dieu traverse notre Monde.

Cependant, plus la masse s'éloigne de l'Unité, plus la matérialisation s'accentue. La Matière à l'État gazeux apparaît, remplissant en grande partie la masse qui ralentit sa course en un point de l'espace. Le savant qui l'aperçoit annonce aux mortels une nébuleuse, la Naissance d'un système planétaire ; l'Immortel conçoit la Naissance d'un Dieu.

L'état le plus passif a pris naissance, les agglomérations solides sont nées ; mais en même temps la force active se dégage peu à peu et vient équilibrer la force passive. La vie se concentre au centre du système dans un Soleil, et les planètes reçoivent d'autant plus son influence qu'elles en sont plus proches, qu'elles sont moins matérielles, de même que le Soleil reçoit une influence d'autant plus active qu'il est plus près de la VIE-PRINCIPE d'où il est émané.

C'est alors que la force active l'emporte définitivement sur la force passive ; les planètes se sont groupées autour du centre prépondérant, l'être vivant qu'on appelle un Monde a pris naissance ; il est organisé et lentement il évolue vers l'Unité d'où il était parti.

Sur chacune des planètes la loi qui a donné naissance au Monde se répète, identique. Le Soleil agit vis-à-vis des planètes comme l'UNITÉ-VIE agissait vis-à-vis du Soleil. La planète est d'autant plus matérielle qu'elle est plus éloignée de lui.

D'abord en ignition, puis gazeuse, puis liquide, quelques agglomérations solides apparaissent au sein de cette masse liquide, les continents prennent naissance.

Puis l'évolution de la Planète vers son Soleil commence et la Vie planétaire s'organise. La force active l'emporte ici encore sur la force matérielle, passive.

Les productions qui vont naître sur la planète suivront les mêmes phases que celle-ci a subies vis-à-vis du Soleil.

Les continents, en se solidifiant, condensent dans leur sein la force en ignition qui formait primitivement la planète. Cette force vitale terrestre, qui n'est qu'une émanation de la force vitale solaire, agit sur la Terre et les rudi-

— 177 —

ments vitaux se développent en constituant les métaux plus inférieurs [1].

De même que ce Monde évolue vers la Vie de son Univers en se créant une âme [2], ensemble de toutes les âmes planétaires renfermées en lui ; de même que chaque planète évolue vers l'âme de son monde en créant son âme planétaire, ensemble des âmes que cette planète renferme ; de même le métal, premier terme de la vie sur la planète, évolue à travers ses divers âges une âme vers l'âme de la Terre. Ce métal d'abord inférieur se perfectionne de plus en plus, devient capable de fixer plus de force active èt en quelques centaines d'années la vie qui circulait jadis dans le plomb circule maintenant dans une masse d'or [3], le Soleil des métaux agissant vis-à-vis d'eux comme le Soleil vis-à-vis de la Terre.

La vie progresse de même à travers le végétal et, quelques milliers d'années après, la production la plus élevée du continent apparaît, l'Homme qui représente le Soleil de l'animalité comme l'Or représentait le Soleil de la minéralité.

La loi progressive va se retrouver dans l'homme comme dans tout le reste de la nature ; mais ici quelques considérations sont nécessaires à propos de la simultanéité des progressions.

Reportons-nous en arrière et nous nous rappellerons qu'au moment de la Naissance d'un Monde d'autres existaient déjà qui avaient accompli à des degrés différents

---

1. Ici commence l'évolution conçue d'après les modernes qui n'ont pas vu son *côté descendant* connu parfaitement des anciens.
2. Voir pour éclaircissement de cette assertion la création de l'âme humaine.
3. Fondement de la doctrine alchimique. Voy. pour cette idée d'évolution de la même vie dans des corps de plus en plus parfaits la loi indoue du KARMA.

l'évolution vers l'Unité. Si bien qu'il y avait des Mondes plus ou moins vieux.

Il y a de même différents âges dans les planètes, différents âges dans leurs productions. Quand une planète évolue pour la première fois le premier vestige du règne minéral, une autre plus âgée dans ses productions vitales a déjà évolué le premier règne animal, une autre enfin plus âgée encore a déjà évolué le premier règne de l'homme.

De même qu'il y a des planètes de divers âges, de même il y a des continents plus ou moins âgés sur une même planète.

Chaque continent est couronné par une race d'hommes comme chaque monde est couronné par un Soleil.

Comme la progression existe aussi parmi les hommes, il s'ensuit qu'au moment où la deuxième race d'hommes apparaît sur le second continent évolué par la planète, la première race d'hommes évoluée sur le premier continent y est en plein développement intellectuel, tandis que la dernière venue est sauvage et abrutie [1].

Le même fait se retrouve éclatant de vérité dans la famille où nous voyons le fondateur, l'aïeul, rempli d'expérience, mais abattu par la vieillesse, tandis que le dernier né est aussi ignorant que plein de vie. Entre eux deux existent toutes les gradations et le père représente la virilité dans tout son développement tandis que le grand-père établit la transition entre lui et l'aïeul.

Enfant, Père, Grand-Père, Aïeul

représentent donc dans la famille cette évolution que nous retrouvons dans la nature entière.

---

[1]. Voy. *la Mission des Juifs*.

## CHAPITRE IV

## L'HOMME

(ANDROGONIE)

### CONSTITUTION DE L'HOMME

§ 1. — LES TROIS PRINCIPES. — LE CORPS. — LE CORPS ASTRAL, MÉDIATEUR PLASTIQUE. — LA VIE

Pour comprendre les théories diverses enseignées par les écoles d'occultisme sur l'homme, son passé et son avenir, il est important tout d'abord de voir comment on peut connaître les divers principes qui constituent l'être humain.

L'homme est constitué de manière bien différente si l'on s'adresse aux théologiens et aux philosophes spiritualistes, ou si l'on étudie les travaux des matérialistes.

Pour les écoles tirant leur enseignement des données religieuses, l'homme est composé de deux principes opposés l'un à l'autre : *le corps* et *l'âme;* le corps, sujet à toutes les tentations et cause de toutes les déchéances ; l'âme, immortelle et pure, origine de la conscience et des facultés psychiques. Ces théories ont un défaut, c'est qu'elles sont dans l'impossibilité d'expliquer une grande partie des faits produits par l'être humain et qu'on en arrive par leur application à dire qu'un homme est phtisique parce « qu'il a une âme phtisique », ce qui est un peu forcé, comme on voit.

Comme toujours, c'est à l'école matérialiste que nous sommes redevables des travaux les plus solides sur la question de la constitution de l'homme. — Cette école n'admet qu'un seul principe : *le corps;* mais au moins a-t-elle le mérite d'étudier sérieusement et surtout expérimentalement les données qu'elle avance. Exagéré dans le sens de la réaction, le matérialisme s'est laissé choir dans un grave défaut et en est arrivé à nier *à priori* tous les phénomènes du pressentiment, de la vision à distance, du dédoublement possible de l'être humain, etc., phénomènes constatés souvent et dans des conditions excluant toute supercherie.

Or, parcourez les œuvres de tous les initiés, adressez-vous aux traditions de tous les peuples, et vous verrez que de tout temps l'on enseigne que l'homme était composé non pas d'un, ni de deux, mais de *trois principes* parfaitement étudiés.

Platon en fait ses trois âmes, localisées dans les trois grands segments de l'organisme : tête, poitrine et ventre, origine réelle en effet de ces trois principes.

Le catholicisme lui-même, affirmant que Dieu fit l'homme à son image, et enseignant d'autre part que Dieu est un en *trois personnes*, donne par cela même la constitution de l'être humain déjà présentée par saint Paul qui enseignait l'existence du corps astral[1].

---

1. La Trinité a fait l'homme à son image et à sa ressemblance. Le corps humain est double et son unité ternaire se compose de deux moitiés; l'âme humaine est aussi double; elle est *animus* et *anima*, elle est esprit et tendresse.

Elle a deux sexes. Le sexe paternel siège dans la tête, le sexe maternel

*Les trois principes.*

Les trois principes désignés par la Science Occulte comme formant l'homme sont :
1° Le corps ;
2° Le médiateur plastique (corps astral) ;
3° L'âme.

L'occultisme se différencie donc des théologiens en admettant un nouveau principe intermédiaire entre le corps et l'âme.

Il se différencie des matérialistes en enseignant l'existence et le fonctionnement de deux principes échappant, chez l'homme, aux lois de la matière. On comprend de suite que le côté original des théories de la Science Occulte réside tout entier dans l'étude de ce principe intermédiaire qui a reçu des noms variés :

Corps astral, Périsprit, Vie, etc., etc., mais qui est identiquement étudié par toutes les écoles.

Eliphas Levi résume fort exactement la constitution de l'homme dans la définition suivante :

*L'homme est un être intelligent et corporel, fait à l'image de Dieu et du Monde,* UN *en essence,* TRIPLE *en substance, immortel et mortel.*

*Il y a en lui une âme spirituelle, un corps matériel et un médiateur plastique.*

Il faut donc bien prendre garde de s'avancer à la légère dans une étude aussi importante ; aussi allons-nous demander aux connaissances contemporaines s'il est réellement

---

dans le cœur; l'accomplissement de la rédemption doit donc être double dans l'humanité; il faut que l'esprit par sa pureté rachète les égarements du cœur : puis il faut que le cœur, par sa générosité, rachète les sécheresses égoïstes de la tête.

GUILLAUME POSTEL.

permis d'établir chez l'homme, tel que le connaît le physiologiste, trois principes indépendants et distincts.

### IDÉE GÉNÉRALE DE LA CONSTITUTION PHYSIOLOGIQUE DE L'HOMME

La méthode de la Science Occulte, l'*Analogie*, permet de déterminer la constitution physiologique de l'homme en considérant la moindre de ses parties constituantes. Le globule sanguin seul nous donnerait cette loi fondamentale encore inconnue des physiologistes actuels ; cependant, comme l'étude des globules sanguins nous entraînerait dans des considérations d'histologie trop techniques, nous allons prendre comme base d'étude *une phalange*, sûr d'y trouver les principes constituants de l'homme tout entier.

Considérons donc la phalange de notre index qui porte l'ongle (phalangette) et voyons en quelques mots sa construction.

L'anatomie nous enseigne que cette phalange contient des os, des muscles, des vaisseaux sanguins et lymphatiques et des nerfs. Chacun de ces organes est formé de cellules de formes très différentes. Posons donc tout d'abord l'existence *du corps* de notre phalange, corps formé par des éléments matériels variés.

La partie fondamentale, le support de ce corps, est formée par *des os*, sur ces os viennent se greffer *des muscles* qui les mettent *en mouvement*, le mouvement est entretenu par *la vie* de tous les organes situés dans notre phalange.

Mouvement et vie, voilà donc deux termes nouveaux dont il nous faut déterminer l'origine. Commençons par le dernier : la Vie.

Dans l'intérieur ou au pourtour des os, des muscles et

des nerfs, rampent les vaisseaux sanguins apportant le sang oxygéné par les artères, emportant le sang désoxygéné par les veines. Que vient faire là ce sang et quel est son but?

Pour le savoir, mettons à contribution la science expérimentale et empêchons le sang d'arriver à la phalange en liant l'artère. Que se produit-il?

La phalange se nécrose et MEURT, sans toutefois cesser un instant d'être mue sous l'influence de la volonté. Si la phalange meurt quand on empêche le sang d'arriver, il est clair que le sang est le *siège de la vie*.

Voilà donc deux éléments bien déterminés dans notre phalange :

1° Le corps constituant;

2° La vie grâce à qui l'existence et les fonctions de ce corps persistent.

Nous n'avons pas ici à entrer dans le détail et à démontrer si la vie est une entité réelle ou le résultat chimique de l'oxydation et de la désoxydation de l'hémoglobine. Ces démonstrations nous entraîneraient trop loin. Restons donc à la simple détermination de nos deux premiers éléments : le corps et la vie.

Un dernier élément reste à étudier : *le Mouvement*.

Si le sang n'arrive plus à la phalange, celle-ci meurt, nous l'avons vu; mais *sans cesser de se mouvoir*. Réciproquement, si une *paralysie* vient empêcher les nerfs d'agir, la phalange ne peut plus se mouvoir; mais *sans cesser de vivre*.

La Vie et le Mouvement sont donc indépendants; l'une est amenée par les vaisseaux sanguins, l'autre par *les nerfs*.

Les Nerfs placés dans notre phalange sont de deux sortes : les uns *la font mouvoir* sous l'influence de notre volonté, et manifestent à notre conscience ce qui se passe dans la phalange ; ce sont les nerfs moteurs et les nerfs sensitifs ; les autres *font vivre* cette phalange en faisant contracter les vaisseaux qui apportent le sang et l'emportent ou en permettant aux diverses cellules osseuses, musculaires ou nerveuses d'exercer leurs diverses fonctions, le tout indépendamment de cette volonté et tout à fait à l'insu de la conscience : ce sont *les nerfs vaso-moteurs* émanés du *grand sympathique*. — C'est sous l'influence de ce nerf que des portions de phalange enlevées par une blessure peuvent se reconstituer *dans la forme primitive ;* mais le cadre de notre étude ne nous permet pas d'entrer dans des détails complémentaires à ce sujet.

Contentons-nous de résumer ce que nous avons dit jusqu'ici en montrant :

1° Que la partie matérielle de notre phalange ou CORPS est constituée d'une foule de cellules de formes et de fonctions différentes.

2° Que ce corps de la phalange VIT sous la double influence du sang et des filets nerveux du grand sympathique. La vie est sans cesse apportée par le sang ; mais une partie est en réserve dans les *ganglions du grand sympathique.*

3° Que la phalange SE MEUT, sous l'influence de la volonté, et se révèle à la conscience par la sensation. La volonté et la sensation sont respectivement transmises par les nerfs moteurs ou centrifuges et les nerfs sensitifs ou centripètes analogues aux artères et aux veines.

        Le Corps,
        La Vie,
        La Volonté,

Tels sont les trois éléments principaux que nous venons

de déterminer dans l'étude de notre phalange. — Voyons l'origine. — Nous allons ici énumérer nos conclusions sans développement, sous peine de transformer cette courte étude en un véritable volume.

Les éléments nécessaires à la réparation des pertes *matérielles* de l'organisme sont fabriqués dans le VENTRE. On peut dire, en deux mots : Le Ventre fabrique le corps.

La vie nécessaire à la réparation des pertes *vitales* de l'organisme est fabriquée dans LA POITRINE (fonction de respiration). En deux mots : La Poitrine fabrique la vie.

La volonté nécessaire *au mouvement conscient* de l'organisme tire son origine de LA TÊTE. La Tête fabrique la volonté.

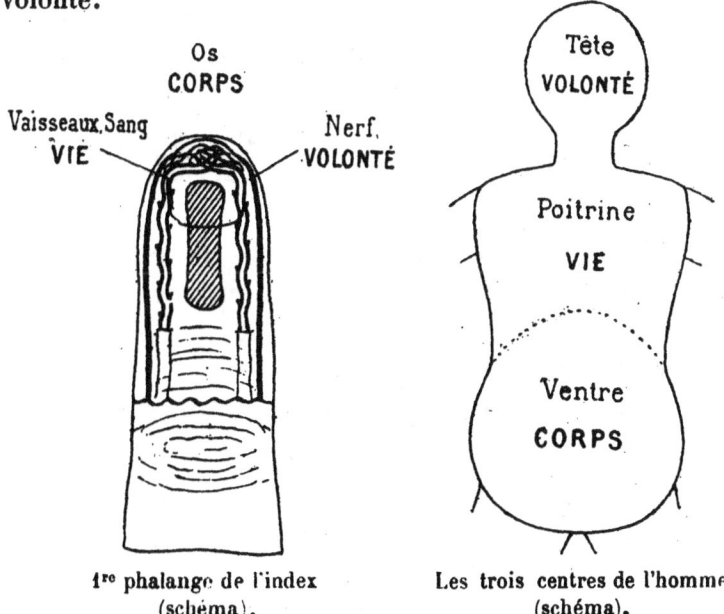

1<sup>re</sup> phalange de l'index (schéma).    Les trois centres de l'homme (schéma).

**Figure schématique de la constitution physiologique de l'homme**

Voilà donc trois centres, le Ventre, la Poitrine et la Tête, correspondant absolument à nos trois éléments : le Corps, la Vie, la Volonté. La façon d'agir de ces centres doit donc toujours être *analogue*. Voyons si cette déduction est vraie.

\* \*

Si l'on saisit bien le jeu de ces principes, on verra que la Vie est l'intermédiaire obligé ; sans elle, le corps ne peut obéir aux incitations de l'âme, l'âme ne peut recevoir les impressions du corps.

Voilà une théorie bien amenée, ne manqueront pas de dire certains philosophes. Ne pouvant concilier ces deux opposés : le corps et l'âme, ne pouvant expliquer comment le subjectif devient objectif, vous éludez la question, messieurs les occultistes, en inventant un soi-disant principe intermédiaire doué justement de toutes les propriétés nécessaires à votre cause[1].

Il suffit d'ouvrir un traité quelconque de physiologie pour apprendre que ce principe qui fait marcher notre cœur et notre foie malgré notre volonté et à l'abri de son influence, existe bien, quelle qu'en soit d'ailleurs l'origine. Le grand tort des occultistes a été jusqu'ici de vouloir rester cantonnés dans leur domaine sans s'occuper des découvertes de la science expérimentale.

Dites à un médecin : *le corps astral* fait marcher les organes splanchniques, le médecin vous regardera comme un doux aliéné ; dites-lui au contraire : la vie organique meut ces organes, il vous répondra de suite : parbleu ! je le sais bien. Montrez ensuite que ce qu'il appelle *vie organique* vous l'appelez *corps astral*, et l'on pourra déjà commencer à s'entendre.

Quand vous voulez être compris d'un étranger, vous

---

1. Voy. *Dict. philosophique* de Franck, articles Paracelse et R. Fludd.

savez fort bien qu'il est inutile de lui parler votre langue pour aussi fort que vous criiez. Cette règle élémentaire semble naïve. Que de fois cependant elle est inconnue de part et d'autre !

Pour bien faire saisir le jeu de ces trois principes, je vais encore une fois sacrifier à la manie qui m'est si chère en me servant d'une analogie d'origine très vulgaire. Voulez-vous bien comprendre la constitution de l'homme : mettez-vous à la fenêtre et voyez passer une voiture quelconque dans la rue ; vous y verrez plus clair qu'en lisant tous les traités encombrés de mots sanscrits ou hébreux.

Une voiture qui marche comprend trois éléments principaux :

1° La voiture ;

2° Un cheval attelé à cette voiture et la mettant en mouvement ;

3° Un cocher guidant le cheval.

La voiture. Image analogique des trois principes de l'homme.

La voiture est inerte par elle-même. Elle est incapable de se mouvoir sans un autre élément, voilà bien le caractère fondamental du *corps matériel*.

Le cocher sur son siège a beau s'agiter, faire claquer son fouet, crier aussi haut qu'il lui plaît ; s'il n'y a pas de cheval attelé, rien ne la mettra en mouvement. Le cocher est bien l'élément directeur, c'est lui qui conduira au but indiqué, mais pour cela un auxiliaire indispensable lui est utile : le cheval. Le cocher nous montre bien par analogie les caractères généraux de l'élément supérieur de l'homme : l'âme.

### *Le corps astral.*

Relié d'une part à la voiture par les brancards, d'autre part au cocher par les guides, nous voyons le principe intermédiaire général : le cheval.

Le cheval est plus fort physiquement que le cocher, mais il est malgré cela guidé, bon gré mal gré, par celui-ci. Aux philosophes nous demandant à quoi bon ce corps astral, nous pouvons répondre : à agir en l'homme comme le cheval agit pour la voiture; c'est-à-dire à tout conduire ou à peu près sous la direction du principe supérieur : le cocher.

*\* \* \**

### *Des Passions.*

Le cheval représente la vie de l'être humain, centre *des passions*, comme nous le verrons plus loin. Le caractère commun des passions est d'étouffer les efforts de la raison et d'entraîner l'être tout entier à sa perte, malgré l'action de l'âme devenue impuissante.

La colère est surtout remarquable à cet égard. Dès qu'elle prend naissance chez un être faible, il semble que la circulation sanguine se localise en entier dans la tête. Une bouffée de chaleur monte au visage, les yeux se congestionnent, la raison essaye en vain de maîtriser la vie organique devenue maîtresse du terrain ; l'homme *voit rouge, il ne sait plus ce qu'il fait*, il est capable de tout à ce moment. Le corps astral a vaincu l'âme.

Le cheval s'emporte. Envahissement de l'âme par le corps astral.
La colère.

Voyez si ce n'est pas exactement ce qui arrive pour la voiture quand le principe intermédiaire, le cheval, n'obéissant plus aux efforts du cocher, s'emporte.

La force physique a tout envahi dans ce cas. Le cocher, plus faible, mais mieux armé, est vaincu ; la voiture qui le porte roule avec une rapidité effrayante là où la conduit le cheval devenu le maître, jusqu'au moment où celui-ci, dans son aveuglement, vienne se briser contre un obstacle insurmontable, détruisant en même temps que lui l'appareil tout entier, voiture et cocher compris.

*<br>* *

La clarté donnée aux questions les plus abstraites par la méthode analogique est telle que cette figure de la voiture, qui semblait naïve au premier abord, peut nous être fort utile pour comprendre certaines données de l'occultisme concernant les propriétés mystérieuses attribuées au corps astral.

— 190 —

Constatons en passant l'action du cocher activant l'allure de son cheval au moyen du fouet, image frappante de l'action des excitants (alcool, café, etc.,) sur le corps astral. Un cheval de race qu'on bat trop fort peut s'emporter ; de même un corps astral trop fortement actionné par l'alcool peut conduire l'organisme à sa perte[1].

### Le Magnétisme.

Voulez-vous savoir comment se produisent les phénomènes du magnétisme ?

Un étranger est venu qui a mis le cocher (l'âme, la volonté) dans l'impossibilité de prendre les guides (liens du cerveau au corps astral).

Le cocher est ligotté sur son siège. — Un étranger s'est emparé des guides et dirige la voiture. — *Magnétisme*.

C'est lui (le magnétiseur) qui s'est emparé des guides, et le pauvre cocher, ahuri, assiste à la direction de la voiture par une volonté qui n'est pas la sienne et contre laquelle il ne peut lutter.

1. L'ivresse est une folie passagère et la folie est une ivresse permanente. L'une et l'autre sont causées par un engorgement phosphorique

Le corps astral (cheval) obéira toujours à celui qui tiendra les guides, que ce soit le propriétaire effectif de la voiture ou un étranger.

Cependant le cocher, quoique ligotté et incapable d'agir effectivement, peut encore faire entendre sa voix et arrêter net le cheval, quoiqu'il ne tienne aucune guide. C'est ce qui explique comment, chez certains sujets à qui l'on a donné des suggestions criminelles, la conscience du sujet lutte contre la suggestion, et l'individu s'évanouit (le cheval se cabre et tombe) plutôt que d'exécuter l'ordre donné.

*La Sortie du Corps Astral. Magie. Spiritisme.*

Un autre phénomène, souvent cité en occultisme, est clairement expliqué par cette analogie. Il s'agit de la *sortie du corps astral.*

Plusieurs faits en apparence surnaturels sont expliqués grâce à cette action. Sous l'influence d'un régime particulier et de l'emploi raisonné de certains excitants PSYCHIQUES[1], l'être humain entre dans un état mixte qui tient de l'état de veille et de l'état somnambulique.

Le corps astral quitte momentanément le corps comme le cheval dételé quitterait la voiture. Le corps refroidi reste immobile mais l'âme veille. Elle dirige le corps astral vers l'endroit où elle veut qu'il se rende car alors le temps et l'espace n'existent plus pour lui.

des nerfs du cerveau qui détruit notre équilibre lumineux et prive l'âme de son instrument de précision.

L'âme fluidique et personnelle est alors emportée par l'âme fluidique et matérielle du monde (comme Moïse sur les eaux).

L'âme du monde est une force qui tend toujours à l'équilibre : il faut que la volonté triomphe d'elle ou qu'elle triomphe de la volonté.

ELIPHAS LEVI.

1. Entre autres la prière faite magiquement.

Le cocher dont les guides pourraient s'allonger à volonté et qui guiderait ainsi son cheval dételé donne une idée assez juste de la *sortie consciente* du corps astral. Dans ce cas le corps est absolument immobile, le corps astral n'étant lié qu'à l'âme.

Dans un autre cas, le cocher (l'âme) s'endort. Le cheval dételé (le corps astral sorti) erre à l'aventure.

Il n'est plus tenu à l'appareil qu'il a quitté par les guides, mais bien par les liens qui le rattachent à la voiture (liens du corps astral au corps physique). D'après l'occultisme, c'est le phénomène qui se produit dans *la médiumnité (sortie inconsciente du corps astral)*. Le corps astral est alors à la disposition des influences diverses qui peuvent s'en emparer (esprits ou suggestions[1])

Les guides s'allongent. Le cheval dételé continue sa course guidé par le cocher. (Sortie consciente du corps astral.)

La figure ci-dessus indique bien ces phases de la sortie consciente du corps astral.

1. La substance du Médiateur plastique est lumière en partie volatile et en partie fixée.
Partie volatile — fluide magnétique.
Partie fixée — corps fluidique ou aromal.
Le Médiateur plastique est formé de lumière astrale ou terrestre et il en transmet au corps humain la double aimantation.
L'âme en agissant sur cette lumière par sa volition peut la dissoudre

## Mort.

Enfin il est un phénomène qui nous intéresse tous plus ou moins, car nous sommes appelés à l'étudier de près : c'est *la mort*.

Le cocher sommeille. Les liens qui attachent le cheval à la voiture s'allongent. Le cheval erre à l'aventure, ne subissant plus la direction du cocher. Des êtres rôdant autour du cheval cherchent à s'en emparer. (Sortie inconsciente du corps astral.)

La voiture (le corps physique) est brisée et gît sur la route, l'âme (le cocher) chevauche et le corps astral (le cheval) part pour le voyage de l'au-delà.

ou la coaguler, la projeter ou l'attirer. Elle est le miroir de l'imagination et des rêves. Elle réagit sur le système nerveux et produit ainsi les mouvements du corps.

Cette lumière peut se dilater indéfiniment et communiquer son image à des distances considérables; elle aimante les corps soumis à l'action de l'homme et peut, en se resserrant, les attirer vers lui. Elle peut prendre toutes les formes évoquées par la pensée et, dans les coagulations passagères de sa partie rayonnante, apparaître aux yeux et offrir même une sorte de résistance au contact.

ELIPHAS LEVI.

C'est ce qu'exprime la figure suivante :

Abandon de la voiture par le cheval et le cocher. Abandon du corps par le corps astral portant l'âme. (La Mort.)

\*
\* \*

Ainsi nous avons choisi une image que nous croyons très claire, malgré sa naïveté, pour expliquer le jeu des trois principes qui constituent l'homme d'après l'occultisme.

L'analogie fournie par cet exemple est à tel point exacte qu'on pourrait l'appliquer à toutes les parties de la philosophie. Un de mes amis me faisait remarquer justement qu'elle répond assez spirituellement aux diverses opinions philosophiques.

Le Matérialisme fait générer le cheval par la voiture et le cocher par le cheval.

Le Panthéisme met le cheval dans la voiture qu'il fait traîner par le cocher.

Enfin le Catholicisme, comme la philosophie spiritualiste de l'Université, place bien un cocher sur la voiture, mais sans admettre l'existence du cheval. Le corps et l'âme doivent suffire à tout. Malheureusement, ce fameux principe, soi-disant inventé pour les besoins de leur cause par les occultistes, le cheval, est si nécessaire que rien ne marche sans lui, à la Sorbonne comme sur la plus vulgaire de nos routes.

Les données qui précèdent mettront le lecteur à même de saisir dans tous leurs détails les développements suivants dus à *Fabre d'Olivet*, sur la constitution de l'homme et sur le jeu des trois grands éléments constituants.

### IDÉE GÉNÉRALE DE LA CONSTITUTION PSYCHOLOGIQUE DE L'HOMME

C'est maintenant que nous allons faire appel à l'occultisme occidental dans la personne d'un de ses plus illustres représentants : Fabre d'Olivet, en montrant comment les données anatomiques et physiologiques que nous venons de déterminer, éclairent d'un jour tout nouveau ses données psychologiques. C'est en partant de cette double concordance que nous ferons appel tout à l'heure à l'occultisme oriental pour montrer son unité avec toutes les données précédemment acquises.

Nous avons vu que le corps se manifestait à la conscience par la *sensation*. Par quoi se manifestent à cette conscience les deux autres éléments : la Vie et la Volonté ?

La Vie a son siège principal, nous l'avons vu, dans la Poitrine. Or, quand vous avez un chagrin violent ou un amour intense, où vous sentez-vous touché ? *au cœur*, vulgairement parlant ; *au grand sympathique* (plexus cardiaque), scientifiquement parlant [1] ; *au corps astral*, ésotériquement parlant ; et là se trouve en effet le siège du SENTIMENT, qui est pour la vie ce que la sensation est pour le corps.

---

[1]. Claude Bernard, *la Science expérimentale*.

La volonté se manifeste de même à la conscience par la liberté de faire ou de ne pas faire, appelée par Fabre d'Olivet : Assentiment.

La sensation caractéristique du corps se manifeste par *le besoin*.

Le sentiment se peint par *la passion*. L'assentiment par *l'inspiration*.

L'homme est donc nécessité, passionné ou inspiré suivant le centre qui se réfléchit à sa conscience. Mais là ne doit pas s'arrêter notre analyse.

La sensation nous cause *du Plaisir* ou *de la Douleur*, suivant la façon dont notre corps est impressionné.

Eh bien, le sentiment nous cause aussi de *l'Amour* ou de *la Haine*, suivant la façon dont la vie est impressionnée.

L'assentiment nous révèle aussi *la Vérité* ou *l'Erreur*, suivant la façon dont la Volonté est impressionnée.

La Sensation, le Sentiment et l'Assentiment, n'est-ce pas *une même chose* diversement « colorée » suivant les milieux d'où elle émane?

De même le Plaisir, l'Amour et la Vérité sont *une même chose* considérée *positivement* à divers points de vue, comme la Douleur, la Haine et l'Erreur sont cette même chose considérée *négativement* à ces points de vue.

Arrêtons là ces digressions sur le Corps, la Vie et la Volonté, digressions que nous pourrions pousser fort loin avec Fabre d'Olivet. Il nous suffit, pour l'instant, d'avoir déterminé l'unité de ces principes triplement différents.

Nous allons pouvoir en tirer d'importantes conclusions.

Avant de passer à d'autres considérations, il nous faut résumer ce que nous avons dit en trois figures. C'est la même figure originelle : *le triangle* qui sert de base à nos trois schémas pour bien montrer qu'ils expriment la même chose considérée en trois aspects différents, corps, vie ou volonté suivant le cas.

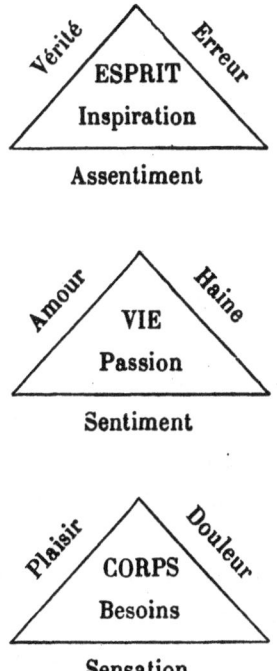

Figure schématique résumant la constitution de l'Homme, d'après Fabre d'Olivet.
(Manque la 4ᵉ sphère, sphère du libre arbitre ; voy. plus loin.)

Les Êtres, quels qu'ils soient, sont formés en dernière analyse de trois parties constituantes : le corps. la vie ou l'esprit, et l'âme.

L'évolution d'un corps produit une vie, l'évolution d'une vie produit une âme.

Vérifions ces données en les appliquant à l'homme.

Chaque continent se couronne, je le répète, d'une race différente d'hommes représentant le terme supérieur de l'évolution matérielle sur la planète.

Dans chaque homme trois parties se montrent : le ventre, la poitrine, la tête. A chacune de ces parties sont attachés des membres. Le ventre sert à fabriquer le corps, la poitrine sert à fabriquer la vie, la tête sert à fabriquer l'âme.

Le but de chaque être que la nature crée est de donner naissance à une force d'ordre supérieur à celle qu'il reçoit. Le minéral reçoit la vie terrestre et doit la transformer en vie végétale par son évolution ; le végétal donner naissance à la vie animale et celle-ci à la vie humaine.

La vie est donnée à l'homme pour qu'il la transforme en une force plus élevée : l'âme. — L'âme est une résultante [1] d'après certains occultistes.

Le but de l'homme est donc avant tout de développer en lui cette âme qui ne s'y trouve qu'en germe et, si une existence ne suffit pas, plusieurs seront nécessaires [2].

Cette idée, cachée par les initiations aux profanes, se retrouve dans tous les auteurs qui ont pénétré profondément dans la connaissance des lois de la nature. C'est une des principales divulguées par l'étude du Bouddhisme ésotérique dans les temps modernes ; mais l'antiquité ainsi que quelques écrivains occidentaux ne l'ont jamais ignorée.

---

1. L'âme est une création originale nous appartenant en propre et présentant à l'éternité le flanc de sa responsabilité (Louis Lucas, *Médecine nouvelle*, p. 33).
Le son représentant la force vitale produit autre chose dans sa diversité extrême : il produit la TONALITÉ, d'où naît l'effet général ou l'âme; avec sa valeur spéciale et relative. Un orchestre est un organisme matériel, avec tous ses appareils composés ; les sons, leurs HARMONIES, leurs combinaisons immenses ; c'est le jeu des forces vitales ; c'est l'étoffe du corps d'où l'âme se crée et s'élève, comme de la tonalité se crée un sentiment général, définitif et résultantiel. Ainsi la tonalité GÉNÉRALE qui est étrangère et à l'instrument inerte par lui-même, et aux harmonies croisées qui sont en jeu : voilà l'AME du concert, etc. (Id.).

2. En lisant les divers auteurs qui traitent de l'âme, il faut bien prendre garde au sens qu'ils attribuent à ce mot. Les uns appellent âme ce que j'appelle ici *vie et esprit*, et esprit le troisième terme que j'appelle âme. L'idée est la même partout, l'emploi des termes seuls varie.

« C'est ainsi en effet que Dieu lui-même, par la connaissance intime de l'absolu qui est son essence, identifie perpétuellement avec son savoir l'être qui lui correspond dans son essence absolue ; et c'est ainsi manifestement que Dieu opère sans cesse sa création propre ou son immortalité. Et par conséquent, puisque l'homme est créé à l'image de Dieu, c'est par le même moyen qu'il doit conquérir son immortalité, en opérant ainsi sa création propre par la découverte de l'essence de l'absolu, c'est-à-dire des conditions elles-mêmes de l'existence de la vérité [1]. »

Fabre d'Olivet, dans l'admirable résumé qu'il a fait de la doctrine de Pythagore, nous montre en quelques pages le résumé de la psychologie antique. Il suffit de le lire et de le comparer aux doctrines du Bouddhisme ésotérique pour connaître un des plus grands secrets renfermés dans les sanctuaires.

Voici ce résumé :

« Pythagore admettait deux mobiles des actions humaines, la puissance de la Volonté, et la nécessité du Destin ; il les soumettait l'un et l'autre à une loi fondamentale appelée la Providence, de laquelle ils émanaient également.

« Le premier de ces mobiles était libre et le second contraint : en sorte que l'homme se trouvait placé entre deux natures opposées, mais non pas contraires, indifféremment bonnes ou mauvaises, suivant l'usage qu'il savait en faire. La puissance de la Volonté s'exerçait sur les choses à faire ou sur l'avenir ; la nécessité du Destin, sur les choses faites ou sur le passé ; et l'une alimentait sans cesse l'autre, en travaillant sur les matériaux qu'elles se fournissaient réciproquement.

---

1. Wronski, *Lettre au pape*. — Voir la liste des œuvres de Wronski dans *l'Occultisme contemporain*, chap. 22.

« Car, selon cet admirable philosophe, c'est du passé que naît l'avenir, de l'avenir que se forme le passé et de la réunion de l'un et de l'autre que s'engendre le présent toujours existant, duquel ils tirent également leur origine : idée très profonde, que les stoïciens avaient adoptée. Ainsi, d'après cette doctrine, la Liberté règne dans l'avenir, la Nécessité dans le passé et la Providence sur le présent. Rien de ce qui existe n'arrive par hasard, mais par l'union de la loi fondamentale et providentielle avec la volonté humaine qui la suit ou la transgresse, en opérant sur la Nécessité.

« L'accord de la Volonté et de la Providence constitue le bien, le mal naît de leur opposition. L'homme a reçu, pour se conduire dans la carrière qu'il doit parcourir sur la terre, trois forces appropriées à chacune des trois modifications de son être, et toutes trois enchaînées à sa volonté.

« La première, attachée au corps, est l'instinct; la seconde, dévouée à l'âme, est la vertu; la troisième, appartenant à l'intelligence, est la science ou la sagesse. Ces trois forces, indifférentes par elles-mêmes, ne prennent ce nom que par le bon usage que la volonté en fait, car, dans le mauvais usage, elles dégénèrent en abrutissement, en vice et en ignorance. L'instinct perçoit le bien ou le mal physiques résultant de la sensation ; la vertu connaît le bien et le mal moraux existant dans le sentiment ; la science juge le bien ou le mal intelligibles qui naissent de l'assentiment. Dans la sensation le bien et le mal s'appellent plaisir ou douleur ; dans le sentiment, amour ou haine; dans l'assentiment, vérité ou erreur.

« La sensation, le sentiment et l'assentiment résidant dans le corps, dans l'âme et dans l'esprit, forment un ternaire qui, se développant à la faveur d'une unité relative, constitue le quaternaire humain ou l'Homme considéré abstractivement.

« Les trois affections qui composent ce ternaire agissent et réagissent les unes sur les autres, et s'éclairent ou s'obscurcissent mutuellement ; et l'unité qui les lie, c'est-à-dire l'Homme, se perfectionne ou se déprave, selon qu'elle tend à se confondre avec l'Unité universelle ou à s'en distinguer.

« Le moyen qu'elle a de s'y confondre ou de s'en distinguer, de s'en rapprocher ou de s'en éloigner, réside tout entier dans sa volonté, qui, par l'usage qu'elle fait des instruments que lui fournissent le corps, l'âme et l'esprit, s'instinctifie ou s'abrutit, se rend vertueuse ou vicieuse, sage ou ignorante et se met en état de percevoir avec plus ou moins d'énergie de connaître et de juger avec plus ou de rectitude ce qu'il y a de bon, de beau et de juste dans la sensation, le sentiment ou l'assentiment ; de distinguer avec plus ou moins de force et de lumière le bien et le mal ; et de ne point se tromper enfin dans ce qui est réellement plaisir ou douleur, amour ou haine, vérité ou erreur.

« L'homme tel que je viens de le dépeindre, d'après l'idée que Pythagore en avait conçue, placé sous la domination de la Providence, entre le passé et l'avenir, doué d'une volonté libre par son essence et se portant à la vertu ou au vice de son propre mouvement, l'Homme, dis-je, doit connaître la source des malheurs qu'il éprouve nécessairement et, loin d'en accuser cette même Providence qui dispense les biens et les maux à chacun selon son mérite et ses actions antérieures, ne s'en prendre qu'à lui-même s'il souffre par une suite inévitable de ses fautes passées ; car Pythagore admettait plusieurs existences successives et soutenait que le présent qui nous frappe et l'avenir qui nous menace ne sont que l'expression du passé qui a été notre ouvrage dans les temps antérieurs. Il disait que la plupart des hommes perdent, en revenant à la vie, le souvenir de ces existences passées ; mais que, pour lui, il devait à une faveur particulière des Dieux d'en conserver la mémoire.

« Ainsi, suivant sa doctrine, cette nécessité fatale dont l'Homme ne cesse de se plaindre, c'est lui-même qui l'a créée par l'emploi de sa volonté ; il parcourt, à mesure qu'il avance dans le temps, la route qu'il s'est déjà tracée à lui-même ; et, suivant qu'il la modifie en bien ou en mal, qu'il y sème, pour ainsi dire, ses vertus et ses vices, il la retrouvera plus douce et plus pénible lorsque le temps sera venu de la parcourir de nouveau[1]. »

Je joins à cette importante citation un tableau qui permettra de voir le système dans son ensemble. J'ai fait mon possible pour être clair ; si quelque erreur s'est glissée dans ce travail, il sera facile d'y remédier en se reportant au texte.

La partie gauche du tableau représente les principes positifs désignés par le signe (+).

La partie droite, les signes négatifs désignés par le signe (—).

Enfin la partie médiane, les signes équilibrés ou supérieurs désignés par le signe ( ∞ ).

En bas et à gauche du tableau est le résumé du ternaire humain : AME, — INTELLIGENCE — CORPS, indiqué par les signes ci-dessus.

---

[1]. Fabre d'Olivet, *Vers dorés*, p. 249 et 251.

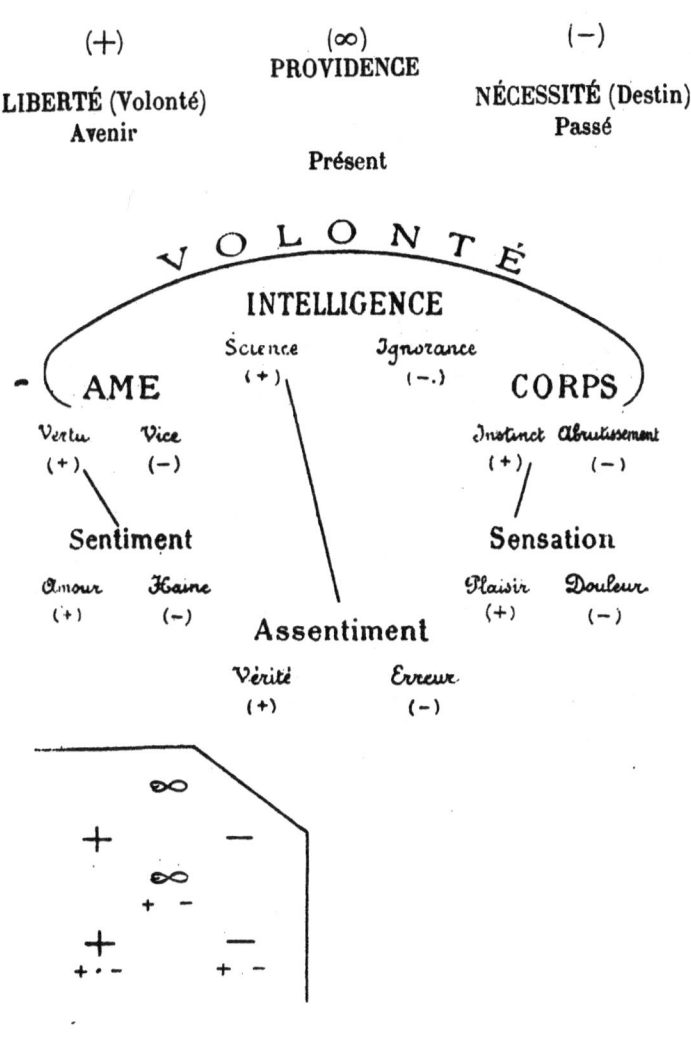

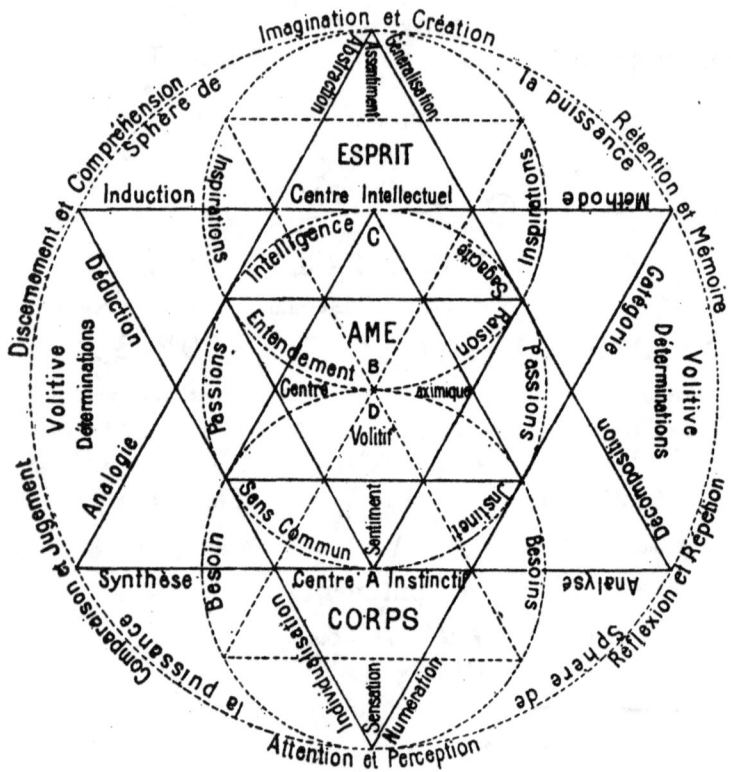

CONSTITUTION DE L'HOMME.
Résumé de la doctrine pythagoricienne par Fabre d'Olivet.

## CONSTITUTION DU MICROCOSME

### § 1. — LES SEPT PRINCIPES

*Constitution de l'Homme. — Analyse des trois principes généraux. — Les sept principes de l'Homme.*

Si l'on a bien compris ce qui précède, on verra que l'homme peut être considéré comme composé essentiellement de trois principes : le corps, la vie, la volonté : ou, le corps, l'esprit et l'âme, suivant les écoles.

Une accusation qu'on fait souvent aux théories de l'occultisme, c'est cette tendance à faire entrer tous les phénomènes de la nature sous la dépendance d'un chiffre particulier. Cette objection aurait quelque valeur si la Science occulte n'admettait qu'un seul chiffre, le 2, le 3 ou le 4, comme règle unique et toujours observée des phénomènes naturels. Il n'en est pas ainsi.

Chaque nombre a une signification spéciale et peut être appliqué dans certains cas. Ainsi, l'homme physique est bien composé de *trois* segments : ventre, poitrine et tête. Chacun des membres est bien aussi composé de trois segments (bras, avant-bras, main, etc.) ; mais il y a *cinq* doigts à chaque main et *sept* trous à la tête (2 yeux, 2 oreilles, 2 narines, 1 bouche).

De même, il y a une foule de couleurs dans le monde et ces couleurs se ramènent toutes à trois fondamentales : le rouge, le jaune et le bleu.

Les trois principes de l'homme obéissent à la même loi et peuvent être décomposés en plusieurs autres principes, ainsi que le montre *Amaravella* dans une série d'études sur la Constitution du Microcosme parues dans les numéros 8, 9 et 10 du *Lotus*.

Le nombre sept est généralement assigné aux éléments composant l'homme. Ce nombre a été généralisé outre mesure dans ces derniers temps par un auteur théosophique qui a voulu tout expliquer grâce au septénaire dans deux indigestes volumes écrits sans méthode et sans connaissances scientifiques sérieuses : *la Doctrine Secrète*.

Sans aller jusqu'aux subtilités des sept sous-races de sous-races humaines ou des sept états de la Matière considérés *ésotériquement* comme la véritable explication des sept planètes, il faut savoir que la division de l'homme en sept principes éclaire d'un jour tout nouveau certaines questions d'anthropologie, de psychologie et de religion.

*
\* \*

Les sept principes de l'homme sont donc des subdivisions des trois principes primitifs. Sur quoi portent ces subdivisions ? Quel est leur caractère ? C'est ce que nous allons voir.

*Rapports des principes et des nombres.*

Le Corps, la Vie et l'Esprit, anatomiquement générés par le Ventre, la Poitrine et la Tête, représentent en somme un seul principe diversement évolué. Si nous voulions les désigner par *des nombres*, il nous faudrait trouver trois chiffres représentant l'unité de différents degrés. Or, l'emploi des méthodes de calcul pythagoriciennes, méthodes totalement perdues de nos jours et que nous avons reconstituées un des premiers, permet de voir que 1, 4 et 7 représentent bien l'unité à différents degrés. En effet, en addition théosophique, $4 = 1+2+3+4 = 10$ ; $10 = 1+0 = 1$ ; $7 = 1+2+3+4+5+6+7 = 28$ ; $28 = 2+8 = 10 = 1$.

Voilà donc 3 nombres: 1, 4 et 7, qui représentent le même nombre 1 diversement considéré. Nous pouvons donc établir un rapport de suite et dire:

    1 représentera   le Corps
    4      —         la Vie
    7      —         l'Esprit

Disons tout de suite que ces nombres représentent effectivement l'ordre des 3 principes de l'homme qui portent ces noms d'après l'occultisme oriental.

\*
\* \*

Le corps correspondant au chiffre 1 prend le nom de *Rupa*.
La vie     —        — 4    —    *Kama Rupa*.
L'âme    —       — 7    —    *Atma*.

L'étude de chacun de ces principes nous conduira à la connaissance des principes intermédiaires.

### LE CORPS PHYSIQUE

Le corps physique, objet de l'étude des anatomistes contemporains, donne à lui seul la clef de la Science occulte tout entière. *L'Homologie* montre, en effet, que tous les organes ne sont que la reproduction à degrés différents d'un type fondamental unique [1]; la *Physiologie synthétique* vient, de son côté, prouver que toutes les fonctions destinées à l'entretien de ce corps physique et à la production des forces nerveuses obéissent à une loi unique et fondamentale: la loi de circulation [2].

1. Voy. les travaux de Foltz, du D<sup>r</sup> Adrien Peladan et les *Traités d'Anotomie philosophique*, science toute nouvelle restaurée par Gœthe.
2. Voy. la *Physiologie synthétique* de Gérard Encausse avec trente-sept schémas explicatifs. Carré, éditeur, 1890.

Le corps physique est formé de cellules matérielles. Chacune de ces cellules est fixée à sa place et y accomplit ses fonctions. Prenons pour exemple la cellule musculaire du muscle qui fait contracter notre doigt. Pourquoi cette cellule se contracte-t-elle? Parce qu'elle est *vivante* et qu'elle manifeste ainsi sa fonction ; l'origine de la propriété de se contracter réside dans la vie que cette cellule a fixée.

Mais cette force vitale qu'elle vient d'user en travaillant, comment la renouvelle-t-elle?

En allant la puiser dans le sang qui passe à côté d'elle et qui la baigne de ses principes régénérateurs. Ce qu'il y a dans la cellule fixée en place c'est bien de la vie — ce qu'il y a dans le globule sanguin qui court dans l'organisme c'est bien aussi de la vie. Nous voilà donc obligés de distinguer ces deux spécifications de la force vitale par des noms différents.

Nous allons appeler la Vie fixée en place dans la cellule de l'organe VITALITÉ, 2° principe (le 1ᵉʳ étant la matière) et ce principe s'appelant en sanscrit *Jiva*.

La portion de force vitale qui court dans l'organisme portée par le globule sanguin, appelons-la pour l'instant *la force vitale circulante* et étudions un peu ses modes d'action. Cette force vitale circulante est contenue en deux portions de l'organisme :

1° Dans les globules rouges de sang qui vont toujours reprendre de cette force dans l'atmosphère qui nous entoure (Respiration).

2° Les globules rouges ne contenant qu'une portion minime en somme de force et l'organisme ne voulant jamais être pris au dépourvu, des magasins de cette force ont été disséminés un peu partout ; ce sont de petites masses grises de substance nerveuse, les ganglions du grand sympathique. Toute la force que les globules n'ont pas utilisée pour réparer l'organisme va se mettre en réserve là.

Par ce qui précède on voit que ces principes de l'homme ne sont pas aussi métaphysiques qu'on pourrait le croire, et qu'on peut parfaitement en admettre l'existence, serait-on le plus positiviste des médecins.

La Vie circulante, le troisième de nos principes, peut être considérée de deux façons, soit lorsqu'elle circule portée par les globules, soit lorsqu'elle est en réserve dans les ganglions nerveux. De toutes manières, c'est toujours un même principe dans les deux cas ; aussi ne lui a-t-on donné qu'un seul nom :

LINGA SCHARIRA — LE CORPS ASTRAL.

*<br>* *

Avant d'aller plus loin, résumons la génération de ces trois principes.

Je mange un morceau de pain [1]. Ce morceau de pain, après avoir subi l'élaboration digestive, se transforme en la *matière* d'une cellule quelconque de mon organisme ; il devient partie intégrante de mon corps : *Rupa* (1$^{er}$ principe).

Le morceau de pain peut devenir une cellule d'un muscle ou une cellule de mon poumon, ou un globule errant. Prenons ce dernier cas.

Le globule fabriqué par le Ventre, grâce aux éléments absorbés, est *blanc* (leucocyte). Ce globule contient beaucoup de matière, mais peu de force. Le Ventre, après l'avoir fabriqué, l'envoie par le canal thoracique dans la

---

1. Voy. *l'Histoire de la Bouchée de Pain* de J. Macé.

Poitrine où il est jeté dans la circulation sanguine. Le cœur envoie notre globule blanc dans le Poumon où il se trouve mis en contact avec l'air extérieur apporté par l'aspiration [1].

C'est alors que ce globule tout matériel se charge de *force* au contact de cet air. La force qu'il a prise, il en use une partie pour son usage particulier en la fixant dans son intérieur; cette partie de la force ainsi fixée c'est le second principe : la Vitalité, *Jiva* (2° principe).

La force que ce globule a de plus, il s'en va la porter, maintenant qu'il est devenu globule rouge, à toutes les cellules immobilisées dans le corps où elle devient la Vitalité (Jiva) de chacune de ces cellules.

Si après son voyage le globule rouge possède encore de la force en excès, il va la déposer dans un magasin quelconque (ganglion nerveux) soit directement, soit par l'intermédiaire du cervelet [2]. Cette force ainsi condensée sert à soutenir et à diriger la marche de tous les organes qui n'obéissent pas à la Volonté (principaux organes splanchniques et vaisseaux). Ainsi débarrassé de sa force, le globule rouge revient au cœur, qui le renvoie dans le poumon où il se charge de nouveau pour recommencer sa course.

Ainsi, notons ce point que le résultat du travail du Ventre c'est de la Matière du Corps : 1° *Rupa*.

Cette matière ne sert qu'à une chose, A SUPPORTER LA FORCE *amenée directement de l'extérieur* par le travail de la Poitrine. Le résultat de ce travail de la Poitrine c'est la production de deux nouvelles forces.

1. Cette idée que les globules rouges sont produits par l'évolution des globules blancs, donna lieu à des discussions contradictoires dans le monde savant en ces dernières années. Nous nous y rattachons jusqu'à meilleure information.
2. Théorie du D$^r$ Luys (1865).

2° *La Vitalité*, combinaison de la Vie avec le corps matériel.

3° *Le Corps Astral*, la portion la plus élevée de la production corporelle, *la force nerveuse* courant dans l'organisme susceptible de se condenser, mais aussi de se dilater tellement qu'elle PEUT SORTIR HORS DE L'ÊTRE HUMAIN [1].

La Matière servait de support à la Vie ; la force nerveuse, spiritualisation de la Vie, va servir de support à l'Ame.

Tels sont les échelons que parcourt la matière dans son évolution et dans son contact avec la force de l'atmosphère terrestre. Résumons ces trois degrés se rattachant tous au Corps Physique.

*Constitution du Corps Physique.*

1. — Partie matérielle du corps se renouvelant par les fonctions diverses exercées par le ventre, charriée par le liquor du sang.

LE CORPS MATÉRIEL. — La matière du corps physique.
1ᵉʳ principe : *Rupa*.

2. — Partie médiatrice du corps. — Combinaison du corps matériel avec le principe immédiatement supérieur. — Vie propre des cellules organiques.

LA VITALITÉ. — La vie du corps physique.
2° principe : *Jiva*.

Cet élément ne SORT JAMAIS hors du corps.

3. — Partie animatrice du corps. — Spiritualisation du sang sous l'influence du système nerveux de la vie végétative. — Élément localisé dans les ganglions du grand sympathique et *qui peut sortir hors du corps physique*. — Élément se renouvelant matériellement grâce aux fonctions exercées dans la poitrine.

LE CORPS ASTRAL. — L'âme du corps physique.
3° principe : *Linga sharira*.

---

[1]. Voy. à ce propos l'étude précédente sur le corps astral.

Avant d'aller plus loin, nous tenons à mettre le lecteur en garde contre un danger. Pour être aussi clair que nous le pouvons, nous montons de la matière à l'esprit, et nous aurions l'air de faire générer progressivement celui-ci par celle-là. Nous avons assez dit combien il était amusant de prétendre que la voiture donne naissance au cheval et celui-ci au cocher, pour qu'une simple remarque suffise à ce propos.

\* \* \*

### Le corps astral

L'analyse du Corps nous a conduits à la connaissance de trois principes représentant la matière, la vie et l'âme de ce corps matériel ; en est-il de même pour la Vie ?

Nous avons vu que la Matière produite par le Ventre servait uniquement de support à cette force que la Poitrine va puiser dans l'atmosphère extérieure et qui constitue la Vie.

De même, ce corps astral, produit ultime de la Poitrine, sert de support à quelque chose qui vient directement de l'extérieur, mais dans un plan différent du plan matériel ; ce quelque chose est ce qui fait que nous avons des pressentiments, que l'amour ou la haine dilatent ou contractent notre cœur[1], en un mot, que nous sommes passionnés. Cet élément nouveau localisé, non plus dans le ganglion, mais dans les plexus (réunion de ganglions) voisins du cœur, c'est le 4° principe : L'AME ANIMALE, *Kama Rupa*, c'est là que siège *l'instinct*. Ce principe est plus développé chez les animaux que chez l'homme, plus chez l'homme non cultivé que chez l'homme instruit. L'ana-

---

1. La réalité de cette influence morale sur le physique a été prouvée par Claude Bernard, *Science expérimentale*.

tomie comparée vient encore nous montrer la réalité de ceci par le nombre de ganglions abdominaux et thoraciques qui forment les véritables cerveaux des animaux inférieurs, surtout des insectes.

Le Corps Astral est donc l'intermédiaire entre deux mondes différents ; c'est bien l'élément le plus élevé du corps physique, l'âme du corps physique : mais en même temps c'est l'élément le plus inférieur de la Vie proprement dite ; c'est le corps de la Vie, la matière du corps vital. Ce 3° principe est commun aux deux mondes, celui de la matière et celui de la vie.

L'Ame animale constitue l'élément central de l'être, l'origine de son égoïsme et de ses passions. Fabre d'Olivet, dans le tableau ci-dessus, a mieux analysé ce principe que tous les théosophes modernes réunis, sous le nom de *Centre volitif*.

L'étude de l'évolution du système nerveux à travers l'espèce animale nous montre un fait bien curieux. Le système nerveux est d'abord représenté par un simple filet dans les êtres inférieurs (Ex.: le tænia). A ce moment, trois des principes sont développés, les autres sont en germe. Les principes développés sont le CORPS PHYSIQUE (*Rupa*), LA VITALITÉ (*Jiva*) et les rudiments du CORPS ASTRAL (*Linga sharira*). Ces êtres-là appartiennent donc presque exclusivement au monde physique.

Si l'on monte dans la série animale, on voit ce filet nerveux présenter le long de son parcours quelques ganglions (fig. 2). Le corps astral est alors plus développé. Ces ganglions peuvent être considérés théoriquement comme produits par le repliement du filet nerveux sur lui-même.

Chez les insectes, les ganglions réunis forment deux couronnes, une couronne thoracique et une couronne abdominale. Il y a donc réunion de ganglions, c'est-à-dire plexus et par suite développement du 4° principe, l'origine de l'instinct : L'AME ANIMALE (*Kama Rupa*). Ces êtres appartiennent donc presque exclusivement au monde astral.

Cependant, on voit une petite masse ganglionnaire qui pointe à la partie supérieure de l'animal : dans la tête. Ceci indique que le 5° principe est là en germe.

Qu'est-ce donc que le 5° principe ?

C'est celui qui se développe en même temps que le cerveau, le principe caractéristique de l'être humain, celui qui permet d'apprendre les sciences quand il est développé, le principe de l'intellectualité dans tous ses ordres : L'AME HUMAINE (*Manas*).

Le fluide nerveux constituant le corps astral et renfermé dans les ganglions sympathiques s'est condensé sur lui-même dans les plexus pour recevoir le principe de l'instinct ; il se spiritualise dans le cerveau pour recevoir le principe de l'intelligence.

Les figures suivantes montrent cette évolution des prin-

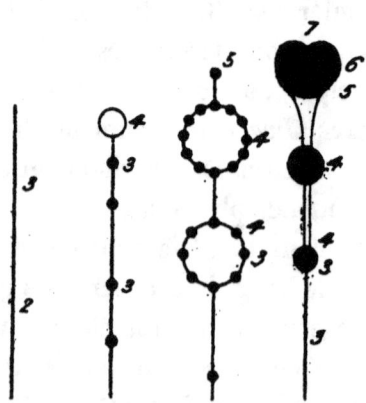

cipes dans la série animale, et permettent d'affirmer que l'intelligence se manifeste au moment où le premier ganglion cérébral naît dans un être quelconque.

Résumons la constitution du corps astral d'après les données précédentes.

*Constitution du corps astral.*

3. — Partie matérielle du corps astral localisée dans les ganglions du grand sympathique. — Support des principes suivants. — Élément commun au monde précédent (physique) et à celui-ci (astral).

Le corps astral. — La matière du corps astral.

3° principe : *Linga sharira*.

4. — Partie médiatrice du corps astral. — Combinaison du corps astral avec le principe immédiatement supérieur. — Vie propre du corps astral. — Élément localisé dans les plexus du grand sympathique. — Origine de l'instinct et des passions.

L'ame animale. — La vie du corps astral.

4° principe : *Kama Rupa*.

5. — Partie animatrice du corps astral. — Spiritualisation du fluide nerveux sous l'influence du système nerveux conscient. — Élément localisé dans les ganglions du cerveau (circonvolutions cérébrales). — Siège de l'intelligence et de la mémoire. — Élément se renouvelant matériellement grâce aux fonctions de la tête.

L'ame humaine. — L'âme du corps astral.

5° principe : *Manas*.

*<br>* *

## Le corps psychique

Nous avons vu l'élément le plus élevé fabriqué par le ventre, le globule matériel, servir d'appui à la vie.

Nous avons vu l'élément le plus élevé fabriqué par la poitrine, le corps astral, servir de point d'appui à l'âme animale. Nous avons pu localiser anatomiquement et physiologiquement le corps, la vitalité, le corps astral, l'âme animale et l'âme humaine.

A quoi peut bien servir de point d'appui cette âme humaine, produit supérieur de l'évolution de la force nerveuse? Où localiser les principes qui sont au-dessus de cette âme humaine ?

D'après l'ésotérisme, cette intelligence, cette faculté d'apprendre les sciences qui peuple nos sociétés de diplômés et nos académies d'immortels, est la faculté la plus inférieure, la plus grossière de l'être humain, c'est la *matière du corps psychique*. De même que le troisième principe, le corps astral, était commun au monde physique et au monde astral, de même le cinquième principe, l'âme humaine, est commun au corps astral et au corps psychique. Supérieur pour celui-là, inférieur pour celui-ci. C'est toujours l'idée de l'absorption des séries inférieures par les séries supérieures, le Père, roi chez lui et sujet du gouvernement.

Les circonvolutions moyennes du cerveau se,vent bien de moyen de manifestation à l'intellectualité, mai les circonvolutions supérieures servent de moyen de manifestation à une faculté bien plus élevée, celle qui causera l'élévation de la vie psychique de l'être : LA MORALITÉ O. ' L'AME SPIRITUELLE, *Buddhi*, le 6ᵉ principe, la vie réelle de l'être psychique[1].

---

1. Cette faculté merveilleuse dont nous sommes si fiers n'est cependant que la plus inférieure de l'Esprit lui-même. Le savant, pour aussi célèbre qu'il soit, peut, après sa mort, être moins bien traité par son Karma qu'un ignorant vertueux. L'ésotérisme place en effet *la Sagesse* au-dessus de *la Science ;* la *Spiritualité* au-dessus de l'*Intellectualité*. Un sage ou être spirituel est celui qui a évolué au 6ᵉ principe, tandis que le savant n'a évolué qu'au 5ᵉ. Où est donc localisé le 6ᵉ principe?
Il n'est pas localisé, ou du moins il l'est fort peu, dans les cellules nerveuses du sommet de la tête. A lui s'arrêtent en effet *la Science* et ses méthodes. Le savant ne peut le comprendre.
L'occultiste seul peut en saisir toute la portée.

Ce 6° principe, est-il utile de le dire? est à peine développé dans les races humaines actuelles ; il en est de même du suivant.

Au-dessus de tous ces principes et les dominant tous se trouve le germe *de divinité* que chaque homme peut développer et qui le conduirait au Nirvâna de suite :

L'AME DIVINE — *Atma*, le 7° principe — L'esprit.

Mais cet esprit *n'entre jamais complètement* dans l'être. Il reste au-dessus de lui et constitue son *higher-self*, *son idéal*, *son Dieu*, ainsi que l'a vu M. Sinnet, et, avant lui, Wronski, ainsi que le fait est également décrit dans les

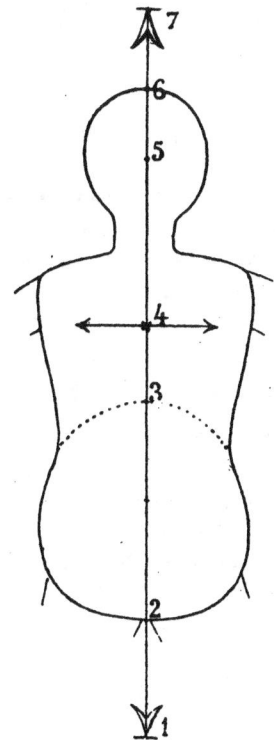

Figure schématique montrant la situation du 7° principe par rapport à l'homme.

communications spirites intitulées *les Dualités de l'espace*, récemment publiées par les soins d'Eugène Nus. Si nous voulons donc figurer la place occupée par nos trois principes, nous placerons le principe 1, le corps, *dans le Ventre*, le principe 4, la vie, *dans la Poitrine* et le principe 7, l'Esprit, *au-dessus de la tête* (voyez page 217).

Le tableau suivant résume la constitution du corps psychique.

*Constitution du corps psychique (l'Esprit).*

5. — Partie inférieure du corps psychique. — Élément localisé dans le cerveau. — Siège de l'*intellectualité*. — Intermédiaire entre le monde précédent (astral) et celui-ci (psychique). — Support des principes supérieurs.

L'AME HUMAINE. — La matière du corps psychique.

5° principe : *Manas.*

6. — Partie médiatrice. — Combinaison de l'âme humaine avec le 7° principe. — Influence partielle de ce 7° principe sur le 5°. — Élément localisé dans quelques cellules nerveuses supérieures. — En germe seulement dans les races actuelles. — Siège de l'inspiration, de la double vue consciente (prophétie) et de la moralité.

AME ANGÉLIQUE OU AME SPIRITUELLE. — Vie du corps psychique.

6° principe : — *Buddhi.*

7. — Partie animatrice du corps psychique. — Spiritualisation des facultés humaines sous l'influence du Verbe divin. — Élément non localisé en l'homme. — Principe du Nirvâna et de l'immortalité définitive.

L'AME DIVINE (l'Esprit). — L'âme du corps psychique.

7° principe : *Atma.*

# RÉSUMÉ DES SEPT PRINCIPES DE L'HOMME
## (Par Papus)

| | | | |
|---|---|---|---|
| 7<br>L'ESPRIT<br>(*Inspiration*)<br>Corps psychique | 7 | Amé divine<br>Atma | *Ame du Corps<br>psychique* |
| | 6 | Ame angélique<br>Buddhi | *Vie du Corps<br>psychique* |
| | 5 | L'Ame humaine<br>Manas | *Matière du Corps<br>psychique*<br>*Ame du Corps<br>astral* |
| 4<br>LA VIE<br>(*Passions*)<br>Corps astral | 4 | L'Ame animale<br>Kama Rupa | *Vie du Corps<br>astral* |
| | 3 | Le Corps astral<br>Linga Sharira | *Matière du Corps<br>astral*<br>*Ame du Corps<br>physique* |
| 1<br>LE CORPS<br>(*Besoins*)<br>Corps physique | 2 | La Vitalité<br>Jiva | *Vie du Corps<br>physique* |
| | 1 | Le Corps<br>Rupa | *Matière du Corps<br>physique* |

## PLANCHE SYNTHÉTIQUE DE L'ORGANISME

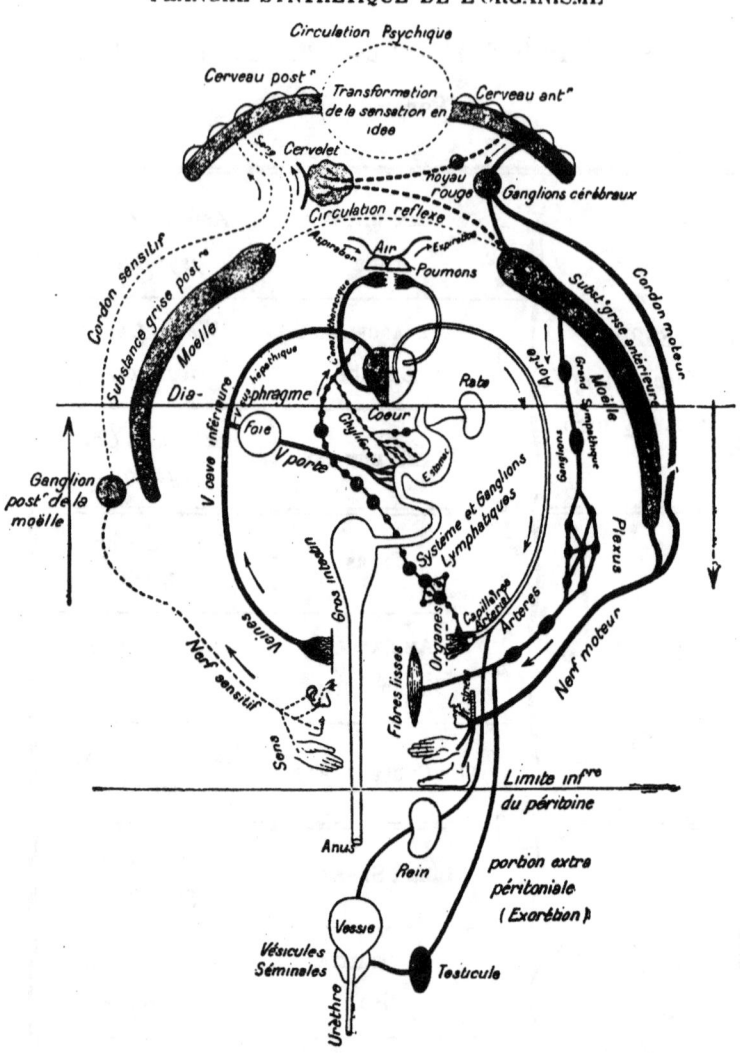

(SCHÉMA D'ENSEMBLE)

Cette figure contient, à très peu d'exceptions près, tous les organes splanchniques du corps humain, groupés de façon à donner une idée de leur fonction et des rapports de ces fonctions entre elles.

Trois segments concentriques constituent la figure : Extérieurement le système nerveux — au milieu, le système sanguin ; au centre, le système lymphatique et les organes de la digestion ; enfin en bas les organes d'excrétion. On peut noter en passant les rapports de ce groupement avec les feuillets blastodermiques de l'embryon.

### 1° *Segment central.*

Au centre de la figure *l'estomac* et *l'intestin grêle* présentent l'origine de l'entrée de la substance dans le corps.

— Les *chylifères* aboutissant au *canal thoracique* avec *la rate* comme centre de condensation (hypothèse de Malfatti) et les veines aboutissant à la *veine porte* avec *le foie* comme centre condensateur, figurent la circulation du renouvellement des éléments matériels de l'organisme.

La chaîne de *ganglions* et de *plexus* de la circulation lymphatique commençant au niveau des *capillaires artériels* et allant gagner le système veineux près du cœur montrent schématiquement la circulation de la lymphe, véritable drainage de la substance qui n'a pas trouvé son emploi pendant la circulation du sang.

Enfin, en bas, le gros intestin montre les voies d'excrétion des aliments non assimilés.

### 2° *Segment médian.*

Au milieu nous voyons le schéma si connu de la circulation du sang. — A gauche, la circulation du sang rouge, du sang chargé de matière et de force, circulation figurée par un trait double. — Parti du poumon, le sang aboutit aux organes en allant passer par le cœur gauche, grand régulateur de cette circulation.

A droite, la circulation centripète du sang noir, figuré par un trait noir.

Parti des organes par les capillaires veineux, le sang gagne le cœur droit en se chargeant en route de matière sous l'influence de la veine sus-hépatique et du canal thoracique. — Du cœur droit, le sang passe par le ventricule dans le poumon où il va se charger de force, et enfin repart du poumon chargé cette fois de deux éléments qu'il avait perdus : la force et la matière.

*3° Segment périphérique.*

La force sanguine, sublimée par le cervelet (théorie du docteur Luys), est transformée en fluide nerveux et prend deux grandes directions suivant le point d'incitation.

Si ce point d'incitation est dans *le sens*, le courant produit est centripète. L'excitation traverse le ganglion médullaire postérieur et gagne soit le cerveau postérieur (circulation consciente), soit la substance grise postérieure de la moelle et, de là, la substance grise antérieure (circulation réflexe).

Si l'excitation a gagné le cerveau, un courant nerveux s'établit, courant dont la physiologie n'a pas encore déterminé toutes les conditions, et la *circulation psychique* prend naissance.

Le résultat de cette circulation psychique est la production d'une *idée*, agissant du dedans au dehors comme l'objet matériel, origine de la sensation, agissant du dehors au dedans.

Le courant part du cerveau antérieur par les fibres de projection de premier ordre, traverse les ganglions cérébraux où il se renforce, suit les cordons moteurs de la moelle antérieure, puis les nerfs moteurs et arrive aux organes à fibres striées.

Dans le cas où l'excitation passe directement de la moelle postérieure (substance grise) dans la moelle antérieure (substance grise) il n'y a rien de correspondant à la circulation psychique. La sensation se transforme en mouvement, mais la puissance du mouvement et sa diffusion dépendent uniquement de la grandeur de l'excitation.

La force nerveuse en excès est drainée et condensée par le système spécial du grand sympathique dont les ganglions et les plexus répondent en tous points aux ganglions et aux plexus lymphatiques. C'est encore grâce à ce drainage parti des parties grises antérieures de la moelle, que la force nerveuse, agissant par saccade dans les circulations précédentes, est transformée en une force continue, agissant sur les organes à fibres lisses.

Enfin au bas des trois segments nous trouvons :

1° La portion extra-péritonéale du gros intestin avec l'anus, organe d'excrétion de la circulation alimentaire et de l'abdomen en général ;

2° Le rein et la vessie avec leurs conduits, organes d'excrétion de la circulation sanguine et de la poitrine en général ;

3° Les testicules, les vésicules séminales et les conduits annexes que nous sommes amené à considérer comme les organes d'excrétion rapide et instantanée de la force nerveuse.

On peut suivre un à un tous ces détails sur le schéma d'ensemble qu'on trouvera dans la planche ci-jointe.

Il résume, aussi bien que faire se peut, notre *essai* tout entier, et nous espérons qu'on voudra bien excuser les fautes de détail qui pourraient s'y trouver, eu égard à l'idée d'ensemble que nous nous sommes efforcé de représenter.

REMARQUES

A cette étude nous ajouterons quelques mots.

On remarquera que le schéma montre, dans le microcosme même, l'existence des trois mondes; chacun des mondes correspond à l'une des lettres du tétragramme sacré יהוה (*iod, hé, vau, hé*).

En haut *le monde de l'idée* comprenant le cerveau, et ses ganglions, le cervelet et la circulation psychique. Ce monde correspond à la lettre *iod* (י).

Au milieu *le monde de la Vie* comprenant les poumons, le cœur, les organes de circulation avec le grand sympathique comme centre de réserve *du corps astral* (fluide nerveux mis en réserve). Ce monde correspond à la lettre *vau* (ו) qui veut dire lien.

En bas, entre le diaphragme supérieurement et le péritoine inférieurement, *le monde de la matière* comprenant les organes situés dans l'abdomen et les réservoirs matériels de l'organisme. Ce monde correspond à la lettre *hé* (ה).

Voici donc trois des lettres du tétragramme : le iod (*tête*), le hé (*ventre*), le vau (*poitrine*). Où se trouve le second hé?

A propos de notre étude du Tarot, nous avons montré que les arcanes mineurs indiquaient la constitution du corps humain. L'originalité de notre travail provient surtout de la découverte des fonctions du deuxième *hé* agissant comme centre de transition, de *génération* d'un monde à l'autre.

Or, voyez dans le corps humain, tous les organes extra-péritonéaux, situés sous le péritoine, tout à fait en bas du schéma, représentent ce deuxième *hé* du tétragramme sacré.

Voilà donc une de nos sciences exactes venant appuyer de tous ses enseignements les données de la Science occulte sur le mot *iod, hé, vau, hé.*

Technique.

## LES THÉORIES THÉOSOPHIQUES

Exposé du Bouddhisme ésotérique par M<sup>me</sup> la *Duchesse de Pomar.*

Nous ne pouvons mieux résumer tout ce que nous venons de développer qu'en reproduisant in-extenso l'étude sur le Bouddhisme ésotérique de Sinnett publié par Lady Caithness, duchesse de Pomar[1]. Le lecteur sera mis à même par cette lecture de voir quels sont les développements originaux que nous avons produits dans notre étude précédente. — Plusieurs des théories données ici en germes ont été développées considérablement par leur rapprochement avec les connaissances scientifiques actuelles d'une part et avec la tradition occidentale résumée par Fabre d'Olivet d'autre part.

On verra en comparant ces deux exposés avec les écrits d'*Origène* d'une part et les véritables théories du bouddhisme[2] d'autre part que les doctrines présentées sous ce nom de Théosophie constituent un alliage parfois grossier de Bouddhisme vrai, de Gnosticisme (pour la plus grande part) et de Kabbale.

Le passage de Jacob Bœhm cité par lady Caithness montre de plus que des théosophes n'ayant jamais eu aucun rapport avec l'Orient ont connu et développé la théorie des sept principes dans la nature et dans l'homme.

### LE BOUDDHISME ÉSOTÉRIQUE

Le Bouddhisme sous sa forme ésotérique est, dit-on, identique à l'ancienne *Religion — Sagesse,* — Bouddhisme préhistorique ou la théosophie hermétique qui, selon nous, se retrouve dans tous les mythes mythologiques et les allégories occultistes de l'antiquité.

Supposant que nos lecteurs connaissent ou connaîtront l'ouvrage de M. Sinnett, intitulé : *Bouddhisme ésotérique,* notre seule intention, dans ces pages, est d'attirer l'attention sur la doctrine de la constitution septénaire de l'homme et de son évolution graduelle à travers la chaîne planétaire septénaire, puis d'indiquer sa correspondance avec les autres enseignements ésotériques qui traitent ce sujet profondément intéressant.

1. *La Théosophie universelle.* Théosophie bouddhiste.
2. *Essai de Philosophie bouddhique,* par Augustin Chaboseau, l'admirable ouvrage de Sir Edwin Arnold *Light of Asia* et les travaux du capitaine Pfoundes.

Nous commencerons donc par mettre sous les yeux du

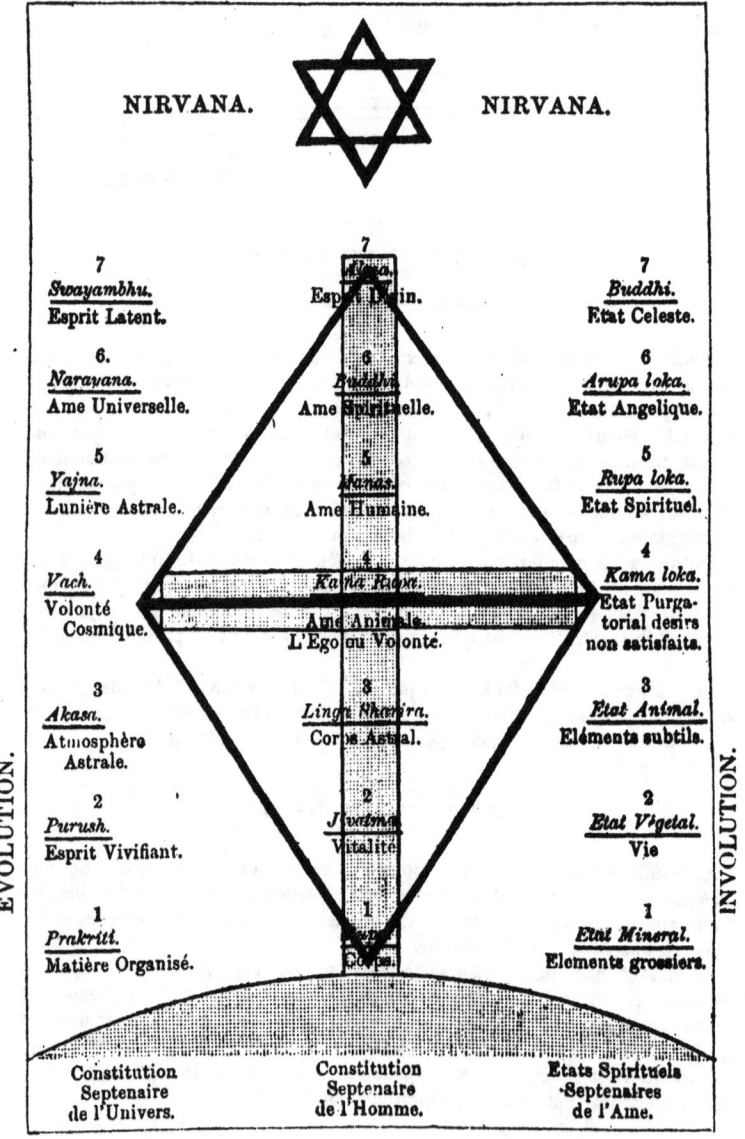

lecteur le tableau de cette constitution tel que nous le trouvons dans le livre de M. Sinnett, en y ajoutant celui des états spirituels de l'âme et de la constitution septénaire de l'univers. Ce dernier tableau a été fait d'après des indications de l'un des chefs spirituels de la Société théosophique de Madras. Il est bon de rappeler ici que psychiquement, aussi bien que physiquement, l'homme est un microcosme ou univers et que l'Univers ou le macrocosme est semblable à l'homme.

*Constitution de l'Homme.*

FRANÇAIS — SANSCRIT

1. Le Corps. . . . . . . . . . . . . . . . . Rupa.
2. Le principe de vie vitalité. . . . . . . Jivatma.
3. Le corps Astral. . . . . . . . . . . . . Linga Sharira
4. L'âme animale ou volonté (le Ego). . . . Kama Rupa.
5. L'âme humaine ou l'Intellect. . . . . . . Manas.
6. L'âme spirituelle. . . . . . . . . . . . Buddhi.
7. L'Esprit divin. . . . . . . . . . . . . Atma.

*Constitution de l'Univers.*

FRANÇAIS — SANSCRIT

1. Terre ou matière. . . . . . . . . . . . Prakriti.
2. Esprit universel vivifiant. . . . . . . Purush.
3. Atmosphère astrale ou cosmique. . . . . Akasa.
4. Volonté cosmique. . . . . . . . . . . . Vach.
5. Lumière Astrale ou illusion universelle. . Yajna.
6. Intellect universel. . . . . . . . . . . Narayana.
7. Esprit latent. . . . . . . . . . . . . . Swayambu.

Ce tableau a pour but de donner au lecteur une idée claire et simultanée des enseignements du Bouddhisme ésotérique sur ces trois doctrines importantes : — la Constitution de l'Univers, la Constitution de l'Homme et ses états spirituels pendant et après la vie terrestre.

On remarquera que ces principes sont énumérés en commençant par l'extérieur et en allant vers l'intérieur, le premier n'étant que l'extérieur de l'enveloppe qui contient dans ses replis intérieurs les sept autres, le Joyau de Grand Prix, le Shekinah. Mais, afin de rendre ces sept États, Principes et Sens apparents à l'œil extérieur, aussi bien qu'à l'intelligence, nous avons pris la liberté de les représenter s'élevant de la terre sous la forme d'une croix qui est le véritable symbole de l'homme indiqué par l'architecture de l'Église chrétienne[1]. Ce signe a déjà été employé comme *Symbole* sacré longtemps avant l'ère chrétienne, il est même si ancien qu'on le retrouve sur les monogrammes de quelques-unes des planètes. Le mystère de ce double emblème pourrait remplir des volumes ; disons seulement qu'il est le véritable emblème de l'homme et de la femme. La figure de la croix, dit Platon, existe dans l'Univers ; ses quatre espaces intérieurs s'étendent à l'Infini — au nord, au sud, à l'est, à l'ouest. Et ainsi, s'élevant de la terre au ciel, comme l'Arbre de vie, l'homme se tient debout avec l'Infini autour de lui et l'Éternité au dedans. Le rayon transversal qui représente les armes de la *puissance* et de la *gloire* peut aussi représenter l'arbre de la Connaissance du Bien et du Mal (ce qui est le cas dans la Théosophie hermétique), dont le fruit est à sa portée ; il se tient au milieu du jardin séparant les principes les plus élevés des principes inférieurs.

On remarquera que nous avons enfermé ladite croix dans

---

[1]. Le signe de la croix fait par les catholiques en prononçant les dernières paroles de la prière du Seigneur a une signification plus profonde qu'ils ne s'en doutent. En disant « *car à toi appartient le royaume* », ils touchent d'abord le front avec le revers du pouce, puis *alors* la région vitale du cœur; indiquant par là que le *premier* est le tronc « le Siège de la Miséricorde », la demeure du Seigneur du Royaume (ou la Sagesse divine, la femme). Au moment de dire « *la puissance et la gloire* », le pouce touche d'abord l'épaule droite, puis la gauche « (la main droite de la puissance » — « la main gauche de la gloire) ». « *Pour toujours et toujours, amen,* » le pouce se place sur le premier doigt de la même main en forme de croix, puis s'élève jusqu'aux lèvres qui le scellent d'un baiser signifiant « *Ainsi soit-il* » ou Amen !

un double triangle de deux couleurs qui, lorsqu'il est entrelacé, comme celui qui est au-dessus de la croix, représente le « mystère des mystères », la synthèse géométrique de toute la doctrine occulte. Sous cette forme, il est appelé par les Juifs Cabalistes le « sceau de Salomon » et il est le Sri Antara du Temple Archaïque Arien. Il représente la Divinité dans son Essence suprême « mâle et femelle », « l'Amour et la Sagesse », et contient la quadrature du Cercle, la soi-disant Pierre Philosophale, les grands problèmes de la vie et de la mort, le mystère du bien et du mal (Viz, la matière unie ou séparée de l'Esprit), etc., etc.

Lorsqu'on considère les triangles autour de la Croix, on voit qu'ils sont *séparés* et ils ne s'uniront, ne s'entrelaceront, ne se croiseront que petit à petit ; le triangle inférieur s'élève de degré en degré à mesure que l'homme arrive aux états supérieurs. La nature sombre, ou la nature du feu grossier, s'élève de la terre pour rencontrer le triangle lumineux qui descend (la sagesse qui vient d'en haut), comme parfois la lumière d'un flambeau que l'on vient d'éteindre apparaît au-dessus de lui et le rallume.

Lorsque, enfin, la ligne Rouge atteint la ligne Bleue, ou sixième principe, — l'âme spirituelle (la fiancée céleste ou l'état du Christ), les triangles se trouvent complètement entrelacés et l'Union est parfaite comme dans le Double Triangle divin qui représente le Nirvâna.

Ce centre correspond au Principe central dans l'homme qui est l'axe sur lequel son caractère doit tourner. Ce quatrième principe s'appelle *Kama Rupa*, c'est la Volonté ou l'Ame animale, parce que les animaux le possèdent aussi bien que l'homme.

Il correspond aussi physiquement au grand centre ganglionique, appelé le Plexus solaire (ou Soular), et par les anciens le « *cerveau mâle* » ou le « *cerveau du ventre* »[1], qui est le premier à vivre et le dernier à mourir dans le système nerveux, le réceptable, le véhicule et le centre de la vitalité, de la sensation, de l'instinct et du sentiment, aussi bien que de l'intuition, de la nutrition, des mouve-

[1]. « *Majupperikos* (ou cerveau derrière le diaphragme). C'est ainsi que les anciens Grecs appelaient le Plexus Solaire et ils lui attribuaient une large part dans nos sensations intérieures, en plus des fonctions généralement assignées à ces organes nerveux appelés Centre Épigastrique (sur l'estomac), bien qu'à proprement parler ils soient situés *derrière* l'estomac, ou ce qui s'appelle le creux de l'estomac. C'est ce Plexus Organique qui *meut le cœur.*

« Dans tous les temps et dans tous les pays, on a supposé que ces organes étaient le siège et le centre de l'émotion et du sentiment; ainsi, dans la conversation, on parle de sensations et de sentiments qui frappent au cœur ou à la poitrine et les gens y portent les mains en disant que leur cœur « saute de joie », « palpite de plaisir », « est aussi léger qu'une plume » ou « pesant comme du plomb », mais en tant qu'il s'agit du *cœur*, nous pourrions aussi bien dire l'estomac, le foie ou la rate.

« La cause se trouve plus au fond que cela, derrière ces organes où le « Génie » se tient, surveillant tous les organes et toutes les fonctions; le mot de cœur n'est qu'une expression figurée. Ce Génie s'appelle le Plexus Solaire, c'est un tissu de nerfs qui portent et distribuent la force vitale à tous les organes. Jour et nuit, l'action du cœur et la circulation du sang est entretenue par ce seul centre organique, la source de l'énergie vitale, de la chaleur vitale, de la puissance motrice; ce moteur de l'action fonctionne jour et nuit sans s'arrêter, indépendamment de la volonté. Sans lui, le sommeil serait la mort et nous pourrions commettre un suicide par notre seul désir; en arrêtant l'action du cœur, nous arrêterions le balancier de l'horloge. De ce centre sympathique jaillit, en premier lieu, ce courant de force vitale, dont l'action commence avec la vie et ne cesse qu'avec elle; car ces organes, dont les fibres possèdent une force motrice ou un stimulant qui en dérive, accomplissent le plus dur travail, vivent le plus longtemps et sont les derniers à mourir. Lorsque le lien qui les unissait au corps est brisé, la force ou l'impulsion vitale entretient encore pendant quelque temps le principe de la vie en nous; chez les animaux, elle adhère au corps et le fait vibrer parfois pendant plusieurs heures après la mort.

« La supposition que ce centre ganglionique est un cerveau, appelé *cerveau mâle* par les anciens, est encore prouvée par le fait du rapport que présente sa structure avec celle du cerveau. Certains physiologistes savent que l'on trouve enfouis dans sa substance les mêmes corpuscules nerveux qui existent dans le cerveau lui-même et que plusieurs philosophes croient être la source d'où émane la faculté de penser.

« Il est bien reconnu que l'intelligence ou la volonté n'ont pas de part dans toutes nos fonctions, ni même dans tous nos sentiments, et surtout dans la classe de nos sensations internes. La sensation peut être mentale,

ments du cœur, de la circulation du sang, et, en outre, ce qui constitue la vie dans le sommeil ; autrement nous mourrions.

Cette âme, ou Soleil, est le germe de la vie, le premier organe créé dans l'état intra-utérin ou fœtus, et le *seul*

physique ou tous les deux à la fois. Des deux espèces de sentiment dont nous avons conscience, l'une concerne l'*intelligence*, l'autre les *sens* ou le médium sensitif. C'est, en premier lieu, par un sens ou une sensation, au moyen de laquelle le sentiment se fait connaître, que nous rassemblons les matériaux de toute la connaissance que nous possédons, bien que, généralement, on attribue cela à un acte de l'esprit.

« La sensation, en elle-même, est plutôt un pouvoir primitif dont le cerveau intelligent peut user on non, ou sur laquelle il peut se réfléchir; en sorte qu'il est possible que nous *sentions sans penser* ou, en d'autres termes, que le medium sensitif reçoive seul l'impression. On appelle parfois cela des perceptions *sensuelles* pour les distinguer des phénomènes purement mentaux. C'est une force nerveuse d'une nature différente de celle que dégage le cerveau et la moelle épinière et un principe qui n'est fourni par aucune autre partie du corps vivant; mais, comme nous l'avons déjà fait observer, nous trouvons enfouis, dans la substance de ces corps ganglioniques, exactement les mêmes corpuscules nerveux que dans le cerveau lui-même et que plusieurs philosophes croient être la source d'où émane la faculté de penser. »

Dr HENRY SCOTT M. D.

J'ai écrit les lignes qui précèdent, il y a quelques années, sous la dictée du Dr Scott lui-même et en me servant de la première feuille de papier venue. C'est seulement après avoir fini que je remarquai, sur ce même papier, quelques notes prises par moi sur l'Anacalypsis de Higgins. Ces mots semblaient être le début de la dictée du Dr Scott, les voici :

EMMANUEL, Dieu avec nous.
ALMA-VIERGE — la pensée conçue et qui procède de, — le cerveau femelle ou la SAGESSE DIVINE (c'est là le nom dans l'hébreu moderne); le même que pour le cerveau (Alma, en espagnol, signifie âme).
ALMA-MATER — Mère nourricière ; nom d'une Université (où l'on enseigne la Sagesse).

On verra de suite combien cette coïncidence est extraordinaire et comme cette simple circonstance est significative, en confirmant silencieusement, mais éloquemment, l'hypothèse des anciens sur le cerveau mâle et femelle. Il est dit que la *génération* présente est celle du *cou*, la suivante sera le développement de la *tête*, et elle est destinée à compléter la stature de l'homme sous la *Forme humaine divine*, lorsque les sens les plus élevés seront développés en lui.

Quelle profonde signification, par conséquent, dans la construction de la forme humaine, faite à l'image de Dieu (« il les créa mâle et femelle »); ainsi *Deux en Un* spirituellement et physiquement. Cette idée est remar-

cerveau dans le corps de quelques animaux inférieurs. C'est aussi le Centre télégraphique du corps humain avec ses fils qui se dirigent dans toutes les directions et qui le relient spécialement au « *Cerveau Féminin* » ou système cérébro-spinal par deux cordons nerveux situés de chaque côté de la moelle épinière. On l'appelle *Plexus solaire* à cause de sa forme ronde. Il constitue le centre des nerfs organiques ou vitaux et préside aux fonctions organiques intérieures ; c'est pour cela qu'on l'appelle aussi la sphère organique, comme le *cerveau féminin* qui préside aux fonctions intellectuelles est appelé organe de l'intelligence.

D'après ce qui vient d'être dit on comprendra facilement que ce quatrième principe est le siège de la vie comme le

quablement exprimée sous le symbole de la déesse de la Sagesse de l'ancienne mythologie, qui s'élance tout armée et cuirassée du *cerveau* de Jupiter. Quelle signification également dans la forme de l'Arche de l'Alliance construite par Moïse, d'après le modèle *Céleste*, avec ses chandeliers à sept Branches et son bassin qui correspond si évidemment au *quatrième* Principe, tandis que le Sanctuaire des Sanctuaires correspond au cinquième et le Propitiatoire au *sixième*, comme nous le voyons dans le dessin ci-joint. Le Seigneur lui commande de mettre le Propitiatoire « au-dessus de l'Arche », disant : « C'est là que je te rencontrerai et que je communierai avec toi de dessus le Propitiatoire. » (Exode xxi, 21, 22.)

L'Arche de l'Alliance était pour les enfants de cette première génération, le symbole des choses meilleures qui devaient venir et qui sont aujourd'hui à notre porte. L'Arche symbolique a disparu depuis longtemps, mais l'idée réelle et vivante qu'elle représentait, doit apparaître maintenant comme la véritable Arche de l'Alliance de Dieu, faite avec les enfants des hommes. Cette alliance voulait dire que la semence de la *femme* devait écraser la tête du serpent.

Le Serpent représente la Matérialité ou les trois principes inférieurs du Bouddhisme Ésotérique qui dérivent de la terre ; la semence de la femme est l'humanité parfaite ou le Fils de Dieu conçu du Saint-Esprit dans le sein immaculé de la Vierge pure ou *Alma, l'âme féminine*, le sixième principe, le Buddhi ou l'âme spirituelle du Bouddhisme Ésotérique ; le *Son* divin, ou la sixième essence de la Théosophie Hermétique ; la « Parole » ou le souffle vivant, l'expression de la Pensée Divine des chrétiens. Ainsi Christ était appelé la Parole, parce qu'il était le rejeton de la semence de la femme, ou le *Cerveau femelle, l'expression* de la Sagesse Divine.

« L'amour est masculin, parce qu'il engendre par impulsion et sans travail, la Sagesse est féminine parce qu'elle engendre par le travail. »

M. C.

cœur, qui est aussi au centre, est appelé le Siège de l'Amour, et cela est moralement vrai, car ce qu'un homme aime il le *veut*, et le but de ses efforts durant la vie terrestre devrait être d'élever son amour et sa volonté au-dessus des trois principes animaux ou terrestres inférieurs, en sorte que, par le développement de son *cinquième* principe, MANAS (âme humaine), qui est sa véritable *personnalité*, il puisse après la mort s'élever au-dessus du *quatrième* état spirituel appelé KAMA LOCA. Le Kama Loca est cette sphère astrale qui entoure immédiatement la terre et correspond au *quatrième* principe, *Kama Rupa* (âme animale)[1], demeure de tous les « Esprits » liés à la terre que l'on devrait plutôt désigner par le terme d'âmes.

Le Ego ou le Moi est centralisé dans ce principe du milieu qui est la volonté ou l'amour, décrit par les Théosophes hermétiques comme la nature Feu qui peut aller en avant et en arrière dans la première ou la seconde triade, suivant le désir de son amour dominant. Il peut retourner vers les états inférieurs dont il est sorti comme âme animale ou s'élever par un développement successif jusqu'aux états supérieurs auxquels il est destiné.

On comprendra mieux ce quatrième Principe (ou état) si l'on étudie la Kabbale avec sa doctrine de sept esprits de Dieu, son œuvre des sept jours, ses sept planètes, etc.

Il sera bon de lire aussi les mystiques Théosophes qui adoptent la doctrine de la nature septénaire de toutes choses résultant de la nature septénaire de l'Essence divine et qu'ils expliquent comme suit[2].

---

1. Voir la planche coloriée.
2. Cette théorie septénaire est celle développée par Jacob Bœhm, cordonnier visionnaire (1575-1624). — Ses œuvres écrites en allemand ont été en partie traduites par Claude de Saint-Martin, le philosophe inconnu, à la fin du XVIIIe siècle (Papus).

1. *Astringence.*
2. *Mobilité.*
3. *Angoisse.*
4. Feu.
5. *Lumière Amour.*
6. *Son.*
7. *Substantialité (spirituelle).*

Le *premier*, l'Astringence, est le principe de toute force contractive ; c'est le Désir et il attire. Les rochers sont durs parce que cette première qualité n'est pas encore éveillée en eux.

La *seconde*, Mobilité, cette douce qualité, est le principe de l'expansion et du mouvement ; les formes simples des plantes, des fluides, etc.

La *troisième*, Angoisse, la qualité amère, est générée par le conflit des deux premières ; elle est manifeste dans l'angoisse et la lutte de l'être ; elle peut devenir un ravissement céleste ou un tourment de l'enfer ; son influence est dominante dans le soufre.

La quatrième, le feu, est la transition ou la qualité intermédiaire.

Dans la qualité du feu, la lumière et l'obscurité se rencontrent. C'est la racine de l'âme de l'homme, la source du ciel et de l'enfer, entre lesquels notre nature se trouve placée. L'esprit-feu est l'âme inférieure de l'homme, ou l'*Anima Bruta*, que les animaux possèdent aussi bien que les hommes, car c'est du centre de la nature avec ses quatre formes qu'émane sa puissance ardente. Il fait jaillir le feu lui-même, il est la « roue de l'essence ». Les trois premières qualités relèvent plus spécialement de la nature du Père ou de Dieu dans sa colère lorsqu'il est décrit comme « un feu consumant » ; séparées de la seconde triade, elles engendrent la mort spirituelle, la colère, la lutte, la nécessité, en d'autres mots le mal. Les trois dernières qualités appartiennent à la nature de la mère (ou nature féminine) lorsque le feu terrible qui couve, rencontre la douce tendresse de la qualité de l'amour et éclate en une flamme brillante et joyeuse, source de la lumière et de l'Amour, de la sagesse et de la gloire, en d'autres mots du BIEN, produit par l'union des qualités mâles et femelles, de même que leur *séparation* est l'origine et la cause du MAL.

L'homme est l'arbitre de sa propre destinée; il développe volontairement des profondeurs de sa propre nature son ciel ou son enfer, tandis que, en se dominant ou en cédant à ses passions, il augmente le bonheur ou la souffrance de ceux qui l'entourent. La véritable cause du péché et des cruelles misères que nous voyons autour de nous est dans l'égoïsme, dans ce terrible amour de soi, dans cette personnalité qui accentue si violemment et si insidieusement le *je* et le *vous* et qui est le résultat de la prédominance des trois principes (ou qualités) inférieurs. Ceux-ci ne pourront être dominés et élevés que par le développement des principes spirituels supérieurs. Les Théosophes hermétiques ont décrit cette évolution comme étant l'union du dur et du sombre avec l'amour et la lumière, ou des qualités mâles avec les qualités femelles; dans l'ancienne Religion-Sagesse, cela s'appelle le cinquième et le sixième principe, l'âme spirituelle et l'âme humaine.

La *sixième* qualité est décrite par les Hermétistes comme le *Son*. Dans le ciel, l'harmonie des sphères; dans l'homme, les cinq sens et le *don* de la parole, ou plutôt le VERBE, la *manifestation* de la Divinité. Ainsi Christ est appelé LE VERBE, le langage du Nom Divin, *nom* signifiant la nature *expressive* ou sa *manifestation extérieure*. Lorsque nous atteindrons le sixième Principe ou l'Esprit de Christ, il développera en nous le *sixième* sens, ou l'âme spirituelle qui est l'Intuition, la perception des choses spirituelles et éternelles ; l'homme alors prendra connaissance du monde subjectif qui l'entoure comme il a connu le monde objectif ou monde des sens, au moyen de ses premiers sens.

Le *septième* principe est l'Esprit Divin lui-même, décrit comme étant la substantialité spirituelle.

Jusqu'à présent l'homme n'a développé que cinq sens, mais le Bouddhisme Ésotérique nous enseigne que lorsqu'il atteindra le sixième et le septième état, il développera le sixième et le septième sens. On peut dire que l'aurore du sixième sens a déjà lui dans quelques esprits avancés ; et certains livres de publication récente semblent indiquer clairement que le temps est proche où le sixième sens se développera. Nous faisons allusion aux ouvrages intitulés : « THE PERFECT WAY », « MORGENROTHE », « LES DEUX EN UN », « SYMPNEUMATA », etc.

Le véritable Sympneumata, c'est l'homme dans sa dualité, mâle et femelle, *Deux en un*, tel qu'il a été créé au commencement à « *l'image de Dieu* » et tel qu'il est destiné à redevenir à mesure qu'il s'élèvera et développera le sixième sens ou l'Ame spirituelle. C'est ce que l'Église a symbolisé sous l'image du retour de l'Épouse et du Mariage du Fils du Roi.

Par rapport à l'état spirituel de l'homme, immédiatement après la mort, le BOUDDHISME ÉSOTÉRIQUE enseigne que les trois Principes inférieurs qui appartiennent au corps extérieur, sont abandonnés et retournent à la terre d'où ils procèdent et à qui ils appartiennent. Ce qui constitue l'homme réel, c'est-à-dire les quatre Principes supérieurs, passe dans le monde spirituel qui entoure immédiatement le nôtre et qui en est de fait le plan astral, c'est le Purgatoire de l'Église catholique romaine, appelé en sanscrit KAMA LOCA (voyez la planche coloriée). Ici une séparation a lieu : d'un côté, les deux Principes les plus élevés entraînent le cinquième (l'Ame Humaine), la véritable personnalité, dans une direction, tandis que le quatrième (Ame animale) l'attire vers la terre. Les parties les plus pures, les plus élevées, les plus spirituelles du cinquième Principe, restent attachées au sixième et sont élevées par lui; ses instincts, ses impulsions, ses souvenirs inférieurs adhèrent au quatrième Principe et restent dans le Kama Loca, le « Purgatoire », ou la sphère astrale qui entoure immédiatement la terre.

Ainsi les meilleurs éléments, ou la véritable essence de la dernière personnalité, s'élèvent à l'état appelé, dans la Théosophie Bouddhiste, le Devachan, et qui correspond en quelque manière à notre idée européenne du ciel. Il ne faudrait cependant pas confondre le Devachan avec ce Royaume des cieux, supérieur et absolu, le Nirvana, qui est le centre du Bouddhisme comme du Christianisme, et de toutes les religions. En effet, le grand but de cette effrayante évolution de l'humanité est de développer les âmes humaines pour les rendre aptes à cette condition, que nous ne pouvons pas même concevoir aujourd'hui et qui existera seulement lorsque l'homme sera « parfait comme son Père est parfait » et que le Fils de l'homme sera devenu le Fils de Dieu. Cet état ne peut être atteint que par des incarnations innombrables où l'Entité individuelle progresse à travers les sept Ronds Planétaires. Ainsi cette Religion-Sagesse Éternelle confirme les paroles du Christ et nous enseigne, selon l'exemple de l'amour et de l'intelligence éternels, à pardonner à nos ennemis et à leur donner l'occasion de réparer leurs torts jusqu'à « septante fois sept fois ».

Il est vrai qu'à chaque naissance la personnalité diffère de la précédente et de la suivante, mais le Bouddhisme ésotérique nous enseigne que, bien que les personnalités changent sans cesse, la ligne unique de la vie sur laquelle elles sont enfilées comme des perles sur un fil, se poursuit sans interruption ; c'est toujours *cette ligne spéciale* et non pas une autre. La ligne ou le fil de la vie constitue par conséquent notre véritable individualité ; c'est une ondulation vitale individuelle, « DEUX EN UN » double et *indivisible* pour toujours.

Ce fil de la vie sur lequel sont enfilées nos innombrables personnalités dans notre carrière à travers les âges, cette dualité *indivisible*, cet éternel « Deux en Un », est en réalité notre sixième et notre septième principe. Ils ont débuté dans le Nirvâna du côté subjectif de la Nature, comme l'ondulation de la Lumière et de la Chaleur à travers l'éther a débuté à sa source dynamique, court à travers le côté objectif de la nature et tend à revenir au Nirvâna après plusieurs changements cycliques.

L'ondulation de la vie est donc notre véritable individualité, c'est notre Moi divin et spirituel, tandis que chacune de ses manifestations natales est une personnalité séparée, le nouveau vêtement ou la nouvelle forme que revêt l'individualité pour continuer son développement progressif ou, selon un langage poétique, une des nombreuses perles de l'unique rosaire de notre vie.

Tandis que sur la chaîne infinie de la vie nous laissons tomber perle après perle pour passer à une autre et que les changements se succèdent incessamment, nous comprenons que chaque vie avec son poids de soucis et de chagrins n'est en réalité qu'un anneau de l'immense chaîne, et nous reconnaissons à la fois la valeur et la nullité, la signification profonde et l'indifférence de cette existence passagère.

La valeur et la signification profonde, puisque chaque

acte, chaque pensée survit par ses effets dans notre prochaine carrière, produisant un Karma, soit pour le bien, soit pour le mal. Lorsque *nous* souffrons, c'est de notre *propre* souffrance attirée par *nous-mêmes*, sinon dans cette vie, du moins dans celle qui a précédé, car chaque existence antérieure est génératrice du bonheur ou du malheur présent. Le Karma est la loi inévitable des conséquences, en d'autres mots « ce que nous semons, nous le moissonnerons ».

Ainsi chaque vie terrestre a sa valeur par la leçon qu'elle nous enseigne, par l'impulsion qu'elle nous donne pour avancer et nous élever, si elle est bien comprise et utilisée. Mais elle ne vaut certainement pas le souci et l'agonie que nous éprouvons trop souvent, à propos de chaque chagrin et de chaque désappointement que nous rencontrons sur notre route, comme s'ils devaient causer notre misère éternelle. Nous oublions que le prochain mouvement de la lunette qui tourne incessamment changera le dessin de notre Kaléidoscope et que toutes les couleurs trouveront leur vraie place et s'harmoniseront sur le triangle éternel qui leur sert de base. Chaque tour du verre aura pour résultat de produire une forme plus complète que la dernière, ou, en d'autres mots, d'ajouter une perle, probablement plus pure et plus blanche, à notre rosaire.

Notre vie est éternelle, mais elle est composée d'une éternité d'existences ou de manifestations à travers lesquelles court le fil de la VIE UNE. Pour être vraiment heureux, il faut que nous cherchions à bien nous rendre compte de notre condition de changements perpétuels, et alors nous apprendrons à vivre dans le MAINTENANT et à comprendre que le temps nous appartient en entier, car nous sommes les enfants de l'Éternel aux yeux de qui « mille ans sont comme un jour et un jour comme mille ans ».

Le présent est infini et l'infini est notre présent, un futur serait limité. Par conséquent, le jour dure éternellement, il nous appartient aujourd'hui et nous appartiendra toujours de même, car il est un éternel MAINTENANT [1].

Cependant nous-mêmes et toutes choses nous changeons perpétuellement. D'un instant à l'autre nous ne sommes pas les mêmes. Chaque respiration, chaque aspiration de notre souffle nous change physiquement autant que chaque ligne que nous lisons; chaque pensée qui traverse notre cerveau nous change mentalement. En réalité, à la fin de chaque jour, nous ne sommes ni moralement ni matériellement les mêmes que nous étions au commencement ; mais, si nous savions utiliser le MAINTENANT qui est à nous, ce changement nous conduirait de gloire en gloire.

Il est difficile de nous rendre compte de ce MAINTENANT qui dure toujours, tout en changeant perpétuellement et en produisant d'incessantes transformations. Cela nous sera plus facile si nous embrassons par la pensée une période de temps moins longue et que nous appelions à notre souvenir une seule année de notre vie qui se compose de mois, ces mois de semaines, ces semaines de jours, ces jours d'heures, ces heures de minutes, ces minutes de secondes, marquées par l'incessant battement de l'éternelle horloge du temps.

Ainsi nous verrons que tout homme parfait est régénéré ou né deux fois et qu'il tire chaque fois son origine du centre de la *croix*, ou de l'Union du mâle et du femelle ; d'*abord* matériellement en prenant racine en bas et en tirant de la terre les matériaux nécessaires pour former et nourrir le corps ; puis de l'atmosphère vitale

---

1. « Les rideaux d'hier tombent, les rideaux de demain se relèvent, mais hier et demain sont tous les deux. »

(SARTER RESARTUS.)

(décrite sur la Planche comme esprit vivifiant) il tire le Jivatma ou vitalité qui lui donne la vie, et de là il construit la forme astrale qui existe avant que le corps extérieur ne devienne visible.

Chaque molécule de matière, quelque petite qu'elle soit, possède un esprit vital ou participe de ce JIVATMA qui n'est en aucune façon le même que l'esprit divin de l'homme l'*Atma* ou le septième Principe, celui-ci étant « Dieu ». Sans le *troisième* principe, le LINGA SHARIRA, ou forme astrale, que les animaux possèdent aussi bien que l'homme, il n'y aurait point de corps extérieurs, car il est évident que les particules ou les atomes de la matière ne pourraient construire d'eux-mêmes sans avoir une forme sur laquelle bâtir.

« *Le simple grain comme il se rencontre, soit de blé, soit de quelque autre semence ; mais Dieu lui donne le corps comme il lui plaît et à chaque semence le corps qui lui est propre* » (I Cor. xv, 38). Le troisième principe est donc le même pour tous, car les particules de la matière ont besoin d'une forme d'homme ou d'animal : à chaque semence son propre corps.

« *Il y a un corps animal, il y a un corps spirituel. Le premier homme étant de la terre est terrestre ; et le second homme qui est le Seigneur est du ciel. Mais ce qui est spirituel n'est pas le premier, c'est ce qui est animal; et ce qui est spirituel vient après* (I Cor. xv, 44, 46, 47).

Pour devenir spirituel, pour devenir le « Seigneur du ciel », il faut que l'homme naisse une seconde fois, naisse du centre de la croix, du centre de l'Amour, de l'union des principes mâles et femelles, mais cette fois il naît de l'*Union spirituelle* de ces principes dans sa propre nature. C'est le sein de la Vierge *dans notre cinquième* principe, MANAS ou « l'âme humaine », qui conçoit directement du

Saint-Esprit. C'est la semence *de la femme* ou le principe féminin dans l'homme qui est destiné à « écraser la tête du serpent », en d'autres mots à surmonter la matérialité par la spiritualité.

Lorsque cette âme vierge sera prête à la recevoir, la semence prendra racine et germera. Alors le fils de l'homme sera « élevé » et, comme l'arbre de vie dont les branches se dirigent vers le ciel, il tirera sa nourriture d'en haut, de la lumière spirituelle répandue par l'âme universelle et dispensée par l'Esprit divin, notre éternel père-mère, « Dieu ».

Jusqu'au moment où les substances premières sont organisées, l'homme n'existe pas en tant que personnalité ; par conséquent, il naît en premier lieu physiquement, et ses principes inférieurs tirent leur subsistance matérielle de la terre et prennent racine *en bas*. Il faut alors qu'il « *naisse de nouveau* » spirituellement. L'être spirituel doit prendre racine au centre de l'amour (volonté), et pour que la bonté, la sagesse, l'amour universel se substituent à l'*amour de soi*, il faut qu'il s'élève vers le ciel, qu'il tire sa nourriture intellectuelle de l'entendement et la nourriture de son cœur de la source spirituelle qui ne fait jamais défaut.

Il y a un état spirituel qui n'est pas indiqué sur notre tableau, parce qu'il ne rentre pas dans les sept ; mais, de même que le Nirvâna est au-dessus et au delà de ceux-ci, étant l'état suprême de la Divinité, son antithèse qui s'appelle en sanscrit « Avitchi »[1] peut être définie comme étant au-dessous et au delà dans la direction opposée, s'il était possible de localiser un *État*.

---

1. Selon nous, l'Avitchi serait plutôt l'antithèse du Devachan et l'annihilation ou la « seconde mort » dont parle l'Évangile, l'antithèse du Nirvâna. (*Note du traducteur.*)

Il y a encore une autre échelle de *sept degrés* ou étapes qui indique l'ascension de la terre au ciel.

L'échelle de Jacob occupe une place importante dans les symboles de la franc-maçonnerie. Sa véritable origine s'est perdue parmi les adorateurs des rites païens, mais le symbole est resté. Chez eux on l'a toujours considérée comme composée de sept ronds qui, comme le docteur Oliver le fait remarquer, pouvaient être une allusion aux sept étages de la tour de Babel ou à la période sabbatique. Dans les mystères persans de Mithras, l'échelle à sept ronds était le symbole de l'approche de l'âme vers la perfection. Ces ronds s'appelaient *portails* et, par allusion à cela, le candidat devait passer à travers sept cavernes sombres et tortueuses, ce qui s'appelait faire l'ascension de l'échelle de la perfection. Chacune de ces cavernes représentait un état d'existence à travers lequel l'âme était supposée passer dans sa route progressive en s'avançant vers l'état de la vérité. Chaque rond de l'échelle était censé composé d'un métal toujours plus pur et prenait le nom de sa planète protectrice.

On peut se faire une idée de cette échelle symbolique par le tableau suivant :

```
7 Or. . . . . .   Soleil. . . . . .   Amour.
6 Argent. . . .   Lune. . . . . .    Sagesse.
5 Mercure. . . .  Mercure. . . . .   Compréhension.
4 Cuivre . . . .  Vénus. . . . . .   Beauté.
3 Plomb . . . .   Terre. . . . . .   Chair.
2 Fer. . . . . .  Mars. . . . . .    Puissance.
1 Étain. . . . .  Jupiter. . . . .   Conseil.
```

Chez les Hébreux, on supposait que les ronds de l'échelle étaient infinis. Les Esséniens les réduisirent d'abord à sept, qu'ils appelèrent les Séphirottes, et dont les noms étaient : Force, Miséricorde, Beauté, Éternité, Gloire, Fondement et Royaume.

« A sa base, cette échelle touche à la terre et les anges qui sont dessus indiquent les âmes descendant dans l'incarnation et même, dit la Cabale, jusqu'aux degrés les plus bas de l'univers, jusqu'au point le plus infime de la matière, pour remonter de nouveau au ciel. Jacob (l'âme voyageuse) est *endormi* la *nuit* au pied de l'échelle, avec une pierre pour oreiller, symbole de la matière dans son état le plus bas. Le lieu a été appelé Luza ou *séparation*, ce qui signifie la place de la plus grande obscurité et de la séparation d'avec Dieu. Cependant, lorsque Jacob *s'éveille*, l'âme sait que, même dans l'abîme le plus profond de la matière, il n'y a pas de séparation réelle avec la vie divine, de là son exclamation : « En vérité, le Seigneur est dans ce lieu ! » et il l'appela Béthel (maison de Dieu) et son nom était auparavant Luza (séparation). » (Conférence du docteur A. Kingsford, président de la Société Hermétique.)

Mais pour en revenir à la constitution de l'homme, qui nous intéresse si spécialement, il faut nous souvenir que la doctrine ésotérique enseigne que les trois principes supérieurs, sur les sept qui contituent l'homme, ne sont pas encore complètement développés dans l'état actuel de l'humanité. Lorsque l'homme atteindra la perfection sur la terre, il sera doué des sept principes et de sept sens correspondants, ce qui a été le cas pour quelques hommes véritablement divins et qui ont apparu comme messagers sur cette planète.

L'état que nous appelons la *mort* n'a d'influence que sur les trois premiers principes, — le corps, la vitalité et la forme astrale. Le premier, nous le savons, vient de la terre et retourne à la terre pour s'y décomposer et entrer avec le temps dans de nouvelles combinaisons, d'où sortiront de nouveaux corps matériels.

La vitalité qui, comme les molécules du corps, n'est pas limitée par un principe individuel, mais relève du principe cosmique universel, se disperse également à la mort et va animer d'autres organismes.

La forme astrale, qui est une réflexion du corps physique, reste pendant un temps plus ou moins long autour de la demeure qu'elle a quittée. Parfois, elle apparaît comme l'ombre du mort, présentant exactement la même apparence, mais elle finit cependant par s'évaporer après avoir accompli sa mission, qui est de guider le Jivatma dans son œuvre de construction de groupement des atomes moléculaires sur la forme voulue.

Ces trois principes inférieurs, provenant uniquement de la terre et de son atmosphère, sont périssables en tant que *forme*, bien qu'indestructibles quant aux molécules qui les composent, et, à la mort, ils se séparent entièrement de l'Être pour aller animer d'autres organismes.

De même que l'homme, l'Univers est composé de sept principes et c'est le principe suprême ou le septième d'où émane ce courant non interrompu de vie à travers la nature qui unit en une série continue les transformations innombrables de la VIE UNE.

La grande pyramide d'Égypte bâtie d'après le *triangle* et le *carré* est le symbole de cet Arcane. Sa septième pointe, « *la pierre de l'angle qui a été rejetée*[1] », s'élève glorieusement vers le ciel comme pour percer les nues, symbole, dans tous les temps, de la perfection du Christ ou du septième principe dans l'homme.

1. Voy. Matth. XXI, 42.
Luc, XX, 171.
Marc, XII, 10.
Psaumes CXVIII, 22.

Pour comprendre cette doctrine des plus anciennes, qui semble jeter tant de lumière sur l'histoire de l'humanité et rendre compte des différences, autrement inexplicables, existant entre les hommes, et qui réconcilie ces inégalités avec la justice de Dieu, il nous faut fixer notre attention sur les trois principes les plus élevés — le quatrième, le cinquième et le sixième — et voir comment l'homme sensuel s'élève graduellement à travers l'humain vers l'Être divin, ou l'humanité parfaite (en d'autres mots le Fils de Dieu). Et ne dites pas que cette perfection est impossible, qu'elle ne pourra jamais être atteinte, car alors cette injonction serait sans but et vains ces mots : « *Soyez parfait comme votre Père qui est aux cieux est parfait.* »

Le cinquième principe, ou l'âme humaine, est la véritable personnalité de l'homme, bien que trop souvent, dans la vie terrestre, celui-ci place le centre de son être, comme nous l'avons vu, dans le quatrième principe, la VOLONTÉ, qui n'est que l'âme animale ou l'âme que les animaux possèdent aussi bien que l'homme. Ce quatrième principe ou centre des sept principes qui constituent l'homme, est l'axe sur lequel tournent les autres.

Lorsqu'on a dépassé ce quatrième principe, qui est le principe le plus élevé chez l'animal, on entre dans la région de l'Être Psychique. C'est l'avènement du cinquième principe qui élève l'homme au-dessus de la bête. Si la compréhension ne prédominait pas sur la volonté, l'homme suivrait son instinct et ne pourrait penser et agir d'après la raison.

L'amour lui-même et les affections qui en dépendent ont leur siège dans le KAMA RUPA, — le quatrième principe, la volonté ou l'égoïsme, tandis que la science, l'intelligence, la compréhension ont leur siège dans le MANAS, — le cinquième principe, l'âme humaine. Il en résulte que tout bien et tout mal appartiennent à la volonté ; ce qui procède de l'amour est considéré comme bien alors même que ce serait mal, car ce qu'un homme aime, il le veut et cela lui apparaît comme bon. La volonté est donc l'axe sur lequel tournent les autres principes, et tels sont l'amour et la sagesse, telles seront la volonté et la compréhension.

La volonté est le réceptacle de l'amour, et la compréhension le réceptacle de la sagesse, et les deux réunis déterminent la qualité de l'homme.

D'après ce qui précède, on peut s'apercevoir que le Manas, ou cinquième principe, n'est encore que faiblement développé dans l'humanité actuelle où prédomine grandement le quatrième principe, le Kama Rupa (l'âme animale, l'amour de soi). Si le cinquième principe, Manas (l'âme humaine, l'intelligence ou la compréhension), est si peu développé parmi les hommes, le sixième l'est encore moins et on peut même dire qu'il n'existe en eux qu'à l'état embryonnaire.

C'est là le but auquel doivent tendre tous les efforts de notre nature intérieure et supérieure et c'est à cette perfection que nous convie Celui qui y est lui-même parvenu.

Comme nous l'avons vu, le quatrième principe, le Kama Rupa, est l'axe sur lequel tournent tous les autres. Dans son état primitif et naturel, il n'est qu'*animal*, mais à mesure qu'il s'unit au cinquième principe il arrive à être guidé par la raison et la compréhension, et il devient *humain*.

Avec le temps, il arrivera à être suffisamment développé pour s'unir au sixième principe, le Bouddhi (la conscience spirituelle ou l'âme Christ).

Alors, éclairé par la sagesse et la pureté divines, la nature de son amour changera ; il passera de l'amour de soi, qui engendre trop souvent la haine, à l'amour universel, la

charité ou l'amour de Dieu, qui est l'amour de l'humanité.
Le septième principe, l'Atma, est l'Esprit Divin lui-même.

En considérant la chose sous un autre point de vue, on pourrait dire, avec une égale vérité, que le sixième principe (l'âme spirituelle) ou *anima divina*, est le véhicule de l'esprit divin, tandis que le quatrième (l'âme animale), *anima bruta*, est le véhicule du cinquième (l'âme humaine, la compréhension).

Ou bien nous pourrions regarder chacun des principes supérieurs en commençant par le quatrième comme le véhicule de la Vie-Une ou de l'Esprit.

La division de la constitution de l'homme en sept principes explique d'une manière satisfaisante les grandes inégalités qui existent entre les hommes. Elle montre que ces inégalités ne sont pas le fait d'une distribution arbitraire des faveurs divines, mais qu'elles résultent de l'état d'avancement ou de développement auquel chacun est parvenu. Par là, nous comprenons que toute l'humanité marche sur la route qui lui permettra d'atteindre le principe le plus élevé, l'âme divine, et d'entendre une fois ces paroles ineffables :

« Tu es mon Fils bien-aimé. »

Tous les hommes se trouvent et doivent nécessairement être sur des degrés divers de la même échelle qui conduit au ciel, tous sont à la même École. Mais chaque élève doit commencer par se placer sur le siège le plus bas de la dernière classe, il passe à la suivante. Il n'y a pas d'exception, tous doivent parcourir le même chemin. Il y en a qui resteront à l'École plus longtemps que les autres, et ceux qui ne pourront pas dépasser la classe inférieure finiront par être bannis et seront condamnés à porter des oreilles d'âne s'ils se refusent à progresser.

Dans certains cas, les oreilles d'âne pourraient signifier

une véritable rétrogression, un recul jusqu'au plan animal, doctrine qui a été professée par quelques anciennes religions. Et même, si l'âne s'endurcit dans sa méchanceté, s'il rue sous le bâton et préfère les chardons à l'avoine alors qu'il a atteint la *connaissance* d'une meilleure nourriture, il peut tomber encore plus bas et être condamné à ramper dans ses mauvais désirs sur l'échelle *descendante* des existences comme un être malfaisant et vil ! (« Tu ramperas sur ton ventre et tu mangeras la poussière. »)

Une excellente définition du mal serait de dire qu'il est la LOI de la *nature inférieure* opérant encore chez ceux qui ont atteint une place supérieure.

D'après cela, les formes rampantes les plus basses ont leur utilité. Elles sont comme le réceptacle des mauvaises tendances et des mauvaises passions et servent, en quelque sorte, à purifier l'atmosphère qui, sans cela, serait empoisonnée au point que les bons et les purs ne pourraient respirer.

Le mal se trouverait ainsi graduellement éliminé de la planète sur l'échelle descendante, retournant finalement à la poussière d'où il est venu, pour subir de nouveaux procédés de purification.

« Le mal est le fils obscur de la terre (matière) et le bien la ravissante fille du ciel (esprit) », dit le philosophe chinois, par conséquent « le lieu de punition de la plupart de nos péchés est bien la terre, c'est leur lieu de naissance et le théâtre de leur activité. »

En traitant du Bouddhisme ésotérique, notre intention a seulement été de faire un tableau de la constitution de l'homme et de l'univers et de montrer de quelle manière cette théorie concorde avec les enseignements spirituels et physiques des différentes écoles ou religions. Nous serions fortement tenté de citer, comme corollaire et complément de ce que nous venons de dire, des passages du remarquable volume de M. Sinnett, qui traite de la chaîne planétaire septénaire où se déroulent nos vies successives, mais le sujet est d'un si grand intérêt qu'il risquerait de nous entraîner au delà des limites que nous nous sommes fixées. Nous devons donc nous borner à indiquer rapidement ce qu'est ce circuit, ou cette ronde, à travers laquelle toutes les entités individuelles spirituelles doivent passer et qui constitue l'évolution de l'homme.

Ce mouvement du progrès en spirale (ou spirituel), par impulsion vitale, développe en même temps les différents règnes de la nature et donne l'explication des vides ou (liens manquants) que l'on peut observer parmi les formes qui couvrent la terre de nos jours [1].

« La spire d'une vis qui est un plan uniforme incliné ressemble, de fait, à une succession de degrés, si on l'examine à côté d'une ligne parallèle à son axe. Les monades spirituelles qui arrivent par le circuit du système au niveau de l'animalité, passent à d'autres mondes lorsqu'elles ont accompli leur tour d'incarnation animale... Quand vient le temps où elles reparaissent, elles sont prêtes pour l'incarnation humaine et il n'y a plus de nécessité alors pour le développement supérieur des *formes* animales en *formes* humaines, puisque celles-ci attendent déjà leurs habitants spirituels.

« ... C'est pour ne pas s'être rendu compte de cette idée que la spéculation au sujet de l'existence physique se trouve si souvent arrêtée par des murs. Elle cherche les

---

[1]. « Spirale, dans son étymologie, est analogue à esprit ou spirituel. Esprit et mouvement ont un rapport intime; dans un sens, ce sont des idées identiques. La spirale est le type du progrès spirituel, de la *volution;* en latin *volvos*, rouler ou tourner; de là évolution, enroulement extérieur, et involution, enroulement intérieur. »

(*Universologie*, par Stephen Pearl Andrews.)

anneaux qui manquent dans un monde où elle ne pourra plus les trouver aujourd'hui, car leur utilité n'a été que temporaire et ils ont disparu. L'homme, disent les Darwiniens, était autrefois un singe. C'est vrai, mais le singe, connu par les Darwiniens, ne deviendra jamais un homme, c'est-à-dire sa *forme* ne changera pas d'une génération à l'autre avant que sa queue n'ait disparu, que ses mains inférieures ne soient devenues des pieds, et ainsi de suite.

« Ces formes intermédiaires ont été nécessaires à une époque, mais il était inévitable qu'elles fussent temporaires et qu'elles disparussent, autrement le monde serait encombré de ces « liens manquants » de toutes sortes et la vie animale rampante, à tous les degrés, se mélangerait dans une confusion indescriptible avec les formes humaines... Les formes qui, jusqu'alors, s'étaient bornées à se répéter pendant des milliers de siècles, prennent un nouvel élan de croissance et fournissent des habitations de chair pour les entités spirituelles qui arrivent sur chaque plan de l'existence, et comme il n'y a plus de demande pour les formes intermédiaires, elles disparaissent inévitablement... L'homme, tel que nous le connaissons sur cette terre, n'est qu'à mi-chemin du processus évolutionnaire auquel il doit son développement actuel. Avant que la destinée de notre système soit accomplie, il y aura autant de distance entre ce qu'il sera et ce qu'il est maintenant qu'entre l'homme actuel et le lien disparu. Ce progrès s'accomplira même sur cette terre tandis que dans d'autres mondes de la série ascendante il y a encore des pics plus élevés à escalader. Il est tout à fait impossible, avec des facultés qui n'ont pas appris à discerner les mystères occultes, de se figurer la vie que l'homme mènera avant que le zénith du grand cycle soit atteint. »

(*Esoteric Bouddhism*, pages 37 et 43).

« L'homme est évolué à travers une succession de rondes (progression autour de la série des mondes) et sept de ces rondes sont nécessaires pour accomplir la destinée de notre système. La ronde actuelle est la *quatrième*. Il y a des considérations du plus grand intérêt qui se rapportent à la connaissance de cette question, parce que chaque ronde est, pour ainsi dire, *spécialement chargée* de faire prédominer l'un des sept principes dans l'homme selon l'ordre régulier de leur gradation ascendante... Une unité individuelle qui, au cours d'une ronde, arrive pour la première fois sur une planète, doit traverser sept races sur cette même planète avant de passer à la suivante, et chacune de ces races occupe la terre pour un temps très long...

« Nous qui vivons maintenant sur la terre, — c'est-à-dire la grande masse de l'humanité, car il y a des cas exceptionnels que nous considérerons plus tard, — nous traversons la cinquième race de la quatrième ronde. Et cependant l'évolution de cette cinquième race a commencé il y a environ un millier d'années... Chaque race se subdivise en sept sous-races et chaque sous-race en sept branches de races... Chaque fois qu'une unité individuelle humaine, dans la ronde du progrès à travers le système planétaire, touche à la terre, elle doit traverser toutes ces races. »

(*Bouddhisme Ésotérique*, pages 48, 49).

« Il est facile de comprendre que tous les mondes de la chaîne à laquelle appartient cette terre ne sont pas préparés pour une existence matérielle exactement semblable, ou même approchant de la nôtre. Une chaîne de mondes organisés qui seraient tous semblables et pourraient aussi bien se fondre en un seul, n'aurait aucune raison d'être.

En réalité, les mondes auxquels nous sommes liés sont très différents les uns des autres, non seulement quant à leur situation extérieure, mais sous le rapport de cette caractéristique suprême — la proportion dans laquelle l'esprit et la matière se trouvent mélangés dans leur constitution. Notre monde nous présente des conditions où l'esprit et la matière sont, après tout, suffisamment équilibrés, mais il ne faut pas en conclure qu'il soit très élevé sur l'échelle de la perfection ; au contraire, il y occupe une place très inférieure. Les mondes les plus élevés sur l'échelle sont ceux où l'esprit prédomine dans une large mesure..... ; celui qui est le plus en arrière, comme celui qui est le plus en avant, sont les plus immatériels, les plus éthérés de toutes les séries. On trouvera que ceci est tout à fait rationnel en réfléchissant que le monde le plus avancé n'est pas une région de finalité, mais la marche qui conduit au plus arriéré, comme le mois de décembre nous ramène à janvier. Il ne s'agit cependant pas d'un point de développement où la monade individuelle tombe, comme par une catastrophe, dans l'état d'où elle avait évolué lentement des millions d'années auparavant. Il n'y a pas descente, mais toujours montée et progrès. L'entité spirituelle qui s'est frayé son chemin autour du cycle d'évolution, quelles que soient les étapes de développement dans lesquelles les diverses existences qui nous entourent puissent être groupées, commencera son prochain cycle à l'étape suivante supérieure, et, par conséquent, elle accomplit encore un progrès lorsqu'elle revient en arrière du monde Z au monde A. Plusieurs fois elle décrit ainsi un cercle autour du système, mais il ne faut pas considérer ce passage comme une simple révolution circulaire dans un orbite. Dans l'échelle de la perfection spirituelle l'entité monte constamment....

« Le processus s'accomplit de la manière suivante dont le lecteur se rendra mieux compte s'il construit, soit sur le papier, soit dans son esprit, un diagramme composé de sept cercles (représentant les mondes) arrangés sous forme d'anneau.

« Nous les appellerons A, B, C, D, etc. On remarquera, d'après ce qui a déjà été dit, que le cercle (ou globe) D représente notre terre (étant le quatrième sur les sept). Il ne faut pas oublier que les règnes de la Nature, selon les occultistes, sont au nombre de sept, trois ont affaire avec les forces astrales et élémentaires qui précèdent les règnes de la matière grossière. Le premier règne évolue sur le globe A et passe à B lorsque le second règne recommence à évoluer sur A. En poursuivant le calcul sur cette base, on verra que le premier règne évolue encore sur le globe G, tandis que le septième règne, le règne humain, passe du globe A au globe B. Mais alors, qu'arrive-t-il lorsque le septième règne passe du globe A au globe B ? Il n'y a pas de huitième règne pour absorber les activités du globe A.

« Le grand processus de l'évolution atteint son apogée avec la marée finale de l'humanité qui, après avoir passé, laisse derrière elle une léthargie temporaire de la Nature.

« Lorsque la vague de la vie arrive sur B, le globe A tombe alors dans un état d'obscuration. Ce n'est pas un état de décomposition, de dissolution, ni rien que l'on puisse proprement appeler la mort.

« La décomposition, dont l'aspect peut parfois induire l'esprit en erreur, est une condition d'activité dans une certaine direction. Cette observation peut jeter beaucoup de jour sur certains points de la mythologie hindoue ayant rapport aux divinités qui président à la destruction et qui, sans cela, n'auraient aucun sens.

« L'obscuration d'un monde est une suspension totale de ses activités.

« D'énormes périodes de temps sont nécessaires pour ce long processus qui plonge le monde dans le sommeil, car on verra que, dans chaque cas, l'obscuration dure six fois aussi longtemps que la période pendant laquelle la marée humaine a occupé le monde.

« Le processus qui s'accomplit, comme nous venons de le décrire, par rapport au passage de la vague de la vie du globe A sur le globe B se répète tout le long de la chaîne. Lorsque la vague passe à C, B tombe en obscuration aussi bien que A. Alors D reçoit le flot de la vie et A, B, C, sont en obscuration. Lorsque la vague atteint G, les six mondes précédents sont en obscuration. Pendant ce temps la vague de la vie passe, selon une certaine progression régulière dont le caractère symétrique est très satisfaisant pour les instincts scientifiques. En ne perdant pas de vue l'explication qui vient d'être donnée, le lecteur sera préparé à saisir de suite l'idée de la manière dont l'humanité évolue à travers sept grandes races pendant chaque période de Rondes sur une planète, c'est-à-dire pendant que la vague de la vie occupe cette planète. La quatrième race est évidemment la race du milieu des séries. Aussitôt que le point est tourné et que l'évolution de la cinquième race sur une planète donnée commence, la préparation à l'humanité débute sur la suivante. Par exemple, l'évolution de la cinquième race sur E est proportionnée à l'évolution, ou plutôt au renouvellement du règne minéral sur D et ainsi de suite. En conséquence, l'évolution de la sixième race sur D coïncide avec le renouvellement du règne végétal sur E, la septième race sur D avec le renouvellement du règne animal sur E ; et alors, lorsque les dernières monades de la septième race sur D ont passé à l'état subjectif, ou monde des effets, la période humaine débute sur E, et la première race commence à s'y développer. Pendant ce temps, la période crépusculaire du monde qui précède D s'est accentuée de la même manière progressive jusqu'à la nuit, et l'obscuration a été définitive lorsque la période humaine sur D a dépassé le milieu de son évolution. Le Réveil de la Planète est un processus plus vaste que sa descente dans le repos, car, avant le retour de la vague humaine, elle doit arriver à un degré de perfection supérieur à celui qu'elle avait atteint lorsque, pour la dernière fois, la vague a quitté son rivage. Mais à chaque nouveau commencement, la nature est pénétrée d'une vigueur qui lui est propre. C'est la fraîcheur du matin. De même que, si l'on considère la chaîne des mondes comme une Unité, elle a ses pôles Nord et Sud ou spirituel et matériel, c'est-à-dire évoluant de la spiritualité pour descendre à travers la matérialité et remonter à la spiritualité, ainsi les rondes de l'humanité constituent une série semblable dont la chaîne des Globes peut être prise comme le symbole. Dans l'évolution de l'homme sur un plan, comme sur tous les autres, il y a de fait un Arc descendant et un Arc ascendant ; l'esprit s'enveloppant, pour ainsi dire, dans la matière et la matière se développant jusqu'à l'esprit. Le point le plus bas et le plus matériel du cycle devient ainsi le sommet interverti de l'intelligence physique qui est la manifestation voilée de l'intelligence spirituelle. Chaque Ronde de l'humanité évoluée sur l'Arc descendant (comme chaque race de chaque Ronde si nous allons jusqu'au plus petit plan du Cosmos), doit, par conséquent, être *physiquement* plus intelligente que celle qui l'a précédée, tandis que chaque Ronde de l'Arc ascendant doit posséder des conditions mentales plus raffinées, unies à une intuition *spirituelle* plus grande.

« Par conséquent, dans la première Ronde, nous trouvons

que l'homme est un être relativement éthéré, même comparé sur la terre à l'état qu'il a atteint ici, il n'est pas intellectuel, mais supra-spirituel.

« De même que les formes animales et végétales qui l'entourent alors, il habite un corps immense, mais dont l'organisation est peu condensée. Dans la seconde ronde, il est encore gigantesque et éthéré, mais son corps se resserre et devient plus ferme — en un mot, il devient plus physique, mais toujours moins intelligent que spirituel. Dans la troisième ronde, il a développé un corps tout à fait concret et compact, qui ressemble plutôt à un singe géant qu'à un véritable homme, mais dont l'intelligence progresse de plus en plus. Dans la seconde moitié de la troisième ronde, son immense stature décroît, la texture de son corps se perfectionne, et il commence à être un homme rationnel.

« Dans la quatrième ronde, l'intelligence, alors complètement développée, fait d'énormes progrès. Les premières races de cette ronde commencent à acquérir ce que nous appelons le langage humain. Le monde abonde en résultats de l'activité intellectuelle et du déclin spirituel. A mi-chemin de la quatrième ronde, *on a passé le point polaire de toute la période septénaire des mondes* [1]. C'est alors que le Ego spirituel commence à livrer sa véritable bataille entre le corps et l'esprit pour manifester ses puissances transcendantales. Le combat continue dans la cinquième ronde, mais les facultés transcendantales se sont grandement développées par leur lutte avec les ten-

---

[1]. On nous dit que nous sommes maintenant à mi-chemin de la cinquième race de la quatrième ronde, en sorte que nous aurions passé le point polaire du développement de l'humanité. Il est aussi affirmé sur la foi des autorités occultistes les plus élevées que *la race* actuelle de l'humanité, la *cinquième* race de la quatrième ronde, a commencé à évoluer il y a environ un million d'années.

dances et l'intelligence physique, lutte qui est plus terrible que jamais, car dans la cinquième ronde l'intellect aussi bien que la spiritualité sont en avance sur ceux de la quatrième. Dans la sixième ronde, l'humanité atteint à un degré de perfection du corps et de l'âme, de l'intelligence et de la spiritualité que les mortels de l'époque actuelle ne peuvent se représenter.

« Le type ordinaire de l'humanité d'alors réalisera la combinaison la plus élevée de sagesse, de bonté et d'illumination transcendantale que le monde ait jamais vue ou pu s'imaginer. Les facultés qui, aujourd'hui, — par une rare efflorescence de la génération, permettent à quelques êtres exceptionnellement doués [1] d'explorer les mystères de la Nature et de posséder des connaissances dont quelques miettes sont offertes ici (et ailleurs) au monde ordinaire, — seront alors l'apanage de tous. Quant à ce que sera la septième ronde, nous n'en avons pas la plus petite idée, car les maîtres occultistes les plus disposés à faire part de leur science sont absolument silencieux sur ce point. »

Comme M. Sinnett le fait remarquer, celui qui étudie le Bouddhisme ésotérique doit se préparer à traiter d'estimations qui se comptent par des millions d'années et plus. Il

---

1., LES MAHATMAS (grandes âmes) sont les adeptes les plus élevés dans l'occultisme et dans toute la science et la sagesse théosophiques. Partout dans le monde il a toujours existé des occultistes, ou des fraternités occultes, mais la fraternité du Thibet, dont le quartier général se trouve dans les parties les plus inaccessibles des monts Himalaya, est, à ce que l'on nous dit, la plus élevée de ces associations. Le degré d'élévation qui constitue un Mahatma, un frère, ou un maître, comme on les appelle, n'est atteint qu'à la suite de longues et pénibles épreuves d'une grande sévérité. Le but suprême de l'Adeptat, c'est d'atteindre le développement spirituel. Les connaissances ésotériques orientales sont bien antérieures au passage de Gautama Bouddha sur la terre.

Jusqu'à présent, elles ont été gardées avec un soin jaloux, mais il semble qu'aujourd'hui le monde est considéré mûr pour une partie de leur divulgation. Une chose digne de remarque, c'est que le grand mystique européen Swedenborg parle des « Livres perdus de Jehovah » qui, si on les cherche, « se trouveront dans le Thibet ».

résulte des passages que nous venons de citer, que nous traversons maintenant la *cinquième* race de la *quatrième* ronde et que, par conséquent, nous venons seulement de dépasser le milieu ou le pôle de toutes les sept rondes. Lorsque nous nous souvenons qu'à chaque ronde est spécialement dévolue la tâche de « faire prédominer un des sept principes dans l'homme, selon l'ordre régulier de leur gradation ascendante », nous serions heureux de penser que le pire du voyage est maintenant passé. Mais, hélas! il est aisé de s'apercevoir que la race actuelle de l'humanité appartient encore au quatrième principe, le Kama Rupa ou l'âme animale, la *Volonté* ou le *Ego*, qui est de la race de l'égoïsme ou de l'amour de soi, c'est-à-dire l'opposé de l'amour divin ou de l'humanité, alors que le moi se perd dans l'universel, que l'humain est absorbé dans le divin. Au point central du développement de la race auquel nous sommes arrivés, ce point tournant de l'histoire du monde, l'AME SPIRITUELLE ou sixième principe, commence sa véritable lutte de l'esprit contre le corps, autrement dit du quatrième et du cinquième principe, de la VOLONTÉ animale avec l'INTELLECT humain, et elle manifestera graduellement ses puissances transcendantales, car sa destinée est de transformer nos êtres terrestres en êtres célestes, de faire des fils de l'homme ou de la terre des fils de Dieu ou du ciel. Ne peut-on pas considérer cela comme l'immaculée conception, la naissance de l'Enfant divin dans la crèche ou l'étable, qui sont la demeure de la nature animale? A en juger par le temps que nous avons mis depuis notre point de départ (quel qu'il soit), pour devenir ce que nous sommes aujourd'hui, on peut supposer qu'il s'écoulera des millions d'années avant que cette gestation ou cette naissance divine soit accomplie. Nous pouvons néanmoins nous consoler par la pensée que le plus mauvais est passé et que, quelle que doive être encore la durée de nos jours d'école, ils se passeront cependant dans de meilleures conditions, puisque la cinquième ronde, celle du cinquième principe, MANAS, ou l'*intellect*, la *compréhension de la vérité*, approche ; alors l'Esprit de vérité nous guidera en toutes choses, et ce sera l'avènement de la NOUVELLE DISPENSATION.

Dans le Bouddhisme ésotérique, nous trouvons une explication scientifique des plus complètes de toutes les phases de l'existence. Nous y voyons comment la doctrine la plus ancienne de la transmigration, combinée avec la théorie moderne de l'évolution, peut rendre compte de tous les événements et de toutes les circonstances physiques, mentales et morales. Bien loin que l'univers ait été le produit du *fiat* d'un Être omnipotent, on voit qu'il a été le résultat d'une croissance, d'une décomposition et d'une renaissance éternelles. Nous n'essayerons pas de chercher ici dans quelle mesure ces idées, recueillies parmi les annales d'une « Religion éternelle » que l'on dit avoir été conservée à travers les siècles par les Mahatmas, paraîtraient acceptables à la théologie moderne.

En tout cas, elles semblent de nature à pouvoir être favorablement accueillies par la science.

Toutes les lois de la nature manifestent une intelligence infinie et une exactitude mathématique, et si nous examinons soigneusement les étapes successives de la nature, nous trouverons que toutes ses opérations s'accomplissent dans un esprit aussi sérieux que tendre, qui est même, dirons-nous, l'essence de la pensée et de l'amour.

Dans notre compréhension limitée, le principe suprême de l'existence ne peut être défini que comme une intelligence omnipotente dont l'omnipotence est toujours dirigée par son amour et par une sagesse infinie.

Plus nous chercherons à approfondir les lois de l'existence, plus nous trouverons qu'elles sont les lois de la sagesse, de la justice et de l'amour absolus[1].

[1]. D'une série de documents publiés par le journal américain le *Sun* du 20 juillet 1890, il résulte que cette doctrine est l'œuvre de *M. de Palmes*, qui avait longuement étudié la Science ésotérique, et dont les manuscrits ont tous été achetés par les fondateurs de la Société Théosophique.

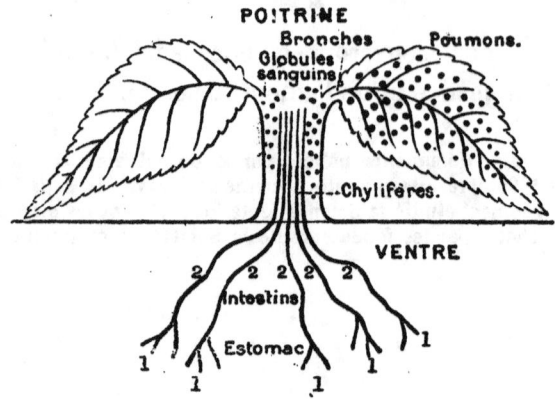

| | | | |
|---|---|---|---|
| **CORPS PHYSIQUE** (*Besoins*) | 3 | Partie animatrice du corps localisée dans les globules. Origine : les feuilles et leurs fonctions. | L'âme de la plante. *Linga sharira* |
| | 2 | Partie médiatrice du corps. Combinaison du corps avec le principe supérieur. Vie propre des cellules de la Plante. | La vie de la plante. *Jiva*. |
| | 1 | Partie matérielle du corps de la plante se renouvelant par le Ventre (racines) de la plante, qui fabrique *la Sève*. | La matière de la plante. *Rupa*. |

Les trois principes constituant une Plante.
(Rapport sur le principe ésotérique, voyez page 270).

CHAPITRE V

# LA NAISSANCE

## PSYCHURGIE

PREMIÈRE PARTIE

---

LA NAISSANCE. — L'INCARNATION DE L'AME
D'APRÈS LA SCIENCE

§ 1. — LE DÉVELOPPEMENT D'UN VÉGÉTAL

L'exposé précédent nous a permis de déterminer la façon dont l'homme est constitué pendant la vie. Quelques données à peine nous ont été fournies sur les transformations ultérieures des sept principes par l'extrait du Bouddhisme ésotérique. Il nous faut maintenant résumer de notre mieux ce qu'on peut dire touchant l'état de l'homme avant la Naissance et après la Mort.

Les théories actuellement admises par les écoles spiritualistes d'Occident se ramènent toutes à des exposés théologiques plus ou moins déguisés. Dieu a créé des âmes en nombre infini ou déterminé (selon les écoles); chacune de ces âmes vient subir des épreuves sur la Terre et crée de par sa conduite ici-bas son salut ou sa perte éternels en gagnant le Paradis ou l'Enfer, avec le Purgatoire pour ceux qui sont condamnés avec circonstances atténuantes.

L'illogisme profond qui se dégage de cette doctrine, les naïvetés et les erreurs scientifiques dont elle est accompagnée n'ont pas tardé à en réserver l'usage aux disciples fanatiques des curés de campagne.

L'Expérimentalisme contemporain a trouvé un moyen radical de trancher la difficulté : c'est la négation de tout principe immatériel. Il n'y a rien avant la naissance ; il n'y aura rien après la vie gardant la trace de notre personnalité ; par conséquent inutile aux gens sérieux de s'occuper de l'âme et des phénomènes psychiques.

Comme partout, le matérialisme est parvenu, de par son scepticisme même, à d'importantes découvertes en partant de ce point de vue. Mais les faits sont venus arrêter à propos ces conclusions, et le merveilleux a fait savoir malgré tout qu'on devait compter avec lui.

Comment concilier l'injustice révoltante de la distribution des facultés ici-bas avec la théorie d'un Dieu juste et bon ? comment expliquer l'existence du mal sur la terre marchant de pair avec l'existence du bien dans les cieux ?

C'est à ces doutes divers que vient répondre la théorie des réincarnations.

Cette théorie, soutenue par toutes les révélations d'Orient, exposée par Orphée, par Pythagore et par tous les initiés à la Science ésotérique, peut se résumer en quelques mots :

L'âme humaine subit pendant son incarnation dans le corps matériel l'effet des causes bonnes ou mauvaises qu'elle a générées dans l'existence précédente ; elle génère, par la façon dont elle supporte ces épreuves, les causes bonnes ou mauvaises qui déterminent son état ultérieur dans la suivante incarnation. Entre deux existences, l'âme jouit d'un repos accompagné de la félicité inhérente à son essence.

D'après cette théorie de l'incarnation, le lieu des souffrances n'est plus un endroit accessible aux seules conceptions théologiques, c'est dans le monde de la Matière, sur la Terre ou sur une autre planète, que, revêtus d'un corps matériel, nous éprouverons les effets de nos actes antérieurs. Notre enfer, notre purgatoire et notre paradis ce sera la Terre suivant que nous l'aurons voulu.

Nous sommes maintenant à même de comprendre cette description de la Terre et de son action sur l'âme qui vient s'incarner :

« C'est la Terre, l'une des mille citadelles du Royaume
« de l'Homme, Fils immortel et mortel de Dieu les Dieux,
« c'est Demêter, c'est *Adamah*, le monde des effigies et
« des Réalités physiques, l'Enfer, le Purgatoire, le Paradis
« selon l'âme qui s'incarne, selon l'Esprit qui règne dans
« la chair des âmes incarnées, selon la Foi, la Loi, les
« Mœurs de l'État Social[1]. »

Cette théorie soulève d'importants problèmes.

1° Si l'âme s'incarne en l'homme, à quel moment a lieu cette incarnation ?

2° A-t-on le souvenir dans une incarnation des existences antérieures ?

3° Comment est constituée l'âme au moment de l'incarnation ?

Nous avons toujours fait nos efforts pour concilier les théories métaphysiques avec les enseignements positifs de nos sciences ; aussi nous est-il nécessaire maintenant, si nous voulons ne pas faire du galimatias triple[2], d'exposer

1. *Les clefs de l'Orient*, par Alexandre Saint-Yves.
2. Définition de la Métaphysique par Voltaire.

rapidement la manière dont se forme l'être humain depuis l'instant de la conception jusqu'à celui de la naissance.

\*
\* \*

Pour comprendre convenablement les phénomènes qui accompagnent le développement de l'embryon humain et leur raison d'être, nous allons examiner la croissance d'une plante, puis nous aborderons celle de l'homme après quelques déductions analogiques.

\*
\* \*

Un arbre comme une tige de blé sont composés de trois parties essentielles :

1° Une partie qui plonge dans la Terre : *la racine*.

2° Une partie située au contact de l'air et de la lumière : *les feuilles*.

3° Une partie intermédiaire servant à la circulation de divers principes : *la tige*.

Quel est le but de ces trois parties ?

La racine plongeant dans la Terre est le véritable *estomac* de la plante. Elle va chercher *la matière* nécessaire à l'accroissement de cette plante, sa nourriture grossière.

Les feuilles plongées dans l'air (libre ou dissous) sont *les poumons* de la plante. Elles s'en vont chercher la lumière et les gaz nécessaires au renouvellement de *la force* de la plante, de cette force qui utilisera la matière dans l'intimité des tissus.

La tige contient des vaisseaux dans certains desquels monte le résultat de la digestion de la plante, un liquide généralement d'aspect laiteux : *c'est la sève*.

Cette sève est l'analogue du chyle chez l'homme. Dans

d'autres vaisseaux de cette tige descend le produit de l'action des poumons (les feuilles) : l'air absorbé : dans d'autres le résultat de l'action de cet air sur la sève : la sève descendante.

La plante peut donc être synthétiquement conçue comme un être qui posséderait *un ventre* (la racine) producteur de matière, *des poumons* (les feuilles) producteurs de force et un système rudimentaire de circulation, tout cela constituant une sorte de *poitrine*.

Si nous remarquons de plus que les grains colorés en vert de la plante et auxquels elle doit elle-même sa coloration (chlorophylle) sont de véritables *globules sanguins* de cette plante ; si nous ajoutons encore que cet être végétal possède des organes de reproduction, nous aurons fait l'analyse complète de cette plante, physiologiquement parlant.

En résumé : un ventre (racine), une poitrine (feuilles), des vaisseaux, des globules (chlorophylle), de la matière de réserve (sève).

Pas de cœur. Pas de rate, ni de système nerveux.

Quels sont les principes de l'ésotérisme qui entrent dans la composition de cet être végétal ?

1. Le corps. — *Rupa*.
2. La vitalité. — Vie propre des cellules végétales. — *Jiva*.
3. La partie matérielle du corps astral. — La portion de corps astral condensée dans les globules du chlorophylle, ou leur analogue *Linga sharira*.

Ces considérations préliminaires étaient indispensables pour comprendre la suite.

\*
\* \*

L'élément qui va donner naissance à une nouvelle plante,

la graine, est composé ainsi qu'il suit dans un grain de haricot (outre des enveloppes diverses) :

1° Un petit corps formé de trois parties (la véritable plante) : *le germe.*

2° Un amas de matériaux destinés à la nourriture de ce corps pendant son développement : *cotylédons.*

Les trois parties constituant le petit corps en question sont ainsi formées :

1° Une portion inférieure qui deviendra la racine, c'est-à-dire l'ensemble des organes digestifs et abdominaux de la plante : *la radicelle.*

2° Une partie supérieure qui deviendra les feuilles, c'est-à-dire l'ensemble des organes respiratoires et thoraciques de la plante : *la gemmule.*

3° Une partie intermédiaire qui diviendra la tige de la plante, c'est-à-dire l'ensemble des organes circulatoires, centre général d'évolution de la plante : *la tigelle.*

Toutes ces parties très rudimentaires sont entourées, nous le répétons, d'un amas de matière qui remplit presque tout. Cet amas de matière constitue *les cotylédons.*

La figure suivante indique bien ces différentes parties qu'on peut facilement vérifier en coupant un haricot en deux (voy. p. 273).

Que faut-il pour obtenir au moyen de cette graine le développement d'une plante?

Quelles sont les phases de ce développement? C'est ce que nous allons voir.

\*
\* \*

La première condition c'est de placer cette plante en un lieu où elle ne subira aucune action nuisible à son développement. Ce lieu, nous pourrons l'appeler la matrice (le centre maternel par excellence) de la plante.

Mais nous aurons beau mettre notre grain de blé ou notre haricot dans une boîte bien fermée et bien chauffée, rien ne se développera.

Il faut que cette matrice dans laquelle nous plaçons notre plante contienne un élément essentiel: l'humidité. Ceci est si vrai qu'on peut parfaitement faire germer des plantes dans du verre pilé recouvert d'eau.

Généralement on met la graine dans la terre (sa véritable matrice) et on arrose cette terre convenablement.

Donc 1er *point*. Placer les grains dans une matrice possédant les conditions voulues.

Que se passe-t-il alors ?

Si l'on se reporte à notre étude sur l'évolution et l'involution, on se rendra compte que ce germe c'est du *soleil fixé*.

Au contact de l'eau, les matériaux de nutrition augmentent de volume et deviennent assimilables par les éléments de la plante. Le germe s'éveille, le soleil contenu en lui commence à se dégager en produisant de la chaleur: les trois parties de la plante se développent (1er stade).

La partie inférieure du germe, la radicelle, se dirige vers la terre en empruntant aux réserves de matériaux (cotylédons) les éléments de ce développement.

La partie intermédiaire du germe, la tigelle, croît également se dirigeant en haut vers le ciel et portant à son sommet la gemmule qui donne naissance aux feuilles.

Les matières de réserve, les cotylédons, se placent peu à peu des deux côtés de la tigelle.

A ce moment la plante ne peut encore vivre que sur ses propres matériaux de réserve, elle n'emprunte encore aucun élément de nutrition au milieu extérieur (2e stade).

Ce stade dure jusqu'à l'instant où la racine, assez développée, commence à digérer les substances contenues dans la terre et où la gemmule, assez développée d'un autre côté, commence à fixer les produits du ciel (air et lumière). Les éléments de réserve, maintenant inutiles, les cotylédons, se flétrissent et tombent. La plante vient de naître, elle va vivre par elle-même (3° stade).

Il est important de bien retenir ces trois stades :

1° Fixation dans la Matrice. Réveil du Germe.
2° Développement du Germe aux dépens des matériaux de réserve.
3° Chute des matériaux de réserve. La plante respire et digère par elle-même (Naissance).

### § 2. — L'EMBRYON VÉGÉTAL ET L'EMBRYON HUMAIN

Si nous avons commencé cette étude par l'exposé du développement de l'embryon végétal, c'est à dessein.

Nous allons voir en effet qu'on peut établir une analogie stricte entre la constitution de l'embryon du végétal et celle de l'être humain au début de son développement.

Le fait qui domine tous les autres dans la considération précédente c'est que le futur végétal trouve le point de départ de son évolution dans trois sources.

Le système digestif (racine), le système circulatoire (tige) et le système récepteur et respiratoire (feuilles) dérivent de trois organes nettement différenciés, la radicule, la tigelle et la gemmule.

Un fait bien curieux pour ceux qui ne veulent pas admettre le même plan d'évolution pour toutes les manifestations de la Nature, c'est que les trois grands systèmes correspondants chez l'homme : le système digestif, le système circulatoire et le système nerveux (et peut-être aussi respiratoire), dérivent également de trois organes nettement différenciés dans l'embryon humain ; ces trois organes sont trois feuillets qui apparaissent à une époque déterminée dans l'œuf humain en voie de développement.

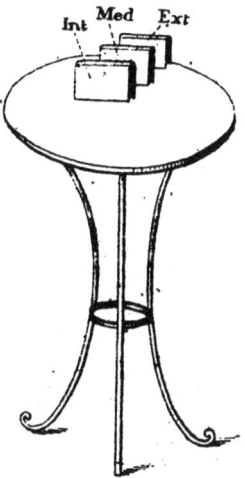

Pour avoir une idée nette du phénomène, il faut se figurer le dessus d'une table ronde, d'un guéridon quelconque représentant l'œuf.

Sur un point quelconque de la circonférence placez trois volumes reliés debout le dos en haut, l'un à côté de l'autre.

Ces trois volumes représentent les trois feuillets en question, feuillets dont nous verrons tout à l'heure le mode de développement.

Ces trois feuillets sont nommés scientifiquement d'après leur situation :

> Le feuillet externe (*l'ectoderme*).
> Le feuillet médian (*le mésoderme*).
> Le feuillet interne (*l'endoderme*).

Le feuillet externe (ectoderme) donne naissance au système nerveux central et périphérique et à quelques organes annexes (peau, poumon) (d'après la plupart des auteurs). (*Image de la gemmule.*)

Le feuillet moyen (mésoderme) donne naissance au système circulatoire et à ses annexes. (*Image de la tigelle.*)

Le feuillet interne (endoderme) donne naissance au système digestif et à ses annexes. (*Image de la radicelle.*)

Le tableau comparatif suivant établit encore plus clairement ces rapports :

| | |
|---|---|
| La radicelle évolue les organes nécessaires à l'apport de matière dans la plante : le ventre de la plante. | Le feuillet interne évolue les organes nécessaires à l'apport de matière dans l'individu : le ventre de l'individu. |
| La gemmule évolue les organes nécessaires à l'apport de force dans la plante (air et lumière) : poumon et système nerveux récepteur de la plante. | Le feuillet externe évolue les organes nécessaires à l'apport de force dans l'individu (air et sensations) : poumon (d'ap. la plupart des auteurs) et système nerveux de l'individu. |
| La tigelle, partie intermédiaire, assure la distribution et la circulation des sucs et des gaz de la plante : poitrine. | Le feuillet moyen évolue les organes nécessaires à la distribution et à la circulation de la force et de la matière dans l'individu : poitrine et organes de la circulation. |

Il y a donc un moment où l'embryon humain est en tout point analogue à l'embryon végétal non encore évolué, à la graine.

Cette analogie existe quand les trois feuillets sont différenciés dans l'œuf humain.

C'est ce qu'indique la figure ci-jointe.

Notre but, il ne faut pas l'oublier, est de voir si l'on peut déterminer scientifiquement l'incarnation progressive des principes de l'ésotérisme indou, puis de savoir si l'on peut assigner une date quelconque à l'entrée de ces principes dans l'Être humain.

— 273 —

Nous sommes obligé à des développements préliminaires assez longs, mais nous espérons que ces longueurs forcées seront profitables au sujet.

Nous venons de voir que les trois portions principales

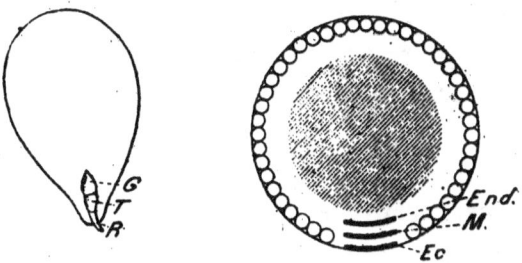

Embryon végétal et Embryon humain (analogie).

de l'être humain (ventre-poitrine-tête) dérivaient, quant à leurs organes caractéristiques, de trois feuillets embryonnaires. Nous avons vu de plus que ces trois feuillets correspondaient exactement aux trois portions de l'embryon végétal.

Deux études nous restent à faire :

1° Savoir les transformations que subit l'œuf humain depuis la fécondation jusqu'à la production des trois feuillets susdits.

2° Une fois arrivé là, reprendre notre étude en cherchant à décrire rapidement les principales transformations de ces feuillets jusqu'à la naissance.

§ 3. DÉVELOPPEMENT DE L'EMBRYON HUMAIN

*Omne vivum ex ovo*, dit un ancien axiome : *tout ce qui vit vient d'un œuf*. Cette formule s'applique exactement à l'espèce humaine. L'être humain provient en effet d'un œuf qui subit certaines transformations, comme le chêne provient d'une graine, œuf végétal.

Chaque mois la femme donne naissance à un petit corps rond de la grosseur d'un petit pois ordinaire. C'est l'œuf humain.

Cet œuf est constitué comme tous les œufs qui doivent se développer dans les organes maternels :

1° D'une légère réserve matérielle : *le vitellus*[1] (le jaune de l'œuf de poule) qui occupe presque tout l'espace de l'œuf ;

2° D'un point d'où partira l'évolution de l'embryon : la vésicule germinative et la tache germinative, situées dans le vitellus ;

3° D'enveloppes diverses[2].

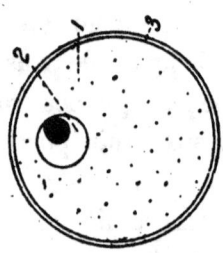

D'une façon générale cet œuf représente donc *la substance* de l'être futur.

Abandonné à lui-même après sa production, cet œuf est expulsé et se détruit si rien ne vient agir sur lui.

Pour que l'évolution d'un être prenne naissance en lui, il faut qu'un nouvel élément vienne le pénétrer ; cet élément, représentant *la force* qui vient animer (donner une âme) la

---

1. Au point de vue physiologique le vitellus est un véritable grenier d'abondance où le germe puise les matériaux nécessaires à son premier développement.
   A. Debierre, *Manuel d'Embryologie*.

2. Chez les êtres qui se développent hors de leur mère (comme les poules) la réserve matérielle est de beaucoup augmentée. De là les nouveaux éléments constituants, entre autres le blanc de l'œuf.

substance, est fourni par le Père. D'après nos idées cet élément spécial, le spermatozoïde, ne serait qu'une cellule nerveuse transformée[1], ce qui expliquerait une foule de ses propriétés en apparence mystérieuses.

L'œuf abandonné à lui-même ne tarde pas à mourir.

L'œuf mâle, le spermatozoïde, fait de même.

L'union de ces deux éléments produit l'évolution qui donne naissance au nouvel être.

Lorsque l'œuf humain se trouve arrivé dans l'endroit où doit se passer son développement, dans sa Matrice future : l'Utérus, il se trouve mis en contact avec les spermatozoïdes, c'est-à-dire avec les éléments dynamiques d'impulsion vitale. Par un phénomène qui cause l'étonnement des observateurs, le plus fort, c'est-à-dire le plus vite arrivé près de l'œuf, des spermatozoïdes pénètre seul en cet œuf.

L'union de la Force et de la Substance est alors opérée. Le nouvel être va prendre naissance.

\*
\* \*

Au point de vue de la science ésotérique quels principes renferment ces deux éléments : l'œuf et le spermatozoïde ?

L'œuf renferme de la Matière organisée, du Corps (Rupa) et la provision vitale nécessaire à la conservation de cette matière pendant un certain temps (Jiva).

Corps et vitalité, pas autre chose.

On peut le comparer au doigt d'un individu paralysé. Le doigt vit bien mais il ne peut se mouvoir (l'influx nerveux n'existant plus).

Comme l'œuf ne reçoit pas d'aliments nécessaires au

---

[1]. *La Physiologie synthétique*, par G. Encausse.

renouvellement de sa réserve de vitalité, s'il n'est pas fécondé il meurt, c'est-à-dire que sa substance se décompose et retourne à la matière de la Terre et sa Vitalité se répand dans la Vie universelle et va animer d'autres organismes.

Le spermatozoïde en lui-même contient de la substance

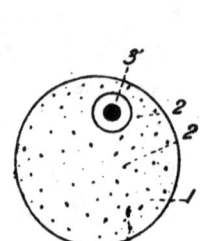 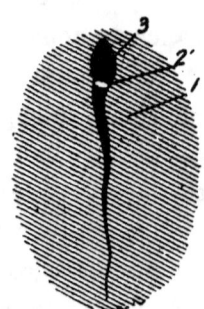

Œuf non fécondé.     Spermatozoïde.
Localisation des principes de l'Ésotérisme.

*(Œuf)*
1. — Vitellus (Corps).
2. — Granulation du vitellus (Vitalité).
3'. — Germe de corps astral (Tache et vésicule germinatives).

*(Spermatozoïde)*
1. — Substance albuminoïde ambiante (Corps).
2. — Germe de Vitalité (Partie intermédiaire du spermatozoïde).
3. — Tête du spermatozoïde (Corps astral).

en très faible proportion et de la force nerveuse condensée (corps astral) en proportion très grande. Par contre il contient à peine de la vitalité. C'est une cellule nerveuse détachée de sa source de nutrition.

Corps et Corps astral. *Rupa* et *Linga sharira*, tel est le résumé de la constitution du spermatozoïde.

On peut le comparer au doigt d'un individu à qui on a fait une ligature artérielle. Le doigt bouge bien et reçoit l'influx nerveux ; mais comme il ne reçoit pas d'influx vital, il est destiné à périr vite, si les conditions ne changent pas.

Un de ces éléments renferme donc ce qui manque à l'autre. Leur réunion donne naissance de suite à un être constitué de trois principes :

Du corps
et des réserves matérielles } Fournis par l'œuf.

De la vitalité { Fournie par l'œuf et développée par le spermatozoïde.

Du corps astral
(Force dynamique nerveuse) } Fournies par le spermatozoïde.
et des réserves de force

L'œuf fécondé est donc en tous points analogue à un être végétal vivant, comme constitution.

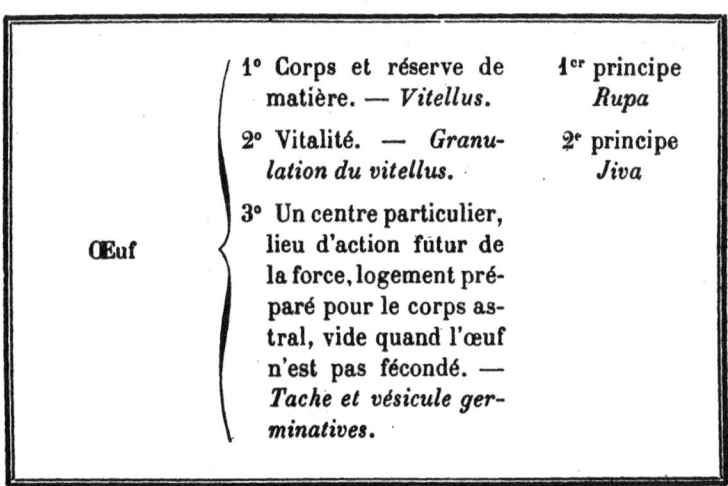

Localisation des principes de l'Ésotérisme dans l'œuf humain non fécondé.

| | | |
|---|---|---|
| Spermatozoïde | 1° Corps et réserve de matière. — (*Liquide albuminoïde annexe*). | 1ᵉʳ principe *Rupa* |
| | 2° Corps astral. — Force nerveuse condensée. *Tête du spermatozoïde.* | 3° principe *Linga sharira* |
| | 3° Un centre de réserve vitale peut être considéré comme existant dans la portion intermédiaire entre la tête et la queue du spermatozoïde. Cette réserve est du reste très faible. | |

Localisation des principes de l'Ésotérisme dans le spermatozoïde humain.

| | PRINCIPES | ORIGINES | NOMS INDOUS | QUALITÉ de ces principes |
|---|---|---|---|---|
| Œuf fécondé | Corps et réserves matérielles | Œuf (mère) | Rupa (1ᵉʳ principe) | Matière du corps |
| | Vitalité | Œuf et spermatozoïde unis | Jiva (2ᵉ principe) | Vie du corps |
| | Corps astral et réserves de force | Spermatozoïde (père) | Linga sharira (3ᵉ principe) | Ame du corps |

Constitution de l'œuf fécondé.

L'œuf une fois fécondé se fixe dans l'Utérus et une nouvelle série de phénomènes prend naissance.

— 279 —

La vésicule et la tache germinatives, la réserve et le lieu d'élection du corps astral donné par le père disparaissent et se fondent dans la masse matérielle (vitellus).

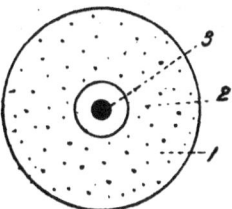

Œuf fécondé. — Localisation des trois principes.

Ce vitellus primitivement homogène se divise en deux cellules. Les cellules se subdivisent aussi chacune en deux et la subdivision continue jusqu'au moment où l'œuf est entièrement rempli de cellules ainsi formées.

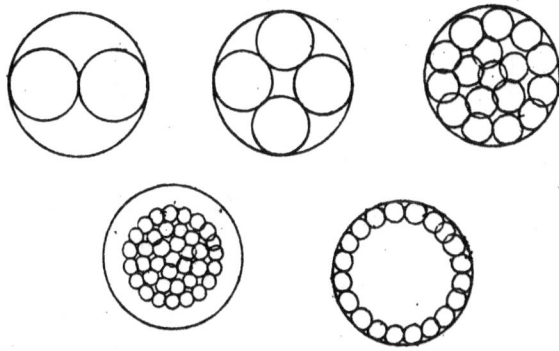

Au point de vue philosophique que s'est-il produit là ?

L'être primitif, l'œuf non fécondé, a donné naissance sous l'influence de l'élément dynamique du corps astral à une foule d'êtres semblables à lui. Ces êtres cellulaires (cellules blastodermiques) sont nés par la division successive de l'être primitif. C'est là un mode de génération qui rend l'œuf analogue à la fois à certains végétaux et à certains animaux inférieurs.

Pour nous figurer cela souvenons-nous de la comparaison que nous avions prise tout à l'heure. Un guéridon de forme ronde représente l'œuf humain.

Après le travail de segmentation le guéridon est encombré de pelotes de laine représentant les cellules nouvellement nées.

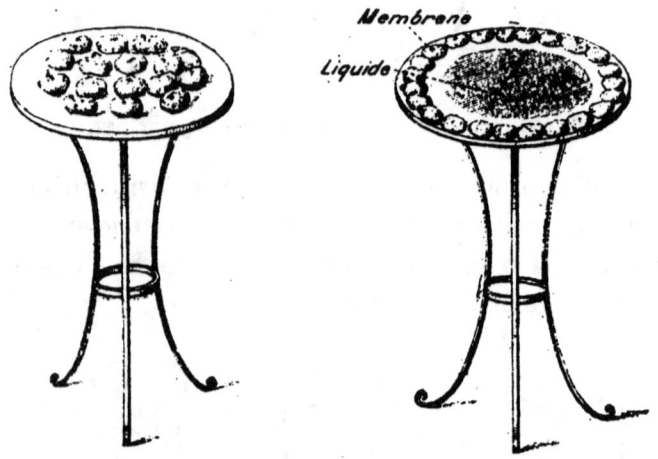

C'est alors que les cellules se groupent toutes autour de l'œuf laissant le milieu libre. Ces cellules, groupées bout à bout, constituent une véritable membrane continue, un feuillet qui entoure complètement l'œuf.

Dans l'exemple déjà cité les pelotes de laine se seraient toutes réunies tout autour de la circonférence du guéridon.

Telle est la fin de cette première phase, ainsi caractérisée :

1° Fécondation de l'œuf. Entrée d'un corps astral ;

2° Segmentation du vitellus. Constitution d'une série d'êtres particuliers (les cellules) dans l'œuf tout entier;

3° Groupement de ces cellules au pourtour de l'œuf pour constituer une membrane.

Cette membrane à peine constituée, on voit apparaître en un point de son étendue une tache sombre. C'est l'origine de l'être futur.

En ce point la membrane s'est partagée en deux feuillets, un externe formé par elle-même, un interne qui vient de naître. Entre ces deux feuillets, une nouvelle couche de cellules prend naissance, couche formée par l'action réciproque de ces deux feuillets, ainsi paraît le feuillet médian situé entre les deux précédents. Encore une merveilleuse application de la Loi du Ternaire.

C'est donc en un point seul de l'œuf que prennent naissance les trois feuillets, origines de l'être futur; c'est de là que va partir l'évolution ultérieure.

Un liquide occupe l'intérieur de l'œuf laissé libre par les cellules.

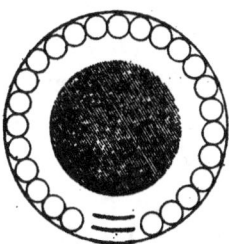

Nous voilà revenus à notre point de départ; nous venons de voir comment se sont créés par la combinaison de l'œuf et du spermatozoïde ces trois feuillets, analogues aux trois organes de l'Embryon végétal que nous avons étudiés tout d'abord.

Ces feuillets, feuillet externe, feuillet moyen, feuillet interne, donnent naissance le premier au système cutané et au système nerveux (feuille), le second au système circulatoire (tige), le troisième au système digestif (racine).

Afin qu'on ne croie pas que tout cela est de notre invention, nous citons le passage suivant d'un traité classique d'Embryologie pour donner le détail de ces diverses transformations.

L'analogie avec l'embryon végétal nous est personnelle quoique Oken ait indiqué déjà un rapprochement dans le même genre.

« Pour constituer cet édifice si compliqué les simples feuillets blastodermiques suffisent pourtant. C'est dire toute la variété de leurs métamorphoses. Nous aborderons l'étude de celle-ci plus tard en traitant du développement des organes et des systèmes, disons ici seulement à quels organes donne naissance chacun des feuillets blastodermiques.

« *Le feuillet externe* (ectoderme, épiblaste, feuillet sensorial cutané ou encore nervoso-cutané) donne par son involution médullaire les centres nerveux, moelle et encéphale et certaines de leurs dépendances (rétine, couche pigmentaire de la choroïde et de l'iris) ; par ses lames cornées il donne l'épiderme et ses nombreuses dépendances, ongles, cheveux et poils, canaux épithéliaux des glandes sébacées, mammaires et sudoripares, couche épithéliale de la cornée, celle du labyrinthe membraneux et des cavités qui s'ouvrent à la surface de la peau, bouche, fosses nasales, conjonctives et voies génitales externes, le cristallin et les dents (dépendances de l'épithélium buccal). L'ectoderme donne peut-être même les tubes épithéliaux du rein primordial.

« *Le feuillet interne* (endoderme, hypoblaste, feuillet intestino-glandulaire) donne l'épithélium de l'intestin avec ses dépendances épithéliales (glandules intestinales, foie, pancréas, glandes de l'estomac, glandes salivaires et

1. Oken.

poumons, et peut être l'origine des organes génitaux internes.

« *Le feuillet moyen* (mésoderme, mésoblaste, ou feuillet moteur germinatif) fournit tout le reste.

« Par sa portion ectodermique ou somato-pleurique, il est l'origine du derme, des muscles de la vie animale, des tissus conjonctifs et cartilagineux, du squelette, de l'épithélium péritonéal tapissant la paroi viscérale ou pariétale du cylindre pectoro-abdominal.

« Par sa portion endodermique ou splanchno-pleurique le feuillet moyen fournit l'épithélium cœlomatique revêtant la surface du tube intestinal, le cœur, les vaisseaux, le sang, les muscles lisses et le tissu cellulaire des intestins, le mésentère. »

A. Debierre. *Manuel d'Embryologie humaine et comparée* (1886) (pages 139, 140, 141).

*Des feuillets, la naissance.*

Avant d'aller plus loin résumons l'état des trois principes ésotériques que nous connaissons au moment où viennent d'apparaître les trois feuillets.

Le corps, la vitalité, le corps astral existaient dans l'œuf fécondé. Mais ces principes n'avaient rien encore de personnel étant eux seuls en action dans une masse non encore évoluée.

Le corps astral d'abord condensé au centre de l'œuf ne tarde pas à se répandre dans la masse de cet œuf; de là la segmentation.

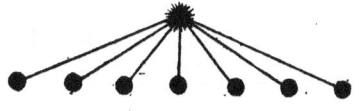

1<sup>re</sup> Phase. — Segmentation.

Chacun des globules ainsi formés est constitué des trois principes : corps, vitalité et corps astral ; c'est un être véritable quoique de nature inférieure.

Quand la membrane enveloppante est formée par l'union de tous les globules à la périphérie de l'œuf, la vitalité se concentre en un point particulier de cette membrane et les premières divisions prennent naissance (feuillets).

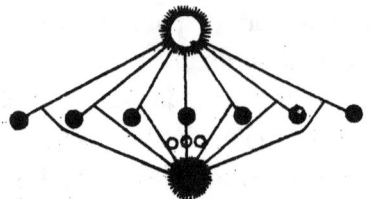

2ᵉ Phase. — Naissance des feuillets.

Le corps astral se concentre bientôt à son tour dans l'un de ces feuillets qui va devenir le centre général de direction de la construction de l'organisme. Cette phase est marquée par la naissance d'une mince *ligne nerveuse* dans le feuillet externe, c'est *la ligne primitive,* le véritable point de départ de l'être individuel.

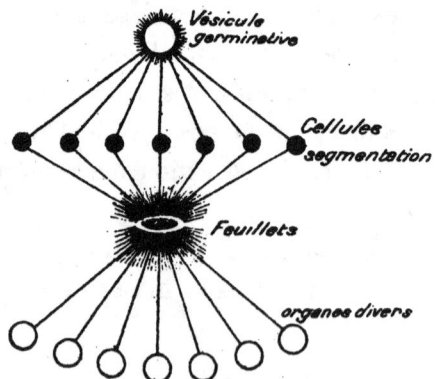

3ᵉ Phase. — Formation du nouveau centre. Individualisation de l'être.

A ce moment l'embryon est déjà plus qu'un végétal, le

système nerveux vient de naître, le corps astral est complet, l'embryon entre dans la série animale qu'il va parcourir.

### § 4. INCARNATION DE L'AME DANS LE CORPS — DÉTERMINATION DE L'ÉPOQUE DU PHÉNOMÈNE

« L'homme parcourt, dans son développement embryonnaire, une étonnante échelle morphologique, tour à tour pourvu d'une queue et de branchies, à une période sans crâne ni cerveau, à une autre avec un cœur d'ascidie ou un cloaque de monotrème ou d'oiseau[1]. »

Notre intention, on le comprend facilement, n'est pas de faire un cours d'embryologie. Nous cherchons dans quel ordre s'incarnent les principes de l'homme. Aussi ne nous occuperons-nous que de l'évolution d'un seul système : le système nerveux.

En poursuivant l'évolution du système nerveux dans la série animale (voy. p. 214) nous avons pu suivre la naissance progressive des principes de l'ésotérisme.

Or l'homme passant par toutes les phases de cette série animale va nous montrer en lui-même le développement progressif de ces mêmes principes et nous pourrons facilement, de même que nous avons déterminé la localisation des principes dans l'œuf fécondé, déterminer la localisation de ces mêmes principes dans l'enfant au moment de la naissance.

Nous serons mis par là à même de voir que *l'âme n'est pas incarnée encore quand l'enfant est mis au jour*. Nous saurons bientôt pourquoi.

A peine les trois feuillets sont-ils nés qu'apparaît chez

---

1. Debierre, *op. cit.*, p. 7.

l'embryon humain l'origine du système nerveux futur sous forme d'une ligne dénommée *ligne primitive*.

L'évolution du système nerveux nous intéresse seule ; car c'est là que se localisent les principes supérieurs.

Les organes du corps humain autres que les organes nerveux, n'ont qu'un but: la production de forces diverses destinées toutes, de spécification en spécification, à aboutir à la force nerveuse et à ses modalités[1].

Rappelons-nous que l'existence d'un système nerveux, aussi rudimentaire soit-il, implique l'existence complète du corps astral (3° principe).

L'existence de ganglions abdominaux ou œsophagiens implique l'existence de l'âme animale, principe de l'instinct (4° principe).

L'existence de ganglions cérébraux implique l'existence d'intelligence, de faculté de raisonner (5° principe).

Enfin l'existence de circonvolutions cérébrales très développées à la partie supérieure implique la possibilité du développement du 6° principe.

Ces principes existent *en germe* dès que les organes correspondants, leurs moyens de manifestation existent aussi. Mais ces principes peuvent rester toujours à l'état de germe ou bien se développer par la suite chacun d'une façon spéciale.

La ligne primitive indique donc l'existence complète du centre général du *corps astral* dans l'embryon.

Le système nerveux évolue ensuite rapidement. Plusieurs ganglions naissent et se développent à la partie antérieure de l'embryon ; ces ganglions, sortes de vésicules, sont primitivement au nombre de trois, un antérieur, un moyen et un postérieur, et donnent naissance

---

1. Voy. *Physiologie synthétique*, par G. Encausse.

par leur évolution aux divers centres nerveux encéphaliques, de même que les trois feuillets avaient donné naissance aux divers organes du corps.

*
* *

Pour nous résumer et pour éviter d'entrer dans des détails trop techniques auxquels nous sommes enclin par nos études de médecine, voyons quelle est la constitution de l'être humain un peu avant sa naissance.

Quelques heures avant la naissance voici la constitution définitive de l'être humain :

Le corps est entièrement développé dans toutes ses parties, tous les organes existent, prêts à fonctionner ; mais tous *ne fonctionnent pas*.

Le système digestif fonctionne à peu près complètement quoique tirant les principes de son action du milieu intérieur seul.

Le sang de l'Embryon circule, le cœur fonctionne, mais LE POUMON NE FONCTIONNE PAS. C'est le poumon maternel qui va chercher à l'extérieur les éléments réparateurs de force et qui les apporte, par le sang maternel, à un organe qui est le véritable poumon de l'Embryon avant sa naissance : *le placenta*.

Le cordon ombilical relie l'Embryon au centre maternel et c'est ce cordon qui préside aux divers échanges.

Le système nerveux de l'inconscient fonctionne puisque les organes splanchniques marchent. Le corps astral accomplit donc toutes ses fonctions.

Mais le système nerveux de relation, le système nerveux conscient *fonctionne encore moins que le poumon*, les organes des sens sont fermés. Les appartements de l'âme sont prêts ; mais rien ne les habite encore.

C'est maintenant qu'il nous faut bien prendre garde à l'une de nos considérations antérieures. Les sept principes ne sont que des divisions de *trois* principes essentiels, divisions créées pour le développement complet de certaines données de l'occultisme. Le corps, la vie, la volonté sont les caractéristiques des trois principes constituant réellement l'être humain.

Or, au moment de la naissance, quel est celui de ces principes qui fonctionne complètement? C'est le principe inférieur : *le corps matériel*.

La première phase du développement de l'être humain allant depuis la fécondation de l'œuf jusqu'à la naissance peut se résumer à ceci : Fabrication *du corps matériel*, dont le centre d'action est dans *le ventre* et qui correspond à la matière dans la nature.

Ce corps matériel est composé de trois principes : matière, vie, âme, comme tous les êtres vivants ; il suffit de se reporter à l'analyse du corps chez l'homme[1] pour savoir que ces trois principes sont :

1° Le corps matériel lui-même (Rupa), la matière du corps physique ;

2° La vie de ce corps physique (Jiva), la vitalité ;

3° L'âme de ce corps physique (Linga sharira), le corps astral.

Voilà pourquoi tous les principes dont nous venons de parler se réduisent en somme au développement du seul corps matériel.

La preuve de tout cela c'est qu'avant la naissance l'embryon est relié à la source de ses réserves vitales par un cordon matériel qui vient plonger *dans le ventre* : le cordon ombilical.

1. Voy. p. 179.

La phase de développement de l'embryon dans le sein maternel n'aboutit donc, nous ne saurions trop le répéter, qu'au développement d'un des trois principes : *le corps*.

Si le ventre est le centre d'action de ce corps physique, la poitrine est le centre d'action du second des principes : la vie ou le corps astral. — On sait que la partie inférieure de ce second principe est commune au précédent.

*
* *

Au moment de la naissance le cœur seul fonctionne, le poumon ne fonctionne pas, c'est-à-dire que l'être humain n'est pas encore en rapport avec la vie planétaire directement.

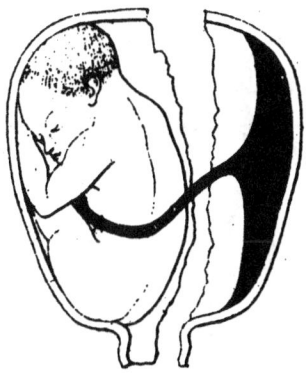

Le cordon ombilical matériel. — Lien du Ventre à la source de vitalisation et de nutrition.

Lorsque le moment de naître à la vie planétaire est arrivé pour cet être humain, un phénomène sur lequel on n'a pas assez insisté se produit.

L'œuf qui contenait l'homme futur se brise. L'enfant naît à la vie terrestre, c'est-à-dire qu'au même moment *ses poumons fonctionnent*. Une relation étroite vient de s'établir entre le nouvel être et la Terre grâce à l'atmosphère.

Le cordon ombilical matériel, inutile maintenant, est définitivement coupé. La bouche entre en action ainsi que les organes digestifs et le remplacent en partie. L'enfant qui vient de naître n'est plus lié visiblement au monde matériel; mais un lien, invisible pour le profane, vient de naître. Ce lien est plus nécessaire encore que le cordon ombilical à la vie de l'homme; c'est *la respiration* qui constitue un *cordon ombilical astral* dont le centre est dans la poitrine.

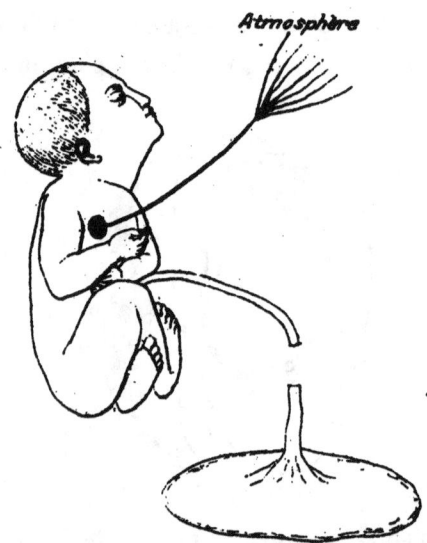

Le second cordon ombilical. — Lien de l'homme à la terre par l'atmosphère. — La respiration. — Naissance à la vie planétaire.

Un axiome médical courant c'est qu'on ne *meurt jamais que d'asphyxie*, quelle que soit la cause apparente de la mort. L'arrêt des fonctions pulmonaires est en effet la seule caractéristique inévitable de cette mort.

Qu'est-ce que cet arrêt sinon la rupture du cordon ombilical astral qui détermine une nouvelle naissance appelée mort, naissance dont nous allons avoir à nous occuper bientôt?

L'histoire de la Vague de Vie dans les planètes, puis dans les continents, puis dans les races et enfin dans l'homme vivant, nous a montré un fait constant : que le terme supérieur d'une série ne paraît qu'au moment où le terme immédiatement inférieur a terminé son action.

Nous trouvons ici une preuve éclatante de cette donnée. C'est quand la construction du corps est achevée que la vie fait son entrée. Nous venons de le voir.

Mais de là découle une considération de la plus haute importance. C'est au moment où cette vie, déjà en germe, prend son développement que l'âme s'incarne *en germe* dans le corps humain. Nous allons voir ce qu'on peut entendre par cette incarnation « en germe » de l'âme.

Le fait capital à retenir de suite, c'est que *c'est au moment de la naissance et après la première aspiration seulement que le germe du principe supérieur de l'homme s'incarne en lui.*

L'Être humain immédiatement avant la naissance.
(État des trois grands principes.)

| | | | | |
|---|---|---|---|---|
| Ame....... | — | | | |
| Corps astral (complet). | | — | | |
| Corps physique.. | | | — | |
| | Principiation ou Puissance d'être | Germe ou Commencement | Développement | Constitution complète |

— 292 —

L'Être humain immédiatement après sa naissance.
(État des trois grands principes.)

| | Principiation ou Puissance d'être | Germe ou Commencement | Développement | Constitution complète |
|---|---|---|---|---|
| Ame....... | | — | | |
| Corps astral | | | — | |
| Corps physique... | | | | — |

L'homme quelque temps après la naissance.
(État des sept principes.)

| | Principiation ou Puissance d'être | Germe ou Commencement | Développement | Constitution complète |
|---|---|---|---|---|
| Sainteté..... 7 | | | | |
| Spiritualité.. 6 | | | | |
| Intellectualité 5 | | — | | |
| Passion Instinct..... 4 | | — | — | |
| Corps astral. 3 Besoin. | | — | — | — |
| Vitalité...... 2 | | — | — | — |
| Corps physique....... 1 | | | | — |

Les tableaux précédents nous montrent bien toutes ces phases.

Le premier représente l'être humain un peu avant la naissance. La vie est en germe ; mais l'âme *n'est pas encore incarnée*. Elle est dans le monde de la principiation ; elle est *en puissance d'être*, c'est l'état dans lequel se trouvent les êtres avant d'être manifestés. Fabre d'Olivet a mis son immense érudition à contribution pour démontrer que le premier mot de la Genèse ce n'était pas AU COMMENCEMENT, ce qui indiquerait que le monde est déjà manifesté ; mais bien EN PRINCIPE, ce qui indique l'état antérieur. Dieu crée en principe ce qui commence ensuite au temps voulu. Saint Jean a suivi la règle commune de tous les grands initiés en débutant le livre de l'ésotérisme chrétien par ce mot IN PRINCIPIO ERAT VERBUM. Le Verbe était en PRINCIPE, EN PUISSANCE D'ÊTRE.

La colonne de la principiation est vide dans les tableaux précédents pour indiquer justement cet état spécial.

Un peu avant la naissance, l'âme est donc *en principiation*. A ce moment la vie (le corps astral complet) est *en commencement* ou *en germe*. Quant au corps, il est en plein *développement*.

Voilà ce qu'indique le premier tableau.

Le second tableau nous présente l'état de l'être humain quand le cordon ombilical matériel est coupé, et que la première aspiration d'air vient de lier l'enfant à la Terre qu'il ne quittera qu'à la rupture de ce lien nouveau.

A ce moment *le corps* a acquis sa constitution complète[1], *la vie* est en plein développement et l'âme vient de s'incarner, de s'attacher à la vie développée et par là aux organes. L'âme est en germe.

---

1. Autant que cette constitution est compatible avec l'âge de l'enfant. Ainsi certains organes constitués à ce moment ne termineront leur développement complet que bien plus tard.

.*.
*.*

Veut-on un phénomène qui indique le moment précis où l'âme est définitivement liée au corps?

C'est l'ouverture à la lumière *des yeux de l'enfant*, c'est-à-dire l'ouverture des fenêtres de l'âme.

Le troisième tableau indique que ce mot âme ne désigne qu'un des principes inférieurs de l'âme proprement dite; l'incarnation, même partielle, de l'âme d'une façon active n'ayant lieu qu'au moment de l'âge mûr ainsi que l'indiquent les tableaux qui terminent l'étude sur « la Vague de Vie dans l'homme », étude dont ce chapitre est un complément.

L'âme, dont la qualité essentielle est l'horreur de la matière, ne s'incarne que progressivement; certains hommes peuvent même vivre plusieurs existences sans incarner en eux aucun des principes supérieurs.

Ces principes supérieurs, extérieurs à l'individu, constituent son idéal, son dieu personnel. L'immortalité totale de l'individu n'est atteinte qu'autant que ces principes supérieurs s'incarnent complètement, ce qui constitue l'état de Nirvâna, l'état de divinité pour la cellule de l'humanité.

Cela explique pourquoi Louis Lucas et Hoëne Wronski prétendent que l'âme est *une création propre de l'individu, présentant à l'éternité le flanc de sa responsabilité*[1].

.*.
*.*

On voit par ce qui précède que l'être humain présente trois stades de développement :

1° Création du corps (période embryonnique).

---

1. Louis Lucas.

2° Création de la vie (période d'évolution sur la Terre) *( beaucoup d'hommes en restent là).*

3° Création de l'âme commençant sur terre pour se développer après la mort.

Nous connaissons maintenant assez la naissance, d'autre part nous avons développé précédemment l'évolution pendant la vie, occupons-nous un peu de la Mort.

Mais auparavant je tiens à citer un très beau passage d'Eliphas Levi où l'analogie entre la naissance et la mort est établie d'une façon fort suggestive.

\*
\* \*

Jeté par les lois de la nature dans le sein d'une femme, l'esprit incarné s'y éveille lentement et se crée avec effort des organes indispensables plus tard, mais qui, à mesure qu'ils croissent, augmentent son malaise dans sa situation présente.

Le temps le plus heureux de la vie de l'embryon est celui où, sous la simple forme d'une chrysalide, il étend autour de lui la membrane qui lui sert d'asile et qui nage avec lui dans un fluide nourricier et conservateur. Alors il est libre et impassible, il vit de la vie universelle et reçoit l'empreinte des souvenirs de la nature qui détermineront plus tard la configuration de son corps et la forme des traits de son visage. Cet âge heureux pourrait s'appeler l'enfance de l'embryonnat.

Vient ensuite l'adolescence. La forme humaine devient distincte et le sexe se détermine ; un mouvement s'opère dans l'œuf maternel semblable aux vagues rêveries de l'âge qui succède à l'enfance. Le placenta, qui est le corps extérieur et réel du fœtus, sent germer en lui quelque chose d'inconnu qui déjà tend à s'échapper en le brisant. L'enfant alors entre plus distinctement dans la vie des rêves, son cerveau renversé comme un miroir de celui de sa mère, en reproduit avec tant de force les imaginations, qu'il en communique la forme à ses propres membres. Sa mère est pour lui alors ce que Dieu est pour nous ; c'est une providence inconnue, invisible, à laquelle il aspire au point de s'identifier à tout ce qu'elle admire.

Il tient à elle, il vit par elle et il ne la voit pas, il ne saurait même la comprendre et, s'il pouvait philosopher, il nierait peut-être l'existence personnelle et l'intelligence de cette mère qui n'est encore pour lui qu'une prison fatale et un appareil conservateur.

Peu à peu, cependant, cette servitude le gêne, il s'agite, il se tourmente, il souffre, il sent que sa vie va finir.

Arrive une heure d'angoisse et de convulsion, ses liens se détachent, il sent qu'il va tomber dans le gouffre de l'inconnu.

C'en est fait, il tombe, une sensation douloureuse l'étreint, un froid étrange le saisit, il pousse un dernier soupir qui se change en un premier cri ; il est mort à la vie embryonnaire, il est né à la vie humaine.

*
* *

Un dernier point nous reste à traiter avant d'aborder l'étude de la Mort : ce sont les conditions qui déterminent l'entrée d'une âme dans un corps plutôt que dans un autre, d'où naissent les inégalités sociales et la chance ou la malechance de l'être futur.

D'une façon générale la vie présente dépend de la conduite de l'être dans sa vie antérieure, si l'on en croit les enseignements de l'occultisme sur la réincarnation. Mais, d'après la science ésotérique, une âme ne peut se réincarner qu'au bout de 1500 ans environ[1] sauf dans quelques exceptions très nettes[2].

Quoi qu'il en soit, la théorie de l'horoscope est basée sur ce fait que les courants de lumière astrale influent d'une façon considérable sur l'incarnation de l'âme, et qu'on peut savoir les grandes lignes de la vie future de l'enfant si l'on connaît la position des divers astres à l'instant de la naissance.

Au point de vue scientifique nous ne pouvons suggérer qu'une seule explication : c'est que le corps astral fabrique le corps physique d'après les qualités intrinsèques de l'ovule et du spermatozoïde, c'est-à-dire des corps astraux du père et de la mère. Ce corps astral exerce d'autre part une attraction d'autant plus grande sur l'âme qu'il est plus fort lui-même. Voilà pourquoi à un corps rachitique généré par des ivrognes correspond un corps astral de faible puissance et par suite une attraction également très faible sur le principe supérieur : l'âme. Ce fils d'ivrognes ne donne à l'âme que des moyens d'action très inférieurs, de là un travail double à accomplir par cet être humain s'il veut se racheter et reconquérir son intelligence obscurcie par ses fautes antérieures ou la condamnation à l'abrutis-

---

1. Cette considération est importante, car on rencontre dans certains milieux spirites de pauvres hères qui prétendent froidement être une réincarnation de Molière, de Racine ou de Richelieu, sans compter les poètes anciens, Orphée ou Homère. Nous n'avons pas pour l'instant à discuter si ces affirmations ont une base solide ou sont du domaine de l'aliénation mentale au début ; mais rappelons-nous que Pythagore, faisant le récit de ses incarnations antérieures, ne se vanta pas d'avoir été grand homme, et constatons que c'est une singulière façon de défendre le progrès incessant des âmes dans l'infini (théorie du spiritisme) que celle qui consiste à montrer Richelieu ayant perdu toute trace de génie et Victor Hugo faisant des vers de quatorze pieds après sa mort. Les spirites sérieux et instruits, et il y en a plus qu'on ne croit, devraient veiller à ce que de pareils faits ne se produisent pas.
2. Mort dans l'enfance. Mort violente (crime ou suicide). Adeptat.

sement fatal pendant sa vie s'il n'a pas le courage de lutter assez pour vaincre la fatalité.

On peut du reste parfaitement accorder cette théorie avec la théorie de l'horoscope, si l'on admet que les âmes sont envoyées à l'incarnation par séries correspondant à leur genre futur de vie, et que l'envoi des séries d'âmes devant être heureuses coïncide avec la position dominante des planètes dites bénéfiques, et la série malheureuse avec la situation contraire de ces planètes. Nous reviendrons du reste dans un des chapitres suivants sur l'incarnation et ses conséquences.

CHAPITRE VI

# LA MORT

## PSYCHURGIE

DEUXIÈME PARTIE

---

## LA MORT

### LE CIEL ET L'ENFER D'APRÈS LA SCIENCE

La naissance nous a montré que les principes de l'homme entrent en action dans l'ordre suivant : 1° le corps ; 2° la vie ; 3° l'âme.

Pouvons-nous faire pour l'étude de la mort ce que nous avons fait pour celle de la naissance, c'est-à-dire nous efforcer d'établir quelques bases scientifiques capables d'étayer les divers enseignements théologiques ?

D'après les idées qui représentent l'homme comme composé de deux principes opposés : l'âme et le corps, rien de plus simple que la mort.

L'élément immortel, l'âme, subit un jugement de la part du Dieu anthropomorphe, puis s'en va souffrir éternellement dans les flammes de l'Enfer, ou bien jouir pour l'éternité des bonheurs mystiques réservés aux bienheureux dans le Paradis, ou bien encore laver ses fautes (l'oubli d'une confession *in extremis* ou d'un don généreux à l'église voisine) dans le Purgatoire. Le corps mis en terre retourne à la poussière d'où il était venu.

Ces enseignements, donnés comme l'expression de la plus haute vérité qui ait été révélée à l'homme sur ses destinées, n'ont pas satisfait certains chercheurs, sceptiques de nature et s'en rapportant plus à eux-mêmes qu'à la tradition.

Les télescopes braqués sur l'Infini n'ont pas décelé la moindre trace du lieu spécial réservé au châtiment ou à la récompense des âmes; les microscopes fouillant les créations les plus subtiles de la nature, n'ont pas non plus révélé d'enfer ou de purgatoire, et les savants positivistes se sont fait une théorie à eux sur les destinées de l'homme.

Après la mort le corps se dissout et, comme ce corps est la seule cause des phénomènes attribués à une soi-disant âme, il n'y a plus à s'occuper autrement de cette entité métaphysique. Les cellules de ce corps entrent, d'après les lois de l'affinité chimique, dans diverses combinaisons organiques ou inorganiques, et... tout est dit.

En vain la philosophie spiritualiste de l'Université est-elle venue corriger les non-sens de la Théologie, le *credo quia absurdum* de Tertullien, par l'idée que le Paradis, le Purgatoire et l'Enfer sont des états, idée empruntée du reste aux religions orientales; en vain la Science a-t-elle voulu se concilier les faveurs des Religions en admettant les existences successives dans les planètes de notre Univers et des autres, tout cela est demeuré lettre morte pour la généralité du public.

En ces dernières années un vulgarisateur de grand

mérite, M. Camille Flammarion, reprenant les idées du Bouddhisme et d'Allan Kardec, a composé de fort beaux livres qui ont beaucoup aidé à la compréhension de deux points de Science occulte fort importants : 1° la composition trinitaire de l'homme ; 2° les existences successives de l'âme dans divers mondes. Ces idées ainsi que celles de Jean Reynaud ont été résumées avec d'heureux commentaires par un autre vulgarisateur doublé d'un travailleur infatigable : M. Louis Figuier[1].

Ces études diverses montrent avec évidence qu'après avoir cherché à établir une nouvelle doctrine, de par la Métaphysique pure ou de par la Science expérimentale la plus rigoureuse, on en arrive toujours, bon gré mal gré, aux conclusions de l'antique Science des mystères égyptiens : la Science occulte ; les conclusions peuvent recevoir un jour tout nouveau de nos sciences contemporaines, c'est incontestable, mais être modifiées essentiellement : jamais.

Nous allons donc chercher ce que deviennent les divers éléments qui composent l'homme en partant d'abord de la doctrine synthétique des trois principes ; ensuite nous entrerons dans une analyse plus rigoureuse en développant cette étude par l'analyse des sept principes et de leur destinée après la mort.

Les trois principes de l'homme se désagrègent dans un ordre inverse de celui qui a présidé à leur réunion.

Quand le phènomène de la Mort va se produire, voici les phases que l'on constate généralement.

La conscience, la volonté, l'intelligence s'éteignent soit progressivement, soit tout à coup. La disparition de toute communication possible avec l'être qui s'en va de la part

---

[1]. Louis Figuier, *le Lendemain de la mort*. Paris, Hachette, 1871, in-18.

des assistants est souvent considérée comme la mort véritable, et vous entendez dire souvent : « Il a gardé toute son intelligence jusqu'au dernier moment. » Ce « dernier moment » est celui où les relations cessent entre l'âme et le corps astral.

Les extrémités (mains et pieds) se refroidissent peu à peu ; la vie se concentre dans la poitrine, autour des ganglions thoraciques, dans son sanctuaire véritable.

C'est au moment où l'influx vital cesse de se porter au cerveau que l'âme, privée de moyens de communication, semble à jamais disparue pour ceux qui ne se rendent pas compte du phénomène produit.

Dès que la rupture entre la vie et l'âme est opérée, un *changement d'état* se produit pour l'être humain et non pas un changement véritable de lieu.

Pour bien comprendre les phases diverses de la mort, nous allons considérer encore la constitution ternaire de l'homme et les fonctions réciproques des trois principes.

Le plus inférieur de ces principes : *le corps,* a son centre dans le ventre. De là il vient se relier au principe supérieur : la vie dans la poitrine [1].

Le principe médiateur : *la vie,* a son centre dans la poitrine. Il se relie dans la tête au principe supérieur : l'âme [2].

Enfin le principe supérieur : *l'âme,* a son centre hors de l'être humain (sauf dans le cas des adeptes). La portion la plus inférieure de ce principe plonge seule dans l'homme et vient se mettre en relation avec le principe médiateur dans la tête.

---

1. Physiologiquement ce fait se produit quand les matériaux de nutrition transformés en chyle viennent former des globules sanguins, véritables supports de la Vie. (Voy. *Physiologie synthétique*, par GERARD ENCAUSSE.)

2. Cette liaison s'opère par l'action du globule sanguin agissant sur la cellule nerveuse.

La figure suivante nous montre bien ces divers rapports.

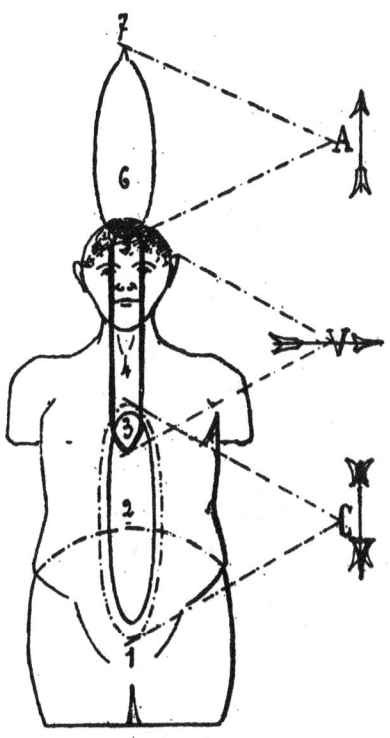

Les sept principes de l'homme.
Analyse de l'Ame (A), de la Vie (V) et du Corps (C).

On peut considérer le principe médiateur : *la vie*, comme terminé par deux crochets : un supérieur pour l'âme, un inférieur pour le corps.

Au moment de la mort le crochet supérieur se détache : l'âme brise ses relations avec le corps de ce fait, puis la vie en fait bientôt autant.

Alors l'âme s'élève vers la région supérieure (vers les états plus psychiques), le corps retourne à la Terre, au monde matériel, et la vie se répand dans la Nature.

La figure suivante indique très grossièrement ces changements.

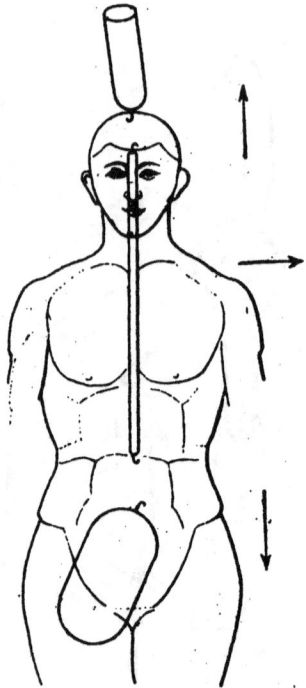

L'essence de l'âme conçue exotériquement étant de monter, celle de la vie de se répandre horizontalement et celle du corps de descendre, nous allons choisir une nouvelle image analogique qui va nous éclairer sur les transformations de nos divers principes.

Un ballon figurera l'âme : car la qualité essentielle de ce ballon est de monter.

Un crochet double figurera la vie, enfin un poids de plomb figurera le corps.

A l'état ordinaire tous ces principes sont unis ensemble ; la pesanteur du poids matériel (corps) corrige la légèreté du ballon (âme). L'existence du double crochet (vie) maintient les deux opposés dans un équilibre harmonique.

Voilà ce que montre bien la figure suivante.

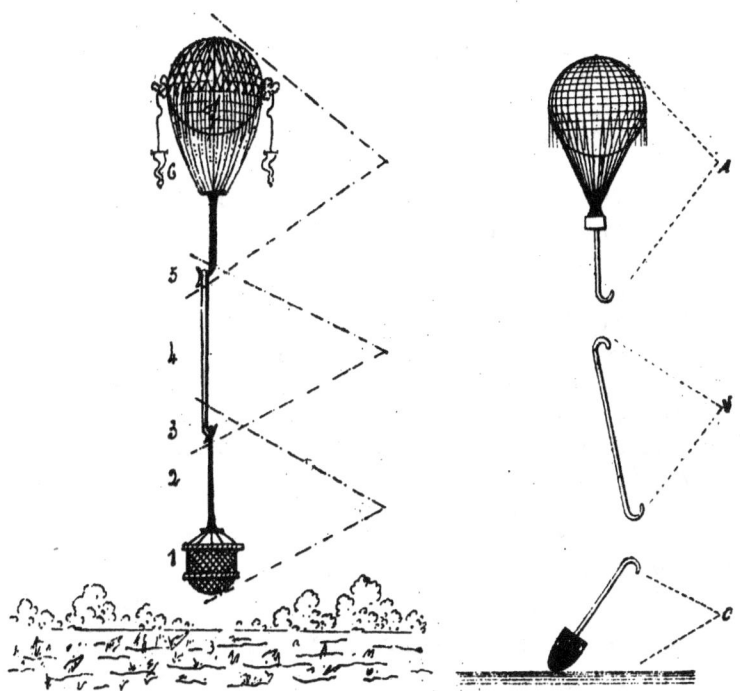

Figure analogique de la constitution
de l'être humain.

Si d'après cette figure on veut expliquer la mort, rien de plus simple : chaque principe part de son côté. C'est là l'idée qui vient d'abord; mais elle est fausse d'après l'occultisme.

Cette idée est fausse parce que le principe intermédiaire, le corps astral, se partage en deux ; sa partie supérieure reste reliée à l'âme et s'élève avec elle ; sa partie inférieure reste attachée au corps et se dissout avec lui : bien plus, elle aide le corps dans sa dissolution comme elle l'a aidé dans sa construction.

Si nous nous souvenons que les sept principes sont des divisions de ces trois primordiaux, il nous sera on ne peut plus facile de les classer d'après notre figure analogique.

| | |
|---|---|
| Le poids de plomb, c'est *le corps*........ | 1 *Rupa*. |
| La tige reliant ce poids au principe supérieur, c'est *la vitalité*.................... | 2 *Jiva*. |
| Le crochet reliant cette vitalité au principe plus élevé, c'est *le corps astral*....... | 3 *Linga sharira*. |
| La portion médiane du crochet double intermédiaire, c'est *l'âme animale*......... | 4 *Kama rupa*. |
| Le crochet reliant cette âme animale à la division supérieure, c'est *l'intelligence*..... | 5 *Manas*. |
| Enfin le filet du ballon, c'est la substance enveloppant immédiatement le principe divin; c'est *la spiritualité, l'âme angélique*. | 6 *Buddhi*. |
| Le ballon c'est le principe.............. | 7 *Atma*. |

Au moment de la mort le principe intermédiaire : la vie, se partage en deux. Cette division se fait au niveau du quatrième principe : *l'instinct, l'âme animale*, et la facilité avec laquelle cette division s'opère dépendant de l'attraction ou de l'indifférence de l'homme pour les choses d'ici-bas, explique les souffrances symbolisées par les religions exotériques sous le nom de *Purgatoire*.

L'extrait suivant du chapitre déjà cité ci-dessus montre bien que la déduction nous a naturellement conduit à l'explication d'un des enseignements de la Théosophie :

« Par rapport à l'état spirituel de l'homme, immédiatement après la mort, le BOUDDHISME ÉSOTÉRIQUE enseigne que les trois principes inférieurs qui appartiennent au corps extérieur, sont abandonnés et retournent à la Terre d'où ils procèdent et à qui ils appartiennent. Ce qui constitue l'homme réel, c'est-à-dire les quatre principes supérieurs, passe dans le monde spirituel qui entoure immédiatement le nôtre et qui en est de fait le plan astral, c'est le Purgatoire de l'Église catholique romaine, appelé en sanscrit KAMA LOCA. Ici une séparation a lieu : d'un côté, les deux principes les plus élevés entraînent le cinquième (l'Ame humaine), la véritable personnalité, dans une direction; tandis que le quatrième (l'Ame animale) l'attire vers la Terre. Les parties les plus pures, les plus élevées, les plus spirituelles du cinquième principe, restent attachées au sixième et sont élevées par lui ; ses instincts, ses impulsions, ses souvenirs inférieurs adhèrent au quatrième principe et restent dans le KAMA LOCA, le « PURGATOIRE » ou la sphère astrale qui entoure immédiatement la Terre ».

La figure suivante montre ces diverses séparations.

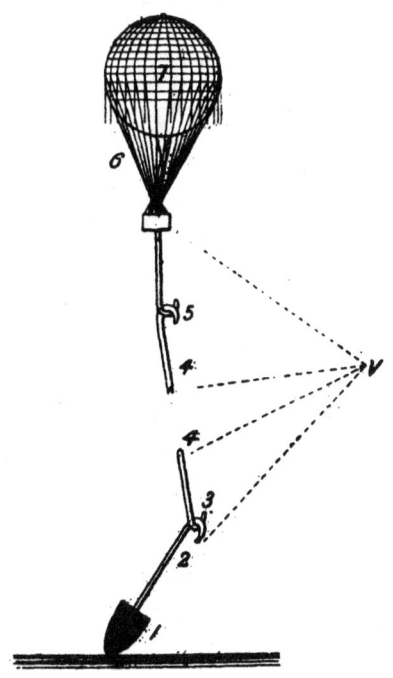

Rappelons qu'au moment de la naissance le cordon ombilical qui reliait l'enfant à sa mère *par son ventre* a été coupé.

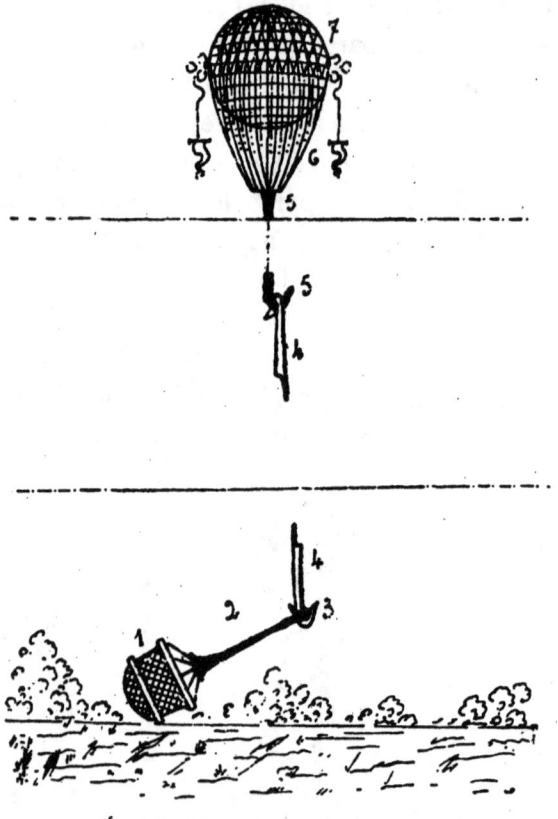

État de l'homme après la mort.

Un nouveau lien est né — invisible — qui rattachait l'homme à la Terre par la Respiration (*Poitrine*). A la mort l'asphyxie se produit, c'est-à-dire que ce lien se coupe à son tour. Qu'arrive-t-il? l'analogie nous montre qu'un cordon ombilical psychique vient de naître, ayant cette fois son centre *dans la tête*[1], lieu de développement des facultés

1. Voy. fig. page 310.

psychiques. Les théories ci-dessus développent au mieux cette donnée du cordon ombilical psychique (4° et 5° principes) qu'éclairent les figures suivantes.

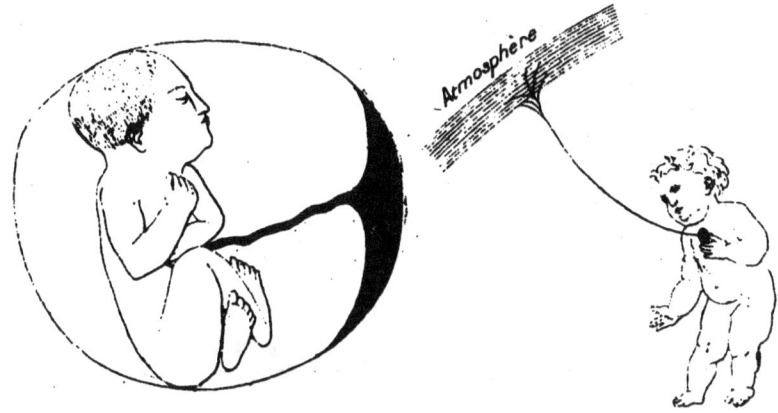

Cordon ombilical abdominal.    Lien atmosphérique (respiration).

Les mauvaises pensées, les actions égoïstes, la pratique des passions développent au plus haut point la matérialité des quatrième et cinquième principes (instinct et âme humaine); aussi au moment de la mort la séparation de ces principes d'avec les supérieurs est-elle fort difficile et l'état de souffrance est-il plus long.

*
* *

Voilà en résumé ce qui se passe au moment immédiat de la mort. Que devient l'homme ensuite? C'est ce que nous allons nous efforcer de développer.

Immédiatement après la mort, l'homme est dans un état de trouble inversement analogue à son état immédiatement avant la naissance.

Cependant un phénomène remarquable se produirait alors, de l'avis de certains occultistes indous. La dernière bouffée vitale qui monte au cerveau illuminerait tellement celui-ci au moment de la séparation des deux principes, l'âme et la vie, que *tous les faits* emmagasinés dans la mémoire se présenteraient subitement à la conscience du mourant avec une intensité et une vivacité remarquables.

Ce phénomène, qui a la durée d'un éclair, se produit,

Cordon céphalique (astral).

nous le savons tous, au moment où le noyé va mourir totalement asphyxié. Plusieurs personnes tombées à l'eau, repêchées et ramenées à la vie après de longs soins, ont raconté ce fait, qu'elles avaient éprouvé à leur grand étonnement.

A cette phase de lucidité succède, par réaction fatale, une phase de torpeur qui dure plus ou moins longtemps.

A ce moment l'homme est comme plongé dans un rêve tantôt agréable, tantôt cauchemar affreux, suivant les cas. Il n'a pas conscience de son nouvel état ; il ignore le plus souvent comment user des nouvelles facultés, essentiellement spirituelles, dont il est pourvu, et est surtout guidé par ses passions antérieures.

Un avare restera attaché aux biens matériels, son seul amour ici-bas. Mais il sera dans l'état du pauvre hère qui se réveille affamé après avoir rêvé qu'il était devenu subitement riche et jetait l'or à poignées à ses nombreux courtisans. Les biens matériels sont devenus aussi insaisissables à l'avare et à l'égoïste que l'or du rêve pour le pauvre hère. Avec cette différence que l'avare a conscience de la dilapidation de son trésor par ses héritiers, tout joyeux de cette aubaine, et qu'il assiste impuissant et souffrant mille tortures à la dispersion de ses chers écus, semblable au paralytique, cloué sur son fauteuil qui assiste à un crime, mais qui, rendu muet par la maladie, ne peut proférer une seule parole [1].

La situation d'un suicidé est encore plus épouvantable. Attaché au corps dont il a cru se débarrasser à jamais, il éprouve les mêmes besoins qu'il éprouvait étant vivant, mais le moyen de satisfaire ces besoins a disparu. Le récit des divers supplices de Tantale ne peut donner qu'une faible idée des tortures qu'éprouve le suicidé, assistant malgré lui à la décomposition lente de ce corps qu'il croyait le plus souvent exister seul.

Mais dans les cas les plus généraux, quand les lois de la Nature n'ont pas été violées par la volonté humaine, toujours libre de son choix, la période de trouble passe bientôt et peu à peu, le nouveau-né au monde astral s'habitue à l'usage des organes inconnus pour lui dont il est doté.

C'est à ce moment qu'il est libre de choisir entre deux voies :

Ou l'évolution progressive, le perfectionnement continué au delà de la mort. Ou le dévouement conscient à une œuvre ou à un objet.

De même que l'avare peut rester attaché à son trésor

---

[1]. Voy. *Thérèse Raquin*, par Emile Zola.

enterré dont il devient le mauvais démon, gardien d'autant plus sûr qu'il est invisible aux yeux des profanes, de même l'être exalté par l'amour peut sacrifier le bonheur qui l'attend à l'objet aimé et rester invisiblement attaché à celui qui vit encore sur la terre.

L'époux inconsolable voit se produire autour de lui des phénomènes étranges; le courant de ses idées, s'il est sceptique, se modifie sans qu'il sache pourquoi, et peu à peu une vie nouvelle commence pour lui, et l'être cher qu'il croyait à jamais disparu se manifeste de plus en plus activement.

Un père peut de même sacrifier son évolution à la protection d'un enfant aimé resté sur terre, et cela ne s'arrête pas là.

Celui qui meurt consciemment pour son idée, devient l'âme directrice de cette idée dans l'invisible, et telle religion qui semblait au premier abord puérile apparaît tout à coup formidable aux adversaires qui ont mis à mort le fondateur. Les bourreaux ont donné la vie éternelle à l'œuvre qu'ils espéraient détruire à jamais.

C'est sur ce point qu'on peut faire la critique la plus sévère aux théories de l'ésotérisme indou. Méconnaissant l'amour dans toutes ses conséquences, elles n'ont vu partout qu'un aveugle fatalisme, n'ont pu comprendre la réhabilitation de l'être par l'affection et le dévouement et en sont arrivées à nier l'utilité même de la prière, le plus puissant agent magique dont dispose une âme incarnée.

La tradition transmise par la kabbale hébraïque est seule intacte à cet égard. Elle enseigne que de même que les êtres se sont divisés progressivement avant l'incarnation, ils peuvent se synthétiser progressivement de par l'amour, et de synthèse en synthèse remonter à l'originelle unité.

*Platon* dans le *Banquet*, *Swedenborg* dans ses œuvres, *Jacob Bœhm* dans ses *Trois principes*, *La Kabbale* dans plusieurs passages (voy. l'étude d'Ad. Franck), sont unanimes sur cette question.

※

En résumé l'âme, immédiatement après la mort, est plongée dans un état de trouble particulier, état suivi d'un réveil progressif dans le monde, nouveau pour elle, des astres.

Nous allons bientôt suivre cette âme dans son évolution; pour l'instant nous ne saurions mieux résumer les enseignements de la Science occulte à ce sujet, qu'en donnant l'extrait suivant d'un petit livre devenu très rare : *les Clefs de l'Orient :*

Ainsi, partout où l'ombre combat la lumière, partout la Mort, puissance cosmogonique, du Père, est présente, quoique invisible, active, bien que latente.

Reine des épouvantements, quand elle va s'abattre sur une famille, les ancêtres s'émeuvent longtemps avant qu'elle ait frappé ; pendant le sommeil, ils projettent des images prophétiques dans le cerveau nerveux des femmes ; et bien que neutres le plus souvent dans la vie spirituelle, les hommes sont parfois profondément troublés par des songes.

Il arrive quelquefois qu'un des ancêtres apparaît aux yeux corporels.

Dans la veille, une tristesse accablante flotte dans l'air, oppresse les poitrines, étrangle la gorge, angoisse les cœurs.

Les animaux familiers eux-mêmes sentent l'approche de la destruction ; les chiens hurlent lugubrement, et on a vu l'émotion qui agite les ancêtres entraîner jusqu'aux choses inanimées du foyer qui leur est cher.

Nul œil profane n'a vu la Mort; personne ne semble appelé à mourir; et pourtant elle est proche.

Quand cette puissance cosmogonique du *Père* veut entrer en acte, avant qu'elle ait suscité les causes mortelles du trépas, *la Nature* s'émeut, *l'Éternel Féminin* s'agite ; *Ionah*, la substance cosmogonique de la vie, frissonne sur la terre et dans les cieux, et les âmes des morts courent avertir les vivants et volent au secours de ce qui va mourir.

Cependant la Mort n'est implacable et sourde que pour les profanes et les profanateurs.

L'initié l'appelle ou la repousse, l'arme ou la désarme, l'excite ou la combat, la déchaîne ou l'entrave.

Ces choses, en dehors des autels, doivent demeurer voilées et n'être révélées que derrière eux.

Pourtant, par la puissance de son amour, la femme, image humaine de la Nature, a fait parfois frissonner ce voile noir et reculer la Mort.

J'ai vu un médecin désespéré dire à une mère : « Hélas! il faudrait un miracle! »

La mère est demeurée seule au chevet de son enfant : le miracle s'est fait.

Si vous voulez mourir, appelez la Mort. Si vous voulez l'éloigner d'un être cher, priez de toute la puissance de votre âme.

Mais lorsque quelqu'un doit absolument succomber, lorsque l'heure fatale est venue, courage.

Veillez encore sur ce qui va s'endormir; jamais, jamais, le dévouement ne fut plus nécessaire.

Le médecin, sentant son art vaincu, s'éloigne à tort.

Au traitement de la maladie doit succéder celui de

l'agonie, à la thérapeutique corporelle, la psychurgie des anciens Thérapeutes.

Le prêtre, quand il a administré ses admirables sacrements et récité ses formules, se retire : pourtant, il reste beaucoup à faire.

A l'exorcisme administratif des sens physiques doit s'ajouter un enchantement réel de la sensibilité, une conjuration précise des ancêtres présents.

Si le prêtre et le médecin, forcés de multiplier leurs services, ne peuvent disposer d'assez de temps pour les prolonger ainsi dans chaque foyer, l'initiation graduée des sexes et des âges est donc nécessaire à l'assistance du mourant, comme à la religion du vivant.

Ainsi, mère ou père, femme ou mari, fille ou fils, sœur ou frère pourront donner à qui s'en va toute l'aide dont la Mort impose le besoin.

Et quand le dernier soupir est rendu, quand vous avez fermé les yeux de l'être bien-aimé, ne croyez pas l'âme partie au loin, n'abandonnez pas ce cadavre à la veillée des mercenaires : jamais ce qui l'habitait n'eut plus soif de votre intelligence et faim de votre amour.

Écoutez et puisse votre cœur tressaillir ! Celui qui veille pieusement un mort aimé, avec la science et l'art du Psychurgue, l'âme du mort l'enveloppe dans ses tourbillons désespérés.

Pleine encore des pensées, des sentiments et des sensations de l'existence physique, plus souffrante d'avoir quitté son effigie que de s'y tordre de douleur, cette âme qui, dépourvue d'initiation, se sent brisée dans ses attaches corporelles et n'en peut trouver d'autres, s'effare, frissonne, s'élance et retombe sans initiative dans une nouvelle agonie d'épouvantements.

En vain, si elle vient des sphères divines, son génie

céleste lui fait signe ; en vain les ancêtres l'exhortent.

Sa clairvoyance lumineuse demeure frappée de cécité par habitude des yeux, son entendement de surdité par habitude des oreilles.

Plus, dans l'existence, cette âme s'est enracinée à ses instincts, plus elle s'est oubliée dans sa chair, moins elle a repris science, amour et conscience de sa vie immortelle, plus aussi elle est prisonnière de son cadavre, possédée par lui et travaillée par son anéantissement et sa décomposition.

L'état des aliénés les plus désespérés ne donne qu'une faible idée de ces souffrances posthumes qui peuvent durer des siècles.

Soulevez *la Nature* de tous les battements de votre cœur, priez-*la,* priez *Dieu* près de ce cadavre, vous ne pouvez pas savoir quel bien vous faites.

Cette âme ne voit plus que la nuit, n'entend plus que l'inouï, ne mesure plus que l'insondable, n'a plus qu'une pensée, qu'un sentiment, qu'une sensation : le vertige des épouvantements.

La raison et la morale, ces deux rapports avec le milieu humain d'ici bas, sont bouleversées en elle.

Son moi souffre alors le commencement de la Mort seconde sans pouvoir s'y engloutir; son individualité se cherche dans ces viscères dissociés, sans pouvoir s'y retrouver ; sa personne, étrangère à elle-même, se poursuit à travers ce cerveau et ce cœur inanimés sans pouvoir s'atteindre.

Suspendu sur l'*Horeb*, sur ce puits dévorant de l'abîme que rouvre l'absence du Soleil, frissonnante, ahurie, sans poumons pour crier, sans bras pour faire un geste, sans yeux pour les ouvrir et pleurer, elle veut à toutes forces se replonger dans ce cadavre qui, sauf de lugubres exceptions, lui demeure fermé comme le sera la tombe.

Elle reste vaguante dans l'horreur.

Alors le psycurgue doit l'attirer.

S'il le fait, palpitante, elle cherche dans les ténèbres de son aveuglement, dans le silence de sa surdité.

Que cherche-t-elle? Elle ne le sait : une épave, un point d'appui, une lumière, une voix dans sa propre tourmente.

Et, tout imprégné des effluves de la vie, le survivant l'attire peu à peu vers son cœur comme vers un foyer rayonnant, vers un asile sacré.

Frémissante, elle y vient lentement et s'y réfugie avec ivresse.

Dans cette clairvoyante et chaude sympathie, elle puise avec avidité du courage, de la force, de la vie psychurgique.

Elle peut attendre enfin, s'accoutumer, regarder avec sa vue, écouter avec son entendement que l'usage des sens a perverti.

Elle peut briser peu à peu les liens rationnels et moraux de ses passions et de ses facultés, entrevoir distinctement le monde intelligible, déployer ses innéités engourdies depuis la naissance, retrouver son principe ontologique, reprendre possession de sa volonté. Quand elle s'est ainsi reconnue comme un ramier qui se repose avant de repartir, lorsqu'elle se sent capable d'affronter l'*Horeb* et de s'y orienter, quand elle perçoit les âmes, les ancêtres et le génie ailé qui l'appelle pour descendre et pour monter, alors, prête, elle se retourne vers l'être aimant qui la porte, la caresse de l'âme, prie pour elle et la pleure de l'autre côté de la vie.

Longuement, lentement, l'exilée baise ce cœur pieux et

désolé, l'emplit d'une douce chaleur éthérée, d'une irradiation délicieuse, le presse d'une étreinte spiritueuse, exquise, lui disant ainsi dans le verbe ineffable des âmes et de Dieu : « Merci! Adieu! Non! au revoir en Dieu [1]! »

### L'âme après la mort.

Une des phases d'occultisme pratique les plus difficiles à traverser c'est, paraît-il, celle de la sortie consciente du corps astral. A l'état normal, dans le corps physique, nous ne sentons pas le courant d'attraction exercé par les astres voisins, le Soleil surtout, sur la Terre. Tout être plongé dans l'auto-hypnotisme conscient et qui se met en rapport avec les forces cosmiques voit se dérouler devant lui les phénomènes suivants :

Tout d'abord il se voit assailli par une foule d'êtres à demi formés qui prennent des aspects horribles et qui se jettent avec impétuosité sur lui. Un sang-froid très grand est nécessaire à ce moment, car un simple regard suffit pour tout écarter. Ces êtres forment l'atmosphère vivante des invisibles qui entourent immédiatement la terre. Ce sont eux qu'on appelle en occultisme « esprits des éléments » ou *élémentals*.

Mais ce n'est pas le seul danger. A peine sorti de cette couche, l'audacieux se trouve en présence d'un courant lumineux aux mille replis, courant effroyable d'intensité. L'idée d'un homme plongé subitement au centre des cataractes du Niagara peut à peine figurer cette sensation.

Ce courant lumineux c'est la grande force qui maintient les attractions harmoniques entre tous les astres de notre

---

1. Alexandre Saint-Yves, *Clefs de l'Orient*. Paris, Didier, 1877 (p. 98 et 107). (*Bibliothèque Nationale*, 8, J. 46.)

Univers, de là son nom de *lumière astrale*. A ce moment le danger est des plus grands.

L'initié est comparable au navire qui se trouve tout à coup devant une véritable montagne d'eau sans cesse naissant, sans cesse s'écroulant avec fracas.

Si le capitaine prend bien son temps, le navire saisi par la vague est élevé à une hauteur prodigieuse, puis il redescend doucement sur l'autre versant de cette vague. Mais si le capitaine se trompe, la vague entraîne bien le navire, mais s'affaissant avant qu'il soit parvenu au faîte, elle l'engloutit sous son poids avec tout l'équipage. Il en est de même pour l'initié.

S'il est guidé par un maître expert en la matière, il se lancera dans le courant formidable de lumière astrale qui se présente à lui, et se retrouvera porté vers le Soleil dans le monde de la lumière.

Si l'expérience lui manque ou qu'il n'ait pas le sang-froid nécessaire, il peut être englouti et porté dans le courant des ténèbres, vers la Lune.

Ce n'est pas de la métaphysique que nous faisons en ce moment. C'est de l'astronomie élémentaire.

Notre Terre a toujours une de ses moitiés, un hémisphère, éclairée par le Soleil, c'est-à-dire où il fait jour, et une autre moitié éclairée par la Lune, c'est-à-dire où il fait nuit.

La moitié du côté du Soleil forme un cône de lumière dont le Soleil est le sommet.

La moitié éclairée par la Lune forme un cône de ténèbres dont cette Lune est le sommet.

Il suit de là que la Terre traîne toujours après elle un cône de lumière et un cône d'ombre entre lesquels tourne le grand serpent astral, qui figure ce courant dont nous avons parlé.

Quand l'initié avait franchi ce courant et qu'il revenait à lui sur la Terre, se souvenant de tout ce qu'il avait vu, il prenait le titre de *Deux fois né ;* là il connaissait les mystères de la vie et ceux de la mort. Il avait éprouvé vivant les phases que l'âme traverse après la mort.

En effet, cette âme est saisie par le grand serpent, le

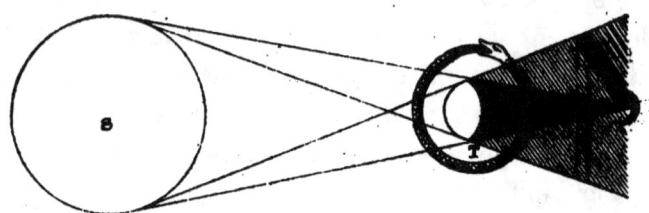

La Terre. — Le cône de lumière dominé par le Soleil. — Le cône d'ombre dominé par la Lune. — Le serpent astral.

courant de lumière astrale, et jetée dans le cône d'ombre où, sucée par la Lune, elle éprouvera les peines enseignées par les religions exotériques comme se passant dans le *Purgatoire.* Quand sa volonté sera assez forte pour vaincre ce courant d'attraction lunaire, elle pourra se plonger dans la lumière astrale et passer dans le courant d'attraction solaire, dans le cône de lumière d'où elle évoluera dans l'espace.

On trouvera des détails à ce sujet dans le *Zanoni* de Bulwer Lytton.

C'est par la Lune et son cône de lumière que viennent sur la Terre les courants *d'involution,* de descente d'esprits dans la matière.

C'est par le Soleil que s'échappent les courants d'évolution de notre univers sur un autre.

De ces considérations il découle un fait important : c'est que, chaque fois qu'on voudra bien s'en donner la peine, on verra que les enseignements théologiques ne sont que des enseignements scientifiques incompris de la caste sacerdotale devenue ignorante et sectaire.

La figure ci-contre montre schématiquement les lieux occupés par les principes de l'homme après la mort. Il faut toujours se rappeler qu'il s'agit là d'un simple schéma et que *ces lieux* sont en réalité des *états différents* et non des endroits différents.

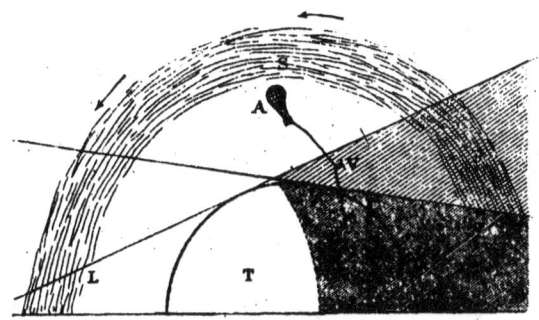

Figure schématique montrant l'état de l'âme après la mort.
T. — La Terre.
O. — Cône d'ombre dominé par la Lune (Purgatoire).
L. — Cône de lumière dominé par le Soleil (Paradis).
S. — Courant de lumière astrale (l'âme de la Terre).
P. — Pénombre.
A. — Une âme humaine figurée par un ballon se tournant vers la lumière.
V. — La Vie humaine attachant encore l'âme au cône d'ombre.
C. — Le Corps resté sur la Terre.

## CHAPITRE VII

## COMMUNICATION AVEC LES MORTS

### LE SPIRITISME ET SES THÉORIES

Quand l'être une fois revenu à lui se retrouve enfin dans un nouvel état peut-il communiquer avec ceux qui sont restés sur Terre ?

A cette question 40.000 adhérents de toutes les écoles réunis par leurs délégués en Congrès en septembre 1889 ont répondu affirmativement.

Les poètes anciens, les livres saints nous montrent la possibilité de l'évocation des mânes. Mais de grandes précautions doivent être prises pour éviter de prendre le reflet de ses idées personnelles pour une manifestation de l'âme du défunt.

L'Occultisme enseigne que, d'une façon générale, l'être qui veut entrer en communication avec un défunt doit se mettre dans le même état psychique que celui qu'il évoque, c'est-à-dire doit donner en lui la prépondérance au monde astral sur le monde physique. Un initié entre dans l'astral consciemment par l'auto-hypnotisme, un profane se sert d'un intermédiaire inconscient, un être endormi magnétiquement : sujet ou médium.

Tout être endormi magnétiquement se met en rapport avec le corps astral du consultant et par suite avec le cerveau de ce consultant. Aussi le premier des dangers à éviter est-il de prendre pour une communication du défunt la réflexion de vos idées dans cette glace psychique qu'est un médium.

La Science doit être vraie et non sentimentale, aussi n'a-t-elle cure de cet argument qui veut que la communication avec les morts ne puisse être discutée parce qu'elle constitue une idée « très consolante ».

Au milieu du xix<sup>e</sup> siècle une philosophie primaire s'est constituée sous l'influence des travaux remarquables d'un ancien instituteur : *Allan Kardec*. La nouvelle doctrine a pris le nom de SPIRITISME.

Dans l'antiquité toutes les pratiques de l'occultisme étaient enfermées dans l'étude de la Magie. Cette science comprenait plusieurs divisions correspondantes à divers ordres d'études dont deux seulement sont connus de nos jours : l'action de la vie humaine sur l'homme et la Nature (magnétisme actuel) et l'évocation des morts (spiritisme actuel). Vouloir enseigner que le magnétisme ou le spiritisme renferment toute la Science Occulte comme prétendent le faire certains fanatiques est aussi ridicule que de vouloir prétendre que la Chimie constitue à elle seule toute la Science.

L'étude de la Science Occulte fournit sur l'évocation des morts des données complètement inconnues de la plupart des spirites actuels en plus de celles qu'ils commencent à connaître.

Comme nos affirmations pourraient donner lieu à quelques polémiques dans la presse spirite, nous allons insister sur ce point.

Nous essayons dans ce livre de résumer de notre mieux

les enseignements de la *Science Occulte* sur les diverses idées qui se présentent à nous. Il est donc de la plus grande utilité de bien définir tout ce qui a rapport au spiritisme.

Avant tout disons quelques mots du spiritisme et de ses théories, puis nous développerons les idées de la Science Occulte touchant ces mêmes questions.

A la suite de certains phénomènes, inexplicables par les données scientifiques usuelles, produits en Amérique vers 1846, une théorie philosophique nouvelle sur l'état de l'âme après la mort prit naissance. Un instituteur français, Allan Kardec, réduisit les principaux éléments de cette théorie en une véritable encyclopédie constituée par ses divers ouvrages [1].

Les œuvres d'Allan Kardec sont remarquables par la simplicité de la doctrine philosophique expliquée et par la netteté dans l'exposition de points toujours obscurs à comprendre dans les livres spéciaux.

Voici le résumé de la doctrine spirite tel que nous l'avons fait pour le volume du Congrès spirite et spiritualiste de 1889.

### ÉCOLES SPIRITES

Pour bien saisir les données de chaque école au sujet des phénomènes produits, quelques considérations préliminaires sont indispensables.

Le spiritisme expose un système philosophique bien défini, ainsi du reste que les écoles d'occultisme. L'*homme*, son passé, sa raison d'être et son avenir, tels sont les sujets principaux qu'aborde cette philosophie spirite. L'*Univers* et *Dieu* sont étudiés par quelques écoles, mais

---

1. Allan Kardec, *Œuvres*.

sans jamais entrer dans des considérations aussi profondes.

Tout d'abord comment doit-on considérer l'homme vivant, tel que nous le voyons autour de nous sur cette terre ?

L'*homme* est composé de trois principes bien distincts :

1° Le corps matériel, support et moyen d'action des deux autres principes ;

2° L'esprit, cause de la conscience, de l'intelligence et de la volonté ;

3° Entre ces deux principes opposés le périsprit ou lien fluidique qui relie l'esprit au corps, et qui accompagne l'esprit après la mort terrestre et lui sert de nouveau corps.

Allan Kardec étudie avec grand détail ce périsprit qui constitue le point le plus important des doctrines spirites.

Le corps, le périsprit et l'esprit, tels sont les trois principes qui forment l'homme incarné.

D'où vient cet homme et où va-t-il ?

D'après la majorité des écoles spirites, l'âme humaine *tend* au perfectionnement indéfini. Le *moyen* de réaliser ce perfectionnement, ce sont les incarnations successives. L'âme, accompagnée de son périsprit, se réincarne autant de fois qu'il est nécessaire à son progrès.

Entre chaque incarnation, elle flotte dans les espaces interplanétaires et peut entrer en communication avec ceux qui l'appellent.

Ceci nous amène à décrire ce qui se passe *à la mort*.

Au moment de la mort, le périsprit se détache progressivement du corps matériel, qu'il abandonne sur la terre comme un vêtement désormais inutile. Quand le lien qui unissait le périsprit au corps est définitivement rompu, l'homme est mort pour les gens de la terre ; il vient de naître pour ceux de l'espace.

Pendant les premiers moments de cette séparation, l'esprit ne se rend pas compte du nouvel état où il est ; *il est dans le trouble, il ne croit pas être mort*, et ce n'est que progressivement, souvent au bout de plusieurs jours et même de plusieurs mois, qu'il a conscience de son nouvel état. Il se voit alors entouré de ses parents d'autrefois, de ses amis, de tous ceux qu'il croyait *morts* et qui sont maintenant les seuls vivants pour lui. Les vivants de la terre sont *morts* à ses nouveaux yeux. Doué par son périsprit d'organes plus subtils qu'avant sa désincarnation, il voit sa famille de la terre ou ses amis, il cherche à leur montrer qu'il est encore près d'eux, et pour cela il agit au moyen de son périsprit sur les objets matériels qui les environnent.

Il ne peut leur apparaître tel qu'il est sans qu'eux-mêmes ne s'y prêtent en alliant leur fluide magnétique (leur périsprit encore incarné) à son propre périsprit. Voilà pourquoi il en est réduit à agir sur la matière. De là ces coups, ces craquements multiples, ces phénomènes inexplicables, attribués machinalement à la chaleur, au froid ou aux influences météorologiques générales par ceux qui ne se doutent pas de la vérité.

Dans son nouvel état l'esprit progresse d'abord par ce qu'il voit, ensuite par les enseignements des autres esprits, enfin sous l'influence des bonheurs, des bonnes pensées et des prières de ses proches restés sur terre.

Cet échange des joies et des progrès entre le monde visible et le monde invisible constitue le fond de la morale du spiritisme, morale reconnue très élevée, même par les pires ennemis de ces doctrines.

Le monde invisible est donc formé par des esprits plus ou moins avancés, bons ou méchants, ignorants ou savants, ayant à leur disposition *des fluides* plus ou moins puissants au moyen desquels ils peuvent entrer en relations avec les vivants.

Ces relations s'établissent en général au moyen d'objets matériels que les esprits font mouvoir en se servant de leur périsprit combiné avec les fluides des assistants et surtout de l'être humain qui sert de médium.

Pour qu'un esprit se communique, il faut qu'il ait à sa disposition le périsprit d'un vivant et des organes matériels. C'est en alliant son périsprit à lui avec celui du médium que l'esprit peut se servir des objets matériels.

Ces objets matériels peuvent être des meubles (tables, chaises, etc.), qu'il met en mouvement. C'est le moyen généralement employé (phénomènes *physiques*).

D'autres fois l'esprit agit directement sur le médium endormi et se sert des organes matériels du médium pour se manifester. Dans ce cas on voit le médium changer l'expression générale de sa physionomie, le timbre de la voix habituelle change également ; c'est un esprit qui *parle* en se servant du larynx et des organes du médium en son lieu et place (phénomènes *psychiques, incarnations*).

D'autres fois encore l'esprit peut *se montrer* aux vivants en condensant autour de lui de la matière. Il se matérialise (phénomènes *fluidiques, matérialisations*; voyez les expériences à ce sujet de William Crookes).

Enfin dans d'autres cas l'esprit laisse des traces visibles de sa venue. Des objets matériels sont apportés à travers les murailles, des écritures sont directement projetées dans des ardoises ou sur du papier, et une foule d'autres phénomènes du même genre sont produits.

Ce sont là les principaux moyens qu'emploient les « es-

*Apparition Médianimique*

M. JAMES TISSOT, l'auteur de cette magnifique gravure, a bien voulu nous prêter gracieusement le droit de reproduction, mais pour cette seule édition de notre ouvrage.   F.

On trouvera les renvois nécessaires à sa compréhension au mot *Matérialisation* du Glossaire et de la Table alphabétique.

prits désincarnés » pour communiquer avec les vivants et pour montrer la réalité de leur existence.

Les personnes peu au courant de tous ces phénomènes se demanderont, en lisant ces lignes, si décidément ce ne sont pas des aliénés dangereux à qui est confiée la tâche d'exposer ici les idées des membres du congrès.

Quelques mots sont nécessaires pour rassurer ces susceptibles personnes.

Voir des choses que le commun des mortels ne voit pas journellement, entendre des paroles quand on est seul, voir apparaître des revenants et croire à leur réalité, ce sont là des signes évidents de dérangement cérébral pour nos bons médecins.

Ils ont raison s'ils veulent rester sur le terrain scientifique, et c'est aux spirites à leur répondre sur ce même terrain. Voilà pourquoi tous ceux qui ont étudié sincèrement ces phénomènes ont pris soin de remplacer les organes humains par des instruments enregistreurs purement mécaniques.

Là plus d'hallucination possible : le curseur qui grave des courbes sur le noir de fumée, ou la plaque sensibilisée qui enregistre une image, ne peuvent être hallucinés. Nous insistons longuement sur ces sortes de preuves, et c'est bien volontairement. Il n'y a pas en effet d'autre argument à opposer aux médecins contemporains, qui savent tous que l'hallucination d'un aliéné devient une *réalité* quand elle est contrôlée par des appareils mécaniques.

*Toute personne qui à l'heure actuelle nie systématiquement les phénomènes du spiritisme* (quelle qu'en puisse être du reste l'explication) *fait preuve d'ignorance ou de mauvaise foi.*

\*
\* \*

Revenons maintenant aux *théories* que nous avons abandonnées pour faire cette digression.

Nous avons montré les principales données de la doctrine spirite sur l'homme. Il nous reste peu de chose à dire.

L'*Univers* est conçu comme formant une série d'étapes que parcourt l'esprit qui se perfectionne. Les espaces interplanétaires sont peuplés d'esprits désincarnés, et les différentes planètes de tous les systèmes sont peuplées d'esprits incarnés dans des corps plus ou moins parfaits suivant leur élévation.

L'unité de tous les univers et de toutes les humanités est ainsi proclamée par le spiritisme.

La question de *Dieu* est traitée d'une manière différente par presque toutes les écoles. Aussi nous abstiendrons-nous d'entrer dans aucun détail à ce sujet, nous bornant à constater que la presque unanimité des spirites croit à l'existence de Dieu.

\*
\* \*

L'exposé très succinct d'ailleurs que nous venons de faire du spiritisme montre de suite quelles sont ses grandes qualités et quels sont aussi ses défauts.

Ses qualités proviennent de la simplicité, de la limpidité même avec lesquelles peuvent s'expliquer tous ces phénomènes inconnus des savants. Elles proviennent plus encore que de toute autre cause *de la réalité absolue des phénomènes.*

C'est là le point où le spiritisme est vraiment invulnérable. Les académies ont beau dire que ceux qui s'occupent de ces sciences sont fous, MM. L. Hahn et L. Thomas ont beau consacrer au spiritisme dans le Dictionnaire encyclopédique des Sciences médicales une étude quelque peu méprisante, ils sont bien forcés de constater que cette « folie épidémique » a gagné à l'heure actuelle plusieurs millions d'adhérents.

Les défauts du spiritisme proviennent surtout des exagérations auxquelles se sont livrés ses adeptes. Ne recrutant que peu de croyants dans les milieux scientifiques, cette doctrine s'est rabattue sur la quantité d'adhérents que lui fournirent les classes moyennes et surtout le peuple. Les « groupes d'études », tous plus « scientifiques » les uns que les autres, sont formés de personnes toujours très honnêtes, toujours de grande bonne foi, anciens officiers, petits commerçants ou employés, dont l'instruction scientifique et surtout philosophique laisse beaucoup à désirer. Les instituteurs sont des « lumières » dans ces groupes. Telle est l'origine de ces théories exagérées venant se greffer sur des phénomènes absolument vrais, nous ne saurions trop le répéter.

Nous verrons tout à l'heure qu'il semble incontestable que les âmes des morts aimés puissent être évoquées et puissent venir dans certaines conditions. — Partant de ce point vrai, les expérimentateurs à imagination active n'ont pas été longs à prétendre que les âmes de tous les morts, anciens et modernes, étaient capables de subir l'action d'une évocation mentale.

C'est alors que l'on imprima des « communications » de Caïphe, de Pilate et d'Hérode discutant contradictoirement avec Jésus-Christ. C'est alors que la « Vierge Marie » vint diriger en personne une série de groupes d'études. C'est aussi de par cette idée qu'on voit Victor Hugo perdre subitement tout sens de la poésie huit jours après sa mort et venir dicter des communications en vers de treize pieds pleins de hiatus sur l'état actuel de son âme et le bonheur qu'il éprouve à converser avec ses « chers spirites ».

Il est dans le monde du spiritisme des hommes sérieux et instruits s'il s'y trouve des sectaires ignorants : ceux-là rougissent de ces exagérations outrées et cherchent à éviter le ridicule dont les couvrent les « frères » trop zélés. Ces hommes ont pour la plupart leur opinion faite et savent bien que l'âme de Platon n'a que faire des évocations d'un représentant de notre industrie nationale, ancien épicier ou concierge en retraite.

Les phénomènes spirites seraient-ils susceptibles d'être produits par d'autres influences que les âmes des morts?

Si ces influences existent, d'où proviennent-elles?

Telles sont les questions auxquelles la Science occulte nous permettra de répondre, lorsque nous aurons à étudier de notre mieux la question de savoir dans quels cas la communication avec les esprits est possible, étant admis que cette communication est possible.

Pour bien prouver que nous n'exagérons rien et que c'est dans l'intérêt même du spiritisme que nous signalons les excentricités de certains groupes nous citons in extenso le compte rendu d'une séance dans laquelle saint Jean, Jésus-Christ et Allan Kardec, sans compter Marceau, firent leur apparition. On verra par cet extrait si nous avons raison ou non.

La *Vie Posthume* n'a cessé dès son premier numéro de crier guerre au mysticisme. Elle persiste plus que jamais à voir dans l'usage des prières à formules cataloguées, une aberration propre à déconsidérer le spiritisme. Vainement nous demandons-nous quels bons fruits peuvent bien attendre les partisans de ce mystique usage qui transforme en chapelles certains groupes spirites dits consolateurs ; quant à ses dangers, le récit suivant suffirait à lui seul à en démontrer l'évidence.

## UNE SÉANCE DE SPIRITISME PIÉTISTE

Au moment où de l'avis des écrivains spirites les plus autorisés, la nécessité s'impose pour tous de prendre parti pour l'une des deux écoles, dogmatique ou progressiste, il ne sera pas sans intérêt pour ceux des lecteurs de la *Vie Posthume* qui n'ont pas eu à traverser la période mystique des débuts, de lire le compte rendu d'une séance spirite à laquelle j'ai assisté, il y a quelque temps, en pleine ville de Marseille. Il leur sera facile de se faire une idée de ce que peut être le spiritisme piétiste ou consolateur en rapprochant de ce compte rendu les équipées cérébrales de M. Jules-Edouard Bérel, dont notre directeur, M. George, a fait une si juste appréciation dans le dernier numéro.

Nous étions réunis au nombre de vingt-deux dans un petit salon dont le milieu était occupé par une table ronde assez massive. Les dames étaient en grande majorité et, pendant les quelques instants qui précédèrent la séance, je remarquai que plusieurs d'entre elles étaient affligées de mouvements convulsifs très prononcés; le lambeau suivant de conversation me fit connaître la cause de cette affection.

— Est-ce toujours le même esprit qui vous tourmente? demanda quelqu'un à une jeune fille qui paraissait fort agitée.

— Oui, monsieur, j'ai beau prier, il ne veut pas me laisser en repos.

— Il ne faut pas vous décourager, mon enfant, il n'y a que la prière qui puisse vous délivrer de lui.

La séance ayant été ouverte, M. le Président lut, au milieu d'un silence religieux, une prière dans laquelle on demandait au bon Dieu une foule de choses et principalement de ne permettre qu'à de bons esprits de se communiquer. Puis quelques personnes ayant placé leurs mains sur la table, on entendit distinctement frapper quelques coups dans le bois.

— Est-ce un esprit? demanda le chef du groupe.
— Oui.
— Avez-vous quelque chose à nous dire?
— Oui.
— Quel est votre nom? Mais, avant, croyez-vous en Dieu?
— Non.
— Alors, allez-vous-en.

C'est textuellement par ces charitables paroles qu'étaient reçus, ou plutôt chassés, les désincarnés qui ne croyaient pas en Dieu, alors qu'on interrogeait avec douceur et déférence ceux qui accusaient une foi aveugle en la divinité. Tous ces derniers se trouvaient dans un état lamentable de ténèbres et de souffrances, juste punition, disaient-ils, des fautes qu'ils avaient commises ici-bas. Tous, invariablement, quêtaient des prières et soupiraient après une nouvelle incarnation qui leur permettrait de réparer le mal qu'ils avaient fait.

Pour témoigner tout l'intérêt que l'assistance prenait aux souffrances de ces âmes pieuses, M. le Président reprit son livre d'heures et lut une nouvelle prière appropriée à la circonstance.

Après un repos de quelques minutes, le chef du groupe *mit les corps de tous les assistants à la disposition des esprits qui voudraient bien s'en emparer et se communiquer par ce mode plus expéditif.* Aussitôt une dame se leva brusquement comme mue par un ressort, ferma les yeux, jeta violemment les bras en avant, les ramena sur la poitrine par un geste saccadé et commença à mimer une scène militaire (?) avec des poses et des gestes dont je cherchais vainement la signification, quand mon voisin me dit à voix basse :

— Nous allons voir si elle tombera aussi bien que jeudi dernier.

— Comment? ce n'est donc pas la première fois qu'a lieu cette scène?

— Non, toutes nos séances de *possession* commencent par la mort de Marceau.

Je compris dès lors la mimique du médium. Il venait d'être frappé d'une balle fluidique ; il se mit à genoux, simula une courte prière, se releva en chancelant et tomba raide mort sur le parquet avec une grande vérité d'imitation.

Après cette scène, j'allais dire ce lever de rideau, le Président fut à son tour saisi par l'Esprit. Il se leva avec les mêmes gestes saccadés, et, s'approchant d'une jeune fille, auprès de laquelle il prit place, lui tint un discours en vers, ou mieux en phrases rimées de l'effet le plus bizarre. Ce n'était plus Marceau, c'était un jeune habitant de la planète Mars qui venait visiter sa fiancée spirituelle, dont il avait été séparé par un crime dont l'expiation le retenait pendant plusieurs incarnations sur une planète inférieure. Il avait tué une chèvre, ce qui, paraît-il, est le forfait le plus exécrable qu'on puisse commettre sur Mars. Incidemment et entre autres choses utiles à la science et à l'avancement de l'être, le bon jeune homme nous apprend que chez lui le lait est du plus beau noir et que le café est d'un blanc de neige, ce qui paraît assez naturel pour que le café au lait conserve la même nuance que sur terre.

Au milieu d'une foule de détails de cette force, l'Esprit nous ouvre quelques horizons nouveaux et nous donne, toujours en vers libres, des conseils excellents, nous promettant que si nous avons le repentir final :

Nous irons sur les *asphères* élevées et puis, arrivés sur-les hauteurs,
Nous ferons un paquet de nos fautes et les jetterons dans les profondeurs.

Cet Esprit nous quitte enfin et fait place à saint Jean, qui veut bien emprunter le corps d'une jeune fille. Celle-ci se lève avec les mêmes symptômes d'agitation que les médiums précédents et essaye, mais inutilement, de captiver l'attention de l'auditoire par des tronçons intermittents de phrases hachées et sans suite ; soit que saint Jean n'ait pas l'habitude de notre langue, soit que le médium ne possède pas les cordes vocales nécessaires pour émettre certains sons, le cher Esprit balbutie et ânonne comme un écolier qui veut réciter une leçon qu'il n'a lue qu'une seule fois. Au cours d'une pause, pendant laquelle l'orateur s'escrime à courir après le mot qui fuit, le Président de nouveau saisi par l'Esprit s'apprête à parler, lorsque saint Jean, qui a rejoint son expression, reprend le fil de sa harangue. Le Président se rassied et s'empare sur la table d'un porte-plume et d'un crayon qu'il met en croix, et qu'il élève en les promenant de droite et de gauche à l'instar de l'officiant qui donne la bénédiction de l'ostensoir. En même temps avec un léger mouvement d'épaules il montre du doigt le pauvre saint Jean empêtré dans une phrase sans issue et fait de la main un geste qui signifie très clairement : « Que voulez-vous ? il n'en sait pas davantage, prenez patience, je vais parler. » Et aussitôt dans l'auditoire on entend chuchoter avec un soupir de satisfaction : c'est Jésus-Christ.

Ici, je dois m'arrêter un instant pour affirmer avec toute l'énergie dont je suis capable que, quelque énormes que ces choses puissent paraître, je ne fais nullement de la fantaisie ; je me borne à raconter avec la plus scrupuleuse exactitude ce que j'ai vu et entendu. Le seul reproche de lèse-vérité qu'on puisse m'adresser est d'omettre des détails que la gravité pourtant bien connue de la *Vie Posthume* ne suffirait pas à faire accepter par le lecteur.

Je reprends mon récit : Saint Jean, profitant de l'inattention générale, se rassied en épongeant les larges gouttes de sueur dont son front est inondé. Le Christ se lève et s'étant assis sur la table, les yeux fermés, promène autour de lui un regard qui, à en juger par le sourire qui l'accompagne, doit être d'une douceur infinie. Puis, au milieu d'un silence solennel, il commence son discours. La tenue de notre sauveur est digne et correcte, la voix onctueuse et sympathique, le geste sobre et la diction facile ; seulement on reconnaît, aux premiers mots, qu'il est beaucoup plus familiarisé avec l'hébreu qu'avec la langue française, et que le fond se ressent parfois de la forme par suite de la tâche qu'il s'est imposée d'emprisonner sa pensée dans un certain nombre de syllabes, dont quelques-unes semblent avoir quelque ressemblance euphonique avec d'autres placées plus loin et à intervalles presque égaux, car, hélas ! Jésus-Christ, je ne comprends pas bien pourquoi, a adopté l'usage qui paraît prévaloir en haut de parler en vers. Est-ce un progrès ?

Toujours est-il que cette forme de langage n'empêche pas le Christ de trouver parfois des images aussi sublimes que pleines d'à-propos, la suivante par exemple :

Ainsi que la mouche qui a volé pendant toute la chaleur de l'été,
Et qui, lorsque viennent les premiers froids de l'hiver, *elle* se trouve matée.

La harangue de notre rédempteur se poursuit ainsi pendant près d'une heure, et cela sans la moindre hésitation.

Elle est du reste parfaitement orthodoxe et pourrait, sans inconvénients, être prononcée dans une chaire catholique sans en défalquer autre chose que les rimes par à peu près et les licences grammaticales qu'un Dieu seul peut se permettre. Elle se termine par ces mots qui me paraissent jeter un froid sur la partie masculine de l'auditoire :

Si vous voulez progresser rapidement et n'être jamais malheureux,
N'oubliez jamais ce beau discours *que pour le faire nous se sommes mis deux.*

Vos guides : JÉSUS-CHRIST et ALLAN KARDEC

O Allan Kardec, grand et noble Esprit, si tu assistais réellement à cette séance, tu as pu juger si c'est nous, libres spirites, qui bafouons ta mémoire et amoindrissons ton œuvre !

Il semblait qu'après une pareille chute, il ne restait plus qu'à aller se coucher. Il n'en était, hélas! rien. Après avoir proclamé les auteurs de ce beau discours, Jésus-Christ se renversa en arrière, les bras en croix, sur la table au bord de laquelle il était assis. En même temps, une dame dans le corps de laquelle venait de s'incarner l'esprit de Marie, se levait au pied de la croix improvisée et psalmodiait un cantique qui donnait raison au proverbe « Ce qui ne vaut pas la peine d'être dit, se chante » ; au bout de quelques minutes, une grimace de dégoût indiquait que Jésus venait d'effleurer des lèvres l'éponge de vinaigre et de fiel, puis une contraction subite des membres et un cri étouffé rappelaient le coup de lance traditionnel.

Le plus intéressant du spectacle n'était pas sur la scène, ou du moins sur la table ; il était dans la salle. Toutes les femmes, sans exception, s'étaient précipitées à genoux et priaient en versant d'abondantes larmes. Quant aux hommes, ils étaient restés assis dans une attitude recueillie et respectueuse, mais il était facile de voir qu'ils étaient gênés et surtout qu'ils évitaient de se regarder. Je remarquai même que quelques-uns d'entre eux n'attendirent pas, pour décrocher leur pardessus, que le défilé fût terminé, car il y eut un défilé. Chaque femme vint à son tour s'agenouiller près de la table et baiser le côté gauche de la redingote du Christ, qui s'était retourné sur le côté et qui dit à chacune quelques mots à l'oreille. Je sus, après la séance, les confidences que le Sauveur n'avait pas osé faire à haute voix ; à l'une il avait dit :

« Je suis le berger de Sion et je veille sur mon troupeau. »

A une autre :

« Quand le berger veille, le troupeau est en sûreté. »

A une troisième :

« Il faut que le berger veille, s'il ne veut pas perdre ses brebis. » Et ainsi de suite.

L'idée est peut-être un peu vulgaire et la paraphrase monotone, mais on a beau être le Christ, des souffrances telles que celles de la Passion laissent toujours un peu de trouble dans l'esprit.

Je sortis de cette séance le cœur d'autant plus attristé que je savais que tous les membres du groupe, sans exception, étaient remplis de conviction et de bonne foi.

Si c'est là le vrai spiritisme, pensais-je, vite, qu'on nous ramène au catholicisme, car, ainsi que l'a si judicieusement dit Alpha : « Au moins le catholicisme a ses dogmes, et ses saints restent muets. Dans le spiritisme, les saints parlent et Dieu sait comment. Chaque groupe a ses auréoles, ses doctrines locales, ses invocations, ses patenôtres, et comme les fantômes en imposent plus que les principes, on arrive à croire aux plus fantastiques sornettes. »

A. MARTELIN.

\*\*\*

Lorsqu'un sujet somnambulique veut établir une communication quelconque entre lui et une personne éloignée, le sujet demande quelque chose ayant appartenu à la personne pour laquelle on vient le consulter.

Cet objet sert de crochet, de point d'appui au sujet pour conduire ses recherches. Sans cet objet les rapports sont presque impossibles à établir.

Voilà, en passant, la raison pour laquelle il est impossible presque généralement à un sujet « voyant » de dire les cours de la bourse du lendemain ou le nom du gagnant dans une course. Ces faits peuvent arriver, mais c'est alors une exception amenée par certains points de rapport généralement absents.

Partant de cette donnée toute simple, on comprend pourquoi tous les occultistes sérieux admettent qu'on peut parfaitement communiquer avec l'âme d'un être qu'on a connu et surtout qu'on a aimé. Ainsi qu'on l'a vu au début de ce chapitre, l'âme après la mort cherche un cœur aimant où se réfugier. Rien d'impossible par suite à la communication dans ce cas.

Quand le sujet somnambulique n'a pas de point d'appui pour exercer son activité, il prend des points d'appui dans le cerveau du consultant et lui récite ses pensées.

Le consultant se figure-t-il être appelé à un brillant avenir?

Le sujet subit malgré lui son influence et raconte au questionneur que telle ou telle magnifique affaire se réalisera et que la richesse lui viendra subitement de ce chef.

Le consultant sort ravi en s'écriant : « Quelle merveille! le sujet m'a dit des choses que moi seul savais!! » C'est justement là le danger à éviter.

Aussi, quand vous pénétrez dans un milieu spirite et que vous assistez à une communication de saint Jean, l'auteur de l'apocalypse ou de la Vierge Marie, cherchez dans l'assistance non pas l'esprit invisible, mais bien le *cerveau* d'où vient cette communication.

Cette enquête facile à faire vous instruira sur une des causes les plus fréquentes du phénomène, et vous verrez pourquoi l'on a pu avoir dans certains milieux des communications de la *mère d'Homère*(!) ou de *d'Artagnan*(!!). le héros d'un roman d'Alexandre Dumas.

Si nous n'hésitons pas à dévoiler les erreurs commises par certains fanatiques dangereux, dans le genre de M. Henry Lacroix[1], c'est que ces erreurs nuisent à une cause que nous croyons juste et bonne, et que nous sommes désolé de voir exploiter de cette façon. Il ne faut pas que les travailleurs consciencieux subissent les conséquences de certaines théories outrées qui inspirent de suite une juste méfiance à tous les gens raisonnables.

Un autre point qui montre cette exagération, c'est celui de la réincarnation.

D'après la Science occulte, l'âme ne peut se réincarner que très longtemps après la vie précédente. Les chiffres donnés ordinairement, 1500 ans, sont tirés de calculs astronomiques par l'ésotérisme indou. Certaines exceptions très limitées existent à cette règle, parmi lesquelles nous citerons :

La mort avant la jeunesse ;

Le suicide ou la mort violente ;

La réincarnation consciente d'un adepte, etc.

Toutefois on peut discuter le nombre exact d'années

---

1. Henry Lacroix, *Mes expériences avec les Esprits*. Librairie spirite (1889). La lecture de ce livre suffit à éloigner à jamais du spiritisme tous les hommes sensés.

s'écoulant entre chaque incarnation et, personnellement, nos expériences ne nous permettent pas d'affirmer scientifiquement un certain nombre. Mais ce nombre doit être, malgré tout, très élevé.

Or, certains spirites, exagérant cette doctrine, se donnent comme la réincarnation de tous les grands hommes quelque peu connus.

Un brave employé est Voltaire réincarné... moins l'esprit. Un capitaine en retraite c'est Napoléon revenu de Sainte-Hélène, quoique ayant perdu l'art de parvenir depuis. Enfin il n'y a pas de groupe où Marie de Médicis, M$^{me}$ de Maintenon, Marie Stuart ne soient revenues dans des corps de bonnes bourgeoises souvent enrichies, et où Turenne, Condé, Richelieu, Mazarin, Molière, Jean-Jacques Rousseau ne dirigent quelque petite séance.

Là est le danger, là est la cause réelle de l'état stationnaire du spiritisme depuis cinquante ans, il ne faut pas chercher d'autre raison que celle-là ajoutée à l'ignorance et au sectarisme des chefs de groupe.

Dès 1853, Eliphas Lévi avait donné certaines pratiques de l'évocation des morts et avait même fait une expérience montrant comment, en appliquant les données de la magie, et en faisant corps, par une étude prolongée, avec l'œuvre d'un grand homme, on pouvait faire appel à lui ou plutôt à son image astrale.

Ceci m'amène à dire ce qu'on entend en occultisme par *image astrale*.

Il est curieux de savoir quels sont les principes qui se manifestent dans une séance de nécromancie, alors que le défunt répond lui-même à l'évocation.

D'après la doctrine des trois principes constituants de l'être humain, voici ce qui se produit.

L'attraction exercée par l'évocateur agit sur le corps

astral de l'évoqué, et la communication s'opère par la fusion du médiateur plastique du sujet servant de médium avec le corps astral de l'esprit évoqué, ou plutôt avec la portion du corps astral qui entoure encore l'âme après la mort (voy. chapitre précédent).

Le phénomène étant considéré sous ce point de vue général, c'est bien l'âme, le principe supérieur du défunt, qui se manifeste.

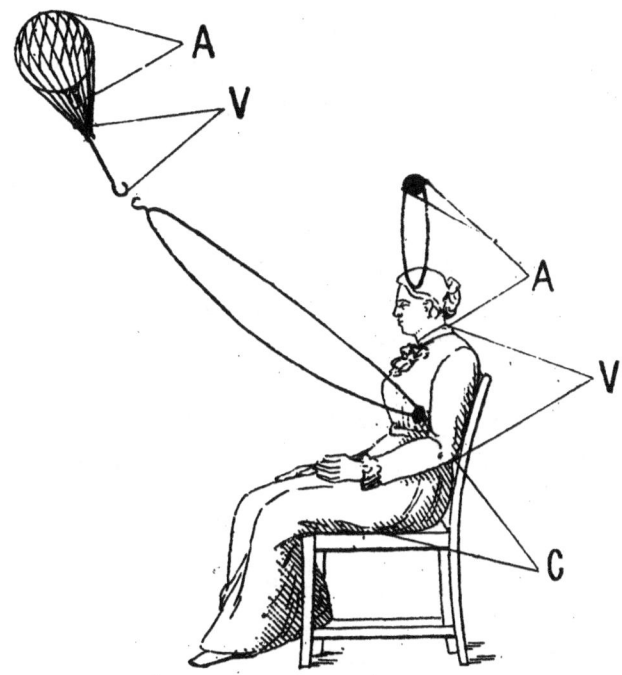

Les spirites, ne tenant compte que des données très générales, ont donc raison de prétendre que c'est bien l'âme du défunt qui vient répondre à l'appel de son parent ou de son ami.

Quand les théories, jusque-là tenues secrètes, de la Science occulte ont commencé à être connues du grand public et à faire de nombreux adeptes, les spirites ont été très scandalisés en apprenant que les principes supérieurs de l'homme (l'âme spirituelle et l'âme divine) n'ont rien à voir avec les communications entre les vivants et les morts.

Des données aussi abstraites, formulées devant les partisans d'une philosophie tout élémentaire, produisirent exactement l'effet d'un livre de Kant ou de Leibniz lu devant les élèves d'une école primaire.

La première accusation portée contre la Science occulte c'est d'être « bien trop difficile à comprendre et bien trop compliquée pour les lecteurs habituels des livres spirites ».

Une autre objection est la suivante : « Les occultistes osent prétendre que l'être humain se scinde en plusieurs entités après la mort et que ce qui vient se communiquer n'est pas l'être tout entier, mais un débris de l'être — une coque astrale ! »

Pour bien éclairer cette question et pour éviter tout malentendu, il suffit pourtant d'un peu de réflexion.

De combien de principes est constitué l'homme d'après le spiritisme?

De trois :

Le Corps, le Périsprit et l'Ame.

Où sont logés ces principes?

Dans les trois segments de l'organisme :

Ventre, Poitrine, Tête.

Compulsez tout Allan Kardec, parcourez les œuvres de tous les philosophes spirites, nulle part vous ne trouverez mention qu'il existe en *dehors de l'homme des principes non encore incarnés.*

Si l'on voulait figurer la constitution de l'homme d'après le spiritisme, on le ferait ainsi :

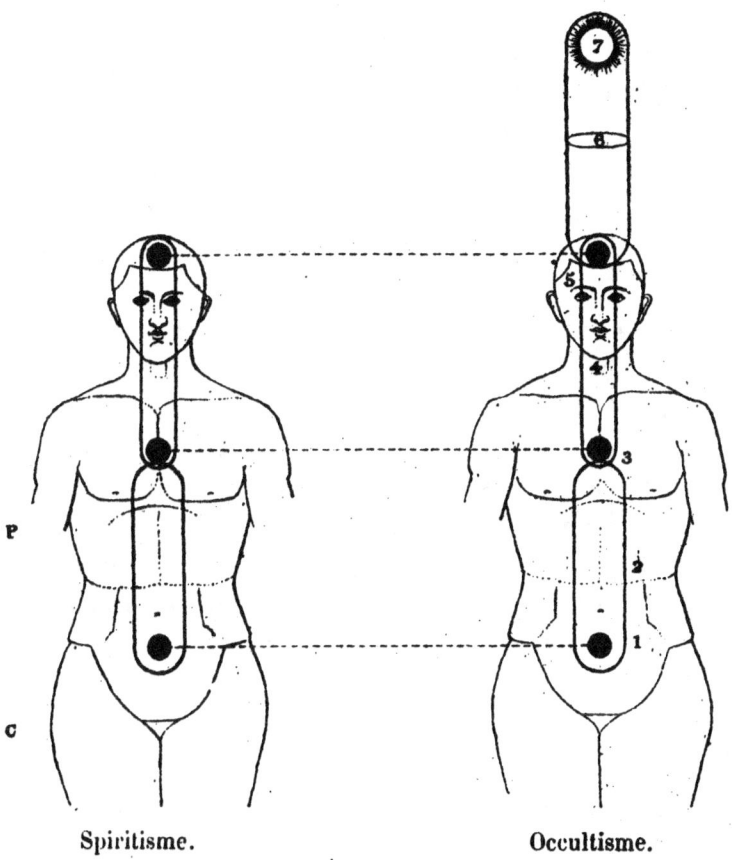

Spiritisme.                    Occultisme.

La figure placée à côté de celle-là montre au contraire l'origine de cette discussion basée sur un malentendu.

Le 6° et le 7° principe, n'étant pas incarnés dans l'homme, NE FONT PAS PARTIE DE SON MOI, ils constituent ce qu'on appelle l'*inconscient supérieur*, le moi étant contenu dans le 4° et le 5° principe correspondant exactement à ce qu'un spirite appelle *un esprit*.

Après la mort chacun de ces groupes évolue dans un

plan particulier, le corps physique évolue dans le monde matériel, le corps astral (3°, 4° et 5° principes) dans le monde astral, et le corps psychique (5°, 6° et 7° principes) dans le monde divin.

Ce qui vient dans une séance spirite, c'est toute la partie de l'être qui constitue sa personnalité, son MOI, c'est-à-dire les 4° et 5° principes. Les spirites, qui ne connaissent pas d'autres éléments supérieurs constituant l'homme, ont raison de dire que le MOI se communique dans son intégrité.

Mais l'inconscient supérieur, les 6° et 7° principes n'ont que faire dans tout cela et les occultistes sont aussi dans le vrai.

Toutes les figures qui précèdent feront comprendre la vérité de chacune des opinions et montreront bien que ce que le spirite appelle un *esprit*, c'est-à-dire un MOI, l'occultiste l'appelle un ELÉMENTAIRE, *une coque astrale*. Les mots ne doivent jamais effrayer un homme vraiment intelligent ; c'est ici le cas de s'en souvenir.

\*
\* \*

On peut voir par ce qui précède que la réalité des phénomènes spirites non plus que la possibilité de la communication entre les vivants et ceux qui ne sont plus sur la Terre ne sont pas mises en doute par la Science occulte.

Nous ne parlerons que pour mémoire d'une certaine classe de fanatiques qui, sous le nom de membres de la Société Théosophique, sont venus nier l'action des âmes, dans quelques phénomènes que ce fût. Cette opinion, aussi extrême que celle de ceux qui voient l'action des esprits partout, a trouvé de par les faits un flagrant démenti. Nous reviendrons en détail sur ces questions dans le *Traité élémentaire de Magie pratique*; pour l'instant nous allons résumer tout ce qui précède en citant l'analyse des opinions courantes des écoles d'occultisme, telle que nous l'avons publiée lors du Congrès spirite et spiritualiste de 1889.

### ÉCOLE D'OCCULTISME

Ainsi que nous l'avons dit précédemment, les kabbalistes et les théosophes sont d'accord sur le fond de la doctrine ésotérique.

Leurs enseignements se présentent tout d'abord à l'esprit comme beaucoup plus compliqués que ceux du spiritisme. L'analyse a été poussée dans ces doctrines aussi loin que possible à propos de chaque question ; de là l'impossibilité presque absolue d'en faire un résumé tant soit peu complet.

L'occultisme admet comme absolument réels tous les phénomènes du spiritisme. Cependant il restreint considérablement l'influence des esprits dans la production de ces phénomènes, et les attribue à une foule d'autres influences en action dans le monde invisible.

Nous aurons donc à voir successivement :

1° *Comment est conçue la constitution de l'homme;*

2° *Quel est l'état de l'homme après sa mort;*

3° *Quelles sont la constitution de l'Univers et celle de Dieu*, d'après ces écoles.

Nous exposerons tous ces enseignements de notre mieux, mais sans jamais prendre parti pour l'une ou l'autre des deux doctrines.

Notre devoir consiste à exposer et non à critiquer.

## Constitution de l'homme.

L'homme est composé de trois principes fondamentaux :
1° Le corps matériel ;
2° Le corps astral ou médiateur plastique (la vie), le *périsprit* des spirites ;
3° L'âme (l'*esprit* des spirites).

Mais ce sont là les principes vus dans leur généralité. Chacun d'eux est composé de plusieurs éléments distincts. La connaissance de ces éléments est indispensable pour bien comprendre ce qui se passe à la mort.

Le corps est formé d'une foule de cellules *matérielles*. Mais chacune de ces cellules a une *vitalité* propre, est vivante. Cette vie spéciale de chaque cellule est indépendante de la vie générale de l'être.

Le périsprit ou corps astral se présente ainsi composé :

La *vie* purement matérielle de l'homme, qui fait croître ses organes à mesure qu'ils s'usent. Cette vie charriée incessamment dans l'organisme par les globules du sang et localisée comme centre de réserve dans les ganglions du nerf grand sympathique.

C'est cette partie du périsprit ainsi localisée *qui peut sortir* hors de l'homme à l'état somnambulique ou à l'état de médiumnité, et qui contribue beaucoup à la production des phénomènes.

Cet élément est le siège même de l'*instinct*, de l'*inconscient* et de toutes ses actions.

Enfin le périsprit, dans sa combinaison supérieure avec l'âme, produit l'*intelligence*, d'où dérive la faculté d'apprendre pour l'homme (*intellectualité*).

Pour résumer, voici comment les écoles d'occultisme analysent le périsprit[1] :

**PÉRISPRIT OU VIE** *composé de 3 éléments*
- Élément localisé dans les cellules du corps matériel et qui ne SORT JAMAIS hors du corps. — **Vitalité.**
  (Combinaison du périsprit avec le corps matériel.)
- Élément localisé dans les ganglions du nerf grand sympathique, élément qui PEUT SORTIR hors du corps matériel dans certaines conditions. — **Corps astral, Ame animale.**
- Élément localisé en partie dans le cerveau, qui peut diriger le précédent consciemment (magie). — Siège de la science de l'homme. — **Ame humaine.**
  (Combinaison du périsprit avec l'esprit.)

On voit de suite à quel raffinement analytique les écoles d'occultisme ont poussé leurs enseignements. Voyons de même l'autre principe.

Ce que les spirites appellent l'*esprit*, et certains occultistes l'*âme*, est ainsi analysé par ces derniers :

**ESPRIT** *composé de 3 éléments*
- 1° Partie inférieure de l'Esprit, siège de la mémoire des choses terrestres et de leur intelligence. — **Ame humaine.**
- 2° Partie moyenne de l'Esprit, siège de l'inspiration, de la double vue consciente et de la moralité. — **Ame angélique.**
- 3° Partie supérieure de l'Esprit, siège de la prévision consciente de l'avenir. — **Ame divine.**

Les deux derniers éléments de l'esprit ne sont pas développés dans les races actuelles. Ils prendront progressivement naissance dans les races futures de l'humanité terrestre.

Connaissant ces données indispensables, il nous est très facile de voir ce que devient l'homme après la mort.

1. Voy. la conférence sur la localisation physiologique du périsprit dans le volume du Congrès spirite de 1889.

### État de l'homme après la mort.

La *fin* de l'homme, c'est la fusion en Dieu dans la totale conscience, et la totale puissance ou *Nirvâna*.

Le *moyen* d'atteindre cette fin, c'est l'*évolution morale*, l'évolution libre et consciente des principes supérieurs latents en chacun de nous.

Un Dieu tout despotique n'a pas à intervenir dans l'état de notre vie future. Nous sommes nous-mêmes nos seuls juges, et l'ensemble des mérites et des démérites (*Karma*) de notre dernière existence détermine seul notre avenir, d'après les lois de la réaction toujours équivalente à l'action.

A la mort le *corps matériel* reste attaché à la terre, d'où il provient. La *vitalité* des cellules de ce corps se répand dans la nature, où elle devient la vie des êtres sans cesse générés (plantes, vers, etc.).

Un être fluidique se détache peu à peu de l'être matériel : maintenant inerte, cet être fluidique est formé des éléments suivants :

Le *corps astral* comme corps ;

L'*âme animale* comme vie (instinct) ;

Les *principes supérieurs*, âme humaine, âme spirituelle, comme esprit, âme divine.

Cet être fluidique est saisi par les courants d'attraction de la terre. Les principes supérieurs cherchent à l'attirer en haut, les principes inférieurs (instinct et corps astral) cherchent à l'attirer en bas.

L'être franchit les courants d'autant plus vite que les principes supérieurs sont plus puissants. C'est la souffrance particulière qui accompagne cette lutte que toutes les religions exotériques ont symbolisée par le purgatoire.

Cependant la séparation des principes s'effectue progressivement ; les principes inférieurs restent dans l'atmosphère occulte de la terre et les principes supérieurs se détachent des inférieurs, auxquels ils ne sont plus liés que par un lien fluidique. A ce moment l'être est ainsi constitué :

Principes supérieurs. { Ame angélique. / Inconscient supérieur.
       { Ame divine.
       *Lien fluidique.*

Élémentaire { 
- L'homme conscient (le moi). { Science. Mémoire des choses terrestres. Intelligence inférieure. } Ame humaine.
- *Lien fluidique.*
- Ame animale { Instincts grossiers. Passions. } Inconscient inférieur.
- CORPS ASTRAL
- PÉRISPRIT

Les principes inférieurs illuminés par l'intelligence de l'âme humaine forment ce que les occultistes appellent *un élémentaire*, et flottent autour de la terre dans le monde invisible, tandis que les principes supérieurs évoluent sur un autre plan.

Voilà la première différence qui sépare les occultistes des spirites ; les spirites admettant que l'esprit reste toujours enveloppé du périsprit, les occultistes enseignant que l'esprit se sépare progressivement du périsprit.

D'après les occultistes, dans la plupart des cas, l'esprit qui vient dans une séance est l'élémentaire de la personne évoquée, c'est-à-dire un être qui ne possède du défunt que les instincts et la mémoire des choses terrestres (voyez ci-dessus). Mais même cet esprit élémentaire ne vient pas dans tous les cas et d'autres influences agissent. Ceci nous amène à étudier la façon dont l'occultisme conçoit le monde invisible.

D'après le spiritisme, le monde invisible est peuplé seulement d'*esprits* et de *fluides*.

D'après l'occultisme, d'autres éléments s'y trouvent.

Ce sont d'abord :

Les *Élémentaires*, principes inférieurs des êtres décédés à la vie terrestre, puis :

Les *Corps astraux des êtres vivants*, périsprits des médiums sortis inconsciemment hors de l'être, ou périsprits des adeptes sortis consciemment du corps dans un but déterminé ;

Les *Élémentaux*, êtres inférieurs n'ayant jamais été incarnés, ne possédant aucune intelligence propre et subissant l'influence de toutes les volontés humaines bonnes ou mauvaises : ces êtres agissent dans les *éléments;*

Les *Idées des hommes*. Autour de chaque homme ses idées se trouvent, constituant, par la fusion de chacune d'elles avec un élémental, un être réel qui reste là plus ou moins longtemps suivant la tension cérébrale qui lui a donné naissance et qui agit bien ou mal sur l'homme, suivant que l'idée est bonne (enthousiasme) ou mauvaise (remords).

Expliquer en détails la constitution de tous ces êtres, le moyen de les distinguer et de montrer la réalité de leur existence, ce serait faire un traité complet de magie pratique. Nous n'en avons pas le loisir ici[1].

Le spiritisme comme le magnétisme forment en effet, d'après les occultistes, deux branches de l'antique *Magie*, science profonde enseignée dans les temples antiques après de terribles épreuves.

Un point important à noter tout d'abord, c'est que la

---

1. Depuis trois ans nous avons commencé un volume sur ce sujet. Ce volume paraîtra sans doute cette année.

querelle entre les occultistes et les spirites à propos des esprits et des élémentaires est une pure querelle de mots.

Le spiritisme n'ayant pas établi l'existence des principes supérieurs admis par l'occultisme, il s'ensuit que ce que le spirite appelle un esprit correspond absolument à ce que l'occultiste appelle un élémentaire. Ce sont des mots différents pour désigner la même chose.

L'occultisme enseigne aussi que *dans certains cas* on peut évoquer les principes supérieurs de l'être ; mais qu'alors on court le risque de perpétrer le plus grand des crimes. On fait perdre en effet à l'être ainsi rappelé dans ce monde le bénéfice de tous ses efforts pour s'en éloigner spirituellement. L'expérience seule permettra d'infirmer ou de confirmer cette observation.

En terminant cette étude sur le monde invisible, rappelons qu'entre les êtres dont nous avons parlé, on y rencontre des *courants fluidiques* de lumière astrale, courants non perceptibles à notre être physique, mais qui deviennent immédiatement perceptibles à l'être qui par la sortie de son corps astral a acquis le *sixième sens* humain, sens encore inconnu de la plupart des hommes actuels.

Cette LUMIÈRE ASTRALE est la *force-substance universelle* dont toutes les autres forces et toutes les autres substances sont des modalités. Elle suit, à très peu de chose près, les mêmes lois que l'électricité, une de ses manifestations supérieures.

Pour tout résumer, voici ce qu'on rencontre dans le monde invisible aux yeux matériels, visible à l'état médianimique :

1° Les COURANTS FLUIDIQUES de lumière astrale charriant les :

2° ÉLÉMENTALS, forces inconscientes des éléments ;

3° ÉLÉMENTAIRES, restes des défunts, *Esprits* des spirites ;

4° IDÉES DEVENUES DES ÊTRES, êtres collectifs (Eugène Nus) ;

5° CORPS FLUIDIQUES des médiums ou des adeptes.

*La personnalité après la mort.*

Remarquons bien les localisations des entités psychiques.

Le MOI est placé entre deux inconscients.

1° Un inconscient supérieur, le NON-MOI supérieur ou le SOI.

2° Un inconscient inférieur, le NON-MOI inférieur ou la Vie organique.

Le Ballon représente le SOI (7° et 6° principes).

Le Crochet inférieur du Ballon et le Crochet supérieur du Corps Astral représentent le MOI (5° et 4° principes).

Enfin les autres parties de la figure représentent les autres éléments plus inférieurs.

Que se passe-t-il à la mort ?

Ces divers principes se séparent et continuent chacun leur évolution *sur un plan différent*.

Nous savons tous qu'après la mort le corps matériel évolue sur le plan matériel, que ses cellules organiques s'en vont animer de nouveaux organismes et que la vitalité se répand dans la Nature.

Le MOI continue également son évolution dans le plan astral. C'est là un point parfaitement défini dans les différents ouvrages s'occupant de spiritisme.

D'autre part le SOI poursuit de même son évolution dans le plan divin, essentiellement impersonnel. Ces deux derniers principes sont toutefois toujours reliés l'un à l'autre, nous verrons tout à l'heure comment.

Pour résumer disons que, de même qu'il existe trois plans bien distincts dans l'Univers, il existe trois évolutions correspondant à ces plans :

1° Le Plan Matériel.  } Dans lequel le corps physique
2° Le Plan Astral.    } suivra son évolution.
    Plan Personnel ou  } Dans lequel le MOI poursuit
    Moral.            } son évolution.
3° Le Plan Divin ou im-} Dans lequel le SOI poursuit
    personnel.        } son évolution.

La figure suivante résume ces données.

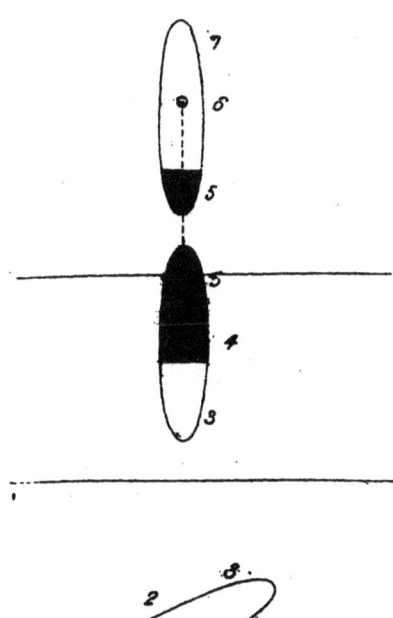

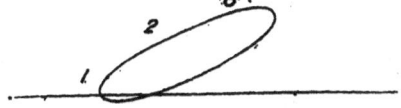

État de l'homme après la mort.

A quoi bon, nous dira-t-on, ce soi qui se distingue du moi? C'est là une source de galimatias où personne ne peut s'entendre. Nous allons montrer un seul côté de la question, les autres nécessitant plus d'espace que nous ne pouvons en consacrer à cette étude.

*
* *

La doctrine primaire de l'occultisme nous enseigne la théorie de la réincarnation. L'homme se réincarne plusieurs fois dans son évolution progressive.

Si maintenant nous supposons que *Jean* soit mort, que son Esprit, après avoir accompli son évolution astrale, se soit réincarné avec son périsprit, comme le veulent certains spirites, dans l'individualité de *Pierre*, que se produira-t-il si l'on évoque Jean par les procédés de la Nécromancie et du Spiritisme?

Pierre devra-t-il s'endormir à l'instant et renvoyer hors de lui l'individualité primitive de Jean avec son périsprit?

Le problème se complique encore si, au lieu de l'incarnation immédiatement antérieure, on cherche celle qui précède de 10 à 12 échelons dans la série.

C'est parce que l'occultisme répond au mieux à toutes ces difficultés que nous avons tenu à exposer ses enseignements à cet égard.

*
* *

D'après la doctrine du *Karma* et de la Réincarnation, l'évolution de l'homme peut être comparée à une longue tige verticale coupée par de petites tiges horizontales.

La grande tige verticale représente ce principe divin le soi qui passe à travers toutes les personnalités et qui porte la chance ou la malchance dans l'individualité suivante, selon la conduite de l'individualité précédente.

Chacune des petites barres horizontales représente un des nombreux MOI traversés par le Principe divin en évolution.

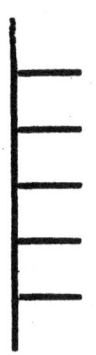

Ainsi si j'ai été *Jean* dans une existence antérieure et que je sois *Pierre* dans celle-ci, ce n'est pas la personnalité de Jean qui a servi à constituer ma personnalité actuelle ; le principe divin seul qui était dans Jean est dans moi, ou plutôt est au-dessus de moi, et constitue mon idéal, de même que ce principe sera dans la personnalité future que j'aurai.

La position sociale et la « chance » de chacune des personnalités dépendra donc de la conduite de la personnalité antérieure ; mais cela n'empêche pas chacune des personnalités ainsi générées de conserver intacte toute son individualité, tout son MOI dans le plan astral.

Le Principe supérieur, évoluant dans un sens différent, ne peut gêner en rien l'évolution des diverses personnalités auxquelles il est toujours lié, de même que le fil est lié aux grains du chapelet qu'il traverse.

Au moment où le système solaire va entrer dans sa période de repos, le Principe supérieur, le soi, peut voir se manifester à lui tous les MOI qu'il a évolués et faire la synthèse totale des mérites et des démérites acquis pendant son évolution. Mais nous abordons là une question qui sort de notre sujet.

Pour tout résumer, notons bien la facilité avec laquelle l'objection de tout à l'heure se trouve résolue par la théorie de la conservation indéfinie des vibrations générées, à un moment quelconque, dans le plan astral. Chacune des personnalités persiste, liée à toutes les autres par le Principe supérieur, mais indépendante des autres dans son évolution particulière.

La croix égyptienne qu'on trouve sur le Tarot représente au mieux cette théorie, la branche verticale figurant le soi et chacune des branches horizontales un MOI particulier avec son plan spécial d'évolution.

*L'Univers et Dieu.*

L'occultisme entre dans des détails aussi nombreux à propos de l'Univers et à propos de Dieu. Les spirites dont la doctrine n'aborde que fort peu ces problèmes, ont été quelque peu intrigués par les conclusions de la section de l'occultisme du Congrès au sujet de l'Univers et de Dieu.

Nous ne pouvons pas, faute de place, entrer dans de grands détails à ce sujet ; cependant deux mots sont nécessaires pour déterminer les éléments primordiaux de cet enseignement.

L'occultisme enseigne que *tout est vivant*, depuis la matière la plus solide jusqu'à Dieu.

Un échange perpétuel se fait entre tous les êtres, la

matière évolue à travers les règnes de la nature et les races humaines vers l'Esprit. Cette évolution, connue de toute l'antiquité dans l'Inde, vient à peine d'être découverte par les savants occidentaux. Mais réciproquement l'esprit *involue* vers la matière dans des conditions déterminées. L'évolution n'a jamais lieu sur la même planète dans un même âge. Ainsi l'animal est bien un végétal évolué, mais jamais, au grand jamais, on ne peut voir sur la terre un végétal devenir animal. Cette transformation s'opère dans le monde invisible, entre les grands cycles, et porte non sur le corps lui-même, mais *sur ce qui fabriquera le nouveau corps matériel*.

De même que l'homme, chaque système solaire naît, vit, *pense* et meurt. Les âges exacts d'un Univers sont mathématiquement déterminés par les Brahmanes indiens. Les personnes désireuses d'approfondir ces questions pourront prendre connaissance de toute la littérature qui traite de ces questions[1].

La place nous manque pour détailler davantage et nous renvoyons le lecteur aux conclusions des six sections d'occultisme, où il trouvera tous les détails complémentaires.

### RÉSUMÉ

Terminons ici l'exposé des théories générales des diverses écoles représentées au Congrès. Comme il est facile de le voir, les théories du spiritisme sont les mêmes que celles de l'occultisme; mais en *moins détaillé*. La portée des enseignements du spiritisme est par suite plus grande, puisqu'il peut être compris par un bien plus grand nombre de personnes. Les enseignements, même théo-

---

[1]. Surtout *l'Essai sur la Philosophie bouddhique* d'Augustin Chaboseau.

riques, de l'occultisme sont, de par leur complication même, réservés aux cerveaux pliés à toutes les difficultés des conceptions abstraites.

Mais au fond c'est une doctrine identique qu'enseignent les deux grandes écoles.

Nous venons de nous occuper beaucoup des rapports des vivants et des morts. Il serait temps de revenir à notre étude véritable et de voir quelle destinée attend l'âme après la mort.

L'être, une fois désincarné, n'a pas à subir de jugement de la part d'un Dieu plus ou moins anthropomorphe. Ses actions et ses pensée constituent l'origine d'un mouvement déterminé par lui-même.

Après la mort le repos commence donc, repos dans lequel sont réalisés tous les désirs de bonheur imaginés par l'être qui vient de naître à la vie psychique. Chacun se crée donc un Paradis à sa fantaisie entre chaque incarnation. Dans cet état l'être arrivé à un certain degré de supériorité intellectuelle pourrait se souvenir, si l'on en croit la tradition ésotérique, de ses deux ou trois existences précédentes.

Ce n'est que quand cet être a évolué à travers toutes les races dans toutes les planètes d'une chaîne, ce n'est qu'au moment où la dernière planète entre en repos et où l'Univers lui-même va s'anéantir dans le grand sommeil qui précédera sa renaissance, que l'être humain peut avoir conscience de toutes ses incarnations antérieures et en mesurer les mérites et les démérites, source de son avenir dans l'éternité qui commence pour lui!

\*
\* \*

Cette idée de l'évolution progressive met fin à toutes les conceptions plus ou moins profondes des théologies sur le

Ciel et l'Enfer. Aussi ne saurions-nous mieux terminer ce chapitre que par la spirituelle critique des divers Paradis faite par l'auteur de *Nos Bêtises*, le philosophe Eugène Nus.

### LE PÈRE ÉTERNEL EN TOURNÉE

— Tiens! dit le bon Dieu au directeur général de la voie lactée, qu'est-ce que c'est que cette petite machine, là-bas? Je ne l'avais pas encore aperçue.

— Seigneur, répondit le haut fonctionnaire, il y a quelques milliers de siècles que vous n'êtes venu visiter ces parages, et, depuis ce temps, nos soleils ont fait des petits.

— Celui-là me paraît assez mal conformé, fit observer le Père éternel.

— Ce n'est pas, il est vrai, le mieux venu de la famille, et il va de mal en pis, depuis que l'homme y a poussé.

— Ah! ah! fit le bon Dieu.

— J'ai même été sur le point de supprimer radicalement cette espèce qui provient évidemment d'un germe défectueux.

— Ne soyons pas radicaux, dit le Créateur de toutes choses.

— Je sais, Père suprême, que vous n'aimez pas les moyens violents. Pourtant, je n'ai pas voulu prendre sur moi de laisser circuler une boule qui donne le mauvais exemple aux autres, sans demander l'avis du grand conseil des constellations. Toutes, sauf le Scorpion, ont opiné pour la patience.

— Il en faut, et beaucoup, soupira l'auteur des mondes. Voilà une éternité que j'attends l'achèvement de mon œuvre, et elle recommence tous les matins. Il paraît que je ne me reposerai jamais.

— Il y en a cependant qui assurent là-bas que vous n'avez travaillé qu'une semaine dans tout le cours de votre existence, et qu'à partir du premier dimanche, vous vous êtes croisé les bras.

— On voit bien que ces gens-là n'ont pas l'immensité à remplir. Qui a pu leur débiter de pareilles bourdes?

— Un homme qui prétend que vous lui avez parlé dans un buisson de feu.

— Je n'ai, de ma vie, parlé à qui que ce soit dans un buisson que par la voix des chardonnerets et des merles, et je n'ai vu de buissons de feu que dans les décors d'opéra. Cet individu a abusé de la simplicité de ses frères. S'ils ont inventé beaucoup de choses comme celles-là sur mon compte, voilà un petit avorton de planète à la surface de laquelle on doit se faire une singulière idée de moi.

— C'est bien là ce qui me révolte. J'ai beau leur envoyer de temps en temps des professeurs capables, choisis par moi dans les mondes voisins, pour éclairer leurs sentiments et redresser leurs idées, ils me les renvoient pendus, empoisonnés, brûlés, écartelés, martyrisés de toutes les façons.

— Diable!

— Les plus acharnés, les plus enragés de tous sont les prêtres.

— Ah! s'ils ont des prêtres, s'écria le bon Dieu, je ne m'étonne plus de rien.

— Ils en ont de toutes les couleurs : des blancs, des noirs, des gris, des jaunes, des verts, des rouges, des bleus... Je passe les nuances intermédiaires. Je ne sais pas de quels aromes est formé ce damné soleil, un petit soleil de troisième classe, il est vrai ; tous ses enfants sont atteints de cette maladie dans leur jeunesse. Nous venons de guérir Jupiter à force de purgations. Saturne est encore en traitement, un procédé nouveau imaginé par la faculté de médecine du Capricorne, un bandeau cosmique qui entoure le crâne du malade et qu'on arrose de lumière par une pompe à jets continus. Nous en espérons de bons résultats. Mais nous n'avons pu sauver la Lune, morte en bas âge, rongée par les moines qui s'étaient répandus partout. Les comètes elles-mêmes, malgré la rapidité de leur course, ne peuvent échapper à la contagion, quand elles passent près des planètes infectées. Nous serons forcés de couper leur chevelure.

— Coupez! dit le souverain Père. La propreté avant tout. Quant à cette petite boule, voyons d'abord à quel degré d'insanité morale le morbus sacerdotal l'a conduite.

— Faites venir le sous-préfet du sept million trois cent vingt-quatre mille sept cent quarante-sixième soleil jaune, dit le directeur général à une étoile filante, qui se tenait à distance respectueuse, attendant les ordres de son chef.

Une seconde après, paraissait le fonctionnaire en sous-ordre.

— Il s'agit de la Terre, lui dit le directeur général.

— Voyons votre rapport et faites vite, dit le bon Dieu. Je suis pressé.

— Père suprême, répondit le sous-préfet du petit soleil jaune, dans le tourbillon que j'administre, cette planète est celle qui me donne le plus de mal. Il est impossible d'y faire la police. Tous les commissaires que j'y envoie donnent leur démission au bout de quelques siècles. Vos sublimes volontés y sont méconnues sur tous les points. On y foule aux pieds, sans vergogne et sans pudeur, les lois les plus élémentaires de votre admirable nature. Seuls, les animaux inférieurs les respectent encore, à condition toutefois que la main de l'homme ne s'appesantisse pas sur eux. Et, comble d'abomination, c'est en invoquant votre sublime puissance qu'on vous outrage. Leurs plus horribles attentats sont perpétrés en votre nom. C'est vous, affirment-ils, qui prescrivez toutes ces noirceurs, toutes ces lâchetés, tous ces meurtres et tous ces crimes ; si bien que les meilleurs en sont réduits à vous maudire, et que la seule consolation des malheureux est d'espérer que vous n'existez pas, car on pousse le raffinement de la barbarie jusqu'à s'efforcer de leur faire croire que, non content de les torturer sur leur petite terre, vous vous proposez encore de leur infliger des supplices éternels, auprès desquels leurs souffrances de là-bas sembleront d'ineffables douceurs.

— J'en ai bien vu d'autres depuis le commencement des âges, dit le Père éternel. Continuez et ne gazez rien. J'ai l'expérience de ces choses... Mais, puisque c'est en m'invoquant qu'ils ont fait toutes leurs sottises, ils ont dû me donner de bien drôles de noms.

— Toutes sortes de noms, Seigneur. Il en est qui vous ont appelé Moloch et qui enfermaient, pour vous plaire, des jeunes filles et des petits enfants dans une grande statue d'airain où ils les faisaient cuire à petit feu, les jours de fête ; d'autres vous faisaient demander, sous le nom de Teutatès, qu'on saignât les humains sur de grandes pierres ; ceux-ci vous prenaient pour une femme, terrible déesse, qui leur ordonnait d'étrangler tous ceux qui leur tombaient sous la main. A ceux-là qui vous nommaient Jéhovah, vous commandiez expressément d'égorger telles ou telles populations, jusqu'aux enfants à la mamelle, et, quand ils en épargnaient un seul, vous les faisiez massacrer eux-mêmes par vos anges exterminateurs. La dernière religion venue, s'intitulant de paix et d'amour, a brûlé sur des bûchers je ne sais combien de millions de pauvres gens, pour célébrer votre gloire. De nos jours encore, la même religion, pacifique et amoureuse, vous proclame le Dieu des armées, et chaque vainqueur court dans ses temples vous offrir des drapeaux criblés de balles, et vous chanter des actions de grâces pour le grand nombre d'ennemis que vous lui avez permis de mettre à mort. Je ne parle pas des innombrables idiots qui se privent, pour vous complaire, de toutes les pures joies que vous avez semées dans la vie, de ceux qui se macèrent, se mutilent et s'immolent pour mériter vos faveurs. De nos jours encore, dans certaines parties de cet affreux petit globe, on vous promène, chaque année, sur un char dit sacré, dont la fonction sacerdotale consiste à écraser sous ses roues les fidèles qui se couchent à terre en rangs pressés sur son passage; ailleurs, on élève au grade de saint, à grand renfort de trompettes, un malheureux qui n'a pas trouvé d'autre moyen de vous glorifier dans vos œuvres, que de se faire dévorer par les poux. Plus loin, l'idéal de la piété consiste à s'abîmer jusqu'à ce que mort s'ensuive, dans la contemplation de son nombril.

— Voilà une singulière invention, dit le bon Dieu. C'est, je crois, le premier globe où l'on ait eu l'idée d'une chose pareille. Et l'on dit, pour déprécier mon œuvre, qu'il n'y a rien de nouveau sous les soleils! Que diable peuvent-ils regarder sur leur nombril?

— Sans compter, reprit le sous-préfet, toutes les sottises qu'on vous a prêtées à vous-même. Saturne, vous avez voulu manger vos propres enfants, et ce repas contre nature aurait été consommé, si leur mère ne vous eût fait avaler des quartiers de rocher à leur place; Jupiter, vous êtes descendu sur la terre pour y faire toutes sortes de polissonneries; Jéhovah, vous avez donné à Abraham le conseil immoral de prostituer sa femme pour de l'argent, en la faisant passer pour sa sœur ; sous le même nom, bien avant ce temps-là, ils vous ont fait condamner tous les hommes, jusqu'à la dernière génération, pour punir l'un d'entre eux qui vous avait volé une pomme ; plus tard, il est vrai, vous leur avez permis de racheter cette faute en crucifiant votre fils unique que, dans cette intention, vous aviez fait descendre parmi eux. Depuis cette époque, non contents de l'avoir crucifié, ils le mangent tous les matins.

— Tout cela est absolument insensé, dit le Père éternel ; cette planète est atteinte d'une affection mentale de la pire espèce. Quel remède employez-vous contre ce dérèglement cérébral ?

— Seigneur, nous leur administrons, en ce moment, quelques infusions de science.

— Très bien. Cela opère-t-il ?

— Cela opère assurément. Mais ces cerveaux, trop affaiblis par les terreurs religieuses, ne peuvent supporter les réactions de la science, même absorbée à faible dose, et ils commencent à délirer d'une autre façon.

— Ils vont vouloir me supprimer tout à fait pour me punir de leur avoir fait de si belles peurs, dit l'auteur de tout avec son bon sourire. Dieu merci, je suis habitué à cela. Il n'y a guère de nébuleuses où pareille chose ne m'arrive. Prenez garde seulement que leurs savants ne deviennent aussi intolérants et aussi enragés que leurs prêtres. Mais ne vous effrayez pas si ces symptômes se manifestent, et surtout ne changez pas le médicament. Continuez la science à haute dose. Elle finit toujours par guérir le mal qu'elle a fait. C'est la meilleure drogue de ma pharmacie. Ont-ils déjà découvert le protoplasma ?

— Oui, Père éternel, et si vous saviez les conséquences qu'ils en tirent ?

— Si je ne le savais pas, je ne saurais pas tout, et, si je

ne savais pas tout, je ne serais pas le bon Dieu, le leur et le vôtre, quoi qu'ils en disent. Parbleu, ils en tirent la conséquence que la vie est un simple mécanisme produit par des forces complètement aveugles qui opèrent à l'aventure, sans savoir ce qu'elles font. C'est aussi bête que les religions dans lesquelles ils me représentent comme un fabricant de poteries, confectionnant un homme en terre glaise et soufflant dessus pour le faire mouvoir; aussi bête, mais pas davantage. Sauf l'aberration de l'aveugle mécanique, ils sont même plus près de la vérité. Certes, je ne méprise pas la mécanique. Je l'emploie même volontiers dans certaines parties de mes opérations. Il en est de même pour la physique et la chimie. Si je n'étais pas le grand mécanicien, le grand chimiste, le grand physicien, ni chimie, ni physique, ni mécanique n'existeraient, et si réellement je n'y voyais goutte, ainsi qu'ils le crient, les imbéciles, comment ferais-je pour leur ouvrir les yeux? Les malheureux ne se doutent pas qu'à chaque pas qu'ils font, c'est moi qu'ils découvrent, et qu'au bout de leur lorgnette, ils apercevront : quoi? le bon Dieu. — Qui sera attrapé ce jour-là? De toute éternité, j'en ris d'avance.

Le directeur de la voie lactée et le sous-préfet du tourbillon jaune se mirent à rire, comme doit le faire tout subalterne, quand il voit le maître en gaîté.

— Mais j'y pense, reprit le Seigneur, que faites-vous de leurs âmes, quand elles vous arrivent? J'espère que vous ne les mêlez pas à celles des mondes en bon état.

— J'ai donné ordre de les parquer dans un endroit réservé, répondit le directeur. Là on s'efforce de nettoyer leurs immondices. Mais cette lessive est presque impossible, à tel point les idées fausses et les penchants vicieux sont enracinés dans ces êtres. Les uns se scandalisent de ce qu'il n'y ait pas un enfer pour ceux qu'ils ont damnés ; les autres s'indignent de ne pas trouver dans l'autre monde le paradis qu'on leur avait annoncé. Tous réclament à cor et à cri la réalisation de leurs chimères, et clabaudent contre vous, Père éternel, vous accusant de les avoir trompés. Quant à ceux qui ne croyaient à rien, ils prétendent qu'on ne les fourrera pas dedans, qu'ils ne sont pas morts du tout, et que tout cela n'est qu'un rêve.

— Laissez ceux-là rêver tant qu'ils voudront, et donnez aux autres tout ce qu'ils demandent.

— Quoi ! Seigneur...

— J'ai fait essayer ce procédé dans plusieurs univers, et il a parfaitement réussi.

— Leur donner tous leurs paradis ! s'écria le sous-préfet. Mais vous n'imaginez pas, Père suprême, combien il y en a de stupides.

— Plus leurs paradis sont stupides, plus vite ils en seront dégoûtés. Cela les déterminera à chercher mieux, et, de cette façon, ils arriveront à se faire de la vie éternelle une idée à peu près raisonnable.

— Mais il en est qui rêvent de ne rien faire absolument pendant toute l'éternité, si ce n'est de contempler les douze apôtres et les quatre évangélistes, et d'entendre à perpétuité chanter le chœur des anges.

— Eh bien ! qu'ils regardent les apôtres tant que cela leur fera plaisir, et qu'ils écoutent chanter les anges jusqu'à ce qu'ils en aient par-dessus les oreilles. Un jour viendra où ce seront eux qui hurleront en chœur : « Assez ! assez ! ouvrez la porte ! que je m'en aille ! » Vous les laisserez cuire dans leur paradis, quelques milliers d'années encore, pour leur apprendre à en inventer d'aussi ridicules ; après quoi vous leur donnerez la clé des champs, et je vous réponds qu'ils n'y reviendront plus.

— Et ceux qui réclament des houris, dans des jardins enchantés, sur la promesse d'un certain Mahomet?

— Donnez-leur des jardins et des houris tant qu'ils en voudront. On se lasse de tout, même des jolies filles.

Ayant ainsi réglé le sort des habitants de la terre, et fait tourner à notre profit nos plus déplorables erreurs, le Père de tous les êtres continua son inspection dans l'Empyrée.

## RÉSUMÉ GÉNÉRAL DU CHAPITRE

Nous ne pouvons mieux résumer tout ce qui précède qu'en citant les conclusions de la section d'occultisme du Congrès de 1889, section dont nous eûmes l'honneur de diriger les débats.

### III° SECTION

#### OCCULTISME

*Théosophie. — Kabbale. — Franc-Maçonnerie.*

La section d'occultisme présente au Congrès le résumé de ses travaux. Ce résumé est établi dans le but de montrer les nombreux points où l'occultisme et le spiritisme sont d'accord, ainsi que les divergences qui peuvent exister entre les deux enseignements.

Les travaux ont duré du 9 au 13 septembre inclusivement.

Les théories ont été présentées par M. Papus; les discussions ont été soutenues par :

MM. Jules Lermina; Lemerle ; Mac-Nab; Reybaud ; D$^r$ Chazarain; Gabriel Delanne; Varchawsky; M° Raymond Pognon; M. Bosc ; le D$^r$ Foveau ; le D$^r$ C. Dariex et Papus.

OCCULTISME

## Constitution de l'homme.

1° La constitution de l'homme est enseignée identiquement par toutes les écoles spirites et spiritualistes, quoique par des termes différents.

Voici ces noms :

| Spiritisme | Kabbale | Théosophie |
|---|---|---|
| 1. Le corps. | Le corps (Nephesh). | Le corps (Rupa). |
| 2. Le périsprit. | Le corps astral (Ruah). | Le corps astral (Linga sharira). |
| 3. L'âme. | L'esprit (Neschâmah). | L'esprit (Atma). |

2° La divergence entre les doctrines enseignées par le spiritisme et par les occultistes porte sur la transformation de ces principes après la mort, l'occultisme croyant à la dissolution totale du périsprit au bout d'un certain temps.

## Phénomènes spirites.

3° L'occultisme n'a jamais nié la possibilité ou la réalité de la communication des vivants et des morts. Les phénomènes obtenus dans les séances spirites sont cependant expliqués de plusieurs manières par les occultistes.

4° L'affirmation que la *vie humaine* peut sortir de l'être humain consciemment ou inconsciemment (sortie du corps astral) explique un grand nombre de phénomènes dits mystérieux obtenus dans les séances spirites ou par les Fakirs de l'Inde.

5° L'alliance consciente ou inconsciente des corps astraux du médium et des assistants, avec ou sans influence d'êtres psychiques extérieurs, explique une autre partie de ces phénomènes.

6° Enfin l'influence réelle des esprits est jusqu'à présent incontestable dans un grand nombre de cas. Cependant toutes réserves doivent être faites sur les précautions à prendre pour éviter les mauvaises influences tant pour les manifestations elles-mêmes que pour les médiums.

11 septembre. — *Le périsprit*.

7° La physiologie et l'embryologie modernes confirment les données de l'occultisme en montrant que le corps astral (fluide nerveux organique) précède l'âme et fabrique le corps matériel, physiologiquement parlant.

8° De ces considérations on peut tirer une théorie scientifique de l'incarnation de l'âme dans le corps. D'après l'occultisme, l'âme n'est jamais totalement incarnée dans le corps. L'idéal de l'être humain est formé par la partie extérieure à son corps (*higher-self* des Anglais).

*La réincarnation:*

9° Les écoles d'occultisme qui enseignent la réincarnation prétendent toutes que l'âme seule (partie la plus élevée de l'être, *Neschamah*, *Atma*) se réincarne et que le périsprit se dissout avec le temps et passe à l'état d'image astrale.

La réincarnation est cependant contestée par quelques écoles (H. B. of L.).

10° Le corps et la partie du corps astral (périsprit) en rapport avec lui, peuvent être analysés par la science matérialiste ; mais les fonctions intimes du corps astral et ses rapports avec l'âme échappent à l'analyse des seules méthodes du matérialisme et lui échapperont toujours.

12 septembre. — *L'humanité*.

11° Le périsprit se renouvelle incessamment quant à ses parties constituantes par l'action toute spéciale du nerf grand sympathique sur la vie apportée par le globule sanguin qui la puise lui-même dans l'air ambiant.

12° L'homme présente une véritable hiérarchie cellulaire couronnée par la cellule nerveuse. De même la terre présente une série hiérarchique d'êtres couronnés par l'humanité.

13° L'humanité est le cerveau de la terre. Chaque être humain est une cellule nerveuse de la terre; chaque âme humaine est une idée de la terre. Nous sommes tous solidaires comme les cellules d'un même organe. L'évolution individuelle de l'être humain est, par suite, liée à l'évolution collective de toute l'humanité. Le malheur des uns retombe par suite sur le bonheur des autres. Tant qu'il y aura des humains malheureux, il n'en peut exister aucun de complètement heureux.

*L'univers.*

14° La vie est portée à tous les points de l'organisme humain par les globules sanguins sous l'action dirigeante du périsprit (grand sympathique). Chacun de ces globules sanguins est un être réel constitué analogiquement comme l'organisme lui-même.

15° L'être humain puise la force nécessaire à vitaliser ces globules et par suite à organiser le périsprit dans l'air ambiant. Les organes de l'homme puisent la force nécessaire à se vitaliser eux-mêmes dans le milieu sanguin ambiant. Le sang est donc pour les organes ce que l'air est pour l'être entier.

16. La terre puise les éléments nécessaires à vitaliser tous les êtres qui sont à sa surface (êtres qui sont ses véritables organes) dans la lumière solaire au sein de laquelle elle baigne comme toutes les planètes de notre système.

17° La lumière solaire agit vis-à-vis des planètes comme le sang vis-à-vis des organes et, comme le sang contient une foule d'êtres réels, sous le nom de globules sanguins, de même les flots de lumière contiennent une foule d'êtres perceptibles aux voyants, êtres constituant des forces inconscientes (élémentals) ou êtres conscients et volontaires (élémentaires — esprits).

18° Toutes ces considérations tendent à montrer que chaque planète est un être réel et vivant, possédant un corps, un périsprit ou médiateur et une âme. Bien plus, que chaque planète ainsi constituée n'est qu'un organe d'un être également vivant : l'Univers.

19° Enfin si nous considérons que l'homme est formé d'une immense quantité de cellules de formes et de fonctions différentes, sans que la soustraction d'une partie quelconque de ces cellules (Ex. : l'amputation) enlève quoi que ce soit à l'intégrité de la conscience de cet homme, nous verrons que le corps matériel ne peut pas agir sur cette conscience intime, indépendante de lui et immortelle, en rapport seulement avec le périsprit, corps astral des occultistes, médiateur plastique de Paracelse et de Van Helmont.

20° De même l'Univers matériel conçu dans sa totalité forme le Corps de l'Être suprême nommé Dieu par les Religions. L'Humanité de toutes les planètes, le grand Adam-Ève de l'Ésotérisme, est la vie ou l'âme de cet être suprême. Enfin l'Esprit de cet Être ou des Êtres est indépendant du reste de la création, comme la conscience de

l'homme, son âme, est indépendante de son organisme matériel. L'occultisme définit ainsi Dieu :
Synthèse des mondes visibles et invisibles formée :
Par l'Univers comme Corps (objet de l'étude des Matérialistes);
Par l'humanité comme Vie (objet de l'étude des Panthéistes);
Par lui-même comme Esprit (objet de l'étude des Théistes).

### RÉSUMÉ

Pour résumer tous les enseignements en ce qui regarde l'homme, nous dirons que la naissance et la mort, ces deux énigmes qui ont toujours arrêté les matérialistes néantistes, sont les clefs de l'occultisme et du spiritisme.

21° La naissance nous apparaît comme la mort de l'âme au monde des causes et sa rentrée dans le monde matériel ou des effets. La mort, au contraire, nous apparaît comme la véritable naissance de l'âme au monde spirituel. A la rentrée de l'âme dans le monde charnel, on détache le lien qui retenait l'enfant à sa mère, comme à la rentrée de l'âme dans le monde spirituel, se détache du corps matériel le périsprit qui servait à lier et à assujettir l'âme à ce corps.

22° Telles sont les considérations qui ont conduit les représentants de la Science occulte dans toutes ses branches à venir s'unir fraternellement aux spirites de toutes les écoles. Une même doctrine nous unit tous contre l'ennemi commun, le néantisme. Ne tenons pas compte des divergences de détails ou des mots qui peuvent nous séparer, et affirmons notre union sur les deux principes fondamentaux de la doctrine spiritualiste :

Persistance de moi conscient après la mort ;
Rapports possibles entre les vivants et les morts.

## DIVISION DE LA SCIENCE

L'enseignement du Temple se réduisait uniquement à l'étude de la force universelle dans ses diverses manifestations.

Étudiant d'abord la Nature naturée, la nature des phénomènes, des effets, l'aspirant à l'initiation apprenait les sciences physiques et naturelles. Quand il avait constaté que tous ces effets dépendaient d'une même série de causes, quand il avait réduit la multiplicité des faits dans l'unité des Lois, l'initiation ouvrait pour lui le Monde des Causes. C'est alors qu'il pénétrait dans l'étude de la Nature naturante en apprenant les Lois de la Vie toujours la même dans ses diverses manifestations ; la connaissance de la Vie des Mondes et des Univers lui donnait les clefs de l'Astrologie, la connaissance de la Vie terrestre lui donnait les clefs de l'Alchimie.

Montant encore d'un degré dans l'échelle de l'initiation, l'aspirant retrouvait dans l'homme la réunion des deux natures, naturante et naturée, et pouvait de là s'élever à la conception d'une force unique dont ces deux natures représentaient les deux pôles.

Peu d'entre les hommes atteignaient la pratique et la connaissance des sciences supérieures qui conféraient des pouvoirs presque divins. Parmi ces sciences, qui traitaient de l'essence divine et de sa mise en action dans la Nature par son alliance avec l'homme, se trouvaient la Théurgie, la Magie, la Thérapeutique sacrée et l'Alchimie, dont l'aspirant avait entrevu l'existence au 2° degré de son initiation.

« Il n'y a pas eu qu'un seul ordre, l'ordre naturel, d'étudié dans la science antique ; il y en a eu quatre, comme je l'ai indiqué dans les chapitres précédents.

« Trois d'entre eux embrassaient la Nature naturante

la Nature naturée et enfin la Nature humaine qui leur sert de lien; et leur hiérogramme était ÉVÉ, la Vie.

« Le quatrième, représenté dans la tradition moïsiaque par la première lettre du nom de IEVE, correspondait à une tout autre hiérarchie de connaissances, marquée du nombre dix[1]. »

« Un fait certain, c'est que dans ce cycle de civilisation, l'Unité du Genre humain dans l'Univers, l'Unité de l'Univers en Dieu, l'Unité de Dieu en Lui-Même étaient enseignées non pas comme une superstition primaire, obscure et obscurantiste, mais comme le couronnement lumineux, éblouissant, d'une quadruple hiérarchie de sciences, animant un culte biologique, dont le Sabéisme était la forme.

« Le nom du Dieu suprême de ce cycle, Iswara, Époux de la Sagesse vivante, de la Nature naturante, Pracriti, est le même que Moïse tira, près de cinquante siècles ensuite, de la Tradition Kaldéenne des Abramides et des sanctuaires de Thèbes pour en faire le symbole cyclique de son mouvement : Iswara-El, ou, par contraction, Israël, Intelligence ou Esprit royal de Dieu[2]. »

D'après ce qui précède, on voit que l'enseignement de la science antique se réduisait aux quatre degrés suivants :

| | | |
|---|---|---|
| 1° Étude de la force universelle dans ses manifestations vitales. | Sciences physiogoniques | ה |
| 2° Étude de cette force dans ses manifestations humaines. | Sciences androgoniques | ו |
| 3° Étude de cette force dans ses manifestations astrales. | Sciences cosmogoniques | ה |
| 4° Étude de cette force dans son essence et mise en pratique des principes découverts. | Sciences théogoniques | י |

1. Saint-Yves d'Alveydre, p. 121.
2. Saint-Yves d'Alveydre, p. 99.

# DEUXIÈME PARTIE

# LA TRADITION

## A

### DES ORIGINES AU CHRISTIANISME

## CHAPITRE VIII

## LA SCIENCE DES ÉGYPTIENS ET LA GENÈSE DE MOISE

### § 1. LA TRADITION

MOÏSE ET LA SCIENCE D'ÉGYPTE
LE SYSTÈME DE CHAMPOLLION ET L'OCCULTISME.

Au début de notre ouvrage, nous avons constaté l'existence d'une science complète dans l'antiquité. La seconde partie nous a permis de résumer la doctrine générale de l'ésotérisme en éclairant ces enseignements par nos sciences expérimentales elles-mêmes. Nous devons maintenant pénétrer davantage dans l'étude de cette science occulte en déterminant l'origine possible de la Tradition.

Ce mot de tradition a le don de faire immédiatement hausser les épaules à tous les hommes de science. Qu'avons-nous besoin, disent-ils, de l'histoire d'Adam et d'Ève et du serpent pour comprendre les lois de la Nature? — C'est en réunissant toutes les données traditionnelles dans le grenier où sont enfouis tous les vieux préjugés que nous sommes parvenus à édifier un monument scientifique auprès duquel restent muets tous les mythes moïsiaques.

Les hommes de science ont raison. On ne connaît généralement en Europe que la tradition qui nous est transmise par la Religion catholique dont l'Église est la représentante chez nous. — Or l'ignorance cléricale est telle, ses procédés d'oppression de l'esprit scientifique sont si néfastes que le jour où la Pensée occidentale a pris son essor, son premier devoir était de rejeter cet amas de superstitions transformées par les conciles en articles de foi, et c'est ce qu'elle a fait.

Mais, comme toujours, on a dépassé la mesure. — On a voulu assimiler aux légendes de la bible que nous connaissons, toutes les religions anciennes et modernes ; on a voulu voir dans les prêtres anciens de l'Égypte l'analogue de nos prêtres catholiques modernes, oubliant que ceux-là étaient les instituteurs de Pythagore et de Platon, que c'étaient de véritables savants et non des inquisiteurs, et l'on a frappé l'antiquité tout entière de l'anathème de naïveté qui pesait sur le cléricalisme actuel.

Ne voulant pas croire à l'existence d'une science renfermée dans les mystères égyptiens, nos savants n'ont même pas songé à en étudier les méthodes ni les applications. Aussi la connaissance de l'antiquité est-elle fort imparfaite, et les efforts des occultistes actuels ne tendent qu'à un seul but : rendre à nos pères la justice qui leur est due.

Dans une étude magistrale sur *le symbolisme antique d'Orient,* un occultiste doublé d'un grand savant, M. de Brière, résume ainsi les causes principales qui rendent l'antiquité incompréhensible pour les savants; nous aurons du reste à revenir longuement sur ce travail [1].

---

1. Tout dernièrement, M. Marcus de Vèze a fait, dans la *Revue l'Initiation* (2ᵉ, 3ᵉ, 4ᵉ année), une étude très complète sur l'Égypte et ses mystères, sous ce titre : *l'Égyptologie sacrée.*

\*
\* \*

C'est parce que les savants ont tous, en général, une idée fausse de la méthode hiéroglyphique, qu'ils n'ont pu parvenir à mettre d'accord les auteurs anciens qui en ont parlé. Cette idée fausse tient à plusieurs causes.

1° La plupart des savants ne sont point assez avancés dans l'étude des religions anciennes, pour leur reconnaître une commune origine [1], et ils ne comprennent nullement la raison des dogmes et des cultes de l'antiquité. Les uns n'ont pu parvenir qu'à une métaphysique obscure et inintelligible, qui ne se rapporte à rien, et qui n'explique rien ; les autres ne voient partout que le soleil et la lune ; avec cette seule donnée, ils expliquent tout. Mais en toutes choses, on voit toujours les uns et les autres prendre le sens mystique et vague, de préférence au sens littéral et rationnel.

2° Ils ne connaissent nullement les *Sciences sacerdotales*, qui formaient le patrimoine exclusif et la puissance des prêtres ; et le peu que quelques-uns d'entre eux en savent, est trop peu étendu, pour en faire une application utile à l'explication des religions anciennes [2].

1. Les religions anciennes ne différaient guère que par le culte ; mais la croyance était la même partout, parce qu'elle reposait sur des doctrines scientifiques, communes à tous les prêtres d'Orient.
Le culte différait, parce qu'il s'adressait à des êtres plus ou moins directement en rapport avec les choses qu'on voulait produire. Les Egyptiens rendaient un culte aux dieux et aux esprits inférieurs, tels que les anges, les démons, etc. Les Chaldéens ne rendirent de culte qu'à l'ordre seul des dieux. De là provint facilement le culte d'un seul Dieu, du chef, du Dieu des dieux, du Dieu Seigneur, ainsi que le dit la Bible.
2. Cette ignorance, née du peu d'importance qu'ils attachent à la connaissance des sciences sacerdotales, produit un effet déplorable. Tandis que les savants explorateurs en Orient recherchent des recueils de poésies, qui sont sans intérêt ; des traités d'histoire, qui n'apprennent rien de nouveau ; des inscriptions monumentales, que personne ne sait lire ; et des bas-reliefs, que personne ne comprend, ils négligent les recher-

3° Ils ignorent presque tous que les prêtres de l'Orient avaient entre eux un idiome commun, de haute antiquité, et que c'était la langue de la science et de la religion ; que cet idiome passait pour une langue théurgique, magique et efficace ; qu'elle était la cause première des effets surnaturels, et l'instrument de la puissance des prêtres sur les divinités. L'influence des paroles magiques ayant cessé depuis longtemps d'être reconnue parmi nous, je n'ai jamais trouvé un savant à qui je pusse faire entendre ce point important de l'histoire du Paganisme. J'aurais été beaucoup mieux compris, il y a deux ou trois cents ans, qu'aujourd'hui ; parce que, dans ce temps-là, une grande partie des idées antiques circulaient encore dans le monde.

4° Ils ne savent pas que cette langue était reproduite par les hiéroglyphes, et que les hiéroglyphes étaient aussi théurgiques et magiques, à cause de la langue qu'ils représentaient.

5° Ils ignorent que les prêtres avaient deux méthodes pour exprimer les principes de leurs sciences, principalement de la théologie. La première méthode, *imitative des paroles*, complète et détaillée, au moyen de laquelle les propositions étaient exprimées *in extenso:* c'est ce que nous appelons les hiéroglyphes des textes. L'autre, sommaire et mnémonique, *imitative des pensées;* où les préceptes des sciences n'étaient indiqués que par des images composées : cette dernière employait les grandes images, les idoles, et était à l'usage des savants consommés. Ce sont les figures emblématiques des dieux.

ches sur les superstitions antiques, conservées dans les traités d'astrologie et de magie, et dans une foule de pratiques et d'opinions en vigueur encore dans l'Orient. C'est là cependant que se trouve une mine d'observations curieuses, et de comparaisons utiles pour l'étude des religions anciennes. Mais point : les savants méprisent toutes ces choses, à peu près comme le font les mahométans; mais ils n'ont pas comme ceux-ci le motif du fanatisme.

6° Ils ne savent pas que la langue sacrée et l'écriture hiéroglyphique existaient chez tous les peuples où les sciences sacerdotales et la magie s'étaient introduites : chez les Phéniciens et les Chaldéens, par exemple [1].

Cette seule citation nous fait de suite entrevoir la sûreté et la profondeur de la science enfermée dans les Pyramides.

Or, qu'est-ce que la Bible ou plutôt qu'est-ce que la portion la plus importante de la Bible : la Genèse ?

### L'ŒUVRE DE MOÏSE

Moïse était un prêtre d'Osiris, c'était un de ces prodigieux savants élevés dans les temples et détenteurs de connaissances redoutables. Moïse avait franchi tous les degrés de la hiérarchie sacerdotale, c'est-à-dire qu'il avait appris tous les ordres de science, et c'est cet homme qui, après soixante ans d'études, n'aurait pas trouvé de meilleure façon de nous faire connaître son savoir que le récit d'un homme et d'une femme conversant avec un serpent au sujet d'une pomme dans un jardin potager !

La simple logique nous montre qu'il y a malentendu dans cette question, et comme nous ne possédons, pour juger cet homme, que quelques traductions de son œuvre, il nous reste à savoir si les traducteurs n'ont pas fait œuvre

---

1. L'existence d'une langue et d'une écriture sacrées, communes aux prêtres des diverses nations, et véhicule des sciences sacerdotales, dérange beaucoup les savants du jour, qui ne rêvent que le copte, et voient dans les hiéroglyphes un copte ancien, qui n'a presque pas de rapport avec le moderne. C'est un copte de convention, retrouvé dans un système du même genre. La langue sacrée faisait des miracles; ce pauvre copte n'en a pas fait jusqu'à ce jour. Le monument de Rosette est toujours là, avec sa grande page hiéroglyphique tout à fait incomprise. Mais voici quelque autre chose. Les Éthiopiens, pères des Egyptiens, avaient les hiéroglyphes et n'avaient pas le copte. Eh bien, on dira que jadis il en était autrement, et que les Éthiopiens ont donné le copte tout entier aux Égyptiens, sans en rien garder pour eux.

de trahison et ne nous ont pas induits en erreur sciemment ou inconsciemment.

C'est donc une histoire de la Bible que nous allons esquisser ; mais auparavant il est indispensable d'étudier de très près les procédés égyptiens, puisque ce sont ces procédés mêmes qu'emploiera le prêtre d'Osiris surnommé Moïse.

Ce surnom donné aux initiés a fait croire à quelques critiques modernes que Moïse, ni Homère, ni Orphée n'avaient jamais existé. Cette idée vient, comme toutes ses congénères, de l'ignorance des choses de l'antiquité. Tous les noms d'initiés sont des noms particuliers donnés après coup, comme nous le montre l'extrait suivant :

Je suis tenté de croire que *Pythagore* n'est pas plus le véritable nom du philosophe de Samos, que Zoroastre celui du philosophe de la Bactriane. *Pythagore* signifie qui *parle python*, c'est-à-dire qui parle du ventre, un *engastrymithe*, de *bithen* (ventre). On a confondu ce dernier avec *pethen*, serpent, parce que les magiciens, par leurs murmures modulés, charmaient les serpents. *Pythagore* signifie donc un ventriloque ; et c'était une attribution des prophètes ; *Pythagore* était évidemment un prophète égyptien ; il en portait le costume.

On peut en dire à peu près autant de *Porphyre* et de *Jamblique*. On sait que le nom syriaque du premier de ces philosophes était *Malk*, et qu'il changea ce nom en celui de *Porphyre*, qui signifie *pourpre*. On a expliqué *Malk* par roi ; je pense qu'il y a erreur. *Malk*, l'opérateur, surnom donné à Mercure, s'appliquait à l'hiérogrammate : celui-ci portait un *ruban rouge* autour de la tête et des ailes au dos. Donc *Malk* et *Porphyre* signifient un hiérogrammate.

Quant à *Jamblique*, il vient de la même racine, *Malak;* on l'écrit *Iamlikh : ia* pour l'article oriental *ha : Hama-*

*lak, Porphyre et Jamblique* sont donc des noms de fonctions.

(DE BRIÈRE, *Symbole d'Orient*, p. 64.)

## § 2. L'ORIGINE DU LANGAGE ET LES TROIS LANGUES MÈRES

### L'HÉBREU EST LA LANGUE DES MYSTÈRES ÉGYPTIENS

La tradition occidentale constituée en grande partie par la *Kabbale* vient, ainsi que nous le verrons tout à l'heure, de Moïse et par suite des mystères égyptiens.

Connaissons-nous ces mystères?

Pas le moins du monde. L'habitude prise par le monde scientifique de considérer les anciens comme de grands enfants est telle qu'on ne veut pas admettre l'existence dans l'antiquité de données totalement perdues de nos jours comme celles qui ont rapport à l'existence d'une *langue sacrée* commune à tous les initiés de tous les cultes.

Un égyptologue des plus savants, M. de Brière, a fait plusieurs études sur ce système[1]. Comme son ouvrage sur ces questions est des plus rares, nous allons en citer quelques extraits qui serviront à éclairer au mieux nos affirmations sur la science qui fut enseignée à Moïse.

Ce qui fait de M. de Brière un auteur de grand poids, à notre avis, c'est qu'il avait retrouvé scientifiquement l'existence de la science occulte en Égypte et il résume ses recherches sur ce sujet dans ce qu'il nomme *les Idées antiques*.

1. *Essai sur le symbolisme antique d'Orient*, principalement sur le symbolisme égyptien, par M. DE BRIÈRE, lauréat de l'Institut, etc. Paris, 1847, in-8°.

\*
\*\*

C'est ce manque de principes, et surtout de principes communs à tous, qu'on doit reprocher aux ouvrages dont je parlais tout à l'heure (les ouvrages des savants officiels). Certains de ces ouvrages ne sont que des abîmes ténébreux d'une philosophie nébuleuse, dont l'œil le plus pénétrant et le plus exercé a peine à apercevoir le fond : d'autres sont des labyrinthes de faits dans lesquels les auteurs se sont embarrassés, et dont ils n'ont su comment se tirer, faute d'un fil conducteur qui les aidât à en sortir : d'autres encore ne sont que des amas énormes de monuments de tous genres, et surtout, de *longues enfilades* de médailles; livres immenses, composés à propos d'une question de détail, qui pourrait tenir dans quelques pages; tandis que la question principale n'est point résolue, et même est tout à fait négligée : enfin d'autres, plus compréhensibles, plus saisissables, mieux entendus, établis avec art, où les faits sont exposés avec méthode et clarté, mais où la doctrine porte à faux, parce qu'elle repose sur des opinions préconçues, et non pas sur l'examen intime et la juste appréciation des choses.

Or, que manque-t-il aux auteurs de ces ouvrages? les IDÉES ANTIQUES.

J'appelle idées antiques, les opinions qu'avaient les Orientaux sur la nature, les propriétés, l'action et la relation des choses. Ces opinions, qui s'étaient infiltrées en partie dans l'Occident, mais qui n'existent plus nulle part, à cause de la disparition du paganisme, sont formulées très nettement dans les sciences sacerdotales, et se dégagent aisément par l'examen attentif et la comparaison des choses. Ces opinions sont en quelque sorte l'âme et la vie des faits religieux et scientifiques : c'est l'oxygène, extrait de l'air et absorbé par la respiration, qui entretient l'existence. Réduites en préceptes, elles forment un corps de doctrine, indispensable pour entendre l'histoire des temps primitifs, et les religions anciennes.

Il faut donc s'identifier avec les anciens, et en quelque sorte penser comme eux ; c'est aussi ce que j'ai fait. Mais on doit vraiment déplorer la légèreté avec laquelle des hommes, recommandables par leur savoir et leurs talents, traitent ces hautes questions archéologiques.

La *Philologie comparée* (non pas seulement celle qui se borne à nous dire qu'un mot passé d'une langue dans une autre se termine en *t*, tandis que dans la première il se terminait en *s*, mais encore celle qui s'attache aux *idées représentées par les mots*, et qui les suit dans leurs diverses phases) est un grand moyen d'explication des religions anciennes ; malheureusement, les explicateurs des religions, plutôt hellénistes ou latinistes qu'orientalistes, et plutôt grammairiens que philologues, négligent cet utile moyen. Ils ne dépassent jamais le sens historique, et ne peuvent pénétrer dans les mystères de la linguistique sacrée. Dès lors leurs études sont tout à fait stériles pour nous, et ne nous apprennent rien de nouveau et d'utile. Nous n'en savons pas plus qu'auparavant [1].

---

1. L'étude des langues se divise en deux genres : en grammaticale et en philologique. Les grammairiens, occupés à traduire et à composer, ne voient dans une langue que des mots et des phrases, la grammaire et le dictionnaire, des thèmes et des versions : ils déclinent et conjuguent; voilà tout. Pour eux, un idiome est une chose parfaitement invariable. Les philologues, au contraire, étudient les effets du temps sur les langues, et comparent les divers idiomes entre eux, pour connaître leurs rapports, et les transformations qu'ils ont subies. C'est aux grammairiens coptes qu'est échu le lot d'appliquer le système de Champollion au déchiffrement des hiéroglyphes. Aussi, on les voit transportés de joie, lorsque, à l'aide de ces *tortures* violentes qu'ils donnent aux symboles, ils sont parvenus à retrouver quelqu'une des *formes intimes* du copte moderne, dans des inscriptions qu'ils supposent appartenir aux temps voisins du déluge : ils croient avoir véritablement saisi le sens des symboles.

Dirigée par les *idées antiques*, la philologie comparée sera un auxiliaire puissant pour retrouver la LANGUE SACRÉE, sans laquelle on ne peut rien entendre aux symboles. Je donnerai tout à l'heure un exemple de la comparaison des langues, à propos des sources de la langue sacerdotale; et l'on verra là un aperçu des avantages de la philologie comparée. J'en ferai usage aussi dans mes recherches sur *la Croix* et *Sérapis*, et sur les monuments de *Mithras*.

\*
\* \*

On comprend de suite l'importance que peut avoir la démonstration de l'existence de cette *langue sacrée*, *de cette langue des mystères* dont parlent toutes les traditions et qui est niée par nos savants contemporains. A cette question nous ne pouvons mieux répondre que par l'unanimité de tous les auteurs de l'antiquité cités dans le tableau suivant que nous donnons *in extenso* vu son importance.

RÉSUMÉ *des passages d'auteurs anciens, relatifs aux langues et aux figures sacrées en usage parmi les prêtres et les initiés.*

|   | LANGUES et ÉCRITURES NATIONALES | LANGUES, ÉCRITURES et FIGURES SACRÉES |
|---|---|---|
| Héliodore. | Chez les ÉTHIOPIENS. Écriture populaire. | Écriture royale ou peut-être angélique (la même que l'écriture hiéroglyphique). |
| George le Syncelle. | | EN ÉGYPTE. αι δυο γλωσσαι των Αιγυπτιων. Les deux langues des Égyptiens (du temps de Cécrops). ιερα φωνη. Langue sacrée. |

|  | LANGUES et ÉCRITURES NATIONALES | LANGUES, ÉCRITURES et FIGURES SACRÉES |
|---|---|---|
| Manethon. | κοινη διαλεκτος. Langue vulgaire. | διαλεκτος ιερα. Langue sacrée. ιερα γλωσσα. Langue sacrée. |
| Diodore de Sicile. |  | ιδια διαλεκτος των Αιγυπτιων. Langue propre des Égyptiens. ιεροι λογοι. Discours sacrés. |
| Jamblique (*de Mysteriis*). | οικεια. La langue propre de la nation. (Le passage de Jamblique, appartenant à la 7ᵉ section, est fort long et fort explicatif; j'en ai tiré un grand parti dans mon cours.) La langue sacrée est dite étrangère par Jamblique, et préférée par les dieux à la langue du pays. Il dit que cet idiome est fort ancien et de première origine. | διαλεκτος ὑλη των ιερων εθνων, ὡσπερ Αιγυπτιων και Ασσυριων. La langue entière de l'ordre des prêtres, tels que les prêtres égyptiens et ceux des Assyriens. γλωσσα των φιλοσοφων. La langue des philosophes (ou des prêtres). φωνη των ιερων. La langue des prêtres. |
| | Quand on a lu ce passage, on ne comprend plus l'obstination des savants qui nient l'existence d'un idiome sacré, et qui ne rêvent que le copte. L'absurdité est trop sensible. | |
| Jamblique et Plutarque. |  | αμουν signifie *caché* dans la langue des Égyptiens (c'est le nom donné aux prêtres). |
| Porphyre. |  | πατρια φωνη. La langue héréditaire ou la langue des Pères (nom donné aux prêtres) : la même que parlaient entre eux les disciples de Pythagore. γλωσσα των Αιγυπτιων. La *langue des Égyptiens*, apprise chez les prêtres, et qui servit à Pythagore de moyen de communication avec les prêtres chaldéens, hébreux et arabes. |

|  | LANGUES et ÉCRITURES NATIONALES | LANGUES, ÉCRITURES et FIGURES SACRÉES |
|---|---|---|
| Lucien. | | ἱερα ονοματα. Noms ou paroles sacrées. |
| Tacite. Hermès. | | Patrius sermo. Langage des Pères ou antique. πατρια φωνη. La langue des Pères, très claire et très énergique. |
| Saint Clément, d'Alexandrie. | | Αιγυπτιων (ιερεων) φωνη. La langue (des prêtres) égyptiens (usitée dans les temples). θεολογουμενοι μυθοι. Histoires ou récits en langue sacrée. |
| Lucain. | | Magicæ linguæ. Langue ou paroles magiques (exprimées par les hiéroglyphes). |
| Origènes. | | τα πατρια γραμματα. Les lettres des Pères. τα γραμματα θεια. Les lettres divines, les figures des dieux, sur lesquelles les prêtres dissertaient. |
| Inscription de Rosette, désignant les trois langues en usage en Égypte. | εγχωρια γραμματα. Les caractères des habitants, représentant la langue vulgaire. ελληνικα γραμματα. Les caractères grecs, exprimant la langue grecque. | ιερα γραμματα. Les caractères sacrés, représentant la langue sacrée. |

Les trois langues, hébraïque, grecque et latine, de l'écriteau de Jésus-Christ, sont désignées par leurs écritures; voyez l'évangile de saint Luc.

|  | LANGUES et ÉCRITURES NATIONALES | LANGUES, ÉCRITURES et FIGURES SACRÉES |
|---|---|---|
| Synesius. | γλωσσα εςιχ. La langue domestique (ne peut pas faire agir les dieux.) | ὑποβαρϐαριζων ελκυσε οσα των θεων. En parlant une langue étrangère on fait agir les dieux. |
| Philon le Juif. | A Babylone et en Assyrie. | (Voyez plus haut Jamblique.) ἀλλογενης και ἀλλοφυλος γλωσσα χαλδαισουσα των μετεωρολεσχων περι ἀστρονομιαν. La langue étrangère employée par les Chaldéens astronomes. |
| Daniel. | Langue syriaque. | Langue des Chaldéens. Écriture des Chaldéens. |
| Cassiodore. |  | (Écriture chaldéenne), les hiéroglyphes des obélisques communs aux Égyptiens et aux Chaldéens. |
| Hygin. Aristote. |  | Les Chaldéens et les Égyptiens ont les mêmes signes du zodiaque. Ils ont les mêmes signes symboliques. (Voyez le vase de Caylus.) |
| Philon de Biblos. |  | Chez les Phéniciens. Livres écrits dans les caractères secrets des Ammonéens (nom donné aux prêtres). Voyez le monument de Carpentras, et des médailles de Cossira, portant des figures égyptiennes et des légendes phéniciennes. |
| Josèphe. Chr. d'Alexandrie. | Chez les Hébreux. | Le nom de Dieu écrit en caractères sacrés. (Scarabée trouvé dans le temple.) |
| Isaïe. Jonathas. | Écriture claire. Langue vulgaire, langue troisième. | Langue des érudits. Langue du sanctuaire. |
| Saint Paul. | Langue des hommes. | Langue des anges. Langue du troisième ciel, incompréhensible aux hommes. |

| LANGUES et ÉCRITURES NATIONALES | LANGUES, ÉCRITURES et FIGURES SACRÉES |
|---|---|
| Eustathe. Chez les Scythes. | Figures hiéroglyphiques. |
| J. Lydus. Chez les Étrusques. | Écriture antique et religieuse. |
| Homère. Platon. J. de Meurs. — Chez les Grecs. Langue des hommes. (Les trois mots *conx*, *om*, *pax*, prononcés par les initiés aux mystères de Cérès, et communs aux Grecs, aux Égyptiens et aux Indiens.) | Langue des dieux. Tablette hiéroglyphique du tombeau d'Alcmène. |
| Mahomet. Chez les Mahométans. La langue arabe, dans laquelle le Coran a été traduit par Dieu. | La langue céleste, dans laquelle le Coran est écrit sur une table gardée par des anges. |

A tous ces témoignages, une question va nous être immédiatement posée :

Mais vous semblez ne pas admettre la validité des travaux sur l'Égypte et ses mystères faits par Champollion qui porta si haut l'esprit d'analyse et de critique ?

Personnellement nous ne sommes pas autorisé à discuter la validité de ces travaux. Une seule chose nous frappe pourtant, c'est que dans les traductions des manuscrits ou d'inscriptions monumentales faites par cette école nous ne voyons jamais trace d'un enseignement sur la Science Occulte. Partout il y a des noms de rois ou des qualificatifs du Soleil et jamais de phrases formant un véritable ensemble.

D'autre part deux savants éminents, quoique non officiels, MM. de Brière que nous avons déjà cité et Barrois, l'auteur des principes de *Dactylologie*, ont attaqué et renversé à notre avis tout le système de Champollion.

Voulant éviter d'entrer dans ces discussions nous allons donner les conclusions de M. de Brière et nous sommes persuadé que le lecteur tant soit peu imbu des premiers éléments de Science Occulte sera de l'avis de cet auteur contre Champollion.

*
* *

Il y avait donc, chez les Égyptiens, quatre espèces d'écritures différentes : 1° l'écriture épistolographique ou démotique, alphabétique très probablement, à l'usage de ceux qui cultivaient les arts, et de ceux qui étudiaient la langue sacrée ; 2° l'écriture hiéroglyphique ou monumentale, toute en *rébus*, imitative des paroles ; et représentant les choses, soit sous leur nom propre et naturel, soit sous un autre nom [1] ; 3° l'écriture hiératique, dérivée de la précédente, cursive à l'usage des prêtres, pour la composition des ouvrages en langue sacrée ; 4° l'écriture symbolique, composée des figures divines, γραμματα θεια, αγαλματα, sujet de dissertation pour les prêtres. On appelait ces dernières figures *éléments* ou lettres, dont les signes de textes étaient les éléments, à cause des nombreux attributs que les divinités portaient. C'est pour cela que les signes de texte ont été appelés *éléments des lettres, premières lettres*, premiers éléments, c'est-à-dire éléments des éléments, comme Platon appelle πρωτα ονοματα, les noms qui ont servi d'éléments à des mots composés ; c'est donc ainsi qu'on doit expliquer l'origine de l'expression τα πρωτα ζοιχεια (της γραμματικης), laquelle a été appliquée ensuite aux signes de l'écriture alphabétique, dérivée des symboles égyptiens.

---

1. Voy. l'*Étude sur les travaux de Barrois*, à la fin de ce chapitre (p. 409).

Ce sont là les quatre écritures qu'Abénéfi, cité par Kircher, reconnaissait chez les Égyptiens ; il donnait à la première le nom d'écriture des ignorants ; à la seconde, d'écriture mêlée ; à la troisième, d'écriture des philosophes ; à la quatrième, d'écriture des *oiseaux ;* cette dernière dénomination vient de ce qu'elle exprimait des idées astrologiques. Et qu'on ne dise pas que ceci soit une supposition de Kircher : de son temps, les monuments en écriture hiératique n'étaient pas connus, et lui-même avait une idée très fausse des symboles : donc il n'a pas pu supposer la mention d'une écriture, dont rien ne lui faisait soupçonner l'existence.

Tout cela se réduisait à deux méthodes : à une méthode *imitative* des paroles, pour transcrire les textes ; et à une méthode *imitative* des pensées, allusive et mnémonique, pour rappeler par une image composée, un tableau divin à l'esprit, ainsi que le disent Plotin et Porphyre.

Ainsi nous avons pour résultat :

| Par les traditions anciennes. | Par M. *Champollion* et M. *Letronne.* |
|---|---|
| 1° Une *langue sacrée* et magique, commune aux prêtres des divers pays. | 1° Point de langue sacrée : un idiome national, le copte. |
| 2° Une *écriture hiéroglyphique,* très simple, *imitative* des paroles, et s'expliquant d'une seule manière, comme toute écriture de langue parlée : produisant les mêmes effets magiques que la langue sacrée, à cause qu'elle la représente, et par conséquent irréductible. *Les symboles expriment chacun plusieurs idées, lesquelles sont déterminées par des noms explicatifs.* | 2° Un *système alphabétique* et *idéographique,* justement ce qu'il ne devrait pas être. Une méthode compliquée et embrouillée ; des interversions, des abréviations, etc. *Les symboles n'expriment chacun qu'une seule idée.* Des signes muets et parasites pour expliquer les mots mal écrits. |

3° Un système religieux reposant sur la cosmologie astrologique; système très clair, où chaque être divin a un rôle marqué et compréhensible. *Communauté d'origine des religions anciennes.*

4° Des figures d'idoles exprimant, par des tableaux allégoriques, les idées cosmico-astrologiques, et produisant des effets magiques.

3° Une théologie obscure, sans ensemble, éloignée de tout rapport avec les sciences sacerdotales : *isolement complet des diverses religions.*

4° Des figures inertes, dont le sens est à peu près arbitraire, et ne repose sur aucun ensemble théologique.

Si le système de Champollion est vrai, il n'est pas vraisemblable ; car il est d'une complication excessive : au lieu qu'en proposant, sur la foi de toute l'antiquité, un *idiome sacré* et une *écriture imitative du langage* je simplifie, comme Copernic, la mécanique céleste, et la rends beaucoup plus rationnelle : de plus, j'explique la cause des prodiges, l'apparition des dieux, etc., attribuée par l'antiquité à la puissance magique des prières en langue sacrée ; tandis que M. Champollion et ses disciples n'ont point de *paroles* pour cela. (DE BRIÈRE.)

\*
\* \*

Toute l'école de Champollion s'appuie sur un passage de saint Clément pour asseoir ses prétentions. Or ce passage est d'une très grande utilité pour nous car il nous montre la manière dont étaient enseignées les trois sortes d'écritures aux futurs initiés. Aussi n'hésitons-nous pas à donner ce passage avec les deux traductions faites, appelant l'attention de nos lecteurs sur la traduction de Brière, la seule se rapportant aux données de la Science Occulte.

J'en viens maintenant au passage des *Stromates*.

M. Letronne a donné deux traductions de ce fameux passage, dans les deux éditions du Précis hiéroglyphique de M. Champollion ; mais ces deux traductions ne diffèrent guère que par l'interprétation des mots τα πρωτα ζοιχεια.

Voici la dernière traduction, et celle qui exprime le mieux la pensée du célèbre académicien : je la donne en regard du texte et de ma traduction, afin de bien faire sentir la différence qui existe entre les deux traducteurs.

Je fais précéder et suivre le texte comparé de saint Clément de quelques phrases de cet auteur, qui expliquent et fixent sa pensée, et qui, n'étant nullement sujet de controverse, n'ont pas besoin du texte grec pour se justifier.

*Préambule du passage de saint Clément.*

Comparons les choses spirituelles aux choses spirituelles ; c'est pour cela que, par un mode de mystère qui est vraiment divin, et qui nous est fort utile, les Égyptiens marquèrent par les choses qu'on nomme chez eux *impénétrables*, et les Hébreux par celui de *voile*, le Verbe naturellement sacré, et qui repose dans le sanctuaire de la vérité. Chez les Hébreux, il n'était permis d'entrer dans le sanctuaire qu'à ceux qui étaient consacrés, c'est-à-dire voués à Dieu ; et dont les mauvais penchants étaient circoncis par leur amour pour Dieu seul. Platon prétendait qu'il ne fallait pas que ce qui était pur fût touché par ce qui était impur. De là vient que les prophéties et les réponses des oracles sont données sous forme d'allusion. Les mystères ne sont pas révélés sans respect au premier venu ; mais avec des préparations et des expiations : *car la muse ne cherche pas le gain, elle n'est pas mercenaire; elle ne vend pas des sons doux et des vers mielleux avec un visage argenté.*

(Pindare.)

## CONTINUATION DU TEXTE DE SAINT CLÉMENT D'ALEXANDRIE

*Passage traduit par M. Letronne.*

| TEXTE de saint Clément | TRADUCTION de M. de Brière | TRADUCTION de M. Letronne |
|---|---|---|
| Αὐτίκα οἱ παρ Αἰγυπτίοις παιδευόμενοι, | Ceux qui sont admis à s'instruire chez les prêtres égyptiens, se mettent sur-le-champ | *Ceux qui, parmi les Égyptiens, reçoivent de l'instruction,* |
| Πρώτην (1) μὲν πάντων τήν αἰγυπτίων γραμμάτων μέθοδον ἐκμανθάνουσι, τήν ἐπιζολογράφικην καλουμένην· δευτέραν δὲ, τήν ἱερατικήν, ἧ χρῶνται οἱ ἱερογραμματεῖς· ὑζάτην δὲ καὶ τελευταίαν, τήν ἱερογλυφικήν. | A apprendre complètement les principes et l'usage des trois écritures égyptiennes ; d'abord, et avant toutes les autres, de l'*épistolographique*[2] ; ensuite de l'*hiératique*, dont se servent les hiérogrammates[3] ; et en dernier lieu de l'*hiéroglyphique*[4]. | *Apprennent avant tout le genre de lettres égyptiennes, qu'on appelle épistolographiques ; en second lieu, l'hiératique, dont se servent les hiérogrammates ; et enfin l'hiéroglyphique.* |
| ἧς. | Cette dernière méthode comprend : | *L'hiéroglyphique est de deux genres :* |
| ἡ μὲν ἐζὶ, διὰ τῶν πρώτων ζοιχείων, κυριολογική· | 1° Celle où les SIGNES DE L'ÉCRITURE se prennent | *L'un emploie les* PREMIÈRES LETTRES ALPHABÉ- |

1. Je crois qu'il y a erreur dans le texte de saint Clément, et que c'est πρωτην, et non πρωτον qu'on doit lire : δευτεραν et υζατην décident la chose, et font voir *que l'épistolographique* était la *première* écriture, dans l'ordre d'étude.

2. Jamblique (*De Mysteriis*, S. 7, ch. 4) nous apprend que les principes *de la langue sacrée* étaient enseignés dans la langue *vulgaire ;* par conséquent avec des livres écrits en caractères *épistolographiques*. Ainsi donc, l'usage de l'écriture vulgaire devait précéder celui des écritures hiéroglyphiques : c'est aussi par celle-là que Pythagore commença ses études. Pour comprendre les hiéroglyphes et en faire usage, il fallait savoir d'abord la langue qu'ils reproduisaient. Ceci prouve que l'écriture sacrée n'était ni alphabétique, ni idéographique ; pour la prononcer, il fallait connaître la langue : c'est tout le contraire de ce que font les savants d'aujourd'hui.

3. C'était une expression générale pour désigner tous ceux qui composaient des ouvrages scientifiques : c'était aussi une fonction particulière. L'écriture hiératique était indispensable à connaître pour l'étude des sciences ; parce que ces sciences étaient exposées dans des ouvrages écrits de cette manière. (Ceux qui s'instruisaient, n'étaient pas encore hiérogrammates.)

4. Parce qu'elle était la plus difficile à tracer, et que les images symboliques des dieux, dont on ne donnait l'explication qu'aux initiés du premier ordre, en faisaient partie.

| | | |
|---|---|---|
| ἡ δὲ (εζι, διὰ τῶν πρώτων ζοιχείων), συμβολική· | DANS LE SENS PROPRE et A LA LETTRE. 2° Celle où ces mêmes SIGNES sont pris dans un sens FIGURÉ ou MÉTAPHORIQUE. | TIQUES (première traduction : *exprime au propre les objets par les lettres*); L'AUTRE EST SYMBOLIQUE (première traduction : *l'autre les représente par des symboles*). |
| Τῆς δὲ συμβολικῆς, | Dans le sens MÉTAPHORIQUE, les SIGNES s'interprètent de trois manières différentes. | *La méthode symbolique se subdivise en plusieurs espèces.* |
| ἡμὲν, κυριολογεῖται κατὰ μίμησιν· | Selon la première, la métaphore s'interprète par le nom propre d'une chose, conformément à l'IMITATION DE CE NOM (par le SIGNE). | *L'une représente les* OBJETS AU PROPRE PAR IMITATION *(des objets).* |
| ἡδ' ὥσπερ τροπικῶς γράφεται· | Selon la deuxième, le SIGNE s'interprète d'une manière qui se RAPPROCHE DE LA MÉTAPHORE. | *L'autre les explique d'une* MANIÈRE TROPIQUE *figurée).* |
| ἡδὲ ΑΝΤΙΚΡΥΣ ἀλληγορεῖται κατά τινας αἰνιγμούς. | Dans la troisième, le signe s'interprète CLAIREMENT par un autre objet, en raison de certains rapports ALLUSIFS, (résultats de comparaisons préalables)[1]. | *La troisième se sert* ENTIÈREMENT *d'allégories exprimées* PAR CERTAINES ÉNIGMES. |
| ἥλιον γοῦν γράψαι[2] βουλόμενοι, κύκλον ποιοῦσι· σελήνην δὲ, σχῆμα μηνοει- | Ainsi, selon la manière LITTÉRALE, et selon l'IMITATIVE, lorsque les prêtres | *Ainsi, d'après ce mode les Égyptiens veulent-ils écrire le soleil, ils for-* |

---

1. Tout ce qui précède se rapporte à l'étude du déchiffrement des hiéroglyphes, lorsqu'on avait appris la langue sacrée; c'était la tâche des élèves. Ce qui suit est la manière dont l'écriture était employée par ceux qui en connaissaient déjà les propriétés : c'était le talent des prêtres instruits.
2. L'aoriste γράψαι doit-il se prendre absolument dans le sens du présent γράφειν? Je ne le crois pas. Le parfait et l'aoriste marquent, lorsqu'ils se rapportent à une époque indéterminée, ce qui se fait *habituellement*, ce qui a lieu selon l'*usage ordinaire*. (Voyez les grammaires grecques de Gail et de Burnouf.) Dès lors nous comprenons que βουλομενοι γράψαι ηλιον, signifie que lorsque les prêtres écrivaient le mot *soleil*, par la méthode *ordinaire et naturelle*, c'était par la représentation du soleil lui-même. Cette observation peut s'appliquer à tous les cas que l'on rencontre dans Horapollon. Par là, nous reconnaissons la différence qui existe entre les représentations ordinaires, et celles qui ne sont qu'accidentelles; telles que le *tropique* et l'*allégorique*.

| | | |
|---|---|---|
| ἐὶς, κατὰ τὸ κυριολογούμενον εἶδος· | égyptiens veulent écrire le mot *soleil*, ils font ordinairement un cercle (ils figurent le soleil); le mot *lune*, ils font ordinairement la figure de la lune (un croissant). | ment un cercle; lorsqu'ils veulent écrire la lune, ils forment un croissant [1]. |
| Τροπικῶς δὲ, κατ' οἰκειότητα μετάγοντες καὶ μετατιθέντες· τάδε ἐξαλλάττοντες, τάδε πολλαχῶς μετασχηματίζοντες, χαράττουσιν. | Selon la manière qui se rapproche du TROPE, les prêtres égyptiens, *changeant la signification habituelle des signes (par rapport à leurs figures, à leurs noms)*, et lui en substituant une autre accidentelle, diversifient ces signes par des additions, ou modifient leur apparence de plusieurs manières. | Dans la méthode tropique, changeant et détournant le sens des objets par voie d'analogie, ils les expriment, soit en modifiant leur image, soit en lui faisant subir divers genres de transformation. |
| Τοὺς γοῦν τῶν βασιλέων ἐπαίνους θεολογουμένοις μύθοις παραδιδόντες, | C'est avec cette méthode, qu'exposant leurs TÉMOIGNAGES de RECONNAISSANCE envers leurs rois, dans des RÉCITS (racontant les bienfaits des monarques), et conçus dans la LANGUE THÉOLOGIQUE (c'est-à-dire, la langue sacrée). | C'est ainsi qu'ils emploient les ANAGLYPHES (bas-reliefs allégoriques), quand ils veulent transmettre les louanges de leurs rois, sous forme de MYTHES RELIGIEUX. |
| ἀναγράφουσι διὰ τῶν ἀναγλύφων. | Ils les publient au moyen d'une inscription solennelle, sur des STÈLES (portant des BAS-RELIEFS, ALLUSIFS au sujet de l'inscription). | |
| Τοῦδε, κατὰ τοὺς αἰνιγμοὺς, τρίτου εἴδους, δεῖγμα ἔχω τόδε. | La troisième manière, L'ALLÉGORIQUE, celle qui s'explique par d'autres objets, en raison de certaines ALLUSIONS CLAIRES, est ainsi. | Voici un exemple de la troisième espèce d'écriture hiéroglyphique, qui emploie des ALLUSIONS ÉNIGMATIQUES. |
| Τὰ μὲν γὰρ τῶν ἄλλων ἀστρων, διὰ τὴν πορείαν τὴν λοξὴν, ὄφεων σώμασιν | Ils COMPARENT LES ASTRES autres que le soleil, à des corps de serpents, à cause | Les Égyptiens figurent les autres astres par des serpents, à cause de l'obli- |

---

1. Je ne sais pas si l'on peut dire : écrire le soleil; il me semble que l'on représente sa figure, mais que l'on n'écrit que son nom.

ἀπείκαζον· τὸν δὲ ἥλιον, τῷ τοῦ κανθάρου. κ. τ. λ.

de l'obliquité de leur mouvement; et le soleil à celui d'un scarabée, parce que celui-ci fait une figure en forme de globe, et la roule en reculant. On dit que cette espèce d'animal vit six mois sur terre et six mois sous terre; et que, lançant son sperme dans le globe, il engendre : mais qu'il ne naît point de femelle [1].

*quité de leur course, mais le soleil est figuré par le scarabée.*

Donc, pour le dire en un mot, tous ceux qui traitèrent des choses sacrées, les théologiens, tant barbares que grecs, cachèrent les principes des choses; ils ne firent connaître la vérité que par des allusions, des allégories, des métaphores, et autres espèces de figures : tels sont, chez les Grecs, les oracles ; et Apollon pythien est appelé *loxias*, c'est-à-dire *louche*. Les apophthegmes des philosophes grecs sont certainement de ce genre ; ils expriment en peu de mots de grandes choses. Ainsi, *épargnez le temps*, veut dire, ou bien, comme la vie est brève, il ne faut pas perdre le temps; ou bien, qu'il faut être économe, afin de se conserver le nécessaire, si l'on vit longtemps.... C'est pourquoi les poètes, qui apprirent la théologie des prophètes, exprimèrent leurs enseignements par des allégories ; tels furent Orphée, Linus, Musée, Homère et Hésiode ; et ceux qui, par cette raison, furent appelés *sages*.

\*
\* \*

La suite du fameux passage fait voir que saint Clément comprenait sous le nom d'allégorique, tout ce qu'il croyait

---

1. Les rapports vrais ou supposés, entre le soleil et le scarabée, selon l'opinion ancienne, nous sont exposés plus au long et d'une manière concordante, par Horapollon, Eusèbe et Ælien. Cela prouve qu'il n'y avait dans le choix du symbole aucune obscurité.

contenir un sens plus étendu que ce que les paroles expriment, ou un sens différent.

Nous n'en finirions pas si nous voulions discuter en détail les critiques présentées par de Brière au système de Champollion. Cependant nous tenons à citer encore le passage suivant qui éclairera fort bien nos lecteurs sur les procédés des savants qui accusent les occultistes de se laisser aller à l'imagination (!) :

« Ce sont ces caractères de divinités qu'inventa Hermès. Plutarque dit : On prétend qu'*Hermès fut le premier, en Egypte, qui connut les caractères des dieux*; Ερμης λεγεται θεων εν Αιγυπτω γραμματα πρωτος ευρειν; c'est pour cela que l'*ibis, qui lui est consacré, fut placé à la tête des lettres* (des dieux). Les savants, ignorant ce que c'est que les *caractères des dieux*, ont dit : *Hermès fut le premier des dieux qui connut les lettres*. Hermès n'était pas le premier des dieux, il était le seul; il était hiérogrammate, les autres dieux ne l'étaient pas. Il ne s'agit point là des lettres de l'alphabet, que les savants voient partout; mais de figures désignant par *antonomase* les divinités suprêmes. Dans les *Comasies*, l'ibis paraissait à la tête des autres animaux. Il y avait sans doute pour cela une autre raison que Plutarque ne connaissait pas.

« Je ne finirais pas si je voulais relever toutes les erreurs que les savants ont commises, faute de connaître le fond des choses; je n'en indiquerai ici qu'une seule : nous en verrons plus tard, dans mes traités sur la *Croix* et *Sérapis*, sur *Mithra*, sur l'*Origine des lettres* et sur l'*Origine des chiffres*.

« Plutarque (*de Iside*) nous dit qu'en égyptien sacré, *Athyri* désigne la *maison cosmique d'Horus*; c'est un des surnoms d'Isis. Les savants, qui ignorent ce que c'est qu'une *maison cosmique*, ont cru que Plutarque voulait dire que le mot *athyri* était composé, et signifiait dans son ensemble *maison d'Horus*. En conséquence, ils se sont mis à l'analyser ainsi : *ath*, maison (ce mot n'a pas cette signification en copte), et *yr* ou *or*; Horus ; *ath-or*, maison d'Horus. Fort de cette opinion qui circule partout, M. Champollion, ayant trouvé quelque part un *carré long* renfermant un *petit oiseau*, a jugé que le *carré long* était la maison, et le *petit oiseau*, *Horus*; et il a fait de tout cela le symbole idéographique d'Athyr ou *Athor*, Vénus ou Isis. Autant de mots, autant d'erreurs. Il faut savoir qu'en astrologie, les signes du zodiaque, qui s'appliquent aux mois, sont ce qu'on appelle des *maisons de planètes*. Le signe de la *Vierge*, auquel correspond le mois d'*athyr* ou de *Vénus*, est une des deux *maisons* ou *domiciles* de la planète *Mercure-Apollon*, nommée *Horus* ou *Orion*, qui en prit le surnom d'*Athyr* ou d'*Athor*; ainsi *Athyri* ou la *Vierge* est réellement la *maison cosmique* d'Horus. (Voyez l'*Etymologicum magnum* au mot *Athyr*.)

« Les savants ont donc pris le nom de la maison pour sa définition ; et cela, parce qu'ils ne savaient pas ce que c'était qu'une *maison cosmique* : c'est comme si l'on disait que le mot *Tuileries* signifie *palais du roi*. »

* * *

Pouvons-nous avoir des détails plus précis sur *la langue sacrée* des Égyptiens ?

Voici certains passages très instructifs sur ce sujet.

Horapollon nous donne, sur cette langue sacrée, certains renseignements qui sont précieux, et confirment tout ce que nous avons vu ci-dessus. Il dit (liv. I, 27) que les prêtres égyptiens désignaient la parole par une *langue* et un *œil rouge* ou une *main*; indiquant par la *langue* la première partie d'un mot qui contient sa prononciation ; et par l'œil ou la main, sa signification. Dès lors, nous voyons qu'il en est de l'égyptien sacré comme du chinois. Dans cette dernière langue, on appelle *li* un poirier et une carpe ; mais pour déterminer qu'il s'agit plutôt de l'un que de l'autre, on dit *mo* pour l'arbre, et *yu* pour le poisson ; *li-yu*, le poisson *li*, sera la carpe ; e. *li-mo*, l'arbre *li*, sera le poirier ; les Anglais disent *pear-tree*, l'arbre-poire. Cette addition était nécessaire pour fixer le sens précis que devait avoir un symbole susceptible de plusieurs interprétations[1].

Ainsi, dans l'écriture sacrée, tout devait se prononcer. Il est impossible d'admettre les déterminatifs muets et inutiles que présente M. Champollion ; aussi, il ne leur attribue de nécessité qu'à cause de l'*imperfection* de l'écriture.

Pourquoi saint Clément et Porphyre n'ont-ils pas parlé du système de l'écriture vulgaire, ni de celui de l'écriture hiératique ? D'abord, quant à l'écriture vulgaire, elle était connue de tout le monde, et il n'était nullement nécessaire d'en parler. Pour ce qui concerne l'écriture hiératique, elle était secrète et réservée pour les ouvrages des prêtres ; et, comme elle reproduisait les mêmes figures que l'écriture hiéroglyphique, elle n'avait pas un autre système que celle-ci ; elle devait nécessairement être comprise par Por-

---

[1]. Notez bien que les signes d'*arbre* ou de *poisson*, qui entrent dans les groupes chinois, sont purement orthographiques, et ne dispensent pas de marquer le nom et le signe *arbre* ou *poisson*, à la suite du nom d'espèce, lorsque dans la phrase énoncée il peut rester quelque incertitude sur le sens de ce nom d'espèce. Ces signes orthographiques doivent sans doute leur origine aux nomenclatures encyclopédiques.

Les personnes étrangères à la connaissance du chinois se sont toujours méprises sur les propriétés de l'écriture chinoise, par rapport au langage qu'elle exprime. Il circule ainsi dans le monde savant de nombreuses erreurs de plus d'un genre, qui, acceptées généralement comme 'des vérités, égarent l'opinion publique, et exercent sur l'étude de l'antiquité une influence délétère et funeste.

phyre dans les lettres imitatives. Si les deux auteurs ont parlé des hiéroglyphes, ce n'a été que pour établir une différence entre les deux genres, et pour faire connaître le moyen de transcription usité par les prêtres pour la communication des sciences. Tel est aussi le motif pour lequel saint Clément la place au dernier rang.

Il suit de tout ce que j'ai dit que les signes hiéroglyphiques de texte, dans leurs divers emplois, faisaient toujours la fonction de ce que nous appelons *rébus,* et cette fonction toute simple, toute naturelle, est la seule qui soit compatible avec l'apparence des monuments, et qui puisse se lier à la reproduction de la langue sacrée ; de cette langue dont la puissance était telle, que par le seul son de ses mots, elle faisait mouvoir et agir les dieux, et qu'il n'était pas possible d'en altérer les formules, et qu'enfin aucun idiome humain ne pouvait lui être substitué. Cette puissance résidait aussi dans les hiéroglyphes imitatifs et allusifs. Saint Jérôme cite, à l'occasion de l'histoire de saint Hilarion, l'aventure d'un jeune homme de Memphis qui séduisit une fille chrétienne, en plaçant sous le seuil de sa porte une plaque magique, sur laquelle il y avait des mots barbares, *portenta verborum*, et des figures monstrueuses, *portentosæ figuræ*[1].

---

[1]. Toutes les amulettes reposent sur la connaissance de l'astrologie, de la langue sacrée et de l'écriture hiéroglyphique. Ce sont effectivement les bases sur lesquelles sont fondées toutes les sciences sacerdotales et les religions anciennes. Mais la puissance générale de toutes les prières, paroles et talismans, est attribuée à la nature imitative des mots et des signes : il n'y a que l'ignorance qui puisse nier cela.

Champollion connaissait mal l'astrologie et la religion égyptienne. Son explication d'un tableau prétendu astrologique est trop contraire aux règles de la science pour être vraie. Ces constellations qui agissent à des heures déterminées sur certains membres du corps, auxquels l'astrologie les déclare complètement étrangères, sont des anomalies dans la science, qui ne peuvent être admises par les personnes douées de la plus faible connaissance en astrologie. Mais les ignorants, qui prennent tout de

Les symboles de divinités jouaient un très grand rôle dans les amulettes, les abraxas, et dans toutes les opérations magiques et théurgiques ; les statues des dieux étaient considérées comme douées d'intelligence, et on les appelait λιθοι εμψυχοι, des pierres animées. J'ai lieu de croire que l'on donnait aussi aux signes de texte le nom de lettres animées ou vivantes.

J'ai dit qu'il y avait chez les prêtres égyptiens deux manières d'exprimer le discours : la première, en l'expri-

confiance et sans examen ont accepté le tableau astrologique, avec les cartouches alphabétiques et idéographiques.

Quant à la religion, l'insuffisance de Champollion se montre clairement, lorsqu'il peint avec des couleurs très vives le *paradis* et l'*enfer* égyptiens, qu'il appelle *amenthés;* les *jouissances* des bienheureux et les *tourments* des damnés. (*Huitième lettre à M. le duc de Blacas.*) Il ignorait que, dans l'antique Orient, il n'y avait ni récompense ni punition après la mort; que l'homme était récompensé ou puni dans ce monde-ci, soit sur sa personne, soit sur celle de ses descendants ; et, toujours dans les intérêts matériels. Il ignorait que la théologie égyptienne accordait deux âmes à l'homme; que l'une, l'âme intelligente et pensante, au sortir du corps, se rejoignait à l'intelligence suprême, dont elle était émanée : et que l'autre, l'âme sensitive et mobilisante, rentrait par la *porte des dieux,* ou le *Capricorne*, dans l'*amenthés*, le ciel aqueux, où elle habitait toujours avec plaisir; jusqu'à ce que, descendant par la *porte des hommes,* ou le *Cancer*, elle vînt animer un nouveau corps. (Voyez Porphyre, *De antro nympharum.*)

Je ne quitterai pas ce sujet sans parler de cet *Ammon-ré*, qui joue un si grand rôle dans le Panthéon de M. Champollion. Ce nom divin est pris d'une inscription grecque, où il est question d'*Amoun-ra-sonter;* M. Champollion n'a jamais lu en hiéroglyphes ce nom allongé; mais il a vu un groupe qu'il pouvait lire *amoun-ré*, ou *soleil caché* (toujours le soleil). Mais *ré* n'est pas *ra* : et *ra* et *rô* signifient, non le soleil, mais une *porte* : Amon-ra n'est donc pas le soleil caché, mais la porte invisible, secrète, noire, la *porte de la mort*, par où les âmes entraient dans l'*amenthés*. C'était la véritable cause de l'horreur qu'inspiraient les fèves. En copte *rô* désigne la *fève* et une *porte;* et l'on disait que la fleur de fève portait des *taches noires* qui représentaient les *portes de la mort*. *Amoun* signifie aussi *père :* et de là l'opinion qu'il valait autant manger la tête de son *père* qu'une *fève*. On voit que les idées antiques, mises en contact avec les opinions de M. Champollion, les repoussent toujours.

J'en dirai autant de cette prétendue déesse *Tphé*, ou déesse du ciel, dont les savants n'ont pas compris la nature, parce qu'ils ne montent jamais plus haut que le ciel; c'est tout simplement le *Spiritus* qui entraîne la machine céleste dans son mouvement perpétuel.

mant dans tous ses détails, par le moyen de l'écriture imitative des paroles; et la deuxième, en ne représentant qu'une idée théologique par une seule image, plus ou moins composée, une espèce de tableau; en raison des allusions que cette image offrait avec le sujet du discours. Elien établit les propriétés de cette dernière méthode en parlant de l'ibis. « Les plumes noires de cet oiseau peuvent être comparées avec le discours qui n'est point proféré (l'image vue et nommée seulement) : les plumes blanches peuvent l'être avec l'énonciation du *sens intime* (l'explication orale). »

Jamblique (*De mysteriis*, S. 7, ch. ɪ et ɪɪ) nous explique ce fait, et nous en donne un exemple.

(Ch. 1ʳ.) « Je veux d'abord vous faire connattre la manière dont les Egyptiens procèdent en matière théologique. IMITANT la nature de l'univers et les opérations des divinités, ils représentent, par des symboles composés, les notions qu'ils ont des intelligences secrètes, cachées, invisibles : de cette manière, la nature reproduit, sous des formes apparentes, les causes cachées des choses. Ensuite, la puissance opératrice des dieux y a exprimé les images vraies (ou cachées) par des images sensibles. Les Égyptiens, comprenant que tous les êtres supérieurs étaient charmés de trouver de la RESSEMBLANCE avec eux, dans les choses d'ici-bas, tâchèrent de leur plaire et d'*obtenir* d'eux *tous les biens*, en les IMITANT : et c'est avec raison qu'ils considérèrent comme convenable aux dieux la méthode d'exprimer les mystères au moyen de symboles. »

(Ch. ɪɪ.) *Un dieu assis sur un lotus* désigne le *grand dieu*, la puissance infinie, la suprême éminence, qui ne touche point la matière; et l'*intelligence motrice et ignée;* car, dans le lotus, tout est *circulaire*, les feuilles et les fruits, et cette propriété RÉPOND à l'unique opération de l'intelli-

gence, qui *meut tout circulairement*, d'une seule manière,
dans un seul ordre et dans un seul rapport. Mais le dieu
suprême, dans son isolement, est au-dessus de cette intelligence motrice : saint et vénérable, il repose en lui-même :
ce qui est MARQUÉ par sa position assise (Voy. fig. 22.
Le dieu tient un fouet et montre du doigt sa coiffure :
le *fouet* pourrait bien exprimer son *nom*, et la *coiffure* sa
dignité.)

Pour expliquer l'origine de ces tableaux symboliques,
il faut savoir que les Egyptiens ne figuraient jamais le
monde organisé par des images compliquées, et montrant
les choses sous leur propre forme, vraie ou supposée ;
comme lorsque nous représentons le système du monde,
ou la sphère céleste ; ou bien, lorsque nous montrons
Dieu dans sa gloire, entouré de ses anges et de ses saints,
qui chantent ses louanges, en s'accompagnant de la
harpe. Comme ils voulaient dépeindre en même temps les
choses et leurs propriétés, telles que le mouvement, la
puissance, la fonction, etc., ils ne purent y parvenir qu'en
substituant symboliquement aux images intellectuelles, des
objets sensibles dont les propriétés avaient de l'analogie
avec celles des choses qu'ils voulaient dépeindre. Les
images sensibles par lesquelles ils désignaient les choses
célestes n'étaient donc pas, comme le dit Jamblique, les
*véritables* ou les *invisibles* (*amoun* a ces deux sens)[1], que
les prophètes voyaient en songe (ce qui leur avait fait
donner le titre de VOYANTS). Les peuples n'allaient pas
plus loin que la figure, ce qui est assez ordinaire ; et de
là naquit l'idolâtrie. De là vint encore que les Grecs, ignorant la signification des figures des divinités et des attributs qui les accompagnent, donnèrent à ces images, en

---

1. Les Egyptiens invoquaient le dieu *Amoun* et l'invitaient à se manifester, à se rendre visible.

## ÉCRITURES HIÉROGLYPHIQUES,

**1re BRANCHE**, divisée en deux espèces :
- **1re espèce** : *écriture monumentale* ;
- **2e espèce** : *écriture hiératique* ou *des philosophes*

Τα πρωτα ζοιχεια, les premiers éléments ; *elementa litterarum*, les éléments des lettres ; τα γραμματα, les lettres des Pères ; ιερα γραμματα, les lettres sacrées.

**TABLEAU COMPARATIF DES RAPPORTS DES AUTEURS ANCIENS, SUR LES ÉCRITURES ÉGYPTIENNES AUTEURS INCONNUS A M. CHAMPOLLION, OU REJETÉS PAR LUI**

| | | | | |
|---|---|---|---|---|
| SAINT CLÉMENT D'ALEXANDRIE | Κυριολογικη, le signe s'interprétant par le nom propre de l'objet ou de la chose. | | | |
| | | Συμβολικη, *métaphorique*, le signe s'exp objet que celui qui est représenté. | | |
| | | | | Ωσπερ τροπ en manière de |
| | *Pris comme nom propre de l'*OBJET FIGURÉ. | *Pris comme nom propre d'*UNE CHOSE. | | Κατ'εικαιον τιθεντες, chan symbole, en autre, en rais de nom HOMONYMES, PARONYMES |
| | | Κατα μιμησιν, selon l'*imitation* de ce nom, par celui de l'objet : identité parfaite des deux noms, par suite d'un rapport entre les choses. | | |
| | IDIONYMES. *Soleil* (exprimé par son image). | HOMONYMES. Toutes les choses portant le nom de *soleil*, et exprimées par l'image du soleil. | | Tout objet portant un nom voisin de celui de soleil. |
| DIODORE DE SICILE | L'écriture n'exprime pas le discours par des *réunions combinées de lett* λογον εκ της των συλλαβων συνθεσεως, mais par | | | |
| | la signification propre des images décrites : εξ εμφασεως των μεταγραφομενων. | une métaphore propre du nom de l'objet, secondée par l'action de la mémoire (à cause de la communauté de ce nom avec la chose) : εκ μεταφορας οικειας μνημη συνθλημενης (δια κοινοτητα). | | |
| | *Épervier*, oiseau. | *Épervier*, rapide. | | |
| PLUTARQUE | Ος, sceptre : σηθ, âne : ιρι, œil. | Ος, plusieurs : Σηθ, nom du dieu à tête d'âne (Typhon). | | Οσ-ιρι, scep yeux (nom d'O |
| HORAPOLLON | *Baïeth*, épervier, oiseau. Le jonc, l'encre et le crible, *Amrés*. | *Amrés*, malade. | | *Baï-ket*, épe *Thauet*, épe autre nom à d |
| RUFFIN | CROIX, *instrument*. | CROIX, *vie future*. | | *Litteræ-voca Elementa lit* |
| AMMIEN-MARCELLIN | VAUTOUR, *oiseau*. | VAUTOUR, *nature*. | | |
| | *Non præstitutus numerus litterarum ; sed singulæ litteræ singulæ* nomi *nunquam integros sensus significantes* ; non un nombre déterminé de lett mot, et quelquefois un sens complet. | | | |
| PLOTIN | Τυποι γραμματων διεξοδευοντες λογους και προτασεις, και μιμουμενοι φωνας exprimant en détail les discours et les propositions, et *imitant* les paroles | | | |
| PORPHYRE | Κοινολογουμενα κατα μιμησιν ; exprimant le discours ordinaire *par imita* | | | |
| APULÉE | *Figuris cujuscemodi animalium, compendiosa verba suggerentes* concept et exprimant les mots brefs d'une formule, au moyen de figures d'anima | | | |
| LUCIEN | Le nom du sauveur de la ville écrit en caractères hiéroglyphiques sur l sont pas *idéographiques*. | | | |
| TACITE | *Patrius sermo*, la langue des Pères était représentée par les hiéroglyph | | | |
| LUCAIN | Les figures d'animaux conservaient les paroles magiques. | | | |

GLYPHIQUES, divisées en deux branches.

| | et dont les signes portent les noms de : | II° BRANCHE, dont les signes portent les noms de Γραμματα, lettres; ζοιχεια, éléments; αγαλματα, images; ειδολα (ειδη-ωλα), idoles (images complètes); μονογραμμοι, monogrammes; τερατα, monstres; σημεια, signes; χαρακτηρες, sculptures; γραμματα θεια, lettres divines. |
|---|---|---|
| *entale* ; *ue* ou *des philosophes*, selon Abénéfi, *ments* des lettres; τα πρωτα γραμματα, les premiers éléments; τα πατρια propre *rique*, le signe s'expliquant comme nom d'une chose, ou d'un autre t représenté. | | |

| | Ωσπερ τροπικῶς γραφομενον, écrit en manière de TROPE. | Αλληγορικη, s'interprétant par UN AUTRE NOM. | |
|---|---|---|---|
| propre n l'imi- celui de lite des e d'un es. portant rimées | Κατ' οικειοτητα μεταγοντες και μετατιθεντες, changeant la propriété d'un symbole, en lui en donnant une autre, en raison d'un rapport *de nom* ΗΟΜΟΓΩΝΥΜΟΙ, PARONYMES Tout objet portant un nom voisin de celui de *soleil*. | Désignant un objet ou une chose par une autre figure et par un autre nom, en raison d'allusions claires : κατα τινας αινιγμους αντιχρυς. *de figure* Εξαλλαττοντες, en distinguant par l'application d'un autre signe, ou μετασχηματιζοντες, en modifiant la forme ou l'apparence. ΜΕΤΕΠΩΝΥΜΕΣ Noms différents de celui de la figure. | FIGURES OU TABLEAUX *Imitant*, par des allusions, l'organisation des mondes éthérés et célestes. (Voyez Porphyre et Jamblique.) Ce sont les éléments de l'écriture primitive, qui sont composés des signes de l'écriture du langage : lesquels sont ainsi les *premiers éléments de l'écriture*. Abénéfi appelle cette écriture *écriture des oiseaux* (à cause des représentations astrologiques); elle représente, dit-il, *les puissances de Dieu*; Plotin dit que les figures qui la composent représentent en masse des phrases, des discours. Porphyre lui donne le nom de *symbolique* ou *métaphorique*, s'interprétant au moyen d'*allusions* (il ne faut pas la confondre avec l'*allusive claire* de saint Clément d'Alexandrie). C'est le même qu'Ammien-Marcellin désigne comme expr:mant, PAR UN SEUL SIGNE, *un sens complet*. Ruffin appelle ses signes des *lettres sacerdotales*. Aristote prétend qu'elle était commune aux Égyptiens et aux Chaldéens : c'était un genre de mnémonique. |
|  | ΜΕΤΟΝΥΜΕΣ, ΑΝΤΟΝΟΜΑΣΕΣ *Scarabée*, pris pour le *soleil*, mais portant toujours le nom de *scarabée*. | | |

*ions* combinées de lettres, ουκ αποδιδουσα η γραμματικη των υποκειμενων

| lu nom ur l'ac- cause ce nom απορας νης (δια | | |
|---|---|---|
| om du hon). | Οσ-ιρι, sceptre et œil, *plusieurs yeux* (nom d'Osiris). | Ιερακι τον θεον φραζουσι. Ils désignent le dieu (Osiris) par le nom d'*épervier*. |
| | Baï-hèt, épervier, *âme-cœur*. *Thauet*, épervier (selon Élien) : autre nom à distinguer. | |
| | *Littera-vocabula*, lettres-mots. *Elementa litterarum*, éléments des lettres. | |

*litteræ singulis nominibus et verbis seu vocabulis inservientes*, *et non-*
*ibre* déterminé de lettres, mais chaque lettre désignant un nom et un

, και μιμουμενοι φωνας και προφορας αξιωματων. Des figures de lettres
et *imitant* les paroles et les énoncés des préceptes.

*s* ordinaire *par imitation* (des paroles).

*a suggerentes concepti sermonis libri*; livres rappelant à la mémoire
n de figures d'animaux.

hiéroglyphique sur le théâtre (à Alexandrie). Donc les symboles ne

ée par les hiéroglyphes.

igiques.

*Cette écriture porte les noms de demodè, démotique, enchoriale, commune, épistolographique. Abénéfi l'appelle l'écriture des ignorants; on croit qu'elle réunit les consonnes aux voyelles à notre manière, ou comme l'écriture send.*

**ÉCRITURE NATIONALE**

les modifiant, une signification tout à fait étrangère à celle que leur avait attachée le créateur du système. C'est cette signification grecque qui a servi seule jusqu'ici pour expliquer les fables.

Selon mon opinion, cette écriture en tableaux, l'écriture des éléments ou lettres symboliques, est la plus ancienne, et a dû précéder de beaucoup l'écriture des textes et l'alphabet. C'est par suite de leur postériorité, que les signes des textes se sont appelés les *éléments des éléments,* ou les *premiers éléments,* ou les *éléments des lettres,* et que l'alphabet qui en est dérivé a pris le même nom.

Je demanderai aux savants qui me nieront ce fait, de vouloir bien expliquer l'expression *elementa litterarum,* appliquée par Ruffin aux signes de textes représentant des mots entiers ; et celle d'*éléments,* appliquée aux grandes images par Sanchoniaton.

On voit, par ces deux passages, que les symboles théologiques des Égyptiens étaient *imitatifs* de l'organisation de l'univers. Ce n'est pas cette imitation sotte et niaise des objets ; mais le grand principe de l'IMITATION des choses, principe immense, et qui se reproduit de mille manières diverses dans l'étude de l'antiquité orientale. Ce principe dépendait du *lien universel,* et en appelait à lui trois autres : le principe de l'*efficacité,* celui de la *fatalité,* et enfin, le principe de la *périodicité.* Ce dernier était une espèce d'imitation ; tout ce qui s'était fait dans une période se reproduisait dans les suivantes, de la même manière et dans le même ordre. Le principe de l'*imitation* était contraire à cette obscurité que nous reprochons mal à propos au symbolisme égyptien, parce que nous ne le comprenons pas.

Je suppose que l'explication que nous donne Jamblique

n'était pas confiée uniquement à 'a mémoire des prêtres, mais qu'elle était aussi conservée dans l'écriture imitative : une fois reçue, cette explication était facilement rappelée à la mémoire par la vue des grandes images.

Ce sont ces figures complexes qui, souvent réunies à la suite les unes des autres, forment ce que nos savants appellent des *scènes*, c'est-à-dire des espèces d'actions, dont les objets figurés sont censés être les acteurs. Les savants, ne comprenant rien à cet assemblage, se sont imaginé qu'on leur jouait une pièce de théâtre ; tandis qu'il ne s'agissait en réalité que de certaines idées cosmologiques et théologiques reproduites par des symboles, et qui se déduisent de chaque groupe séparé.

*
* *

Il ne faudrait pas croire que de Brière seul se soit élevé contre le système de Champollion. *Lacour*[1] combat en passant ce système, mais un auteur très original et très peu connu, BARROIS[2], est parvenu à expliquer couramment non seulement les hiéroglyphes, mais même les cunéiformes en donnant raison à l'une des idées défendues par M. de Brière alors qu'il ne connaît pas cet auteur.

Barrois prétend que chaque signe hiéroglyphique représente la première lettre d'un mot qu'il faut deviner. Les hiéroglyphes seraient ainsi de véritables moyens mnémotechniques, servant à aider la mémoire des initiés. Mais où l'auteur est curieux, c'est quand il prétend que les hiéroglyphes doivent se lire en *grec prohellénique* et que

1. Lacour, *Les Æloim ou dieux de Moïse.*
2. Barrois, *Dactylologie et langage primitif restitués d'après les Monuments.* Paris, 1850, in-4° faisant suite aux *Lectures littérales des hiéroglyphes et des cunéiformes*, in-4° avec fig. *Éléments carlovingiens*, 1846. Paris, mai 1853, in-fol.

cette langue dérive elle-même du *geste* qui a été fixé par l'écriture. De là son idée de la *dactylologie*, origine de toutes les langues. Nous conseillons vivement l'étude de cet auteur aux chercheurs consciencieux ; personne ne connaît ses travaux pourtant très importants.

Voici plusieurs extraits de cet auteur qui viennent confirmer les données de M. de Brière.

### L'ÉGYPTE

La Sagesse des Égyptiens est proverbiale dans l'antiquité [1].

Les Pharaons étaient fiers de s'intituler fils des sages [2] et nourriciers des peuples.

Le législateur du Sinaï était initié à la sagesse, aux sciences et aux arts des Égyptiens [3].

Macrobe appelle l'Égypte mère des sciences [4] et les Égyptiens pères des connaissances philosophiques [5].

C'est en Égypte que les hommes les plus illustres puisèrent les connaissances par lesquelles ils se sont immortalisés [6].

(BARROIS, p. 10.)

### LE MOT SACRÉ

Les Indiens et surtout la nation chinoise, stationnaire par excellence, puisqu'elle emploie encore aujourd'hui la

---

1. Et præcedebat sapientia Salomonis sapientiam omnium crutalium et Ægyptiorum. *Regum*, IV, 30.
2. *Isaias*, XXX, 11 et 12.
3. Et eruditus est Moïses omni sapientia Ægyptiorum, et erat potens in verbis et operibus suis (*Acta*, VII, 22).
4. *Satum*, lib. I, c. xv.
5. *De Somnio Scipionis*, lib. I, c. xix.
6. Dédale, Mélampe, Pythagore, Homère, Solon, Musée, Démocrite, Apollonius de Tyane du *Cœlius Rhodiginus*, lib. XVI, c. v.

dactylologie primitive[1], ont conservé ce premier nom du Créateur que l'homme ne devait jamais prononcer[2], IAO[3], nom biblique et trinitaire, יהוה, qui, avec les aspirations archaïques, fit chez le peuple de Dieu *Jehaho, Jehova*, tandis que chez les infidèles il devint *Jovis*, d'où *Jovis Pater* .

Le primitif I O A enfanta par l'analogie la triple divinité égyptienne *Isis, Osiris, Anubis*. Les noms et la forme sont l'ouvrage des hommes; l'esprit, le prototype, c'est l'omnipotence éternelle.

(BARROIS, p. 13.)

LE ZODIAQUE

L'antique Bithynie conservait la langue prohellénique comme *langue savante;* les Bithyniens imaginèrent douze signes acrologiques représentant les mois de l'année à la même époque où s'introduisit chez eux le culte des douze grands dieux. Chaque signe rappelait le nom d'une des divinités, et cette série reçut plus tard la dénomination de *zodiaque*. Les mois de l'année, chez les Bithyniens, portaient, suivant leur ordre, les désignations suivantes en langue prohellénique :

| Αφροδισιος | Δημηεριος | Ηραιος | Ερμειος | Μητρωος | Διονυσιος |
|---|---|---|---|---|---|
| Vénus | Cérès | Junon | Mercure | Cybèle | Bacchus |
| Ηρακλειος | Διος | Βενδιαιος (prohell.) | Ζερατειος | Αρειος | Περεηνειος |
| Hercule | Jupiter | Diane | Minerve | Mars | Priape |

1. Mandarinorum lingua, *Dactylolog.*, p. 70.
2. Composé de trois sons aériens, figurés eux-mêmes par des plumes chez les anciens, afin de le spiritualiser autant que possible.
3. Il était naturel de penser que ce premier nom de la Divinité devait se reconnaître dans quelque composé de la langue primordiale, et cela existe en effet. Ιαω a fait Ιαομαι, *guérir*, parce que le grand guérisseur est Dieu lui-même et qu'on attribuait quelque chose de divin à celui qui soulageait ses semblables.
4. Dont s'est formé par contraction *Jupiter* : « Quod est in elisis aut immutatis quibusdam litteris *Jupiter*, id plenum atque integrum est *Jovis pater.* » Aulu-Gelle, N. A. V. 12.

Le zodiaque se compose des douze signes suivants :

| | | | | |
|---|---|---|---|---|
| *Capricorne* | Αιγοκερως | Αρεσκω | plaire | VÉNUS |
| *Verseau* | Αευω | Αημητηρ | moisson | CÉRÈS |
| *Bélier* | Κριος | Κοιρανη | reine | JUNON |
| *Taureau* | Ταυρος | Τεχνη | ruse | MERCURE |
| *Gémeaux* | Διοσκουροι | Δαμαρ | mère | CYBÈLE |
| *Ecrevisse* | Καρκινος | Κωμος | orgie | BACCHUS |
| *Poissons* | Ιχθυς | Ις | force | HERCULE |
| *Lion* | Λεω | Λαγετης | maître | JUPITER |
| *Vierge* | Παρθενος | Βενδις (prohell.) | vierge | DIANE |
| *Balance* | Ζυγος | Σερατηγια | commandement | MINERVE (PALLAS) |
| *Scorpion* | Σκορπιος | Στειθω | se battre | MARS |
| *Sagittaire* | Τοξοτης | Τελω | faire naître | PRIAPE |

D'où il suit que le zodiaque n'est autre chose que la nomenclature hiéroglyphique des noms des mois formant le calendrier bithynien[1].

Nous pourrions faire tout un volume sur cette science des Égyptiens que dut savoir Moïse, et sur les méthodes des unités pour rendre leurs idées ; mais il est temps de clore nos citations.

Comme notre ouvrage a pour but, avant tout, d'être utile aux chercheurs, occultistes ou non, tout en mettant au jour les œuvres des auteurs peu connus qui ont étudié la science antique, nous allons, pour terminer ce paragraphe, citer deux documents très instructifs.

Le premier est le programme du cours de M. de Brière. Le second est le tableau synthétisant les divisions de l'écriture égyptienne de la page 408.

Voici le plan général de mon cours : il se divise en deux parties; chacune d'elles se partage en deux divisions, et chaque division en plusieurs sections.

1re PARTIE : SACERDOCE ANCIEN. 1re *division* : PERSONNEL : *Origine, hiérarchie* et *mœurs* des prêtres, philosophes et initiés des divers peuples. 2e *division* : SCIENCES ET ARTS ARTS CULTIVÉS

---

1. Barrois, *Dactylologie*, p. 14.

PARTICULIÈREMENT PAR LES PRÊTRES (sciences dites *humaines*) : —
1° *Langue sacrée*, ou langue des prêtres et des initiés, ou *Hammunéens*, commune aux prêtres des diverses nations. — 2° *Écritures égyptiennes :* leur division, leurs systèmes. — 3° *Recherche* des éléments de la langue sacrée. — 4° *Physique sacrée :* Cosmologie, météorologie, histoire naturelle, alchimie. — 5° *Astrologie* et *astronomie :* développement de leurs principes, conjonctions ; grandes périodes, *croix astrologique*. — 6° *Chronologie ancienne*. — 7° *Magie*. — 8° *Divination :* leurs diverses branches. — 9° *Mystères*. — 10° *Cabale* et *nombres pythagoriques*.

2° PARTIE : RELIGIONS. 1<sup>re</sup> division : DOGMES (sciences dites *divines*). — 1°. Systèmes religieux. — 2° Divinités, les animaux sacrés, les plantes sacrées. — 3° Psychologie. — 4° Mythologie. — 5° Théologie, théosophie. — 6° Origine de la philosophie occidentale. — 2° *division* : CULTE. — 1° Edifices et ustensiles consacrés au culte. — 2° Actes religieux et objets symboliques employés dans les cérémonies du culte.

Ainsi, le prêtre est le créateur des religions païennes : les sciences sacerdotales sont ses moyens : les dogmes formulent sa pensée ; le culte est l'action résultant de cette pensée.

Au milieu de ces immenses recherches, sont jetées des considérations sur les propriétés du langage et de l'écriture, par rapport à l'expression des idées ; des recherches sur l'origine des écritures ; des critiques de tout genre, etc.

Voilà comment il faut procéder, lorsqu'on veut raisonner avec justesse sur les religions anciennes, et parvenir à établir une doctrine positive. Il est facile de voir combien cette méthode est différente de celle que suivent les savants du jour.

*<br>* *

Ce qui se dégage de l'étude précédente, c'est l'existence en Égypte et dans tous les centres d'initiation *d'une langue sacrée commune à tous les peuples*, quoi qu'en dise l'Académie[1].

[1]. Or, voyez ce que fait l'Académie ; elle condamne *la langue sacrée*, *l'écriture imitative du langage, les sciences sacerdotales, les idées antiques, les symboles imitatifs du monde*, etc.; toutes choses de premier ordre, nettes, positives et attestées par l'histoire, je dirais presque de notoriété publique ; et elle prend sous sa protection l'*alphabet* et les *signes idéo-*

Quelle était cette langue?
Moïse l'employa-t-il ?
C'est ce qu'il nous faut voir maintenant.

Nous ne pouvons avoir de sérieuses données sur la langue sacrée des Égyptiens qu'en parcourant les théories différentes énoncées pour expliquer l'origine du langage et les langues mères de l'humanité, ou plutôt des races actuelles.

Cette question de l'origine de la Parole est une de celles sur lesquelles les positivistes ont avancé les hypothèses les plus imaginaires, hypothèses considérées comme des certitudes peu après avoir été formulées.

Les contes de fées racontés à ce sujet dans les livres modernes d'Anthropologie ne méritent même pas la peine d'être pris un seul moment en considération par un lecteur qui a parcouru les travaux de *Court de Gébelin*[1] et de son disciple, devenu lui-même un maître de première force, *Fabre d'Olivet*[2]. Autant nous admirons les travaux de la Science positiviste appliquée à l'Anatomie et à la Physiologie, autant nous sommes opposé aux conceptions creuses qui prennent le manteau de l'expérimentation pour égarer les chercheurs.

Voici une des meilleures explications qui aient été fournies sur l'origine de la Parole. Cette étude est de Fabre d'Olivet.

Nous y joignons quelques remarques de Claude de Saint-Martin, le célèbre théosophe.

---

*graphiques, la langue copte, l'interprétation amphigourique des monuments; et tous ces noms si ridiculement déchiffrés, tels que : le roi Soleil-Junon, et Remenkakaka et Thotmès et Tmantot et Amoun-Maï Ramsès et Phtha-i-méné et Pipi ou Epip (au choix) et Amenhichopchf, etc. C'est toujours à peu près ainsi qu'agissent les corps savants lorsqu'ils se laissent conduire par certains membres influents. De Brière, Op. cit., p. 57.*

1. Court de Gébelin, *le Monde primitif*.
2. Fabre d'Olivet, *la Langue hébraïque restituée*.

Quel plus beau sujet de recherches pour le penseur que celui de l'origine des langues humaines?

Il est curieux de voir deux hommes d'une pénétration et d'une érudition remarquables, Claude de Saint-Martin, le philosophe inconnu, et Fabre d'Olivet[1], arriver par des voies différentes à des conclusions presque identiques au sujet de cette importante question.

Tous deux se révoltent contre le système des sensualistes, repris dans ces derniers temps par les positivistes, affirmant que les langues sont le résultat arbitraire des caprices humains, et tous deux ont été conduits dans leur étude par la connaissance profonde de la langue hébraïque.

Qui faut-il croire? Ceux qui ne savent à peine qu'une ou deux langues modernes sans connaître leurs origines, ou ceux qui se sont élevés par l'étude de toutes les langues antiques jusqu'à la connaissance des trois langues mères, le Chinois, le Sanscrit et l'Hébreu[2], ceux qui de l'origine des races humaines proclament l'existence d'une RAISON élevée?

« De quelque manière que l'on envisage l'origine du genre humain, le germe radical de la pensée n'a pu lui être transmis que par un signe, et ce signe suppose une idée mère[3].

« Oui, si je ne suis point trompé par la faiblesse de mon talent, je ferai voir que les mots qui composent les langues, en général, et ceux de la langue hébraïque en particulier, loin d'être jetés au hasard et formés par l'explosion d'un caprice arbitraire, comme on l'a prétendu, sont, au contraire, produits par une raison profonde ; je

---

1. Fabre d'Olivet, *Lang., héb. rest.* Voy. aussi Claude de Saint-Martin, *le Crocodile.*
2. Fabre d'Olivet, *Lang. héb. rest.*, Dissertation, introd.
3. Saint-Martin, *les Signes et les Idées* (dans *le Crocodile*).

prouverai qu'il n'en est pas un seul qu'on ne puisse, au moyen d'une analyse grammaticale bien faite, ramener à des éléments fixes, d'une nature immuable pour le fond, quoique variable à l'infini pour la forme.

« Ces éléments, tels que nous pouvons les examiner ici, constituent cette partie du discours à laquelle j'ai donné le nom de *Signe*. Ils comprennent, je l'ai dit, la voix, le geste et les caractères tracés[1].

« Remontons encore plus haut et nous allons voir l'origine de ces Signes :

« J'ai désigné comme éléments de la Parole la voix, le geste et les caractères tracés ; comme moyens, le son, le mouvement et la lumière ; mais ces éléments et ces moyens existeraient vainement, s'il n'existait pas en même temps une puissance créatrice, indépendante d'eux, qui se trouve intéressée à s'en emparer et capable de les mettre en œuvre. Cette puissance, c'est la Volonté.

« Je m'abstiens de nommer son principe ; car outre qu'il serait difficilement conçu, ce n'est pas ici le lieu d'en parler. Mais l'existence de la Volonté ne saurait être niée, même par le sceptique le plus déterminé, puisqu'il ne pourrait la révoquer en doute sans le vouloir, et par conséquent sans la reconnaître.

« Or, la voix articulée, et le geste affirmatif ou négatif, ne sont et ne peuvent être que l'expression de la Volonté. C'est elle, c'est la Volonté, qui, s'emparant du son et du mouvement, les force à devenir ses interprètes, et à réfléchir au dehors ses affections intérieures.

« Cependant si la Volonté est une, toutes ses affections, quoique diverses, doivent être identiques, c'est-à-dire être respectivement les mêmes pour tous les individus qui les

---

1. Fabre d'Olivet, *la Lang. héb. restituée*.

éprouvent. Ainsi, un homme voulant, et affirmant sa volonté par le geste, ou par l'inflexion vocale, n'éprouve pas une autre affection que tout homme qui veut et affirme la même chose. Le geste et le son de voix qui accompagnent l'affirmation ne sont point ceux destinés à peindre la négation ; et il n'est pas un seul homme sur la terre auquel on ne puisse faire entendre par le geste, ou par l'inflexion de la voix, qu'on l'aime ou qu'on le hait, qu'on veut ou qu'on ne veut pas une chose qu'il présente. Il ne saurait là y avoir de convention. C'est une puissance identique, qui se manifeste spontanément, et qui, rayonnant d'un foyer volitif, va se réfléchir sur l'autre.

« Je voudrais qu'il fût aussi facile de démontrer que c'est également sans convention, et par la seule force de la Volonté, que le geste ou l'inflexion vocale, affectés à l'affirmation ou à la négation, se transforment en des mots divers ; et comment il arrive, par exemple, que les mots *oui* et *non*[1], ayant le même sens et entraînant la même inflexion et le même geste, n'ont pourtant pas le même son ; mais si cela était aussi facile, comment l'origine de la Parole serait-elle restée jusqu'à présent inconnue ?

« Comment tant de savants, armés tour à tour de la synthèse et de l'analyse, n'auraient-ils pas résolu une question aussi importante pour l'homme ? Il n'y a rien de conventionnel dans la Parole, j'espère le faire sentir à ceux de mes lecteurs qui voudront me suivre avec attention ; mais je ne promets pas de leur prouver une vérité de cette nature à la manière des géomètres ; sa possession est d'une trop haute importance pour qu'on doive la renfermer dans une équation algébrique.

« Revenons. Le son et le mouvement mis à la disposi-

---

1. כה et לא.

tion de la Volonté sont modifiés par elle ; c'est-à-dire qu'à la faveur de certains organes appropriés à cet effet, le son est articulé et changé en voix ; le mouvement est déterminé et changé en geste. Mais la voix et le geste n'ont qu'une durée instantanée, fugitive. S'il importe à la volonté de l'homme de faire que le souvenir des affections qu'elle manifeste au dehors survive aux affections elles-mêmes, — et cela lui importe presque toujours, — alors, ne trouvant aucune ressource pour fixer ni peindre le son, elle s'empare du mouvement, et à l'aide de la main, son organe le plus expressif, trouve, à force d'efforts, le secret de dessiner sur l'écorce des arbres, ou de graver sur la pierre, le geste qu'elle a d'abord déterminé.

« Voilà l'origine des caractères tracés, qui, comme image du geste et symbole de l'inflexion vocale, deviennent l'un des éléments les plus féconds du langage, étendent rapidement son empire et présentent à l'homme un moyen inépuisable de combinaisons. Il n'y a rien de conventionnel dans leur principe, car *non* est toujours non et *oui* est toujours oui : un homme est un homme. Mais comme leur forme dépend beaucoup du dessinateur, qui éprouve le premier la volonté de peindre ses affections, il peut s'y glisser assez d'arbitraire, et elle peut varier assez pour qu'il soit besoin d'une convention pour assurer leur authenticité et autoriser leur usage. Aussi n'est-ce jamais qu'au sein d'une peuplade avancée dans la civilisation et soumise aux lois d'un gouvernement régulier qu'on rencontre l'usage d'une écriture quelconque. On peut être sûr que là où sont les caractères tracés, là sont aussi les formes civiles. Tous les hommes parlent et se communiquent leurs idées, tels sauvages qu'ils puissent être, pourvu qu'ils soient des hommes ; mais tous n'écrivent pas, parce qu'il n'est nullement besoin de convention pour l'établissement d'un langage, tandis qu'il en est toujours besoin pour celui d'une écriture.

« Cependant, quoique les caractères tracés supposent une convention, ainsi que je viens de le dire, il ne faut point oublier qu'ils sont le symbole de deux choses qui n'en supposent pas, l'inflexion vocale et le geste. Celles-ci naissent de l'explosion spontanée de la Volonté. Les autres sont le fruit de la réflexion [1]. »

*Court de Gébelin*[2] donne l'alphabet suivant comme type de l'alphabet primitif qu'il applique au chinois. Le lecteur est prié de comparer ces caractères avec les lettres hébraïques correspondantes, et il verra l'étroite analogie existant entre tous ces signes. L'étude du Tarot[3] fournit encore de curieuses indications à ce sujet.

M. de Brière, cherchant l'origine de la langue des Egyptiens, tend à considérer le *sanscrit* ou plutôt le *pali* comme constituant cette origine.

Mais aucun auteur n'a plus d'autorité en cette matière que Fabre d'Olivet.

Fabre d'Olivet considère trois langues mères : le Chinois, le Sanscrit et l'Hébreu.

L'espace nous manque pour analyser comme elle le mériterait cette étude magistrale ; contentons-nous de résumer les idées de l'auteur en citant les passages suivants.

*
* *

Maintenant passons à la Langue hébraïque. On a débité un si grand nombre de rêveries sur cette langue, et le préjugé systématique ou religieux qui a guidé la plume de

---

1. Fabre d'Olivet, *Lang. héb. rest.*, chap. IV, § 1.
2. *Histoire naturelle de la Parole* ou *Grammaire universelle*. Paris, 1816, in-8°.
3. Papus, *le Tarot du Bohémien*.

nos historiens, a tellement obscurci son origine, que j'ose à peine dire ce qu'elle est, tant ce que j'ai à dire est simple. Cette simplicité pourra cependant avoir son mérite; car si je ne l'exalte pas jusqu'à dire avec les rab-

| Lettres. | ALPHABET PRIMITIF | | | | CORRECTIONS de la Figure | |
|---|---|---|---|---|---|---|
| | Signe qu'elles désignent | Objets | Les mêmes au simple trait | Caractères Chinois correspondans | Caractères Chin. modernes | Caractères Chinois anciens |
| A | MAITRE Calcanques A | 人 | 人 | 人 Lu Homme | 人 Jin | 𠆢 人 Homme |
| B | BŒUF | 🐂 | 𐠤 | 𐠤 Bœuf | 牛 Nou | 𐠤 𐠤 Bœuf |
| H | CHAMP et Source de la vie | ⊞ | ⊞ | ⊞ Champ | 田 Tien | 田 ⊠ Champ |
| E | EXISTENCE VIE | 🜨 | ⚵ | ⚵ Être Vie | 生 Sing | 生 ⚵ Vie |
| I | MAIN et (signe d') ID ou AIDE | ✋ | 🜊 | 🜊 Main | 手 Chou | 手 ⺶ Main |
| O | ŒIL | 👁 | ⊙ | ⊙ 目 Œil | 目 Mou | 目 ⊗ Œil |
| OU | OUIE Oreille? | 👂 | ⊃ | 耳 Oreille en Chou | 耳 Eul | 耳 ⺗ Oreille |
| P | LE PALAIS | 👄 | ⊃ | O ⊐ Bouche | ⊐ Kheou | ⊐ ⊽ Bouche |
| B | BOITE Maison | 🔒 | 🔒 | ⊏ Boite toutes que combinée | ⊏ Ki | ⊏ ⊏ Boite |
| M | ARBRE Être Productif | 🌱 | 𐠤 | 𐠤 Plante Montagne | 𐠤 Thsao 𐠤 Chan | 𐠤 𐠤 𐠤 Plante 𐠤 Montagne |

bins de la synagogue ou les docteurs de l'Église, qu'elle a présidé à la naissance du monde, que les anges et les hommes l'ont apprise de la bouche de Dieu même, et que cette langue céleste, retournant à sa source, deviendra celle que les bienheureux parleront dans le ciel; je ne dirai pas non plus avec les philosophistes modernes que c'est le jargon misérable d'une horde d'hommes malicieux, opiniâtres, défiants, avares, turbulents, je dirai, sans partialité aucune, que *l'hébreu renfermé dans le Sepher* EST LE PUR IDIOME DES ANTIQUES ÉGYPTIENS[1].

| Lettres. | ALPHABET PRIMITIF | | | | CORRECTIONS de la Figure 2. | |
|---|---|---|---|---|---|---|
| | Sans Objets | Fig 2 Objets au | Les mêmes au simple trait. | Caractères Chinois correspondants. | Caractères Chin modernes. | Caractères Chinois anciens. |
| N | Être Produit né Fruit | 🌴 | ۴ | 艹 Attaché Être à l'autre Noeud &c? | 艹 Keng | ۴۹ Joindre les mains |
| C | Gorge Cou Canal | | ٦ | ろ Passage | 猴 Hou | 喉 Gorge |
| C | Creux de la Main Cavœ K. | | C | | 掌 Tchang | ⿰ 跺 宀 |
| Q | Couperet toutes qui coupe | | P | P Tout ce qui sert à couper | 斤 Kin | 尺 斥 斥 |
| S | Scie Dents | | △△△ | ↙ Mortier à broyer à briser | 臼 Kieou | ⊙ ⋮ Mortier |
| T. | Toit Abri | △ | ↑ | — Toit Couvert | 一 Mien | ⋒ Toit |
| T. | Parfait Grand | ✝ | + | + Perfection Dix | + Chi | + † ⺌ Dix |
| D | Entrée Porte | 🏠 | △ | P Porte Maison | 戸·門 Hou Men | 戸R·冂⟩⟩⟩⟩ Porte |
| R | Nez Pointe | | ∟ | ∟ Angle Aigu | 人 Jin | ⺃ 引 |
| L | 1. Aile 2. Bras | | ⟨ | 尸 Aile | 羽 Yu | 羽 勿 Aile |

J'ai dit que le chinois, isolé dès sa naissance, parti des plus simples perceptions des sens, était arrivé de développements en développements aux plus hautes conceptions de l'intelligence ; c'est tout le contraire de l'hébreu : cet idiome séparé, tout formé, d'une langue parvenue à sa plus haute perfection, entièrement composé d'expressions

1. Fabre d'Olivet, *Lang. héb.*, p. 1, p. XVII.

universelles, intelligibles, abstraites, livré en cet état à un peuple robuste, mais ignorant, est tombé entre ses mains de dégénérescence en dégénérescence, et de restriction en restriction, jusqu'à ses éléments les plus matériels; tout ce qui était esprit y est devenu substance ; tout ce qui était intelligible est devenu sensible, tout ce qui était universel est devenu particulier[1].

Les caractères sanscrits ne disent rien à l'imagination, et l'œil qui les parcourt n'y fait pas la moindre attention ; c'est à l'heureuse composition de ses mots, à leur harmonie, au choix et à l'enchaînement des idées, que cet idiome doit son éloquence.

Le plus grand effet du chinois est pour les yeux ; celui du sanscrit est pour les oreilles.

L'hébreu réunit les deux avantages, mais dans une moindre proportion. Issu de l'Egypte, où l'on se servait à la fois et des caractères hiéroglyphiques et des caractères littéraux[2], il offre une image symbolique dans chacun de ses mots, quoique sa phrase conserve dans son ensemble toute l'éloquence de la langue parlée. Voilà la double faculté qui lui a valu tant d'éloges de la part de ceux qui la sentaient, et tant de sarcasmes de la part de ceux qui ne la sentaient pas[3].

*
* *

Ainsi cette *langue des mystères, cette langue sacrée* voilée sous son triple sens, est celle dont Moïse va se servir pour la composition de son livre. Nous sommes maintenant à même de saisir une des causes qui font des traductions de ce livre des trahisons flagrantes. C'est qu'on ne donne qu'*un*

---

1. Fabre d'Olivet, *Lang. héb. restituée,* p. XVI et XVII.
2. Clém. Alex., *Strom,* LV. ; *Hérodote,* l. II, 36.
3. Fabre d'Olivet, p. XIX.

*seul* des trois sens que Moïse a groupés dans certains hiéroglyphes constituant la langue hébraïque[1].

Nous connaissons certains des moyens dont disposait le prêtre initié d'Osiris. Passons donc à *l'histoire de la Bible* pour saisir le caractère initial de la Tradition et ses changements depuis ses origines jusqu'à nous[2].

1. En choisissant la langue hébraïque, je ne me suis dissimulé aucune des difficultés, aucun des dangers auxquels je m'engageais. Quelque intelligence de la Parole et des langues en général, et le mouvement inusité que j'avais donné à mes études, m'avaient convaincu dès longtemps *que la langue hébraïque était perdue, et que la Bible que nous possédons était loin d'être l'exacte traduction du Sepher de Moïse.*

Parvenu à ce Sepher original par d'autres voies que celle des Grecs et des Latins, porté de l'orient à l'occident de l'Asie par une impulsion contraire à celle que l'on suit ordinairement dans l'exploration des langues, je m'étais bien aperçu que la plupart des interprétations vulgaires étaient fausses, et que, pour restituer la langue de Moïse dans sa grammaire primitive, il me faudrait heurter violemment des préjugés scientifiques ou religieux que l'habitude, l'orgueil, l'intérêt, la rouille des âges, le respect qui s'attache aux erreurs antiques, concouraient ensemble à consacrer, à raffermir, à vouloir garder.

2. Fabre d'Olivet, *Lang. héb.*, p. xxi, 2, t. I.

## CHAPITRE IX

## HISTOIRE DU SEPHER DE MOISE

(*La Genèse*)

Depuis sa rédaction jusqu'à nos jours, d'après FABRE D'OLIVET

### 1. — MOISE. — LE SEPHER

Les quelques extraits qui précèdent montrent déjà, quoique très superficiellement, les éléments dont disposait Moïse pour l'édification de son œuvre.

L'ouvrage que composa le prêtre d'Osiris était le résumé de la science des principes dans toutes ses manifestations, telle qu'elle était alors connue. A la science des Égyptiens, Moïse ajouta la plus grande partie des traditions primitives des initiateurs des Égyptiens eux-mêmes, les descendants de cette race nègre qui précéda la race blanche dans la voie de la civilisation, comme nous l'a montré l'étude de la « Vague de vie » en action sur les divers continents.

Cette science des Éthiopiens, Moïse l'acquit après qu'il était déjà grand initié, chez son beau-père Jéthro, où le futur législateur d'Israël s'était retiré pour subir les épreuves d'expiation nécessitées par le meurtre qu'il avait fait d'un soldat égyptien.

Pour bien montrer que cette origine de la civilisation transmise par la race noire n'est pas une invention de Fabre d'Olivet, rapportons l'opinion des Égyptiens eux-mêmes.

Le nom d'*égyptien*, reconnu identique avec celui de *copte*, vient-il, comme on le croit généralement, de *khemia*, prunelle de l'œil, que Plutarque nous annonce être le nom par lequel les prêtres égyptiens désignaient leur pays, voulant indiquer par là le sol noir du pays; ou bien, selon Horapollon, que l'Egypte était le centre du monde, comme la prunelle est le milieu de l'œil? Je ne le crois pas. Je pense que le nom de copte ou d'égyptien vient plutôt de l'éthiopien *Ghébé*, devenu en arabe *Habech*, prononcé *khabech*, et qui est le nom général de l'Ethiopie et de l'Abyssinie. (Le mot *Ethiopie* est grec.)
Les Egyptiens, se disant descendus des Ethiopiens, en ont pris le nom. Les Thébains d'Egypte s'appellent *Khabach* en arménien, et le pays ou le Saïd, *Khabachtan*. En éthiopien, on dit *Ghebets*, pour Egypte, et *Ghebetswi* pour Egyptien. Nous savons que le Nil, originaire de l'Ethiopie, s'est appelé Egyptus, c'est-à-dire l'Ethiopien. Ce nom vient de l'éthiopien *Ghébé*, *réunion* ou *multitude d'hommes :* en arabe, *Habech* ou *Khabes*. Il paraît que les nations habitant la même contrée et appartenant à la même race, mais divisées par tribus, portaient le nom de *multitude* ou mélange d'hommes. Telle est la signification du nom de l'*Arabie*. Abraham est expliqué par la Bible, *le père d'une multitude de nations*, parce qu'il est regardé comme le principal ancêtre des tribus israélites, ou de la plaine, et des tribus ismaélites, ou du désert; et son nom, qui est probablement l'origine de celui des Hébreux, et qui lui fut appliqué à cause de ses pérégrinations, a sans doute de l'analogie avec le nom d'*Arabe*.
*Habech* s'est prononcé ensuite *Khabes*, qui a la même signification; puis *Kebt*, toutes lettres du même organe. Ainsi l'hébreu *bouch*, rougir et pudeur, du persan *pouj*, lèvre, d'où l'arménien *bots* (*muliebria pudenda*), et l'italien *potta*, est devenu le syriaque *beth*, qui a la même signification. De même *bacha*, puer, du persan *bouz*, un bouc, a formé le grec πυθω, pourrir; et le latin *putere*, *fœtere*, puer (puer comme un bouc).
Le nom de *Misraim* ou de *Misr*, par lequel les Hébreux désignaient l'Egypte, et par lequel les Arabes la nomment ordinairement, n'est autre que l'arabe *Misr*, qui signifie une *ville capitale*. C'est le nom particulièrement attribué à la ville du Caire, ou *Cahira*, la grande, qui a remplacé Memphis, près des ruines de laquelle elle est située. Comme capitale de l'Egypte, Memphis portait le nom suprême de *Misr*, et a donné ce nom à l'Egypte, comme Naples au royaume napolitain, et Rome à l'empire romain, et par suite à tout l'Occident. Thèbes était beaucoup plus ancienne que Memphis, et a dû primitivement s'appeler *Misr*. Le nom de *Misraim*, les deux villes, supposait que les Hébreux connaissaient Thèbes et Memphis. *Misr* signifie aussi *limite*, peut-être parce que Memphis était située dans la basse Egypte. Ce nom vient de *sor*, former, entourer comme une ville forte. *Misr* signifie aussi *milieu :* de là, je le suppose, *Mithras*.

(De Brière, *op. cit.*)

Synthétisant donc les traditions des deux races, Moïse se servit des manuscrits qu'il put trouver, entre autres, d'après Fabre d'Olivet (que nous nous contentons de résumer dans cet historique), du *Livre des Générations d'Adam*, du *Livre des Guerres de IOAH* et du *Livre des Prophéties*.

« Moïse créait en copiant : voilà ce que fait le vrai génie. Est-ce qu'on pense que l'auteur de l'Apollon Pythien n'avait point de modèles? Est-ce qu'on a imaginé, par hasard, qu'Homère n'a rien imité? Le premier vers de l'*Iliade* est copié de la *Démétréide* d'Orphée. L'histoire d'Hélène et de la guerre de Troie était conservée dans les archives sacerdotales de Tyr, où le poète la prit. On assure même qu'il la changea tellement, que d'un simulacre de la Lune il fit une femme et des Éons ou Esprits célestes qui s'en disputaient la possession, des hommes qu'il appela Grecs et Troyens[1]. »

« Je crois avoir assez fortement exposé mon opinion touchant l'origine du *Sepher:* ce livre est, selon les preuves que j'en ai données dans une dissertation introductive, *un des livres géniques des Égyptiens*, sorti, quant à sa première partie appelée *Bereschit*, du fond des temples de Memphis ou de Thèbes : Moïse, qui en reçut les extraits dans le cours de ses initiations, ne fit que les lier entre eux et y ajouter, selon la volonté providentielle qui le guidait, les lumières de sa propre inspiration, afin d'en confier le dépôt au peuple dont il était reconnu pour le prophète et le législateur théocrate[2]. »

C'est ainsi que fut établi le Sepher quant à ses sources.

Par rapport au travail lui-même, le Sepher fut écrit en hiéroglyphes (chaque lettre hébraïque ayant trois sens), d'après la méthode toujours suivie par les initiés. Si l'on se

---

1. Beausobre, *Hist. de Manich*, t. II, p. 328, cité par Fabre d'Olivet.
2. Fabre d'Olivet, *Lang. héb. restituée*, t. II, p. 11.

reporte à l'étude sur la langue hébraïque comparée au sanscrit et au chinois, on verra que ce qui fait la supériorité de l'hébreu, c'est d'être en même temps formé d'hiéroglyphes et de sons donnant chacun des sens spéciaux aux mots ainsi composés. C'est justement à cause de cela que d'Olivet a choisi le Sepher hébraïque de préférence aux autres livres sacrés.

« Si j'avais espéré d'avoir le temps et les secours nécessaires, je n'aurais pas balancé à prendre d'abord le chinois pour base de mon travail, me réservant de passer ensuite du sanscrit à l'hébreu, en appuyant ma méthode d'une traduction originale du King, du Veda et du Sepher; mais dans la presque certitude du contraire et poussé par des raisons importantes, je me suis déterminé à commencer par l'hébreu, comme offrant un intérêt plus direct, plus général, plus à la portée de mes lecteurs et promettant d'ailleurs des résultats d'une utilité plus prochaine[1]. »

Or, après avoir passé plus de vingt années sur le texte de Moïse, après avoir rétabli le sens de cette triple langue des mystères d'Égypte, sens totalement perdu, Fabre d'Olivet ne tarit pas d'éloges enthousiastes sur ce livre dans lequel nous ne voyons que quelques histoires enfantines.

« Fils du passé et gros de l'avenir, ce livre, héritier de toute la science des Égyptiens, porte encore les germes des sciences futures. Fruit d'une inspiration divine, il renferme en quelques pages et les éléments de ce qui fut, et les éléments de ce qui doit être. Tous les secrets de la nature lui sont confiés. Tous. Il rassemble en lui, et dans le seul *Beræschit*, plus de choses que tous les livres entassés dans les bibliothèques européennes. Ce que la

---

1. Fabre d'Olivet, *La Langue hébraïque restituée*, XX, t. I.

nature a de plus profond, de plus mystérieux, ce que l'esprit peut concevoir de merveilles, ce que l'intelligence a de plus sublime, il le possède[1]. »

Je cite toujours et je citerai le plus possible, pour appuyer mes affirmations sur des bases aussi stables que possible. Mon rôle actuel est des plus simples, il consiste à guider le lecteur au milieu d'extraits que je groupe le plus harmonieusement possible, après les avoir cherchés moi-même assez laborieusement, je l'avoue. Il nous reste à présent à voir *le plan* de l'œuvre de Moïse ; le voici :

« Dans cette seconde partie, j'aborde la *Cosmogonie de Moïse*. Or, ce que j'appelle la *Cosmogonie de Moïse* est compris dans les dix premiers chapitres du *Beræschit*, le premier des cinq livres du Sepher. Ces dix chapitres forment une espèce de décade sacrée, où chacun des dix chapitres porte le caractère de son nombre, ainsi que je le montrerai. On a prétendu que ces divisions du Sepher tant en livres qu'en chapitres et en versets, étaient l'ouvrage d'Esdras. Je ne le pense pas. Ces dix chapitres qui renferment un tout, et dont le nombre indique le sommaire, me prouvent que la science des nombres était cultivée longtemps avant Pythagore, et que Moïse, l'ayant apprise des Égyptiens, s'en servit dans la division de son ouvrage.

« La Cosmogonie entière, c'est-à-dire l'origine de l'Univers, celle des Êtres, depuis le principe élémentaire jusqu'à l'homme, leurs principales vicissitudes, l'histoire générale de la Terre et de ses habitants, est contenue dans ces dix chapitres. Je n'ai point jugé nécessaire d'en traduire davantage, d'autant plus que cela suffit pour prouver tout ce que j'ai avancé ; que c'était assez m'imposer de travaux pour une fois, et que rien n'empêchera que

---

1. Fabre d'Olivet, t. II, p. 6.

tout autre, appliquant mes principes grammaticaux, ou moi-même reprenant la plume, nous ne puissions continuer l'exploration du Sepher. La base étant solidement posée, l'édifice ne coûtera plus rien à élever[1]. »

## 2. — DE MOISE A ESDRAS.

Une fois son livre sacré construit, Moïse sélecta un peuple qui devait le garder précieusement, le transmettre aux générations futures. Comme tous les initiateurs religieux, comme Bouddha, comme Jésus plus tard, Moïse confia *la clef* de son œuvre à des disciples choisis, laissant au peuple le sens grossier, exotérique, du Sepher. Telle est l'origine de la doctrine traditionnelle d'Israël, de la Kabbale sainte dont nous avons parlé longuement tout à l'heure.

C'est environ 1500 ans avant Jésus-Christ que Moïse confia le dépôt sacré à son peuple, après l'avoir éprouvé et l'avoir guidé lui-même à la conquête de la Terre promise.

Après la mort du grand législateur commencent les phases historiques grâce auxquelles les Juifs devaient peu à peu perdre le sens précis du *livre sacré* pour n'en garder que les caractères incompris.

Résumons rapidement ces phases ; elles sont importantes à connaître.

L'esclavage auquel fut soumise la nation juive permit, grâce à l'esprit d'opposition, de conserver les traditions assez intactes. Il n'en fut pas de même lors de l'acquisition de la liberté.

Au moment de la formation d'Israël en royaume indépendant, une rivale s'éleva vis-à-vis de Jérusalem, élevant

---

1. Fabre d'Olivet, *Lang. héb.*, t. II, p. 16.

autel contre autel et tradition contre tradition : c'était Samarie.

« Mais enfin après quatre siècles de désastres un jour plus doux semble luire sur Israël. Le sceptre théocratique est partagé : les Hébreux se donnent un roi, et leur empire, quoique resserré par de puissants voisins, ne reste pas sans éclat. Ici un nouvel écueil se montre. La prospérité va faire ce que n'ont pu les plus effroyables revers. La mollesse assise sur le trône s'insinue jusque dans les derniers rangs du peuple. Quelques froides chroniques, quelques allégories mal comprises, des chants de vengeance et d'orgueil, des chansons de volupté, décorés des noms de Josué, de Ruth, de Samuel, de David, de Salomon, usurpent la place du Sepher. Moïse est négligé et ses lois sont méconnues. Les dépositaires de ses secrets, investis par le luxe, en proie à toutes les tentatives de l'avarice, vont oublier leurs serments. La Providence lève le bras sur ce peuple indocile, le frappe au moment où il s'y attendait le moins. Il s'agite dans des convulsions intestines, il se déchire. Dix tribus se séparent et gardent le nom d'*Israël*. Les deux autres tribus prennent le nom de *Juda*. Une haine irréconciliable s'élève entre ces deux peuples rivaux; ils dressent autel contre autel, trône contre trône. Samarie et Jérusalem ont chacun leur sanctuaire. La sûreté du Sepher naît de cette division [1]. »

### 3. — ESDRAS.

*Les additions au Sepher. — Perte de la langue sacrée.*

Chaque peuple invoqua en effet le Sepher à l'appui de ses prétentions, mais aucun ne possédait plus ce livre.

---

1. Fabre d'Olivet, *Lang. héb. rest.*, p. 30, t. I.

C'est par un hasard providentiel que l'œuvre de Moïse est retrouvée au fond d'un vieux coffre et qu'*Esdras* comprend peu après tout le parti qu'il peut tirer du livre sacré.

Samarie avait été détruite, les tribus dispersées ; le Sepher avait groupé autour de lui les Juifs de Jérusalem emmenés soixante-dix ans en captivité.

Aussi quand Esdras, accomplissant une seconde fois l'œuvre de Moïse, obtient la liberté des Juifs et les ramène à Jérusalem, il lui faut renverser une foule d'obstacles sans cesse renaissants.

Samarie était secrètement reconstituée, grâce à des éléments hétérogènes, par Babylone pour s'opposer à Jérusalem. Une copie du Sepher hébraïque avait été envoyée avec un prêtre dévoué à la cour.

Esdras vint à bout de tout.

Frappant ses adversaires d'anathème, il réunit une imposante assemblée de rabbins, constituant la Grande Synagogue, qui approuve l'anathème et prête son aide au réformateur pour donner un caractère moins archaïque aux lettres du livre sacré, lettres déchiffrées avec peine par les Juifs revenant de captivité. Esdras joint au Sepher un recueil fait par lui-même et ainsi se constitue la Bible des Juifs. La grande Synagogue, qui avait déjà décidé la création des points voyelles dans l'usage vulgaire de l'écriture, approuva ce recueil.

Deux points sont dès maintenant importants à établir :

1° La preuve qu'Esdras n'est pas lui-même l'auteur du Sepher de Moïse ;

2° La perte de la connaissance réelle des caractères hébraïques du Sepher de Moïse par les Juifs à leur retour de captivité.

« 1° Cette revision et ces additions ont donné lieu de

penser, par la suite, qu'Esdras avait été l'auteur de toutes
les écritures de la Bible. Non seulement les philosophistes modernes ont embrassé cette opinion [1] qui favorisait leur scepticisme, mais plusieurs Pères de l'Église, et
plusieurs savants l'ont soutenue avec feu, la croyant plus
conforme à leur haine contre les Juifs [2]; ils s'appuyaient
surtout d'un passage attribué à Esdras lui-même [3].

« Je pense avoir assez prouvé par le raisonnement que
le Sepher de Moïse ne pouvait être une supposition ni une
compilation de morceaux détachés, car on ne suppose ni
ne compile jamais des ouvrages de cette nature ; et quant
à son intégrité du temps d'Esdras, il existe une preuve de
fait qu'on ne peut récuser : c'est le texte samaritain. On
sent bien, pour peu qu'on réfléchisse, que dans la situation où se trouvaient les choses, les Samaritains, ennemis
mortels des Juifs, frappés d'anathème par Esdras, n'auraient jamais reçu un livre dont Esdras aurait été l'auteur.
Ils se sont bien gardés de recevoir les autres écritures, et
c'est aussi ce qui peut faire douter de leur authenticité [4] ».

2° Appuyons bien sur cette importante vérité : la langue
hébraïque, déjà corrompue par un peuple grossier, et
d'intellectuelle qu'elle était à son origine, ramenée à ses
éléments les plus matériels, fut entièrement perdue après
la captivité de Babylone. C'est un fait historique dont il
est impossible de douter de quelque scepticisme qu'on
fasse profession. La Bible le montre [5], le Thalmud l'affirme [6],
c'est le sentiment des plus fameux rabbins [7]; Walton ne

1. Brolinbroke, Voltaire, Fréret, Boulanger, etc.
2. Saint Basile, *Epist. ad. Child.* Saint Clément d'Alexandrie, *Strom.* I.
Tertull, *De habit mulier*, c. xxxv, Saint Irénée, l. XXXIII, c. xxv, etc.
3. Esdras IV, c. xiv. Ce livre est regardé comme apocryphe.
4. Rech. sem., *Hist. crit.*, l. I; c. x.
5. *Ivehem*, c. viii.
6. *Thalm.*, Duot, c. iv.
7. Elias, Kimhi, Ephod, etc.

peut le nier[1]; le meilleur critique qui ait écrit sur cette matière, Richard Simon, ne se lasse point de le répéter[2]. Ainsi donc, près de six siècles avant Jésus-Christ les Hébreux, devenus des Juifs, ne parlaient ni n'entendaient plus leur langue originelle. Ils se servaient d'un dialecte syriaque, appelé araméen, formé par la réunion de plusieurs idiomes de l'Assyrie et de la Phénicie, et assez différent du nabathéen qui, selon d'Herbelot, était le pur chaldaïque[3]

### 4. — LES VERSIONS DU SEPHER.

*Les Targums. — La version samaritaine.*

C'est à partir de ce moment que le Sepher fut toujours paraphrasé dans les Synagogues. On sait qu'après la lecture de chaque mot il y avait un interprète chargé de l'expliquer au peuple en langue vulgaire. De là vinrent les *Targums*, rédaction de ces diverses paraphrases[4].

Trois sectes naquirent alors au sein des Juifs, d'après les différentes valeurs attribuées aux mots.

1° LES PHARISIENS se prétendant seuls détenteurs de la loi orale ne voulaient admettre que le sens *mystique* de l'écriture.

Ils croyaient à l'immortalité de l'âme et à la résurrection[5].

2° LES SADDUCÉENS ne voulaient admettre que le sens le plus vulgaire et professaient le matérialisme.

3° Entre ces deux sectes, une autre formée par des hommes de la plus haute vertu, vivant en ermites loin des

---

1. *Prolog.* III et XII.
2. *Hist. crit.*, l. I, c. VIII, XVI, XVII, etc., etc.
3. *Biblioth. ori.*, p. 514.
4. Fabre d'Olivet, *Op. cit.*, p. 35.
5. Fabre d'Olivet, *op. cit.*, p. 36.

villes : LES ESSÉNIENS, retirés autour du mont Moria, admettaient dans l'écriture deux sens, un exotérique pour les profanes, un ésotérique pour les initiés [1].

« Je prie le lecteur curieux des secrets antiques de faire attention à ce nom (d'Esséniens) ; car s'il est vrai, comme tout l'atteste, que Moïse ait laissé une loi orale, c'est parmi les Esséniens qu'elle s'est conservée. Les Pharisiens, qui se flattaient si hautement de la posséder, n'en avaient que les seules apparences, ainsi que Jésus le leur reproche à chaque instant. C'est de ces derniers que descendent les Juifs modernes, à l'exception de quelques vrais savants dont la tradition secrète remonte jusqu'à celle des Esséniens. Les Sadducéens ont produit les Karaïtes actuels autrement appelés *Scripturaires* [2].

Les Samaritains ne restaient pas inactifs de leur côté. Encore plus incapables que les Juifs d'entendre la langue sacrée, ils avaient fait une version du Sepher en langue vulgaire avant même que les *Targums* eussent pris naissance. Cette version est, par suite, la première qui ait été faite, nous la possédons aujourd'hui en entier.

Après les victoires d'Alexandre le Grand sur Cyrus tout tomba au pouvoir des Grecs. Les Juifs sont placés sous le joug des Selleucides.

« La langue grecque, portée en tout lieu par les conquérants, modifie de nouveau l'idiome de Jérusalem et l'éloigne de plus en plus de l'hébreu. Le Sepher de Moïse, déjà défiguré par les paraphrases chaldaïques, va disparaître tout à fait dans la version des Grecs [3]. »

---

1. M. Adolphe Franck (de l'Institut) a fait dans les n°* 41, 42 et 43 de l'*Alliance Scientifique* (juin, juillet, août 1890) une fort importante étude sur ces trois sectes.
2. Fabre d'Olivet, t. I, § 3, p. 37.
3. Fabre d'Olivet, *op. cit.*, t. I, p. 38.

## 5. — LA VERSION GRECQUE.

### Les Esséniens.

Ptolémée, fils de Lagus, eut l'idée de faire traduire le Sepher pour le placer dans la Bibliothèque d'Alexandrie. Le monarque fit appel au souverain pontife Éléazar qui envoya une copie du Sepher.

Mais il fallait trouver des traducteurs.

C'est alors qu'on s'adressa aux Esséniens du mont Moria qui jouissaient d'une réputation méritée de science et de sainteté.

Ces sectaires (les Esséniens du mont Moria) vivaient en anachorètes, retirés dans des cellules séparées, s'occupant, comme je l'ai déjà dit, de l'étude de la Nature. Le Sepher était, selon eux, composé d'esprit et de corps : par le corps ils entendaient le sens matériel de la langue hébraïque ; par l'esprit, le sens spirituel perdu pour le vulgaire[1]. Pressés entre la loi religieuse qui leur défendait la communication des mystères divins, et l'autorité du prince qui leur ordonnait de traduire le Sepher, ils surent se tirer d'un pas si hasardeux ; car, en donnant le corps de ce livre, il obéirent à l'autorité civile ; et en retenant l'esprit, a leur conscience. Ils firent une version verbale aussi exacte qu'ils purent dans l'expression restreinte et corporelle ; et pour se mettre encore plus à l'abri des reproches de profanation, ils se servirent du texte et de la version samaritains en beaucoup d'endroits, et toutes les fois que le texte hébraïque ne leur offrait pas assez d'obscurité[2].

Les traducteurs furent d'abord, ainsi que l'assure le

---

1. Josephe, *De Bello Jud.*, l. II, c. xii. Phil. *De vita contempl.* Budd. *Introd. ad phil. hebr.*
2. Fabre d'Olivet, *op. cit.*, p. 40.

Thalmud, au nombre de cinq. Ils s'occupèrent seulement de la traduction des livres de Moïse sans s'inquiéter des additions d'Esdras.

Mais les Juifs répandus en Égypte et dans la Grèce ayant oublié le dialecte araméen dans lequel étaient écrits leurs Targums adoptèrent la traduction grecque de la Bibliothèque d'Alexandrie et joignirent à ce travail une traduction des additions d'Esdras. Ils envoyèrent le tout à Jérusalem pour être approuvé.

Le sanhédrin accueillit leur demande, et, comme ce tribunal se trouvait alors composé de soixante-dix juges, conformément à la loi[1], cette version en reçut le nom de *Version des Septante*, c'est-à-dire approuvé par les Septante[2].

Telle est l'origine de la Bible. C'est une copie en langue grecque des écritures hébraïques, où les formes matérielles du Sepher de Moïse sont assez bien conservées pour que ceux qui ne voient rien au delà n'en puissent pas soupçonner les formes spirituelles[3].

### 6. — LE CHRISTIANISME.

*La Vulgate de saint Jérôme.*

C'est alors que la Providence voulant changer la face du monde, suscita Jésus.

La diffusion rapide du christianisme secoue un peu la torpeur des Juifs. Le texte grec étant considéré par les apôtres comme « inspiré », de violentes discussions s'élevèrent dans les deux camps. C'est à ce moment que naquirent une série de protestantismes décorés du nom d'hérésies et

---

1. Sepher, l. IV, c. II, v, XVI. Elias Levita, *in Thisbi*.
2. Fabre d'Olivet, *op. cit.*, p. 41.
3. Fabre d'Olivet, p. 41.

professés par Valentin, Basilide, Marcion, Arpelles, Bardesane et Manès.

Les Pères de l'Église cherchent à répondre de leur mieux à toutes ces attaques par des explications ambiguës; l'un d'eux, *saint Jérôme*, voulut remédier aux défauts de la version des hellénistes et, croyant remonter à la source du mal, se mit à apprendre l'hébreu.

Un *tolle* général s'éleva à cette nouvelle dans toute l'Église chrétienne. Saint Jérome continue son travail tout en s'inclinant devant ses adversaires. C'est alors que le traducteur s'aperçoit que les Juifs eux-mêmes ont perdu le sens de l'hébreu et n'ont pour tout lexique que cette version des hellénistes qu'il voulait justement réformer. C'était un cercle vicieux.

Quel est donc le résultat du travail de saint Jérôme?

Une nouvelle traduction de la Bible grecque, faite dans un latin un peu moins barbare que les traductions précédentes, et confrontée avec le texte hébraïque, sous le rapport des formes littérales.

Saint Jérôme ne pouvait pas faire davantage. Eût-il pénétré dans les principes les plus intimes de l'hébreu ; le génie de cette langue se fût-il dévoilé à ses yeux, il aurait été contraint par la force des choses, ou de se taire, ou de se renfermer dans la version des hellénistes. Cette version jugée le fruit d'une inspiration divine, dominait les esprits de telle sorte, qu'il fallait se perdre comme Marcion, ou la suivre dans son obscurité nécessaire.

Voilà quelle est la traduction latine qu'on appelle ordinairement *la Vulgate*[1].

Les versions que ces trois religions (catholique, musulmane, judaïque) possèdent, sont toutes faites dans l'esprit

---

1. F. d'Olivet, p. 41, t. I.

de celle des hellénistes qui leur a servi de modèle : c'est-à-dire qu'elles livrent, avec les formes extérieures de l'ouvrage de Moïse, seulement le sens le plus grossier et le plus matériel, *celui que ce théocrate avait destiné à servir de voile au sens spirituel* dont il réservait la connaissance aux initiés [1].

### 7. — FABRE D'OLIVET.

*La traduction correcte.*

Depuis saint Jérôme jusqu'à nos jours c'est sur ces textes de traductions erronées d'un livre dont le sens est toujours ignoré des clergés que s'élevèrent toutes les discussions.

On voit de suite leur inanité, on voit l'erreur des savants qui accusent d'ignorance et de naïveté les prêtres, forcés de défendre des textes ridicules dont aucune idée n'a jamais germé dans le cerveau du fondateur de la tradition occidentale, le prêtre égyptien Moïse.

Il a fallu les immenses travaux de Fabre d'Olivet pour retrouver une partie des trésors perdus et le clergé a tellement l'amour de ses erreurs qu'il a récompensé ce savant en METTANT SON ŒUVRE A L'INDEX [2]. C'est là un grand honneur pour d'Olivet comme pour tous ceux sur qui daigne frapper la sainte congrégation au XIX° siècle. Être mis à l'*Index* à notre époque par cette sainte collection d'ignorants fanatiques, c'est en effet obtenir un brevet de savoir et d'indépendance d'autant plus méritoire qu'il est accordé de meilleure grâce. Quoi qu'il en soit, résumons les travaux de d'Olivet par ce qu'il en dit lui-même.

« Dans quelque langue qu'on tourne la Bible c'est tou-

---

1. Fabre d'Olivet, *Lang. héb. restit.*, t. II, p. 7.
2. Voy. le *Dict. Bouillet*, article, Fabre d'Olivet.

jours la version des hellénistes qu'on traduit, puisque c'est elle qui sert de lexique à tous les traducteurs de l'hébreu.

« Il est impossible de sortir jamais de ce cercle vicieux si l'on n'acquiert une connaissance vraie et parfaite de la langue hébraïque. Mais comment acquérir cette connaissance? Comment?

« En rétablissant cette langue perdue dans ses principes originels : en secouant le joug des hellénistes ; en reconstituant son lexique ; *en pénétrant dans le sanctuaire des Esséniens;* en se méfiant de la doctrine extérieure des Juifs ; en ouvrant enfin cette arche sainte, qui, depuis plus de trois mille ans, fermée à tous les profanes, a porté jusqu'à nous, par un décret de la Providence divine, les trésors amassés par la sagesse des Égyptiens.

« Voilà le but d'une partie de mes travaux[1]. »

### RÉSUMÉ

Marchant vers l'origine de la parole, j'ai trouvé sur mes pas le chinois, le sanscrit et l'hébreu.

J'ai examiné leurs titres, je les ai exposés à mes lecteurs.

Forcé de faire un choix entre ces trois idiomes primordiaux, j'ai choisi l'hébreu.

J'ai dit comment, composé à son origine d'expressions intellectuelles, métaphoriques, universelles, il était insensiblement revenu à ses éléments les plus grossiers, en se restreignant à des expressions matérielles, propres et particulières.

J'ai montré à quelle époque et comment *il s'était entièrement perdu.* J'ai suivi les révolutions du Sepher de Moïse, unique livre qui le renferme. J'ai développé l'occasion et la manière dont se firent les principales versions.

1. Fabre d'Olivet, *op cit.*; p. 48.

J'ai réduit ces versions au nombre de quatre, savoir :

1° Les paraphrases chaldaïques ou targums ;

2° La version samaritaine ;

3° La version des hellénistes appelée la version des Septante ;

4° Enfin celle de saint Jérôme ou *la Vulgate*.

J'ai assez indiqué l'idée qu'on en devait prendre. C'est maintenant à ma grammaire à rappeler les principes oubliés de la langue hébraïque, à les établir d'une manière solide, à les enchaîner à des résultats nécessaires : c'est à ma traduction de la Comosgonie de Moïse, et aux notes qui l'accompagnent, à montrer la force et la concordance de ces résultats.

Je vais me livrer sans crainte à ce travail difficile, autant certain de son succès que de son utilité si mes lecteurs daignent m'y suivre avec l'attention et la confiance qu'il exige.

Fabre d'Olivet.

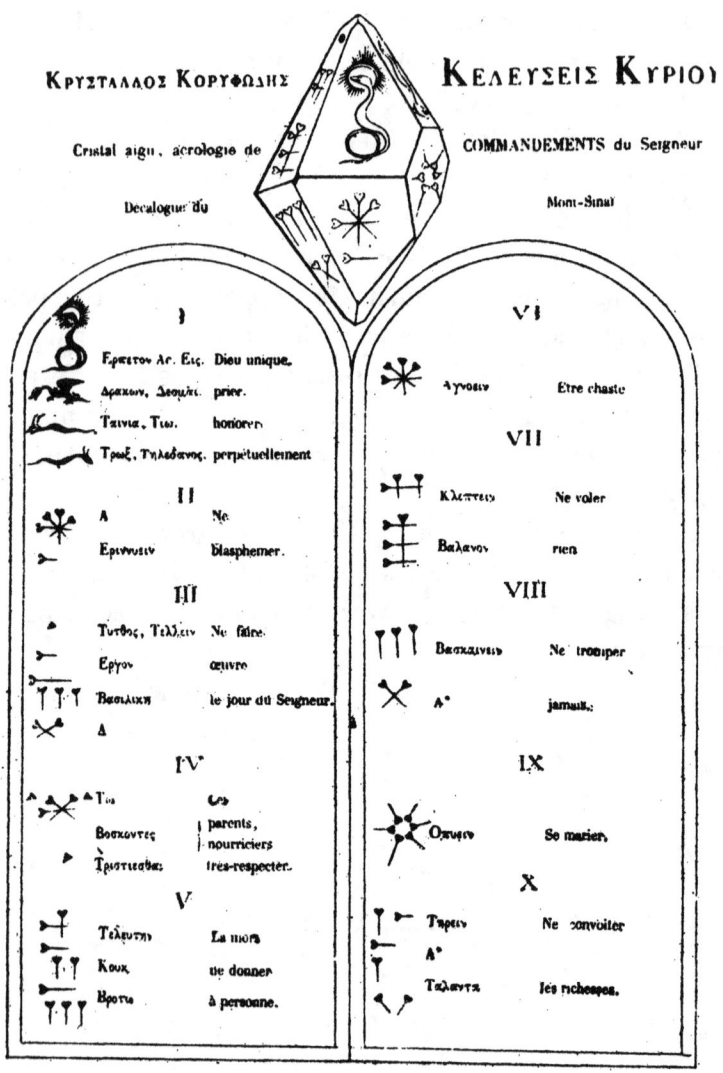

Caractères cunéiformes. Traduction Barrois

# CHAPITRE X

# LA GENÈSE

## § 4. — LES TROIS SENS DÉVOILÉS

Traduction correcte par Fabre d'Olivet

*Les 10 premiers chapitres*

Les œuvres de Fabre d'Olivet étant devenues fort rares, nous allons donner *in extenso* la traduction correcte des dix premiers chapitres du Sepher de Moïse tel qu'il l'a faite.

Nous devons prévenir le lecteur que d'Olivet n'a pas voulu révéler tous les sens de ce livre sacré. Il a donné généralement le second sens dans sa traduction.

Pour garder secrètes certaines des vérités cachées par Moïse, d'Olivet a employé un procédé très simple. Il a laissé tous les noms propres.

Il faut bien se souvenir en lisant que ces noms propres sont des noms d'êtres cosmogoniques, des forces générales de l'Univers ; c'est comme si nous disions Monsieur *Espace* et Madame *Temps*.

Il faut aussi savoir que nos forces physiques actuellement connues sont les plus inférieures que mentionne Moïse seulement au chapitre 10. L'initié égyptien a donc poussé ses études bien plus loin que les plus forts philosophes naturalistes contemporains.

Les lecteurs qui voudraient des détails complémentaires à ce sujet doivent, de toute nécessité, lire les notes qui expliquent chacun des mots traduits par d'Olivet, dans l'ouvrage original de cet auteur.

Comme nous ne saurions trop insister sur le sens à accorder aux noms propres, nous allons citer un extrait d'un auteur contemporain, disciple de Fabre d'Olivet, ainsi qu'il le proclame lui-même dans la « France vraie », c'est *Saint-Yves d'Alveydre*.

*
* *

« Pour délivrer le législateur des Hébreux des calomnies théologiques dont il a été l'objet au sujet du Père du Genre Humain, je prie le lecteur de soulever avec moi le triple voile dont j'ai parlé.

« Similitude de IEVE masculin et féminin comme lui, Adam a une signification bien plus vaste encore que ce que les naturalistes formulent malgré eux, quand, voulant exprimer la Puissance cosmogonique qui spécifie l'homme, en tant qu'individu physique, ils appellent cette puissance le Règne Hominal.

« Adam est l'hiérogramme de ce principe universel ; il représente l'âme intelligente de l'Univers lui-même, Verbe Universel animant la totalité des systèmes solaires non seulement dans l'Ordre visible, mais aussi et surtout dans l'Ordre invisible.

« Car lorsque Moïse parle du principe animateur de notre Système solaire, ce n'est plus Adam qu'il mentionne, mais Noah.

« Ombre de IEVE, pensée vivante et Loi organique des Ælohim. Adam est l'Essence céleste d'où émanent toutes les Humanités passées, présentes, futures, non seulement ici-bas, mais à travers l'immensité des cieux.

C'est l'Ame universelle de Vie, Nephesh Haiah, de cette substance homogène, que Moïse appelle Adamah, ce que Platon nomme la Terre supérieure.

« Or ici je n'interprète nullement, j'exprime littéralement la pensée cosmogonique de Moïse ; car, tel est l'Adam des sanctuaires de Thèbes et du Baereschit, le grand Homme céleste de tous les anciens temples, depuis la Gaule jusqu'au fond des Indes [1]. »

« Le fameux serpent du prétendu jardin de délices ne signifie pas autre chose, dans le texte égyptien de Moïse, que ce que Geoffroy Saint-Hilaire vient d'exprimer (l'attraction de soi pour soi) : Nahash, l'Attraction originelle dont l'hiéroglyphe était un serpent dessiné d'une certaine manière.

« Le mot Haroum dont le législateur des Hébreux fait suivre l'hiérogramme précédent, est le fameux Hariman du premier

---

[1]. Saint-Yves d'Alveydre, p. 135. *Adam.*

Zoroastre et exprime l'entraînement universel de la Nature naturée, causé par le principe précédent. »

« Quant au prétendu Éden, voici ce qu'il signifie dans le texte hermétique de Moïse, prêtre d'Osiris :

« Gan-Bi-Héden, séjour d'Adam-Ève, représente l'Organisme de la Sphère universelle du Temps, l'Organisation de la Totalité de ce qui est temporel.

« Les fameux fleuves qui sont au nombre de quatre en un, c'est-à-dire qui forment un quaternaire organique, n'expriment pas plus le Tigre et l'Euphrate, que le Tibre, la Seine ou la Tamise, car, encore une fois, les dix premiers chapitres de Moïse sont une Cosmogonie et non une géographie.

« Aussi ces prétendus fleuves sont en réalité des fluides universels qui, partant de Gan, la Puissance organique par excellence, inondent la Sphère temporelle, Heden, le Temps sans borne de Zoroastre, placée elle-même entre deux Éternités, l'une antérieure, Kaedem, l'autre postérieure, Ghôlim [1]. »

Pour bien montrer comment on peut interpréter le Sepher *en trois sens*, nous donnons l'importante étude faite sur cette question, également par Saint-Yves d'Alveydre.

Cette étude montrera que cet auteur est bien un écrivain original et ne contribuera pas peu à le délivrer de la calomnie de plagiat portée contre lui par quelques jaloux de ses travaux.

LES TROIS SENS DU SEPHER DE MOÏSE

Après les avoir lus (les livres de Moïse) on en dira peut-être : comment est-il possible que trois ordres de vérités et de réalités exprimés par un seul hiérogramme ne s'altèrent pas entre eux ?

J'irai au-devant de ce légitime souci, en rappelant que les cinquante chapitres de Moïse, les vingt premiers surtout, roulent sur des Principes.

Non seulement cette manière d'écrire ne les confond pas dans leur mode propre; mais elle est la seule qui puisse les rendre intelligibles.

Un Principe est chose simple en soi.

On ne le décompose pas par l'analyse; on le prouve en synthétisant ce qui lui est identique.

Mais l'homme de chair ne peut rien concevoir de simple, sans le

1. Saint-Yves d'Alveydre, *Mission des Juifs*, Oùroboros.

décomposer virtuellement, comme le prisme de notre atmosphère décompose le rayon blanc, l'unité sonore, etc., etc.

C'est que l'individu est triple en nous, et que le Ternaire est la seule Unité relative qui puisse s'y comprendre ou s'y réfracter.

Intellectuel, moral, instinctif, l'homme ne verra par la pensée un Principe qu'à travers sa propre constitution ramenée, à force de vertu et de science, à sa plus grande simplicité, à sa plus grande Unité, simplicité relative, Unité harmonique encore une fois.

Selon la méthode des sciences divines ou doriennes, Moïse procède de haut en bas, du grave à l'aigu, de l'universel au particulier, de l'intelligible au sensible, de l'occulte au manifeste.

Mais, dans tous leurs modes, l'évolution des Principes est mathématiquement la même, de Cycle en Cycle, que le Cycle soit l'Univers entier ou un seul Système solaire, le Règne hominal de cette Planète ou les constitutions nécessaires de la planète elle-même.

*
* *

### CAÏN — ABEL — SETH

Je développerai encore l'exemple cité plus haut de Kaïn, Cham et Khanaan avant d'entraîner le lecteur plus loin derrière le voile.

*1ᵉʳ sens*. — Hiérogramme cosmogonique Kaïn est le *Principe du Temps* opposé à celui de *l'Espace ethéré*, Abel.

Voilà, sans voile, un des sens hiéroglyphiques.

Leur père est *l'Univers animé*, inséparablement uni à *la faculté d'animation* : Adam, Eve.

Leur milieu est la Terre céleste de Platon, Adamah, *sa substance universelle*.

Mais qu'est-ce en lui-même que Kaïn?

Qu'est-ce dans son principe que le Temps qui nous le rend sensible?

Dans son Unité qualitative, c'est-à-dire dans son Universalité, dans son Essence vivante (puisqu'il s'agit de l'Univers vivant), qu'est-ce, encore une fois, que ce Principe qui va bientôt accabler l'Espace pour y faire apparaître autre chose?

Moïse conçoit le Temps comme la *Cause de la Force centripète universelle*.

Il dévore et transforme, et très certainement il est en lui-même quelque chose, dont la connaissance positive conduirait loin.

Moïse l'oppose à l'Espace éthéré, *Cause de la Force centrifuge universelle*.

Abel ainsi conçu est un Principe libérateur et spirituel par excellence.

Mais Moïse n'est pas dualiste, témoin Seth, troisième fils d'Adam-Ève, né de l'accablement virtuel d'Abel par Kaïn.

Seth, qui participe de ses deux frères symboliques, signifie l'*Espace pondéral, sidéral*, double et sextuple, ce qui a une grande signification dans la Mathématique qualitative.

Mais ces Principes ne sont pas matériels, encore une fois, car il s'agit ici de la biologie de l'Univers, ou de la Cosmogonie.

Descendons le triple Cycle dans lequel chacun de ces hiérogrammes exerce son action.

*2⁰ sens.* — Dans l'ordre androgonique, Kaïn, Kronos, s'appellera le *Centralisateur universel*, le Couronné.

Abel accablé sera la *Décentralisation*.

Seth sera la *Vie locale*, établissant le rapport du centre à la circonférence et réciproquement.

*3⁰ sens.* — Descendons encore un degré, allons jusqu'à l'anthropomorphisme pur et simple.

Kaïn n'est plus qu'un simple *Romulus* accablant le premier Remus, le type de tous les Khans, de tous les Khongs, de tous les Kaïsers, de tous les Kings, de tous les Césars et de tous les rois.

Il subjugue la Vie libre, il fonde la Cité centrale, il asservit les collectivités disséminées, il les ramène à l'Unité physique ou politique, par la Force.

Au lieu de l'Uærus il porte une couronne de tours, au lieu de l'Orbs, le symbole de l'Urbs.

C'est toujours le même Principe dans un monde différent.

C'est toujours l'opposé du Principe de la *restitution à l'Infini par la liberté.*

Seth, là encore, tient le milieu, participe de l'Un et de l'Autre, et c'est en lui que s'effectue la conciliation possible de la centralisation avec son principe antagonique.

Vous retrouverez ces trois fils d'Adam, expliqués hiéroglyphiquement, dans toutes les Cosmogonies de la Terre.

Cela ne signifie pas, encore une fois, que Moïse a copié ses devanciers, mais qu'il y a une Constitution biologique du Cosmos, et qu'à certains moments de la vie de l'Humanité, la Science correspondante doit être remise à jour, dans certaines vues de synthèse présente ou future.

### SEM, CHAM ET JAPHET

Quand il s'agit de Noah, Noé, le *Principe biologique de* NOTRE *Système solaire*, Sem, Cham et Japhet sont la réapparition, sur un autre plan et dans un autre ordre, du Quaternaire primordial.

*1ᵉʳ sens.* — Sem correspond à Abel, et signifie l'*Espace éthéré*, *l'Esprit radiant* de notre Tourbillon dans sa Zone zodiacale, dans ce que les Égyptiens appelaient le Ciel des Akhimons-Sekons.

Kam exprime *l'Attraction*, le Principe du Temps propre à notre tourbillon, le centre de son grand cycle ou de sa grande année.

Japhet exprime l'Espace occupé, avec sa gravitation sidérale et intersidérale, sa division équilibrée, ou sa dualité sextuple.

Il correspond au principe des Akhimons-Ourdons.

*2ᵉ sens.* — Au sens moyen, Sem sera la Lumière même ou plutôt *la radiation de toute lumière* intellectuelle, morale, physique.

Kam sera la *Résorption de toute chaleur*.

Japhet sera la *Division* et l'*Équilibre de toutes les affinités locales*, électives et électriques, entre un centre et une circonférence quelconque du Tourbillon biologique de notre Système solaire.

*3ᵉ sens.* — Enfin, au point de vue anthropomorphique pur et simple, Sem signifiera *un homme éclairé* ou *un homme jaune*, Kam *un homme du Feu ou de l'Équateur* (un nègre), Japhet un homme aux yeux bleus comme l'éclair ou tout simplement *un blanc*.

### CHANAAN

De même en Géogonie, Kanaan exprimera, au superlatif ou à l'intellectuel pur, *le Principe de l'Agrégation*, de la Morphologie physique du Globe et de ses quatre Règnes, ainsi que leur rapport dynamique à leur chaleur latente.

En Androgonie, ce sera le principe de *l'Économie des Sociétés*, dans son rapport à leur Énergie intrinsèque.

Dans la symbolique du langage courant, Kanaan n'exprimera plus qu'*un simple marchand*.

\*
\* \*

Cette manière de condenser la pensée par la science et l'art idéographiques et de peindre l'action des principes depuis l'ordre le plus universel jusqu'au plus particulier, depuis le plus intellectuel jusqu'au plus sensible, cette magie du langage humain, devenant le prisme parfait du Verbe divin, se soutient sans se démentir à travers les cinquante chapitres de Moïse [1].

On comprendra donc, je l'espère, qu'un homme de chair et d'os ne sera relaté dans un tel livre que comme symbole du Principe qu'il représentera essentiellement et en fonction duquel il agira.

Autrement ce ne serait plus à un livre sacré de l'ordre dorique que nous aurions affaire, mais à une histoire plus ou moins légendaire, à un conte d'école primaire écrit en langue phonétique, vulgaire.

Mais du même coup, tous les théologiens du Monde auraient beau faire intervenir sous la forme de toutes les colombes possibles le Saint-Esprit, tel que leur matérialisme se l'imagine, une œuvre de ce genre cesserait d'être l'expression scientifique de la Vérité, et dès lors, elle serait sans Vie, sans Puissance organique de Synthèse vis-à-vis des sciences humaines et naturelles [2].

\*
\* \*

Avant de poursuivre, appelons l'attention du lecteur sur le mot qui commence la Cosmogonie de Moïse. Les traducteurs ont traduit « *Au commencement* » et ont ainsi rendu nécessaires toutes les interprétations fantaisistes de la suite.

*Saint Jean*, l'initié le plus avancé du christianisme, le disciple chéri de Jésus, commence l'évangile de l'ésotérisme chrétien par le même mot que Moïse quoique dans une langue différente : *In principio* « εν αρχη ».

*Saint Augustin* avait également découvert le véritable sens de cette clef de voûte de la Cosmogonie moïsiaque.

« Il est dit : *dans le principe, Dieu fit le ciel et la terre ;* non pas que cela fût en effet ; mais parce que cela était en puissance d'être ; car il est écrit que le ciel fut fait ensuite. C'est ainsi que, considérant la SEMENCE d'un arbre, nous disons qu'il y a là des racines, un tronc, des rameaux, le fruit et les feuilles ; non pas que toutes ces choses y soient formellement, mais virtuellement et destinées à en éclore. De même, il est dit : *dans le principe, Dieu fit le ciel et la terre ;* c'est-à-dire la semence du ciel et de la terre ; puisque la matière du ciel et de la terre était alors dans un état de confu-

1. Saint-Yves d'Alveydre, *Mission des Juifs*, p. 568.
2. Saint-Yves d'Alveydre, p. 136, *op. cit.*

sion. Or, comme il était certain que de cette matière devaient
naître le ciel et la terre, voilà pourquoi cette même matière était
déjà potentiellement appelée le ciel et la terre [1]. »

Ceci dit, passons à la traduction de Fabre d'Olivet.

---

# LA COSMOGONIE DE MOISE

### CHAPITRE PREMIER

*La Principiation.*

v. 1. Dans le Principe, Ælohim, LUI-les-Dieux, l'Être des êtres, avait créé en principe ce qui constitue l'existence des Cieux et de la Terre.

2. Mais la Terre n'était qu'une puissance contingente d'être dans une puissance d'être; l'Obscurité, force astringente et compressive, enveloppait l'Abîme, source infinie de l'existence potentielle; et l'Esprit divin, souffle expansif et vivifiant, exerçait encore son action génératrice au-dessus des Eaux, image de l'universelle passivité des choses.

3. Or, il avait dit, LUI-les-Dieux : la Lumière sera, et la Lumière avait été.

4. Et, considérant cette essence lumineuse comme bonne, il avait déterminé un moyen de séparation entre la Lumière et l'Obscurité.

5. Désignant, LUI-les-Dieux, cette Lumière, élémentisation intelligible, sous le nom de *Jour*, manifestation phénoménique universelle, et cette Obscurité, existence sensible et matérielle, sous le nom de *Nuit*, manifestation négative et nutation des choses : et tel avait été l'occident, et tel avait été l'orient, le but et le moyen, le terme et le départ, de la première manifestation phénoménique.

6. Déclarant ensuite sa volonté, il avait dit, LUI-les-Dieux : il y aura une expansion éthérée au centre des eaux; il y aura une force raréfiante opérant le partage de leurs facultés opposées.

---

1. Saint-Augustin, l. 1, c. III, n° 11.

7. Et lui, l'Être des êtres, avait fait cette Expansion éthérée; il avait excité ce mouvement de séparation entre les facultés inférieures des eaux, et leurs facultés supérieures; et cela s'était fait ainsi.

8. Désignant, lui-les-Dieux, cette expansion éthérée du nom de *Cieux*, les eaux exaltées : et tel avait été l'occident, et tel avait été l'orient, le but et le moyen, le terme et le départ, de la seconde manifestation phénoménique.

9. Il avait dit encore, lui-les-Dieux : les ondes inférieures et gravitantes des cieux tendront irrésistiblement ensemble vers un lieu déterminé, unique; et l'Aridité paraîtra : et cela s'était fait ainsi.

10. Et il avait désigné l'aridité sous le nom de *Terre*, élément terminant et final, et le lieu vers lequel devaient tendre les eaux, il l'avait appelé *Mers*, immensité aqueuse : et considérant ces choses, lui, l'Être des êtres, il avait vu qu'elles seraient bonnes.

11. Continuant à déclarer sa volonté, il avait dit, lui-les-Dieux : la Terre fera végéter une herbe végétante, et germant d'un germe inné, une substance fructueuse portant son fruit propre, selon son espèce, et possédant en soi sa puissance sémentielle : et cela s'était fait ainsi.

12. La Terre avait fait pousser de son sein une herbe végétante et germant d'un germe inné, selon son espèce, une substance fructueuse possédant en soi sa puissance sémentielle selon la sienne : et lui, l'Être des êtres, considérant ces choses, avait vu qu'elles seraient bonnes.

13. Et tel avait été l'occident, et tel avait été l'orient, le but et le moyen, le terme et le départ, de la troisième manifestation phénoménique.

14. Déclarant encore sa volonté, il avait dit, lui-les-Dieux : il y aura dans l'Expansion éthérée des cieux, des Centres de lumière, destinés à opérer le mouvement de séparation entre le jour et la nuit, et à servir de signes à venir, et pour les divisions temporelles, et pour les manifestations phénoméniques universelles, et pour les mutations ontologiques des êtres.

15. Et ils seront, ces Centres de lumière, comme des foyers sensibles chargés de faire éclater la Lumière intelligible sur la terre : et cela s'était fait ainsi.

16. Il avait déterminé, lui, l'Être des êtres, l'existence potentielle de cette Dyade de grands foyers lumineux; destinant le plus grand à la représentation du jour, et le plus petit à celle de la nuit; et il avait déterminé aussi l'existence des facultés virtuelles de l'Univers, les étoiles.

17. Les préposant dans l'expansion éthérée des cieux, ces foyers sensibles, pour faire éclater la Lumière intelligible sur la terre.

18. Pour représenter dans le jour et dans la nuit, et pour opérer le mouvement de séparation entre la lumière et l'obscurité : et considérant ces choses, LUI, l'Être des êtres, il avait vu qu'elles seraient bonnes.

19. Et tel avait été l'occident, et tel avait été l'orient, le but et le moyen, le terme et le départ, de la quatrième manifestation phénoménique.

20. Ensuite, il avait dit, LUI-les-Dieux : les Eaux émettront à foison les principes vermiformes et volatiles d'une âme de Vie, mouvante sur la terre, et voltigeante dans l'expansion éthérée des cieux.

21. Et LUI, l'Être des êtres, avait créé l'existence potentielle de ces immensités corporelles, légions de monstres marins, et celle de toute âme de Vie, animée d'un mouvement reptiforme, dont les eaux émettaient à foison les principes, selon leur espèce, et celle de tout oiseau à l'aile forte et rapide, selon son espèce : et considérant ces choses, LUI-les-Dieux, il avait vu qu'elles seraient bonnes.

22. Il avait béni ces êtres, et leur avait déclaré sa volonté, disant : propagez-vous et multipliez-vous, et remplissez les eaux des mers; afin que l'espèce volatile se multiplie sur la terre.

23. Et tel avait été l'occident, et tel avait été l'orient, le but et le moyen, le terme et le départ, de la cinquième manifestation phénoménique.

24. Et LUI-les-Dieux avait dit encore : la Terre émettra de son sein un souffle de vie selon son espèce, animé d'un mouvement progressif, quadrupède et reptile, Animalité terrestre, selon son espèce : et cela s'était fait ainsi.

25. Il avait donc déterminé, LUI, l'Être des êtres, l'existence potentielle de cette Animalité terrestre, selon son espèce, et celle du Genre quadrupède, selon son espèce; et considérant ces choses, il avait jugé qu'elles seraient bonnes.

26. Continuant ensuite à déclarer sa volonté, il avait dit, LUI-les-Dieux : nous ferons *Adam*, l'Homme universel, en notre ombre réfléchie, suivant les lois de notre action assimilante; afin que, puissance collective, il tienne universellement l'empire, et domine à la fois, et dans le poisson des mers, et dans l'oiseau des cieux, et dans le quadrupède, et dans toute l'animalité, et dans toute vie reptiforme se mouvant sur la terre.

27. Et LUI, l'Être des êtres, avait créé l'existence potentielle d'*Adam*, l'Homme universel, en son ombre réfléchie; en son ombre

divine il l'avait créé; et puissance collective, l'avait identifié ensemble mâle et femelle.

28. Il avait béni son existence collective, et lui avait déclaré collectivement sa volonté, disant : propagez-vous et multipliez-vous; remplissez la Terre et subjuguez-la ; tenez universellement l'empire et dominez dans le poisson des mers, et dans l'oiseau des cieux, et dans toute chose jouissant du mouvement vital sur la Terre.

29. Et il lui avait également déclaré, LUI-les-Dieux, voici : je vous ai donné, sans exception, toute herbe germant d'un germe inné, sur la face de la Terre entière, ainsi que toute substance portant son fruit propre, et possédant en soi sa puissance sémentielle, pour vous servir d'aliment.

30. Et à toute animalité terrestre, à toute espèce de volatile, d'être reptiforme se mouvant sur la terre, et possédant en soi le principe inné d'un souffle animé de vie, j'ai donné en totalité l'herbe verdoyante pour aliment. Et cela s'était fait ainsi.

31. Alors considérant toutes ces choses qu'il avait faites en puissance, comme présentes devant lui, il avait vu, LUI-les-Dieux, qu'elles seraient bonnes selon leur mesure. Et tel avait été l'occident, et tel avait été l'orient, le but et le moyen, le terme et le départ, de la sixième manifestation phénoménique.

CHAPITRE II

*La Distinction.*

v. 1. Ainsi, devant s'accomplir en acte, s'accomplirent en puissance et les Cieux et la Terre, et la Loi régulatrice qui devait présider à leurs développements.

2. Et l'Être des êtres ayant terminé à la septième manifestation phénoménique, l'acte souverain qu'il avait conçu, revint à son état primitif dans cette septième période, après l'entier accomplissement de l'œuvre divine qu'il avait effectuée.

3. C'est pourquoi il bénit, LUI-les-Dieux, cette septième manifestation phénoménique, et en sanctifia à jamais l'existence symbolique comme étant l'époque de son retour à son état primitif, après l'entier accomplissement de l'acte souverain dont il avait créé le dessein selon sa puissance efficiente.

4. Tel est le type des générations des Cieux et de la Terre, suivant le mode de leur création, au jour où IHÔAH, LUI-les-Dieux, dé-

ployant sa puissance créatrice, fit en principe les Cieux et la Terre.

5. Et la conception entière de la Nature, avant que la Nature existât sur la Terre, et sa force végétative, avant qu'elle eût végété : car Ihôah, l'Être des êtres, ne faisait point pleuvoir sur la Terre, et l'universel *Adam* n'existait point encore en substance actuelle, pour ellaborer et servir l'Élément adamique.

6. Mais une émanation virtuelle, s'élevant avec énergie du sein de la Terre, abreuvait toute l'étendue de ce même élément.

7. Or, Ihôah, l'Être des êtres, ayant formé la substance d'*Adam*, de la sublimation des parties les plus subtiles de l'Élément adamique, inspira dans son entendement une essence exhalée des Vies, et dès lors *Adam*, l'Homme universel, devint une similitude de l'Ame vivante, universelle.

8. Ensuite il traça, Ihôah, lui-les-Dieux, une enceinte organique dans la sphère de la sensibilité temporelle, extraite de l'antériorité universelle des temps; et il y plaça ce même *Adam*, qu'il avait formé pour l'éternité.

9. Ordonnant à l'Élément adamique de faire croître toute espèce de substance végétative, aussi belle à la vue, selon sa nature, que bonne au goût; et voulant en même temps que le principe substantiel des Vies se développât au centre de l'enceinte organique avec la substance propre du bien ou du mal.

10. Cependant une émanation lumineuse, telle qu'un vaste fleuve, coulait de la sphère sensible pour la vivification de l'enceinte organique; s'y divisait, et paraissait au dehors selon la puissance quaternaire multiplicatrice, en quatre principes.

11. Le nom du premier de ces principes émanés était *Phishôn*, c'est-à-dire, la réalité physique, l'être apparent : il enveloppait toute la terre de *Huwila*, l'énergie virtuelle, lieu natal de l'or.

12. Et l'or de cette terre-là, emblème de la réflexion lumineuse, était bon. C'était encore le lieu natal de *Bedolla*, division mystérieuse, et de la pierre *Shôam*, sublimation universelle.

13. Le nom du second de ces principes émanés était *Gihôn*, le mouvement formatif : il enveloppait toute la terre de *Choush*, le principe inné.

14. Le nom du troisième de ces principes émanés était *Hiddekel*, le rapide propagateur, servant de véhicule au principe de la félicité. Le quatrième, enfin, recevait le nom de *Phrath*, à cause de la fécondité dont il était la source.

15. Ainsi donc, Ihôah, l'Être des êtres, ayant pris *Adam*, l'Homme universel, le plaça dans l'enceinte organique de la sensibilité temporelle, pour qu'il l'ellaborât et la gardât avec soin.

16. Et il lui recommanda fortement, Ihôah, lui-les-Dieux, en lui déclarant ainsi sa volonté : « De toute la substance végétative de l'enceinte organique, tu peux t'alimenter sans crainte :

17. « Mais de la substance propre de la connaissance du bien et du mal, garde-toi de faire aucune consommation : car au jour même où tu t'en alimenteras, tu deviendras muable, et tu mourras. »

18. Ensuite il dit, Ihôah, l'Être des êtres : il n'est pas bon qu'*Adam* soit dans la solitude de lui-même : je lui ferai une compagne, une aide élémentaire, émanée de lui-même, et formée dans la réflexion de sa lumière.

19. Or, il avait formé hors de l'Élément adamique, toute l'animalité de la nature terrestre, et toute l'espèce volatile des cieux ; il les fit venir vers *Adam* pour voir quel nom relatif à lui-même, cet Homme universel assignerait à chaque espèce ; et tous les noms qu'il assigna à ces espèces, dans leurs rapports avec lui, furent l'expression de leurs rapports avec l'Ame vivante universelle.

20. Ainsi donc, *Adam* assigna des noms à l'espèce entière des quadrupèdes, à celle des oiseaux, et généralement à toute l'animalité de la nature ; mais il fut loin d'y trouver cette compagne, cette aide élémentaire, qui, émanée de lui-même, et formée dans la réflexion de sa lumière, devait lui présenter son image réfléchie.

21. Alors Ihôah, l'Être des êtres, laissa tomber un sommeil profond et sympathique sur cet Homme universel, qui s'endormit soudain ; et rompant l'unité de ses enveloppes extérieures, il prit l'une d'elles, et revêtit de forme et de beauté corporelle, sa faiblesse originelle.

22. Ensuite il rétablit cette enveloppe qu'il avait extraite de la substance même d'*Adam*, pour la faire servir de base à celle d'*Aïsha*, sa compagne intellectuelle ; et il l'amena vers lui.

23. Et *Adam*, déclarant sa pensée, dit : celle-ci est véritablement substance de ma substance, et forme de ma forme ; et il l'appela *Aïsha*, faculté volitive efficiente, à cause du principe volitif intellectuel *Aïsh*, dont elle avait été tirée en substance.

24. Voilà pourquoi l'homme intellectuel, *Aïsh*, doit quitter son père et sa mère, et se réunir à sa compagne intellectuelle, *Aïsha*, sa faculté volitive ; afin de ne faire avec elle qu'un seul être sous une même forme.

25. Or, ils étaient l'un et l'autre entièrement découverts, sans aucun voile corporel qui déguisât leurs conceptions mentales, l'universel *Adam*, et sa faculté volitive *Aïsha* ; et ils ne se causaient entre eux aucune honte.

CHAPITRE III

*L'Extraction.*

v. 1. Cependant, *Nahash*, l'Attract originel, la Cupidité, cette ardeur interne, appétante, était la passion entraînante de la vie élémentaire, le principe intérieur de la Nature, ouvrage de Ihôah. Or, cette Passion insidieuse dit à *Aïsha*, la faculté volitive d'*Adam :* pourquoi vous a-t-il recommandé, lui-les-Dieux, de ne pas vous alimenter de toute la substance de la sphère organique?

2. Et la Faculté volitive répondit à cette Ardeur cupide : nous pouvons sans crainte nous alimenter du fruit substantiel de l'enceinte organique.

3. Mais quant au fruit de la substance même qui est au centre de cette enceinte, il nous a dit, lui-les-Dieux : vous n'en ferez pas aliment; vous n'y aspirerez pas votre âme, de peur que vous ne vous fassiez inévitablement mourir.

4. Alors *Nahash*, l'attract originel, reprit : non, ce n'est pas de mort que vous vous ferez inévitablement mourir.

5. Car, sachant bien, lui-les-Dieux, que dans le jour où vous vous alimenterez de cette substance, vos yeux seront ouverts à la lumière, il redoute que vous ne deveniez tels que lui, connaissant le bien et le mal.

6. *Aïsha*, la faculté volitive, ayant considéré qu'en effet cette substance, mutuellement désirée par le sens du goût, et par celui de la vue, paraissait bonne, et la flattait agréablement de l'espoir d'universaliser son intelligence, détacha de son fruit, s'en nourrit; et en donna aussi avec intention à son principe intellectuel, *Aïsh*, auquel elle était étroitement unie; et il s'en nourrit.

7. Et soudain leurs yeux s'ouvrirent également; et ils connurent qu'ils étaient dénués de vertu, de lumière propre, stériles, révélés dans leur obscur principe. Ils firent alors naître au-dessus d'eux une élévation ombreuse, voile de tristesse mutuelle et de deuil; et se firent des vêtements passagers.

8. Cependant ils entendirent la voix même de Ihôah, l'Être des êtres, se portant en tous sens dans l'enceinte organique, selon le souffle spiritueux de la lumière du jour. L'universel *Adam* se cacha de la vue de Ihôah, avec sa faculté volitive, au centre de la substance même de l'enceinte organique.

9. Mais Ihôah, l'Être des êtres, se fit entendre à *Adam*, et lui dit : où t'a porté ta volonté?

10. Et *Adam* répondit : j'ai entendu ta voix dans cette enceinte; et voyant que j'étais dénué de vertu, stérile, révélé dans mon obscur principe, je me suis caché.

11. Et l'Être des êtres reprit : qui t'a donc enseigné que tu étais ainsi dénué, si ce n'est l'usage de cette même substance dont je t'avais expressément recommandé de ne t'alimenter nullement?

12. Et *Adam* répondit encore : *Aïsha*, la faculté volitive que tu m'as donnée pour être ma compagne, c'est elle qui m'a offert de cette substance, et je m'en suis alimenté.

13. Alors, Ihôah, l'Être des êtres, dit à la Faculté volitive : pourquoi as-tu fait cela? et *Aïsha* répondit : *Nahash*, cette passion insidieuse, a causé mon délire, et je me suis alimentée.

14. Et Ihôah, l'Être des êtres, dit à *Nahash*, l'attract originel : puisque tu as causé ce malheur, tu seras une passion maudite au sein de l'espèce animale et parmi tout ce qui vit dans la Nature : d'après ton inclination tortueuse tu agiras bassement, et d'exhalaisons élémentaires tu alimenteras tous les moments de ton existence.

15. Je mettrai une antipathie profonde entre toi, Passion cupide, et entre *Aïsha*, la faculté volitive; entre tes productions et ses productions : les siennes comprimeront en toi le principe du mal, et les tiennes comprimeront en elle les suites de sa faute.

16. S'adressant à *Aïsha*, la faculté volitive, il lui dit : je multiplierai le nombre des obstacles physiques de toutes sortes, opposés à l'exécution de tes désirs, en augmentant en même temps le nombre de tes conceptions mentales et de tes enfantements. Avec travail et douleur tu donneras l'être à tes productions; et vers ton principe intellectuel, entraînée par ton penchant, tu subiras son empire, et il se représentera en toi.

17. Et à l'Homme universel, *Adam*, il dit ensuite : puisque tu as prêté l'oreille à la voix de ta faculté volitive, et que tu t'es nourri de cette substance, de laquelle je t'avais expressément recommandé de ne t'alimenter nullement, maudit! soit l'élément adamique, homogène, et similaire à toi, relativement à toi : avec angoisse tu seras forcé d'en alimenter tous les moments de ton existence.

18. Et les productions tranchantes, et les productions incultes et désordonnées, germeront abondamment pour toi : tu te nourriras de fruits âcres et desséchés de la Nature élémentaire.

19. Tu t'en nourriras dans l'agitation continuelle de ton esprit, et jusqu'au moment de ta réintégration à l'Élément adamique, homogène et similaire à toi : car, comme tu as été tiré de cet élément, et que tu en es une émanation spiritueuse, ainsi c'est à cette émanation spiritueuse que tu dois être réintégré.

20. Alors l'universel *Adam* assigna à sa faculté volitive *Aïsha*, le nom de *Heva*, existence élémentaire; à cause qu'elle devenait l'origine de tout ce qui constitue cette existence.

21. Ensuite IHÔAH, l'Être des êtres, fit pour *Adam* et pour sa compagne intellectuelle, des sortes de corps de défense dont il les revêtit avec soin.

22. Disant, IHÔAH, LUI-les-Dieux : voici *Adam*, l'Homme universel, devenu semblable à l'un d'entre nous, selon la connaissance du bien et du mal. Mais alors, de peur qu'il n'étendît la main, et qu'il ne se saisît aussi du principe substantiel des Vies, qu'il ne s'en nourrît, et qu'il ne vécût en l'état où il était, durant l'immensité des temps;

23. IHÔAH, l'Être des êtres, l'isola de la sphère organique de la sensibilité temporelle, afin qu'il ellaborât et servît avec soin cet Élément adamique, hors duquel il avait été tiré.

24. Ainsi il éloigna de son poste cet Homme universel, et fit résider du principe de l'antériorité des temps, à la sphère sensible et temporelle, un être collectif appelé *Cherubim*, semblable à la puissance multiplicatrice universelle, armé de la flamme incandescente de l'extermination, tourbillonnant sans cesse sur elle-même, pour garder la route de la substance élémentaire des Vies.

CHAPITRE IV

*La Multiplication divisionnelle.*

v. 1. Cependant, *Adam*, l'Homme universel, connut *Heva*, l'existence élémentaire, comme sa faculté volitive efficiente; et elle conçut, et elle enfanta *Kaïn*, le fort et le puissant transformateur, celui qui centralise, saisit et assimile à soi; et elle dit : j'ai formé, selon ma nature, un principe intellectuel de l'essence même, et semblable à IHÔAH.

2. Et elle ajouta à cet enfantement celui de son frère *Habel*, le doux et pacifique libérateur, celui qui dégage et détend, qui évapore, qui fuit le centre. Or, *Habel* était destiné à diriger le développement du Monde corporel; et *Kaïn*, à ellaborer et servir l'Élément adamique.

3. Or, ce fut de la cime des mers, que *Kaïn* fit monter vers IHÔAH une oblation des fruits de ce même élément :

4. Tandis qu'*Habel* offrit aussi une oblation des prémices du Monde qu'il dirigeait, et des vertus les plus éminentes de ses pro-

ductions : mais IHÔAH s'étant montré sauveur envers *Habel* et envers son offrande.

5. Ne reçut point de même *Kaïn*, ni son oblation ; ce qui causa un violent embrasement dans ce fort et puissant transformateur, décomposa sa physionomie, et l'abattit entièrement.

6. Alors, IHÔAH dit à *Kaïn* : pourquoi cet embrasement de ta part ? et d'où vient que ta physionomie s'est ainsi décomposée et abattue ?

7. N'est-ce pas que si tu fais le bien, tu en portes le signe ? et que si tu ne le fais pas, au contraire, le vice se peint sur ton front ? qu'il t'entraîne dans son penchant qui devient le tien ; et que tu te représentes sympathiquement en lui ?

8. Ensuite, *Kaïn* déclarant sa pensée à *Habel*, son frère, lui manifesta sa volonté. Or, c'était pendant qu'ils étaient ensemble dans la Nature productrice, que *Kaïn*, le violent centralisateur, s'éleva avec véhémence contre *Habel* son frère, le doux et pacifique libérateur, l'accabla de ses forces, et l'immola.

9. Et IHÔAH dit à *Kaïn :* où est *Habel* ton frère ? A quoi *Kaïn* répondit : je ne le sais pas. Suis-je donc son gardien, moi ?

10. Et IHÔAH lui dit encore : qu'as-tu fait ? la voix des générations plaignantes, qui devaient procéder de ton frère, et lui, être homogène, s'élève jusqu'à moi de l'Élément adamique.

11. Maintenant, sois maudit ! toi-même par ce même élément, dont l'avidité a pu absorber par ta main ces générations homogènes qui devaient procéder de ton frère.

12. Lorsque tu le travailleras, il ne joindra point sa force virtuelle à tes efforts. Agité d'un mouvement d'incertitude et d'effroi, tu seras vaguant sur la Terre.

13. Alors, *Kaïn* dit à IHÔAH ; que mon iniquité doit être grande, d'après la purification !

14. Vois ! tu me chasses aujourd'hui de l'Élément adamique ; je dois me cacher avec soin de ta présence ; agité d'un mouvement d'incertitude et d'effroi, je dois être vaguant sur la Terre : ainsi donc, tout être qui me trouvera pourra m'accabler.

15. Mais IHÔAH, déclarant sa volonté, lui parla ainsi : tout être qui croira accabler *Kaïn*, le fort et puissant transformateur, sera, au contraire, celui qui l'exaltera sept fois davantage. Ensuite, IHÔAH mit à *Kaïn* un signe, afin que nul être qui viendrait à le trouver, ne pût lui nuire.

16. Et *Kaïn* se retira de la présence de IHÔAH, et il alla habiter dans la terre de l'exil, de la dissension et de l'effroi, le principe antérieur de la sensibilité temporelle.

17. Cependant *Kaïn* connut sa faculté volitive efficiente, et elle conçut, et elle enfanta *Henoch*, la force centrale et fondatrice; ensuite il se mit à édifier un circuit sphérique, une enceinte fortifiée, à laquelle il donna le nom de son fils *Henoch*.

18. Et il fut accordé à ce même *Henoch* de produire l'existence de *Whirad*, le mouvement excitateur, la cause motrice; et *Whirad* produisit celle de *Mehoujdel*, la manifestation physique, la réalité objective; et *Mehoujdel* produisit celle de *Methoushdel*, le gouffre appétant de la mort; et *Methoushdel* produisit celle de *Lamech*, le nœud qui arrête la dissolution, le lien flexible des choses.

19. Or, *Lamech* prit pour lui, comme ses épouses corporelles, deux facultés physiques : le nom de la première était *Whada*, l'évidente; et celui de la seconde, *Tzilla*, la profonde, l'obscure, la voilée.

20. *Whada* donna naissance à *Jabal*, principe aqueux, celui d'où découlent l'abondance et la fertilité physique, père de ceux qui habitent les demeures fixes et élevées, et qui reconnaissent la propriété.

21. Et *Jabal* eut pour frère *Jubal*, fluide universel, principe aérien, d'où découlent la joie et la prospérité morale, père de ceux qui se livrent aux conceptions lumineuses et dignes d'amour : les sciences et les arts.

22. Et *Tzilla* aussi donna naissance à *Thubal-Kaïn*, la diffusion centrale, principe mercuriel et minéral, instructeur de ceux qui s'adonnent aux travaux mécaniques, qui fouillent les mines et forgent le fer. Et la parenté de *Thubal-Kaïn* fut *Nawhoma*, le principe de l'aggrégation et de l'association des peuples.

23. Alors *Lamech*, le nœud qui arrête la dissolution, dit à ses deux facultés physiques, *Whadah* et *Tzilla* : écoutez ma voix, épouses de *Lamech*, prêtez l'oreille à ma parole : car, de même que j'ai détruit l'intellectuel individualisé par sa faculté volitive, pour me dilater et m'étendre; de même que j'ai détruit l'esprit de lignée pour me constituer en corps de peuple :

24. Ainsi, comme il a été dit que celui qui voudrait accabler *Kaïn*, le puissant transformateur, en septuplerait les forces constitutives centralisantes; celui qui voudra accabler *Lamech*, le flexible lien des choses, en augmentera septante-sept fois la puissance ligatrice.

25. Cependant *Adam*, l'Homme universel, avait encore connu sa faculté volitive efficiente; et elle avait enfanté un fils auquel elle avait donné le nom de *Sheth*, la base, le fond des choses; parce qu'elle avait dit : il a placé en moi, lui-les-Dieux, la base

d'une autre génération, émanée de l'affaissement d'*Habel*, au moment où il fut immolé par *Kaïn*.

26. Or, il fut accordé aussi à *Sheth* de générer un fils auquel il donna le nom d'*Ænosh*, c'est-à-dire l'être muable, l'homme corporel; et dès lors il fut permis d'espérer et d'attendre un soulagement à ses maux dans l'invocation du nom de IHÒAH.

### CHAPITRE V

### La Compréhension facultative.

v. 1. Ceci est le Livre des caractéristiques générations d'*Adam*, l'Homme universel, dès le jour où le créant, LUI-les-Dieux, suivant les lois de son action assimilante, il en détermina l'existence potentielle :

2. Le créant d'une manière collective mâle et femelle, cause et moyen; le bénissant sous ce rapport collectif, et lui donnant le nom universel d'*Adam*, au jour même où il l'avait universellement créé.

3. Or, *Adam* existait depuis trois décuples et une centaine de mutations ontologiques temporelles, lorsqu'il lui fut accordé de générer, au moyen de sa faculté assimilatrice, en son ombre réfléchie, un être émané auquel il donna le nom de *Sheth*, comme étant destiné à être la base et le fond même des choses.

4. Et les périodes lumineuses d'*Adam*, après qu'il lui eut été accordé de produire l'existence de *Sheth*, furent au nombre de huit centaines de mutation; et il produisit d'autres êtres émanés.

5. Ainsi, le nombre total des périodes lumineuses d'*Adam*, pendant lesquelles il exista, fut de neuf centaines entières et de trois décuples de mutation ontologique temporelle; et il passa.

6. Cependant *Sheth*, la base des choses, existait depuis cinq mutations temporelles et une centaine de mutation, lorsqu'il généra *Ænosh*, l'être muable, l'homme corporel.

7. Et *Sheth* exista encore après cette génération, sept mutations temporelles et huit centaines entières de mutation; et il produisit d'autres êtres émanés.

8. Or, les périodes lumineuses pendant lesquelles *Sheth* exista, furent ensemble au nombre de deux mutations temporelles, un décuple et neuf centaines entières de mutation; et il passa.

9. Cependant *Ænosh*, l'homme corporel, existait depuis neuf décuples de mutation temporelle, lorsqu'il produisit l'existence de

*Kaïnan*, c'est-à-dire celui qui s'approprie, qui envahit, qui enveloppe la généralité des choses.

10. Et *Ænosh* exista encore après cette génération, cinq mutations temporelles, un décuple et huit centaines entières de mutation; et il produisit d'autres êtres émanés.

11. Ainsi le nombre total des périodes lumineuses d'*Ænosh* s'éleva à cinq mutations temporelles, et neuf centaines entières de mutation; et il passa.

12. Cependant *Kaïnan*, l'envahissement général, existait depuis sept décuples de mutation temporelle lorsqu'il produisit l'existence de *Mahollâel*, l'exaltation puissante, la splendeur.

13. Et *Kaïnan* exista encore, après cette génération, quatre décuples de mutation temporelle, et huit centaines entières de mutation; et il produisit d'autres êtres émanés.

14. Or, les périodes lumineuses de *Kaïnan* furent ensemble au nombre de dix mutations temporelles, et de neuf centaines entières de mutation; et il passa.

15. Cependant *Mahollâel*, l'exaltation puissante, la splendeur, existait depuis huit mutations et six décuples de mutation temporelle, lorsqu'il généra *Ired*, le mouvement persévérant en exaltation ou en dégénérescence.

16. Et *Mahollâel* exista encore après cette génération, trois décuples de mutation temporelle, et huit centaines entières de mutation; et il produisit d'autres êtres émanés.

17. Ainsi le nombre total des périodes lumineuses de *Mahollâel*, l'exaltation glorifiée, fut de cinq mutations temporelles, de neuf décuples, et de huit centaines entières de mutation; et il passa.

18. Cependant *Ired*, le mouvement persévérant, avait existé pendant deux mutations temporelles, six décuples, et une centaine entière de mutation lorsqu'il produisit l'existence de *Henoch*, le mouvement de centralisation et de contrition, qui rend stable et consolide le bien ou le mal.

19. Or, *Ired* exista encore après cette génération, huit centaines entières de mutation temporelle; et il produisit d'autres êtres émanés.

20. Ainsi toutes les périodes lumineuses d'*Ired*, le mouvement persévérant en exaltation ou en dégénérescence, furent au nombre de deux mutations temporelles, six décuples et huit centaines entières de mutation; et il passa.

21. Cependant *Henoch*, le mouvement de centralisation, avait déjà existé pendant cinq mutations temporelles et six décuples, lorsqu'il produisit l'existence de *Methoushalé*, l'émission de la mort.

22. Or, *Henoch*, mouvement de contrition et sentiment de pénitence, suivit constamment les traces d'*Ælohîm*, lui-les-Dieux, après cette génération, et il produisit d'autres êtres émanés.

23. Et le nombre de ses périodes lumineuses fut de cinq mutations temporelles, six décuples, et trois centaines de mutation.

24. Comme il continua toujours à suivre les traces d'*Ælohîm*, lui-les-Dieux, il cessa d'exister sans cesser d'être; car, l'Être des êtres le retira à lui.

25. Cependant *Methoushalé*, le trait de la mort, existait depuis sept mutations temporelles, huit décuples, et une centaine entière de mutation, lorsqu'il produisit l'existence de *Lamech*, le nœud qui lie la dissolution, et l'arrête.

26. Or, *Methoushalé* exista encore, après cette génération, deux mutations temporelles, huit décuples, et sept centaines entières de mutation; et il produisit d'autres êtres émanés.

27. Ainsi les périodes lumineuses de *Methoushalé*, l'émission de la mort, furent ensemble au nombre de neuf mutations temporelles, six décuples, et neuf centaines de mutation; et il passa.

28. Cependant *Lamech*, le flexible lien des choses, avait existé pendant deux mutations temporelles, huit décuples, et une centaine entière de mutation, lorsqu'il généra un fils.

29. Il lui assigna le nom même de *Noé*, le repos de la Nature élémentaire, en disant : celui-ci reposera notre existence, et allégera les travaux dont le poids insupportable accable nos facultés, à cause de l'Élément adamique dont Ihôah a maudit avec force le principe.

30. Or, *Lamech* exista encore, après avoir donné naissance à ce fils, cinq mutations temporelles, neuf décuples, et cinq centaines entières de mutation : et il généra d'autres êtres émanés.

31. Et le nombre total des périodes lumineuses de *Lamech*, le flexible lien des choses, fut de sept mutations temporelles, sept décuples, et sept centaines entières de mutation; et il passa.

32. Ainsi *Noé*, le repos de l'existence élémentaire, était le fils de cinq centuples de mutation temporelle ontologique, lorsqu'il produisit l'existence de *Shem*, ce qui est élevé et brillant, celle de *Cham*, ce qui est courbe et chaud, et celle de *Japheth*, ce qui est étendu.

## CHAPITRE VI

### La Mesure proportionnelle.

v. 1. Mais c'était une suite nécessaire de la chute d'*Adam*, et de la dissolution de cet Homme universel, que des formes sensibles et corporelles naquissent de ses divisions sur la face de la Terre, et en fussent abondamment produites.

2. Or, les êtres émanés d'*Ælohim*, LUI-les-Dieux, effluences spirituelles, ayant considéré ces formes sensibles, les trouvèrent agréables, et s'unirent comme à des facultés génératrices, à toutes celles qui leur plurent de préférence.

3. Cependant IHÔAH avait dit : mon souffle vivifiant ne se prodiguera plus désormais durant l'immensité des temps, chez l'Universel *Adam*, dont la dégénérescence est aussi rapide que générale ; puisqu'il est devenu corporel, ses périodes lumineuses ne seront plus qu'au nombre d'une centaine et de deux décuples de mutation temporelle.

4. Dans ce temps-là, les *Néphiléens*, les élus parmi les hommes, les Nobles, existaient sur la Terre; ils étaient issus de la réunion des effluences spirituelles aux formes sensibles, après que les êtres émanés de LUI-les-Dieux eurent fécondé les productions corporelles de l'Universel *Adam* : c'étaient ces illustres *Ghiboréens*, ces héros, ces hyperboréens fameux, dont les noms ont été célèbres dans la profondeur des temps.

5. Alors IHÔAH, considérant que la perversité d'*Adam* s'augmentait de plus en plus sur la Terre, et que cet être universel ne concevait plus que des pensées mauvaises, analogues à la corruption de son cœur, et portant avec elles la contagion du vice sur toute cette période lumineuse :

6. Renonça entièrement au soin conservateur qu'il donnait à l'existence de ce même *Adam*, sur la Terre, et se réprimant lui-même en son cœur, il se le rendit sévère :

7. Disant : j'effacerai l'existence de cet Homme universel que j'ai créé, de dessus la face de l'Élément adamique ; je l'effacerai depuis le règne hominal jusqu'au quadrupède, depuis le reptile jusqu'à l'oiseau des cieux ; car j'ai renoncé tout à fait au soin conservateur à cause duquel je les avais faits.

8. *Noé* seul, le repos de la Nature élémentaire, trouva grâce aux yeux de IHÔAH.

9. Or, telles avaient été les générations caractéristiques de *Noé* : de *Noé*, principe intellectuel, manifestant la justice des vertus universelles dans les périodes de sa vie : de *Noé*, toujours occupé à suivre les traces d'*Ælohim*, LUI-les-Dieux.

10. *Noé*, le repos de l'existence, avait généré une triade d'êtres émanés; *Shem*, l'élévation brillante ; *Cham*, l'inclination obscure ; et *Japheth*, l'étendue absolue.

11. Ainsi donc, la Terre avilie, ravalée, se dégradait aux yeux de l'Être des êtres, en se remplissant de plus en plus d'une ardeur ténébreuse et dévorante.

12. Et considérant la Terre, LUI-les-Dieux, il vit que sa dégradation avait pour cause l'avilissement de toute corporéité vivante, dont la loi s'y était dégradée.

13. Alors manifestant sa parole, il dit à *Noé* : le terme de toute corporéité vivante s'approche à mes yeux : la Terre s'est comblée d'une ardeur ténébreuse et dévorante qui la dégrade et l'avilit d'une extrémité à l'autre : me voici, laissant naître de cette même dégradation, l'avilissement qu'elle entraîne et la destruction.

14. Fais-toi une *Thebah*, une enceinte sympathique ; fais-la d'une substance élémentaire conservatrice ; compose-la de chambres et de caveaux de communication ; et lies-en la circonférence tant intérieure qu'extérieure, avec une matière corporisante et bitumineuse.

15. C'est ainsi que tu feras cette demeure mystérieuse, cette *Thebah* : tu lui donneras trois centuples de mesure-mère en longitude, cinq décuples en latitude, et trois décuples en solidité.

16. Selon la même mesure régulatrice, tu feras l'étendue orbiculaire de cette enceinte sympathique, en sa partie supérieure, accessible à la lumière et la dirigeant ; tu mettras sa dilatation en la partie opposée ; et tu feras les parties basses, doubles et triples.

17. Et me voici, moi-même, conduisant sur la Terre la grande intumescence des eaux pour y détruire et consumer entièrement toute substance corporelle possédant en soi le souffle des Vies : tout ce qui est sur la Terre, au-dessous des Cieux, expirera.

18. Mais je laisserai subsister ma force créatrice auprès de toi : et tu viendras en la *Thebah*, toi et tes fils, les êtres émanés de toi : et ta faculté volitive efficiente, et les facultés corporelles des êtres émanés de toi, ensemble toi.

19. Et tu feras aussi venir en la *Thebah*, en cette demeure mystérieuse, couple à couple, les êtres de toute existence, de toute forme, afin qu'ils continuent d'exister en toi : ils seront, tous ces êtres, mâle et femelle.

20. Du genre volatile et du quadrupède, selon leur espèce, et de tout animal reptiforme provenu de l'élément adamique, les couples de chaque espèce, viendront près de toi pour y conserver l'existence.

21. Et toi, cependant, prends de tout aliment capable d'alimenter; rassemble-le en toi, afin qu'il te serve de nourriture et pour toi-même et pour eux.

22. Et *Noé*, en faisant toutes ces choses, se conforma en tout à ce que lui avait sagement prescrit *Ælohim*, LUI-les-Dieux.

### CHAPITRE VII

*La Consommation des choses.*

v. 1. Ensuite, IHÔAH dit à *Noé :* viens toi! et tout l'intérieur à toi, en la *Thebah*, l'asile mutuel; car ta nature s'est montrée juste à mes yeux en cet âge de perversion.

2. Prends, du genre quadrupède, sept couples de chaque espèce pure, chaque couple composé du principe et de sa faculté volitive efficiente : et deux couples de chaque espèce non pure, chaque couple également composé du principe et de sa faculté volitive efficiente.

3. Prends aussi du genre volatile des cieux, sept couples de chaque espèce, mâle et femelle, afin d'en conserver l'existence sémentielle sur la Terre.

4. Car, dans la septième période actuelle des manifestations phénoméniques, moi-même je vais faire mouvoir l'élément aqueux sur la Terre, quatre décuples de jour, et quatre décuples de nuit; afin d'effacer entièrement de l'Élément adamique cette Nature substantielle et plastique que j'y ai faite.

5. Et *Noé* se conforma avec exactitude à tout ce que lui avait sagement recommandé IHÔAH.

6. Or, *Noé* était fils de six centaines entières de mutation temporelle ontologique; c'est-à-dire qu'il en émanait comme repos de la Nature élémentaire, lorsque la grande intumescence des eaux commença d'avoir lieu sur la Terre.

7. Et *Noé*, accompagné des êtres émanés de lui, de sa faculté volitive efficiente, et des facultés physiques dépendantes de ses productions, alla vers la *Thebah*, la demeure mystérieuse, afin d'éviter les eaux de la grande intumescence.

8. Du genre quadrupède pur, et du genre quadrupède non pur, et

du genre volatile, et de tout ce qui est animé d'un mouvement reptiforme sur l'Élément adamique :

9. Les couples de toute espèce se rendirent vers *Noé*, le repos de l'existence, en l'asile mutuel de la *Thebah*, mâle et femelle, selon ce qu'avait sagement recommandé l'Être des êtres.

10. Ainsi ce fut à la septième des manifestations phénoméniques, que les eaux de la grande intumescence furent sur la Terre.

11. Dans la mutation ontologique des six centuples de mutation des vies de *Noé*, en la seconde Néoménie, en la dix-septième période lumineuse de cette Néoménie, en ce jour même, furent ouvertes toutes les sources de l'abîme potentiel, furent déliées dans les Cieux les forces multiplicatrices des eaux livrées à leur propre mouvement de dilatation.

12. Et la chute de l'atmosphère aqueuse, tombant en masse et sans discontinuité sur la Terre, fut de quatre décuples de jour, et de quatre décuples de nuit.

13. Dans le principe même de cette septième manifestation phénoménique, *Noé*, le repos de l'existence élémentaire, s'était retiré ainsi que *Shem*, l'élévation brillante, et *Cham*, l'inclination ténébreuse, et *Japheth*, l'espace étendu, productions émanées de lui, sa faculté volitive efficiente, et les trois facultés physiques de ses productions, vers la *Thebah*, l'enceinte mutuelle, la plage de refuge.

14. Et avec eux, la Vie entière de la Nature animale, selon son espèce ; tout quadrupède, tout reptile rampant sur la terre, tout volatile ; chacun selon son espèce : tout être courant, tout être volant :

15. Tous, couple à couple, s'étaient rendus auprès de *Noé*, en la *Thebah*, de quelque forme qu'ils fussent, possédant en soi le souffle des Vies :

16. S'avançant ensemble mâle et femelle, de toute figure extérieure, docile à suivre le mouvement imprimé par l'Être des êtres, et dont IHÔAH marqua la conclusion par son éloignement.

17. Cependant la grande intumescence continuant d'avoir lieu sur la Terre, quatre décuples de jour, les eaux grossirent de plus en plus et portèrent dans leur sein la *Thebah*, exhaussée au-dessus de la Terre.

18. Elles envahirent, elles dominèrent la Terre entière ; elles s'y multiplièrent en tous sens ; tandis que, suivant tous leurs mouvements, la *Thebah* flottait à la face des ondes.

19. Les eaux prévalurent enfin, selon toute l'étendue de leurs forces, et tellement que les montagnes les plus élevées qui se trouvent sous les cieux, en furent couvertes.

20. Elles dominèrent au-dessus de leurs sommets de cinq et un décuple de mesure-mère, et couvrirent entièrement les montagnes.

21. Ainsi fut dissoute et s'évanouit, toute forme corporelle se mouvant sur la Terre, dans l'oiseau et dans le quadrupède, et dans l'existence animale, et dans la Vie originelle et vermiforme, issue de la Terre, et dans tout l'Homme universel, tout *Adam !*

22. Tout ce qui possédait une essence émanée de l'esprit des Vies dans sa compréhension spirituelle, atteint par le fléau destructeur, passa.

23. La trace même de la nature substantielle et plastique fut effacée de l'Élément adamique, depuis le règne hominal jusqu'au quadrupède, depuis le reptiforme jusqu'à l'oiseau des cieux : et tous ces êtres, également effacés, disparurent de la Terre. Il ne resta que *Noé* seul, le repos de la Nature élémentaire, et ce qui était ensemble lui dans la *Thebah*, la retraite sacrée.

24. Et les eaux prévalurent sur la Terre, et y dominèrent cinq décuples et une centaine de périodes lumineuses.

### CHAPITRE VIII

*L'Entassement des espèces.*

v. 1. Mais il se souvint, LUI-les-Dieux, de l'existence de Noé, et de celle de la vie animale, et de tout le genre quadrupède, renfermés ensemble dans la *Thebah*, cet asile sacré ; et il fit passer de l'Orient à l'Occident, un souffle sur la Terre qui réprima la dilatation des eaux.

2. Les sources de l'abîme potentiel indéfini furent fermées, les forces multiplicatrices des eaux s'arrêtèrent dans les cieux ; et l'atmosphère aqueuse tombant en masse, s'épuisa.

3. Agitées d'un mouvement périodique de flux et de reflux, les eaux balancées sur la Terre, revinrent enfin à leur premier état ; elles se retirèrent en elles-mêmes au bout de cinq décuples et une centaine entière de périodes lumineuses.

4. Et dans le septième renouvellement lunaire, au dix-septième jour de ce renouvellement, la *Thebah* s'arrêta sur les hauteurs de l'*Ararat ;* c'est-à-dire aux premières lueurs du cours réfléchi de la lumière.

5. Mais les eaux, toujours agitées d'un flux et reflux continuel, furent en proie à ce double mouvement de se porter en avant et de se retirer en elles-mêmes, jusqu'au dixième renouvellement lunaire.

Ce ne fut que le premier de cette dixième Néoménie, que parurent les prémices des éléments, les principes des enfantements naturels, les sommets des montagnes.

6. Là se terminèrent les quatre décuples de jour ; et *Noé*, dégageant la lumière qu'il avait faite à la *Thebah*,

7. Lâcha l'Érebe, l'obscurité occidentale, qui, prenant un mouvement alternatif de sortie et de rentrée, suivit et suivra ce mouvement périodique jusqu'à l'entier desséchement des eaux de dessus la Terre.

8. Ensuite, il laissa aller d'avec lui, l'*Iôna*, la force plastique de la Nature ; afin de reconnaître si les eaux s'allégeaient sur la face de l'Élément adamique.

9. Mais l'*Iôna*, ne trouvant point de lieu de repos pour communiquer son action génératrice, revint vers lui, ver la *Thebah*, parce que les eaux occupaient encore toute la surface terrestre ; il déploya donc sa puissance, et l'ayant retirée, la fit venir à lui vers la *Thebah*.

10. Et lorsqu'il eut attendu un septénaire d'autres périodes lumineuses, il émit de nouveau l'*Iôna* hors de la *Thebah*.

11. Mais elle ne revint à lui, cette faculté plastique de la Nature, qu'au temps même de l'Érebe, telle qu'une colombe fuyant le noir corbeau : une sublimation de l'essence ignée avait été saisie par sa faculté conceptive ; en sorte que *Noé* reconnut à ce signe que les eaux s'étaient allégées sur la Terre.

12. Néanmoins il attendit encore un septénaire d'autres jours, après lesquels il émit de nouveau l'*Iôna* ; mais cette faculté génératrice étant sortie, ne revint plus vers lui.

13. Ce fut donc dans l'unité et six centaines de mutation temporelle, dans le principe principe, au premier du renouvellement lunaire, que les eaux se défirent et s'usèrent sur la Terre : alors *Noé* élevant le faîte de la *Thebah*, considéra, et vit qu'en effet, les eaux s'étaient séparées et défaites à la surface de l'Élément adamique.

14. Ainsi la Terre étant séchée au second renouvellement lunaire, au vingt-septième jour de ce renouvellement,

15. Il parla, LUI-les-Dieux, à *Noé*, disant :

16. Sors de la *Thebah*, toi ! et ensemble avec toi, ta faculté volitive efficiente, tes productions émanées, et les facultés physiques de tes productions.

17. Et fais sortir ensemble toi, toute Vie animale, de toute forme corporelle, en oiseau, en quadrupède, en toute sorte de reptile serpentant sur la Terre : qu'ils y pullulent, y fructifient, y multiplient en abondance.

18. *Noé* sortit donc de la *Thebah*, lui et les productions émanées de lui, sa faculté volitive, et les facultés physiques de ses productions ; ensemble lui.

19. Toute l'espèce animale, reptiforme ou volatile, tout ce qui se meut d'un mouvement contractile sur la Terre ; ces êtres divers se produisirent hors de la *Thebah*, selon leurs tribus diverses.

20. Alors *Noé* édifia un autel à Ihôah, et prenant de toute espèce pure de quadrupède, et de toute espèce pure d'oiseau, il fit exhaler vers les cieux une exhalaison sainte de ce lieu de sacrifice.

21. Et Ihôah, respirant l'esprit odorant de cette suave offrande, dit au fond de son cœur : Je ne maudirai plus désormais l'Élément adamique dans le seul rapport d'*Adam;* car le cœur de cet être universel a conçu le mal dès ses premières impulsions. Je ne frapperai pas non plus toute l'existence élémentaire aussi violemment que je l'ai fait.

22. Pendant que les périodes lumineuses se succéderont sur la Terre, la semence et la récolte, le froid et le chaud, l'été et l'hiver, le jour et la nuit, ne cesseront point de s'entre-suivre.

CHAPITRE IX

*La Restauration cimentée.*

v. 1. Ensuite, il bénit, lui-les-Dieux, l'existence de *Noé*, et celle des êtres émanés de lui, et il leur dit : fructifiez et multipliez-vous, et remplissez entièrement l'étendue terrestre.

2. Que la splendeur éblouissante, que l'éclat terrifiant qui vous entourera, frappe de respect l'animalité entière, depuis l'oiseau des régions les plus élevées jusqu'au reptile qui reçoit le mouvement originel de l'Élément adamique, et jusqu'au poisson des mers : sous votre puissance ils sont tous également mis.

3. Usez pour aliment de tout ce qui possède en soi le principe du mouvement et de la vie : je vous l'ai donné sans exception de même que l'herbe verdoyante :

4. Mais quant à la substance corporelle qui possède en son âme même le principe homogène de son assimilation sanguine, vous n'en ferez pas aliment :

5. Car je poursuivrai la vengeance de cette assimilation sanguine, dont le principe réside en vos âmes, de la main de tout être vivant ; j'en poursuivrai la vengeance et de la main de l'Homme universel, et de la main de son frère, l'homme individualisé par son principe

volitif ; je leur demanderai compte à l'un et à l'autre de cette âme adamique.

6. Celui qui répandra l'assimilation sanguine d'*Adam*, l'Homme universel, verra son sang répandu par le moyen même d'*Adam :* car c'est en son ombre universellement réfléchie, que LUI-les-Dieux a fait l'existence d'*Adam*, l'Homme universel.

7. Et vous, existence universelle, fructifiez et multipliez-vous, propagez-vous sur la Terre, et étendez-vous en elle.

8. Ensuite, l'Être des êtres, déclarant sa volonté à *Noé* et aux êtres émanés de lui, leur dit :

9. Voici que, selon ma promesse, je vais établir substantiellement ma force créatrice en vous, et en la postérité à naître de vous, après vous.

10. Je vais l'établir également en toute âme de vie qui se trouvait avec vous, tant volatile que quadrupède ; en toute l'animalité terrestre, en tous les êtres enfin issus de la *Thebah*, selon leur nature animale et terrestre.

11. Je la ferai exister en vous, cette Loi créatrice, dans l'ordre corporel ; en sorte que l'eau de la grande intumescence ne pourra plus, comme autrefois, briser la forme corporelle et la détruire, ni causer encore un déluge qui oppresse la Terre et la dégrade entièrement.

12. Et il ajouta, LUI-les-Dieux : voici le signe caractéristique de cette Loi créatrice que j'établis entre moi et entre vous, et entre toute âme vivante : Loi pour jamais inhérente en vous, dans les âges de l'immensité des temps.

13. Cet arc que j'ai mis dans l'espace nébuleux, sera le signe caractéristique de cette force créatrice existante entre moi et la Terre.

14. Lorsque j'obscurcirai la Terre et que je la couvrirai de nuages, cet arc paraîtra dans l'espace nébuleux.

15. Je me rappellerai cette Loi créatrice établie entre moi et entre vous, et entre toute âme vivante, en toute corporéité : et il n'y aura point une révolution nouvelle des eaux de la grande intumescence, pour la suppression entière de la substance corporelle.

16. Cet arc, paraissant dans l'espace nébuleux, je le considérerai en mémoire de la Loi créatrice établie pour l'immensité des temps entre l'Être des êtres et toute âme de vie, et toute forme corporelle existante sur la Terre.

17. Ensuite, il dit de nouveau, LUI-les-Dieux : voici le signe de la force créatrice que j'ai fait exister substantiellement entre moi et entre toute forme corporelle existante sur la Terre.

18. Or, tels avaient été les enfants de *Noé*, repos de la Nature élémentaire, sortant de la *Thebah*, l'enceinte sacrée : *Shem*, ce qui est élevé et brillant ; *Cham*, ce qui est courbe, incliné, obscur et chaud ; et *Japheth*, ce qui est étendu : et ce fut *Cham*, lui-même, qui fut le père de *Chanahan*, l'existence physique et matérielle.

19. Ainsi les êtres émanés de *Noé*, par qui la Terre fut partagée, furent donc au nombre de trois.

20. Ce fut *Noé*, qui, dégageant avec effort le principe volitif intellectuel, de l'Élément adamique, le rendit à la liberté, et cultiva les productions élevées de la spiritualité.

21. Mais s'étant trop abreuvé de l'esprit de cette production, il enivra sa pensée, et dans son exaltation, se révéla au centre même et dans le lieu le plus secret de son tabernacle.

22. Et *Cham*, père de l'existence physique et matérielle, ayant considéré les mystères secrets de son père, les divulga à ses deux frères, et les profana à l'extérieur.

23. Alors *Shem* prit avec *Japheth*, le vêtement de gauche, et l'ayant élevé au-dessus d'eux, ils allèrent à reculons en couvrir les mystères secrets de leur père : en sorte que, comme ils avaient le visage tourné en arrière, ils ne virent pas ces mystères qui devaient leur rester cachés.

24. Cependant *Noé*, étant sorti de son ivresse spiritueuse, connut ce qu'avait fait le moindre de ses enfants.

25. Et il dit : maudit soit *Chanahan*, l'existence physique et matérielle ; il sera le serviteur des serviteurs de ses frères :

26. Et béni soit Ihôah, lui-les-Dieux de *Shem ;* et que *Chanahan* soit le serviteur de son peuple.

27. Qu'il étende, lui-les-Dieux, l'étendue de *Japheth*, et le fasse habiter dans les tabernacles de *Shem*, l'élévation brillante ; et que *Chanahan*, l'existence physique et matérielle, le serve lui et son peuple.

28. Or, *Noé* exista encore après la grande intumescence des eaux, trois centaines entières de mutation temporelle, ontologique, et huit décuples de mutation.

29. Ainsi les périodes lumineuses de *Noé*, le repos de la Nature élémentaire, furent ensemble au nombre de neuf centaines de mutation temporelle, et de huit décuples de mutation, et il passa.

CHAPITRE X

*La Puissance aggrégative et formatrice.*

v. 1. Maintenant voici quelles furent les générations caractéristiques des enfants de *Noé*, repos de la Nature élémentaire : *Shem*, *Cham*, et *Japheth;* et les productions émanées d'eux, après la grande intumescence des eaux.

2. Or, les productions émanées de *Japheth*, l'Étendue absolue, furent : la Cumulation élémentaire ou la force aggrégative, l'Élasticité, la Divisibilité, la Ductilité générative, la Diffusibilité, la Perceptibilité, et la Modalité ou la faculté de paraître sous une forme déterminée.

3. Et les productions émanées de la Cumulation élémentaire, furent : le Feu latent ou le calorique, la Rarité ou la cause de l'expression, et la Densité ou la cause de la corporisation universelle.

4. Et les productions émanées de la Ductilité générative, furent : la Force délayante et pétrissante, et le Principe sympathique des Répulsions et des Affinités naturelles.

5. C'est au moyen de ces deux dernières facultés, l'une répulsive, et l'autre attractive, que les centres de volontés furent différenciés sur la Terre, dans les corps organisés tant particuliers que généraux, intelligibles ou naturels.

6. Et les productions émanées de *Cham*, l'inclinaison ténébreuse et chaude, furent : la Force ignée ou la combustion, les Facultés subjugantes et captivantes, la Mofete ou l'azote, et l'Existence physique et matérielle.

7. Et les productions émanées de la Force ignée, furent : l'Humide radical, cause universelle de toute sapidité, l'Énergie naturelle, le Mouvement déterminant ou la cause, le Tonnerre, et le Mouvement déterminé ou l'effet. Le Tonnerre enfanta à son tour la Réintégration des principes, et l'affinité élective ou l'Électricité.

8. Et la Force ignée donna aussi naissance au Principe de la Volonté désordonnée, principe de rébellion, d'anarchie, de despotisme, de toute-puissance, tant particulière que générale, n'obéissant qu'à sa propre impulsion : lui qui fit de violents efforts pour être le dominateur de la Terre.

9. Lui qui, superbe adversaire au yeux de Ihôah, donna lieu à ce proverbe : semblable au Principe de la volonté anarchique, superbe adversaire aux yeux de Ihôah.

10. Or, l'origine de son empire fut au sein des Révolutions civiles, la Vanité, la Mollesse ou le relâchement des mœurs, l'Isolement ou l'égoïsme, et l'Ambition ou le désir de tout posséder.

11. Mais ce fut du sein de ces mêmes Révolutions civiles, que sortit le Principe harmonique, le Principe éclairé du gouvernement, l'ordre, le bonheur résultant de ce principe ; lequel établit ce qui concerne l'accroissement extérieur, la Colonisation, l'éducation de la jeunesse ; et ce qui concerne les Institutions intérieures de la Cité ; et ce qui concerne le perfectionnement des lois, le rassemblement des vieillards, le Sénat :

12. Et ce qui concerne la Puissance législative, ou les Rênes du gouvernement, placée entre la force extérieure et intérieure, l'action et la délibération, la jeunesse et le sénat : Puissance très grande, et boulevard de la société.

13. Cependant les Facultés subjugantes et captivantes, nées de la Force ignée, produisirent l'existence des Propagations physiques, celle des Appesantissements matériels, celle des Exhalaisons enflammées, et celle des Cavernosités.

14. Elles produisirent aussi le principe des Brisures infinies, et celui des Épreuves expiatoires, d'où sortirent les Rejetés et les Convertis.

15. Et l'Existence physique et matérielle produisit l'Insidieux adversaire ou la Ruse, son premier né, et l'Affaissement moral ou l'avilissement.

16. Elle produisit aussi les Refoulements intérieurs, les Exprimations extérieures, et les Remâchements réitérés :

17. Elle donna naissance aux Vies animales, aux Passions brutales, aux Passions haineuses :

18. Elle enfanta enfin, les Ardeurs du butin, la Soif du pouvoir, et l'Avarice insatiable : ensuite ses tribus furent dispersées.

19. Or, voici les limites générales qu'atteignirent les émanations de l'Existence physique et matérielle, depuis la naissance de l'Insidieux adversaire : à force de convulsion intestine, elles parvinrent à l'affermissement de leur empire : à force de détours obscurs, d'intrigues, de sourdes menées, de tyrannie, d'insensibilité et de guerres, elles devinrent le gouffre des richesses.

20. Voilà tous les enfants de *Cham*, ce qui est courbe, incliné, ténébreux et chaud ; selon leurs tribus, leurs langues, leurs régions, leurs organisations diverses.

21. Et voici quels furent ceux de *Shem*, l'élévation brillante, frère aîné de *Japheth*, l'Étendue absolue ; auquel il fut accordé d'être le père de toutes les productions ultra-terrestres.

22. Or, les productions émanées de *Shem*, furent donc : la Durée infinie ou l'Éternité ; le Principe du pouvoir légal, et l'orde immuable, l'harmonie, la béatitude qui en résultent ; le Principe médiateur de la Providence, la Propagation intellectuelle, et l'Universelle Élémentisation.

23. Et les productions émanées de l'Universelle Élémentisation, furent : la Substantiation, le Travail virtuel, la Pression abondante, et la Récolte des fruits spirituels.

24. Et le Principe médiateur de la Providence donna naissance à l'Émission active : et l'Émission active ou la grâce divine produisit ce qui est Ultra-terrestre ; c'est-à-dire ce qui passe au delà de ce Monde.

25. Or, il fut accordé à ce qui est Ultra-terrestre, de générer deux enfants. Le premier reçut le nom de *Phaleg*, c'est-à-dire la dialection, la classification ; à cause que ce fut à l'époque de son apparition que la Terre fut divisée en différentes classes : et le second fut appelé *Jaktan*, c'est-à-dire l'Atténuation ou la réduction en atomes spirituels.

26. Et la Réduction en atomes spirituels donna l'existence à la Mensuration probatoire et divine, à l'Émission réfléchie, à la Scission opérée par la mort, à la Manifestation radieuse et fraternelle ou la Lune.

27. Cette Atténuation spirituelle produisit la Splendeur universelle, le Feu épuré et divin, la Raréfaction éthérée et sonore :

28. Elle enfanta l'Orbe infini, le Père de la Plénitude, et la Réintégration ou la Rédemption :

29. Et enfin, elle fut l'origine de la Fin Élémentaire, de la Vertu éprouvée, et de la Jubilation céleste.

30. Et tel fut le cours et le lieu de la Réintégration de ses produits, depuis l'époque de la Récolte des fruits spirituels, à force de travail d'esprit, jusqu'au principe générateur de l'Antériorité des Temps.

31. Voilà tous les enfants de *Shem*, ce qui est direct, élevé, sublime et brillant ; selon leurs tribus, leurs langues, leurs régions, leurs organisations diverses.

32. Voilà les tribus entières des Enfants de *Noé*, repos de l'Existence élémentaire, selon leurs générations caractéristiques, et leurs organisations constitutionnelles ; et c'est par leur moyen que les organisations particulières et générales ont été diversifiées sur la Terre, après la grande intumescence des eaux.

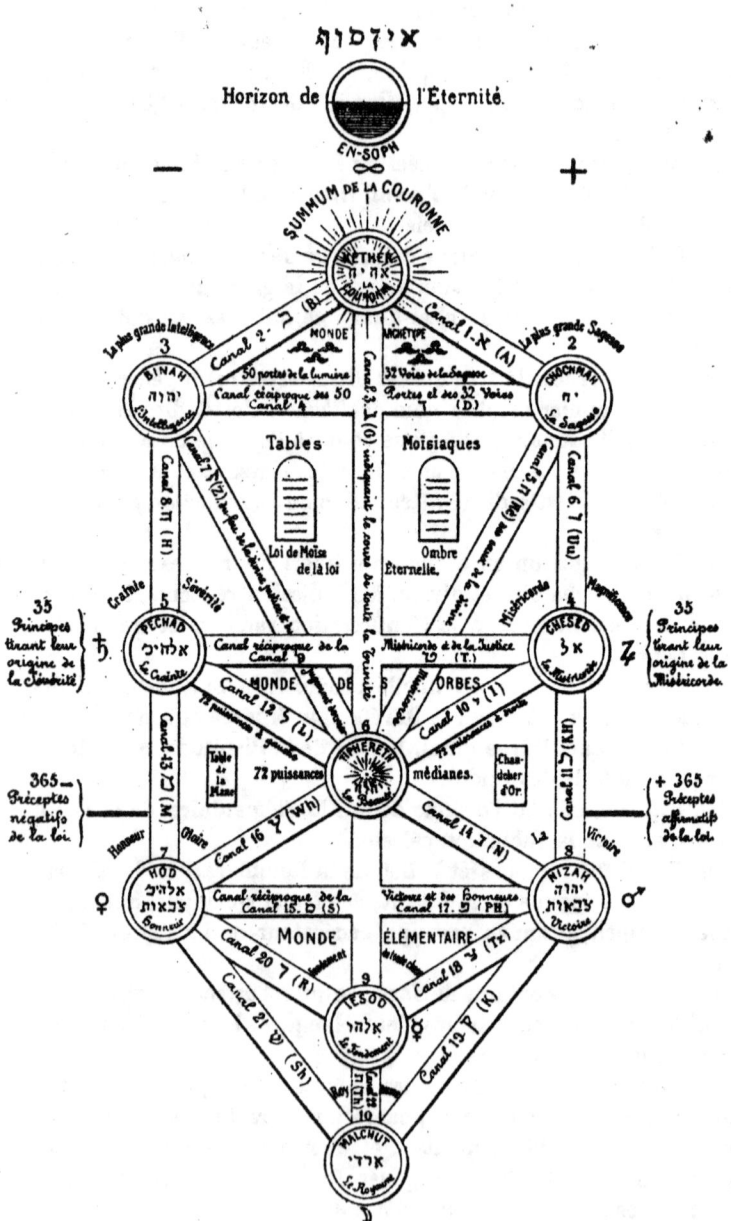

Système kabbalistique des Séphiroths.

CHAPITRE XI

# RÉSUMÉ MÉTHODIQUE DE LA KABBALE

## § 1. EXPOSÉ PRÉLIMINAIRE. — DIVISION DU SUJET

Dans l'étude suivante nous allons résumer de notre mieux les enseignements et les traditions de la Kabbale.

La tâche est assez difficile, car la Kabbale comprend, d'une part, tout un système bien particulier basé sur l'étude de la langue hébraïque, et d autre part, un enseignement philosophique de la plus haute importance, dérivant de ce système.

Nous allons faire tous nos efforts pour aborder ces divers points de vue l'un après l'autre en les séparant bien nettement. Notre étude comprendra donc :

1° Un exposé préliminaire sur l'origine de la Kabbale;

2° Un exposé sur le système kabbalistique et ses divisions, *véritable cours de kabbale* en quelques pages;

3° Un exposé sur la philosophie de la Kabbale et sur ses applications ;

4° Les textes principaux de la Kabbale sur lesquels sont bâties les données précédentes.

C'est la première fois qu'un travail de ce genre est présenté au public. Aussi nous efforcerons-nous de toujours nous appuyer sur des auteurs compétents lorsque les développements ne nous seront point personnels.

La Kabbale est la clef de voûte de toute la tradition occidentale. Tout philosophe abordant les conceptions les plus élevées que puisse atteindre l'esprit humain aboutit forcément à la Kabbale, qu'il s'appelle Raymond Lulle[1], Spinosa[2], ou Leibniz[3].

Tous les alchimistes sont kabbalistes, toutes les sociétés secrètes religieuses ou militantes qui ont paru en Occident : Gnostiques, Templiers, Rose-Croix, Martinistes ou Francs-Maçons, se rattachent à la Kabbale et enseignent ses théories. Wronski, Fabre d'Olivet et Éliphas Levi doivent à la Kabbale le plus profond de leurs connaissances et le déclarent plus ou moins franchement.

D'où vient donc cette doctrine mystérieuse?

L'étude, même superficielle des religions, nous montre que l'initiateur d'un peuple ou d'une race divise toujours son enseignement en deux parties :

Une partie voilée sous les mythes, les paraboles ou les symboles à l'usage des foules. C'est la partie exotérique.

Une partie dévoilée à quelques disciples favoris qui ne doit jamais être écrite clairement, si elle est écrite, mais qui doit être transmise *oralement* de génération en génération. C'est la doctrine ésotérique.

Jésus n'échappe pas à la règle générale pas plus que Bouddha; l'Apocalypse en est la preuve; pourquoi Moïse serait-il le seul qui ait failli à cette règle?

Moïse, sauvant le plus pur des mystères d'Égypte, sélecta un peuple pour garder son livre, une tribu, celle de Lévi, pour garder le culte; pourquoi n'aurait-il pas transmis la clef de son livre à des disciples sûrs?

Nous verrons en effet que la Kabbale enseigne surtout le maniement des lettres hébraïques considérées comme des idées ou même comme des puissances effectives. C'est dire que Moïse indiquait par là le sens véritable de son Sepher.

Ceux qui prétendent que la Kabbale vient d'*Adam* racontent tout simplement l'histoire symbolique de la transmission de la tradition d'une race à l'autre, sans insister sur une tradition plus que sur une autre.

---

1. Les adeptes de cette science (Kabbale) parmi lesquels il faut comprendre plusieurs mystiques chrétiens, tels que Raymond Lulle, Pic de la Mirandole, Reuchlin, Guillaume Postel, Henri Morus, la regardent comme une tradition divine aussi ancienne que le genre humain (*Dictionnaire philosophique* de Franck).
2. Les ouvrages de Spinosa attestent une connaissance profonde de la Kabbale.
3. Leibniz fut initié à la Kabbale par Mercure van Helmont, fils du célèbre alchimiste, et grand kabbaliste lui-même.

Quelques savants contemporains, ignorant tout de l'antiquité, sont étonnés d'y trouver des idées profondes sur les sciences, et placent l'origine de tout le savoir au second siècle de notre ère, d'autres daignent aller jusqu'à l'école d'Alexandrie.

Des critiques prétendent même que la Kabbale a été *inventée* au XIII° siècle par Moïse de Léon. Un véritable savant, digne de toute notre admiration, M. Franck, n'a pas eu de peine à remettre ces critiques à la raison en les battant sur leur propre terrain [1].

Nous nous rangerons donc à l'avis de Fabre d'Olivet plaçant l'origine de la Kabbale à l'époque même de Moïse.

*<br>* *

Il paraît, au dire des plus fameux rabbins, que Moïse lui-même, prévoyant le sort que son livre devait subir et les fausses interprétations qu'on devait lui donner par la suite des temps, eut recours à une loi orale, qu'il donna de vive voix à des hommes sûrs dont il avait éprouvé la fidélité, et qu'il chargea de transmettre dans le secret du sanctuaire à d'autres hommes qui, la transmettant à leur tour d'âge en âge, la fissent ainsi parvenir à la postérité la plus reculée. Cette loi orale que les Juifs modernes se flattent encore de posséder se nomme Kabbale, d'un mot hébreu qui signifie ce qui est reçu, ce qui vient d'ailleurs, ce qui se passe de main en main.

Les livres les plus fameux qu'ils possèdent, tels que ceux du *Zohar*, le *Bahir*, les *Medrashim*, les deux *Gemares* qui composent le *Talmud*, sont presque entièrement kabbalistiques.

Il serait très difficile de dire aujourd'hui si Moïse a réellement laissé cette loi orale, ou si, l'ayant laissée, elle ne s'est point altérée comme paraît l'insinuer le savant Maimonides, quand il écrit que ceux de sa nation ont perdu les connaissances d'une infinité de choses sans lesquelles il est presque impossible d'entendre la Loi. Quoi qu'il en soit, on ne peut se dissimuler qu'une pareille institu-

---

1. Quand on examine la Kabbale en elle-même, quand on la compare aux doctrines analogues, et qu'on réfléchit à l'influence immense qu'elle a exercée, non seulement sur le judaïsme, mais sur l'esprit humain en général, il est impossible de ne pas la regarder comme un système très sérieux et parfaitement original. Il est tout aussi impossible d'expliquer sans elle les nombreux textes de la Mischna et du Talmud qui attestent chez les Juifs l'existence d'une doctrine secrète sur la nature de Dieu et de l'univers, au temps où nous faisons remonter la science kabbalistique (Ad. Franck).

tion ne fût parfaitement dans l'esprit des Égyptiens, dont on connaît assez le penchant pour les mystères.

La Kabbale, telle que nous la concevons, est donc le résumé le plus complet qui nous soit parvenu de l'enseignement des mystères d'Égypte. Elle contient la clef des doctrines de tous ceux qui allèrent se faire initier, au péril de leur vie, philosophes-législateurs et théurges.

De même que la langue hébraïque, cette doctrine a pu subir les vicissitudes nombreuses dues à la longue suite des âges qu'elle a traversés; toutefois ce qui nous en reste est encore digne d'une sérieuse considération.

Telle que nous la possédons aujourd'hui, la Kabbale comprend deux grandes parties. La première constitue une sorte de clef basée sur la langue hébraïque et capable de nombreuses applications, la seconde expose un système philosophique tiré analogiquement de ces considérations techniques.

On désigne dans la plupart des traités sur cette question la première partie seule sous le nom de *Kabbale*; l'autre étant développée dans les livres fondamentaux de la doctrine.

Ces livres sont au nombre de deux : 1° le SEPHER JESIRAH, le livre de la formation qui contient sous forme symbolique l'histoire de la Genèse *Maasseh bereschit*.

2° Le ZOHAR, le livre de la lumière, qui contient également sous forme symbolique tous les développements ésotériques synthétisés sous le nom d'Histoire du char céleste : *Maasseh merkabah* [1].

C'est encore au symbolisme qu'il faut rapporter les deux *cabales* des Juifs, la cabale *Mercava*, et la cabale *Bereschit*. La cabale *Mercava* faisait pénétrer le Juif illuminé dans les mystères les plus profonds et les plus intimes de l'essence et des qualités de Dieu et des anges; la cabale *Bereschit* lui montrait dans le choix, l'arrangement et le rapport numérique des lettres exprimant les mots de sa langue, les grands desseins de Dieu, et les hauts enseignements religieux que Dieu y avait placés. (DE BRIÈRE.)

Merkabah et Bereschit, telles sont les deux grandes divisions classiques de la Kabbale adoptées par tous les auteurs.

Pour aborder les enseignements de la *Merkabah*, il faut connaître déjà la *Bereschit* et, pour ce faire, il faut connaître l'alphabet hébraïque et les mystères de sa formation.

Partant donc de cet alphabet, nous allons aborder successivement

---

1. Fabre d'Olivet, *Lang. héb.*, p. 29, t. I.

les diverses parties qui constituent cette clef générale dont nous avons parlé, ensuite nous parlerons du système philosophique.

On peut diviser les kabbalistes en deux catégories. Ceux qui ont appliqué les principes de la doctrine sans s'attarder à développer les fondements élémentaires et ceux qui, au contraire, ont fait des traités classiques de la Kabbale.

Parmi ces derniers nous pouvons citer Pic de la Mirandole, Kircher et Lenain.

*Pic de la Mirandole* divise l'étude de la Kabbale en étude des numérations (ou *Sephiroth*) et étude des noms divins (ou *Schenroth*). C'est en effet à ces deux points que se réduit toute la clef.

*Kircher*, R. P. Jésuite, est un des auteurs les plus complets sur cette question; il adopte la division générale en trois grandes parties :

1° *Gématrie* ou étude des transpositions ;
2° *Notaria* ou étude de l'art des signes ;
3° *Thémurie* ou étude des commutations et des combinaisons.

*Lenain*, auteur de la *Science cabalistique*, traite surtout des noms divins et de leurs combinaisons.

Nous donnerons les plans suivis dans ces divers ouvrages après notre exposition, car, actuellement, la plupart des divisions ne seraient pas bien comprises.

## § 2. L'ALPHABET HÉBRAIQUE

### LES VINGT-DEUX LETTRES ET LEUR SIGNIFICATION

Le point de départ de toute la Kabbale c'est l'alphabet hébraïque.

L'alphabet des Hébreux est composé de vingt-deux lettres ; les lettres ne sont pas cependant placées au hasard les unes à la suite des autres. Chacune d'elles correspond à un nombre d'après son rang, à un hiéroglyphe d'après sa forme, à un symbole d'après ses rapports avec les autres lettres.

Toutes les lettres dérivent d'une d'entre elles, le *iod*, ainsi que nous l'avons déjà dit[1]. Le iod les a générées de la façon suivante (Voy. *Sepher Jesirah*).

1° Trois mères :

    L'A (Aleph)      א
    L'M (Le Mem)      מ
    Le Sh (Le Schin)      ש

[1]. Voy. l'étude sur le mot *iod, hé, vau, hé* (page 498.)

2° Sept doubles (doubles parce qu'elles expriment deux sens, l'un positif fort, l'autre négatif doux) :

Le B  (Beth)    ב
Le G  (Ghimel)  ג
Le D  (Daleth)  ד
Le Ch (Caph)    כ
Le Ph (Phé)     פ
L'R    (Resch)  ר
Le T  (Thau)   ת

3° Enfin douze simples formées par les autres lettres.

Pour rendre tout cela plus clair donnons l'alphabet hébreu en indiquant la qualité de chaque lettre ainsi que son rang.

| N°ˢ d'ordre | HIÉROGLYPHE | NOMS | VALEURS EN LETTRES romaines | VALEURS DANS L'ALPHABET |
|---|---|---|---|---|
| 1 | א | aleph | A | mère |
| 2 | ב | beth | B | *double* |
| 3 | ג | ghimel | G | *double* |
| 4 | ד | daleth | D | *double* |
| 5 | ה | hé | E | simple |
| 6 | ו | vau | V | simple |
| 7 | ז | zaïn | Z | simple |
| 8 | ח | heth | H | simple |
| 9 | ט | teth | T | simple |
| 10 | י | iod | I | simple et principe |
| 11 | כ | caph | CH | *double* |
| 12 | ל | lamed | L | simple |
| 13 | מ | mem | M | mère |
| 14 | נ | noun | N | simple |
| 15 | ס | samech | S | simple |
| 16 | ע | haïn | GH | simple |
| 17 | פ | phé | PH | *double* |
| 18 | צ | tsadé | TS | simple |
| 19 | ק | coph | K | simple |
| 20 | ר | resch | R | *double* |
| 21 | ש | shin | SH | mère |
| 22 | ת | thau | TB | *double* |

Chaque lettre hébraïque représente donc trois choses :
1° Une lettre, c'est-à-dire un hiéroglyphe ;
2° Un nombre, celui de l'ordre qu'occupe la lettre ;
3° Une idée.

Combiner des lettres hébraïques c'est donc combiner des nombres et des idées ; de là la création du *Tarot*[1].

Chaque lettre étant *une puissance* est liée plus ou moins étroitement avec les forces créatrices de l'Univers. Ces forces évoluant dans trois mondes, un physique, un astral et un psychique, chaque lettre est le point de départ et le point d'arrivée d'une foule de correspondances. Combiner des mots hébraïques c'est par suite agir sur l'Univers lui-même, de là les mots hébreux dans les cérémonies magiques.

Maintenant que nous connaissons l'alphabet en général il nous faut étudier la signification et les rapports de chacune des vingt-deux lettres de cet alphabet. C'est ce que nous allons faire. On verra dans cette étude faite d'après Lenain, les correspondances de chaque lettre avec les noms divins, les anges et le sephiroth.

*\**

Les anciens rabbins, les philosophes et les cabalistes expliquent, selon leur système, *l'ordre*, *l'harmonie* et les *influences des cieux sur le monde*, par les 22 lettres hébraïques que comprend l'alphabet mystique des Hébreux[2].

### EXPLICATION DES MYSTÈRES DE L'ALPHABET HÉBREU.

Cet alphabet désigne :

1° Depuis la lettre aleph א jusqu'à la lettre י iod *le monde invisible*, c'est-à-dire *le monde angélique* (intelligences souveraines recevant les influences de la première lumière éternelle attribuée au Père de qui tout émane).

2° Depuis la lettre כ caph jusqu'à celle nommée tsadé צ désigne différents ordres d'anges qui habitent le monde *visible*, c'est-à-dire le monde astrologique attribué à Dieu le Fils qui signifie la divine sagesse qui a créé cette infinité de globes circulant dans l'immensité de l'espace dont chacun est sous la sauvegarde d'une intelligence spécialement chargée par le créateur de les conserver

1 et 2. Voy. le *Tarot des Bohémiens*, par Papus.

et les maintenir dans leurs orbes, afin qu'aucun astre ne puisse troubler l'ordre et l'harmonie qu'il a établis.

3° A partir de la lettre tsadé צ jusqu'à la dernière, nommée ת thau, l'on désigne le monde élémentaire attribué par les philosophes au Saint-Esprit. C'est le souverain Être des êtres qui donne l'âme et la vie à toutes les créatures.

*Explication séparée des 22 lettres.*

**1**          **א**          *Aleph*

Correspond au premier nom de Dieu, Eheieh אהיה que l'on interprète essence divine.

Les cabalistes l'appellent celui que l'œil n'a point vu à cause de son élévation.

Il siège dans le monde appelé Ensophe qui signifie l'infini, son attribut se nomme Kether כתר interprété couronne ou diadème; il domine sur les anges appelés par les Hébreux Haioth-Nakodisch היתנהקודש c'est-à-dire les animaux de sainteté, il forme les premiers chœurs des anges que l'on appelle séraphins.

**2**          **ב**          *Beth*

2° nom divin correspondant à cette lettre : Bachour בחור (clarté, jeunesse), désigne anges de 2° ordre, Ophanim אופנים.

*Formes ou roues.*

Chérubins (par leur ministère Dieu débrouilla le chaos).
Numération הכמה Hoschma, sagesse.

**3**          **ג**          *Ghimel*

Nom Gadol גבול (magnus), désigne anges Aralym ארלים c'est-à-dire *grands et forts*, trônes (par eux Dieu tetragrammaton Elohim entretient *la forme de la matière*).

Numération Binach בינה providence et intelligence.

**4**          **ד**          *Daleth*

Nom Dagoul דגול (insignes), anges Hasmalim חשמלים.

Dominations.

C'est par eux que Dieu EL אל *représente* les effigies des corps et toutes les diverses formes de la matière.

Attribut חסד (hœsed), clémence et bonté.

| 5 | ה | Hé |

Nom Hadom חדור (formosus, majestuosus). Seraphim שרפים, puissances (par leur ministère Dieu Elohim Lycbir produit les éléments).

Numération פחד (pachad), crainte et jugement, *gauche de Pierre.*

Attribut גבורה Geburah, force et puissance.

| 6 | ו | Vau |

A formé וזיו Vezio (cum splendore), 6° ordre d'anges מראכנם Malakim, chœur des vertus (par leur ministère Dieu Eloah *produit les métaux et tout ce qui existe dans le règne minéral*).

Attribut תפארת Tipherith, Soleil, splendeur.

| 7 | ז | Zaïn |

A formé זבי Zakai (purus mundus), 7° ordre d'anges, principautés, enfants d'Elohim (par leur ministère Dieu tétragrammaton Sabahot produit les plantes et tout *ce qui existe en végétal*).

Attribut הנצ wezat, triomphe, justice.

| 8 | ח | Heth |

Désigne chased חסיד (misericors), anges de 8° ordre Bené Elohim fils des Dieux (*chœur des archanges*) (*Mercure*); par leur ministère Dieu Elohim Sabahot produit *les animaux et le règne animal.*

Attribut הוד Hod, louange.

| 9 | ט | Teth |

Correspond au nom טור Tehor (mundus purus), anges de 9° ordre qui président à la naissance des hommes (par leur ministère Saday et Elhoi envoient des anges gardiens aux hommes).

Attribut יסוד Jesod, fondement.

10         י         *Iod*

D'où vient Iah יה (Deus).
Attribut : royaume, empire et temple de Dieu ou influence par les héros. C'est par leur ministère que les hommes reçoivent l'intelligence, l'industrie et la connaissance des choses divines.
*Ici finit le monde angélique.*

---

11         כ         *Caph*

Nom כביר (potens). Désigne 1ᵉʳ ciel, 1ᵉʳ mobile correspondant au nom de Dieu י exprimé par une seule lettre, c'est-à-dire la 1ʳᵉ cause qui met tout ce qui est mobile en mouvement. La première intelligence souveraine qui gouverne le premier mobile, c'est-à-dire le premier ciel du monde astrologique attribué à la deuxième personne de la Trinité, s'appelle מטטרון Mittatron.

Son attribut signifie prince des faces : sa mission est d'introduire tous ceux qui doivent paraître devant la face du grand Dieu ; elle a sous elle le prince Orifiel avec une infinité d'intelligences subalternes ; les cabalistes disent que c'est par le ministère de Mittatron que Dieu a parlé à Moïse ; c'est aussi par lui que toutes les puissances inférieures du monde sensible reçoivent les vertus de Dieu.

Caf, lettre finale ainsi figurée ך, correspond aux deux grands noms de Dieu, composés chacun de deux lettres hébraïques, El אל, Iah יה ; ils dominent sur les intelligences du deuxième ordre qui gouvernent le ciel des étoiles fixes, notamment les douze signes du Zodiaque que les Hébreux appellent Galgol hamnazeloth ; l'intelligence du deuxième ciel est nommée Raziel. Son attribut signifie vision de Dieu et sourire de Dieu.

12         ל         *Lamed*

D'où vient Lumined למד (doctus), correspond au nom Sadaï, nom de Dieu en cinq lettres, nommé emblème du Delta, et domine sur le troisième ciel et sur les intelligences de 3ᵉ ordre qui gouvernent la sphère de Saturne.

13        מ        *Mem*

Meborakc מבדך (benedictus), correspond au 4° ciel et au 4° nom Jehovah יהוה, dominé sur la sphère de Jupiter. L'intelligence qui gouverne Jupiter se nomme Tsadkiel.
Tsadkiel reçoit les influences de Dieu par l'intermédiaire de Schebtaïel pour les transmettre aux intelligences du 5° ordre.
Mem מ, lettre *capitale*, correspond au 5° ciel et au 5° nom de Dieu; c'est le 5° nom de prince en hébreu. Domine *la sphère de Mars*. Intelligence qui gouverne Mars : Samaël. Samaël reçoit les influences de Dieu par l'intervention de Tsadkiel et les transmet aux intelligences du 6° ordre.

14        נ        *Noun*

Nun Nora נורא (formidabilis); correspond aussi au nom Emmanuel (nobiscum Deus), 6° nom de Dieu; domine 6° ciel. *Soleil*; 1ʳᵉ intelligence du Soleil, Raphaël.
Nom ן finale ainsi figurée, se rapporte au 7° nom de Dieu Ararita, composé de 7 lettres (Dieu immuable). Domine le 7° ciel et *Vénus*, Intelligence de Vénus : Haniel (l'amour de Dieu, justice et grâce de Dieu).

15        ס        *Samech*

Nom Someck סומך (fulciens, firmans), 8° nom de Dieu; étoile Mercure; 1ʳᵉ intelligence de Mercure, Mikael.

16        ע        *Haïn*

Nom עזז Hazaz (fortis); correspond à Jehova-Sabahot. Domine 9° ciel; Lune; intelligence de la Lune, Gabriel.
*Ici finit le monde archangélique.*

---

17        פ        *Phé*

18° nom lui correspond; פודה Phodé (redemptor), *âme intellectuelle (Kircher, II, 227).*

Cette lettre désigne le *Feu*, l'élément où habitent les salamandres. Intelligence du Feu, Seraphin et plusieurs sous-ordres. *Domine en été sur le Sud ou Midi.*

La finale ה ainsi figurée désigne *l'air*, où habitent les Sylphes. Intelligences de l'air, Chérubin et plusieurs sous-ordres. Les intelligences de l'air dominent au printemps *sur l'Occident ou l'Ouest.*

18      צ      *Tsade*

Matière universelle (K). Nom צוק Tsedek (justus). Désigne *l'Eau* où habitent les nymphes. Intelligence, Tharsis. Domine en automne sur l'Ouest ou l'Occident.
Finale ץ forme des éléments (A. E. T. F.) (K).

19      ק      *Coph*

Nom dérivé קדש Kodesch (sanctus). *Terre* où habitent les *Gnomes*. Intelligence de la Terre, Ariel. En hiver vers le Nord. *Minéraux*, inanimé (Kircher).

20      ר      *Resch*

Nom רדה (imperans) Rodeh, végétaux (Kischer); attribué au 1er principe de Dieu qui s'applique au règne animal et donne la vie à tous les animaux.

21      ש      *Shin*

Nom Schaday שדי (omnipotens) qui signifie Dieu tout-puissant, attribué au second principe de Dieu (animaux, ce qui a vie (Kircher), qui donne le germe à toutes les substances végétales.

22      ת      *Thau*

Nom Thechinah תחכה (gratiosus), Microcosme (Kircher). 3e principe de Dieu qui donne le germe à tout ce qui existe dans le règne minéral.
Cette lettre est le symbole de l'homme parce qu'elle désigne la fin de tout ce qui existe de même que l'homme est la fin et la perfection de toute la création.

*Division de l'alphabet.*

| | 9 | 8 | 7 | 6 | 5 | 4 | 3 | 2 | 1 |
|---|---|---|---|---|---|---|---|---|---|
| Unité<br>1er monde | ט | ח | ז | ו | ה | ד | ג | ב | א |
| | 90 | 80 | 70 | 60 | 50 | 40 | 30 | 20 | 10 |
| Dizaine<br>2e monde | צ | פ | ע | ס | נ | מ | ל | כ | י |
| | 900 | 800 | 700 | 600 | 500 | 400 | 300 | 200 | 100 |
| Centaine<br>3e monde | ץ | ף | ז | ם | ך | ת | ש | ר | ק |

Voici comment il faut ranger ces lettres et quelle est leur signification mystique.

| 1re CONNEXION | 2e CONNEXION | 3e CONNEXION |
|---|---|---|
| אלה aleph c'est-à-dire poitrine.<br>בית beth, maison.<br>ג ghimel, plenitude, rétribution.<br>ד daleth, table et porte.<br><br>Il indique quelle est la maison de Dieu qui dans les livres divins se trouve nommée plénitude. | ה é (ista, rue), ainsi celle-ci.<br>ו vau, uncinus.<br>ז zaïn (Hæc), celle-là, armes.<br>ח vie.<br><br>Il indique analogiquement l'une et l'autre vie, et quelle peut être l'autre vie sous la même des écritures par laquelle le Christ lui-même annonce la vie des croyants. | ט thet, bien, bon, déclinaison.<br>י iod, principe.<br><br>Il indique analogiquement que, quoique maintenant nous sachions l'universalité des choses écrites, cependant nous n'en connaissons qu'une partie et nous n'en prophétisons qu'une partie, cependant quand nous aurons mérité d'être avec le Christ alors cessera la doctrine des livres et alors nous aurons face à face le bon principe tel qu'il est. |

*Monde angélique.*

| 4ᵉ CONNEXION | 5ᵉ CONNEXION | 6ᵉ CONNEXION |
|---|---|---|
| כ caph, main, conduite.<br>ל lamed (discipline), cœur.<br><br>Ils contiennent ceci : Les mains sont comprises dans l'œuvre, le cœur et la conduite sont compris dans les sens parce que nous ne pouvons rien faire qu'auparavant nous ne sachions ce qu'il faut faire. | מ mem, ex ipsis.<br>נ noun, sempiternum.<br>ס samech, adjutorium.<br><br>Il indique analogiquement que c'est des écritures que les hommes doivent tirer uniquement les sources nécessaires à la vie éternelle. | ע haïn, source, œil.<br>פ phé, bouche.<br>צ tsadé, justice.<br><br>Il indique analogiquement que l'écriture est la source ou l'œil et la bouche de la justice, qui contient l'origine de toutes les œuvres de la partie constituée par la bouche divine. |

*Monde des orbes.*

### 7ᵉ CONNEXION

ק coph      Vocation, voix.
ר resch      Tête.
ש shin      Dents.
ת thau      Signe, microcosme.

C'est comme si l'on disait : la vocation de la tête est le signe des dents, en effet la voix articulée dérive des dents et c'est par ces signes qu'on parvient à la tête de tous qui est le Christ et au Royaume éternel.

*Monde des 4 éléments.*

## § 3. LES NOMS DIVINS

Si le lecteur a bien compris les données qui précèdent, s'il sait bien que chaque lettre a trois fins et exprime un hiéroglyphe, un nombre et une idée, il connaît les fondements de la Kabbale. Il nous suffira maintenant de nous occuper des combinaisons.

Si chacune des lettres est une puissance effective, le groupement de ces lettres d'après certaines règles mystiques donne naissance à des centres actifs de force qui peuvent agir d'une manière efficace lorsqu'ils sont mis en action par la volonté de l'homme.

De là les *dix noms divins*.

Chacun de ces noms exprime un attribut spécial de Dieu, c'est-à-dire une *loi active de la Nature* et un centre universel d'action.

Comme toutes les manifestations divines, c'est-à-dire tous les actes et tous les êtres, sont liées entre elles autant que les cellules de l'homme sont liées à lui, mettre une de ces manifestations en jeu c'est créer un courant d'action réel qui se répercutera dans tout l'Univers; de même qu'une sensation perçue par l'homme en un point quelconque de sa peau fait vibrer l'organisme tout entier.

L'étude des noms divins comprend donc :

1° D'une part les qualités spéciales attribuées à ce nom ;

2° D'autre part les rapports de ce nom avec le reste de la Nature.

Nous allons aborder ces points l'un après l'autre.

Tout d'abord énumérons ces dix noms qu'on retrouve sur tous les talismans et dans toutes les formules d'évocation.

Nous mettons les lettres françaises sous les lettres hébraïques, *à l'envers* pour indiquer le sens de la lecture de l'hébreu.

| | | |
|---|---|---|
| 1 | אחיה | Ehieh. |
| | EIHA | |
| 2 | יה | Iah |
| | AI | |
| 3 | יהוה | Iehovah. |
| | EVAI | |
| 4 | אל | El. |
| | AI | |
| 5 | אלוה | Eloha. |
| | EOLE | |
| 6 | אלחום | Elohim. |
| | MIEJA | |

**TAB**
résumant le Symbolisme de tous les Arcanes majeurs et
du sens de l'un quelconque de ces

| | | | |
|---|---|---|---|
| PRINCIPE CRÉATEUR (י) Actif י | Dieu le Père **1** | Volonté **4** | Le Père **7** |
| PRINCIPE CRÉATEUR Passif ה | Adam | Pouvoir | Réalisation |
| PRINCIPE CRÉATEUR Équilibrant ו | La Nature naturante | créateur Fluide universel | Lumière astrale |
| PRINCIPE CONSERVATEUR (ה) Actif י | Dieu le Fils **2** | Intelligence **5** | La Mère **8** |
| PRINCIPE CONSERVATEUR Passif (ה) | Ève | Autorité | Justice |
| PRINCIPE CONSERVATEUR Équilibrant ו | La Nature naturée | La Vie universelle | Existence élémentaire |
| PRINCIPE RÉALISATEUR (ו) Actif י | Dieu le Saint-Esprit **3** | Beauté **6** | Amour **9** |
| PRINCIPE RÉALISATEUR Passif ה | Adam-Ève, l'Humanité | Amour | Prudence (SE TAIRE) |
| PRINCIPE RÉALISATEUR Équilibrant ו | Le Cosmos | Attraction universelle | Fluide astral (AOUR) |
| | Lui-même (י) Manifesté + − **DIEU** (21) | | Lui-même (ה) + **L'HOM** L'HUMA |

**LEAU**
permettant de déterminer immédiatement la définition
**Arcanes** (*Voir son emploi ci-contre.*)

| Nécessité<br>**10**<br>La Force en puissance | Principe transformateur universel<br>**13**<br>La Mort | La Destruction<br>**16**<br>La Chute adamique | Les Éléments<br>**19**<br>La Nutrition |
|---|---|---|---|
| De manifestion<br>Puissance magique | La Force plastique universelle | Le Monde visible | Le Règne minéral |
| La Liberté<br>**11**<br>Le Courage (OSER) | L'Involution<br>**14**<br>La Vie corporelle | L'Immortalité<br>**17**<br>L'Espérance | Le Mouvement propre<br>**20**<br>La Respiration |
| La Vie réfléchie et passagère | La Vie individuelle | Les Forces physiques | Le Règne végétal |
| Charité<br>**12**<br>Espérance (SAVOIR) | Le Destin<br>**15**<br>La Destinée | Le Chaos<br>**18**<br>Le Corps matériel | Le Mouvement de durée relative<br>**0**<br>L'Innervation |
| Force équilibrante | Nahash<br>Lumière astrale en circulation | La Matière | Le Règne animal |
| Manifesté<br>—<br>**ME** (21)<br>**NITÉ** | Lui-même (ו)<br>+<br>**L'UNIVERS** (21) | Manifesté<br>— | Retour (ה)<br>à<br>l'Unité |

| | | |
|---|---|---|
| 7 | יחוה | *Tetragrammaton.* |
| | IEVE | |
| | צבאות | *Sabaoth.* |
| | TSBAOT | |
| 8 | אלהים | *Elohim.* |
| | ALEIM | |
| | צבאות | *Sabaoth.* |
| | TSBAOT | |
| 9 | שרי | *Shadaï.* |
| | SDI | |
| 10 | ארני | *Adonaï.* |
| | ADNI | |

La Kabbale est si merveilleusement construite que tous les termes qui la constituent ne sont que des faces diverses les unes des autres. Ainsi nous sommes obligé, vu la pauvreté d'abstraction de nos langues européennes, d'étudier séparément la signification et les rapports des dix noms divins, puis la signification et les rapports des dix nombres, le tout dans leurs diverses acceptions. Or, tout cela, *nom, idée et nombre*, se trouve synthétisé dans chacun des hiéroglyphes, soit qu'on parle du nom divin soit qu'on énonce la Sephiroth. Les tableaux analogiques placés à la fin de notre étude serviront à peine à donner une idée de cet esprit synthétique de l'antiquité.

Ces noms (qui tous ont un sens secret développé en détail dans les écrits des kabbalistes) méritent d'attirer particulièrement notre attention.

* *<br>*

Le premier d'entre eux *Ehieh* s'écrit souvent par la simple lettre י (iod). Dans ce cas il signifie simplement MOI.

*Lacour* dans son livre des Æloïm ou Dieux de Moïse montre que ce mot a donné naissance au grec αεί *toujours*. *Ehieh* signifie donc exactement LE TOUJOURS et l'on comprend comment la lettre *iod* qui exprime le commencement et la fin de tout puisse le représenter.

1. Le nom IEVE ou IOHA ne devant jamais être prononcé par les profanes est remplacé par le mot *tetragrammaton* ou le mot *adonaï* (seigneur).

Ce nom écrit mystiquement en triangle par trois *iod* ainsi :

י

י . י

représente les trois principaux attributs de la divinité émanant la création, du *Toujours* donnant naissance aux mesures temporelles.

Le premier *iod* montre en effet l'Éternité donnant naissance *au Temps* dans sa triple division : Passé, Présent et Avenir.
C'est *le nombre.*
C'est *le Père.*

\*\*\*

Le second *iod* montre *l'Infini* donnant naissance à *l'Espace* dans sa triple division de longueur, largeur et profondeur.
C'est *la Mesure.*
C'est *le Fils.*

\*\*\*

Le troisième *iod* représente la Substance éternelle donnant naissance à *la Matière* dans sa triple spécification de Solide, Liquide et Gazeuse.
C'est *le Poids.*
C'est *le Saint-Esprit.*

\*\*\*

Réunissez en un tout le Temps, l'Espace et la Matière et la *Substance éternelle et infinie*, LE TOUJOURS se manifestera.

De là la représentation suivante de ce nom divin par les kabbalistes :

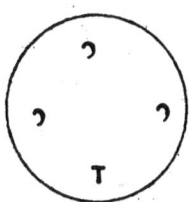

Les correspondances de ce nom sont ainsi données par Agrippa, l'un des plus forts kabbalistes connus [1].

1° *Eheie*, le nom d'essence divine :
Numération : keter (couronne, diadème), signifie l'être très simple de la divinité, il s'appelle ce que l'œil n'a point vu. On l'attribue à Dieu le Père et il influe sur l'ordre des Séraphins, ou, comme parlent les Hébreux, *Haioth Hacadosch*, c'est-à-dire en latin *animalia sanctitatis*, les fameux animaux de sainteté, et de là, par le premier mobile, donne libéralement le nom de l'être à toutes choses remplissant l'Univers par toute sa circonférence jusqu'au centre. Son intelligence particulière s'appelle Mithatron (Prince des Faces) dont l'office est d'introduire les autres devant la face du Prince et c'est par le ministère de celui-ci que le Seigneur a parlé à Moïse.

2° Nom *Iah* :
Iod ou Tetragrammaton joint avec Iod ; numération Hochena (*sapientia*).
Signifie divinité pleine d'idées et premier engendré et s'attribue au fils. Il influe par l'ordre des chérubins (que les Hébreux nomment Ophanim) sur les formes ou les roues et de là sur le ciel des étoiles y fabriquant autant de figures qu'il contient d'idées en soi, débrouillant le chaos ou confusion des matières par le ministère de son intelligence particulière nommée *Raziel* qui fut le gouverneur d'Adam.

3° Nom : IEVE — יהוה.
Ce nom, l'un des plus mystérieux de la théologie hébraïque, exprime une des lois naturelles les plus étonnantes que nous connaissions.
C'est grâce à la découverte de quelques-unes de ses propriétés que nous avons pu donner l'explication complète du Tarot [2], explication qui n'avait jamais été donnée jusqu'à présent.
Voici comment nous analysons ce nom divin :

LE MOT KABBALISTIQUE יהוה (*iod-hé-vau-hé*).

Si l'on en croit l'antique tradition orale des Hébreux ou *Kabbâle*, il existe un mot sacré qui donne, au mortel qui en découvre la véritable prononciation, la clef de toutes les sciences divines et

1. H. C. Agrippa, *Philosophie occulte*, t. II, p. 36 et suiv.
2. Voyez la signification des lettres précédemment.

humaines. Ce mot que les Israélites ne prononcent jamais et que le grand prêtre disait une fois l'an au milieu des cris du peuple profane, est celui qu'on trouve au sommet de toutes les initiations, celui qui rayonne au centre du triangle flamboyant au 33° degré franc-maçonnique de l'Écossisme, celui qui s'étale au-dessus du portail de nos vieilles cathédrales, il est formé de quatre lettres hébraïques et se lit *iod-hé-vau-hé* יהוה.

Il sert dans le *Sepher Bereschit* ou Genèse de Moïse à désigner la divinité, et sa construction grammaticale est telle qu'il rappelle par sa constitution même[1] les attributs que les hommes se sont toujours plu à donner à Dieu.

Or, nous allons voir que les pouvoirs attribués à ce mot sont, jusqu'à un certain point, réels, attendu qu'il ouvre facilement la porte symbolique de l'arche qui contient l'exposé de toute la science antique. Aussi nous est-il indispensable d'entrer dans quelques détails à son sujet.

Ce mot est formé de quatre lettres, *iod* (י) *hé* (ה) *vau* (ו) *hé* (ה). Cette dernière lettre *hé* est répétée deux fois.

A chaque lettre de l'alphabet hébraïque est attribué un nombre. Voyons ceux des lettres qui nous occupent en ce moment.

י   Le hé  = 10
ה   Le hé  = 5
ו   Le vau = 6

La valeur numérique totale du mot יהוה est donc

$$10 + 5 + 6 + 5 = 26$$

Considérons séparément chacune des lettres.

1. « Ce nom offre d'abord le signe indicateur de la vie, doublé, et formant la racine essentiellement vivante EE (הה). Cette racine n'est jamais employée comme nom et c'est la seule qui jouisse de cette prérogative. Elle est, dès sa formation, non seulement un verbe, mais un verbe unique dont tous les autres ne sont que des dérivés : en un mot le verbe והו (EVE) être-étant. Ici, comme on le voit, et comme j'ai eu soin de l'expliquer dans ma grammaire, le signe de la lumière intelligible ו (Vô) est au milieu de la racine de vie. Moïse, prenant ce verbe par excellence pour en former le nom propre de l'Être des Êtres, y ajoute le signe de la manifestation potentielle et de l'éternité י (I) et il obtient יהוה (IEVE) dans lequel le facultatif étant se trouve placé entre un passé sans origine et un futur sans terme. Ce nom admirable signifie donc exactement l'Être-qui-est-qui-fut-et-qui-sera. »

(Fabre d'Olivet, *Langue hébraïque restituée.*)

## LE IOD

Le *iod*, figuré par une virgule, ou bien par un point, représente *le principe* des choses.

Toutes les lettres de l'alphabet hébraïque ne sont que des combinaisons résultant de différents assemblages de la lettre *iod*[1]. L'étude synthétique de la nature avait conduit les anciens à penser qu'il n'existait *qu'une seule loi* dirigeant les productions naturelles. Cette loi, base de l'analogie, posait l'unité-principe à l'origine des choses et ne considérait celles-ci que comme *des reflets* à degrés divers de cette unité-principe. Aussi *le iod*, formant à lui seul toutes les lettres et par suite tous les mots et toutes les phrases de l'alphabet, était-il justement l'image et la représentation de cette *Unité-Principe* dont la connaissance était voilée aux profanes.

Ainsi la loi qui a présidé à la création de la langue des Hébreux est la même que celle qui a présidé à la création de l'univers, et connaître l'une c'est connaître implicitement l'autre. Voilà ce que tend à démontrer un des plus anciens livres de la Kabbale : *le Sepher Jesirah*[2].

Avant d'aller plus loin, éclairons par un exemple cette définition que nous venons de donner du iod. La première lettre de l'alphabet hébreu l'aleph (א) est formée de quatre iod opposés deux à deux (א). Il en est de même pour toutes les autres.

La valeur numérique du *iod* conduit à d'autres considérations. L'Unité-Principe, d'après la doctrine des kabbalistes, est aussi l'Unité-Fin des êtres et des choses et l'éternité n'est, à ce point de vue, qu'un éternel présent. Aussi les anciens symbolistes ont-ils figuré cette idée par un point au centre d'un cercle, représentation

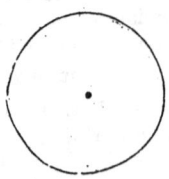

---

1. Voy. la *Kabbala Denudata*.
2. Traduit en français récemment pour la première fois. (Se trouve chez l'éditeur Carré.)

de l'Unité-Principe (*le point*) au centre de l'éternité (*le cercle ligne sans commencement ni fin*[1]).

D'après ces données, l'Unité est considérée comme *la somme dont tous les êtres créés ne sont que les parties constituantes;* de même que l'Unité-Homme est formée de la somme de millions de cellules qui constituent cet être.

A l'origine de toutes choses la Kabbale pose donc l'affirmation absolue de l'être par lui-même, du Moi-Unité dont la représentation est le *iod* symboliquement, et le nombre 10 numériquement. Ce nombre 10 représentant le *Principe-Tout*, 1, s'alliant au *Néant-Rien*, 0, répond bien aux conditions demandées[2].

### LE HÉ

Mais le Moi ne peut se concevoir que par son opposition avec le Non-Moi. A peine l'affirmation du Moi est-elle établie, qu'il faut concevoir à l'instant une réaction du Moi-Absolu sur lui-même, d'où sera tirée la notion de son existence, par une sorte de division de l'Unité. Telle est l'origine de la *dualité*, de l'opposition, du Binaire, image de la féménéité comme l'unité est l'image de la masculinité. Dix se divisant pour s'opposer à lui-même égale donc $\frac{10}{2} = 5$, cinq nombre exact de la lettre *Hé*, seconde lettre du grand nom sacré.

Le Hé représentera donc le *passif* par rappord au *iod* qui symbolisera *l'actif*, *le non-moi* par rapport au *moi*, *la femme* par rapport à *l'homme; la substance* par rapport à *l'essence; la vie* par rapport à *l'âme*, etc., etc.

### LE VAU

Mais l'opposition du *Moi* et du *Non-Moi* donne immédiatement naissance à un autre facteur, c'est *le Rapport* existant entre ce Moi et ce Non-Moi.

Or, le *Vau*, 6ᵉ lettre de l'alphabet hébraïque, produite par 10

---

1. Voy. Kircher, *Œdipus Ægyptiacus;*
   Lenain, *la Science kabbalistique;*
   J. Dée, *Monas Hieroglyphica.*
2. Voy. Saint-Martin, *Des rapports qui existent entre Dieu, l'Homme et l'Univers.*
   Lacuria, *Harmonies de l'être exprimées par les nombres.*

(iod) + 5 (hé) = 15 = 6 (ou 1 + 5), signifie bien *crochet, rapport*. C'est le crochet qui relie les antagonistes dans la nature entière, constituant le 3ᵉ terme de cette mystérieuse trinité.

Moi — Non-Moi.
Rapport du Moi avec Non-Moi.

### LE 2ᵉ HÉ

Au delà de la Trinité considérée comme loi, rien n'existe plus.

La Trinité est la formule synthétique et absolue à laquelle aboutissent toutes les sciences et cette formule, oubliée quant à sa valeur scientifique, nous a été intégralement transmise par toutes les religions, dépositaires inconscients de la Science Sagesse des primitives civilisations[1].

Aussi trois lettres seulement constituent-elles le grand nom sacré. Le quatrième terme de ce nom est formé par la seconde lettre, *le Hé*, répétée de nouveau[2].

Cette répétition indique le passage de la loi Trinitaire dans une nouvelle application, c'est à proprement parler *une transition* du monde métaphysique au monde physique ou, en général, d'un monde quelconque au monde immédiatement suivant[3].

La connaissance de cette propriété du second *Hé* est la clef du nom divin tout entier, dans toutes les applications dont il est susceptible. Nous en verrons clairement *la preuve dans la suite*[4].

#### RÉSUMÉ SUR LE MOT IOD-HÉ-VAU-HÉ

Connaissant séparément chacun des termes composant le nom sacré, faisons la synthèse et totalisons les résultats obtenus.

---

1. Voy. Eliphas Levi, *Dogme et Rituel de haute magie; la Clef des grands mystères;* — Lacuria, op. cit.
2. Voy. Fabre d'Olivet, *la Langue hébraïque restituée.*
3. Voy. Louis Lucas, *le Roman alchimique.*
*Præter hæc tria numera non est alia magnitudo, quod tria sunt omnia, et ter undecunque, ut pythagorici dicunt; omne et omnia tribus determinata sunt.* (Aristote) cité par Ostrowski, page 24 de sa **Mathèse**.
4. Malfatti a parfaitement vu cela : « Le passage de 3 dans 4 correspond à celui de la Trimurti dans Maïa et comme cette dernière ouvre le deuxième ternaire de la décade prégénésétique, de même le chiffre 4 ouvre celle du deuxième ternaire de notre décimale génésétique. »

(*Mathèse*, p. 25.)

Le mot *iod-hé-vau-hé* est formé de quatre lettres signifiant chacune :

    *Le Iod*  Le principe actif par excellence.
             Le Moi = 10.

    *Le Hé*  Le principe passif par excellence.
             Le Non-Moi = 5.

    *Le Vau*  Le terme médian, *le crochet* reliant l'actif au passif.
             Le Rapport du Moi au Non-Moi = 6.

Ces trois termes expriment la loi trinitaire de l'absolu.

    *Le 2° Hé*  Le second Hé marque le passage d'un monde dans un autre. La Transition.

Ce second *Hé* représente l'Être complet renfermant dans une Unité absolue les trois termes qui le constituent Moi-Non-Moi-Rapport.

Il indique le passage du noumène au phénomène ou la réciproque, il sert à monter d'une gamme dans une autre.

### FIGURATION DU MOT SACRÉ

Le mot *iod-hé-vau-hé* peut se représenter de diverses manières, qui toutes ont leur utilité.

On peut le figurer en cercle de cette façon :

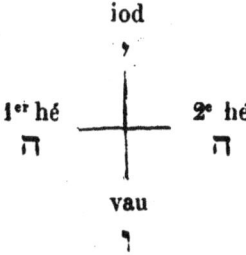

Mais comme le second *Hé*, terme de transition, devient l'entité active de la gamme suivante, c'est-à-dire comme ce *Hé* ne représente en somme qu'un *iod* en germe[1], on peut représenter le mot sacré en mettant le second Hé *sous le* premier *iod* ainsi :

      iod    *1ᵉ hé*    vau
    *2ᵉ hé*

Enfin une troisième façon de représenter ce mot consiste à envelopper la trinité, *iod hé vau,* du terme tonalisateur ou second *hé,* ainsi :

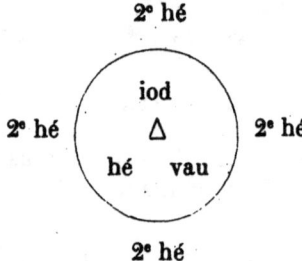

L'étude du Tarot n'est que l'étude des transformations de ce nom divin, ainsi qu'on le voit par la figure synthétique suivante :

1. Ce 2ᵉ Hé, sur lequel nous insistons volontairement si longtemps, peut être comparé *au grain de blé* par rapport à l'épi. L'épi, trinité manifestée ou *iod hé vau,* résout toute son activité dans la production du grain de blé ou 2ᵉ *Hé.* Mais ce grain de blé n'est que *la transition* entre l'épi qui lui a donné naissance et l'épi auquel il donnera lui-même naissance dans la génération suivante. C'est la transition entre une génération et une autre qu'il contient en germe, c'est pourquoi le deuxième *Hé* est un *iod* en germe.

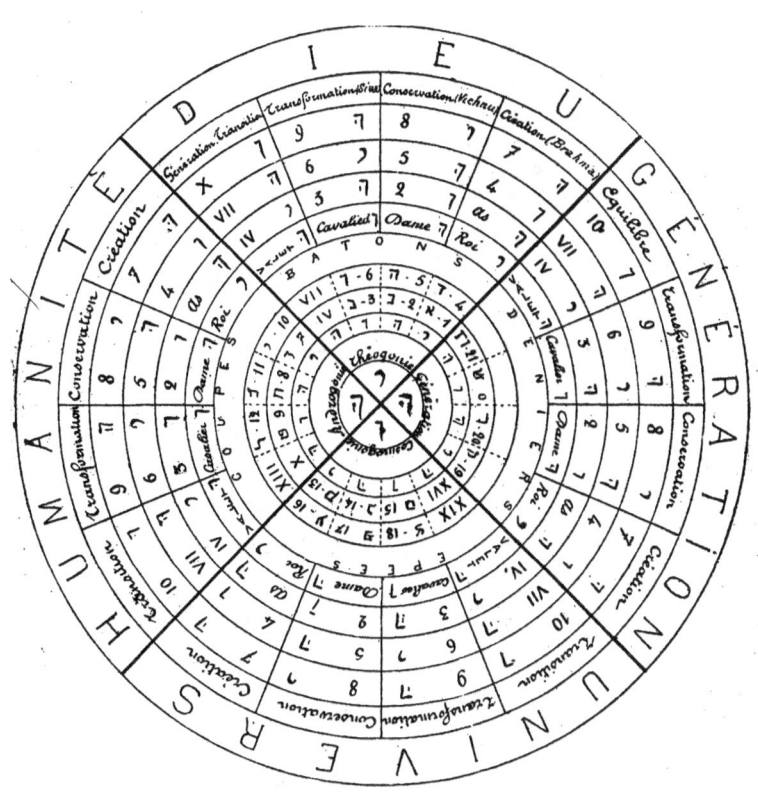

## LE TAROT

Cycle ou Révolutions de Jève (יהוה)

Clef absolue de la Science occulte
par
**PAPUS**

Enfin si nous voulions *même résumer* les déductions des kabbalistes sur ce 3ᵉ nom, un volume nous serait nécessaire. *Eliphas Levi* fournit de merveilleux développements à ce sujet dans tous ses ouvrages. *Kircher* développe aussi longuement ses diverses acceptions. Citons les rapports hiéroglyphiques de יהוה d'après cet auteur.

L'hiéroglyphe suivant est ainsi expliqué par Kircher.

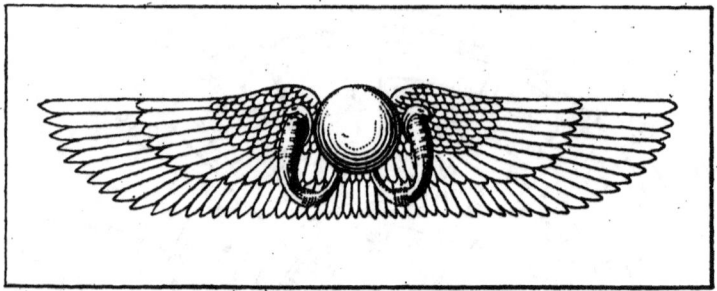

Le globe central représente l'essence de Dieu inaccessible et cachée.

L'✕ image du *denaire* indique le *iod*.

Les deux serpents s'échappant du globe en bas sont les deux *hé*.

Enfin les deux ailes symbolisent l'esprit le *Vaô*.

.˙.

*Le nom de 72 lettres. — Les 72 génies.*

C'est encore de ce nom divin qu'on tire le nom kabbalistique de 72 lettres par le procédé suivant :

On écrit le mot IEVE dans un triangle ainsi qu'il suit :

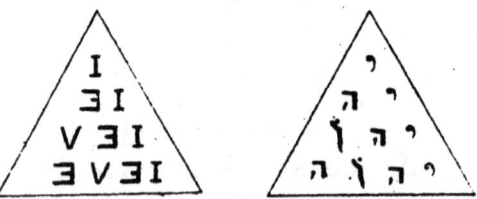

*Le mot sacré. — 1ʳᵉ manière de l'écrire.*

Voici l'explication de ces deux façons d'écrire le nom de 72 lettres.

*Pour la première :*

Additionnez les nombres correspondant à chaque lettre hébraïque, vous trouverez le résultat suivant :

$$\begin{aligned}
\text{י} &= 10 & &= 10 \\
\text{יה} &= 10 + 5 & &= 15 \\
\text{יהי} &= 10 + 5 + 6 & &= 21 \\
\text{יהוה} &= 10 + 5 + 6 + 5 & &= 26 \\
& & \text{Total} &\ldots\; \overline{72}
\end{aligned}$$

*Pour la seconde :*

Comptez le nombre de boules couronnées qui forment le mot יהוה écrit de cette manière, vous trouverez 24 boules (les 24 vieillards de l'Apocalypse).

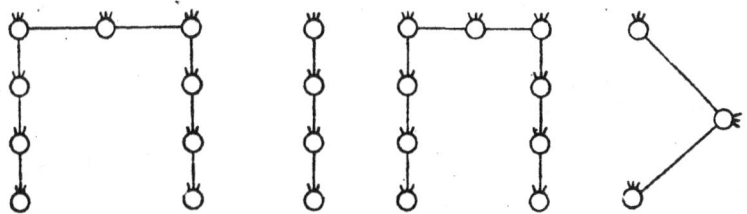

Le mot sacré. — 2ᵉ manière de l'écrire.

Chaque couronne ayant trois fleurons il suffit de multiplier 24 par 3 pour obtenir les 72 lettres mystiques :

$$24 \times 3 = 72$$

\*\*\*

Dans la *Kabbale pratique* (magie universelle) on se sert des 72 noms des Génies tirés de la Bible par les procédés suivants :

Les noms des 72 anges sont formés des trois versets mystérieux du chapitre 14 de l'Exode sous les 19, 20 et 21, lesquels versets suivant le texte hébreu se composent chacun de 72 lettres hébraïques.

*Manière d'extraire les 72 noms.*

Écrivez d'abord séparément ces versets, formez-en trois lignes, composées chacune de 72 lettres, d'après le texte hébreu, prenez la première lettre du 19ᵉ et du 20ᵉ verset en commençant par la gauche, ensuite prenez la première lettre du 20ᵉ verset qui est celui du milieu en commençant par la droite; ces trois premières lettres forment l'attribut du génie. En suivant le même ordre jusqu'à la fin vous avez les 72 attributs des vertus divines.

Si vous ajoutez à chacun de ces noms un de ces deux grands noms divins Iah וה ou El אל alors vous aurez les 72 noms des anges composés de trois syllabes, dont chacun contient en lui le nom de Dieu.

D'autres kabbalistes prennent la première letıre de chaque diction qui compose un verset.

Mais nous ne devons pas oublier que c'est un *résumé* de la Kabbale que nous présentons à nos lecteurs; aussi terminons ce qui se rapporte à ce troisième nom pour passer aux sept autres..

3ᵉ nom *Tetragrammaton Elohim*.

*Numerata Bina (providentia et intelligentia)* signifie jubilé, rémission et repos, rachat ou rédemption du monde et la vie du siècle à venir; il s'applique au Saint-Esprit et influe par l'ordre des Trônes (ceux que les Hébreux appellent *Arabim*, c'est-à-dire anges grands, forts et robustes) et après par la sphère de Saturne fournissant la forme de la matière fluide, son intelligence particulière est Zaphohiel gouverneur de Noé, et l'autre intelligence est Jophiel, gouverneur de Sem, et voilà les trois numérations souveraines et les plus hautes qui sont comme les Trônes des personnes divines par les commandements desquelles toutes choses se font et arrivent; mais l'exécution s'en fait par le ministère des autres sept numérations appelées pour cela les numérations de la fabrique.

\* \* \*

4ᵉ nom *El*:

Numération *Hæsed (clementia, bonitas)*, signifie grâce, miséricorde, piété, magnificence, sceptre et main droite; il influe par l'ordre des Dominations (celui que les Hébreux appellent *Hasmalim*) sur la sphère de Jupiter et forme les effigies ou représentations des corps, donnant à tous les hommes la clémence, la justice pacifique, et son intelligence particulière se nomme Zadkiel, gouverneur d'Abraham.

*<br>* *

5° nom *Elohim Gibor* (*Deus robustus puniens culpas improborum*) :

Numération *Geburah* (puissance, gravité, force, pureté, jugement, punissant par les ravages et les guerres). On l'adapte au tribunal de Dieu, à la ceinture, à l'épée et au bras gauche de Dieu ; il s'appelle aussi Pechad (crainte) et il influe par l'ordre des Puissances (ou celui que les Hébreux nomment *Seraphim*) et de là ensuite par la sphère de Mars à qui appartient la force, et il envoie la guerre, les afflictions et change de place les éléments.

Son intelligence particulière est Camael, gouverneur de Samson.

*<br>* *

6° nom *Eloha* (ou nom de quatre lettres) joint avec Vaudahat :

Numération *Tiphereth* (ornement, beauté, gloire plaisir), il signifie Bois de vie. Il influe par l'ordre des Vertus (ou par celui que les Hébreux appellent *Malachim*, c'est-à-dire anges) sur la sphère du Soleil, lui donnant la clarté et la vie et ensuite produisant les métaux, et son intelligence particulière est *Raphael*, qui fut gouverneur d'Isaac et du jeune Tobie, et l'ange Feliel, gouverneur de Jacob.

*<br>* *

7° nom *Tetragrammaton Sabaoth* ou *Adonaï Sabaoth*, c'est-à-dire le Dieu des armées :

La numération est *Nezah* (triomphe, victoire), on lui attribue la colonne dextre et il signifie éternité et justice du Dieu vengeur. Il influe par l'ordre des Principautés (et par celui que les Hébreux nomment *Elohim*, c'est-à-dire des Dieux) sur la sphère de Vénus et signifie zèle et amour de justice, il produit les végétaux et son intelligence s'appelle *Haniel* et son ange *Cerirel*, conducteur de David.

*<br>* *

8° nom *Elohim Sabaoth*, qu'on interprète aussi Dieu des armées, non pas de la guerre et de la justice, mais de la piété et de la concorde ; car tous les deux noms, celui-ci et le précédent, ont chacun leur terme d'armée :

Numération *Hod* (louange et confession, bienséance et grand renom), on lui attribue la colonne gauche. Il influe par l'ordre des Archanges (ou par celui que les Hébreux appellent *Bene Elohim*, c'est-à-dire fils des Dieux) sur la sphère de Mercure, il donne l'éclat et la convenance de la parure et de l'ornement et produit les animaux. Son intelligence est *Michael*, qui fut gouverneur de Salomon.

.*.

9° nom *Sadai* (tout puissant et satisfaisant à tout) ou *Elhai* (Dieu vivant) :
Numération *Jesod* (fondement). Il signifie bon entendement, alliance, rédemption et repos. Il influe par l'ordre des Anges (ou par celui que les Hébreux appellent *Cherubim*) sur la sphère de la Lune qui donne l'accroissement et le déclin à toutes choses, qui préside au génie des hommes et leur distribue des anges gardiens et conservateurs. Son intelligence est *Gabriel*, qui fut conducteur de Joseph, de Josué et de Daniel.

.*.

10° nom *Adonaï Melech* (Seigneur et Roi) :
Numération *Malchut* (royaume et empire), signifie Église et Temple de Dieu et porte. Il influe par l'ordre animastique, c'est-à-dire des âmes bienheureuses, nommé par les Hébreux *Issim*, c'est-à-dire nobles, *Eliros* et *Prince;* elles sont au-dessous des Hiérarchies, elles influent la connaissance aux enfants des hommes et leur donnent une science miraculeuse des choses, l'industrie et le don de prophétie ou, comme d'autres disent, l'intelligence *Metalhin* qui porte le nom de première création ou âme du monde, elle fut conductrice de Moïse.

## § 4. — LES SÉPHIROTH (d'après Stanislas de Guaita)

### LE TABLEAU DES CORRESPONDANCES

*Les Séphiroth. — Exposé de Stanislas de Guaita.*

Il nous reste, pour terminer ce qui a rapport à cette partie de la Kabbale, à parler des *numérations* ou *Sephiroth*. Dans ce travail extrêmement remarquable un des plus instruits parmi les kabbalistes contemporains, *Stanislas de Guaita*, a condensé d'importantes données tant sur les noms divins que sur les Séphiroth.

Ce travail n'est que l'analyse d'une planche kabbalistique de *Khunrath*. Nous donnons d'abord cette planche sur laquelle le lecteur pourra suivre les développements donnés par de Guaita.

# LA PLANCHE DE KHUNRATH SUR LA ROSE-CROIX

### NOTICE SUR LA ROSE-CROIX

La planche kabbalistique offerte en prime aux abonnés de l'*Initiation* est extraite d'un petit in-folio rare et singulier, bien connu des collectionneurs de bouquins à gravures et très recherché de tous ceux que préoccupent, à des titres divers, l'ésotérisme des religions, la tradition de la doctrine secrète sous les voiles symboliques du christianisme; enfin *la transmission du sacerdoce magique en Occident*.

« AMPHITHEATRUM SAPIENTIÆ ÆTERNÆ, SOLIVS VERÆ, *christiano-kabalisticum, divino-magicum, necnon physico-chemicum, tertriunum, katholikon, instructore* HENRICO KHUNRATH, *etc.*, HANOVIÆ, 1609, in-folio. »

Unique en son genre, inestimable surtout pour les chercheurs curieux d'approfondir ces troublantes questions, ce livre est malheureusement incomplet dans un grand nombre de ses exemplaires. On nous saura gré peut-être de fournir ici quelques rapides renseignements, grâce auxquels l'acheteur puisse prévoir et prévenir une déception.

*\*\**

Les gravures, en *taille douce* (l'*Initiation* compte en reproduire plusieurs en faveur de ses abonnés), les gravures au nombre de douze sont ordinairement reliées en tête de l'ouvrage. Elles sont groupées d'une sorte arbitraire, l'auteur ayant négligé — à dessein peut-être — d'en préciser la suite. L'essentiel est de les posséder au complet, car leur classement varie d'exemplaire à exemplaire.

Trois d'entre elles, en format simple : 1° le frontispice allégorique encadrant le titre gravé ; 2° le portrait de l'auteur, entouré d'attributs également allégoriques ; 3° enfin, une orfraie armée de besicles, magistralement perchée entre deux flambeaux allumés, avec deux torches ardentes en sautoir. Au-dessous, une légende rimée en haut allemand douteux, et que l'on peut traduire :

> A quoi servent flambeaux et torches et besicles
> Pour qui ferme les yeux, afin de ne point voir ?

Puis viennent neuf superbes figures magiques, très soigneuse-

*dans* le Verbe et *à travers* le Verbe (indissolublement uni.lui-même à la Vie), que toutes choses, tant spirituelles que corporelles, ont été créées. — « *In principio erat Verbum* (dit saint Jean), et *Verbum erat apud Deum, et Deus erat Verbum... Omnia per ipsum facta sunt* et *sine ipso factum est nihil quod factum est. In ipso vita erat...* » Si l'on veut prendre garde à quelle partie de la figure humaine est attribuable le point central déployant la circonférence, on comprendra avec quelle puissance hiéroglyphique l'Initiateur a su exprimer ce mystère fondamental.]

Le rayonnement lumineux fleurit alentour ; c'est une rose épanouie en cinq pétales, — l'astre à cinq pointes du *Microcosme* kabbalistique, l'*Étoile flamboyante* de la Maçonnerie, le symbole de la volonté toute-puissante, armée du glaive de feu des Keroubs.

Pour parler le langage du Christianisme exotérique, c'est la sphère de *Dieu le fils*, placée entre celle de *Dieu le Père* (la Sphère d'ombre d'en haut où tranche *Aïn-Soph* אין סוף en caractères lumineux), et celle de *Dieu le Saint-Esprit*, *Rûach Hakkadôsh* רוח הקדיש (la sphère lumineuse d'en bas où l'hiérogramme *Œmeth* אמת tranche en caractères noirs).

Ces deux sphères apparaissent comme perdues dans les nuages d'*Atziluth* אצלות, pour indiquer la nature occulte de la première et de la troisième personne de la Sainte-Trinité : le mot hébreu qui les exprime se détache en vigueur, lumineux ici sur le fond d'ombre, là ténébreux sur le fond de lumière, pour faire entendre que notre esprit, inapte à pénétrer ces principes dans leur essence, peut seulement entrevoir leurs rapports antithétiques, en vertu de l'analogie des contraires.

*
* *

Au-dessus de la sphère d'*Aïn-Ṣoph*, le mot sacré de *Iéhovah* ou *Ihodh* se décompose dans un triangle de flamme, comme il suit :

Sans nous engager dans l'analyse hiéroglyphique de ce vocable sacré, sans prétendre surtout à exposer ici les arcanes de sa génération — ce qui voudrait d'interminables développements, — nous pouvons dire qu'*à ce point de vue spécial*, *Iod* י symbolise le Père, *Iah* יה le Fils, *Iahô* יהו l'Esprit-Saint, *Iahôah* יהוה l'Univers vivant : et ce triangle mystique est attribué à la sphère de l'ineffable *Aïn-Soph*, ou de Dieu le Père. Les Kabbalistes ont voulu montrer par là que le Père est la source de la Trinité tout entière, et bien plus, contient en virtualité occulte tout ce qui est, fut ou sera.

*.*.*

Au-dessus de la sphère d'*Œmeth* ou de l'Esprit-Saint, dans l'irradiation même de la rose-croix et sous les pieds du Christ, une colombe à tiare pontificale prend son vol enflammé : emblème du double courant d'amour et de lumière qui descend du Père au Fils, — de Dieu à l'Homme — et remonte du Fils au Père, — de l'Homme à Dieu, — ses deux ailes étendues correspondent exactement au symbole païen des deux serpents entrelacés au caducée d'Hermès.

Aux seuls initiés l'intelligence de ce rapprochement mystérieux.

*.*.*

Revenons à la sphère du *Fils*, qui demande des commentaires plus étendus. Nous avons marqué ci-dessus le caractère impénétrable du *Père* et de l'*Esprit-Saint*, envisagés dans leur essence.

Seule, la *seconde personne* de la Trinité, — figurée par la Rose-Croix centrale, — perce les nuages d'*Atziluth*, en y dardant les dix rayons séphirotiques.

Ce sont comme autant de fenêtres ouvertes sur le grand arcane du Verbe, et par où l'on peut contempler sa splendeur à dix points de vue différents. Le Zohar compare, en effet, les dix *Séphires* à autant de vases transparents de couleur disparate, à travers lesquels resplendit, sous dix aspects divers, le foyer central de l'Unité-synthèse. — Supposons encore une tour percée de dix croisées et au centre de laquelle brille un candélabre à cinq branches ; ce lumineux quinaire sera visible à chacune d'entre elles ; celui qui s'y arrêtera successivement pourra compter dix candélabres ardents aux cinq branches... (Multipliez le pentagramme par dix, en faisant rayonner les cinq pointes à chacune des dix ouvertures, et vous aurez les *Cinquante Portes de Lumière*).

Celui qui prétend à la synthèse doit entrer dans la tour; celui qui ne sait que la contourner est un analytique pur. On voit à quelles erreurs d'optique il s'expose, dès qu'il veut raisonner sur l'ensemble.

\* \* \*

Nous dirons quelques mots plus loin du système séphirotique; il faut en finir avec l'emblème central. Réduit aux proportions géométriques d'un schéma, il peut se tracer ainsi :

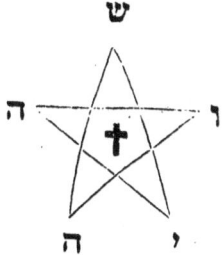

Une croix renfermée dans l'étoile flamboyante. C'est le quaternaire qui trouve son expansion dans le quinaire; c'est l'Esprit qui se sous-multiplie pour descendre au cloaque de la matière où il s'embourbera pour un temps, mais son destin est de trouver dans son avilissement même la révélation de sa personnalité et déjà — présage de salut — il sent, au dernier échelon de sa déchéance, sourdre en lui la grande force de la Volonté. C'est le *Verbe*, יהוה, qui s'incarne et devient le *Christ douloureux* ou l'homme corporel, יהשוה, jusqu'au jour où, assumant avec lui sa nature humaine régénérée, il rentrera dans sa gloire.

C'est là ce qu'exprime l'adepte Saint-Martin au premier tome d'*Erreurs et Vérité*, quand il enseigne que la chute de l'homme provient de ce qu'il a interverti les feuillets du Grand Livre de la Vie et substitué la cinquième page (celle de la corruption et de la déchéance) à la quatrième (celle de l'immortalité et de l'entité spirituelle).

En additionnant le quaternaire crucial et le pentagramme étoilé, l'on obtient 9, chiffre mystérieux dont l'explication détaillée nous ferait sortir du cadre que nous nous sommes tracé. Nous avons ailleurs (*Lotus*, tome II, n° 12, p. 327-328) détaillé fort au long et démontré par un calcul de kabbale numérique, comme quoi 9 est le nombre *analytique* de l'homme. Nous renvoyons le lecteur à cette exposition...

Notons encore, — car tout se tient en Haute Science et les concordances analogiques sant absolues, — notons que dans les figures sphériques de la *Rose-Croix*, la rose est traditionnellement formée de *neuf* circonférences entrelacées, à l'instar des anneaux d'une chaîne. Toujours le nombre analytique de l'homme : 9 !

\*
\* \*

Une importante remarque et qui sera une confirmation nouvelle de notre théorie. Il est évident, pour tous ceux qui possèdent quelques notions ésotériques, que les quatre branches de la croix intérieure (figurée par le Christ les bras étendus) doivent être marquées aux lettres du tétragramme ; *Iod, hé, vau, hé.* — Nous ne saurions revenir ici sur ce que nous avons dit ailleurs[1] de la composition hiéroglyphique et grammaticale de ce mot sacré : les commentaires les plus étendus et les plus complets se trouvent communément dans les œuvres de tous les kabbalistes. (V, de préférence Rosenroth, *Kabbala denudata;* Lenain, *la Science kabbalistique* ; Fabre d'Olivet, *Langue hébraïque restituée;* Éliphas Levi, *Dogme et Rituel, Histoire de la magie, Clef des grands mystères,* et Papus, *Traité élémentaire de la science occulte.*) Mais considérons un instant l'hiérogramme Jeschua יהשוה : de quels éléments se trouve-t-il composé ? Chacun peut y voir le fameux tétragramme יהוה écartelé par le milieu יה-וה, puis ressoudé par la lettre hébraïque ש *schin*. Or, יהוה exprime ici l'*Adam-Kadmôn*, l'Homme dans sa synthèse intégrale, en un mot, la divinité manifestée par son *Verbe* et figurant l'union féconde de l'Esprit et de l'Ame universels. Scinder ce mot, c'est emblématiser la désintégration de son unité et la multiplication divisionnelle qui en résulte pour la génération des sous-multiples. Le *schin* ש, qui rejoint les deux tronçons, figure (Arcane 21 ou 0 du Tarot) le feu générateur et subtil, le véhicule de la vie non différenciée, le *Médiateur plastique universel* dont le rôle est d'effectuer les incarnations en permettant à l'Esprit de descendre dans la matière, de la pénétrer, de l'évertuer, de l'éla-

---

1. *Au seuil du mystère*, 1 vol. gr. in-8, Carré, 1886, page 12. — *Lotus,* tome II, n° 12, pages 321-347, passim...

borer à sa guise enfin. Le שׁ en trait d'union aux deux parties du tétragramme mutilé est donc le symbole de la chute et de la fixation, dans le monde élémentaire et matériel, de יהוה désintégré de son unité.

C'est שׁ enfin, dont l'addition au *quaternaire* verbal de la sorte que nous avons dite, engendre le *quinaire* ou nombre de la déchéance. Saint-Martin a très bien vu cela. Mais 5, qui est le nombre de la chute, est aussi le nombre de la volonté, et la volonté est l'instrument de la réintégration.

Les initiés savent comment la substitution de 5 à 4 n'est que transitoirement désastreuse ; comment, dans la fange où il se vautre déchu, le sous-multiple humain apprend à conquérir une personnalité vraiment libre et consciente. Felix culpa! De sa chute, il se relève plus fort et plus grand ; c'est ainsi que *le mal* ne succède jamais *au bien* que temporairement et en vue de réaliser *le mieux!*

Ce nombre 5 recèle les plus profonds arcanes ; mais force nous est de faire halte ici, sous peine de nous trouver engagé dans d'interminables digressions. — Ce que nous avons dit du 4 et du 5 dans leurs rapports avec la Rose-Croix suffira aux *Initiables*. Nous n'écrivons que pour eux.

*⁎*

Disons quelques mots à cette heure des rayons, au nombre de dix, qui percent la région des nuages ou d'*Atziluth*. C'est le dénaire de Pythagore qu'on appelle en Kabbale *émanation séphirotique*. Avant de présenter à nos lecteurs le plus lumineux classement des Séphiroths kabbalistiques, nous tracerons un petit tableau des correspondances traditionnelles entre les dix séphires et les dix principaux noms donnés à la divinité par les théologiens hébreux : ces noms, que Khunrath a gravés en cercles dans l'épanouissement de la rose flamboyante, correspondent chacun à l'une des dix Séphires. (Voir le tableau à la page 521.)

Quant aux noms divins, après avoir donné leur traduction en langage vulgaire, nous allons, aussi brièvement que possible, déduire de l'examen hiéroglyphique de chacun d'eux, la signification ésotérique moyenne qui peut leur être attribuée :

אהיה. — Ce qui constitue l'essence immarcessible de l'Être absolu où fermente la vie.

יה. — L'indissoluble union de l'Esprit et de l'Ame universels.

יהוי. — Copulation des Principes mâle et femelle qui engendrent éternellement l'Univers-vivant. (Grand arcane du Verbe.)

אל. — Le déploiement de l'Unité-principe. — Sa diffusion dans l'Espace et le Temps.

אלהים גבור. — Dieu-les-dieux des géants ou des hommes-dieux.

אלוה. — Dieu reflété dans l'un des dieux.

יהוה עבאות. — Le *Iod-hévé* (voir plus haut) du septénaire ou du triomphe.

ירהים עבאות. — Dieu-les-dieux du septénaire ou du triomphe.

שוי. — Le fécondateur, par la Lumière astrale en expansion quaternisée, puis son retour au principe à jamais occulte d'où elle émane. (Masculin de שזה, la Fécondée, la Nature).

אדני. — La multiplication quaterne ou cubique de l'Unité-principe, pour la production du Devenir changeant sans cesse (le παντα ρει d'Héraclite) ; puis l'occultation finale de l'objectif concret, par le retour au subjectif potentiel.

מלך. — La Mort maternelle, grosse de la vie : loi fatale se déployant dans tout l'Univers, et qui interrompt avec une force soudaine son mouvement de perpétuel échange, chaque fois qu'un être quelconque s'objective.

Tels sont ces hiérogrammes dans l'une de leurs significations secrètes.

\* \*

Notons à cette heure que chacune des dix séphires (aspects du Verbe) correspond, dans le pantacle de Khunrath, à l'un des chœurs angéliques ; idée sublime, quand on sait l'approfondir. Les anges, en Kabbale, ne sont pas des êtres d'une essence particulière et immuable : tout vit, se meut et se transforme dans l'Univers-vivant ! En appliquant aux hiérarchies célestes la belle comparaison par laquelle les auteurs du Zohar tâchent d'exprimer la nature des séphires, nous dirons que les chœurs angéliques sont comparables à des enveloppes transparentes et de couleurs diverses, où viennent briller tour à tour d'une lumière de plus en plus splendide et pure, les Esprits qui, définitivement affranchis des formes temporelles, montent les suprêmes degrés de l'échelle de Jacob, dont l'Ineffable יהוה occupe le sommet.

| SÉPHIROTHS | | NOMS DIVINS QUI S'Y RAPPORTENT | |
|---|---|---|---|
| כתר Kether | La Couronne. | אהיה Ae. | L'Etre. |
| חכמה Hochmah | La Sagesse. | יה Jah. | Jah. |
| בינה Binah | L'Intelligence. | יהוה Jhôah. | Jehouah. L'Éternel. |
| חסד Hesed | La Miséricorde. | אל El. | Æl. |
| גבורה Geburah | La Justice. | אלהים גבור Ælohim Ghibbor. | Ælohim Ghibbor. |
| תפארת Typhereth | La Beauté. | אלה Æloha. | Æloha. |
| נצח Netzah | L'Éternité. | אלהים צבאות Ælohim Zebaoth. | Ælohim Sabaoth. |
| הוד Hod | Le Fondement. | יהוה צבאות Jhôah Zebaoth. | Jehovah Sabaoth. |
| יסוד Jesod | La Victoire. | שדי Schaddaï. | Le Tout-Puissant. |
| מלכות Malkuth | Le Royaume. | אדני מלך Adonai Meleck. | Le Seigneur Roi. |

Dieu des Armées.

A chacun des chœurs angéliques, Khunrath fait correspondre encore l'un des versets du décalogue : c'est comme si l'ange recteur de chaque degré ouvrait la bouche pour promulguer l'un des préceptes de la loi divine. Mais ceci semble un peu arbitraire et moins digne de fixer notre attention.

\*
\* \*

Une idée plus profonde du théosophe de Leipzig est de faire sortir les lettres de l'alphabet hébreu de la nuée d'Aziluth criblée des rayons séphirotiques.

Faire naître des contrastes de la Lumière et des Ténèbres les vingt-deux lettres de l'alphabet sacré hiéroglyphique, — lesquelles correspondent, comme on sait, aux vingt-deux arcanes de la Doctrine absolue, traduits en pantacles dans les vingt-deux clefs du *Tarot* samaritain, — n'est-ce pas condenser en une image frappante toute la doctrine du *Livre de la Formation, Sepher-Yetzirah?* (ספר יצירה). Ces emblèmes, en effet, tour à tour rayonnants et lugubres, mystérieuses figures qui symbolisent si bien le *Fas* et le *Nefas* de l'éternel Destin, Henry Khunrath les fait naître de l'accouplement fécond de l'Ombre et de la Clarté, de l'Erreur et de la Vérité, du Mal et du Bien, de l'Être et du Non-Être! Tels soudain surgissent à l'horizon d'imprévus fantômes, au visage souriant ou lugubre, splendide ou menaçant, quand sur l'amoncellement des nuages denses et sombres, Phœbus, une fois encore vainqueur de Python, darde ses flèches d'or.

\*
\* \*

Le tableau que voici fournira, avec le sens réel des séphiroths, les correspondances qu'établit la kabbale entre elles et les hiérarchies spirituelles :

| LES SÉPHIRES DE | | CORRESPONDENT A | |
|---|---|---|---|
| כתר Kether | La Providence équilibrante. | היות הקדש Haioth Hakkadôsh | Les Intelligences providentielles. |
| חכמה Hochmah | La divine Sagesse. | אופנים Ophanim | Les Moteurs des roues étoilées. |
| בינה Binah | L'Intelligence toujours active. | אראלים Aralim | Les Puissants. |
| חסד Hesed | La Miséricorde infinie. | חשמלים Hasmalim | Les Lucides. |
| גבורה Geburah | L'absolue Justice. | שרפים Seraphim | Les Anges brûlant de zèle. |
| תפארת Tiphereth | L'immarcessible Beauté. | מלאכים Malachim | Les Rois de la splendeur. |
| נצח Netzah | La Victoire de la Vie sur la Mort. | אלהים Ælohim | Les dieux (envoyés de Dieu). |
| הוד Hod | L'Éternité de l'Être. | בני אלהים Bené-Ælohim | Les fils des dieux. |
| יסוד Jesod | La génération, pierre angulaire de la stabilité, | כרבים Cheroubim | Les ministrants du feu astral. |
| מלכות Malkuth | Le principe des Formes. | אישים Ischin | Les Ames glorifiées. |

Pour compléter les notions élémentaires que nous avons pu fournir touchant le système séphirotique, nous terminerons ce travail par le schéma bien connu du triple ternaire ; ce classement est le plus lumineux, selon nous, et le plus fécond en précieux corollaires.

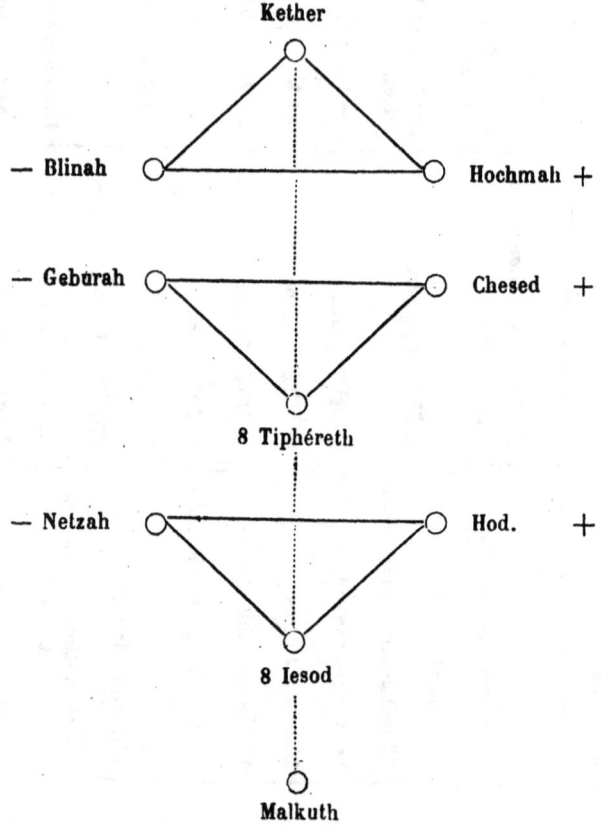

Les trois ternaires figurent la trinité manifestée dans les trois mondes.

Le premier ternaire, — celui du monde intellectuel, — est seul la représention absolue de la trinité sainte : la *Providence* y équilibre les deux plateaux de la Balance de l'ordre divin : la *Sagesse* et l'*Intelligence*.

Les deux ternaires inférieurs ne sont que les reflets du premier dans les milieux plus denses des mondes moral et astral. Aussi sont-ils *inversés*, comme l'image d'un objet qui se reflète à la surface d'un liquide.

Dans le monde moral, la *Beauté* (ou l'Harmonie ou la Rectitude) équilibre les plateaux de la balance : la *Miséricorde* et la *Justice*.

Dans le monde astral, la *Génération*, instrument de la stabilité des êtres, assure la *Victoire* sur la mort et le néant, en alimentant l'*Éternité* par l'intarissable succession des choses éphémères.

Enfin, Malkuth, le *Royaume* des formes, réalise en bas la synthèse totalisée, épanouie et parfaite des séphiroths, dont en haut Kether, la *Providence* (ou la couronne) renferme la synthèse germinale et potentielle.

*\*\**

Bien des choses nous resteraient encore à dire de la Rose-Croix symbolique de Henry Khunrath. Mais il faut nous borner.

Au demeurant, ce ne serait pas trop d'un livre entier pour le développement logique et normal des matières que nous avons cursivement indiquées en ces quelques notes ; aussi le lecteur nous trouvera-t-il fatalement trop abstrait et même obscur. Nous lui présentons ici toutes nos excuses.

Peut-être, s'il prend la peine d'approfondir la kabbale à ses sources mêmes, ne sera-t-il pas fâché de retrouver, au cours de cet exposé massif et de si fatigante lecture, l'indication précise et même l'explication en langage initiatique d'un nombre assez notable d'arcanes transcendants.

Comme l'algèbre, la kabbale a ses équations et son vocabulaire technique. Lecteur, c'est une langue à apprendre, dont la merveilleuse précision et l'emploi coutumier vous dédommageront assez par la suite des efforts où votre esprit a pu se dépenser dans la période de l'étude.

Stanislas de Guaita.

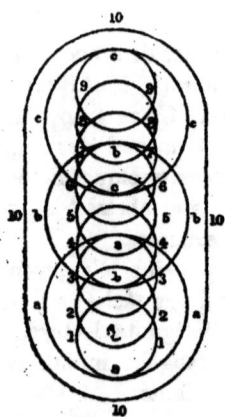

Cercle résumant l'enseignement de la Kabbale
(voir pages 557 et 566).

## § 3

### DÉRIVATION DES CANAUX

Voir le tableau pour les sept qu'ils joignent. Je n'indique ici que le nom divin qu'ils désignent.

| | | | |
|---|---|---|---|
| 1 | א | Dieu de l'Infinité | איה |
| 2 | ב | Dieu de la Sagesse | ביה |
| 3 | ג | Dieu de la Rétribution | גיה |
| 4 | ד | Dieu des Portes de Lumière | דיה |
| 5 | ה | Dieu de Dieu | היה |
| 6 | ו | Dieu fondateur |ויה |
| 7 | ז | Dieu de la Foudre (fulgoris) | זיה |
| 8 | ח | Dieu de la Miséricorde | חיה |
| 9 | ט | Dieu de la Bonté | טיה |
| 10 | י | Dieu principe | ייה |
| 11 | כ | Dieu immuable | כיה |
| 12 | ל | Dieu des 30 voies de la Sagesse | ליה |
| 13 | מ | Dieu arcane | מיה |
| 14 | נ | Dieu des 50 portes de la Lumière | ניה |
| 15 | ס | Dieu foudroyant | סיה |
| 16 | ע | Dieu adjurant | עיה |
| 17 | פ | Dieu des discours | פיה |
| 18 | צ | Dieu de Justice | ציה |
| 19 | ק | Dieu du Droit | קיה |
| 20 | ר | Dieu tête | ריה |
| 21 | ש | Dieu Sauveur | שיה |
| 22 | ת | Dieu fin de tout | תיה |

Tous les noms ont la même terminaison יה. Leur signification dépend uniquement de la lettre initiale et, par suite, peut servir à établir la signification de la lettre initiale elle-même.

RÉSUMÉ

Il existe donc entre les nombres, les noms divins, les lettres et les séphiroths d'étroits rapports ; *Stanislas de Guaita* vient d'en énumérer quelques-uns ; les deux tableaux suivants, extraits l'un de *Kircher*, l'autre du R.-P. *Esprit Sabbathier*, vont développer encore toutes ces concordances et résumer tout ce que nous avons dit jusqu'ici. Nous plaçons ici une table générale montrant non seulement les Séphiroths et les noms divins, mais encore la Kabbale tout entière dans un coup d'œil d'ensemble.

## TABLE DU DENAIRE KABBALISTIQUE PAR KIRCHER

| 10 PRÉCEPTES de la Loi | Membres DE L'HOMME terrestre | Membres mystiques de L'HOMME CÉLESTE | Membres mystiques DE L'HOMME archétype | Membres mystiques auprès DES ORTHODOXES | NOMS de DIEU | SÉPHIROTH correspondantes |
|---|---|---|---|---|---|---|
| 1 | Cerveau | Ciel empyrée | Haroth | Séraphins | אהיה Sum qui Sum | Couronne |
| 2 | Poumon | 1er mobile | Ophanim | Chérubins | יה Essence essentialisante | Sagesse |
| 3 | Cœur | Firmament | Aralim | Trônes | יהוה Dieu les Dieux | Intelligence |
| 4 | Estomac | Saturne | Haschemalim | Dominations | אל Dieu créateur | Grandeur |
| 5 | Foie | Jupiter | Seraphim | Vertus | אלהים Dieu puissant | Force |
| 6 | Fiel | Mars | Melachim | Puissances | אלהים Dieu fort | Beauté |
| 7 | Rate | Soleil | Elohim | Principautés | יהוה צבאות Dieu des Armées | Victoire |
| 8 | Reins | Vénus | Ben Elohim | Archanges | אלהים Seigneur des Armées | Gloire |
| 9 | Genitaires | Mercure | Cherubim | Anges | שדי Tout-Puissant | Fondement |
| 10 | Matrice | Lune | Ischim | Ames | אדני Seigneur | Royaume |

## 3ᵉ MONDE (DIVIN), par le R. P. Esprit Sabbathier

| M. S. | INTELLIGENCES DES SPHÈRES | ORDRES DES BIENHEUREUX |
|---|---|---|
| ד<br>ע | Prince du Monde<br>פטטרוד:<br>Mittation | Séraphins Saints Animaux<br>ס־וחהקורש:<br>Hakkodest haroth |
| ה<br>פ | Courrier de Dieu<br>בציאל:<br>Ratsiel | Chérubins Roues<br>אופכים:<br>Ophanim |
| י<br>צ | Contemplation de Dieu<br>צפקיאל<br>Tsaphkiel | Trônes Puissants<br>אואריםֹ:<br>Erelim |
| י<br>ם | Justice de Dieu<br>צרקיאל<br>Tsadkiel | Dominations Étincelants<br>משמרים<br>Haschmalim |
| ח<br>ג<br>י | Punition de Dieu<br>סמאל<br>Sammael | Puissances Enflammés<br>שופים<br>Seraphim |
| ט<br>ש | Qui est semblable à Dieu<br>מיכאל<br>Michael | Vertus Rois<br>מלכים<br>Melachim |
| ו<br>ק<br>פ | Grâce de Dieu<br>חאכיאל<br>Hanniel | Principautés Dieux<br>אלהים<br>Eloïm |
| כ<br>ז<br>ר | Médecin de Dieu<br>רפאל<br>Raphael | Archanges Enfants de Dieu<br>אלהים  בכי<br>Elohim  Bene |
| ו<br>ם | Homme Dieu<br>גבריאל<br>Gavriel | Anges Base des enfants<br>כובים<br>Kervurim |
| מ<br>ן | Messie<br>מטטווז:<br>Mittation | Ames bienheureuses Hommes<br>אשם<br>Ischim |
| כ<br>פ<br>כ<br>ע | | PAS DE NOM DE 11 LETTRES, MAUVAIS NOMBRE |

(Ombre idéale de la Sagesse universelle).

| SÉPHIROTH | NOMS DE DIEU SELON LE NOMBRE DE LETTRES | | NOMS DE DIEU KABBALISTIQUES | |
|---|---|---|---|---|
| Couronne כתר: Kether | | Moi י: I | | Je serai אה־ה Ehie |
| Sagesse חכמה Hochma | Dieu אל El | Être de soi יה Iah | L'Être des Êtres יהוה Jehova | Moi י I |
| Intelligence ביכה Bina | Jésus ישר: Jeschou | Tout-puissant שרי Schaddai | Dieu אלהים Elohim | Être des Êtres יהוה Être des Êtres |
| Libéralité הסר: Hesed | | Être des Êtres יהוה: Jehova | | Dieu אל: El |
| Force גבורה Gevoura | Sauveur יהשוה Jehoschouha | Dieu Très haut עליד אלהים Elohim Helim | Fort גברר Gilbora | Dieu אלהים Elohim |
| Beauté פפאה Tiphereth | | Dieu fort אל־גבור El Gilbora | | Dieu אלוה Eloah |
| Victoire כצה Netsah | Immuable אראריפא Ararita | | Des armées צבאוף Tseraoth | Seigneur יהרה Jehovah |
| Louanges הזד Hod | La Science de Dieu יהוה ודעף Ucdahath Jehova | | Des armées צבאוח Tseraoth | Dieu אלהים Jehovah |
| Etablissement יטוד Jesod | Des armées צכאוף Tsevaoth | Seigneur יהוה Jehovah | Tout-puissant שדי Schaddaï | |
| Royauté כלכפה Malchouth | Des armées ↗ Tsevaoth | Dieu Elohim | Seigneur ארני Adonai | |
| D'APRÈS LES HÉBREUX | | | Lieu פקום Maloom | |
| | Saint-Esprit ש Hahk | Père הקד Odesh | Fils ורוה אכ כד Verouah Ben Af | Dieu Uni Trinité אבלא Agln |

Nous avons promis de finir notre exposé en donnant les plans des deux principaux traités qui ont été faits sur la question ; celui de *Kircher* et celui de *Lenain*. Le lecteur comprendra maintenant ces plans grâce à l'exposé qu'il vient de parcourir et il verra que nous avons fait tous nos efforts pour résumer au mieux cette partie de la kabbale hébraïque.

### PLAN DE L'ÉTUDE DE KIRCHER

Ch. 1. Les noms divins. — Les divisions de la kabbale.
— 2. Histoire et origines de la kabbale.
— 3. Premier fondement de la kabbale. — L'alphabet, ordre mystique de ses caractères.
— 4. Les noms et surnoms de Dieu.
— 5. Les tables Zimph ou des combinaisons des alphabets hébraïques.
— 6. Du nom de 72 lettres (יהוה).
— 7. Le nom tétragrammatique de l'antiquité.
— 8. Très sainte théologie mystique des Hébreux. — Kabbale des dix Séphiroths ou numérations divines.
— 9. Des diverses représentations des Séphiroths et de leurs canaux, les 32 voies de la Sagesse.
— 10. Les 50 portes de l'Intelligence.

### PLAN DE L'ÉTUDE DE LENAIN

Ch. 1. Du nom de Dieu et de ses attributs.
— 2. De l'origine des noms divins, leurs attributs et leur influence sur l'Univers. (Alphabet et sens des lettres.)
— 3. Explication des 72 attributs de Dieu et des 72 anges qui dominent sur l'Univers.
— 4. Les 72 noms.
— 5. Explication du calendrier sacré.
— 6. Les influences des 72 génies, leurs attributs et leurs mystères.
— 7. Les mystères (Kabbale pratique). Magie.

## § 5. — LA PHILOSOPHIE DE LA KABBALE

### L'AME D'APRÈS LA KABBALE

2°. — *La philosophie de la Kabbale.*

La partie systématique de la Kabbale se trouve exposée dans le paragraphe précédent. Il nous reste à parler de la partie philosophique.

Nous avons fait, lors de la réédition de l'excellent livre de M. Ad. Franck, une critique de cet ouvrage dans laquelle nous résumions de notre mieux les enseignements doctrinaux de la Kabbale, en rattachant ces enseignements à quelques points de science contemporaine, selon notre habitude.

Nous ne pouvons mieux faire que de reproduire ce travail en le faisant suivre de la lettre que M. Franck nous adresse à ce propos. Ensuite, pour bien indiquer la profondeur des données kabbalistiques en ce qui concerne l'homme et ses transformations et l'identité de ces données avec la tradition orientale, nous terminerons ce paragraphe par une étude d'un kabbaliste allemand contemporain : *Carl de Leiningen.*

### I

### ANALYSE DU LIVRE DE M. FRANCK

#### LA KABBALE

M. Franck a fait de la Kabbale une étude très sérieuse et très approfondie mais au point de vue particulier des philosophes contemporains et de la critique universitaire. Il nous faudra donc résumer de notre mieux ses opinions à ce sujet; mais en mettant à côté celles des kabbalistes contemporains connaissant plus ou moins l'Ésotérisme. Ces deux points de vue quelque peu différents ne peuvent qu'éclairer d'un jour tout nouveau une question si importante en Science Occulte.

Ces considérations indiquent par elles-mêmes le plan que nous suivrons dans cette étude. Nous résumerons successivement les opinions de M. Franck sur la Kabbale elle-même, sur son antiquité et sur ses enseignements en discutant chaque fois les conclusions de cet auteur comparativement à celles des occultistes contemporains.

Nous devrons toutefois nous borner aux questions les plus générales, vu le cadre restreint dans lequel doit se développer notre article,

.*.

Voyons d'abord le plan sur lequel est construit le livre de M. Franck.

La méthode suivie dans sa disposition est remarquable par la clarté avec laquelle des sujets si difficiles se présentent au lecteur.

Trois parties, une introduction et un appendice forment la charpente de l'ouvrage.

*L'introduction et la préface* donnent une idée générale de la Kabbale et de son histoire.

*La première partie* traite de l'antiquité de la Kabbale d'après ses deux livres fondamentaux, le Sepher Jesirah et le Zohar dont l'authenticité est admirablement discutée.

*La seconde partie*, la plus importante sans contredit, analyse les doctrines contenues dans ces livres, base des études kabbalistiques.

Enfin la *troisième partie* étudie les rapprochements du système philosophique de la Kabbale avec les écoles diverses qui peuvent présenter avec elle quelque analogie.

*L'appendice* est consacré à deux sectes de Kabbalistes.

En résumé, toutes ces matières peuvent se renfermer dans les questions suivantes :

1° *Qu'est-ce que la Kabbale et quelle est son antiquité ?*
2° *Quels sont les enseignements de la Kabbale :*
*Sur Dieu ;*
*Sur l'Homme ;*
*Sur l'Univers ?*
3° *Quelle est l'influence de la Kabbale sur la philosophie à travers les âges ?*

Il nous faudrait un volume pour traiter comme il le mérite un tel sujet ; mais nous devons nous contenter de ce que nous avons et nous borner aux indications strictement nécessaires à cet effet.

I

### QU'EST-CE QUE LA KABBALE ET QUELLE EST SON ANTIQUITÉ ?

Se plaçant sur le terrain strict des faits établis sur une solide érudition, M. Franck définit ainsi la Kabbale :

« Une doctrine qui a plus d'un point de ressemblance avec celles de Platon et de Spinosa ; qui, par sa forme, s'élève quelquefois jusqu'au ton majestueux de la poésie religieuse ; qui a pris naissance sur la même terre et à peu près dans le même temps que le christianisme ; qui, pendant une période de douze siècles, sans autre preuve que l'hypothèse d'une antique tradition, sans autre mobile apparent que le désir de pénétrer plus intimement dans le sens des livres saints, s'est développée et propagée à l'ombre du plus profond mystère : voilà ce que l'on trouve, après qu'on les a épurés de tout alliage, dans les monuments originaux et dans les plus anciens débris de la Kabbale. »

Sur la première partie de cette définition tous les occultistes sont d'accord : la Kabbale constitue bien en effet *une doctrine traditionnelle*, ainsi que l'indique son nom même[1].

Mais nous différons entièrement d'avis avec M. Franck sur la question de *l'origine* de cette tradition.

Le critique universitaire ne peut s'écarter dans ses travaux de certaines règles établies dont la principale consiste à n'appuyer l'origine des doctrines qu'il étudie que sur les documents bien authentiques pour lui, sans s'occuper des affirmations plus ou moins intéressées des partisans de la doctrine étudiée.

C'est la méthode suivie par M. Franck dans ses recherches historiques au sujet de la Kabbale. Il détermine au mieux l'origine

---

1. « Il paraît, au dire des plus fameux rabbins, que Moyse lui-même, prévoyant le sort que son livre devait subir et les fausses interprétations qu'on devait lui donner par la suite des temps, eut recours à une loi orale, qu'il donna de vive voix à des hommes sûrs dont il avait éprouvé la fidélité, et qu'il chargea de transmettre dans le secret du sanctuaire à d'autres hommes qui, la transmettant à leur tour d'âge en âge, la fissent ainsi parvenir à la postérité la plus reculée. Cette loi orale que les Juifs modernes se flattent encore de posséder se nomme Kabbale, d'un mot hébreu qui signifie ce qui est reçu, ce qui vient d'ailleurs, ce qui se passe de main en main. »

(FABRE D'OLIVET. *Langue hébraïque restituée*, p. 29.)

des deux ouvrages fondamentaux de la doctrine : *le Sepher Jesirah* et le *Zohar* et infère de cette origine même celle de la Kabbale tout entière.

L'occultiste n'a pas à tenir compte de ces entraves. Un symbole antique est pour lui un monument aussi authentique et aussi précieux qu'un livre, et la tradition orale ne peut que transmettre des formules à forme dogmatique que la raison et la science doivent contrôler et vérifier ultérieurement.

Wronski définit les dogmes des *porismes*, c'est-à-dire des *problèmes à démontrer* [1], c'est pourquoi nous devons poser d'abord les dogmes traditionnels mais sans jamais les admettre avant de les avoir scientifiquement vérifiés.

Or, nous allons voir ce que la tradition occulte nous enseigne au sujet de l'origine de l'Ésotérisme et par suite de la Kabbale elle-même, en posant comme *problème à démontrer* ce que la science n'a pu encore éclaircir, mais en indiquant par contre les points où elle vient confirmer les conclusions de la tradition orale ou écrite de la Science Occulte.

.˙.

Chaque continent a vu se générer progressivement une flore et une faune couronnées par une race humaine. Les continents sont nés successivement de telle sorte que celui qui contenait la race humaine qui devait succéder à celle existante, naissait au moment où cette dernière était en pleine civilisation. Plusieurs grandes civilisations se sont ainsi succédé sur notre planète dans l'ordre suivant :

1° La civilisation colossale de l'Atlantide, civilisation créée par la *Race Rouge*, évoluée d'un continent aujourd'hui disparu, qui s'étendait à la place de l'océan Pacifique, suivant les uns, à la place de l'océan Atlantique suivant les autres ;

2° Au moment où la Race Rouge était en pleine civilisation, naissait un continent nouveau qui constitue l'*Afrique d'aujourd'hui*, générant, comme terme ultime d'évolution, la *Race Noire*.

Quand le cataclysme qui engloutit l'Atlantide se produisit, cataclysme désigné par toutes les religions sous le nom de *Déluge universel*, la civilisation passa rapidement aux mains de la Race

---

1. Wronski, *Messianisme* ou *réforme absolue du Savoir humain*, t. II, Introduction.

Noire, à qui les quelques survivants de la Race Rouge transmirent leurs principaux secrets.

3° Enfin, alors que les Noirs furent eux-mêmes arrivés à l'apogée de leur civilisation, naquit avec un nouveau continent (Europe-Asie) la *Race Blanche*, à qui devait passer postérieurement la suprématie sur la planète.

．·．

Les données que nous venons de résumer là ne sont pas nouvelles. Ceux qui savent lire ésotériquement le Sepher de Moïse en trouveront la clef dans les premiers mots du livre, ainsi que nous l'a montré Saint-Yves d'Alveydre ; mais sans aller si loin, Fabre d'Olivet, dès 1820, dévoilait cette doctrine dans l'*Histoire philosophique du Genre Humain*. D'autre part, l'auteur de la *Mission des Juifs* nous fait voir l'application de cette doctrine dans le *Ramayana* lui-même.

La Géologie est venue prouver de concert avec l'Archéologie et l'Anthropologie la réalité de plusieurs points de cette tradition.

De plus, certains problèmes encore obscurs de la théorie de l'évolution, entre autres celui de la *diversité des couleurs* de la Race Humaine, trouvent là de précieuses données encore inconnues de nos jours de la Science officielle.

C'est donc de la Race Rouge que vient originairement la *tradition* et, si l'on veut bien se souvenir qu'*Adam* veut dire *terre rouge*, on comprendra pourquoi les Kabbalistes font venir leur science d'Adam lui-même.

Cette tradition eut donc comme sièges principaux de transmission : l'*Atlantide*, l'*Afrique*, l'*Asie* et enfin l'*Europe*.

L'Océanie et l'Amérique sont des vestiges de l'Atlantide, et d'un continent antérieur ; la Lémurie.

Beaucoup de ces affirmations dogmatiques étant encore pour le savant contemporain des *porismes* (problèmes à démontrer), nous nous contentons de les poser, sans discussion, et nous allons maintenant partir du point où en est arrivée la science officielle comme origine de l'Humanité : l'*Asie*.

．·．

Toutes les traditions, celles des *Bohémiens*[1], des *Francs-*

---

1. Voy. la *Kabbale des Bohémiens*, n° 2 de l'*Initiation*.

Maçons[1], des *Égyptiens* et des *Kabbalistes*[2], corroborées par la Science officielle elle-même, sont d'accord pour considérer l'Inde comme l'origine de nos connaissances philosophiques et religieuses.

Le mythe d'*Abraham* indique, ainsi que l'a montré Saint-Yves d'Alveydre, le passage de la tradition indoue ou orientale en Occident; et comme la *Kabbale* que nous possédons aujourd'hui n'est autre chose que cette tradition adaptée à l'esprit occidental, on comprend pourquoi le plus vieux livre kabbalistique connu, le *Sepher Jesirah*, porte en tête la notice suivante :

## LE LIVRE KABBALISTIQUE DE LA CRÉATION
### EN HÉBREU, SEPHER JESIRAH
#### Par ABRAHAM

Transmis successivement oralement à ses fils; puis, vu le mauvais état des affaires d'Israël, confié par les sages de Jérusalem à des arcanes et à des lettres du sens le plus caché[3].

Pour prouver la vérité de cette affirmation, il nous faudra donc montrer les principes fondamentaux de la Kabbale et particulièrement *les Séphiroths* dans l'ésotérisme indou. Ce point qui a échappé à M. Franck, nous permettra de poser l'origine de la filiation bien au delà du premier siècle de notre ère. C'est ce que nous ferons tout à l'heure.

Pour le moment, contentons-nous de dire quelques mots de l'existence de cette tradition ésotérique dans l'antiquité, tradition qui existe réellement malgré l'avis de Littré[4], avis partagé en partie par un des auteurs du dictionnaire philosophique de Ad. Franck[5].

Chaque réformateur religieux ou philosophique de l'antiquité divisait sa doctrine en deux parties : l'une voilée à l'usage de la foule ou *exotérisme*, l'autre claire à l'usage des initiés ou *ésotérisme*.

Sans vouloir parler des Orientaux, Bouddha, Confucius ou

---

1. Voy. Ragon, *Orthodoxie Maçonnique*.
2. Voy. Saint-Yves d'Alveydre, *Mission des Juifs*.
3. Papus, le *Sepher Jesirah*, p. 5.
4. Préface à la 3ᵉ édit. de *Salverte* (Sciences occultes).
5. Article *Esotérisme*.

Zoroastre, l'histoire nous montre Orphée dévoilant l'ésotérisme aux initiés par la création des *mystères*, Moïse sélectant une tribu de prêtres ou initiés, celle de Lévi, parmi lesquels il choisit ceux à qui peut être confiée *la tradition*. Mais la transmission ésotérique de cette tradition devient indiscutable vers l'an 550 avant notre ère, avec Pythagore initié aux mêmes sources qu'Orphée et Moïse, en Égypte.

Pythagore avait un enseignement secret basé principalement sur les nombres, et les quelques bribes de cet enseignement que nous ont transmises les alchimistes[1], nous montrent son identité absolue avec la Kabbale dont il n'est qu'une traduction.

Cette tradition se perd d'autant moins parmi les disciples du grand philosophe qu'ils vont se retremper à sa source originelle, en Égypte, ou dans les mystères grecs. Tel est le cas de Socrate, de Platon et d'Aristote.

La lettre d'Alexandre le Grand adressée à son maître et l'accusant d'avoir dévoilé l'enseignement ésotérique, prouve que cet enseignement traditionnel et oral subsistait toujours à cette époque.

Nous en retrouverons encore mention dans Plutarque quand il dit que les serments scellent ses lèvres et qu'il ne peut parler; enfin il est inutile d'allonger notre travail de toutes les citations que nous pourrions encore faire, ces détails sont assez connus des occultistes pour qu'il ne soit pas nécessaire d'insister davantage.

Signalons en dernier lieu l'existence de cette tradition orale dans le christianisme alors que Jésus dévoile à ses disciples seuls le véritable sens des paraboles dans le discours sur la montagne et qu'il confie le secret total de la tradition ésotérique à son disciple favori, saint Jean.

L'*Apocalypse* est entièrement kabbalistique et représente le véritable ésotérisme chrétien.

L'antiquité de cette tradition ne peut donc faire aucun doute et *la Kabbale* est bien plus ancienne que l'époque que lui assigne M. Franck, du moins pour nous autres, occultistes occidentaux. En outre, elle a pris naissance sur une terre très éloignée de celle où est né le christianisme ainsi que nous le montreront *les Séphiroths indous*.

Mais il est temps d'arrêter là le développement de notre première question et de dire quelques mots des *enseignements de la Kabbale*.

---

1. Voy. Jean Dée, *Monas hieroglyphica in Theatrum Chemicum*.

## II

### ENSEIGNEMENTS DE LA KABBALE

On peut faire à M. Franck quelques critiques au sujet de la manière dont il présente les enseignements de la Kabbale. En effet, si les données kabbalistiques sur chaque sujet particulier sont analysées avec une science merveilleuse, aucun renseignement n'est fourni sur l'ensemble du système considéré synthétiquement. Par exemple, après avoir lu le chapitre IV, intitulé : *Opinions des Kabbalistes sur le Monde*, le lecteur connaît certains points de la tradition concernant les Anges, l'Astrologie, l'unité de Dieu et de l'Univers ; mais il est impossible de se faire, d'après ces données, une idée générale de la constitution du Cosmos.

Nous allons nous efforcer de présenter à nos lecteurs un résumé aussi clair que possible de ces traditions kabbalistiques, si bien analysées d'ailleurs par notre auteur. Pour être compréhensible dans des sujets aussi ardus, nous partirons dans notre analyse de l'étude de l'Homme, plus facilement appréciable pour la généralité des intelligences et nous n'aborderons qu'en dernier lieu les données métaphysiques sur Dieu.

#### 1° *Enseignements de la Kabbale sur l'Homme.*

La Kabbale enseigne tout d'abord que l'homme représente exactement en lui la constitution de l'Univers tout entier. De là le nom de *Microcosme* ou *Petit Monde* donné à l'homme en opposition au nom *Macrocosme* ou *Grand Monde* donné à l'Univers.

Quand on dit que l'Homme est l'image de l'Univers, cela ne veut pas dire que l'Univers soit un animal vertébré. C'est des principes constitutifs, *analogues* et *non semblables*, qu'on veut parler.

Ainsi des cellules de formes et de constitution très variées se groupent chez l'Homme pour former *des organes*, comme l'estomac, le foie, le cœur, le cerveau, etc... Ces organes se groupent également entre eux pour former *des appareils* qui donnent naissance à *des fonctions*. (Groupement des poumons, du cœur, des artères et des veines pour former l'*appareil de la circulation*, groupement des lobes cérébraux, de la moelle, des nerfs sensitifs et des nerfs moteurs pour former l'*appareil de l'innervation*, etc.).

Eh bien, d'après la méthode de la Science Occulte : l'analogie, les objets qui suivront *la même loi* dans l'Univers seront analogues aux organes et aux appareils dans l'Homme. La Nature nous montre des êtres, de formes et de constitution très variées (êtres minéraux, êtres végétaux, êtres animaux, etc.,) se groupant pour former *des planètes*. Ces planètes se groupent entre elles pour former *des systèmes solaires*. *Le jeu des Planètes* et de leurs satellites donne naissance à *la Vie de l'Univers* comme *le jeu des organes* donne naissance à *la Vie de l'Homme*. L'organe et les Planètes sont donc deux êtres analogues, c'est-à-dire agissant d'après *la même loi ;* cependant Dieu sait si le Cœur et le Soleil sont des formes différentes ! Ces exemples nous montrent l'application des données kabbalistiques à nos sciences exactes, ils font partie d'un travail d'ensemble en cours d'exécution depuis bientôt cinq ans et qui n'est pas près d'être terminé. Aussi bornons là ces développements sur l'analogie et revenons à la constitution du Microcosme, maintenant que nous savons pourquoi l'Homme est appelé ainsi.

La Kabbale considère la Matière comme une adjonction créée postérieurement à tous les êtres, à cause de la chute adamique. Jacob Boehm et Saint-Martin ont suffisamment développé cette idée parmi les philosophes contemporains pour qu'il soit inutile de s'y attarder trop longtemps. Cependant il fallait établir ce fait pour expliquer pourquoi dans la constitution de l'Homme aucun des trois principes énoncés ne représente *la matière* de notre corps.

L'Homme, d'après les Kabbalistes, est composé de trois éléments essentiels :

1° *Un élément inférieur*, qui n'est pas le corps matériel puisque essentiellement la matière n'existait pas, mais qui est le principe déterminant la forme matérielle :

NEPHESCH.

2° *Un élément supérieur*, étincelle divine, l'âme de tous les idéalistes, l'esprit des occultistes :

NESCHAMAH.

Ces deux éléments sont entre eux comme l'huile et l'eau. Ils sont d'essence tellement différente qu'ils ne pourraient jamais entrer en rapports l'un avec l'autre, sans un *troisième terme*, participant de leurs deux natures et les unissant [1].

---

1. Comme en chimie les carbonates alcalins unissent l'huile et l'eau par la saponification.

3° *Ce troisième élément*, médiateur entre les deux précédents, c'est la vie des savants, l'esprit des philosophes, l'âme des occultistes :

RUAH.

Nephesch, Ruah et Neschamah sont les trois principes *essentiels*, les termes ultimes auxquels aboutit l'analyse, mais chacun de ces éléments est lui-même *composé de plusieurs parties*. Ils correspondent à peu près à ce que les savants modernes désignent par : Le Corps, la Vie, la Volonté.

Ces trois éléments se synthétisent cependant dans *l'unité de l'être*, si bien qu'on peut représenter l'homme schématiquement par trois points (les trois éléments ci-dessus) enveloppés dans un cercle ainsi :

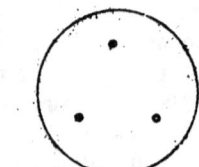

Maintenant que nous connaissons l'opinion des Kabbalistes sur la constitution de l'Homme, disons quelques mots de ce qu'ils pensent des deux points suivants : D'où vient-il ? Où va-t-il ?

M. Franck développe très bien ces deux points importants. L'Homme vient de Dieu et y retourne. Il nous faut donc considérer trois phases principales dans cette évolution :
1° Le point de Départ ;
2° Le point d'Arrivée ;
3° Ce qui se passe entre le Départ et l'Arrivée.

1° *Départ*. — La Kabbale enseigne toujours la doctrine de l'Émanation. L'homme est donc *émané* primitivement de Dieu à l'état d'Esprit pur. A l'image de Dieu constitué en Force et Intelligence (Chocmah et Binah) c'est-à-dire en positif et négatif, il est constitué en mâle et femelle, Adam-Ève, formant à l'origine *un seul être*. Sous l'influence de la chute [1] deux phénomènes se produisent :

---

1. Le cadre trop restreint de notre étude ne nous permet pas d'approfondir ces données métaphysiques et de les analyser scientifiquement. Voy. pour plus de détails, le *Caïn* de Fabre d'Olivet.

1° La division de l'être unique en une série d'êtres-androgynes Adams-Èves ;

2° La matérialisation et la subdivision de chacun de ces êtres androgynes en deux êtres matériels et de sexes séparés, un homme et une femme. C'est l'état terrestre.

Il faut cependant remarquer, ainsi que nous l'enseigne le Tarot, que chaque homme et chaque femme contiennent en eux une image de leur unité primitive. Le cerveau est Adam, le Cœur est Ève en chacun de nous.

2° *Transition du Départ à l'Arrivée.* — L'homme matérialisé et soumis à l'influence des passions doit *volontairement et librement* retrouver son état primitif ; il doit recréer son immortalité perdue. Pour cela il se *réincarnera* autant de fois qu'il le faudra jusqu'à ce qu'il ait su se racheter par la force universelle et toute-puissante entre toutes : l'Amour.

La Kabbale, à l'image des centres indous d'où nous vient le mouvement néo-bouddiste, enseigne donc la *réincarnation* et par suite la *préexistence*, ainsi que le remarque M. Franck ; mais elle s'écarte totalement des conclusions théosophiques indoues sur le moyen du rachat et nous ne pouvons ici que reproduire l'avis d'un des occultistes les plus instruits que possède la France : *F. Ch. Barlet.*

« S'il m'est permis de hasarder ici une opinion personnelle, je dirai que les doctrines hindoues me semblent plus vraies au point de vue *métaphysique*, abstrait, les doctrines chrétiennes au point de vue *moral*, sentimental, concret : le Christianisme, le Zohar, la Kabbale, dans leur admirable symbolisme laissent plus d'incertitude, de vague dans l'intelligence philosophique (par exemple, quand ils représentent la *chute* comme source du *mal*, sans définir ni l'un ni l'autre, car cette définition donnerait un tout autre tour intellectuel à la question).

« Mais ce Panthéisme indien, qu'il soit matérialiste comme dans l'école du Sud, ou idéaliste comme dans celle du Nord, arrive à négliger, à méconnaître, à repousser même tout sentiment et spécialement l'*Amour* avec toute son immense portée mystique, occulte.

« L'un ne parle qu'à l'intelligence, l'autre ne parle qu'à l'âme.

« On ne peut donc posséder complètement la doctrine théosophique qu'en interprétant le symbolisme de l'un par la métaphysique de l'autre. Alors et alors seulement les deux pôles ainsi animés l'un par l'autre font resplendir, par les splendeurs du monde divin, l'incroyable richesse du langage symbolique, seul capable de rendre pour l'homme les palpitations de la Vie absolue ! »

3° *Arrivée.* — L'homme doit donc constituer d'abord son androgynat primitif pour réformer synthétiquement l'être premier provenant de la division du grand Adam-Ève.

Ces êtres androgynes reconstitués doivent, à leur tour, se synthétiser entre eux jusqu'à s'identifier à leur origine première : Dieu. La Kabbale enseigne donc, aussi bien que l'Inde, la théorie de l'involution et de l'évolution et le retour final au *Nirvâna.*

Malgré mon désir de ne pas allonger ce résumé par des citations, je ne puis résister ici au plaisir de citer d'après M. Franck (p. 189) un passage très explicatif :

« Parmi les différents degrés de l'existence (qu'on appelle aussi les sept tabernacles), il y en a un, désigné sous le titre de saint des saints, où toutes les âmes vont se réunir à l'âme suprême et se compléter les unes par les autres. Là tout rentre dans l'unité et dans la perfection, tout se confond dans une seule pensée qui s'étend sur l'univers et le remplit entièrement ; mais le fond de cette pensée, la lumière qui se cache en elle ne peut jamais être ni saisie, ni connue, on ne saisit que la pensée qui en émane. Enfin, dans cet état, la créature ne peut plus se distinguer du créateur ; la même pensée les éclaire, la même volonté les anime ; l'âme aussi bien que Dieu commande à l'Univers, et ce qu'elle ordonne, Dieu l'exécute. »

En résumé, toutes ces données métaphysiques sur la chute et la réhabilitation se réduisent exactement à des lois que nous voyons chaque jour en action expérimentalement, lois qui peuvent s'énoncer à trois termes :

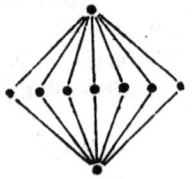

I. Unité.

II. Départ de l'Unité. Multiplicité.

III. Retour à l'Unité.

Edgar Poë dans son *Eureka* a fait une application de ces lois à l'Astronomie. Si nous avions la place nécessaire nous pourrions les appliquer aussi bien à la Physique et à la Chimie expérimentale, mais notre étude est déjà fort longue et il est grand temps d'en venir à l'opinion des Kabbalistes sur l'Univers.

2° *Enseignements de la Kabbale sur l'Univers.*

Nous avons vu que les Planètes formaient les organes de l'Univers et que de leur jeu résultait la vie de cet Univers.

Chez l'homme la vie s'entretient par le courant sanguin qui baigne tous les organes, répare leur perte et entraîne les éléments inutiles.

Dans l'Univers la vie s'entretient par les courants de lumière qui baignent toutes les planètes et y répandent à flots les princîpes de génération.

Mais, dans l'homme, chacun des globules sanguins, récepteur et transmetteur de la vie, est un être véritable, constitué *à l'image* de l'homme lui-même. Le courant vital humain contient donc des êtres en nombre infini.

Il en est de même des courants de lumière et telle est l'origine *des anges, des forces personnifiées* de la Kabbale et aussi de toute une partie de la tradition que M. Franck n'a pas abordée dans son livre : *la Kabbale pratique.*

La *Kabbale pratique* comprend l'étude de ces êtres invisibles, récepteurs et transmetteurs de la Vie de l'Univers, contenus dans les courants de lumière. Les Kabbalistes s'efforcent d'agir sur ces êtres et de connaître leurs pouvoirs respectifs ; de là toutes les données d'Astrologie, de Démonologie, de Magie contenues dans la Kabbale.

Mais dans l'Homme la force vitale transmise par le sang et ses canaux n'est pas la seule qui existe. Au-dessus de cette force et la dirigeant dans sa marche, il en existe une autre : c'est la force nerveuse.

Le fluide nerveux, qu'il agisse à l'insu de la conscience de l'individu dans le système de la Vie Organique (Grand-Sympathique, Corps Astral des Occultistes) ou qu'il agisse consciemment par la Volonté (cerveau et nerfs rachidiens), domine toujours les phénomènes vitaux.

Ce fluide nerveux n'est pas porté, comme la Vie, par des êtres particuliers (globules sanguins). Il part d'un être situé dans une retraite mystérieuse (la cellule nerveuse) et aboutit à un centre de réception. Entre celui qui ordonne et celui qui reçoit il n'y a rien qu'un canal conducteur.

Dans l'Univers il en est de même d'après la Kabbale. Au-dessus ou plutôt au dedans de ces courants de lumière, il existe un fluide mystérieux indépendant des êtres créateurs de la Nature comme la force nerveuse est indépendante des globules sanguins. Ce fluide est directement émané de Dieu, bien plus, il est le corps même de Dieu. C'est l'*esprit de l'Univers*

L'Univers nous apparaît donc constitué comme l'Homme :

1° D'*un Corps*. Les Astres et ce qu'ils contiennent ;

2° D'*une Vie*. Les courants de lumière baignant les astres et contenant les *Forces actives* de la Nature, les Anges ;

3° D'*une Volonté* directrice se transmettant partout au moyen du fluide invisible aux sens matériels, appelé par les Occultistes : Magnétisme Universel, et par les Kabbalistes *Aour* אור, c'est l'*Or* des Alchimistes, la cause de l'Attraction universelle ou *Amour des Astres*.

Disons de plus que l'Univers, comme l'Homme, est soumis à une involution et à une évolution périodiques et qu'il doit finalement être réintégré dans son origine : Dieu, comme l'Homme.

Pour terminer ce résumé sur l'Univers, montrons comment *Barlet* arrive par d'autres voies aux conclusions de la Kabbale à ce sujet :

Nos sciences positives donnent pour dernière formule du monde sensible :

*Pas de matière sans force ; pas de force sans matière.*

Formule incontestable, mais incomplète, si l'on n'y ajoute le commentaire suivant :

1° La combinaison de ce que nous nommons *Force* et *Matière* se présente en toutes proportions depuis ce que l'on pourrait appeler la *Force* matérialisée (la roche, le minéral, le corps chimique simple) jusqu'à la *Matière subtilisée* ou *Matière Force* (le grain de pollen, le spermatozoïde, l'atome électrique) ; la *Matière* et la *Force*, bien que nous ne puissions les isoler, s'offrent donc comme les limites mathématiques extrêmes et opposées (ou de signes contraires) d'une série dont nous ne voyons que quelques termes moyens ; limites abstraites mais indubitables ;

2° Les termes de cette série, c'est-à-dire les individus de la nature, ne sont jamais stables ; la *Force*, dont la mobilité infinie est le caractère, entraîne comme à travers un courant continuel d'un pôle à l'autre la matière essentiellement inerte qui s'accuse par un contre-courant de retour. C'est ainsi, par exemple, qu'un atome de phosphore emprunté par le végétal aux phosphates minéraux deviendra l'élément d'une cellule cérébrale humaine (matière subtilisée) pour retomber par désintégration dans le règne minéral inerte.

3° Le mouvement, résultat de cet équilibre instable, n'est pas désordonné ; il offre une série d'harmonies enchaînées que nous appelons *Lois* et qui se synthétisent à nos yeux dans la loi suprême de l'*Évolution*.

La conclusion s'impose : Cette synthèse harmonieuse de phénomènes est la manifestation évidente de ce que nous nommons une *Volonté*.

Donc, d'après la science positive, le monde sensible est l'expression d'une volonté qui se manifeste par l'équilibre instable, mais progressif de la Force et de la Matière.

Il se traduit par ce quaternaire :

I. Volonté (source simple)
III. Force (Éléments de la Volonté polarisés) —
II. Matière — IV. Le Monde Sensible
(Résultat de leur équilibre instable, dynamique)[1].

### 3° *Enseignement de la Kabbale sur Dieu.*

L'Homme est fait à l'image de l'Univers, mais l'Homme et l'Univers sont faits à l'image de Dieu.

Dieu en lui-même est inconnaissable pour l'Homme, c'est ce que proclament aussi bien les Kabbalistes par leurs *Aïn-Soph* que les Indous par leur *Parabrahm*. Mais il est susceptible d'être compris dans ses manifestations.

La première manifestation Divine, celle par laquelle Dieu créant le principe de la Réalité crée par là même éternellement sa propre immortalité : c'est la Trinité [2].

Cette Trinité première, prototype de toutes les lois naturelles, formule scientifique absolue autant que principe religieux fondamental, se retrouve chez tous les peuples et dans tous les cultes plus ou moins altérée.

Que ce soit *le Soleil, la Lune et la Terre; Brahma, Vichnou, Siva; Osiris-Isis, Horus* ou *Osiris, Ammon, Phta ; Jupiter, Junon, Vulcain ; le Père, le Fils, le Saint-Esprit* ; toujours elle apparaît identiquement constituée.

La Kabbale la désigne par les trois noms suivants :

Chocmah, Binah,
Kether.

1. F.-Ch. Barlet, *Initiation*.
2. Voy. Wronski, *Apodictique Messianique ;* ou Papus, *le Tarot* où le passage de Wronski est cité *in extenso*.

Ces trois noms forment la première trinité des Dix *Sephiroth* ou Numérations.

Ces dix Sephiroth expriment les attributs de Dieu. Nous allons voir leur constitution.

Si nous nous rappelons que l'Univers et l'Homme sont chacun composés essentiellement d'un Corps, d'une Ame ou Médiateur et d'un Esprit, nous serons amenés à rechercher la source de ces principes en Dieu même.

Or les trois éléments ci-dessus énoncés : *Kether*, *Chocmah* et *Binah* représentent bien Dieu ; mais comme la conscience représente à elle seule l'homme tout entier, en un mot ces trois principes constituent l'analyse de l'*esprit de Dieu*.

Quelle est donc la *Vie de Dieu* ?

La Vie de Dieu c'est le ternaire que nous avons étudié tout d'abord, le ternaire constituant l'Humanité, dans ses deux pôles, Adam et Ève.

Enfin le *Corps de Dieu* est constitué par cet Univers dans sa triple manifestation.

En somme, si nous réunissons tous ces éléments nous obtiendrons la définition suivante de Dieu :

Dieu est *inconnaissable dans son essence*, mais il est *connaissable dans ses manifestations*.

*L'Univers* constitue son CORPS, *Adam-Ève* constitue SON AME, et *Dieu lui-même* dans sa double polarisation constitue SON ESPRIT, ceci est indiqué par la figure suivante :

|  | − | ∞ | + |  |
|---|---|---|---|---|
| Esprit de Dieu | Binah | KETHER | Chocmah | Monde Divin — Le Père, BRAHMA |
| Ame de Dieu | Ève | ADAM-ÈVE Humanité | Adam | Monde Humain — Le Fils, VICHNOU |
| Corps de Dieu | La Nature Naturée | L'UNIVERS [1] | La Nature Naturante | Monde Naturel — Le St-Esprit, SIVA |

Ces trois ternaires, tonalisés dans l'Unité, forment *les Dix Sephiroth.*

Ou plutôt ils sont l'image des Dix Sephiroth *qui représentent le développement des trois principes premiers de la Divinité dans tous ses attributs.*

Ainsi Dieu, l'Homme et l'Univers sont bien constitués en dernière analyse par *trois termes;* mais dans le développement de tous leurs attributs ils sont composés chacun de *Dix termes* ou d'*Un ternaire* ayant acquis son développement dans le *Septénaire* (3 + 7 = 10).

Les Dix Sephiroth de la Kabbale peuvent donc être prises dans plusieurs acceptions :

1° Elles peuvent être considérées comme représentant Dieu, l'Homme et l'Univers, c'est-à-dire l'Esprit, l'Ame et le Corps de Dieu ;

2° Elles peuvent être considérées comme exprimant le développement de l'un quelconque de ces trois grands principes.

C'est de la confusion entre ces diverses acceptions que naissent les obscurités apparentes et les prétendues contradictions des Kabbalistes au sujet des Sephiroth. Un peu d'attention suffit pour discerner la vérité de l'erreur.

On trouvera des détails nombreux sur ces Sephiroth dans le

---

1. Cette figure est tirée du *Tarot des Bohémiens,* par Papus, où l'on trouvera des explications complémentaires.

livre de M. Franck (chap. III), mais surtout dans le remarquable travail kabbalistique publié par *Stanislas de Guaita* dans le n° 6 de l'*Initiation* (p. 210-217). Le manque de place nous oblige à renvoyer le lecteur à ces sources importantes.

Il ne faudrait pas croire cependant que cette conception d'un ternaire se développant dans un septénaire fût particulière à la Kabbale. Nous retrouvons la même idée dans l'Inde dès la plus haute antiquité, ce qui est une preuve importante de l'ancienneté de la tradition kabbalistique.

*
* *

Pour étudier ces *Sephiroth indous*, il ne faut pas s'en tenir uniquement aux enseignements transmis dans ces dernières années par la *Société Théosophique*. Ces enseignements manquent en effet presque toujours de méthode et, s'ils sont lumineux sur certains points de détail, ils sont en échange fort obscurs dès qu'il s'agit de présenter une synthèse bien assise dans toutes ses parties. Les auteurs qui ont essayé d'introduire de la méthode dans la doctrine théosophique, *Soubba-Rao, Sinnet* et le *D<sup>r</sup> Harttmann*, n'ont pu aborder que des questions fort générales quoique très intéressantes et leurs œuvres, pas plus que celles de *M<sup>me</sup> H. P. Blavatsky*, ne fournissent des éléments suffisants pour établir les rapports entre les Sephiroth de la Kabbale et les doctrines indoues.

Le meilleur travail, à notre avis, sur la Théogonie occulte de l'Inde a été fait en Allemagne vers 1840 [1] par le *D<sup>r</sup> Jean Malfatti de Montereggio*. Cet auteur est parvenu à retrouver l'Organon mystique des anciens Indiens et par là-même à tenir la clef du Pythagorisme et de la Kabbale elle-même. Il arrive ainsi à reconstituer une *synthèse véritable*, alliance de la Science et de la Foi, qu'il désigne sous le nom de MATHÈSE.

Or voici, d'après cet auteur, la constitution de la décade divine (p. 18) :

« Le premier acte (encore en soi) de révélation de Brahm fut celui de la *Trimurti*, trinité métaphysique des forces divines (procédant à l'acte créateur) de la création, de la conservation, et de la destruction (du changement) qui sous le nom de Brahma, Wishnou et Schiwa ont été personnifiées et regardées comme étant dans un accouplement intérieur mystique (*e circulo triadicus Deus egreditur*).

[1]. La date de cet ouvrage indique l'orthographe des noms indous employés par l'auteur. Cette orthographe s'est modifiée aujourd'hui.

« Cette première Trimurti divine passe alors dans une révélation extérieure, et dans celle des sept puissances précréatrices, ou dans celle du premier développement métaphysique septuple personnifié par les allégories de *Maïa, Oum, Haranguerbehah, Porsh, Pradiapat, Prakrat* et *Pran.* »

Chacun de ces dix principes est analysé dans ses acceptions et dans ses rapports avec les nombres pythagoriciens. De plus, l'auteur examine et analyse dix statues symboliques indiennes qui représentent chacune un de ces principes. L'antiquité de ces symboles prouve assez l'antiquité de la tradition elle-même.

Nous ne pouvons que résumer pour aujourd'hui les rapports des Sephiroth indous et kabbalistiques avec les nombres. Peut-être ferons-nous bientôt une étude spéciale sur un sujet si important.

Un rapprochement bien intéressant peut encore être fait entre la trinité alphabétique du Sepher Jesirah EMeS אמש et la trinité alphabétique indoue AUM. Mais ces sujets demandent un trop grand développement pour être traités dans ce résumé.

| SEPHIROTH KABBALISTIQUES | NOMBRES | SEPHIROTH INDOUS |
|---|---|---|
| Kether. | 1 | Brahma. |
| Chocmah. | 2 | Vichnou. |
| Binah | 3 | Siva. |
| Chesed. | 4 | Maïa. |
| Geburah. | 5 | Oum. |
| Tiphereth | 6 | Haranguerbehah. |
| Hod. | 7 | Porsch. |
| Netzah. | 8 | Pradiapat. |
| Iesod | 9 | Prakrat. |
| Malchut | 10 | Pran. |

Une dernière considération qu'on peut faire est tirée de cette définition de Dieu donnée ci-dessus, définition corroborée par les enseignements du Tarot qui représente la Kabbale égyptienne.

La philosophie matérialiste étudie le *corps de Dieu* ou l'Univers et adore à son insu la manifestation inférieure de la divinité dans le Cosmos : le Destin.

C'est en effet *au Hasard* que le matérialisme attribue le groupement primitif des atomes, proclamant ainsi, quoique athée, un principe créateur.

La philosophie panthéiste étudie *la vie de Dieu* ou cet être collectif appelé par la Kabbale Adam-Ève[1] (יהוה). C'est l'humanité qui s'adore elle-même dans un de ses membres constituants.

Les Théistes et les Religions étudient surtout l'*Esprit de Dieu*. De là leurs discussions subtiles sur les trois personnes et leurs manifestations.

Mais la Kabbale est au-dessus de chacune de ces croyances philosophiques ou religieuses. Elle synthétise le Matérialisme, le Panthéisme et le Théisme dans un même total dont elle analyse les parties sans cependant pouvoir définir cet ensemble autrement que par la formule mystérieuse de Wronski :

X.

III

#### INFLUENCE DE LA KABBALE SUR LA PHILOSOPHIE

Cette partie du livre de M. Franck est forcément très remarquable. La profonde érudition de l'auteur ne pouvait manquer de lui fournir de précieuses sources et des rapprochements instructifs et nombreux au sujet de l'influence de la Kabbale dans les systèmes philosophiques postérieurs.

*La doctrine de Platon* est d'abord envisagée à ce point de vue. Après quelques points de contact, M. Franck conclut à l'impossibilité de la création de la Kabbale par des disciples de Platon. Mais le contraire ne serait-il pas possible?

Si, ainsi que nous l'avons dit à propos de l'antiquité de la tradition, la Kabbale n'est que la traduction hébraïque de ces vérités traditionnelles enseignées dans tous les temples et surtout en Égypte, qu'y a-t-il d'impossible à ce que Platon ne se soit fortement inspiré non pas de la Kabbale elle-même, telle que nous la connaissons aujourd'hui, mais de cette philosophie primordiale origine de la Kabbale?

Qu'allaient donc faire tous ces philosophes grecs en Égypte et qu'apprenaient-ils dans l'Initiation aux mystères d'Isis? C'est là un point que la critique universitaire devrait bien éclaircir.

Imbu de son idée de l'origine de la Kabbale au commencement

---

1. Voy. à ce sujet le travail de Stanislas de Guaita dans le *Lotus* et Louis Lucas, *Chimie nouvelle*, Introduction.

de l'ère chrétienne, M. Franck compare avec la tradition *la philosophie néo-platonicienne d'Alexandrie*, et conclut que ces doctrines sont sœurs et émanées d'une même origine.

L'étude *de la doctrine de Philon*, dans ses rapports avec la Kabbale, ne montre pas non plus l'origine de la tradition (chap. iii).

Le *Gnosticisme*, analysé dans le chapitre suivant, présente de remarquables similitudes avec la Kabbale, mais n'en peut être non plus l'origine.

C'est *la religion des Perses* qui est pour M. Franck le *rara avis* tant cherché, le point de départ de la doctrine kabbalistique.

Or, il suffit de parcourir le chapitre ix d'un livre trop peu connu de nos savants : *la Mission des Juifs* de Saint-Yves d'Alveydre pour y trouver résumée au mieux l'application de la tradition ésotérique aux divers cultes antiques, y compris celui de Zoroastre. Mais ce sont là des points d'histoire qui ne seront universitairement connus que dans quelque vingt ans, aussi attendons-nous avec patience cette époque.

Nous avons dit déjà l'opinion des occultistes contemporains sur l'origine de la Kabbale. Inutile donc d'y revenir.

Rappelons seulement l'influence de la tradition ésotérique sur Orphée, Pythagore, Platon, Aristote et toute la philosophie grecque d'une part, sur Moïse, Ézéchiel et les prophètes hébreux de l'autre, sans compter l'école d'Alexandrie, les sectes gnostiques et le christianisme ésotérique dévoilée dans *l'Apocalypse* de saint Jean ; rappelons tout cela, et disons rapidement quelques mots de l'influence qu'a pu exercer la tradition sur la philosophie moderne.

*Les Alchimistes, les Rose-Croix* et *les Templiers* sont trop connus comme kabbalistes pour en parler autrement. Il suffit à ce propos de signaler la grande réforme philosophique produite par *l'Ars Magna* de *Raymond Lulle*.

*Spinosa* a beaucoup étudié la Kabbale, et son système se ressent au plus haut point de cette étude, ainsi que du reste l'a fort bien vu M. Franck.

Un point d'histoire moins connu, c'est que *Leibniz* a été initié aux traditions ésotériques par Mercure Van Helmont, le fils du célèbre occultiste, savant remarquable lui-même. L'auteur de la Monadologie a été aussi en rapports très suivis avec les Rose-Croix.

La philosophie allemande touche du reste par bien des points à la Science Occulte, c'est un fait connu de tous les critiques.

Signalons en dernier lieu la *Franc-Maçonnerie* qui possède encore de nombreuses données kabbalistiques.

\*
\*\*

CONCLUSION

Nous avons voulu, tout en analysant l'œuvre remarquable et désormais indispensable de M. Franck, résumer chemin faisant l'opinion des Kabbalistes contemporains sur cette importante question.

Nous ne différons d'opinion avec M. Franck que sur l'origine de cette tradition. Les savants contemporains ont une tendance à placer au second siècle de notre être le point de départ de la Science Occulte dans toutes ses branches. C'est l'avis de notre auteur au sujet de la Kabbale, c'est aussi l'avis d'un autre savant éminent, *M. Berthelot*, au sujet de l'alchimie [1]. Ces opinions viennent de la difficulté qu'éprouvent les critiques autorisés à consulter les sources véritables de l'Occultisme. Un symbole n'est pas considéré comme une preuve de la valeur d'un manuscrit; mais prenons patience et l'une des plus intéressantes branches de la Science, l'Archéologie, fournira bientôt de précieuses indications dans cette voie aux chercheurs sérieux.

Quoi qu'on en dise, l'Occultisme a bien besoin d'être un peu étudié par nos savants; ceux-ci apportent dans cette étude leurs préjugés, leurs convictions toutes faites; mais ils apportent aussi des qualités bien rares et bien précieuses : leur érudition et leur amour de la méthode.

Il est désolant pour les chercheurs consciencieux de constater l'ignorance étrange que beaucoup de partisans de la Science Occulte ont de nos sciences exactes. Il faut cependant mettre hors de cause à ce sujet les Kabbalistes contemporains comme Stanislas de Guaita, Joséphin Péladan, Albert Jhouney. La Science Occulte ne forme que le degré synthétique, métaphysique de notre science positive et ne peut vivre sans son appui, ainsi que l'a montré, dans le n° 8 de l'*Initiation* [2], un savant doublé d'un remarquable occultiste, *M. F. Ch. Barlet*.

La réédition du livre de M. Franck constitue donc un véritable événement pour la révélation des doctrines qui nous sont chères à tous, et nous ne pouvons que remercier bien vivement l'auteur du courage et de la patience qu'il a déployés dans l'étude de si arides

---

1. Berthelot, *Des Origines de l'Alchimie*, 1886, in-8°.
2. *Cours méthodique de Science Occulte*.

sujets, tout en conseillant fortement à tous nos lecteurs de réserver une place dans leur bibliothèque à *la Kabbale* de Xd. Franck, qui est un des livres fondamentaux de la Science Occulte.

### LETTRE DE M. AD. FRANCK, DE L'INSTITUT

A Monsieur Papus, directeur de l'*Initiation*.

Monsieur,

Je vous suis très reconnaissant de la manière dont vous avez rendu compte dans l'*Initiation* de mon vieux livre de la *Kabbale*. J'ai été d'autant plus susceptible à vos éloges qu'ils attestent une connaissance approfondie et un grand amour du sujet.

Mais ce qui m'a charmé dans votre article, ce n'est pas seulement la part personnelle que vous m'y faites, c'est la manière dont vous rattachez mon modeste volume à toute une science fondée sur le symbolisme et la méthode ésotérique. Je n'ai pu, en vous lisant, m'empêcher de penser à Louis XIV, conservant à Versailles le modeste rendez-vous de chasse de son père en l'encadrant dans un immense palais.

Bien que mon esprit, que vous qualifiez d'universitaire, mais qui veut simplement rester fidèle aux règles de la critique, se refuse à vous suivre dans vos magnifiques développements, je vois avec plaisir qu'en face du positivisme et de l'évolutionnisme de notre temps, il se forme, il s'est déjà formé une vaste gnose qui réunit dans son sein, avec les données de l'ésotérisme juif et chrétien, le bouddhisme, la philosophie d'Alexandrie et le panthéisme métaphysique de plusieurs écoles modernes.

Ce réactif est nécessaire contre les déchéances et les dessèchements dont nous sommes les victimes et les témoins. La *Mission des Juifs*, que vous citez souvent dans votre *Revue*, est un des grands facteurs de ce mouvement.

Je vous recommanderai seulement, dans ma vieille expérience, de ne pas aller trop loin. Les symboles et les traditions ne doivent pas être négligés comme ils le sont généralement par les philosophes; mais le génie, la vie spontanée de la conscience et de la raison doivent aussi être comptés pour quelque chose, sans cela l'histoire de l'humanité n'est rien qu'une table d'enregistrement.

Veuillez agréer, monsieur, l'assurance de mes sentiments les plus distingués.

AD. FRANCK.

\*
\* \*

Nous venons d'exposer la doctrine kabbalistique sans entrer dans aucun détail.

Aussi donnons-nous *in extenso* l'étude suivante pour montrer qu'il existe encore en plein xix° siècle d'éminents kabbalistes et que leurs travaux résument au mieux les données de la tradition ésotérique.

\* \*

COMMUNICATION FAITE A LA SOCIÉTÉ PSYCHOLOGIQUE DE MUNICH
A LA SÉANCE DU 5 MARS 1887 PAR C. DE LEININGEN.

## L'AME D'APRÈS LA QABALAH

**1. — *L'âme pendant la vie.***

Parmi toutes les questions dont s'occupe la philosophie en tant que science exacte, celle de notre propre essence, de l'immortalité et de la spiritualité de notre Moi interne, n'a jamais cessé de préoccuper l'humanité. Partout et en tout temps les systèmes et les doctrines sur ce sujet se sont succédé rapidement, variés et contradictoires, et le mot « Ame » a servi à désigner les formes d'existences ou les nuances d'êtres les plus variées. De toutes ces doctrines antagonistes, c'est, sans contredit, la plus ancienne — la philosophie transcendante des Juifs — la Qabalah[1] qui est aussi la plus rapprochée peut-être de la vérité. Transmise oralement — comme son nom l'indique — elle remonte jusqu'au berceau de l'espèce humaine, et, ainsi, elle est encore peut-être en partie le produit de cette intelligence non encore troublée, de cet esprit pénétrant pour la vérité que, selon l'antique tradition, l'homme possédait dans son état originaire.

Si nous admettons la nature humaine comme un tout complexe nous y trouvons, d'après la Qabalah, trois parties bien distinctes : le corps, l'âme et l'esprit. Elles se différencient entre elles comme le concret, le particulier et le général, de sorte que l'une est le reflet

---

[1]. Nous avons adopté cette orthographe comme la seule solution authentique de tous les doutes entre les formes vraiment fantaisistes proposées jusqu'ici pour ce mot, telles que *Cabbala, Cabala, Kabbala, Kabbalah*, etc... C'est un mot hébreu qui se compose des consonnes *q, b, l* et *h*. Or la lettre qui dans les noms grecs correspond au *k* et dans les noms latins au *c*, paraît être véritablement dans cet mot hébreu la lettre *q*. Cette orthographe vient aussi d'être introduite récemment dans la littérature anglaise par *Mathers* dans sa *Kabbala denudata* parue il y a peu de temps chez George Redway à Londres.

de l'autre, et que chacune d'elles offre aussi en soi-même cette triple distinction. Ensuite, une nouvelle analyse de ces trois parties fondamentales y distingue d'autres nuances qui s'élèvent successivement les unes sur les autres depuis les parties les plus profondes, les plus concrètes, les plus matérielles, le corps externe, jusqu'aux plus élevées, aux plus générales, aux plus spirituelles.

La première partie fondamentale, le corps, avec le principe vital, qui comprend les trois premières subdivisions, porte dans la Qabalah le nom de *Nephesch;* la seconde, l'âme, siège de la volonté, qui constitue proprement la personnalité humaine, et renferme les trois subdivisions suivantes, se nomme *Ruach;* la troisième, l'esprit avec ses trois puissances, reçoit dans la Qabalah le nom de *Neschamah.*

Ainsi que nous l'avons déjà remarqué, ces trois parties fondamentales de l'homme ne sont pas complètement distinctes et séparées, il faut au contraire se les représenter comme passant l'une dans l'autre peu à peu ainsi que les couleurs du spectre qui, bien que successives, ne peuvent se distinguer complètement étant comme fondues l'une dans l'autre. Depuis le corps, c'est-à-dire la puissance la plus infime de Nephesch, en montant à travers l'âme, — Ruach — jusqu'au plus haut degré de l'esprit — Neschamah — on trouve toutes les gradations, comme on passe de l'ombre à la lumière par la pénombre; et réciproquement, depuis les parties les plus élevées de l'esprit jusqu'à celles physiques les plus matérielles, on parcourt toutes les nuances de radiation, comme on passe de la lumière à l'obscurité par le crépuscule. — Et, par-dessus tout, grâce à cette union intérieure, à cette fusion des parties l'une dans l'autre, le nombre Neuf se perd dans l'Unité pour produire l'homme, esprit corporel, qui unit en soi les deux mondes.

Si nous essayons maintenant de représenter cette doctrine par un schéma, nous obtenons la figure ci-jointe (Voir p. 526) :

Le cercle *a, a, a,* désigne Nephesch, et 1, 2, 3 sont ses subdivisions; parmi celles-ci, 1, correspond au corps, comme à la partie la plus basse, la plus matérielle chez l'homme. — *b, b, b,* c'est Ruach (l'âme) et 4, 5, 6 sont ses puissances. — Enfin *c, c, c,* c'est Neschamah (l'esprit) avec les degrés de son essence, 7, 8, 9. Quant au cercle extérieur 10, il représente l'ensemble de l'être humain vivant.

Considérons maintenant de plus près ces différentes parties fondamentales, en commençant par celle du degré inférieur, NEPHESCH. C'est le principe de la vie, ou forme d'existence concrète, il constitue la partie externe de l'homme vivant ; ce qui y domine principalement c'est la sensibilité passive pour le monde-extérieur; par contre, l'activité idéale s'y trouve le moins. — Nephesch est directement en relation avec les êtres concrets qui lui sont extérieurs, et ce n'est que par leur influence qu'il produit une manifestation vitale. Mais en même temps, il travaille aussi au monde extérieur, grâce à sa puissance créatrice propre, faisant ressortir de son existence concrète, de nouvelles forces vitales, rendant ainsi sans cesse ce qu'il reçoit. — Ce degré concret constitue un tout parfait, complet en soi-même et dans lequel l'être humain trouve sa représentation extérieure exacte. — Regardée comme un tout parfait, en elle-même, cette vie concrète comprend également trois degrés, qui sont entre eux comme le concret, le particulier et le général ou comme la matière effectuée, la force effectuante et le principe, et qui en même temps sont les organes dans et par lesquels l'interne, le spirituel opère et se manifeste extérieurement. Ces trois degrés sont donc de plus en plus élevés et intérieurs, et chacun d'eux renferme en soi des nuances différentes. Les trois puissances de Nephesch en question sont disposées et agissent absolument de la façon qui va être exposée tout à l'heure pour les trois subdivisions de Ruach.

Ce second élément de l'être humain RUACH (l'âme) n'est pas aussi sensible que Nephesch aux influences du monde extérieur; la passivité et l'activité s'y trouvent en proportions égales; il consiste plutôt en un être interne, idéal, dans lequel tout ce que la vie corporelle concrète manifeste extérieurement comme quantitatif et matériel, se retrouve intérieurement à l'état virtuel. Ce second élément humain flotte donc entre l'activité et la passivité, ou l'intériorité et l'extériorité; dans sa multiplicité objective, il n'apparaît clairement ni comme quelque chose de réel, passif et extérieur, ni comme quelque chose d'intérieur intellectuel et actif; mais comme quelque chose de changeant, qui du dedans au dehors se manifeste comme actif bien que passif; ou comme donnant, bien que de nature réceptive. Ainsi l'intuition et la conception ne coïncident pas exactement dans l'âme, bien qu'elles n'y soient pas assez nettement séparées pour ne pas se fondre aisément l'une dans l'autre.

Le mode d'existence de chaque être dépend exclusivement du degré plus ou moins élevé de sa cohésion avec la nature, et de l'activité ou de la passivité plus ou moins grande qui en est la conséquence ; l'aperception de l'être est en proportion de son activité. Plus un être est actif, plus il est élevé, et plus il lui est possible d'examiner dans les profondeurs intimes de l'être.

Ce Ruach, composé des forces qui sont à la base de l'être matériel objectif, jouit encore de la propriété de se distinguer de toutes les autres parties comme un individu spécial, de disposer de soi-même et de se manifester au dehors par une action libre et volontaire. Cette « âme » qui représente également le trône et l'organe de l'esprit est encore l'image de l'homme entier, comme nous l'avons dit; de même que Nephesch elle se compose de trois degrés dynamiques qui sont, l'un par rapport à l'autre, comme le Concret, le Particulier et le Général, ou comme la matière actionnée, la force agissante et le principe : de sorte qu'une affinité existe non seulement entre le concret dans Ruach qui est son degré le plus bas et le plus extérieur (le cercle 4 du schéma), et le général dans Nephesch, qui forme sa plus haute sphère (cercle 3), mais aussi entre le général dans Ruach (cercle 6) et le concret dans l'esprit (cercle 7).

En même temps que Ruach, ainsi que Nephesch, renferme trois degrés dynamiques, ceux-ci ont leurs trois correspondants dans le monde extérieur, comme il apparaîtra plus clairement par la comparaison du Macrocosme et du Microcosme. Chaque forme d'existence particulière dans l'homme vit de sa vie propre dans la sphère du monde qui lui correspond, avec laquelle elle est en rapport d'échanges continuels, donnant et recevant, au moyen de ses sens et de ses organes internes spéciaux.

En outre, ce Ruach, en raison de sa partie concrète, a besoin de communiquer avec le concret qui est au-dessous de lui, de même que sa partie générale lui donne une tendance vers les parties générales qui lui sont supérieures. Nephesch ne pourrait pas se relier à Ruach s'il n'y avait pas ainsi quelque affinité entre eux, non plus que Ruach ne se relierait à Nephesch et à Neshamah s'il n'y avait pas entre eux quelque parenté.

Ainsi l'âme puise d'une part dans le concret qui la précède la plénitude de sa propre réalité objective, et d'autre part dans le général qui la domine l'intériorité pure, l'Idéalité qui se constitue elle-même dans son activité indépendante. Ruach est donc le lien entre le Général ou Spirituel, et le Concret ou Matériel, unissant en l'homme le monde interne intelligible avec le monde externe réel; c'est à la fois le support et le siège de la personnalité humaine.

L'âme se trouve de cette façon en un double rapport avec ses trois objets, savoir : 1° avec le concret qui est au-dessous d'elle; 2° avec le particulier qui répond à sa nature et est en dehors d'elle; 3° avec le général qui est au-dessus d'elle. Il se fait en elle, en deux sens contraires, une circulation de trois courants entremêlés, car :

1° elle est excitée par Nephesch qui est au-dessous d'elle et à son tour elle agit sur lui en l'inspirant; 2° elle se comporte de même activement et passivement avec l'extérieur correspondant à sa nature, c'est-à-dire le Particulier; 3° et cette influence qu'elle transforme dans son sein après l'avoir reçue ou d'en bas ou du dehors, elle lui donne la puissance de s'élever assez pour aller stimuler Neschamah dans les régions supérieures. Par cette opération active, les facultés supérieures excitées produisent une influence vitale plus élevée, plus spirituelle, que l'âme, reprenant son rôle passif, reçoit pour la transmettre au dehors ou au-dessous d'elle.

Ainsi, bien que Ruach ait une forme d'existence particulière, soit un être d'une consistance propre, il n'en est pas moins vrai que la première impulsion de son activité vitale lui vient de l'excitation du corps concret qui lui est inférieur. Et de même que le corps par un échange d'actions et de réactions avec l'âme, est, grâce à son impressionnabilité, pénétré par elle, tandis qu'elle-même devient comme participante du corps; de même, l'âme, par son union avec l'Esprit, en est remplie et inspirée.

La troisième partie fondamentale de l'être humain, NESCHAMAH, peut être désignée par le mot Esprit, dans le sens où il est employé dans le Nouveau Testament. En elle, la sensibilité passive envers la nature du dehors ne se retrouve plus; l'activité domine la réceptivité. L'esprit vit de sa vie propre, et seulement pour le Général ou pour le monde spirituel avec lequel il se trouve en rapport constant. Cependant, comme Ruach, Neschamah n'a pas seulement besoin, en raison de sa nature idéale, du Général absolu ou Infini divin; il lui faut aussi, à cause de sa nature réelle, quelque relation avec le particulier et le concret qui sont au-dessous de lui, et il se sent attiré vers les deux.

L'Esprit aussi est en un double rapport avec son triple objet; vers le bas, vers l'extérieur et vers le haut, il se fait donc encore en lui, en deux sens contraires, un triple courant entrelacé tout à fait semblable à celui décrit plus haut pour Ruach. — Neschamah est un être purement intérieur, mais aussi passif et actif à la fois, dont Nephesch, avec son principe vital et son corps, Ruach avec ses forces, représentent une image extérieure. Ce qu'il y a de quantitatif dans Nephesch et de qualitatif dans Ruach, vient de l'esprit — Neschamah — purement intérieur et idéal.

Maintenant de même que Nephesch et Ruach renferment trois degrés différents d'existence, ou potentialité de spiritualisation, de sorte que chacun est une image plus petite de l'être humain entier (voir le schéma), de même la Qabalah distingue encore trois degrés dans Neschamah.

C'est particulièrement à cet élément supérieur que s'applique ce qui a été dit au début, que les différentes formes d'existence de la constitution humaine ne sont pas des êtres distincts, isolés, séparés, mais qu'ils sont, au contraire, entremêlés les uns dans les autres ; car ici tout se spiritualise de plus en plus, tend de plus en plus vers l'unité.

Des trois formes supérieures d'existence de l'homme qui sont réunies, dans la plus large acception du mot Neschamah, la plus inférieure peut se désigner comme le Neschamah proprement dit. Celle-là a encore au moins quelque parenté avec les éléments supérieurs de Ruach; elle consiste en une connaissance intérieure et active du qualitatif et du quantitatif qui sont au-dessous d'elle. — La seconde puissance de Neschamah, qui est le huitième élément dans l'homme, est nommée par la Qabalah, « *Chaijah* ». Son essence consiste dans la connaissance de la force interne supérieure; intelligible, qui sert de base à l'être objectif manifesté et qui, par conséquent, ne peut être perçue ni par Ruach ni par Nephesch et ne pourrait être reconnue par Neschamah proprement dit. — La troisième puissance de Neschamah, le neuvième élément et le plus élevé dans l'homme, est « *Jechidad* » (c'est-à-dire l'Unité en soi-même); son essence propre consiste dans la connaissance de l'Unité fondamentale absolue de toutes les variétés, de l'Un absolu originaire.

Maintenant, ce rapport signalé dès le début, de Concret, de Particulier et de Général qui relie Nephesch, Ruach et Neschamah de sorte que chacun offre l'image du tout, va se retrouver en résumant tout cet exposé : Premier degré de Nephesch, le corps — le concret dans le concret; second degré, le particulier dans le concret; troisième, le général dans le concret.

De même dans Ruach : première puissance, le concret dans le particulier; deuxième, le particulier dans le particulier; troisième, le général dans le particulier.

Enfin, dans Neschamah, premier degré, le concret dans le général; second degré (Chaijah), le particulier dans le général; troisième (Jechidad), le général dans le général.

C'est ainsi que se manifestent les diverses activités et les vertus de chacun de ces éléments de l'être.

L'âme (Ruach) a sans doute une existence propre, mais elle est cependant incapable d'un développement indépendant sans la participation de la vie corporelle (Nephesch), et il en est de même vis-à-vis de Neschamah. En outre Ruach est avec Nephesch dans un double rapport; influencée par lui, elle est en même temps tournée au dehors pour exercer une libre réaction, de sorte que la vie corporelle concrète participe au développement de l'âme ; il en est de même de l'esprit par rapport à l'âme ou de Neschamah par rapport à Ruach ; par Ruach il est même en double rapport avec Nephesch. Toutefois, Neschamah a en outre dans sa propre constitution la source de son action, tandis que les actions de Ruach et de Nephesch ne sont que les émanations libres et vivantes de Neschamah.

De la même manière, Neschamah se trouve en une certaine mesure en ce même double rapport avec la Divinité, car l'activité vitale de Neschamah est déjà en soi une excitation pour la divinité d'entretenir celui-ci, de lui procurer l'influence nécessaire à sa subsistance. Ainsi l'esprit ou Neschamah, et par son intermédiaire Ruach et Nephesch, vont puiser tout à fait involontairement à la source divine éternelle, faisant rayonner perpétuellement l'œuvre de leur vie vers le haut; tandis que la Divinité pénètre constamment en Neschamah et dans sa sphère pour lui donner la vie et la durée en même temps qu'à Ruach et à Nephesch.

Maintenant d'après la doctrine de la Qabalah, l'homme, au lieu de vivre dans la Divinité et de recevoir d'elle constamment la spiritualité dont il a besoin, s'est enfoncé de plus en plus dans l'amour de soi-même et dans le monde du péché, du moment où après sa « chute ». (voir la Genèse, III, 6-20), il a quitté son centre éternel pour la périphérie. Cette chute et l'éloignement toujours plus grand de la divinité, qui en est résulté, ont eu pour conséquence une déchéance des pouvoirs dans la nature humaine, et dans l'humanité tout entière. L'étincelle divine s'est retirée de plus en plus de l'homme, et Neschamah a perdu l'union intime avec Dieu. De même Ruach s'est éloignée de Neschamah et Nephesch a perdu son union intime avec Ruach. Par cette déchéance générale et le relâchement partiel des liens entre les éléments, la partie inférieure de Nephesch, qui était originairement chez l'homme un corps lumineux éthéré, est devenue notre corps matériel; par là l'homme a été assujetti à la dissolution dans les trois parties principales de sa constitution.

Ceci est traité dans la doctrine de la Qabalah sur l'âme *pendant et après la mort*.

## 2. — L'AME DANS LA MORT

La mort de l'homme, d'après la Qabalah, n'est que son passage à une forme nouvelle d'existence. L'homme est appelé à retourner finalement dans le sein de Dieu, mais cette réunion ne lui est pas possible dans son état actuel, en raison de la matérialité grossière de son corps ; cet état, comme aussi tout ce qu'il y a de spirituel dans l'homme, doit donc subir une épuration nécessaire pour l'obtention du degré de spiritualité que requiert la vie nouvelle.

La Qabalah distingue deux causes qui peuvent amener la mort : la première consiste en ce que la Divinité diminue successivement ou supprime brusquement son influence continuelle sur Neschamah et Ruach, de sorte que Nephesch perd la force par laquelle le corps matériel est animé, et celui-ci meurt. Dans le langage du Sohar, on pourrait appeler ce premier genre « la mort par en haut, ou du dedans au dehors ».

En opposition à celle-là, la seconde cause de la mort est celle que l'on pourrait nommer « la mort par en bas, ou du dehors au dedans ». Elle consiste en ce que le corps, forme d'existence inférieure et extérieure, se désorganisant sous l'influence de quelque trouble ou quelque lésion, perd la double propriété de recevoir d'en haut l'influence nécessaire et d'exciter Nephesch, Ruach et Neschamah afin de les faire descendre à lui.

D'ailleurs, comme chacun des trois degrés d'existence de l'homme a, dans le corps humain, son siège particulier et sa sphère d'activité correspondant au degré de sa spiritualité, et qu'ils se sont trouvés tous trois liés à ce corps à différentes périodes de la vie[1], c'est aussi à des moments différents, et d'après un ordre inverse, qu'ils abandonnent le cadavre. Il en résulte que le travail de la mort s'étend à une période de temps beaucoup plus longue qu'on ne le pense communément.

Neschamah, qui a son siège dans le cerveau et qui, en sa qualité de principe de vie spirituel, supérieur, s'est uni en dernier lieu au corps matériel — cette union commençant à l'âge de la puberté — Neschamah est le premier à quitter le corps; ordinairement déjà avant le moment que nous désignons du nom de « Mort ». Elle ne

---

1. Ce n'est pas ici le lieu d'expliquer comment les principes spirituels s'unissent à la matière par l'acte de la génération, sujet que la Qabalah traite très explicitement.

laisse dans sa *Merkahab*[1] qu'une illumination; car la personnalité de l'homme peut, comme il est dit dans Esarah Maimoroth, subsister encore sans la présence effective de Neschamah.

Avant le moment qui nous apparaît comme celui de la mort, l'essence de l'homme est augmentée d'un Ruach plus élevé d'où il aperçoit ce qui, dans la vie, était caché à ses yeux ; souvent sa vue perce l'espace, et il peut distinguer ses amis et ses parents défunts. Aussitôt qu'arrive l'instant critique, Ruach se répand dans tous les membres du corps et prend congé d'eux; de là résulte une secousse, l'*agonie*, souvent fort pénible. Puis toute l'essence spirituelle de l'homme se retire dans le cœur et là se met à l'abri des Masikim (ou mauvais esprits) qui se précipitent sur le cadavre, comme une colombe poursuivie se réfugie dans son nid.

La séparation de Ruach d'avec le corps est fort pénible parce que Ruach ou l'âme vivante flotte, comme dit l'Ez=ga=Chaiim, entre les hautes régions spirituelles, infinies (Neschamah) et celles inférieures corporelles, concrètes (Nephesch), penchant tantôt vers l'une, tantôt vers l'autre, elle qui, en tant qu'organe de la volonté, constitue la personnalité humaine. Son siège est dans le cœur ; celui-ci est donc comme la racine de la vie; c'est le מלך (Melekh, Roi), le point central, le trait d'union entre le cerveau et le foie[2] ; et comme c'est dans cet organe que l'activité vitale se manifeste à l'origine, c'est aussi par lui qu'elle finit. Ainsi, au moment de la mort Ruach s'échappe, et d'après l'enseignement du Talmud, sort du cœur par la bouche, dans le dernier souffle.

Le Talmud distingue neuf cents espèces de morts différentes plus ou moins douloureuses. La plus douce de toutes est celle qu'on nomme le « baiser »; la plus pénible est celle dans laquelle le mourant éprouve la sensation d'une épaisse corde de cheveux arrachée du gosier.

Une fois Ruach séparé, l'homme nous semble mort ; cependant Nephesch habite encore en lui. Celui-ci, vie corporelle du concret,

---

1. Merkabah signifie proprement *char*; c'est donc l'organe, l'instrument, le véhicule par lequel Neschamah agit.

2. La Qabalah dit : « Dans le mot מלך (Roi) le cœur « est comme le point central entre le cerveau et le foie ». Ce qu'il faut interpréter par le sens mystique des lettres; le cerveau, מ est représenté par la première lettre du mot מלך ; le foie, כבד par sa dernière lettre, et enfin le cœur, לב par le ל, qui est dans le milieu; la lettre כ à la fin d'un mot fait ך).

est chez l'homme, l'âme de la vie élémentaire, et a son siège dans le foie. Nephesch, qui est la puissance spirituelle inférieure, possède encore une très grande affinité, et par suite beaucoup d'attraction pour le corps. C'est le principe qui s'en sépare le dernier, comme il a été aussi le premier uni à la chair. Cependant, aussitôt après le départ de Ruach, les Masikim prennent possession du cadavre (d'après Loriah, ils s'amoncellent jusqu'à une hauteur de quinze aunes au-dessus de lui) ; cette invasion jointe à la décomposition du corps oblige bientôt Nephesch à se retirer ; il reste pourtant longtemps encore auprès de sa dépouille, pour en pleurer la perte. Ordinairement, ce n'est que quand survient la putréfaction complète qu'il s'élève au-dessus de la sphère terrestre.

Cette désintégration de l'homme, consécutive à la mort, n'est cependant pas une séparation complète; car ce qui a été une fois un seul tout ne peut pas se désunir absolument; il reste toujours quelque rapport entre les parties constitutives, Ainsi une certaine liaison subsiste entre Nephesch et son corps même, déjà putréfié. Après que ce récipient matériel, extérieur, a disparu avec ses forces vitales physiques, il reste encore quelque chose du principe spirituel de Nephesch, quelque chose d'impérissable, qui descend jusque dans le tombeau, dans les ossements, comme dit le Sohar; c'est ce que la Qabalah nomme « *le souffle des ossements* » ou « *l'esprit des ossements* ». Ce principe intime, impérissable, du corps matériel, qui en conserve complètement la forme et les allures, constitue le *Habal de Garmin*, que nous pouvons traduire à peu près par « le corps de la résurrection » (corps astral lumineux).

Après que les diverses parties constitutives de l'homme ont été séparées par la mort, chacune se rend dans la sphère vers laquelle l'attirent sa nature et sa constitution ; et elles y sont accompagnées des êtres qui lui sont semblables et qui entouraient déjà le lit de mort. Comme dans l'Univers entier tout est dans tout, naissant, vivant et périssant d'après une seule et même loi, comme le plus petit élément est la reproduction du plus grand, comme les mêmes principes régissent également toutes les créatures depuis la plus infime jusqu'aux êtres les plus spirituels, aux puissances les plus élevées, l'Univers entier, que la Qabalah nomme AZILUTH et qui comprend tous les degrés depuis la matière la plus grossière jusqu'à la spiritualité — jusqu'à l'Un — l'Univers, se partage en trois mondes : ASIAH, JEZIRAH et BRIAH, correspondant aux trois divisions fondamentales de l'homme : *Nephesch, Ruach* et *Neschamah*.

Asiah est le monde où nous nous mouvons; toutefois, ce que nous percevons de ce monde par nos yeux corporels n'en est que la sphère la plus inférieure, la plus matérielle, de même que nous ne percevons par les organes de nos sens que les principes les plus inférieurs, les plus matériels de l'homme : son corps. — La figure donnée précédemment[1] est donc un schéma de l'Univers aussi bien que de l'homme, car d'après la doctrine de la Qabalah, le Microcosme est absolument analogue au Macrocosme ; l'homme est l'image de Dieu qui se manifeste dans l'Univers. Ainsi donc, le cercle *a, a, a* représente le monde *Asiah*, et 1, 2, 3 sont ses sphères correspondant à celles de Nephesch (Voy. p. 526).

*b, b, b* représente le monde *Jesirah* analogue à Ruach, et 4, 5, 6 en sont les puissances.

Enfin le cercle *c, c, c* figure le monde *Briah*, dont les sphères 7, 8, 9 atteignent, comme celles de Neschamah, la plus haute puissance de la vie spirituelle.

Le cercle enveloppant, 10, est l'image du Tout d'*Aziluth*, comme il représentait aussi l'ensemble de la nature humaine.

Les trois mondes qui correspondent, selon leur nature et le degré de leur spiritualité, aux trois principes constitutifs de l'homme représentent aussi les différents séjours de ces principes. Le corps, comme forme d'existence la plus matérielle de l'homme, reste dans les sphères inférieures du monde Asiah, dans la tombe ; l'esprit des ossements reste seul enseveli en lui, constituant, comme nous l'avons dit, le Habal de Garmin. Dans la tombe il est dans un état de léthargie obscure qui, pour le juste, est un doux sommeil ; plusieurs passages de Daniel, des Psaumes et d'Isaïe y font allusion. Et comme le Habal de Garmin conserve dans la tombe une sensation obscure, le repos de ceux qui dorment de ce dernier sommeil peut être troublé de toutes sortes de manières. C'est pourquoi il était défendu chez les Juifs d'enterrer l'une auprès de l'autre des personnes qui, pendant leur vie, avaient été ennemies, ou de placer un saint homme auprès d'un criminel. On prenait soin, au contraire, d'enterrer ensemble des personnes qui s'étaient aimées, parce que dans la mort, cet attachement se continuait encore. Le plus grand trouble pour ceux qui dorment dans la tombe est l'évocation ; car, alors même que Nephesch a quitté la sépulture, « l'esprit des ossements » reste encore attaché au cadavre, et peut être évoqué ; mais cette évocation atteint aussi Nephesch, Ruach et Neschamah. Sans doute, ils sont déjà dans des séjours distincts, mais ils n'en restent pas moins unis l'un à l'autre sous certains rapports, de sorte que

---

1. Voyez page 526.

l'un ressent ce que les autres éprouvent. Voilà pourquoi l'Écriture Sainte (5, Moïse, 18, 11) défendait d'évoquer les morts[1].

Comme nos sens matériels ne peuvent percevoir que le cercle le plus bas, la sphère la plus inférieure du monde Asiah, il n'y a que le corps de l'homme qui soit visible pour nos yeux matériels, celui qui, même après la mort, reste dans le domaine du monde sensible; les sphères supérieures d'Asiah ne sont plus perceptibles pour nous, et de la même manière, le Habal de Garmin échappe déjà à notre perception; aussi le Sohar dit-il : « Si cela était permis à nos yeux, nous pourrions voir dans la nuit, quand vient le Schabbath, ou à la lune nouvelle ou aux jours de fêtes, les Diuknim (les spectres) se dresser dans les tombeaux pour louer et glorifier le Seigneur. »

Les sphères supérieures du monde Asiah servent de séjour à Nephesch. Le *Ez-ha-Chaiim* dépeint ce séjour comme le *Gan-Eden* inférieur[2]. « qui, dans le monde Asiah, s'étend au sud du pays Saint, au-dessus de l'Équateur ».

Le second principe de l'homme, Ruach, trouve dans le monde Jesirah un séjour approprié à son degré de spiritualité. Et comme Ruach constituant la personnalité propre de l'homme, est le support et le siège de la Volonté, c'est en lui que réside la force productive et créatrice de l'homme; aussi le monde Jesirah est-il, comme l'indique son nom hébreu, le *mundus formationis*, le monde de la formation.

Enfin Neschamah répond au monde Briah que le Sohar nomme « le monde du trône divin », et qui renferme le plus haut degré de la spiritualité.

De même que Nephesch, Ruach et Neschamah ne sont pas des formes d'existence complètement distinctes, mais qu'au contraire elles se déduisent progressivement l'une de l'autre en s'élevant en spiritualité, de même les sphères des différents mondes s'enchaînent l'une dans l'autre et s'élèvent depuis le cercle le plus profond, le plus matériel, du monde Asiah, qui est perceptible à nos sens, jusqu'aux puissances les plus élevées, les plus immatérielles du monde Briah. On voit par là clairement que, bien que Nephesch, Ruach et Neschamah trouvent chacun son séjour dans le monde qui

1. Et voilà pourquoi, entre autres raisons, la pratique du spiritisme est condamnable. (*N. du Tr.*)

2. Gan-Eden signifie jardin de volupté. Dans le Talmud et dans la Qabalah, d'après le *Cantique des Cantiques*, 4, 13, il est aussi nommé *Pardes*, ou jardin de plaisir; d'où est venu le mot *Paradis*.

lui convient, ils n'en restent pas moins unis en un seul tout. C'est spécialement par les « *Zelem* » que ces rapports intimes des parties séparées sont rendus possibles.

Sous le nom de « Zelem » la Qabalah entend la figure, le vêtement sous lequel les divers principes de l'homme subsistent, par lequel ils opèrent. Nephesch, Ruach et Neschamah, même après que la mort a détruit leur enveloppe corporelle extérieure, conservent encore une certaine forme qui répond à l'apparence corporelle de l'homme originaire. Cette forme, au moyen de laquelle chaque partie persiste et opère dans son monde, n'est possible que par le Zelem; ainsi il est dit dans le psaume 39, 7 : « Ils sont donc comme dans le Zelem (le fantôme) ».

D'après Loriah, le Zelem, par analogie avec toute la nature humaine, se partage en trois parties : une lumière intérieure spirituelle, et deux *Makifim* ou lumières enveloppantes. Chaque Zelem et ses Makifim répondent, dans leur nature, au caractère ou au degré de spiritualité de chacun des principes auxquels il appartient. C'est seulement par leurs Zelem qu'il est possible à Nephesch, à Ruach et à Neschamah de se manifester au dehors. C'est sur eux que repose toute l'existence corporelle de l'homme sur terre, car tout l'influx d'en haut sur les sentiments et les sens internes de l'homme se fait par l'intermédiaire de ces Zelem, susceptibles d'ailleurs d'être affaiblis ou renforcés.

Le processus de la mort se produit uniquement dans les divers Zelem, car Nephesch, Ruach et Neschamah ne sont pas modifiés par elle. Aussi la Qabalah dit-elle que trente jours avant la mort de l'homme, c'est d'abord dans Neschamah que les Makifim se retirent; pour disparaître ensuite, successivement, de Ruach et de Nephesch - ce qu'il faut comprendre en ce sens qu'ils cessent alors d'opérer dans leur force : cependant, à l'instant même où Ruach s'enfuit, ils se raccrochent, comme dit la Mischnath Chasidim, au processus de la vie, « pour goûter le goût de la mort ». Toutefois, il faut regarder les Zelem comme des êtres purement magiques; c'est pourquoi le Zelem de Nephesch même ne peut agir directement dans le monde de notre perception sensible externe.

Ce qui s'offre à nous dans l'apparition de personnes mortes c'est, soit leur Habal de Garmin, soit la subtile matière aérienne ou éthérée du monde Asiah, dont se revêt le Zelem de Nephesch, pour se rendre perceptible à nos sens corporels.

Cela s'applique à toute espèce d'apparition, que ce soit celle d'un ange ou de l'âme d'un mort, ou d'un esprit inférieur. Ce n'est pas alors le Zelem lui-même que nous pouvons voir et percevoir par nos yeux ; ce n'en est qu'une image, qui, construite avec la « vapeur » subtile de notre monde extérieur, prend une forme susceptible de se redissoudre immédiatement.

Autant la vie des hommes sur la terre offre de variétés, autant est varié aussi leur sort dans les autres mondes ; car, plus on a commis ici-bas d'infractions à la loi divine, plus il faut subir dans l'autre monde de châtiments et de purifications.

Le Sohar dit à ce sujet :

« La beauté du Zelem de l'homme pieux dépend des bonnes œuvres qu'il a accomplies ici-bas » ; et plus loin : « Le péché souille le Zelem de Nephesch. » — Loriah dit aussi : « Chez l'homme pieux, ces Zelem sont purs et clairs, chez le pêcheur, ils sont troublés et sombres. » — C'est pourquoi chaque monde a, pour chacun des principes de l'homme, son *Gan-Eden* (Paradis), son *Nahar Dinur* (fleuve de feu pour la purification de l'âme) et son *Geï-Hinam* [1], lieu de torture pour le châtiment ; de là aussi la doctrine chrétienne du ciel, du purgatoire et de l'enfer.

Notre intention n'est pas d'exposer ici la théorie de la Qabalah sur l'état de l'âme après la mort, et notamment sur les châtiments qu'elle subit. On en trouvera une exposition très claire dans l'œuvre célèbre du Dante, *la Divine Comédie*.

(Traduit du *Sphinx*, par Ch. Barlet.)

## § 6. — LES TEXTES

Toutes les données scientifiques, philosophiques ou religieuses de la Kabbale sont tirées de deux livres fondamentaux, *le Zohar* et le *Sepher Jesirah*.

Le premier de ces livres est très volumineux. Il est traduit en latin dans la *Kabbala denudata* et en anglais dans la *Kabbala unveiled* de M. A. Matthers.

Nous donnons ci-joint la traduction du second de ces ouvrages telle que nous l'avons publiée en 1887 avec les commentaires et les notes. En plusieurs endroits on trouvera des répétitions de ce que nous avons développé dans les paragraphes précédents ; mais

---

[1]. Geï-Hinam était proprement le nom d'un endroit situé près de Jérusalem où se faisaient autrefois les sacrifices d'enfants à Moloch ; la Qabalah entend par ce nom le lieu de damnation.

ces répétitions mêmes montreront quels sont les points sur lesquels le lecteur doit de préférence porter son attention.

Cette traduction du *Sepher Jesirah* est suivie de celle de deux ouvrages kabbalistiques très postérieurs comme composition : *les 32 voies de la sagesse* et *les 50 portes de l'intelligence*. Les remarques qui précèdent ces ouvrages indiquent leur caractère.

## LE SEPHER JESIRAH

### LES 50 PORTES DE L'INTELLIGENCE

### LES 32 VOIES DE LA SAGESSE

*Avant-propos.*

A la base de toutes les religions et de toutes les philosophies, on retrouve une doctrine obscure, connue seulement de quelques-uns et dont l'origine, malgré les travaux des chercheurs, échappe à toute analyse sérieuse. Cette doctrine est désignée sous des noms différents suivant la religion qui en conserve les clefs; mais une étude même superficielle permet de la reconnaître partout la même quel que soit le nom qui la décore. Ici le critique montre avec joie l'origine de la doctrine dans l'Apocalypse, résumé de l'ésotérisme chrétien; mais bientôt il s'arrête, car derrière la Vision de saint Jean apparaît celle de Daniel et l'ésotérisme des deux religions, Juive et Chrétienne, se montre identique dans la Kabbale. Cette doctrine secrète tire son origine de la religion de Moïse, dit l'historien et, saluant son triomphe, il s'apprête à donner ses conclusions, quand les quatre animaux de la vision du Juif se fondent en un seul, et le Sphinx égyptien dresse silencieusement sa tête d'Homme au-dessus des disciples de Moïse. Moïse était un prêtre égyptien, c'est donc en Égypte que se trouve la source de l'ésotérisme symbolique, dans ces mystères où toute la philosophie grecque à la suite de Platon et de Pythagore vint puiser ses enseignements. Mais les quatre personnifications mystérieuses se séparent de nouveau et Adda Nari la déesse indoue se dresse et nous montre la tête d'ange équilibrant la lutte entre la Bête féroce et le Taureau paisible avant la naissance de l'Égypte et de ses mystères sacrés.

Poursuivez vos recherches, et sans cesse cette origine mystérieuse fuira devant vous : vous traverserez toutes ces civilisations antiques si péniblement reconstituées, et quand enfin, las de la course, vous reposerez votre esprit en pleine race rouge, sur la première civilisation qu'a produite le premier continent, vous entendrez le prophète inspiré chanter les habitants divins de l'orbe supérieur qui révélèrent à ceux-ci le secret symbolique du sanctuaire.

Laissons là ce Protée insaisissable qui s'appelle l'origine de l'Ésotérisme, et considérons la Kabbale dans laquelle, avec un peu de travail, nous pourrons retrouver le fonds commun, la Religion Unique dont tous les cultes sont des émanations. Pour savoir ce qu'est la Kabbale, écoutons un homme profondément instruit, aussi savant que modeste et qui ne parle jamais qu'une fois sûr de ce qu'il avance : Fabre d'Olivet.

« Il paraît, au dire des plus fameux rabbins, que Moïse lui-même, prévoyant le sort que son livre devait subir et les fausses interprétations qu'on devait lui donner par la suite des temps, eut recours à une loi orale, qu'il donna de vive voix à des hommes sûrs dont il avait éprouvé la fidélité, et qu'il chargea de transmettre dans le secret du sanctuaire à d'autres hommes qui, la transmettant à leur tour d'âge en âge, la fissent ainsi parvenir à la postérité la plus reculée. Cette loi orale que les Juifs modernes se flattent encore de posséder se nomme Kabbale, d'un mot hébreu qui signifie ce qui est reçu, ce qui vient d'ailleurs, ce qui se passe de main en main[1] ».

Deux livres peuvent être considérés comme la base des études kabbalistiques : le Zohar et le Sepher Jesirah. Aucun d'eux n'a été, que je sache, complètement traduit en français ; je vais m'efforcer de combler une partie de cette lacune en traduisant le Sepher Jesirah le mieux qu'il me sera possible. Je prie le lecteur de pardonner d'avance les erreurs qui pourraient s'être glissées dans mon travail auquel je joins une bibliographie permettant au chercheur de consulter les originaux, et des remarques qui éclairent, autant que possible, les passages par trop obscurs du texte.

1. Fabre d'Olivet, *la langue hébr. restituée*, p. 29.

# LE LIVRE KABBALISTIQUE DE LA CRÉATION, EN HÉBREU, SEPHER JESIRAH

### Par Abraham

Transmis successivement oralement à ses fils; puis, vu le mauvais état des affaires d'Israël, confié par les sages de Jérusalem à des arcanes et à des lettres du sens le plus caché.

### CHAPITRE I

C'est avec les Trente-deux voies de la Sagesse, voies admirables et cachées que IOAH (יהוה׳) DIEU d'Israël, DIEUX VIVANTS et Roi des Siècles, DIEU de miséricorde et de grâce, DIEU sublime et très élevé, DIEU séjournant dans l'Éternité, DIEU saint, grava son nom par trois numérations : SEPHER, SEPHAR et SIPUR, c'est-à-dire le NOMBRE, le NOMBRANT et le NOMBRÉ[1] contenus dans Dix Sephiroth, c'est-à-dire dix propriétés, hormis l'ineffable, et vingt-deux lettres.

Les lettres sont constituées par Trois mères, sept doubles et douze simples. Les dix Sephiroth, hormis l'ineffable, sont constituées par le nombre X celui des doigts de la main et cinq contre cinq; mais au milieu d'elles est l'alliance de l'unité. Dans l'interprétation de la langue et de la circoncision on retrouve les Dix Sephiroth hormis l'ineffable.

Dix et non neuf, Dix et non onze, comprends dans ta sagesse et tu sauras dans ta compréhension. Exerce ton esprit sur elles, cherche, note, pense, imagine, rétablis les choses en place et fais asseoir le Créateur sur son trône.

Dix Sephiroth, hormis l'ineffable, dont les dix propriétés sont infinies : l'infini du commencement, l'infini de la fin, l'infini du bien, l'infini du mal, l'infini en élévation, l'infini en profondeur, l'infini à l'Orient, l'infini à l'Occident, l'infini au Nord, l'infini au Midi et le Seigneur seul est au-dessus; Roi fidèle, il les domine toutes du haut de son trône dans les siècles des siècles.

Dix Sephiroth, hormis l'ineffable; leur aspect est semblable à celui des flammes scintillantes, leur fin se perd dans l'infini. Le

---

1. Abendana traduit ces trois termes par l'Écriture, les Nombres et la Parole.

verbe de Dieu circule en elles; sortant et rentrant sans cesse, semblables à un tourbillon, elles exécutent à l'instant la parole divine et s'inclinent devant le trône de l'Éternel.

Dix Sephiroth, hormis l'ineffable; considère que leur fin est jointe au principe comme la flamme est unie au tison, car le Seigneur est seul au-dessus et n'a pas de second. Quel nombre peux-tu énoncer avant le nombre un?

Dix Sephiroth, hormis l'ineffable. Ferme tes lèvres et arrête ta méditation, et, si ton cœur défaille, reviens au point de départ. C'est pourquoi il est écrit : Sortir et revenir, car c'est pour cela que l'alliance a été faite : Dix Sephiroth, hormis l'ineffable.

La première des Sephiroth, un, c'est l'Esprit du Dieu vivant, c'est le nom béni et rebéni du Dieu éternellement vivant. La voix, l'esprit et la parole, c'est l'Esprit Saint.

Deux, c'est le souffle de l'Esprit, et avec lui sont gravées et sculptées les vingt-deux lettres, les trois mères, les sept doubles et les douze simples, et chacune d'elles est esprit.

Trois, c'est l'Eau qui vient du souffle, et avec eux il sculpta et grava la matière première inanimée et vide, il édifia TOHU, la ligne qui serpente autour du monde et BOHU, les pierres occultes enfouies dans l'abîme et desquelles sortent les Eaux.

Quatre, c'est le Feu qui vient de l'Eau, et avec eux il sculpta le trône d'honneur, les Ophanim (roues célestes), les Séraphins, les animaux saints et les anges Serviteurs, et de leur domination il fit sa demeure comme dit le texte : C'est lui qui fit ses anges et ses esprits ministrants en agitant le feu.

Cinq, c'est le sceau duquel il scella la hauteur quand il la contempla au-dessus de lui. Il la scella du nom IEV (יהו).

Six, c'est le sceau duquel il scella la profondeur quand il la contempla au-dessous de lui. Il la scella du nom IVE (יוה).

Sept, c'est le sceau duquel il scella l'Orient quand il le contempla devant lui. Il le scella du nom EIV (היו).

Huit, c'est le sceau duquel il scella l'Occident quand il le contempla derrière lui. Il le scella du nom VEI (והי).

Neuf, c'est le sceau duquel il scella le Midi quand il le contempla à sa droite. Il le scella du nom VIE (ויה).

Dix, c'est le sceau duquel il scella le Nord quand il le contempla à sa gauche. Il le scella du nom EVI (הוי).

Tels sont les dix Esprits ineffables du Dieu vivant : l'Esprit, le Souffle ou l'Air, l'Eau, le Feu, la Hauteur, la Profondeur, l'Orient, l'Occident, le Nord et le Midi.

## CHAPITRE II

Les vingt-deux lettres sont constituées par trois mères, sept doubles et douze simples.

Les trois mères sont : E M e S (אמש) c'est-à-dire l'Air, l'Eau et le Feu. L'Eau M (מ) muette, le Feu S (ש) sifflant, l'Air A (א) intermédiaire entre les deux comme le langage de la loi OCH (הק) tient le milieu entre le mérite et la culpabilité. A ces vingt-deux lettres il donna une forme, un poids, en les mêlant et les transformant de diverses manières, il créa l'âme de tout ce qui est à créer ou le sera.

Les vingt-deux lettres sont sculptées dans la voix, gravées dans l'Air, placées dans la prononciation en cinq endroits : dans le gosier, dans le palais, dans la langue, dans les dents et dans les lèvres.

Les vingt-deux lettres, les fondements, sont placées sur la sphère au nombre de 231. Le cercle qui les contient peut tourner directement, et alors il signifie bonheur, ou en rétrograde, et alors il signifie le contraire. C'est pourquoi il les rendit pesantes et les permuta, Aleph (א) avec toutes et toutes avec Aleph, Beth (ב) avec toutes et toutes avec Beth, etc...

C'est par ce moyen que naissent 231 portes, qu'on trouve que tous les idiomes et toutes les créatures dérivent de cette formation et que par suite toute création procède d'un nom unique. C'est ainsi qu'il fit (את), c'est-à-dire l'Alpha et l'Oméga, ce qui ne changera ni ne vieillira jamais[1].

Le signe de tout cela c'est vingt-deux totaux et un seul corps.

## CHAPITRE III

Trois mères E M e S (אמש) sont les fondements. Elles représentent le plateau de l'affirmation, le plateau de la contradiction et le langage de l'examen OCH (הק) qui est au milieu.

Trois mères E M e S. Secret insigne, très admirable et très caché gravé par six anneaux desquels sortent le feu, l'eau et l'air qui se divisent en mâles et femelles. Trois mères E M e S et d'elles trois Pères ; avec ceux-ci toutes choses sont créées.

---

1. Voir aux remarques pour l'explication de ce passage.

Trois mères E M ę S dans le monde, l'Air, l'Eau, le Feu, Dans le principe, les Cieux furent créés du Feu, la Terre de l'Eau et l'Air de l'Esprit qui est au milieu.

Trois mères E M e S dans l'annnée, le Chaud, le Froid et le Tempéré. Le Chaud a été créé du Feu, le Froid de l'Eau et le Tempéré de l'Esprit, milieu entre eux.

Trois mères E M e S dans l'Homme, la Tête, le Ventre et la Poitrine. La Tête a été créée du Feu, le Ventre de l'Eau et la Poitrine, milieu entre eux, de l'Esprit.

Trois mères E M e S. Il les sculpta, les grava, les composa et avec elles furent créées trois mères dans le monde, trois mères dans l'année, trois mères dans l'homme, mâles et femelles.

Il fit régner Aleph (א) sur l'Esprit, il les lia par un lien et les composa l'un avec l'autre, et avec eux il scella l'air dans le monde, le tempéré dans l'année et la poitrine dans l'homme, mâles et femelles. Mâles en E M e S (אמש) c'est-à-dire dans l'Air, l'Eau et le Feu, femelles en A S a M[1] c'est-à-dire dans l'Air, le Feu et l'Eau.

Il fit régner Mem (מ) sur l'Eau, il l'enchaîna de telle façon et les combina l'un avec l'autre de telle sorte qu'il scella avec eux la terre dans le monde, le froid dans l'année, le fruit du ventre dans l'homme, mâles et femelles.

Il fit régner le Schin (ש) sur le Feu et l'enchaîna et les combina l'un avec l'autre, de telle sorte qu'il scella avec eux les cieux dans le monde, le chaud dans l'année et la tête dans l'homme, mâles et femelles.

CHAPITRE IV

Sept doubles { T R PH CH D G B
ב ג ד כ פ ר ת

constituent les syllabes : Vie, Paix, Science, Richesse, Grâce, Semence, Domination.

Doubles parce qu'elles sont réduites en leurs opposés, par la permutation; à la place de la Vie est la Mort, de la Paix, la Guerre, de la Science, l'Ignorance, des Richesses, la Pauvreté, de la Grâce, l'Abomination, de la Semence, la Stérilité et de la Domination, l'Esclavage. Les sept doubles sont opposées aux sept termes;

---

1. אשם

l'Orient, l'Occident, la Hauteur, la Profondeur, le Nord, le Midi et le Saint Palais fixé au milieu qui soutient tout.

Ces sept doubles, il les sculpta, les grava, les combina et créa avec elles les Astres dans le Monde, les Jours dans l'Année, et les Portes dans l'Homme, et avec elles il sculpta sept ciels, sept éléments, sept animalités vides depuis l'œuvre. Et c'est pourquoi il choisit le septenaire sous le ciel.

Deux lettres construisent deux maisons, trois en bâtissent six ; quatre, vingt-quatre ; cinq, cent vingt ; six, sept cent vingt ; et de là, le nombre progresse dans l'inénarrable et l'inconcevable[1]. Les astres dans le monde sont le Soleil, Vénus, Mercure, la Lune, Saturne, Jupiter et Mars. Les jours de l'année sont les sept jours de la création, et les sept portes de l'homme sont deux yeux, deux oreilles, deux narines et une bouche.

### CHAPITRE V

Douze simples { K Ts Gh S N L I T H Z V E
ה ו ד ח ט י ל כ ס ע צ ק

Leur fondement est le suivant : La Vue, l'Ouïe, l'Odorat, la Parole, la Nutrition, le Coït, l'Action, la Locomotion, la Colère, le Rire, la Méditation, le Sommeil. Leur mesure est constituée par les douze termes du monde :

Le Nord-Est, le Sud-Est, l'Est-hauteur, l'Est-profondeur.

Le Nord-Ouest, le Sud-Ouest, l'Ouest-hauteur, l'Ouest-profondeur.

Le Sud-hauteur, le Sud-profondeur, le Nord-hauteur, le Nord-profondeur.

Les bornes se propagent et s'avancent dans les siècles des siècles et ce sont les bras de l'Univers.

Ces douze simples, il les sculpta, les grava, les assembla, les pesa et les transmua et il créa avec elles douze signes dans l'Univers, savoir : le Bélier, le Taureau, etc., etc...

Douze mois dans l'année.

Et ces lettres sont les douze directrices de l'homme, ainsi qu'il suit :

Main droite et main gauche, les deux pieds, les deux reins, le foie, le fiel, la rate, le colon, la vessie, les artères.

---

1. V. aux remarques.

Trois mères, sept doubles et douze simples. Telles sont les vingt-deux lettres avec lesquelles est fait le tétragramme IEVE יְהוָה ׳ c'est-à-dire Notre Dieu Sabaoth, le Dieu Sublime d'Israël, le Très Haut siégeant dans les siècles ; et son saint nom créa trois pères et leurs descendants et sept ciels avec leurs cohortes célestes et douze bornes de l'Univers.

La preuve de tout cela, le témoignage fidèle, c'est l'univers, l'année et l'homme. Il les érigea en témoins et les sculpta par trois, sept et douze. Douze signes et chefs dans le Dragon céleste, le Zodiaque et le Cœur. Trois, le feu, l'eau et l'air. Le feu au-dessus, l'eau au-dessous et l'air au milieu. Cela signifie que l'air participe des deux,

Le Dragon céleste, c'est-à-dire l'Intelligence dans le monde, le Zodiaque dans l'année et le Cœur dans l'homme. Trois, le feu, l'eau et l'air. Le feu supérieur, l'eau inférieure, l'air au milieu, car il participe des deux.

Le Dragon céleste est dans l'univers semblable à un roi sur son trône, le Zodiaque dans l'année semblable à un roi dans sa cité, le Cœur dans l'homme ressemble à un roi à la guerre.

Et Dieu les fit opposés, Bien et Mal. Il fit le Bien du Bien et le Mal du Mal. Le Bien prouve le Mal et le Mal, le Bien. Le Bien bouillonne dans les justes et le Mal dans les impies. Et chacun est constitué par le ternaire.

Sept parties sont constituées par deux ternaires au milieu desquels se tient l'unité.

Le duodénaire est constitué par des parties opposées : trois amies, trois ennemies, trois vivantes vivifient, trois tuent et Dieu, roi fidèle, les domine toutes du seuil de sa sainteté.

L'unité domine sur le ternaire, le ternaire sur le septénaire, le septénaire sur le duodénaire, mais chaque partie est inséparable de toutes les autres depuis qu'Abraham notre père considéra, examina, approfondit, comprit, sculpta, grava et composa tout cela, et de ce fait joignit la créature au créateur. Alors le maître de l'Univers se manifesta à lui, l'appela son ami et s'engagea par une alliance éternelle envers lui et sa postérité, comme il est écrit : Il crut en IOAH (וְיהוָה) et cela lui fut compté comme une œuvre de Justice. IL contracta avec Abraham un pacte entre ses dix orteils, c'est le pacte de la circoncision, et un autre entre les dix doigts de ses mains, c'est le pacte de la langue. IL attacha les vingt-deux lettres à sa langue et lui découvrit leur mystère. IL les fit descendre dans l'eau, les fit monter dans le feu, les jeta dans l'air, les alluma dans les sept planètes et les effusa dans les douze signes célestes.

REMARQUES

Notre intention n'est pas, dans ces courtes observations, de faire un commentaire du Sepher Jesirah. Ce commentaire, pour avoir quelque valeur, ne peut être basé que sur le texte hébraïque dont la langue conservant encore sa triple signification[1] permet seule de rendre tout entière la pensée de l'auteur. Du reste les maîtres les plus éminents en occultisme, Guillaume Postel et l'alchimiste Abraham, ont fait, en latin, des commentaires excellents auxquels nous renvoyons le lecteur désireux d'approfondir ces questions.

Nous voulons borner notre ambition à éclaircir de notre mieux les passages trop obscurs, par des notes et par la traduction de deux ouvrages kabbalistiques trop peu connus : Les cinquante portes de l'Intelligence et Les trente-deux voies de la Sagesse.

D'une façon générale on pourrait appeler le Sepher Jesirah le livre de la création kabbalistique plutôt que le livre kabbalistique de la création. C'est en effet sur le nom mystérieux IOAH (יהוה) que le livre tout entier repose, et la création du monde par LUI-LES-DIEUX[2] se borne à la création toute kabbalistique des nombres et des lettres. Par là l'auteur du Sepher proclame, dès le début, la méthode caractéristique des Sciences Occultes : l'Analogie.

La forme que l'artiste donne à son œuvre exprime exactement la grandeur de l'idée productrice, il existe un rapport mathématique entre la forme visible et l'idée invisible qui lui a donné naissance, entre la réunion des lettres formant un mot et l'idée que ce mot représente ; aussi créer des mots c'est créer des idées et l'on comprend pourquoi le Sepher Jesirah se borne, pour raconter la création d'un monde, à développer la création des lettres hébraïques qui représente des idées et des lois.

« Le Sohar est une genèse de lumière, le Sepher Jesirah une

---

1. « Moïse a suivi en cela la méthode des Prêtres égyptiens ; car je dois dire avant tout que ces Prêtres avaient trois manières d'exprimer leur pensée. La première était claire et simple, la seconde symbolique et figurée, la troisième sacrée ou hiéroglyphique.... Le même mot prenait à leur gré le sens propre, figuré ou hiéroglyphique. Tel était le génie de leur langue. Héraclite a parfaitement exprimé cette différence en la désignant par les épithètes de *parlant*, de *signifiant* et de *cachant*. « (Fabre d'Olivet.)

2. Traduction exacte du mot אלהים (Ælohim). Du reste, on peut voir au début du Sepher Jesirah Dieu désigné au pluriel.

échelle de vérités. Là s'expliquent les trente-deux signes absolus de la parole, les nombres et les lettres ; chaque lettre reproduit un nombre, une idée et une forme, en sorte que les mathématiques s'appliquent aux idées et aux formes non moins rigoureusement qu'aux nombres, par une proportion exacte et une correspondance parfaite.

« Par la science du Sepher Jesirah l'esprit humain est fixé dans la vérité et dans la raison et peut se rendre compte des progrès possibles de l'intelligence par les évolutions des nombres. Le Sohar représente donc la Vérité absolue et le Sepher Jesirah donne les moyens de la saisir, de se l'approprier et d'en faire usage. » (Eliphas LEVI, *Histoire de la Magie*.)

La loi générale qui va donner naissance au monde une fois créée sous le nom de IOAH[1], nous allons la voir se développer dans l'Univers à travers les dix Sephiroth ou Numérations.

Qu'expriment donc ces dix Sephiroth? Peu de termes ont donné naissance à plus de commentaires ; d'après les racines hébraïques de ce mot, je crois qu'on pourrait exprimer l'idée qu'il renferme, par la définition suivante : *point d'arrêt d'un mouvement cyclique*. Les dix Sephiroth ne seraient alors que dix conceptions à degrés différents d'une seule et même chose que les Kabbalistes désignent sous le nom d'En Soph, l'ineffable, qui représente l'essence divine dans sa plus grande abstraction et qui est désignée dans le nom (IEVE) par la première lettre droite I י (יהוה).

Le Sepher nous montre l'application de ces idées en se servant du même mot (EVE) (היה) combiné de façons différentes pour nous indiquer les six dernières Sephiroth (chap. 1ᵉʳ).

---

1. Je crois rendre service aux lecteurs en publiant une partie du commentaire de Fabre d'Olivet sur ce nom mystérieux dont l'étude est, à dessein, à peine abordée par les écrivains en occulte :

« Ce nom offre d'abord le signe indicateur de la vie, doublé, et formant la racine essentiellement vivante EE (הה). Cette racine n'est jamais employée comme nom et c'est la seule qui jouisse de cette prérogative. Elle est, dès sa formation, non seulement un verbe, mais un verbe unique dont tous les autres ne sont que des dérivés : en un mot le verbe הוה (EVE) être-étant. Ici, comme on le voit, et comme j'ai eu soin de l'expliquer dans ma grammaire, le signe de la lumière intelligible י (Vô) est au milieu de la racine de vie. Moïse, prenant ce verbe par excellence pour en former le nom propre de l'Être des Êtres, y ajoute le signe de la manifestation potentielle et de l'éternité ו (I) et il obtient יהוה (IEVE) dans lequel le facultatif étant se trouve placé entre un passé sans origine et un futur sans terme. Ce nom admirable signifie donc exactement l'Etre-qui-est-qui-fut-et-qui-sera. »

M. Franck, interprétant les Kabbalistes, dit aussi : « Quoique tous également nécessaires, les attributs et les distinctions que les Sephiroth expriment ne peuvent pas nous faire comprendre la nature divine de la même hauteur; mais ils nous la représentent sous divers aspects que dans le langage des Kabbalistes on appelle des visages ou des personnes [1]. »

Mais c'est Kircher qui va nous éclairer tout à fait en nous montrant dans une seule phrase l'origine des travaux modernes sur l'unité de la force répandue dans l'Univers, travaux poursuivis avec tant de fruit par Louis Lucas[2]; écoutons notre auteur:

« *C'est pourquoi toutes les Sephiroth ou Nombres sont une seule et même force modifiée différemment suivant les milieux qu'elle traverse*[3] . »

Bientôt la substance divine va, par de nouvelles modifications, donner naissance à des conceptions encore inconnues manifestées par les vingt-deux lettres. Ici les grandes lois qui régissent la nature vont apparaître une à une dans les applications analogiques qu'emploie l'auteur du Sepher en parlant de l'Univers, de l'année et de l'homme.

La première distinction apparaît dans la division ternaire des lettres qui se partagent en mères, doubles (exprimant deux sons, l'un positif, fort, et l'autre négatif, doux) et simples (n'exprimant qu'un son).

Cette idée de la Trinité se retrouve partout dans le Sepher. Elle est surtout bien développée dans le chapitre III où l'on montre sa constitution: un positif (ש) S le Feu; un négatif, l'Eau (מ) M; et enfin un neutre, l'Air A (א), intermédiaire entre les deux et résultant de leur action réciproque.

Considérons chaque Trinité comme une seule personne et nous allons voir apparaître une Trinité positive, une Trinité négative et l'Unité qui les accorde dans le Septénaire comme le dit le texte:

« *Sept parties sont constituées par deux Ternaires au milieu desquels se tient l'unité.* »

De même le duodénaire est formé de quatre ternaires opposés deux à deux.

Dans ces quelques chiffres sont cependant contenues toutes les

---

1. Franck, *la Kabbale*.
2. Voyez l'*Occultisme contemporain*, par Papus (chez Carré).
3. Kircher, *Œdipus Ægyptiacus* (Cabala Hebræorum, § 11).

lois que la Science occulte considère comme les lois primordiales, les *pourquoi* de la Nature.

Et cela est si vrai que l'auteur termine son livre en synthétisant dans une seule phrase les lois qu'il a analysées précédemment.

A côté de cette évolution, partie de la Divinité pour se répandre à travers la création, dont l'idée est, en somme, assez claire, apparaissent, de place en place, des passages obscurs dont le sens se rapporte aux pratiques divinatoires, et par suite occultes, du sanctuaire.

Quelques lettres de l'alphabet suffisent pour exprimer un nombre incalculable d'idées et cela par leur simple combinaison. Ainsi voici trois lettres l'N l'M et l'O qui vont exprimer une idée entièrement différente suivant qu'on les écrira NOM ou MON. C'est à ces combinaisons des lettres et par suite des nombres et des idées que se rapportent les deux cent trente et une portes de la fin du chapitre II et les maisons du chapitre IV.

Les deux cent trente et une portes se rattachent à la pratique d'une table appelée Ziruph en Kabbale et indiquant tous les mots que peuvent former les vingt-deux lettres, substituées les unes aux autres. Mais, dans le cas qui nous occupe, voici l'explication de Guillaume Postel :

Multipliez les vingt-deux lettres par les onze nombres (les dix Sephiroth + l'ineffable), vous obtiendrez deux cent quarante-deux desquels vous retrancherez les nombres pour n'avoir plus que les portes occultes, ce qui vous donnera 242 — 11 = 231 portes.

La table des substitutions sert à remplacer la première lettre de l'alphabet par la dernière, la deuxième par l'avant-dernière et ainsi de suite.

Prenons un exemple du français, l'alphabet :

A B C D E F G H I J K L M N O P Q R S T U V X Y Z deviendra :
Z Y X V U T S R Q P O N M L K J I H G F E D C B A,

si bien que pour écrire ART on écrira en lisant l'alphabet placé au dessous ZHF. Cette méthode combinée avec la suivante est d'un grand secours pour l'usage pratique de la Rota de Guillaume Postel[1].

Le deuxième passage (fin du chapitre IV) se rapporte au nombre de combinaisons que peuvent former un certain nombre de lettres :

---

1. Voyez Eliphas Levi; *Rituel de Haute Magie*, chapitre XXI.

ainsi deux lettres ne peuvent former que deux combinaisons, trois peuvent en former six. Ex. :

1. A B C
2. A C B
3. B A C
4. B C A
5. C A B
6. C B A

et ainsi de suite d'après une loi mathématique. Comme on peut le voir, le Sepher Jesirah est déductif, il part de l'idée de Dieu pour descendre dans les phénomènes naturels. Les deux livres dont il me reste à parler, sont établis l'un d'après le système du Sepher Jésirah, c'est celui intitulé : Les trente-deux voies de la Sagesse. L'autre est inductif, il part de la Nature pour remonter à l'idée de Dieu, et présente un système d'évolution remarquable en cela qu'il offre une analogie digne d'intérêt avec les idées modernes et les données de la Théosophie[1]. Je veux parler des *cinquante portes de l'intelligence*.

D'après les Kabbalistes, chacun de ces deux systèmes procède d'une des premières Sephiroth. Les trente-deux voies de la Sagesse dérivent de Chochmah et les cinquante portes de l'Intelligence de Binah, comme l'enseigne Kircher:

« De même que les trente-deux voies de la Sagesse, émanées de la Sagesse, se répandent dans le cercle des choses créées, de même de Binah, c'est-à-dire de l'Intelligence que nous avons vu être l'Esprit saint, s'ouvrent cinquante portes qui conduisent auxdites voies ; leur but est de conduire à l'usage pratique des trente-deux voies de la Sagesse et de la Puissance.

« On les appelle Portes parce que personne ne peut, d'après les cabalistes, parvenir à une notion parfaite des voies susdites s'il n'est d'abord entré par ces Portes. »

---

1. Voyez la seconde partie du *Traité élémentaire de Science occulte*.

# LES 50 PORTES DE L'INTELLIGENCE

## 1re CLASSE
### PRINCIPES DES ÉLÉMENTS

Porte 1 — (la plus infime) Matière première, Hyle, Chaos.
— 2 — Vide et inanimé : ce qui est sans forme.
— 3 — Attraction naturelle, l'abîme.
— 4 — Séparation et rudiments des Éléments.
— 5 — Élément Terre ne renfermant encore aucune semence.
— 6 — Élément Eau agissant sur la Terre.
— 7 — Élément de l'Air s'exhalant de l'abîme des eaux.
— 8 — Élément Feu échauffant et vivifiant.
— 9 — Figuration des Qualités.
— 10 — Leur attraction vers le mélange.

## 2e CLASSE
### DÉCADE DES MIXTES

Porte 11 — Apparition des Minéraux par la disjonction de la terre.
— 12 — Fleurs et sucs ordonnés pour la génération des métaux.
— 13 — Mers, Lacs, Fleurs sécrétés entre les alvéoles (de la Terre).
— 14 — Production des Herbes, des Arbres, c'est-à-dire de la nature végétante.
— 15 — Forces et semences données à chacun d'eux.
— 16 — Production de la Nature sensible, c'est-à-dire
— 17 — Des Insectes et des Reptiles.
— 18 — Des Poissons ⎱ chacun avec ses propriétés
— 19 — Des Oiseaux ⎰ spéciales.
— 20 — Procréation des Quadrupèdes.

## 3e CLASSE
### DÉCADE DE LA NATURE HUMAINE

Porte 21 — Production de l'homme.
— 22 — Limon de la Terre de Damas, Matière.
— 23 — Souffle de Vie, Ame ou
— 24 — Mystère d'Adam et d'Ève.
— 25 — Homme-Tout, Microcosme.

Porte 26 — Cinq puissances externes.
— 27 — Cinq puissances internes.
— 28 — Homme Ciel.
— 29 — Homme Ange.
— 30 — Homme image et similitude de Dieu.

### 4ᵉ CLASSE
#### ORDRES DES CIEUX, MONDE DES SPHÈRES

Porte 31 — De la Lune.
— 32 — De Mercure.
— 33 — De Vénus.
— 34 — Du Soleil.
— 35 — De Mars. (Ciel)
— 36 — De Jupiter.
— 37 — De Saturne.
— 38 — Du Firmament.
— 39 — Du premier Mobile.
— 40 — Empyrée.

### 5ᵉ CLASSE
#### DES NEUF ORDRES D'ANGES, MONDE ANGÉLIQUE

Porte 41 — Animaux saints.................. Séraphins.
— 42 — Ophanim, c.-à-d. Roues........... Chérubins.
— 43 — Anges grands et forts............. Trônes.
— 44 — Haschemalim c.-à-d................ Dominations.
— 45 — Seraphim c.-à-d.................. Vertus.
— 46 — Malachim....................... Puissances.
— 47 — Elohim......................... Principautés.
— 48 — Ben Elohim..................... Archanges.
— 49 — Chérubin....................... Anges.

### 6ᵉ CLASSE
#### EN-SOPH, DIEU IMMENSE·
##### MONDE SUPERMONDAIN ET ARCHÉTYPE

Porte 50 — Dieu, Souverain Bien, Celui que l'homme mortel n'a pas vu, ni qu'aucune recherche de l'esprit n'a pénétré. C'est là la 50ᵉ porte à laquelle Moïse ne parvint pas.

Et telles sont les cinquante portes par lesquelles le chemin est préparé de l'Intelligence ou l'Esprit Saint vers les 32 voies de la Sagesse au scrutateur soucieux et obéissant à la loi.

« Les 32 voies de la Sagesse sont les chemins lumineux par lesquels les saints hommes de Dieu peuvent, par un long usage, une longue expérience des choses divines et une longue méditation sur elles, parvenir aux centres cachés. » KIRCHER.

## LES 32 VOIES DE LA SAGESSE

La première voie est appelée Intelligence admirable, couronne suprême. C'est la lumière qui fait comprendre le principe sans principe et c'est la gloire première ; nulle créature ne peut atteindre son essence.

La seconde voie c'est l'Intelligence qui illumine ; c'est la couronne de la Création et la splendeur de l'Unité suprême dont elle se rapproche le plus. Elle est exaltée au-dessus de toute tête et appelée par les Kabbalistes : La Gloire seconde.

La troisième voie est appelée Intelligence sanctifiante et c'est la base de la Sagesse primordiale, appelée créatrice de la Foi. Ses racines sont אמן. Elle est parente de la foi qui en émane en effet.

La quatrième est appelée Intelligence d'arrêt ou réceptrice, parce qu'elle se dresse comme une borne pour recevoir les émanations des intelligences supérieures qui lui sont envoyées. C'est d'elle qu'émanent toutes les vertus spirituelles par la subtilité. Elle émane de la couronne suprême.

La cinquième voie est appelée Intelligence radiculaire, parce que, égale plus que tout autre à la suprême unité, elle émane des profondeurs de la Sagesse primordiale.

La sixième voie est appelée Intelligence de l'influence médiane, parce que c'est en elle que se multiplie le flux des émanations. Elle fait influer cette affluence même sur les hommes bénis qui s'y unissent.

La septième voie est appelée Intelligence cachée, parce qu'elle fait jaillir une splendeur éclatante sur toutes les vertus intellectuelles qui sont contemplées par les yeux de l'esprit et par l'extase de la foi.

La huitième voie est appelée Intelligence parfaite et absolue. C'est d'elle qu'émane la préparation des principes. Elle n'a pas de racines auxquelles elle adhère, si ce n'est dans les profondeurs de la Sphère Magnificence de la substance propre de laquelle elle émane.

La neuvième voie est appelée Intelligence mondée. Elle purifie les Numérations, empêche et arrête le bris de leurs images ; car elle fonde leur unité afin de les préserver par son union avec elle de la destruction et de la division.

La dixième voie est appelée Intelligence resplendissante, parce qu'elle est exaltée au-dessus de toute tête et a son siège dans BINAH ; elle illumine le feu de tous les luminaires et fait émaner la force du principe des formes.

La onzième voie est appelée Intelligence du feu. Elle est le voile placé devant les dispositions et l'ordre des semences supérieures et inférieures. Celui qui possède cette voie jouit d'une grande dignité, c'est d'être devant la face de la cause des causes.

La douzième voie est appelée Intelligence de la lumière, parce qu'elle est l'image de la magnificence. On dit qu'elle est le lieu d'où vient la vision de ceux qui voient des apparitions.

La treizième voie est appelée Intelligence inductive de l'Unité. C'est la substance de la Gloire ; elle fait connaître la vérité à chacun des esprits.

La quatorzième voie est appelée Intelligence qui illumine, c'est l'institutrice des arcanes, le fondement de la Sainteté.

La quinzième voie est appelée Intelligence constitutive parce qu'elle constitue la création dans la chaleur du monde. Elle est elle-même, d'après les Philosophes, la chaleur dont l'Écriture parle (Job, 38), la chaleur et son enveloppe.

La seizième voie est appelée Intelligence triomphante et éternelle, volupté de la Gloire, paradis de la volupté préparé pour les justes.

La dix-septième voie est appelée Intelligence dispositive. Elle dispose les pieux à la fidélité et par là les rend aptes à recevoir l'Esprit-Saint.

La dix-huitième voie est appelée Intelligence ou Maison de l'affluence. C'est d'elle qu'on tire les arcanes et les sens cachés qui sommeillent dans son ombre.

La dix-neuvième voie est appelée Intelligence du secret ou de toutes les activités spirituelles. L'affluence qu'elle reçoit vient de la Bénédiction très élevée et de la gloire suprême.

La vingtième voie est appelée Intelligence de la Volonté. Elle prépare toutes les créatures et chacune d'elles en particulier à la démonstration de l'existence de la Sagesse primordiale.

La vingt et unième voie est appelée Intelligence qui plaît à celui qui cherche; elle reçoit l'influence divine et influe par sa bénédiction sur toutes les existences.

La vingt-deuxième voie est appelée Intelligence fidèle, parce qu'en elle sont déposées les vertus spirituelles qui y augmentent jusqu'à ce qu'elles aillent vers ceux qui habite sous son ombre.

La vingt-troisième voie est appelée Intelligence stable. Elle est la cause de la consistance de toutes les numérations (Sephiroth).

La vingt-quatrième voie est appelée Intelligence imaginative. Elle donne la ressemblance à toutes les ressemblances des êtres qui d'après ses aspects sont créés à sa convenance.

La vingt-cinquième voie est appelée Intelligence de Tentation ou d'épreuve, parce que c'est la première tentation par laquelle Dieu éprouve les pieux.

La vingt-sixième voie est appelée Intelligence qui renouvelle parce que c'est par elle que DIEU (béni soit-il) renouvelle tout ce qui peut être renouvelé dans la création du monde.

La vingt-septième voie est appelée Intelligence qui agite. C'est en effet d'elle qu'est créé l'Esprit de toute créature de l'Orbe suprême et l'agitation, c'est-à-dire le mouvement auquel elles sont sujettes.

La vingt-huitième voie est appelée Intelligence naturelle. C'est par elle qu'est parachevée et rendue parfaite la nature de tout ce qui existe dans l'Orbe du Soleil.

La vingt-neuvième voie est appelée Intelligence corporelle. Elle forme tout corps qui est corporifié sous tous les orbes et son accroissement.

La trentième voie est appelée Intelligence collective parce que c'est d'elle que les Astrologues tirent par le jugement des étoiles et des signes célestes, leurs spéculations et les perfectionnements de leur science d'après les mouvements des astres.

La trente et unième voie est appelée Intelligence perpétuelle. Pourquoi? Parce qu'elle règle le mouvement du Soleil et de la Lune d'après leur constitution et les fait graviter l'un et l'autre dans son orbe respectif.

La trente-deuxième voie est appelée Intelligence adjuvante parce qu'elle dirige toutes les opérations des sept planètes et de leurs divisions et y concourt.

Voici l'usage pratique de ces 32 voies.

Les Cabalistes, quand ils veulent interroger Dieu par une voie quelconque des choses naturelles, s'y prennent ainsi :

D'abord ils consultent dans une préparation antérieure les 32 endroits du 1ᵉʳ chapitre de la Genèse, c'est-à-dire les voies des choses créées, et exercent sur elles leur étude¹.

Puis par le moyen de certaines oraisons tirées du nom ELOIM (אלהים), ils prient Dieu de leur accorder largement la lumière nécessaire à la voie cherchée et se persuadent, par des cérémonies convenables, qu'ils sont adeptes à la Lumière de la Sagesse, si bien qu'ils se tiennent, par leur foi inébranlable et leur ardente charité, dans le cœur du monde pour l'interroger. Pour que l'oraison ait dès lors une plus grande puissance, ils se servent du nom de 42 lettres² et par lui pensent qu'ils obtiendront ce qu'ils demandent.

## BIBLIOGRAPHIE

| | |
|---|---|
| Sepher Jesirah (en hébreu); Montoue, 1562, in-4......... | A 996 (³) |
| Artis cabalisticæ scriptores ex biblioth. Pistorii, 1587 (folio). | A 970 |
| Abrahami patriarchæ liber Jesirah ex hebræo versus et commentariis illustratus a Guillemo Postello (1552)..... | A (Réserve) 6390 |
| Cuzari libro de grande ciencia y mucha doctrina, traducido por Abendana; Amsterdam, 5423................ | A 1100 |
| Liber Jesirah qui Abrahamo patriarchæ adscribitur, una cum commentario Rabbi Abraham; Amstelodami, 1662. | A 967 |
| Franck. — La Kabbale; Paris, 1863, in-8................ | A 8353 |

\*\*\*

Les lecteurs curieux de nouveaux détails sur la Kabbale en trouveront dans les récits de tous les Kabbalistes contemporains, Éliphas Levi, Stanislas de Guaita, Joséphin Peladan, Albert Jhouney. Ceux qui désirent pénétrer au fond du système kabbalistique esquissé symboliquement dans *le Sepher Jesirah* trouveront des développements considérables dans mon étude sur le *Tarot des Bohémiens*, gros volume de près de 400 pages, basé sur le 3ᵉ nom divin.

1. Dans le 1ᵉʳ chapitre de la Genèse le nom divin Ælohim est mentionné 32 fois.
2. Ce nom est tiré des combinaisons du Tétragramme; voy. Kircher, *loc. cit.*
3. Les indications contenues dans cette colonne sont celles sous lesquelles les ouvrages cités sont classés à la Bibliothèque nationale.

Nous venons de résumer dans ce chapitre une doctrine très ancienne et peu connue. Nous avons fait tous nos efforts pour être clair malgré l'aridité du sujet; le lecteur voudra bien nous excuser si quelques points manquent de développement ou si quelques autres sont traités plus qu'il ne le faudrait. L'expérience nous apprendra par la suite ce qu'il faudra réformer.

# TABLE MÉTHODIQUE

DES

# MATIÈRES

## I

LETTRE-PRÉFACE DE M. AD. FRANCK.

## II

## INTRODUCTION A L'ÉTUDE DE L'OCCULTISME

### Prolégomènes

LA SCIENCE OCCULTE. — SON EXISTENCE. — SES FONDEMENTS. — SA MÉTHODE
CHAPITRE PREMIER. — *La Science et l'Instruction dans l'antiquité.* — *Définition de la Science occulte.*

§ 1. — La Science de l'antiquité.................... 1
§ 2. — Les découvertes des modernes connues des anciens. — Science des Chinois........................ 10
§ 3. — L'Instruction dans l'antiquité. — Initiation aux mystères sacrés................................ 43

CHAPITRE II. — *La Méthode de la Science occulte et ses applications.*
§ 1. — L'Analogie.................................. 69
§ 2. — Le Ternaire. — Opérations inconnues sur les nombres. — Sens mystique des nombres. — Travaux de Wronski et de Charles Henry..................... 79
§ 3. — Résumé.................................... 116

### Première partie

#### LA DOCTRINE

CHAPITRE III. — *La Vie universelle* (Cosmogonie).
§ 1. — La Vie universelle........................... 121
§ 2. — Marche de la vie. — L'Involution et l'Évolution.... 134

## TABLE MÉTHODIQUE DES MATIÈRES

§ 3. — Le Transformisme. — La Chaîne planétaire. — La « Vague de vie » dans un monde.................................. 147
§ 4. — La « Vague de vie » dans une planète. — Quelques mots de l'histoire de la terre. — Les Races humaines.... 160
§ 5. — La « Vague de vie » dans une race. — Quelques mots de l'histoire de la race blanche...................... 165
§ 6. — La « Vague de vie » dans l'homme. — La Sainteté. — Le Nirvâna.............................................. 170
§ 7. — Résumé........................................... 174

**Chapitre IV.** — *L'Homme* (Androgonie).
§ 1. — Constitution de l'homme. — Les trois principes.... 179
§ 2. — Constitution de l'homme. — Les sept principes.... 205

**Chapitre V.** — *La Naissance* (Psychurgie), 1re partie.
§ 1. — La Naissance. — Développement d'un végétal..... 263
§ 2. — Embryon végétal et embryon humain............. 270
§ 3. — Développement de l'embryon humain............. 273
§ 4. — Incarnation de l'âme dans le corps. — Époque de cette incarnation................................... 285

**Chapitre VI.** — *La Mort* (Psychurgie), 2e partie.......... 299
L'AME APRÈS LA MORT. — SON ÉTAT. — SES TRANSFORMATIONS

**Chapitre VII.** — *Communication avec les morts. — Le Spiritisme et ses théories*............................................ 323

## Deuxième partie

### LA TRADITION

**A.** — *Des Origines du Christianisme.*

**Chapitre VIII.** — *La Science des Égyptiens et la Genèse de Moïse.*
§ 1. — La Tradition. — Moïse et la Science de l'Égypte. — Le Système de Champollion et l'Occultisme............ 379
§ 2. — L'Origine du langage et les trois langues mères. — L'hébreu est la langue des mystères égyptiens......... 385

**Chapitre IX.** — *Histoire du Sepher de Moïse (la Genèse) depuis sa rédaction jusqu'à nos jours*................................ 425

**Chapitre X.** — *La Genèse. — Les trois Sens dévoilés (Traduction in extenso des dix premiers chapitres,* par Fabre d'Olivet).... 443

**Chapitre XI.** — *Résumé méthodique de la Kabbale.*
A. *Partie systématique.* § 1. — Exposé préliminaire. — Division du sujet............................................ 479
§ 2. — L'Alphabet hébraïque. — Les vingt-deux lettres et leur signification..................................... 483
§ 3. — Les noms divins................................. 493
§ 4. — Les Séphiroth (par Stanislas de Guaita). — Les tableaux de correspondance............................. 510
B. *Partie philosophique.* § 5. — La philosophie de la Kabbale. — L'Ame d'après la Kabbale..................... 533
§ 6. — Les Textes. — Le Sepher Jesirah, les trente-deux voies de la sagesse. — Les cinquante portes de l'intelligence................................................ 569

TABLE MÉTHODIQUE DES MATIÈRES

### LA TRADITION

**B.** — *Du Christianisme aux temps modernes.*

CHAPITRE XII. — *Les Origines du Christianisme (le Polythéisme et la Gnose).* — *La Méthode de transmission de la tradition.*
- § 1. — L'Esotérisme. — L'Exotérisme. — Le Culte........ 593
- § 2. — La Tradition exotérique de Moïse au Christianisme. — Les Mythologies................................ 606
- § 3. — Les Origines du Christianisme .................. 614
- § 4. — La Gnose..................................... 623

CHAPITRE XIII. — *La Tradition au moyen âge.* — *L'Alchimie* (Traité méthodique et complet d'alchimie)................. 643

CHAPITRE XIV. — *La Tradition aux temps modernes.* — *La Franc-Maçonnerie.*
- § 1. — Le courant alchimique. — La Rose-Croix......... 683
- § 2. — Origine de la Franc-Maçonnerie................ 690
- § 3. — Les trente-trois degrés de l'écossisme et leurs secrets................................................ 704
- § 4. — Perte de la tradition......................... 723
- § 5. — Les Textes. — La Légende d'Hiram et son ésotérisme................................................ 731

CHAPITRE XV. — *La Tradition orientale.* — *Résumé*........... 749

CHAPITRE XVI. — *Importation de la tradition ésotérique d'Orient en Europe.* — *Les Bohémiens*.............................. 769

CHAPITRE XVII. — *Histoire résumée du mysticisme par Wronski*.. 787

## Troisième partie

### LE MONDE DES INVISIBLES ET LA DIVINATION

CHAPITRE XVIII. — *Le Visible et l'Invisible en l'homme* ......... 791

CHAPITRE XIX. — *Exemple d'une science de divination.* — *La chiromancie* (Traité méthodique et complet).................. 815

CHAPITRE XX. — *Le Visible et l'Invisible dans la Nature.* — *La Magie.*
- § 1. — L'Idée. — La Vie et la Matière. — Le Magnétisme et le Spiritisme.................................... 841
- § 2. — La Magie et le Corps astral................... 861
- § 3. — Microcosme et Macrocosme................... 890
- § 4. — L'Astral. — L'Élémental et l'Élémentaire. — Rôle occulte des satellites............................... 890

CHAPITRE XXI. — *Les tableaux analogiques et les figures magiques.* — *Procédés de construction et d'explication*................. 911

TABLE MÉTHODIQUE DES MATIÈRES

## Conclusion

Chapitre XXII. — *La Science expérimentale et l'Occultisme contemporain. — L'Initiation et le Groupe indépendant d'études ésotériques*............................................................ 987
Histoire de la Tradition de 1750 à 1890 dans toutes ses branches. — Tableau résumé................................................ 1032

## Appendice

Glossaire de la Science Occulte, par Papus et A. Chaboseau.... 1041
Table alphabétique des matières................................. 1069
Table alphabétique des auteurs cités............................ 1081

Ebook Esotérique réédite,
sous forme de livres électroniques
ou Ebooks, des livres ésotériques et
d'occultisme qui sont devenus rares ou
épuisés.

## Visitez Ebook Esotérique

www.ebookesoterique.com

Inscrivez-vous pour recevoir
notre Bulletin-Info.
Vous serez informé des
nouvelles parutions et promotions.

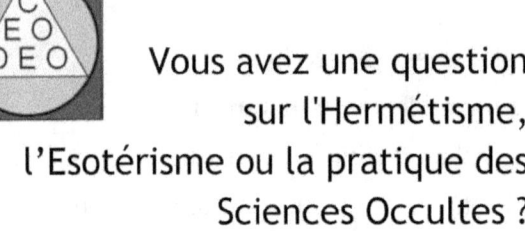 Vous avez une question sur l'Hermétisme, l'Esotérisme ou la pratique des Sciences Occultes ?

*L'Encyclopédie Ésotérique vous apportera des réponses et des mises au point précieuses.
Cliquez* www.ceodeo.com

*L'Encyclopédie Ésotérique* ainsi que les articles, dossiers, cours et essais que vous trouverez sur notre site s'adressent tant aux profanes qu'aux spécialistes.

*Collège Ésotérique et Occultiste
d'Europe et d'Orient*
**(CEODEO)** www.ceodeo.com

www.ingramcontent.com/pod-product-compliance
Lightning Source LLC
Chambersburg PA
CBHW051105230426
43667CB00014B/2454